U0503714

国家社科基金
后期资助项目
GUOJIA SHEKE JIJIN HOUQI ZIZHU XIANGMU

印度土邦史

The History of the Indian States

谌焕义 著

上海人民出版社

国家社科基金后期资助项目
出版说明

后期资助项目是国家社科基金设立的一类重要项目,旨在鼓励广大社科研究者潜心治学,支持基础研究多出优秀成果。它是经过严格评审,从接近完成的科研成果中遴选立项的。为扩大后期资助项目的影响,更好地推动学术发展,促进成果转化,全国哲学社会科学工作办公室按照"统一设计、统一标识、统一版式、形成系列"的总体要求,组织出版国家社科基金后期资助项目成果。

全国哲学社会科学工作办公室

目　录

绪　　论

　　"印度土邦"是指承认英属东印度公司和英王最高宗主地位,在内政上享有完全或部分主权,在外交上受到严格限制的印度独立的王国。印度土邦为数众多,1930 年,由英属印度代表和印度土邦代表组成的联合委员会确定的土邦有 600 个。1937 年,缅甸从英属印度分离,成为独立的殖民地,缅甸的土邦不再属印度土邦之列。1947 年 8 月英国移交权力前后,南亚次大陆大约有 562 个土邦,其中 554 个土邦加入印度,剩余土邦加入巴基斯坦。加入印度的土邦很快被合并,土邦王公丧失对土邦的统治权,只能享有一定数量的年金和部分特权。1971 年第 26 条宪法修正案彻底剥夺了王公们的年金和特权,王公制度彻底消亡。加入巴基斯坦的土邦王公陆续签订一些协定,到 1955 年止,基本上将土邦统治权转让给巴基斯坦,实现与巴基斯坦的合并。

　　学术界虽然相对更重视对英属印度的研究,但是对印度土邦的研究也取得了较大成就。芭芭拉·拉姆赛克《印度王公和他们的国家》对 2004 年前的印度土邦研究做了一个很好的文献梳理。她的著作分八大部分,即印度土邦与英帝国主义导论,1800 年以前的印度土邦,英国间接统治体制的建立,殖民地印度的间接统治理论及经历,作为男人、女人、统治者、监护者和东方君主类型的王公,土邦的管理与经济结构,土邦的社会与政治,联邦或合并。文后的参考书目对各部分引用过的文献进行了简要介绍。①2004 年至今,又有一些关于印度土邦的论著问世。限于篇幅,本书只能提及有关印度土邦的比较有影响的专著。

　　在英属东印度公司和英国王室确立和巩固对印度土邦的最高统治权的过程中,为了了解和更好地监管土邦事务,英国人编撰了一些有关印度土邦

---

① Barbara N. Ramusack, *The Indian Princes and Their States*, Cambridge：Cambridge University Press，2004，pp.281—293.

的资料、公报,如《拉杰布达纳公报》《旁遮普土邦公报》《印度中部土邦公报》
《印度东部土邦公报》《印度西部土邦公报》《巴罗达土邦公报》等。[1]一些英
属印度官员和学者发表了关于印度土邦的论著。詹姆斯·格兰特·杜夫的
3 卷本《马拉塔史》叙述了莫卧儿帝国走向衰败时迅速崛起的马拉塔帝国的
历史。[2]詹姆斯·托德的《拉贾斯坦编年史和古代史》颂扬乌代布尔,贬低斋
浦尔,至今影响着拉贾斯坦的历史编纂。[3]约翰·萨瑟兰的《英国政府与不
同土邦关系概要》对英国的间接统治作出了较早的阐释。[4]沙哈马特·阿里
的《巴哈瓦尔布尔史》叙述了 19 世纪中叶之前巴哈瓦尔布尔的历史,表明巴
哈瓦尔布尔王室源自阿拔斯哈里发家族。[5]爱德华·桑顿编纂的《东印度公
司政府和印度大陆土邦领土的地名词典》提供了东印度公司影响下的各城
市、城镇、村庄、河流和山脉的准确地理位置及其社会和政治环境。[6]勒佩
尔·格里芬的《旁遮普诸罗阇:旁遮普土邦的历史及它们与英国政府的政治
关系》是研究旁遮普丘陵土邦的基本史料。[7]弗里德里克·德鲁的《查谟和
克什米尔领土的地理描述》介绍了查谟、克什米尔、拉达克、吉尔吉特和巴尔
蒂斯坦等地的居民、语言、气候和历史。[8]梅农的《特拉凡科尔史》叙述了特
拉凡科尔从古代到 19 世纪中期的历史。[9]马尔坎德·南德尚卡尔·梅达与

[1] C.E. Yate, *The Rajputna Gazetteer*, Simla, 1880. Lewis Rice, *Mysore: A Gazetteer Compiled for Government*, 1897; New Delhi: SSDN Publishers & Distributors, 2014. D.C.J. Ibbetson, *Punjab States Gazetteer*, Lahore, 1904. C.E. Luard, *Central Indian States Gazetteer*, Lucknow, 1907. C.E. Luard, *Eastern States Gazetteer*, Lucknow, 1907. C.E. Luard, *Western Indian States*, Lucknow, 1908. Govindbhai H. Desai A.B. Clarke ed., *Gazetteer of the Baroda State*, London, 1923; New Delhi: SSDN Publishers & Distributors, 2014.

[2] James Grant Duff, *A History of the Mahrattas*, 3 vols, London, 1826; Cambridge: Cambridge University Press, 2011.

[3] James Tod, *Annals and Antiquities of Rajst'han*, London, 1829.

[4] John Sutherland, *Sketches of the Relations Subsisiting between the British Government and the Different Native States*, Calcutta, 1837.

[5] Shahamat Ali, *The History of Bahawalpur*, London, 1848; Whitefish, MT: Kessinger Publishing, 2011.

[6] Edward Thornton, *A Gazetteer of the Territories under the Government of the East-India Company, and of the Native States on the Continent of India*, London, 1858; Delhi: Neeraj Publishing House, 1984.

[7] Lepel H. Griffin, *The Rajas of the Punjab: Being the History of the Principal States in the Punjab and Their Political Relations with the British Government*, 2 vols, Patiala, 1870.

[8] Frederic Drew, *The Jammoo and Kashmir Territories: A Geographical Account*, London, 1875; New Delhi, Munshiram Manoharlal Publishers Pvt. Ltd., 2002.

[9] Menon P.T., *A History of Travancore from the Earliest Times*, Madras: Cosmo Publications, 1878.

马努·南德尚卡尔·梅达的《印度教拉贾斯坦或印度土邦编年史》简述了海德拉巴、迈索尔、巴罗达、克什米尔等 104 个土邦至 19 世纪末的历史,每个土邦简史后附有王室谱系。①

　　在英属印度开始进行宪政改革,尤其是 1918 年《蒙塔古—蔡姆斯福德报告》比较明确提出由印度土邦和英属印度组成联邦的方案后,一批探讨有关印度土邦与英国的关系、印度土邦的主权和法律地位等问题的论著面世。威廉·李—沃纳的《印度土邦》对英国与土邦签订的条约和协定等文献进行整理,梳理了英国与土邦之间的关系。②詹姆斯·杜埃的《旁遮普省、西北边省和克什米尔》简要介绍了旁遮普境内的伯蒂亚拉、金德、那巴、格布尔特拉、法里德果德、巴哈瓦尔布尔、马莱尔戈德拉、门迪、苏克特、西尔木尔、昌巴和比拉斯布尔等土邦及克什米尔和查谟。③阿诺尔德·赖特的《印度土邦:名人、历史和管理概览》简要介绍了巴罗达、海德拉巴、博帕尔等 90 个比较大的土邦的历史、人口和领土面积、财政收入、教育等公共设施的投入、土邦与英国的关系等。④久德加尔的《英国人保护下的印度王公:关于他们个人的统治、法律地位和他们的未来的研究》阐述了大多数土邦的管理状况和土邦王公的法律地位与未来。⑤潘尼迦的《印度土邦与印度政府的关系研究导论》反驳了英国人关于最高统治权的主张。⑥潘尼迦的《1774—1858 年英国对印度土邦政策的演变》叙述了沃伦·哈斯丁斯、威尔斯莱勋爵、哈斯丁斯勋爵和大贺胥勋爵等总督的土邦政策。⑦阿布扬卡尔的《印度土邦问题》论述了王公保护法令、比拉尔问题、《蒙塔古—蔡姆斯福德报告》与印度土

　　① Markand Nandshankar Mehta & Manu Nandshankar Mehta, *The Hind Rajasthan or The Annals of the Native States of India*, Bapawala: Usha, 1896; New Delhi: Mehra Offset Press, 1979.

　　② William Lee-Warner, *The Native States of India*, London: MacMillan & Co. Ltd., 1910.

　　③ James Douie, *The Panjab, North-West Frontier Province and Kashmir*, London, 1916; Delhi: Shubhi Publications, 2002.

　　④ Arnold Wright, *Indian States: A Biographical, Historical, and Administrative Survey*, London, 1922; New Delhi: Asian Educational Services, 2006.

　　⑤ P.L. Chudgar, *Indian Princes under British Protection: A Study of Their Personal Rule, Their Constitutional Position and Their Future*, London: Williams & Norgate Ltd., 1929; New Delhi: Skylark Publications, 1986.

　　⑥ K.M. Panikkar, *An Introduction to the Study of the Relations of the Indian States with the Government of India*, London, 1927.

　　⑦ K.M. Panikkar, *The Evolution of British Policy towards Indian States, 1774—1858*, Calcutta: S.K. Lahiri & Co. 1929; Delhi: Mittal Publication, 1986.

邦、王公院重要的法律和历史问题。①

一套非常重要的文献资料是由艾奇逊主编的 14 卷本《与印度及其邻国的条约、协定和特许令汇编》。该文献不仅收录了英属东印度公司和英王政府与主要土邦王公签订的重要条约和协定及颁发的特许令,而且简要叙述了各土邦的历史以及相关条约与协定签订的背景。②该文献在 1973 年重印。

20 世纪三四十年代出版的其他关于土邦的论著有:D.K.森的《印度土邦史:它们的地位、权利和义务》论述了印度土邦的条约地位、惯例的法律效力、土邦的内政和司法主权、土邦的国际地位及英王与土邦的关系。③莫汉·辛哈·梅达的《哈斯丁斯勋爵与印度土邦:1813—1823 年英属印度政府与印度土邦的关系研究》主要叙述了哈斯丁斯勋爵在任总督期间与印度地方势力进行的战争及签订的条约,英属东印度公司与印度土邦之间的权利和义务关系,阐述了英属东印度公司对土邦最高统治权的确立过程。④潘尼迦的《印度土邦与印度政府》论述了土邦与英属印度之间的关系及土邦的法律地位。⑤哈奇森和沃格尔的 2 卷本《旁遮普丘陵土邦史》追溯了旁遮普丘陵土邦早期的历史,提出历史最悠久的拉杰普特土邦可能在喜马拉雅山区的旁遮普丘陵中。一些土邦的建立可以追溯到 6、7 世纪拉杰普特人最初到印度或者 11、12 世纪拉杰普特统治家族躲避外敌的入侵。⑥威廉·巴顿的《印度的王公们》介绍了土邦与英国在印度势力的发展;叙述了土邦的生活与政治;介绍了克什米尔、迈索尔、特拉凡科尔和海德拉巴等主要土邦;论述了王公与政治部的关系、土邦王公与联邦及其未来。⑦迪万·巴哈杜尔的《印度土邦问题》详细梳理了 20 世纪 30 年代全印联邦方案谈判中与土邦

---

① Ganesh Raghunath Abhyankar, *Problem of Indian States*, Poona: Aryabhushan Press, 1928.

② C.U. Aitchison, *A Collection of Treaties*, *Engagements and Sanads Relating to India and Neighbouring Countries*, 14 vols, Calcutta, 1929—1933; reprinted by Kraus-Thmson Organization Limited, 1973.

③ D.K. Sen, *History of the Indian States: Their Status*, *Rights and Obligations*, London, 1930; Delhi: Sanjay Prakashan, 1985.

④ Mohan Sinha Mehta, *Lord Hastings and the Indian States: Being a Study of the Relations of the British Government in India with the Indian States 1813—1823*, Bombay: D.B. Taraporevala Sons & Co., 1930.

⑤ K.M. Panikkar, *Indian States and the Government of India*, London, 1932.

⑥ J. Hutchison & J.P. Vogel, *History of the Panjab Hill States*, 2 vols, Lahore, 1933.

⑦ William Barton, *The Princes of India: with a Chapter on Nepal*, London, 1934; New Delhi: Cosmo Publications, 1987.

问题相关的文献。①拉古比尔·辛的《印度土邦与新体制》在简述了印度土邦的历史后,从政治学和法学的角度,探讨了全印联邦方案中关于未来联邦政府与土邦在司法、行政和财政方面的关系。②爱德华·汤普逊的《印度土邦的形成》主要叙述了英属东印度公司打败迈索尔王公提普·苏丹、摧毁马拉塔帝国、打败廓尔喀人和平达里人、确立最高统治地位的历程,阐述了从威尔斯莱勋爵到哈斯丁斯勋爵的历任总督的政策。③这些论著中,除莫汉·辛哈·梅达的作品外,其他都是从政治和法律角度探讨印度土邦与最高宗主或新政权的关系。

　　对印度土邦历史进行了比较全面的研究的论著到 20 世纪 60 年代后才陆续面世。这些成果主要集中在以下三个方面:第一,英国对土邦的政策及英国与土邦的关系。最重要的两种档案文献集是尼古拉斯·曼塞等主编的12 卷本《权力的移交,1942—1947 年》④和乔普拉与巴塔查亚等主编的10 卷本《奔向自由:印度独立运动文献集(1937—1947 年)》。⑤两种文献的一些卷册都有专门的部分辑录在权力移交或独立运动中有关印度土邦的档案资料。萨罗吉尼·雷加尼的《1724—1857 年尼扎姆与英国的关系》概述了海德拉巴尼扎姆与外部政权之间的关系。⑥约翰·赫德二世 1969 年完成的博士论文《1901—1931 年印度土邦的一些经济特点》对样本土邦和英属印度相近地区的经济进行了比较,分析了英国的政策对土邦经济发展的影响及土邦经济中的独特变量。⑦苏库马尔·巴塔查里亚的《18 世纪末至1820 年拉杰普特土邦与东印度公司》全面探究了东印度公司与拉杰普特土邦早期的关系。⑧芭芭拉·拉姆赛克的《1914—1939 年帝国黄昏中的印度

　　①　Diwan Bahadur, *Problems of Indian States*, Poona: Aryabhushan Press, 1936.

　　②　Raghubir Sinh, *Indian States and the New Regime*, Bombay: D.B. Taraporevala, Sons & Co., 1938.

　　③　Edward Thompson, *The Making of the Indian Princes*, London: Oxford University Press, 1943.

　　④　Nicholas Mansergh ed., *The Transfer of Power 1942—1947*, 12 vols, London: Her Majesty's Stationery Office, 1970—1983.

　　⑤　P.N. Chopra & S. Bhattacharya ed., *Towards Freedom: Documents on the Movement for Independence in India, 1937—1947*, 10 vols, New Delhi: Oxford University Press, 1985—2013.

　　⑥　Sarojini Regai, *Nizam-British Relations 1724—1857*, Hyderabad, 1963.

　　⑦　John Hurd II, *Some Economic Characteristics of the Princely States of India, 1901—1931*, Dissertation in South Asia Regional Study, University of Pennsylvania, 1969.

　　⑧　Sukumar Bhattacharyya, *The Rajput States and the East India Company from the Close of the 18th Century to 1820*, New Delhi, 1972.

土邦王公》论述了英国与印度土邦之间宗藩关系逐渐解体的原因和过程。①阿尼尔·钱德拉·班纳吉的《拉杰普特土邦与英国最高统治权》介绍了詹姆斯·托德对拉贾斯坦的概述,叙述了19世纪前半期英国最高统治确立时梅瓦尔(焦特布尔)、斋浦尔、马瓦尔(乌代布尔)、格劳利、科塔、本迪等拉杰普特土邦的历史,对处于莫卧儿帝国、马拉塔帝国和英国统治下的拉杰普特土邦历史与社会进行了反思。②马尼·卡默卡尔的《英国最高统治权:1818—1848年英国与巴罗达的关系》阐述了英国对巴罗达最高统治权确立的过程,认为1818—1848年在巴罗达与英国关系史上是关键和重要的时期,是英国控制整个印度西部的开始。③伊恩·科普兰的《英国的统治与印度王公:1857—1930年印度西部的最高统治权》分析了帝国政策的演变,并详细论述政策在印度西部实施的情况。④阿什顿的《1905—1939年英国对印度土邦的政策》主要叙述了20世纪初至1939年英国对土邦的政策:消除对土邦王公的孤立政策,推行不干预政策,成立王公院,印度土邦委员会对王公们的要求作出回应,推出全印联邦方案,与土邦王公进行谈判,希望他们加入全印联邦。但是这些努力都无果而终。⑤伯拉蒂·拉伊的《1858—1883年海德拉巴与英国最高统治权》论述了间接统治对海德拉巴的影响。⑥米歇尔·费希尔的《1757—1857年英国兼并印度的政治》叙述了约翰·马尔科姆、罗伯特·克莱武、大贺胥勋爵等在兼并孟加拉、卡纳蒂克、孟买管区、奥德、信德等地的历史及一些人的评价,论述了18、19世纪英国与印度土邦的关系。过去史家论及英国在莫卧儿帝国崩溃后的扩张时过多强调了经济因素的作用,米歇尔·费希尔认为文化和政治因素如政府的掌控、犯罪行为的界定和"治外法权"的观念等削弱了印度的独立性。⑦安尤·阿罗

---

① Barbara N. Ramusack, *The Princes of India in the Twilight of Empire: The Dissolution of a Patron-Client System*, *1914—1939*, Columbus: Ohio University Press, 1978.

② Anil Chandra Banerjee, *The Rajput States and British Paramountcy*, New Delhi: Rajesh Publications, 1980.

③ Mani Kamerkar, *British Paramountcy: British-Baroda Relations 1818—1848*, Bombay: Popular Prakashan Pvt. Ltd., 1980.

④ Ian Copland, *The British Raj and the Indian Princes: Paramountcy in Western India*, *1857—1930*, Bombay: Sangam Books Ltd., 1982.

⑤ S.R. Ashton, *British Policy towards the Indian States*, *1905—1939*, New Delhi: Select-book Service Syndicate, 1985.

⑥ Bharati Ray, *Hyderabad and British Paramountcy*, *1858—1883*, Delhi, 1988.

⑦ Michael H.Fisher, *The Politics of the British Annexation of India*, *1757—1857*, New Delhi: Oxford University Press, 1993.

拉的《印度土邦:1858—1948 年间英国的最高统治权与内政管理——格布尔特拉土邦个案研究》从王位继承、对主权的限制、军事事务、中央和地方管理、田赋制度、司法制度、教育和公共工程 7 个方面阐述 1857 年印度民族大起义之后英王政府新土邦政策在格布尔特拉实行的状况。[①]罗伯特·胡腾巴克的《1847—1947 年克什米尔与英国的统治》论述了克什米尔在英俄大博弈中的地位和影响、英国确立在克什米尔优势地位的历程、克什米尔征服罕萨和纳格尔、克什米尔民主运动的发展及宪政改革的进程。[②]巴克什的《印度总督与副王的政策与管理》简要介绍了英属东印度公司 14 位总督和英王治下的 20 位总督兼副王对英属印度和印度土邦的管理政策。[③]沃尔特劳德·厄恩斯特和比斯瓦莫伊·帕蒂主编的论文集《印度土邦:人民、王公和殖民主义》收录了 17 篇有关土邦与英国最高宗主的关系,印度土邦历史编纂,以及涉及海德拉巴、迈索尔、博帕尔、瓜廖尔等土邦的论文。[④]卡罗林·基恩的《王公印度与英国:帝国的政治发展与运作》阐述了 1858—1909 年英国对印度王公及其王国的政策,详细考察了这个时期间接统治运作的不同方面。托马斯·梅特卡夫和弗朗西斯·哈钦斯等现代史家认为,19 世纪后期几十年是王公统治的黄金时代,因为王公们得到了最高宗主相当大的帮助和鼓励。卡罗林·基恩则认为事实恰恰相反,英国人的西化和"文明"的动机,加上控制管理成本和促进管理效率,导致王公们的权力被大大削减了。[⑤]

第二,土邦印度与英属印度之间的关系。瓦纳贾·兰加斯瓦密的《1900—1947 年民主运动背景下迈索尔、特拉凡科尔和科钦土邦合并新解》论述了迈索尔、特拉凡科尔和科钦进行的民主斗争。作者指出,对这些土邦人民运动的政策不是取决于人民的需要和愿望,而是听命于反对英国统治

① Anju Arora, *The Princely States: British Paramountcy and Internal Administration 1858—1948: A Case Study of the Kapurthala State*, New Delhi: National Book Organisation, 2001.

② Robert A. Huttenback, *Kashmir and the British Raj 1847—1947*, Oxford: Oxford University Press, 2004.

③ S.R. Bakshi, *Governors-General and Viceroys of India: Policy and Administration*, New Delhi: K.K. Publications, 2006.

④ Waltraud Ernst & Biswamoy Pati ed., *India's Princely States: People, Princes and Colonialism*, New York: Routledge, 2007.

⑤ Caroline Keen, *Princely India and the British: Political Development and the Operation of Empire*, London: I.B.Tauris & Co. Ltd., 2012.

的需要,土邦合并是甘地式现实政治的巅峰。①帕蒂尔的《国大党与土邦》论述了印度历史上政治分裂的传统及各类印度土邦,国大党政策的演变,国大党对土邦政策,国大党和土邦人民组织,印度独立时国大党政府要求土邦加入印度,最终将加入的土邦都并入印度。②米歇尔·费希尔的《对印度的间接统治:1764—1858 年的驻扎官和驻扎官制度》分析了英国官员与他们的印度雇员的活动和观点。③丹尼斯·维达尔的《暴力与真相:一个拉贾斯坦王国与殖民当局的对抗》主要论述了拉贾斯坦土邦锡罗希的贵族坚持他们的祖先是在土邦形成过程中获得领土,因而应在土邦内享有自治的权利。④桑托什·考尔的《印度自由运动与土邦》论述了土邦的特点,印巴分治以及土邦人民运动对土邦并入印度自治领的影响。⑤萨达斯万的《印度土邦的政治与行政整合》的第一部分主要叙述了在英国治下的印度土邦和权力移交后土邦并入印度的政治整合过程,第二部分则从领土、军队、财政、人事等方面论述了喀拉拉邦行政管理整合的情况。⑥普拉萨纳和萨达什瓦主编的论文集《印度土邦与现代印度的形成》主要关注印度南部的土邦迈索尔、海德拉巴、特拉凡科尔、科钦和库尔格,从宏观和微观的视角探讨土邦与现代印度形成之间的关系。⑦比迪乌特·查克拉巴蒂的《印度宪法的制定:一个形成概念的方案》中"土邦与民族主义者的制宪努力"一章论述了土邦在印度宪政改革和宪法制定过程中的作用和影响。⑧

第三,对王公印度或地区性土邦,海德拉巴,迈索尔,特拉凡科尔,博帕尔和克什米尔等的研究。

---

① Vanaja Rangaswami, *The Story of Integration: A New Interpretation in the Context of the Democratic Movements in the Princely States of Mysore, Travancore and Cochin, 1900—1947*, New Delhi, 1981.

② S.H. Patil, *The Congress Party and Princely States*, New Delhi: Himalaya Publishing House, 1981.

③ Michael H. Fisher, *Indirect Rule in India: Residents and Residency System 1764—1858*, Delhi, 1991.

④ Denis Vidal, *Violence and Truth: A Rajasthani Kingdom Confronts Colonial Authority*, Delhi, 1997.

⑤ Santosh Kaul, *Indian Freedom Movement and States*, New Delhi: Anmol Pub. Pvt. Ltd., 1998.

⑥ S. N. Sadasivan, *Political and Administrative Integration of Princely States*, New Delhi: Mittal Publications, 2005.

⑦ D.A. Prasanna & K. Sadashiva, *The Princely States and the Making of Modern India*, Manipal: Manipal Universal Press, 2017.

⑧ Bidyut Chakrabarty, *Constitutionalizing India: An Ideational Project*, New Delhi: Oxford University Press, 2018.

关于王公印度的论著主要有:萨克塞纳的《1761—1818 年马拉塔与主要拉杰布达纳土邦的关系》叙述马拉塔领袖马哈达吉·信地亚等利用其名义上的宗主莫卧儿皇帝向拉杰普特土邦征收贡物,壮大自己的军事力量,扩大自己的领地。①米思拉的《信地亚与霍尔卡在拉贾斯坦的竞争》论述了马拉塔人内部和外部的竞争对手之间,尤其是瓜廖尔信地亚和印多尔霍尔卡之间的斗争。②《我了解的王公印度:从雷丁到蒙巴顿》的作者康拉德·科菲尔德自 1939 年至 1947 年 8 月先后担任印度总督的私人秘书和政治顾问。该书叙述了 1921 年雷丁勋爵任印度总督至 1947 年权力移交时主要印度土邦的状况。③阿德里安·塞弗编辑的 2 卷本《关于印度土邦的文献和演讲》为研究英国对土邦的间接统治提供了重要的史料。④伊恩·科普兰的《1917—1947 年帝国末日中的印度王公》提出,在英国的殖民政权发展过程中,印度土邦王公远不是英国人操纵下的木偶,尤其在两次世界大战期间,他们是印度政治舞台上的重要角色。他对土邦很快沦落,居于国大党统治之下的主要原因也进行了分析,从新视角研究了殖民后期的印度政治史。⑤兰贾纳·考尔的《印度土邦的宪政发展》论述了印度土邦民族主义思想的萌发及在其形成过程中起了重要作用的政治家,蒙福德改革对土邦宪政发展的影响,全印土邦人民运动与土邦委员会以及加内什·拉格胡纳特·阿布扬卡尔为土邦臣民争取平等政治权利所做的努力。⑥卡皮尔的《1817—1950 年的拉杰布达纳土邦》简要论述了英国对拉杰布达纳土邦的间接统治。⑦沙拉达·德维韦迪的《摩诃罗阇与印度土邦》主要介绍了焦特布尔、斋浦尔、格劳利、迈索尔、巴罗达、瓜廖尔等土邦在权力移交前后摩诃罗阇的生活状况。⑧杜阿的《印度次大陆印度土邦百科全书及名人录(插图版)》对有礼炮待遇和无礼炮待遇土邦的简况进行介绍,收录了各土邦主要

① R.K. Saxena, *Maratha Relations with the Major States of Rajputana*(1761—1818), New Delhi, 1973.

② S.C. Misra, *Scindia—Holkar Rivalry in Rajasthan*, Delhi, 1981.

③ Conrad Corfield, *The Princely India I Knew: From Reading to Mountbatten*, Madras, 1975.

④ Adrian Sever ed., *Documents and Speeches on the Indian States*, 2 vols, Delhi: B.R. Publishing Corporation, 1985.

⑤ Ian Copland, *The Princes of India in the Endgame of Empire*, 1917—1947, Cambridge: Cambridge University Press, 1997.

⑥ Ranjana Kaul, *Constitutional Development in the Indian Princely States*, New Delhi: Vikas Publishing House Pvt. Ltd., 1998.

⑦ F.K. Kapil, *Rajputana States*, 1817—1950, Jodhpur, 1999.

⑧ Sharada Dwivedi, *The Maharaja & the Princely States of India*, New Delhi: Lustre Press, 1999.

官员、部长、立法会议成员和柴明达尔等信息。①芭芭拉·拉姆赛克的《印度王公和他们的国家》追溯了 1800 年之前印度土邦的历史,叙述了英国间接统治确立的过程及间接统治的理论和实践,介绍了土邦的管理和经济结构等。②马克·布伦特纳尔的《前印度帝国的王公和贵族家族(第 1 卷·喜马偕尔邦)》简要叙述了西尔木尔等 6 个有礼炮待遇的主权土邦、巴格哈尔等 27 个无礼炮待遇的主权土邦及班格尔等 12 个被合并土邦的历史及王公家族谱系。③伊恩·科普兰的《大约 1900—1950 年间王公印度北部的国家、族群及邻邦》主要论述了土邦中印度教徒与伊斯兰教派冲突发生的原因及其影响。④安德烈亚·梅杰的《印度的主权与社会改革:1830—1860 年英国的殖民主义与废除萨蒂制运动》介绍了拉杰普特社会普遍存在的萨蒂习俗、英国在印度土邦内禁止萨蒂的政策的形成及禁止萨蒂的策略。⑤阿德里安·塞弗的《拉吉瓦达斯:1707—1950 年的印度土邦》分两个部分,第一部分介绍马拉塔势力的兴起和英国在印度的势力的兴起及土邦走向衰落的历史,阐述了最高统治权理论,分析了土邦王公的困境。第二部分则简要介绍了印度南部、德干、印度东北部、印度东部、缅甸、印度中偏北部、旁遮普、喜马拉雅山区、古吉拉特、拉贾斯坦、印度西部和巴基斯坦各地区的土邦。⑥尼纳·斯威德勒的《偏远的殖民地居民:俾路支斯坦的历史与政治》叙述了英国殖民统治确立前的格拉德汗国,英国设立俾路支斯坦管区及对俾路支斯坦进行统治的情况。格拉德汗国名义上是一个独立的国家,英国对偏远的俾路支斯坦地区的控制相对宽松,土邦酋长享有较大权力。⑦雅各布·汗·班加什的《土邦事务:1947—1955 年土邦加入及并入巴基斯坦》主要论述了格拉德汗国与巴哈瓦尔布尔、海尔布尔等土邦加入及并入西巴基

① J.C. Dua, *Illustrated Encyclopaedia & Who's Who of Princely States in Indian Sub-Continent*, New Delhi: Kaveri Books, 2000.

② Barbara N. Ramusack, *The Indian Princes and Their States*, Cambridge: Cambridge University Press, 2004.

③ Mark Brentnall, *The Princely and Noble Families of the Former Indian Empire*, *Vol.1*, New Delhi: Indus Publishing Company, 2004.

④ Ian Copland, *State, Community and Neighbourhood in Princely North India*, *c.1900—1950*, New York: Palgrave MacMillan, 2005.

⑤ Andrea Major, *Sovereignty and Social Reform in India: British Colonialism and the Campaign against Sati*, *1830—1860*, London: Routledge, 2011.

⑥ Adrian Sever, *Rajwadas: The Indian Princely States 1707—1950*, 2 vols, Delhi: B.R. Publishing Corporation, 2012.

⑦ Nina Swidler, *Remotely Colonial: History and Politics in Balochistan*, Oxford: Oxford University Press, 2014.

斯坦的历程。①

关于海德拉巴的重要论著有:祖贝达·亚兹达尼的《1811—1820 年亨利·罗素驻扎时期的海德拉巴:补助金联盟制度个案研究》探讨了亨利·罗素在海德拉巴与英属东印度公司补助金联盟缔结中的重要作用及联盟缔结对双方的重大影响。②玛丽·克里斯托尔的《第七任尼扎姆:坍塌的帝国》叙述了阿克巴·阿里·汗为了巩固自己夺取的王位,获得英属东印度公司的支持,签订军费补助金同盟,使海德拉巴成为英属东印度公司的附庸国。③苏尼尔·钱德尔的博士论文《从前殖民秩序到土邦:1748—1865 年过渡中的海德拉巴》对海德拉巴政治的复杂性进行了实质性的分析。④巴瓦的《末代尼扎姆:米尔·奥斯曼·阿里·汗的生平与时代》论述了当时世界上最富有的统治者之一、末代尼扎姆对海德拉巴的统治。⑤卢西恩·贝尼楚的《从专制政府到合并:1938—1948 年海德拉巴土邦政治的发展》论述了海德拉巴的社会和政治状况、1938 年之前土邦内政的发展、20 世纪 20—30 年代的尼扎姆、1938—1939 年非暴力不合作运动及穆斯林的反应、1939—1946 年海德拉巴决定性的年代、警察行动及其后果。⑥本杰明·科恩的《1850—1948 年印度德干的王权与殖民主义》介绍了德干诸土邦的军事、商业和金融业,王权的标志——头巾、头衔和老虎,宫廷护卫,国王的废立与国家的诞生。⑦努拉尼的《海德拉巴的毁灭》指出,1947 年的印巴分治和克什米尔战争及 1948 年 9 月印度入侵海德拉巴是南亚次大陆的三大悲剧。早在 1925 年,英国驻海德拉巴驻扎官威廉·巴顿就预言了海德拉巴的悲剧。海德拉巴的悲剧是历史发展的结果:在比拉尔问题上与英国的对抗,不赞成加入全印联邦,不赞成《克里普斯方案》和《内阁使团方案》,与以真纳为首的

① Yaqoob Khan Bangash, *A Princely Affair: The Accession and Integration of the Princely States of Pakistan, 1947—1955*, Karachi: Oxford University Press, 2015.

② Zubaida Yazdani, *Hyderabad During the Residency of Henry Russell, 1811—1820: A Case Study in the Subsidiary Alliance System*, Oxford: Oxford University Press, 1976.

③ Mary Chrystal, *The Seventh Nizam: The Fallen Empire*, Cambridge: Cambridge University Press, 1985.

④ Sunil Chander, *From Pre-Colonial Order to a Princely State: Hyderabad in Transition, c.1748—1865*, Ph.D thesis at the University of Cambridge, 1987.

⑤ V.K. Bawa, *The Last Nizam: The Life and Times of Mir Osman Ali Khan*, New Delhi, 1991.

⑥ Lucien D.Benichou, *From Autocracy to Integration: Political Developments in Hyderabad State, 1938—1948*, Chennai, 2000.

⑦ Benjamin B. Cohen, *Kingship and Colonialism in India's Deccan: 1850—1948*, New York: Palgrave MacMillan, 2007.

穆斯林联盟的关系的发展,权力移交时英国政府不支持土邦的独立等,使海德拉巴希望独立而不具备独立的条件。①埃里克·刘易斯·贝弗利的《海德拉巴、英属印度与世界:穆斯林网络与较小的主权,1850—1950》从观念、制度和城市空间三个方面论述海德拉巴作为一个较少主权的国家在印度土邦和帝国中的地位,海德拉巴官僚知识分子对穆斯林现代派国际主义的影响。②瓦伊坤塔姆的《转变中的东方文化:海德拉巴土邦(1853—1948)》从文化的角度探讨了海德拉巴社会的变迁。③

　　关于迈索尔的专著有:唐纳德·鲁道夫·古斯塔夫森的博士论文《1881—1902 年的迈索尔:打造一个模范土邦》阐述了 1881—1902 年间英王政府在迈索尔实行放权改革的试验。1831 年,英属东印度公司以摩诃罗阇管理不善为由接管迈索尔。1867 年,印度事务大臣宣布在摩诃罗阇成年时将土邦管理权归还给他,因而在 1881 年将土邦管理权归还给摩诃罗阇,使迈索尔成为拥有更大自治权的土邦。迈索尔进行宪政改革,成为模范土邦。④比约恩·赫特尼的《间接统治的政治经济学:1881—1947 年间的迈索尔》探讨了政治自治与经济发展之间的关系。⑤钱德拉塞卡尔的《1918—1940 年迈索尔社会政治变化面面观》追溯了迈索尔王国管理制度的发展线索,论述了 1918—1926 年迈索尔的非婆罗门运动及林加亚特、穆斯林与被压迫阶级对运动作出的回应,阐述了劳工组织和土邦政府的劳工政策,论述了迈索尔发生的政治变革及宪政改革。⑥贾纳基·奈尔的《现代迈索尔:对王公治下该地区的再思考》提出要重新界定"现代化、地区和王公统治",考察了迈索尔社会改革的内容及卡纳塔克的重新统一,认为自提普·苏丹时代到 1956 年并入卡纳塔克,迈索尔的现代化表明,西欧和印度的现代化经历是有很大差别的。⑦池龟彩的《重塑土邦印度:1799 年至今的迈索尔历

---

①　A.G. Noorani, *The Destruction of Hyderabad*, New Delhi: Tulika Books, 2014.

②　Eric Lewis Beverley, *Hyderabad, British India, and the World: Muslim Networks and Minor Sovereignty*, c.1850—1950, Cambridge: Cambridge University Press, 2015.

③　Y. Vaikuntham, *Oriental Culture in Trasition: Hyderabad State (1853—1948)*, New Delhi: Manohar, 2018.

④　Donald Rudolph Gustafson, *Mysore, 1881—1902: The Making of A Model State*, Ph.D thesis at the University of Wisconsin, 1969.

⑤　Björn Hettne, *The Political Economy of Indirect Rule: Mysore 1881—1947*, New Delhi, 1978.

⑥　S. Chandrasekhar, *Dimensions of Socio-Political Change in Mysore, 1918—1940*, New Delhi: Ashish Publishing House, 1985.

⑦　Janaki Nair, *Mysore Modern: Rethinking the Region under Princely Rule*, Minneapolis: University of Minnesota Press, 2011.

史人类学》对殖民时期的土邦及后殖民的遗产进行分析,尤其通过关注迈索尔,对南亚国王与臣民的关系进行彻底的调查研究。通过结合利用历史学和人类学的研究方法,并基于大量档案和田野调查,作者提出国王的观念在印度南部继续存在,并在社会和政治生活中继续发挥重大影响。①

有关特拉凡科尔的论著主要有:丹尼尔的《为特拉凡科尔责任制政府而斗争(1938—1947)》叙述了土邦为民主进行的斗争,试图揭示特拉凡科尔社会、种族、宗教和宪法问题与印度政治局势之间的关系。②《失去大象的摩诃罗阇:特拉凡科尔土邦社会和政治的变迁(1921—1947)》的作者路易斯·奥沃科尔克从 1929 年 6 月底到特拉凡科尔至 1939 年春休假离开,先后在摩诃罗阇女子学院和特拉凡科尔大学任教。1940 年 5 月至 1941 年 11 月因触犯印度防务法而被监禁。1942—1946 年作为外交事务专家为印度政府工作,直到 1947 年印度独立才回到英国。她希望通过对很多当事人和事件的叙述,揭示特拉凡科尔社会和政治的变化。③斯利达拉·梅农的《特拉凡科尔的胜利与悲剧:拉马斯瓦密·艾耶尔执政十六年编年史》贬低艾耶尔的对手们,论述了这个时期重要的政治事件。他认为,人们过多强调了艾耶尔政府不好的一面,而对其好的一面没有给予应有的关注。④图拉锡达兰·阿萨里的《殖民主义、土邦与为自由而斗争:1938—1948 年的特拉凡科尔》对在国大党、印度共产党、种姓及教派政治影响下的民主运动的发展进行了全面的分析和论述,生动描述了特拉凡科尔民众为成立代议制政府展开的斗争及拉马斯瓦密·艾耶尔政府的竭力阻挠。⑤

克什米尔问题是南亚研究的热点,学界对克什米尔历史和现实给予了较多关注,相关论著不胜枚举,以下列举的只是有关权力移交前后克什米尔的重要论著:莫汉·克里申·滕、拉姆·克里申·考尔·巴特和桑托什·考尔合编的《克什米尔:宪法史和文献》简述了克什米尔民族运动的发展、宪政改革、《1939 年宪法》及独立后克什米尔宪法的制定和生效,收录了 140 个

---

① Aya Ikegame, *Princely India Re-Imagined: A Historical Anthropology of Mysore from 1799 to the Present*, London: Routledge, 2013.

② D. Daniel, *Struggle for Responsible Government in Travancore*(1938—1947), Madurai, 1985.

③ Louise Ouwerkerk, *No Elephants for the Maharaja: Social and Political Change in the Princely State of Travancore*(1921—1947), New Delhi, 1994.

④ A. Sreedhara Menon, *Triumph and Tragedy in Travancore: Annals of Sir C.P.'s Sixteen Years*, Kottayam, 2001.

⑤ S. Thulaseedharan Assary, *Colinialism, Princely States and Struggle for Liberation: Travancore, 1938—1948*, New Delhi: A.P.H.Publishing Corporation, 2009.

相关文献。①迪纳·纳特·拉伊纳的《不幸的克什米尔：被隐瞒的故事》揭示了许多出于政治统一目的而被隐瞒的重大事件，而对这些事件的思考有助于人们了解克什米尔问题出现的原因和过程。②乔普拉的《印巴克什米尔冲突的根源》简述了克什米尔的历史背景和战略地位、英俄中亚大博弈、克什米尔自决权、巴基斯坦入侵克什米尔及印巴为克什米尔进行的战争。③达尔的《从古代到近代克什米尔政治变革的动力》详细阐释了克什米尔不同历史时期不同的势力怎样发挥作用并促成政治的变革。在 20 世纪前期克什米尔政治变革中，民族主义观念、共产主义思想和国大党等因素起了非常重大的作用。④齐特卡拉 2 卷本的《克什米尔分治的故事》认为，分治是历史性错误，论述了分治后印度和巴基斯坦之间的关系及克什米尔问题导致的多次战争，展望了克什米尔的前景，主张取消分治，重新统一。⑤巴尔拉吉·普里编辑的《贾亚普拉卡什·纳拉扬论查谟和克什米尔》收录了贾亚拉普卡什·纳拉扬从独立前到他晚年就克什米尔土邦问题在报纸上发表的声明、公开演讲和文章。⑥考尔的《克什米尔的政治动荡》回顾了克什米尔地区自治的历史，论述了 1905—1996 年克什米尔政治动荡的历史背景，介绍了克什米尔自由运动及克什米尔对自由运动的贡献。⑦穆罕默德·萨利姆·汗的《克什米尔中世纪史》考察了 14 世纪初穆斯林到来至 19 世纪中期锡克教统治崩溃克什米尔历史的发展，揭示了这段时期克什米尔社会、政治、文化和经济发展的状况。⑧拉杰库马尔·辛格的《克什米尔的过去、现在和未来》分专题论述了克什米尔的政治、宗教和文化，从外交、社会和法律的角度论述克什米尔加入印度的问题，关于克什米尔的外交僵局，与克什米尔相关的历次

---

① Mohan Krishen Teng, Ram Krishen Kaul Bhat & Santosh Kaul ed., *Kashmir: Constitutional History and Documents*, New Delhi: Light & Life Publishers, 1977.

② Dina Nath Raina, *Unhappy Kashmir: The Hidden Story*, New Delhi: Reliance Publishing House, 1990.

③ V.D. Chopra, *Genesis of Indo-Pakistan Conflict on Kashmir*, New Delhi: Patriot Publishers, 1990.

④ D.N. Dhar, *Dynamics of Political Change in Kashmir: From Ancient to Modern Times*, New Delhi: Kanishka Publishers, Distributors, 2001.

⑤ M.G. Chitkara, *Kashmir: A Tale of Partition*, New Delhi: A.P.H. Publishing Corporation, 2002.

⑥ Balraj Puri ed., *JP(Jayaprakash Narayan) On Jammu and Kashmir*, New Delhi: Gyan Publishing House, 2005.

⑦ S.N. Kaul, *Political Turmoil of Kashmir*, New Delhi: Rajat Publications, 2005.

⑧ Mohammad Saleem Khan, *The History of Medieval Kashmir*, Srinagar: Gulshan Books, 2006.

战争等。①菲达·穆罕默德·哈斯奈恩的《1846—1946 年英国的克什米尔
政策》提出,英国对克什米尔的政策在很大程度上受俄国和苏联的影响。俄
国对克什米尔虎视眈眈,对克什米尔的征服使之有机会在印度与英国直接
对抗。英国和俄国的博弈使英国觉得克什米尔这样的缓冲国非常重要,因
此英国竭尽全力维护、支持和指导克什米尔摩诃罗阇,摩诃罗阇可以放手扩
大自己的政治影响,从而享有更多的政治、商业和军事特权。不过,摩诃罗
阇必须完全顺从英国人的意志。②沙比尔·乔德里的《克什米尔与印度分
治:参与印度分治的政治家和名人及 1947 年 8 月 15 日查谟和克什米尔的
法律地位》介绍了第二次世界大战前克什米尔的历史背景和一些重大政治
事件,如 1931 年叛乱、克什米尔第一个政党穆斯林大会党的成立和民族主
义运动的发展;论述了第二次世界大战结束后英国政府为解决英属印度问
题所做的努力和重大决定,如内阁成员出使印度后提出《内阁使团方案》、蒙
巴顿出任印度总督并最初提出《印巴分治方案》、拉德克利夫裁定印度和巴
基斯坦的边界;阐述了印巴分治时土邦王公未来的不确定性和分治的代
价。③比姆·辛格的《查谟和克什米尔:过错与出路》历数自 1846 年签订《阿
姆利则条约》到 2008 年德里任命年轻无能而野心勃勃的阿卜杜勒为首席部
长,克什米尔政治中所犯的 47 个错误。在权力移交前后的错误主要有:
1946 年国大党支持"退出克什米尔"运动、克什米尔政府在科哈拉逮捕尼赫
鲁、1947 年羞辱并解除拉姆钱德拉·卡卡总理职务、甘地和尼赫鲁支持谢
赫·阿卜杜勒取代卡卡等。这些错误对克什米尔局势的发展都产生了非常
不利的影响。④拉克什·安基特的《克什米尔冲突:从帝国到冷战,1945—
1966》从国际视角对 1947 年 10 月冲突爆发之前到 1966 年塔什干峰会期间
印度和巴基斯坦克什米尔争端进行研究,主张冲突的演变是由国际关注决
定的。⑤拉吉·库马尔的《查谟和克什米尔全史》简要介绍了查谟、克什米尔

① Rajkumar Singh, *Past*, *Present and Future of Kashmir*, New Delhi: Gyan Publishing House, 2008.

② Fida Mohammad Hassnain, *British Policy towards Kashmir 1846—1946*, Kashmir: Gulshan Books, 2009.

③ Shabir Choudhry, *Kashmir and the Partition of India: The Politicians and the Personalities Involved in the Partition of India, and Legal Position of Jammu and Kashmir State on 15th August 1947*, Saarbrücken: VDM Verlag Dr. Müller Gmbh & Co. KG, 2011.

④ Bhim Singh, *Jammu and Kashmir: The Blunders and Way Out*, New Delhi: Har-Anand Publications Pvt. Ltd., 2011.

⑤ Rakesh Ankit, *The Kashmir Conflict: From Empire to the Cold War, 1945—1966*, New York: Routledge, 2016.

和拉达克的史料,早期历史、哲学和文化的发展。①莱昂内尔·卡特选编的《克什米尔走向停火:1948年9月18日至12月31日来自南亚的英国官方报告》收录了376个文件(及附件),包括驻德里高级专员阿奇博尔德·奈和驻卡拉奇高级专员劳伦斯·格拉夫蒂-史密斯每月发往伦敦的关于一般局势评估报告的摘录。这些文献都关注正在恶化的印巴关系。②阿尔塔夫·侯赛因·帕拉的《现代克什米尔的形成:谢赫·阿卜杜勒与土邦的政治》追溯了现代克什米尔的根源及谢赫·阿卜杜勒在现代克什米尔形成中的作用,认为作为20世纪克什米尔最有影响的政治人物,谢赫·阿卜杜勒在克什米尔由一个王国转变为独立印度的一个邦的过程中起了至关重要的作用。该书也对独立前的一些重大事件进行了敏锐的分析,对克什米尔政治生活中的一些重要话题如穆斯林大会的成立、公民投票运动和克什米尔协定等进行了审视。③

有关博帕尔的专著:放弃王位继承权随丈夫移居巴基斯坦的阿比达·苏丹晚年有意写一部关于博帕尔的历史,在巴基斯坦当外交官的儿子沙哈尔亚尔·汗退休后,她将著述的任务交给儿子。沙哈尔亚尔·汗写成《博帕尔的贝格姆:王公印度中女性统治的王朝》,叙述了南亚次大陆第二大穆斯林土邦博帕尔由库德西亚·贝格姆、斯坎德尔·贝格姆、沙杰汉·贝格姆和苏丹·贾汉·贝格姆4位女性统治者连续统治107年的主要原因,女性王公维持王朝统治所面临的各种挑战及取得的成就。④

有关斋浦尔的论著:贾杜纳特·萨尔卡尔的《1503—1938年斋浦尔史》对詹姆斯·托德否定拉贾斯坦的观点进行了批判,主张斋浦尔在拉杰普特土邦中的优越地位。作者虽然在1940年完成了书稿,但是因拉杰普特人对拉杰普特与莫卧儿帝国关系比较敏感等原因未能正式出版,直到1984年才由拉古比尔·辛修订正式出版。⑤罗伯特·斯特恩的《猫与狮子:英国统治

① Raj Kumar, *A Complete History of Jammu and Kashmir State*, Delhi: Kalpaz Publications, 2018.

② Lionel Carter ed., *Towards a Ceasefire in Kashmir: British Official Reports from South Asia, 18 September—31 December 1948*, New York: Routledge, 2018.

③ Altaf Hussain Para, *The Making of Modern Kashmir: Sheikh Abdullah and the Politics of the State*, New York: Routledge, 2019.

④ Shaharyar M. Khan, *The Begums of Bhopal: A Dynasty of Women Rulers in Raj India*, London: I.B. Tauris & Co. Ltd., 2000.

⑤ Jadunath Sarkar, *A History of Jaipur c. 1503—1938*, revised and edited by Raghubir Sinh, Delhi, 1984.

时期的斋浦尔》探讨了 19 世纪初至 1948 年斋浦尔与英国的关系,为关于拉杰普特封建制的学术争论提供了一个视角。①安茹·苏里的《1818—1905 年英国在斋浦尔土邦的最高统治权》叙述了英国对斋浦尔最高统治权发展的历程。1818 年英属东印度公司将斋浦尔置于自己的保护之下,开始确立对斋浦尔的最高统治权。此后 40 年内,英属东印度公司通过政治驻扎官不断干预土邦内部事务。1858 年,维多利亚女王的诏令虽然承诺维持和尊重王公们的权利和尊严,但是帝国政府对斋浦尔和其他土邦内部事务的干预空前加强,寇松任总督时,英国政府对土邦内部事务的干预达到巅峰状态。②

有关其他一些土邦的论著:维贾亚拉杰·信地亚的《女王:瓜廖尔摩诃拉尼自传》简述了马哈达吉·信地亚、道拉特·信地亚、贾亚吉拉奥·信地亚等瓜廖尔摩诃罗阇的统治;叙述了维贾亚拉杰·信地亚与摩诃罗阇吉瓦吉拉奥·信地亚结婚,成为瓜廖尔摩诃拉尼;谈到瓜廖尔与印度合并及维贾亚拉杰·信地亚作为印度政治家的生活。③比卡内尔末代摩诃罗阇卡尔尼·辛格著有《1465—1949 年比卡内尔王室与中央政权的关系》。他提出,比卡内尔与莫卧儿帝国之间关系的建立,是因为比卡内尔统治者为了免受兄弟土邦焦特布尔的入侵、地方势力的掠夺行为及莫卧儿帝国认识到比卡内尔在巩固其领土中可能给予的帮助。在 18 世纪拉杰普特土邦之间的纷争因莫卧儿帝国衰败而加剧之前,比卡内尔一直发展较好。虽然会遭遇来自西边的劫掠及斋浦尔对其领地的挑战,但因比卡内尔处于塔尔沙漠之中,可免于向更强大的马拉塔国家纳贡。④乌代纳拉扬·阿迪卡里的《独立前印度土邦之间的社会与文化联系:特里普拉和曼尼普尔研究》探讨了 1700—1949 年间特里普拉和曼尼普尔的关系,介绍了影响两个土邦关系的重大事件,探究了特里普拉人和曼尼普尔人在特里普拉可以互信相处的主要原因。⑤兰吉特·库马尔·德的《印度社会—政治运动:特里普拉历史研究》阐

---

①　Robert W. Stern, *The Cat and the Lion*: *Jaipur State in the British Raj*, Leiden, 1988.

②　Anju Suri, *British Paramountcy in Jaipur State 1818—1905*, New Delhi: Manak Publications Pvt. Ltd., 2010.

③　Vijayaraje Scindia, *Princess*: *The Autobiography of the Dowager Maharani of Gwalior*, London: Century Hutchinson Ltd., 1985.

④　Karni Singh, *The Relations of the House of the Bikaner with the Central Powers 1465—1949*, New Delhi, 1974.

⑤　Udainarayan Adhikari, *Socio-Cultural Relations among States in Pre-Independence India*: *A Study of Tripura & Manipur*, New Delhi: Akansha Publishing House, 2010.

述了英属印度反对孟加拉分治与司瓦德西(自产)运动、全印民族运动对特里普拉所产生的影响;论述了社会团体和政党在特里普拉的成立及其活动、特里普拉共产党开展的武装斗争。①基什迪的《1919—1949 年曼尼普尔政治的发展》论述了 1919—1949 年曼尼普尔发生的重大政治事件,如加入拟议中的印度联邦问题、责任制政府运动等,附有《1935 年印度政府法》《曼尼普尔合并协定》等重要文献。②

国内学界对印度土邦的研究相对较少,相关论文主要有:王士录《印度历史上的土邦问题》(《史学月刊》1991 年第 6 期)、杨昌沅《试论英国殖民者在印度的土邦政策》(《中南民族学院学报(哲学社会科学版)》1992 年第 1 期)、吴宏阳《印度海德拉巴土邦政治经济发展变化初探》(《郑州大学学报(哲学社会科学版)》1997 年第 6 期)、谌焕义《论艾德礼政府的印度土邦政策》(《广西师范大学学报(哲学社会科学版)》2006 年第 4 期)、习罡华《英国撤离印度时的土邦政策—— 兼析克什米尔问题产生的法律背景》(《南亚研究》2007 年第 1 期)、李加洞《印度国大党与王公"土邦斯坦"的流产》(《安徽史学》2013 年第 2 期)、《印度王公在英印帝国时期受宠原因探析》(《内蒙古民族大学学报(哲学社会科学版)》2014 年第 1 期)、《英印帝国前印度土邦的形成及土邦模式研究》(《广西师范大学学报(哲学社会科学版)》2015 年第 2 期)和《退出印度前夕的英国殖民者与印度王公的消失》(《安徽史学》2015 年第 6 期)。

国内涉及印度土邦的著作主要有:林承节《殖民统治时期的印度史》(北京大学出版社 2004 年版)附录了"主要土邦概况"。谌焕义《英国工党与印巴分治》(社会科学文献出版社 2004 年版)论述了艾德礼政府的土邦政策,表明英国政府为了在和平统一的基础上实现权力的移交、避免南亚次大陆"巴尔干化",不惜"抛弃"土邦王公。已出版的有关土邦的专著只有李加洞的《王公印度之"兴"亡研究(1906—1947 年)》(内蒙古大学出版社 2014 年版)。该专著比较简略地叙述了印度土邦形成的过程,重点阐述了 20 世纪前半期印度土邦王公对一些重大历史事件所作的回应或在历史转折关头所作出的选择,叙述了土邦消亡的过程。

国内研究印度土邦问题的学位论文主要有:周红江的《19 世纪英国在

---

① Ranjit Kumar De, *Socio-Political Movements in India: A Historical Study of Tripura*, New Delhi: Mittal Publications, 1998.

② S. M. A. W. Chishti, *Political Development in Manipur 1919—1949*, Delhi: Kalpaz Publications, 2005.

印度间接统治制度》(北京大学 2004 年硕士学位论文)、李加洞的《英国对印度土邦的政策》(广西师范大学 2006 年硕士学位论文)、陈晓红《19 世纪英国对印度土邦政策的演变研究》(贵州师范大学 2017 年硕士学位论文)。

综上所述,中外学者对印度土邦的研究虽然取得很大成就,但是,真正将大多数土邦都纳入同一研究的成果还极其缺乏,最主要的原因在于560 多个土邦的历史及其发展差异巨大,内容也极其繁杂。客观上,各土邦留存的文献资料也很不完整。

本研究虽然试图将尽可能多土邦纳入,但是由于上述原因及自身研究能力有限,无法完全达成主观愿望。只是大致以英国对南亚次大陆的统治为主线,选取一些重要历史场景或历史事件,叙述印度土邦在这些场景中的表现或对事件作出的回应。第一章简要叙述在英国确立对印度殖民统治之前,26 个莫卧儿帝国建立前就已经存在和 20 个莫卧儿帝国时期新出现的独立和半独立国家的历史,说明独立或准独立的王国在南亚次大陆普遍存在。第二章描述英属东印度公司涉足南亚次大陆,征服各王国,最终确立对印度土邦最高统治权的过程。第三章叙述英属东印度公司兼并土邦的政策导致印度民族大起义,但绝大多数土邦王公在印度民族大起义中给予英属东印度公司以极大帮助,使其度过了危机。第四章叙述英王政府接管南亚次大陆统治权后与土邦王公的关系,英王承认土邦王公与英属东印度公司签订的条约,承诺永远放弃兼并土邦的政策,维护土邦王公的内政统治权。大多数土邦王公在两次世界大战中忠于英国,竭力支持英国的战争努力。第五章论述一些土邦王公对全印联邦方案由赞成到放弃的态度变化,分析导致这种变化的主要原因;简要论述桑格利、特拉凡科尔、博帕尔和迈索尔等最具代表性的土邦政治改革。第六章叙述英国撤离印度时土邦王公的抉择,在英国政府的建议和坚持下,绝大多数土邦王公选择加入印度或巴基斯坦自治领,只有海德拉巴、特拉凡科尔、克什米尔、博帕尔和朱纳格特 5 个土邦比较坚决要求独立。最后一章论述土邦加入印度和巴基斯坦,并最终与印度和巴基斯坦合并的过程,介绍印度和巴基斯坦在土邦加入与合并中所实施的政策。

第一章　印度土邦的历史渊源

"印度土邦"（Princely States，Native States，Indian States）是指承认英属东印度公司和英王最高统治权的印度王国、公国。大多数土邦王公①虽然被剥夺了外交权，但拥有完全的内政权，尽管其内政管理要接受英国人的监督。1947 年 8 月，英国人移交政权时，印度（包括整个南亚次大陆）大约有 562 个土邦，其中绝大多数土邦的历史都可以追溯到英国人确立对南亚的统治之前。

一、莫卧儿王朝建立前的重要王国

在历史上，即便在被视为强大的孔雀（Maurya）帝国、笈多（Gupta）帝国的统治时期，南亚次大陆都有很多势力比较大的地方王国。据阿拉哈巴德（Allahabad，即安拉阿巴德）铭文，沙摩陀罗笈多（Samudragupta）是印度历史上最伟大的征服者之一，曾经发动针对南印度的著名战役，征服了皮什塔普拉（Pishtapura）国王摩哂陀（Mahendra）、文耆（Vengi）国王哈斯蒂跋摩（Hastivarman）和甘吉布勒姆（Kanchipuram）国王毗湿奴瞿波（Vishnugopa）等 12 位南方国王和王公，不过在打败了这些国王之后，沙摩陀罗笈多释放了他们，并让他们复位。阿拉哈巴德铭文还列有孟加拉、阿萨姆、拉贾斯坦等地区的 14 个王国和部落以及 18 个温迪亚山脉中的"森林之

---

①　男性王公的称号主要有查特拉巴蒂（Chhatrapati）、尼扎姆（Nizam）、摩诃罗阇（Maharaja）、摩诃拉纳（Maharana）、摩诃拉奥（Maharao）、摩诃罗瓦尔（Maharawal）、摩诃罗瓦特（Maharawat）、罗阇（Raja）、摩汉特（Mahant）、摩诃塔尔（Mahatar）、纳瓦布（Nawab）、汗（Khan）、拉奥（Rao）、拉纳（Rana）、罗瓦尔（Rawal）、塔库尔（Thakur）、塔库尔萨赫布（Thakur Saheb）、米尔（Mir）、贾姆（Jam）、贾姆萨赫布（Jam Sahib）、萨达尔（Sardar）、德什穆克（Deshmukh）、萨朗贾姆达尔（Saranjamdar）、图姆（Thum）、谢赫（Sheikh）等；女性王公的称号主要有摩诃拉尼（Maharani）、拉尼（Rani）和贝格姆（Begum）。

国"。这些"边境王"和部落酋长只要向沙摩陀罗笈多缴纳贡赋、甘愿服从他的命令、向他朝觐以示顺从,就可以照样统治自己的领地。①

在1526年穆罕默德·巴布尔(Muhammad Babur)建立莫卧儿王朝之前,南亚次大陆就存在很多独立的王国,国王享有对领土的统治权。有些王国依附于南亚次大陆的强大朝廷,承认其宗主地位,接受其封赐,尽一些附属国的义务,而有些王国与强大王朝没有多大关系,甚至不接受任何约束。以下大致按照建国的先后顺序简要叙述莫卧儿王朝建立前就存在的26个较大王国到英国人确立对南亚次大陆统治前后的历史。

1. 古　卢

古卢(Kullu)的北边和东边是拉达克(Ladakh)和中国西藏,南邻布萨尔(Bashahr)、坎尼蒂(Khaneti)、古姆哈尔森(Kumharsain)和桑格里(Sangri),西邻苏克特(Suket)、门迪(Mandi)、班格哈尔(Bhangahal)和昌巴(Chamba)。

贝汉加曼尼·帕尔(Behangamani Pal)是古卢的第一个国王。鲁达尔·帕尔(Rudar Pal)在位时,古卢臣服于斯比蒂(Spiti)王国。大约680年,桑萨尔·帕尔(Sansar Pal)在位时,斯比蒂王国遭到吐蕃入侵,最后一位森氏国王切特·森(Chet Sen)被降为吐蕃统治者的一个封地持有者。②7、8世纪以后,古卢先后处在昌巴和苏克特的统治之下。乌齐特·帕尔(Uchit Pal)在位时,古卢臣服于拉达克王国,一直到17世纪,还向拉达克缴纳贡金。

16世纪初,古卢遭到克什米尔的入侵,古卢王公家族可能被降为札吉达尔。1637年,贾格特·辛格(Jagat Singh)即位,很快巩固了他的王国,在门迪王公帮助下,征服小王国拉格(Lag),并与门迪瓜分了它。贾格特·辛格将苏丹布尔(Sultanpur)作为首都。贾格特·辛格有三个儿子,长子在战斗中阵亡,最小的儿子去了德里,可能是去充当土邦的人质,在他1672年去世时,次子比迪·辛格(Bidhi Singh)继承王位。比迪·辛格将版图向南扩张到萨特莱杰河,推进到拉胡尔(Lahul),并将古卢从拉达克解放出来,夺取

①　[德]赫尔曼·库尔克等著:《印度史》,王立新等译,中国青年出版社2008年版,第102—104页。

②　Mark Brentnall, *The Princely and Noble Families of the Former Indian Empire*, *Vol.1*, New Delhi: Indus Publishing Company, 2004, p.335.

了布萨尔大量领土。①

1688—1719年罗阇曼·辛格(Man Singh)在位时期,古卢达到鼎盛。曼·辛格入侵布萨尔,再次获得大片领土,确定了古卢和拉达克的边界,征服了拉胡尔和斯比蒂,从塔库尔家族获得了桑格里,迫使果德格尔(Kotgarh)、古姆哈尔森和巴尔尚(Balsan)称臣纳贡。1719年,曼·辛格去世时,古卢的领土面积达到26 000平方千米。②此后,古卢因王位继承问题发生内讧和叛乱,走向衰落,多次遭到锡克人的入侵和洗劫。比克拉姆·辛格(Bikram Singh)1806年即位之初,门迪入侵古卢,夺取了几个边境城堡。1810年,锡克军队推进到古卢河谷,古卢满足了他们的贡金要求。3年后,锡克人再次要求古卢支付贡金,在遭到拒绝后,锡克军队入侵古卢,抢劫了首都,在掠夺了大量财物后撤离。

1839年,锡克人决心吞并古卢,将王公阿吉特·辛格(Ajit Singh)囚禁起来。1840年,阿吉特·辛格逃到英国人保护下的桑格里,古卢处在锡克人的控制之下。1841年9月,阿吉特·辛格去世。1846年,第一次英锡战争结束时,包括古卢领土在内的萨特莱杰河与印度河之间的山区都被割让给英国人。

2. 冈　格　拉

冈格拉(Kangra)是一个创建于5世纪的古老王国。在穆斯林入侵前数个世纪,冈格拉是个幅员辽阔的国家,其领土包括从拉维河两岸的高山地区到贾朗达尔平原地区。穆斯林入侵后,南部领土丧失,王国退缩到山区,冈格拉成为首都。1170年,王公帕达姆·昌德(Padam Chand)的弟弟普拉布·昌德(Purab Chand)带着家人到霍希亚布尔(Hoshiarpur)地区的贾斯万登建立自己的王国。

贾雅·钱德拉(Jaya Chandra)在位时,王国繁荣。以后至普利色毗·钱德拉(Prithvi Chandra)的5个王公都致力于抵抗穆斯林的入侵。1193年,穆斯林征服了德里王国。穆罕默德·图格拉克(Muhammed Tughlak)的军队曾攻占冈格拉城堡。图格拉克王子纳西尔-乌德-丁(Nasir-ud-din)在失宠于父王菲罗兹·沙(Firoz Shah)后逃到北方,最先到

---

① Adrian Sever, *Rajwadas: The Indian Princely States*, *Vol.2*, Delhi: B.R. Publishing Corporation, 2012, p.381.

② Mark Brentnall, *The Princely and Noble Families of the Former Indian Empire*, *Vol.1*, New Delhi: Indus Publishing Company, 2004, p.337.

西尔木尔(Sirmur),后来到冈格拉,受到王室欢迎。1390年,他继承图格拉克王位时,冈格拉罗阇桑格拉·昌德(Sangara Chand)在场。

1390年,麦格·昌德(Megh Chand)继承冈格拉王位。1405年,哈里·昌德一世(Hari Chand I)即位。他喜欢狩猎,有一次打猎时从马上跌入枯井,失踪20多天,待获救回到宫廷时,发现弟弟卡拉姆·昌德(Karam Chand)已被立为王。经过谈判,弟弟依然留在冈格拉为王,他则建立了古勒尔(Guler)王国。

1556年2月,罗阇达尔姆·昌德(Dharm Chand)在努尔布尔(Nurpur)向莫卧儿皇帝阿克巴一世(Akbar I)俯首称臣。罗阇比蒂·昌德(Bidhi Chand)发动叛乱,反对莫卧儿皇帝的宗主地位,但很快被镇压,王子特里洛克·昌德(Trilok Chand)被送到德里作为人质。1612年,哈里·昌德二世即位。1620年,冈格拉堡被莫卧儿皇帝贾汉吉尔(Jahangir)攻占,直到1783年落入锡克人之手,冈格拉堡一直处于莫卧儿帝国控制之下。哈里·昌德二世继续开展对莫卧儿帝国的游击战争,直到他最终被俘,并于1627年被处决。随后即位的昌达尔班·昌德(Chandarbhan Chand)继续抵抗莫卧儿人,直至1660年被俘。

历经8位罗阇统治之后,1751年,加曼·昌德(Ghamand Chand)被冈格拉贵族推举为罗阇。他趁莫卧儿帝国内乱之机收复了冈格拉在平原以北的领土。1758年,他被阿富汗国王任命为贾朗达尔河间地总督,管理萨特莱杰河与拉维河之间的山区王国。后来,他吞并了库特勒哈尔(Kutlehar)和昌巴的部分领地。到1774年加曼·昌德去世时,冈格拉版图达到最大的限度。

1775年,加曼·昌德的孙子桑萨尔·昌德二世即位。他致力于增加冈格拉的财富、领土和声望,在很短的时间内,打败了昌巴王公,废黜了门迪王公,吞并了库特勒哈尔。1803年,他又把注意力转向比拉斯布尔(Bilaspur)。比拉斯布尔王公与山区各土邦王公联合,招来廓尔喀人。1805年,在阿玛尔·辛格(Amar Singh)的指挥下,廓尔喀人入侵并彻底摧毁了冈格拉,令其他山区各土邦王公十分惊慌。1809年,冈格拉王公在绝望中向锡克人求救。8月,锡克人向廓尔喀人发起进攻,廓尔喀军队很快败退,冈格拉城堡又陷入锡克人之手。罗阇桑萨尔·昌德二世伤心而颓废地回到自己在蒂拉-苏贾布尔(Tira-Sujanpur)的领地。

1827年,罗阇阿尼鲁德·昌德(Anirudh Chand)因不同意将妹妹嫁给查谟(Jammu)王公迪安·辛格(Dhian Singh)的儿子希拉·辛格(Hira Singh),在听说查谟王公派军队来强娶时,带着家人渡过萨特莱杰河,来到英国人的领地。①阿尼鲁德·昌德的叔叔法塔赫·昌德(Fateh Chand)欢迎锡克王公兰吉特·辛格(Ranjit Singh),并将自己的女儿嫁给了他。第一次英锡战争结束时,萨特莱杰河与印度河之间的所有山地土邦都处于英国人的管辖之下。

1846年3月9日缔结的条约将前冈格拉的领土割让给英国人。英国对冈格拉的政策与对其他山地土邦的政策有所不同。在对廓尔喀人的战争后,英国人恢复了所有山地王公的地位,但是,在对锡克人的战争后,英国人没有恢复冈格拉王公的地位,这引起冈格拉王公继承人的不满。他加入贾斯万(Jaswan)和达德尔布尔(Datarpur)反叛英国人的行列,结果,英国人迅速平息了叛乱,将这些王公押送到阿尔莫拉(Almora)囚禁起来。1851年,罗阇阿尼鲁德·昌德的小儿子去世,卡托奇王朝的直系绝嗣。此后,尽管英国人授予"罗阇"或"摩诃罗阇"的头衔,但这只是一种个人荣誉。

3. 乌 代 布 尔

乌代布尔(Udaipur)的面积为32 870平方千米,北邻沙赫布勒(Shahpura),西邻焦特布尔(Jodhpur)和锡罗希(Sirohi),南邻栋格尔布尔(Dungarpur)、班斯瓦拉(Banswara)和帕塔格尔(Partabgarh),东邻瓜廖尔(Gwalior)、本迪(Bundi)和科塔(Kotah)。其统治者的家系可以追溯到阿约提亚(Ajodhya)国王伊克斯瓦库(Ikshvaku)。在拉杰普特王公中,乌代布尔王公家族拥有最高地位。摩诃拉纳拥有"印度的太阳"(Hinduan Suraj)的头衔,印度教徒视为罗摩(Rama)的代表。②据当地编年史记载,罗摩之子库萨(Kusha)的后代格纳克·森(Kanak Sen)从阿约提亚迁居古吉拉特,144年左右在巴拉比(Balabhi)建立都城。

734年,巴帕(Bappa)成为奇图尔(Chittor)的主人,采用"罗瓦尔"头衔,建立梅瓦尔(Mewar)王国。栋格尔布尔、班斯瓦拉、帕塔格尔和沙赫布勒都是从梅瓦尔王国演化出来的。朋斯拉(Bhonsle)和希瓦吉(Shivaji)家族都是乌代布尔王族的后代。753年,巴帕去世。人们对此后4个多世纪乌代布尔的历史没有清楚的了解,大约40个国王先后统治了乌代布尔。③

---

① Mark Brentnall, *The Princely and Noble Families of the Former Indian Empire*, Vol.1, New Delhi: Indus Publishing Company, 2004, pp.312—315.

② C.U. Aitchison, *A Collection of Treaties*, *Engagements and Sanads Relating to India and Neighbouring Countries*, Vol.III, Calcutta, 1932; reprint, 1973, p.9.

③ Markand Nandshankar Mehta & Manu Nandshankar Mehta, *The Hind Rajasthan or The Annals of the Native States of India*, Part I A, New Delhi: Mehra Offset Press, 1979, p.150.

1274—1284 年,萨马尔·辛格(Samar Singh)在位。随后即位的是拉坦·辛格一世(Ratan Singh I)。德里苏丹阿拉-乌德-丁·基尔吉(Alauddin Khilji)围攻奇图尔,被围攻 6 个月后,拉坦·辛格一世阵亡。征服者将奇图尔交给自己的儿子基兹尔·汗(Khizr Khan),以他的名字将奇图尔改名为基兹拉巴德(Khizrabad)。拉坦·辛格一世的继任者卡兰·辛格一世(Karan Singh I)在位时,梅瓦尔遭到门多尔(Mandor)拉纳莫格尔·辛格(Mokal Singh)入侵。卡兰·辛格一世委派长子马胡普·辛格(Mahup Singh)抵抗入侵者,马胡普·辛格失败后,卡兰·辛格一世将抵抗侵略者的任务交给小儿子拉胡普·辛格(Rahup Singh)。拉胡普·辛格很快打败莫格尔·辛格,并将他俘虏。因此,拉胡普·辛格被宣布为乌代布尔王位继承人,获得"拉纳"头衔。他的哥哥马胡普·辛格则离开梅瓦尔,征服了后来成为栋格尔布尔的领土,称"罗瓦尔"①。

随后 6 个国王都在收复奇图尔的战斗中牺牲。拉纳布万·辛格(Bhuvan Singh)一度收复奇图尔。1326 年,穆罕默德·本·图格拉克(Muhammad bin Tughluk)围攻奇图尔,拉纳拉克斯曼·辛格(Lakshman Singh)和他 7 个儿子都在防守中阵亡。他最小的儿子阿贾伊·辛格(Ajai Singh)因事先送到远离奇图尔的地方才活了下来,继承了王位。阿贾伊·辛格去世后,其侄子哈米尔·辛格一世(Hamir Singh I)继任拉纳。

穆罕默德·本·图格拉克攻占奇图尔后任命贾洛尔(Jalore)罗阇马尔代奥(Maldeo)为奇图尔总督。哈米尔·辛格一世娶马尔代奥的女儿为妻。哈米尔·辛格一世正是通过妻子才得以重新占领奇图尔格尔。穆罕默德·本·图格拉克率领大军欲收复奇图尔堡,却被打败和俘虏,在交了一大笔赎金和割让了几个地区后才获释。

1364 年,哈米尔·辛格一世去世,谢特拉·辛格(Kshetra Singh)继任拉纳。此后一个半世纪,乌代布尔军队强大,国家繁荣。1382—1421 年,拉克什·辛格(Laksh Singh)在位时,在贾瓦尔(Jawar)发现了铅和银,收益用于重建寺庙和宫殿,修筑大坝等。

1433 年,3 岁的古姆巴·辛格(Kumbha Singh)继任拉纳,他长大后成为著名的军事战略家,打败马尔瓦的马哈茂德·基尔吉(Mahmud Khilji),将后者囚禁在奇图尔堡 6 个月。他还打败了古吉拉特苏丹库特卜-乌德-丁

---

① Adrian Sever, *Rajwadas: The Indian Princely States*, *Vol. 2*, Delhi: B. R. Publishing Corporation, 2012, p.512.

(Sultan Kutb-ud-din)。随后两任拉纳是乌代·辛格(Udai Singh)和拉伊·马尔(Rai Mal)。

1508 年,桑格拉姆·辛格一世(Sangram Singh I)继任拉纳,乌代布尔进入鼎盛时期。1527 年,莫卧儿帝国的创建者巴布尔率领军队与拉杰普特军队在卡瑙(Khanua)进行了一场激烈的战斗,帝国的军队无法抵抗拉杰普特人凶猛的进攻,惨遭重大损失。同年,巴布尔发起新的进攻,拉杰普特贵族萨勒迪(Salehdi)率领 3.5 万骑兵叛变,命运的天平便倾向了莫卧儿。桑格拉姆·辛格一世身受重伤,躲进了山林中,仆人所下毒药使他未能实现复仇的梦想。

1567 年,乌代布尔遭到莫卧儿皇帝阿克巴一世的入侵。乌代·辛格得悉阿克巴一世入侵的消息后离开奇图尔,撤到山区。留在奇图尔的梅瓦尔军队虽然进行了英勇抵抗,给莫卧儿军队以沉重打击,但奇图尔最终还是沦陷了。1568 年,乌代·辛格修筑乌代萨格尔(水库),土邦首府"乌代布尔"建在离水库不远的地方。

1572 年,普拉塔普·辛格一世(Pratap Singh I)即位,发现自己几无可治理之地,只有没有树立其权威的都城。他多次进攻阿克巴的军队,但都遭到失败。1597 年即位的阿玛尔·辛格一世虽然也不承认德里皇帝的统治权,但是他的抵制都以失败告终。他授权王位继承人卡兰·辛格与莫卧儿皇帝贾汉吉尔缔结和约。1620 年卡兰·辛格二世即位后,乌代布尔的境况有所改善。莫卧儿王子穆罕默德·胡拉姆(Muhammad Khurram,未来的皇帝沙·贾汉)与父亲贾汉吉尔不和时还曾寻求乌代布尔王公的保护。①

1657 年,沙·贾汉皇帝身患重病,王位继承战争随即展开。摩诃拉纳拉杰·辛格一世(Raj Singh I)支持当时以宗教宽容和开明著称的达拉·舒科(Dara Shukoh)。1659 年 8 月,达拉·舒科被处决后,拉杰·辛格一世宣布撤销对德里的效忠,不征求莫卧儿朝廷的意见,自行处理王国的任何事务。奥朗则布(Aurangzeb)即位后宣布对印度教徒征收人头税,这个法令遭到了拉杰·辛格一世的强烈反对。奥朗则布决定教训一下乌代布尔王公。拉杰·辛格一世组织起精锐部队,因担心兵力少于奥朗则布,便决定智取。他一遇到奥朗则布的军队就佯装撤退,将敌人吸引到峡谷,杀死了大多

---

① Arnold Wright, *Indian States*: *A Biographical*, *Historical*, *and Administrative Survey*, London, 1922; New Delhi: Asian Educational Services, 2006, p.124.

数后,追击残兵至德里城门口。

1710—1734 年桑格拉姆·辛格二世在位时,莫卧儿帝国衰败,乌代布尔得到高度发展,收复了以前丧失的大部分领土。但是此后,乌代布尔遭到势力特别强大的马拉塔人和瓜廖尔的进攻,丧失了很多领土,力量大大减弱。

1734—1751 年,贾格特·辛格二世在位。马拉塔实力强势增长。莫卧儿皇帝穆罕默德·沙(Muhammad Shah)将帝国税收的四分之一交给马拉塔人,从而为臣服于马拉塔人的所有领土开启了类似要求的大门。1736年,贾格特·辛格二世与巴吉·拉奥佩什瓦缔结条约,同意交付四分之一的收入给佩什瓦(Peshwa,相当于马拉塔帝国总理)。

贾格特·辛格二世去世后,普拉塔普·辛格二世、拉杰·辛格二世、阿里·辛格二世和哈米尔·辛格二世先后继任摩诃罗阇。马拉塔人不断袭击和勒索乌代布尔。贵族们结成一伙,要废黜阿里·辛格二世,立据说是拉杰·辛格遗腹子的拉坦·辛格为摩诃罗阇。按照计划,他们向信地亚求助。信地亚在 1769 年乌贾因战役打败阿里·辛格二世,在勒索了一大笔赎金后才解除对乌代布尔的围攻。一半赎金以硬币支付,其余以贾瓦德(Jawad)、吉兰(Jiran)和尼默杰(Nimach)为抵押。不久,信地亚将拉纳的官员从这些领土上赶走,将它们置于自己的控制之下。1771 年,戈德沃尔地区也被霍尔卡夺走。

1778—1828 年,比姆·辛格(Bhim Singh)在位。在他统治的大部分时间内,他的领土遭到信地亚、霍尔卡和阿米尔·汗等的军队入侵,变得一片荒凉,而他的贵族们也在抢占王室领地。斋浦尔王公和焦特布尔王公为争夺摩诃拉纳的女儿而进行的持久的战争进一步加剧了乌代布尔的萧条。

4. 昌 巴

昌巴是印度最古老的王国之一,6 世纪中叶建国。北边和西边与查谟和克什米尔接壤,东邻拉达克、拉博尔(Laboul),南邻冈格拉和古尔达斯布尔(Gurdaspur)。王公属于苏拉杰旺斯族(Surajvansi)拉杰普特人。第一个真实可信的王公是罗阇马鲁(Raja Maru),据说他是《罗摩衍那》(Ramayana)中的英雄罗摩之子库萨的后代,通过征服恒河上游众多小酋长国而获得大量领土。

早期最著名的统治者是 920 年即位的萨希拉·瓦尔马(Sahilla Varma)。

他将拉维河下游地区的很多小王国置于自己的统治之下,修建了以他女儿昌巴瓦蒂(Champavati)命名的昌巴城。①1559年,普拉塔普辛格·瓦尔马(Pratapsingh Varma)继任昌巴罗阇,他打败了冈格拉并夺取了它的一些领土。瓦尔马是莫卧儿皇帝阿克巴同时代的人,他在位期间,大多数喜马拉雅山区国家都臣服于莫卧儿帝国,昌巴也不得不将一部分领土让给莫卧儿帝国。②

1580年,莫卧儿帝国夺取了昌巴的里鲁(Rihlu)。1589年,巴拉巴德拉·瓦尔曼(Balabhadra Varman)即位。他是一个非常虔诚的教徒,将众多领土和土邦的资金用于修建寺庙和供养寺庙神职人员,以致昌巴濒临破产。于是,其子贾纳丹·辛格(Janardan Singh)任摄政。1623年,努尔布尔罗阇贾加特·辛格谋害贾纳丹·辛格,并占领其宫殿。贾纳丹·辛格的儿子普利色毗·辛格(Prithvi Singh)被秘密送到门迪,直到他成年。1641年,贾加特·辛格与莫卧儿皇帝沙·贾汉之间的纷争很激烈,耐心等待时机的普利色毗·辛格在门迪王公和苏克特王公的支持下继承祖父的王位,收复了昌巴。③1644—1690年在位的查塔尔·辛格(Chattar Singh)在巴苏利(Basoli)和古勒尔的帮助下抵制莫卧儿帝国的渗透。1750年,王公乌麦德·辛格(Umed Singh)收复被莫卧儿夺走的里鲁,完全摆脱了莫卧儿帝国的控制。

1764年5月继任罗阇的拉杰·辛格大肆扩张,1778年吞并班格哈尔,1783年吞并珀达尔瓦(Bhadharwah),1785年吞并吉什德瓦尔(Kishtwar)。在英国人发动对锡克人的战争时,昌巴处在英国人的保护之下,同时,珀达尔瓦被割让给查谟。在1857年起义中,昌巴支持英国人。1863年,昌巴的局势十分糟糕,罗阇斯利·辛格(Shri Singh)不得不请求旁遮普政府任命一个英国官员作为土邦的主管。于是,布莱尔·里德(Blair Reed)上校被任命为昌巴的驻扎官。④

5. 比 拉 斯 布 尔

比拉斯布尔横跨萨特莱杰河,其北边是门迪,东边是门格尔(Mangal)和

---

① ③ Arnold Wright, *Indian States*, New Delhi: Asian Educational Services, 2006, p.525.

② Adrian Sever, *Rajwadas: The Indian Princely States*, *Vol. 2*, Delhi: B.R. Publishing Corporation, 2012, p.362.

④ Mark Brentnall, *The Princely and Noble Families of the Former Indian Empire*, *Vol.1*, New Delhi: Indus Publishing Company, 2004, p.67.

苏克特,西边是英属印度管区,南边是纳拉格尔(Nalagarh)和巴格尔(Baghal),面积1 174平方千米。大约697年,格哈尔·昌德(Kahal Chand)创建比拉斯布尔国家。比尔·昌德(Bir Chand)征服了15个邻近的小王国,但是他的扩张遭到西尔木尔罗阇的遏制。①

1057年,格哈尔·昌德的11代后裔格恩·昌德(Kahn Chand)即位。他征服欣杜尔(Hindur),并将它给予自己的次子苏吉特·昌德(Sujit Chand)。苏吉特·昌德以此建立纳拉格尔国家。格恩·昌德去世后,阿吉特·昌德(Ajit Chand)、乌代·昌德、迪利普·昌德(Dilip Chand)、桑格尔·昌德(Sangar Chand)先后继任罗阇。桑格尔·昌德的儿子梅格·昌德(Megh Chand)因其臣民起义而不得不逃亡。1518—1555年在位的吉安·昌德(Gyan Chand)因与锡尔欣德总督发生争执并被打败,不得不皈依伊斯兰教。其子比卡拉姆·昌德(Bikram Chand)退位,让位给儿子苏丹·昌德(Sultan Chand)。1653年即位的迪普·昌德(Dip Chand)因帮助莫卧儿皇帝奥朗则布进攻阿图克(Attock),获得皇帝的特许令(sanad,或译为"萨纳德"),封他为古卢、冈格拉、门迪、苏克特等22个小王国的宗主,不过,在从阿图克返回比拉斯布尔途中,他被冈格拉罗阇毒死。年仅14岁的比姆·昌德(Bhim Chand)继任罗阇,挫败得到冈格拉支持、企图夺取罗阇之位的酋长,打败布萨尔和门迪罗阇,联合锡克教古鲁戈文德·辛格(Govind Singh),打败莫卧儿帝国在冈格拉的政府。1692年,比姆·昌德退位,作为苦修者度过余生十多年时光。②

他儿子阿杰梅尔·昌德(Ajmer Chand)在位40多年,征服了巴格尔、伯格哈特(Baghat)、盖翁塔尔(Keonthal)、比贾(Beja)、门格尔、伯杰吉(Bhajji)、梅洛格(Mehlog)、达米(Dhami)、古塔尔(Kuthar)、古尼哈尔(Kunihar)、巴尔尚和尼赫拉(Nehra)等王国,使它们称臣纳贡。德维·昌德(Devi Chand)在位的1745年,所有这些王国都进贡数千卢比,但到摩诃·昌德(Maha Chand)在位的1790年,只有门格尔继续承认比拉斯布尔的宗主权。③

1815年3月6日,英属东印度公司颁发给摩诃·昌德的特许令只承认

①② Adrian Sever, *Rajwadas*: *The Indian Princely States*, *Vol.2*, Delhi: B.R. Publishing Corporation, 2012, p.361.

③ Mark Brentnall, *The Princely and Noble Families of the Former Indian Empire*, *Vol.1*, New Delhi: Indus Publishing Company, 2004, p.51.

他对萨特莱杰河东边领土的统治权。①1839年,格拉克·昌德(Kharak Chand)去世,贾格特·昌德(Jagat Chand)即位。1847年10月21日,英属东印度公司颁发特许令,将萨特莱杰河西边的领土归还给比拉斯布尔。②

6. 瓜 廖 尔

瓜廖尔的北边以昌巴尔河为界,与陶尔布尔(Dholpur)、格劳利(Karauli)和斋浦尔(Jaipur)隔河相望,东边是英属印度联合省的贾劳恩(Jalaun)和占西(Jhansi)、中央省的萨格尔(Saugor)地区,南边是博帕尔(Bhopal)、基尔奇布尔(Khilchipur)和拉杰格尔(Lajgarh)、栋格(Tonk),西边与恰勒瓦尔(Jhalawar)、栋格和科塔相邻,面积64 856平方千米。

最早的瓜廖尔王国建于10世纪,后来被德里素丹国吞并。1528—1731年间,瓜廖尔由莫卧儿帝国统治。瓜廖尔信地亚王朝的创立者是拉诺吉·信地亚(Ranoji Scindia)。1726年,拉诺吉·信地亚与印多尔(Indore)王国的创立者马尔哈·拉奥·霍尔卡(Malhar Rao Holkar)都获得佩什瓦授权,在马尔瓦征收地税。拉诺吉将乌贾因(Ujjain)古城作为他的指挥部,这里最终成为瓜廖尔的首府。1745年7月,拉诺吉·信地亚去世,其子贾亚帕拉奥·信地亚(Jayapparao Scindia)继承他的领地。1755年,贾亚帕拉奥被杀,其年仅10岁的儿子贾恩科吉拉奥一世·信地亚(Jankojirao I Scindia)继位。1761年,在第三次巴尼伯德(Panipat)战役中,贾恩科吉拉奥一世被俘并被处决。其后两年,信地亚王朝没有王公。

1763年11月,卡达尔吉拉奥·信地亚(Kadarjirao Scindia)被任命为摩诃罗阇。1764年7月,马纳吉拉奥·信地亚(Manajirao Scindia)成为瓜廖尔第五任摩诃罗阇。1768年1月,马哈达吉·信地亚(Mahadaji Scindia)即位。1772年,佩什瓦马塔瓦拉奥一世(Madhavrao I)去世,在随后进行的斗争中,马哈达吉·信地亚利用每一个机会增强自己的实力并扩大领地。1775年,佩什瓦拉古纳特·拉奥(Raghunath Rao)寻求英国人的保护,在苏拉特签订条约,英国人答应帮其夺回佩什瓦之位,但没有履行诺言。

1782年5月,马拉塔帝国的代表与英属东印度公司签订《萨尔巴伊条约》(Treaty of Salbai),英国人一方面承认马塔瓦拉奥二世为马拉塔佩什

---

① C.U. Aitchison, *A Collection of Treaties*, *Engagements and Sanads*, *Vol. I*, pp. 315—316.

② Ibid., pp. 318—319.

瓦;另一方面承认马哈达吉·信地亚对亚穆纳河以西领土的统治权。①条约的签订一方面使英国成为印度和平的仲裁者,缔约的双方实际上承认了英国的最高宗主地位;另一方面使瓜廖尔被承认为一个独立的王国,而不是佩什瓦的附庸国。马哈达吉·信地亚充分利用英国人的中立政策确立自己在北印度的霸主地位。在法国士兵伯努瓦·德布瓦涅(Benoit de Boigne)帮助下,马哈达吉·信地亚将自己的正规军队由2个步兵营扩充到3个旅。凭借这支军队,他先后在拉尔索德(Lalsot)、帕坦和梅尔达(Merta)打败拉杰普特人,在拉凯里(Lakheri)打败印多尔的军队,在阿格拉打败莫卧儿帝国的军队,控制了莫卧儿帝国皇帝沙·阿拉姆(Shah Alam),使势力达到鼎盛。②

7. 西 尔 木 尔

西尔木尔是旁遮普山区最大的土邦之一,面积达2 827平方千米。王公属于普拉卡什(Prakash)家族。普拉卡什家族应来自杰伊瑟尔梅尔(Jaisalmer)、欲创建自己的王国的比拉斯布尔统治者的邀请,来到西尔木尔。12世纪,他们卷入西尔木尔的内战,最终夺取权力,迫使罗阁巴拉克·昌德(Balak Chand)逃往北方。巴拉克·昌德家族最终在朱尔(Jubbal)定居下来,成为朱巴尔王国的王公家族。普拉卡什家族统治者从格尔瓦尔(Garhwal)统治者手中夺取了大量领土,使西尔木尔的领土得到扩张。

罗阁苏拉杰·普拉卡什(Suraj Prakash)征服了周边的朱巴尔、巴尔尚、古姆哈尔森、贡德(Ghund)、塞里(Sairi)、罗温格尔(Rawingarh)和果德凯(Kotkhai)等王国。1621年,罗阁格尔姆·普拉卡什(Karm Prakash)建立首都纳亨(Nahan)。罗阁门达塔·普拉卡什(Mandhata Prakash)应邀参加沙·贾汉皇帝的将军格里尔-乌拉赫(Khalil-ullah)入侵格尔瓦尔的行动,作为对其帮助的回报,1655年,他的继承人索伯格·普拉卡什(Sobhag Prakash)获得戈达哈(Kotaha)的领地。罗阁索伯格·普拉卡什参与奥朗则布针对格尔瓦尔的军事行动,皇帝赐给他台拉登(Dehra Dun)附近的格拉格尔(Kalagarh)管区。这个地方即使在英国人统治时期都是王公的私人财产。③

---

① C.U. Aitchison, *A Collection of Treaties*, *Engagements and Sanads*, Vol.VII, pp.39—43.

② Adrian Sever, *Rajwadas*: *The Indian Princely States*, Vol.1, Delhi: B.R. Publishing Corporation, 2012, p.254.

③ Mark Brentnall, *The Princely and Noble Families of the Former Indian Empire*, Vol.1, New Delhi: Indus Publishing Company, 2004, pp.22—23.

1754—1770 年在位的基拉特·普拉卡什（Kirat Prakash）打败格尔瓦尔罗阇，占领纳林格尔（Naraingarh）、摩尼（Morni）及其他锡克人的领土。基拉特·普拉卡什与伯蒂亚拉（Patiala）罗阇阿玛尔·辛格缔结同盟，帮助他镇压反叛的瓦吉尔。他也与格鲁尔（Kahlur）罗阇缔结防卫联盟，抵抗罗希拉罗阇的入侵；帮助格尔瓦尔罗阇抵抗廓尔喀人的侵略。①

1793—1803 年，格拉姆·普拉卡什（Karam Prakash）在位时，其近臣阿吉布·辛格（Ajib Singh）、普雷姆·辛格（Prem Singh）等发动叛乱，罗阇出逃。格拉姆·普拉卡什虽然在廓尔喀人的帮助下平息了叛乱，但西尔木尔落入廓尔喀人的控制之下。戈达哈、兰格尔（Ramgarh）、拉克罕布尔（Lakhanpur）、摩尼、贾格塔尔（Jagatarh）等附属国宣布取消对西尔木尔的效忠。格拉姆·普拉卡什最初被流放到萨巴图（Sabathu），后来被赶走，最后在布里亚（Buria）定居下来。正是在那里，罗阇夫人向英国人求助。

拉尼的求助适逢 1814 年英属东印度公司对尼泊尔宣战。英属东印度公司派出一支军队，将廓尔喀人赶出西尔木尔。1815 年，英属东印度公司与尼泊尔签订条约，兼并了朱木拿（Jumna）河以东、包括戈达哈在内的所有领土，格拉姆·普拉卡什年幼的儿子法塔赫·普拉卡什（Fateh Prakash）被扶上罗阇宝座。英国人颁发特许令，承认法塔赫·普拉卡什及其继承人的统治权。②因罗阇年幼，由其母亲古勒里（Guleri）摄政。直到 1827 年，法塔赫·普拉卡什才从英国人手中获得完全统治权。③他着手消除导致王国衰落的缺点，实行财政等方面的改革，不仅恢复了王国的和平与秩序，而且使势力大大增强。1838 年和 1845 年，罗阇先后派出军队，帮助英国人进攻阿富汗人和锡克人。④此后，罗阇和英国人一直保持着友好关系。

8. 特拉凡科尔

特拉凡科尔（Travancore）的前身是印度教王国韦纳德（Venad）。与它一样的沿海王国还有卡利卡特（Calicut）和坎南诺尔（Cannanore）。11 世纪末，韦纳德是第二车腊（Chera）王国实力最强的公国。1096 年，朱罗人

①　Adrian Sever, *Rajwadas: The Indian Princely States*, Vol. 2, Delhi: B. R. Publishing Corporation, 2012, p.397.

②　C. U. Aitchison, *A Collection of Treaties*, *Engagements and Sanads*, Vol. I, p.306.

③　Arnold Wright, *Indian States*, New Delhi: Asian Educational Services, 2006, p.638.

④　Mark Brentnall, *The Princely and Noble Families of the Former Indian Empire*, *Vol. 1*, New Delhi: Indus Publishing Company, 2004, p.24.

(Cholas)入侵韦纳德导致戈勒姆(Kollam,即现在的奎隆)的毁灭。车腊的首都摩诃达耶布勒姆(Mahodayapuram)被朱罗人攻占后,车腊国王罗摩·瓦尔马(Rama Varma)将都城迁到戈勒姆。这样,车腊王朝的最后一位国王罗摩·瓦尔马可能是韦纳德王室的奠基人。车腊国王的头衔"族顶"(Kulasekhara,即"国王")一直由韦纳德的统治者保留着。因此,12世纪第二车腊王朝的结束标志着韦纳德的独立。戈戴·克拉拉·瓦尔马(Kodai Kerala Varma)、乌达亚·马尔坦达·瓦尔马(Udaya Martanda Varma)、拉维·克拉拉·瓦尔马(Ravi Kerala Varma)、维拉·马尔坦达·瓦尔马(Vira Marthanda Varma)等国王先后统治王国。

1729年,马尔坦达·瓦尔马三世(Marthanda Varma III)继承韦纳德王位。他让荷兰人德·拉努瓦(de Lannoy)按照欧洲方式训练自己的军队,加强国家的防务,改善税收管理,增强商业势力。在非常能干的拉马·阿扬·达拉瓦(Rama Ayyan Dalawa)辅佐下,他征服和兼并了加扬古勒姆(Kayankulam)、安伯勒布莱(Ambalapulai)和金格纳杰里(Changanacheri)3个王国。①他与英属东印度公司签订条约,在英属东印度公司的帮助下,摧毁了8个封建领主的势力,实现了内部的稳定。经过一系列战役,他将韦纳德王国的版图从南边的科摩林角扩张到北边的科钦边境。因为一些被征服的王国是荷属东印度公司的盟友,所以在1739—1753年,特拉凡科尔与荷属东印度公司进行战争,并取得胜利。在打败卡利卡特国王之后,特拉凡科尔成为喀拉拉地区最强大的国家。在英迈战争中,特拉凡科尔给予英属东印度公司很大帮助,以至于被作为英属东印度公司的盟友纳入1784年英迈条约体系。②

9. 努 尔 布 尔

努尔布尔北邻昌巴,东邻冈格拉和古勒尔,南邻旁遮普,西临拉维河。③王公家族宣称是德里托马尔(Tomar)诸罗阁的后裔。大约1000年,德里罗阁的弟弟杰特·帕尔(Jhet Pal)离开平原,到伯坦果德(Pathankot)定居下来。从王国创建到1513年第18任罗阁巴赫特·马尔(Bakht Mal)即位前,努尔布尔的历史很模糊。1313—1353年在位的贾斯·马尔(Jas Mal)去

① Adrian Sever, *Rajwadas*: *The Indian Princely States*, *Vol.1*, Delhi: B. R. Publishing Corporation, 2012, p.122.

② C.U. Aitchison, *A Collection of Treaties*, *Engagements and Sanads*, *Vol.IX*, p.229.

③ Mark Brentnall, *The Princely and Noble Families of the Former Indian Empire*, *Vol.1*, New Delhi: Indus Publishing Company, 2004, p.350.

世后,凯拉斯·帕尔(Kailas Pal)、纳格·帕尔(Nag Pal)、普里提·帕尔(Prithi Pal)、比尔·帕尔(Bhil Pal)先后继任罗阇。

巴赫特·马尔最初支持德里洛迪(Lodi)王朝,1526年巴布尔入侵印度时,他向莫卧儿人表示效忠。不过,在胡马雍(Humayun)1540年逃离印度时,他转而效忠阿富汗贵族谢尔·沙·苏尔(Sher Shah Sur)。[①]1545年,统治阿格拉5年的谢尔·沙·苏尔去世,王位由其子伊斯拉姆·沙·苏尔(Islam Shah Sur)继承。1553年,伊斯拉姆·沙·苏尔去世,其领土依照约定被分为旁遮普、阿格拉和德里、比哈尔和东部地区以及孟加拉。每个地方皆由他的儿子或亲属统治。斯坎达尔·沙·苏尔(Sikandar Shah Sur)统治旁遮普。[②]巴赫特·马尔效忠斯坎达尔·沙·苏尔。在1554年底胡马雍打败斯坎达尔·沙·苏尔之后,巴赫特·马尔被俘虏至拉合尔并在1558年被处死。

1580年,婆苏·提婆(Vasu Dev)即位,在位33年间,对政治事务非常谨慎,想方设法挫败莫卧儿人的野心,他卷入1585年山地诸王国的反叛,这导致他失去伯坦果德。

婆苏·提婆在即位不久后就将都城从伯坦果德迁到努尔布尔。他很早就决定与反叛的阿克巴皇帝的儿子贾汉吉尔结盟。1613年,婆苏·提婆去世,贾汉吉尔皇帝对确认他儿子苏拉杰·马尔(Suraj Mal)为罗阇犹豫再三,因为后者是一个难以驾驭的人,后来皇帝虽然勉强让他继承了王位,但是因为其轻率的反叛行为而废黜了他,其弟贾格特·辛格于1618年继承了王位。

贾格特·辛格年轻时加入贾汉吉尔皇帝的军队,被封为300级曼萨布,被派去孟加拉,在他哥哥苏拉杰·马尔反叛皇帝时被召回,继承了王位。皇帝赐给他1 000级曼萨布、大量钱财、镶嵌了珠宝的短剑、一匹马和一头大象。17世纪30年代,贾格特·辛格在阿富汗为皇帝效力,1639年被任命为上下班加什(Bangash)省长。对于相邻的王国,贾格特·辛格无情地追求努尔布尔的利益,其结果是,努尔布尔与昌巴、巴苏利、古勒尔、门迪和苏克特的关系非常糟糕。到贾汉吉尔统治结束时,贾格特·辛格已经升为3 000级曼萨布。[③]贾格特·辛格在位时,努尔布尔进入黄金时代。

---

① Adrian Sever, *Rajwadas：The Indian Princely States*, *Vol.2*, Delhi：B.R. Publishing Corporation，2012，pp.388—389.

② [美]约翰·F.理查兹著：《新编剑桥印度史：莫卧儿帝国》,王立新译,云南人民出版社2014年版,第13页。

③ Mark Brentnall, *The Princely and Noble Families of the Former Indian Empire*, *Vol.1*, New Delhi：Indus Publishing Company，2004，p.351.

1645 年,贾格特·辛格率领莫卧儿帝国的军队进攻阿富汗。这次远征使他的健康受到致命影响,于 1646 年 1 月在白沙瓦(Peshawar)去世,其长子拉杰鲁普·辛格(Rajrup Singh)继位。他效力于沙·贾汉皇帝在阿富汗的军队,在对乌兹别克人的战斗中表现非凡,1647 年,沙·贾汉皇帝封赐他为 2 000 级曼萨布,1649 年为 2 500 级曼萨布,1652 年为 3 000 级曼萨布。拉杰鲁普·辛格一直为莫卧儿皇帝效力。1661 年,他作为奥朗则布皇帝任命的总督死于加兹尼(Ghazni),他的儿子曼德哈塔·辛格(Mandhata Singh)继位。曼德哈塔·辛格是最后一位为莫卧儿皇帝效力的努尔布尔王公。莫卧儿帝国衰落后,冈格拉王公一度成为山区各王国的宗主。1805 年,廓尔喀人入侵,西部山区土邦都派出军队支持廓尔喀人,以推翻桑萨尔·昌德二世的统治。在抵抗了 4 年之后,为了驱逐廓尔喀人,冈格拉罗阁桑萨尔·昌德二世向拉合尔摩诃罗阁兰吉特·辛格求援。1809 年,兰吉特·辛格在赶走廓尔喀人后成为山区各王国的霸主。

1815 年秋天,兰吉特·辛格在锡亚尔科特(Sialkot)召开军事会议,努尔布尔最后一位王公比尔·辛格(Bhir Singh)拒绝参加,因而被处以巨额罚金。他试图缴纳罚金,但未能如愿,被迫将土邦交给兰吉特·辛格统治,自己流亡昌巴。1845 年英锡战争发生后,他回到努尔布尔,进攻锡克人占据的城堡,遗憾的是他未能活到城堡被攻克的时刻。比尔·辛格年轻的儿子贾斯旺特·辛格(Jaswant Singh)处在维齐尔拉姆·辛格(Ram Singh)的掌控之下,他力图用锡克人将英国人赶出山区,但在 1849 年遭到失败,被俘并流放到新加坡。英国人只给贾斯旺特·辛格一份年金和一小块领地,没有恢复努尔布尔王国。①

10. 斋 浦 尔

斋浦尔位于拉杰布达纳的东北和东部,其北边是比卡内尔(Bikaner)、洛哈鲁(Loharu)和伯蒂亚拉,西边是比卡内尔、焦特布尔、吉申格尔(Kishangarh)和英属阿杰梅尔地区,南边是乌代布尔、本迪、栋格、科塔和瓜廖尔,东边是格劳利、珀勒德布尔(Bharatpur)和阿尔瓦尔(Alwar),面积 40 466 平方千米。

斋浦尔的统治者是罗摩之子库萨的后代。据说罗摩或罗摩旃陀罗

---

① Mark Brentnall, *The Princely and Noble Families of the Former Indian Empire*, *Vol.1*, New Delhi: Indus Publishing Company, 2004, p.352.

(Ramachandra)是太阳之子。因此,太阳至今在斋浦尔还受到特别崇拜。著名的梵文史诗《那罗和达摩衍蒂》(*Nala and Damyanti*)中的英雄那罗在294年建纳尔瓦尔城(Narwar)。他的一些后代迁居瓜廖尔。那罗的第21代子孙、966年即位的索陀德瓦(Sodhadeva)将瓜廖尔作为首都。在强烈的宗教冲动下,索陀德瓦将王位交给外孙贾伊萨杰·坦瓦尔(Jaisajee Tanwar),在他所有臣民的陪伴下隐居在尼德拉巴里(Nidrabari)。出于各方面的考虑,后来他前往巴雷利(Bareilly)。

索陀德瓦的儿子杜拉·拉伊(Dulha Rai)与莫兰(Moran)的乔汉·罗阇(Chauhan Raja)的女儿结婚,在乔汉族亲戚的帮助下夺取道萨(Dausa),从而奠定了斋浦尔王国的基础。杜拉·拉伊邀请父亲索陀德瓦统治这个国家。莫卧儿王朝建立后,斋浦尔立即屈服于它的统治。1548—1574年在位的巴马尔(Bharmal)第一个臣服于帖木儿政权,效力于巴布尔和胡马雍两位皇帝,并将一个女儿嫁给阿克巴。胡马雍赐给他5 000级曼萨布的封号。[①]

巴马尔的儿子巴格万·达斯(Bhagwan Das)巩固了与莫卧儿帝国的同盟,是阿克巴大帝的亲密朋友。巴格万·达斯征服了喀布尔和古吉拉特,被任命为旁遮普省督。1590年左右,他的侄子和养子曼·辛格继承王位,曼·辛格虽然是印度教徒,却帮阿克巴征服孟加拉、比哈尔和奥里萨,使阿萨姆朝贡,先后担任过孟加拉、比哈尔、德干和喀布尔总督,获得7 000级曼萨布封号。莫卧儿帝国的强大和扩张,曼·辛格居功甚伟,他获得了帝国很多城市,以至于阿克巴都嫉妒他的实力。

1621年即位的杰伊·辛格一世(Jai Singh I)参加了奥朗则布在德干进行的所有战争,获得6 000级曼萨布封号,正是他俘虏了马拉塔帝国的创建者希瓦吉。奥朗则布皇帝于1667年毒害了辛格一世。1699年即位的杰伊·辛格二世以学问而闻名,他将很多数学著作翻译成梵文,在斋浦尔、德里、乌贾因、贝拿勒斯和马图拉修建天文观测台,修正了很多欧洲的天文图表。1728年规划和修建了斋浦尔城,并将首都从安柏(Amber)迁到斋浦尔。[②]杰伊·辛格二世从莫卧儿帝国皇帝法鲁克西雅尔(Farrukhsiyar)那里获得"鱼形"勋章和"拉杰·拉金德拉"(Raj Rajendra)的封号。后获得莫卧儿帝国皇帝穆罕默德·沙(Mahomed Shah)的特许,最终免除了奥朗则布

---

① Adrian Sever, *Rajwadas*: *The Indian Princely States*, *Vol. 2*, Delhi: B. R. Publishing Corporation, 2012, p.491.

② Ibid., p.492.

对印度教徒征收的人头税。①

18 世纪 60 年代后期至 19 世纪初,斋浦尔多次遭到马拉塔人和平达里人的抢劫和蹂躏,内部也出现了纷争,渐渐衰败下来。1818 年 4 月 15 日,斋浦尔摩诃罗阇贾格特·辛格二世与英属东印度公司签订友好同盟条约。②

11. 贾 斯 万

大约 1170 年,卡托奇(Katoch)家族的普拉布·昌德建立贾斯万国家。此前,冈格拉一直保持着统一,因此,贾斯万是第一个从冈格拉分离出来的王国。也许早期的统治者只不过是封地的持有者,但在 12 世纪穆斯林入侵后的动荡时期,贾斯万获得独立地位。贾斯万的首都是拉杰布勒(Raj-pura)。和其他山区土邦一样,从阿克巴皇帝开始,贾斯万臣服于莫卧儿帝国。

1572 年,冈格拉罗阇贾伊·昌德(Jai Chand)在被捕并送往德里前将年幼的儿子比蒂·昌德委托给贾斯万罗阇戈文德·昌德(Govind Chand)。贾斯万罗阇成功击退了莫卧儿的军队,保卫了冈格拉城堡一段时间,直到莫卧儿军队指挥官给出更好的投降条件。③

1588—1589 年,贾斯万罗阇阿尼鲁德·昌德参与了冈格拉罗阇比蒂·昌德领导和几乎所有山区土邦王公都参加了的反对阿克巴皇帝的叛乱。反叛者虽然被击溃,但都获得了莫卧儿皇帝的宽恕,他们的领土和荣誉都得到恢复。贾斯万后来又参与了 1594—1595 年的叛乱。莫卧儿帝国军队再次从查谟通过山区土邦,推进到萨特莱杰河,在打败所有叛乱土邦王公后,皇帝接受了他们的臣服。

阿尼鲁德·昌德之后的 11 位罗阇都忠于莫卧儿帝国,只要莫卧儿帝国提出要求,他们就派出军队给予支持。莫卧儿帝国衰落后,贾斯万陷入锡克人的控制之下。1786 年,冈格拉罗阇桑萨尔·昌德获得对山地王公的最高统治权。由于他实行过于严厉的高压统治,在廓尔喀人入侵冈格拉时,山地王公联合起来反对他。1809 年,廓尔喀人被锡克人驱逐出去,贾斯万臣服于兰吉特·辛格。1815 年,贾斯万被合并到锡克王国。罗阇乌麦德·辛格交出了自己的国家。1848 年,贾斯万和锡克宗主一起反对英国人的统治,

---

① Arnold Wright, *Indian States*, New Delhi: Asian Educational Services, 2006, p.176.

② C.U. Aitchison, *A Collection of Treaties*, *Engagements and Sanads*, Vol.III, pp.68—69.

③ Adrian Sever, *Rajwadas: The Indian Princely States*, Vol.2, Delhi: B.R. Publishing Corporation, 2012, p.372.

但两个王公都被关进监狱,被送到库莫安(Kumoan),并在那里去世。首都拉杰布勒被夷为废墟。①

12. 博尔本德尔

在卡提阿瓦土邦中,博尔本德尔(Porbandar)排列第四,面积为1 663平方千米,北邻纳瓦讷格尔(Nawanagar),西边和南边濒临阿拉伯海,东邻朱纳格特(Junagadh)。②王公属于杰特瓦族(Jethwa)的拉杰普特人,宣称自己是罗摩王的盟友哈奴曼(Hanuman)的后裔。1190年,杰特瓦人的首领维科伊奥(Vikio)被赶出莫尔比(Morbi)。其家族沿着海岸迁徙到现在的贾姆讷格尔(Jamnagar),确立起对广大地区的统治,最终在巴达山区修建起著名的首府古姆利(Ghumli)。

1307年,拉纳班吉(Bhanji)继位。班吉娶了坦-孔多尔纳(Than-Kundolna)塔库尔米阿特·巴布里亚(Miat Babria)的妹妹,却迷恋上米阿特·巴布里亚之子拉哈亚特(Rakhayat)的妻子桑·坎萨里(Son Kansari),桑·坎萨里拒绝了他的纠缠,最终在丈夫的葬礼上成为萨蒂。在陪葬之前,她诅咒古姆利和班吉,宣称古姆利将变成不再有人居住的废墟。1313年,信德的贾姆·巴马尼奥(Jam Bamanio)围攻并彻底毁灭了古姆利,因而应验了桑·坎萨里的诅咒。班吉匆忙逃到兰布尔(Ranpur),建立起一个新王国。1360年,班吉在兰布尔去世。

1492年,拉诺吉七世(Ranoji VII)即位,统治了波澜不惊的35年之后平静离世。因没有王位继承人,他的侄子基莫吉二世(Khimoji II)继承王位,统治至1550年。基莫吉二世在位时期,贾姆·拉奥尔(Jam Raol)率领贾德杰达斯人(Jadjedas)占领博尔本德尔的一些领土,修建纳瓦讷格尔城,1540年在那里建立了纳瓦讷格尔王国。

1574年,基莫吉二世的继承人拉姆德吉四世(Ramdeji IV)应邀访问亲戚纳瓦讷格尔贾姆萨塔吉(Sataji),却被邀请者谋杀。他的儿子班吉也被猎杀。王位传给年幼的基莫吉三世,班吉的遗孀格拉巴伊(Kalabai)任摄政,她招募了一支军队,趁纳瓦讷格尔贾姆被莫卧儿人打败、困守特罗尔(Dhrol)之机,收复了大部分领土。1626年,基莫吉三世去世,由长子维克马特吉二世(Vikmatji II)继任拉纳。1671年,维克马特吉二世去世,苏丹

---

① Mark Brentnall, *The Princely and Noble Families of the Former Indian Empire*, *Vol.1*, New Delhi: Indus Publishing Company, 2004, pp.308—309.

② Arnold Wright, *Indian States*, New Delhi: Asian Educational Services, 2006, p.473.

吉(Sultanji)即位。他看到莫卧儿政府很少关注苏拉特的事务,就在莫卧儿人管辖的博尔本德尔附近修筑坚固的城堡,并声称为自己所有。不过,他继续居住在昌亚(Chhanya),直至 1699 年去世。苏丹吉的长子班吉继任拉纳。他继续强调自己对博尔本德尔的权利,利用马拉塔人不断袭击古吉拉特、杜尔迦达斯叛乱和奥朗则布皇帝忙于德干战事的机会,强占博尔本德尔。①

1757 年,维克马特吉三世去世,他的儿子苏丹吉即位。苏丹吉先后打退了朱纳格特和纳瓦讷格尔等邻国的进攻,于 1785 年将宫廷迁至博尔本德尔,从此以后,这里一直是国家的首都。②18 世纪末,博尔本德尔遭到邻邦多次勒索,除了要将可支配的收入支付给巴罗达(Baroda)外,还要给朱纳格特 7 300 卢比,给本特瓦(Bantwa)2 000 卢比,给芒格罗尔 1933 卢比和给在第乌(Diu)的葡萄牙人 1 400 卢比。③

1804—1812 年,博尔本德尔的实际统治权掌握在苏丹吉的儿子哈罗吉(Haloji)手中。1808 年 1 月,博尔本德尔与英属东印度公司代表亚历山大·沃尔克(Alexander Walker)签订条约,拉纳承诺不进行任何海盗活动,不对搁浅的船只征收任何费用;为避免今后发生纠纷或误解,英属东印度公司可任命一位驻扎官。④哈罗吉与长子普利提拉吉(Prithiraj)关系不好,普利提拉吉抢占故都昌亚。哈罗吉向英属东印度公司求助,英国人帮他收回昌亚,并将普利提拉吉囚禁起来。因为多年没有向巴罗达盖克瓦德缴纳贡金,英属东印度公司为他提供 5 万卢比贷款,条件是将博尔本德尔收入的一半给英属东印度公司。1809 年 12 月 5 日,苏丹吉和哈罗吉与英属东印度公司签订条约,条约除了规定贷款数额和条件外,明确规定博尔本德尔接受英属东印度公司的保护,英属东印度公司驻扎 1 名上尉和 100 名士兵在博尔本德尔;博尔本德尔接受英属东印度公司对它与其他土邦之间争端的裁决。⑤

13. 栋格尔布尔

栋格尔布尔北邻乌代布尔,南邻卢纳瓦达(Lunawada),西邻伊德尔

---

① Markand Nandshankar Mehta & Manu Nandshankar Mehta, *The Hind Rajasthan or The Annals of the Native States of India*, Part I B, New Delhi: Mehra Offset Press, 1979, pp.709—710.

② Adrian Sever, *Rajwadas: The Indian Princely States*, Vol. 2, Delhi: B.R. Publishing Corporation, 2012, p.583.

③ C.U. Aitchison, *A Collection of Treaties, Engagements and Sanads*, Vol.Ⅵ, p.93.

④ Ibid., p.28.

⑤ Ibid., p.204.

(Idar),东邻班斯瓦拉,面积 3 780 平方千米。1197 年,梅瓦尔王公卡兰·辛格的长子萨曼特·辛格(Samant Singh)创建栋格尔布尔王国。栋格尔布尔王公是少数几个不愿意援助莫卧儿皇帝进攻同族的拉杰普特王公之一。

栋格尔布尔的古代史很不清晰,只知道 13 世纪初即位的拉哈普(Rahap)去世后先后即位的王公有帕达姆斯(Padamsi)、杰特斯(Jetsi)、萨旺特斯(Sawantsi)、拉坦斯(Ratansi)、纳尔巴里姆斯(Narbarimsi)、巴罗(Bhallo)、克萨里斯(Kesarisi)、萨马特斯(Samatsi)、萨巴尔斯(Sabarsi)、杜达(Duda)、比尔·辛格(Bir Singh)、巴尚斯(Bhasansi)、格兰斯(Karansi)、普拉塔普·辛格、盖巴(Gaiba)、苏姆·达斯(Sum Das)、甘谷(Gangu)和乌达亚·辛格(Udaya Singh)。[①]

栋格尔布尔一直不承认莫卧儿帝国的宗主地位。1577 年,阿克巴皇帝率领大军进攻栋格尔布尔,罗瓦尔阿斯格兰·辛格(Askaran Singh)率领自己的军队与莫卧儿军队作战,但是最终没能阻挡住帝国的进攻,他只得向帝国军队的指挥官投降。此后,从瑟哈斯·马尔(Sahas Mal)1580 年即位到1702 年胡曼·辛格(Khuman Singh)去世,历经 6 位王公统治的 120 多年,栋格尔布尔在向莫卧儿帝国缴纳贡金和提供兵役的同时,享受着持久的和平与繁荣。[②]拉姆·辛格即位后的一个世纪,栋格尔布尔承认马拉塔的最高统治权,每年向瓜廖尔、印多尔和塔尔(Dhar)缴纳 3.5 万卢比贡金。[③]

18 世纪 70 年代之后,栋格尔布尔的安全遭到马拉塔人、平达里人袭击的威胁,铲除掳掠者需要特别的帮助。英属东印度公司总督哈斯丁斯勋爵邀请栋格尔布尔摩诃罗瓦尔贾斯旺特·辛格缔结友好同盟,于是栋格尔布尔和其他拉杰布达纳王公一起在 1818 年与英国签订攻守同盟条约:摩诃罗瓦尔承认英国政府的宗主权,同意每年支付贡金及保护费,英国政府则保证土邦不受外来侵略,保证王位继承权永远给予王公及其继承人。[④]

14. 苏 克 特

苏克特与门迪、比拉斯布尔、门格尔、班格哈尔、巴哈吉、桑格里和古卢

① Markand Nandshankar Mehta & Manu Nandshankar Mehta, *The Hind Rajasthan or The Annals of the Native States of India*, Part I A, New Delhi, 1979: Mehra Offset Press, p.419.

② Adrian Sever, *Rajwadas: The Indian Princely States*, Vol.2, Delhi: B.R. Publishing Corporation, 2012, p.490.

③ C.U. Aitchison, *A Collection of Treaties, Engagements and Sanads*, Vol.III, p.439.

④ Ibid., pp.450—452.

相邻,面积1 016平方千米。大约1210年,比尔·森(Bir Sen)建立苏克特王国,将达里哈特(Darehat)、伯德瓦拉(Batwara)、果德(Kot)、帕兰加(Paranga)、巴塔尔(Batal)等小国置于自己的控制之下。1540—1560年罗阁阿尔琼·森(Arjun Sen)在位时,苏克特大量领土被古卢占领。

随着门迪的日益强大,许多封地持有者宣布效忠门迪王公。1560—1590年罗阁乌代·森(Udai Sen)在位时,苏克特处于莫卧儿帝国的影响之下。不过,莫卧儿帝国满足于接受贡物,偶尔接受军事援助,不时给予这些山地王公各种特权。①乌代·森收复了被古卢占领的大部分领土。

1748年,比卡姆·森(Bhikam Sen)即位。1747年,阿富汗统治者艾哈迈德·沙·杜拉尼(Ahmad Shah Durrani)入侵旁遮普省,1752年获得整个地区。摇摇欲坠的德里朝廷允许山地酋长们放弃对它的效忠,走上独立的历程。

乌加尔·森二世(Ugar Sen II)在位时,英国人于1845年发动对锡克人的战争,门迪王公和苏克特王公很快站在英国人一边,两个王公都在1846年3月9日到比拉斯布尔与英属东印度公司缔结正式的同盟条约。1846年10月,英属东印度公司总督大贺胥勋爵詹姆斯·布龙-拉姆齐(James Broun-Ramsay)颁发给乌加尔·森二世特许令,确认罗阁和他的继承人保有苏克特王位。②

15. 雷　　瓦

雷瓦(Rewah)北邻班达(Banda)、安拉阿巴德和米尔扎布尔(Mirzapur)地区,东邻中央省切蒂斯格尔(Chhattisgarh)地区的一些附属土邦和米尔扎布尔地区,南邻中央省的比拉斯布尔和门德拉(Mandla)地区,西邻班达、贾巴尔普尔(Jabalpur)、戈提(Kothi)、苏哈瓦尔(Sohawal)和迈赫尔(Maihar)诸土邦,面积约21 000平方千米。③

雷瓦的王族是巴格尔人(Baghels)、遮娄其人(Chalukyas)或索兰基人(Solankis)的一支。索兰基人曾在印度南部建立一个幅员辽阔的王国,但是在10—12世纪,他们只拥有对古吉拉特的最高统治权。13世纪中叶,古吉拉特酋长的兄弟维亚格罗·提婆(Vyaghra Deva)离开古吉拉特,在印度

---

① Mark Brentnall, *The Princely and Noble Families of the Former Indian Empire*, Vol.1, New Delhi: Indus Publishing Company, 2004, p.96.

② C.U. Aitchison, *A Collection of Treaties, Engagements and Sanads*, Vol.I, pp.351—352.

③ Arnold Wright, *Indian States*, New Delhi: Asian Educational Services, 2006, p.248.

北部、离格林格尔(Kalingar)东北方向 32 千米的地方修筑马尔法堡(Marpha),建立自己的国家。

维亚格罗·提婆的儿子格兰·提婆(Kalan Deva)娶了门德拉的一个公主,获得作为嫁妆的班多格尔(Bandhogarh),便带领大量巴格尔人移居到这里。在 1618 年被阿克巴皇帝摧毁之前,班多格尔一直是雷瓦的都城。

1498—1499 年,比贾布尔(Bijapur)国王斯坎达尔·阿迪尔·沙(Sikandar Adil Shah)因雷瓦统治者萨利瓦汉·代奥(Salivahan Deo)不愿意将女儿嫁给他而进攻雷瓦。进攻班多格尔的企图失败后,斯坎达尔只得满足于将北至班达的地区变成废墟。萨利瓦汉·代奥去世后,比尔·辛格·代奥(Bir Singh Deo)、比尔班·代奥(Birbhan Deo)先后继承王位。

1539 年 6 月,莫卧儿皇帝胡马雍在恒河边的小镇乔萨(Chausa)遭到阿富汗贵族谢尔·沙·苏尔的突然袭击,帝国军队失败,胡马雍险些丧命。逃亡中,皇后哈米达(Hamida)只带了少数随从到邻近班多格尔的地方,比尔班·代奥亲自去迎接她,非常诚恳地请求皇后呆在班多格尔。但是,皇后极其害怕谢尔·沙·苏尔,表示希望去信德,和皇帝待在一起。比尔班·代奥便派精干的卫士护送皇后到胡马雍驻地乌马尔科特(Umarkote)。胡马雍对比尔班·代奥的好客和忠诚非常感激。阿克巴就是哈米达皇后所生,据说也曾避难于雷瓦,和雷瓦王子拉姆钱德拉·辛格(Ramchandra Singh)一起长大。阿克巴至巴哈杜尔·沙的所有皇帝都对雷瓦罗阇表示感激和尊敬。[①]在 1555 年拉姆钱德拉·辛格即位后,雷瓦的领地增加了很多倍。1592 年,比尔钱德拉·辛格(Birchandra Singh)即位。1618 年,他从轿子上跌落下来,意外身亡,年幼的维克拉马迪提亚·辛格(Vikramaditya Singh)继承王位,本纳(Panna)王公干预,占领班多格尔。阿克巴得到消息后立刻围攻班多格尔,并将它夷为平地。维克拉马迪提亚·辛格迁都雷瓦城。

1658 年,罗阇阿努普·辛格(Anup Singh)在被奥查哈(Orchha)的巴哈尔·辛格(Pahar Singh)赶出雷瓦时,去德里向皇帝申诉,皇帝命令恢复他的国家,将他提升至 3 000 级曼萨布。1660 年,巴福·辛格(Bhav Singh)继承王位。1690 年,阿尼鲁德·辛格(Anirudh Singh)继承王位。1700 年,阿尼鲁德·辛格被毛根杰(Mauganj)塔库尔杀害,他年仅 5 岁的儿子阿夫德

---

① Markand Nandshankar Mehta & Manu Nandshankar Mehta, *The Hind Rajasthan or The Annals of the Native States of India*, Part I A, New Delhi: Mehra Offset Press, 1979, p.275.

赫特·辛格(Avdhut Singh)继承王位。此时,本纳的赫尔德·沙赫(Hirde Sah)入侵,占领雷瓦,阿夫德赫特·辛格被迫逃往奥德的帕塔布格尔。1755年阿夫德赫特·辛格去世之前,雷瓦得到恢复,王位传给他的儿子阿吉特·辛格。[①]

1802年12月,佩什瓦与英属东印度公司签订《巴塞因条约》,雷瓦罗阇阿吉特·辛格拒绝了与英属东印度公司结盟的提议。1812年,一帮平达里人从雷瓦出发,袭击米尔扎布尔地区,英国政府相信雷瓦罗阇杰伊·辛格知道这次袭击,因而迫使他在1812年10月5日签订《友好和共同防御条约》,英国政府承认罗阇对土邦的统治权,罗阇则承认英国的宗主地位,同意由英国政府裁决雷瓦与其他土邦的争端。[②]

16. 焦 特 布 尔

焦特布尔是拉杰布达纳最大的土邦,面积93 587平方千米。焦特布尔摩诃罗阇是拉杰普特人拉索尔族(Rathor)的领袖,宣称是罗摩的后代。最早的国王是5世纪在位的阿比曼玉(Abhimanyu)。1459年,拉奥焦特·辛格(Jodh Singh,即通常为人所知的"Jodha")将政府所在地迁到焦特布尔,奠定了土邦的基础。

拉奥马尔代奥(Maldeo)被认为是最著名的拉索尔统治者。他获得了很多的领土并保住了它们。他在位时,焦特布尔势力强大,很有影响力。经济的日益繁荣使他可以扩大和加固焦特布尔的城防,修建宫殿及其他公共建筑,扩大城堡。1541年,曾经将胡马雍赶下皇帝宝座的阿富汗贵族谢尔·沙·苏尔率领8万多人进攻焦特布尔,马尔代奥立刻组织5万多人的军队进行抵抗,双方相持28天,难分胜负,谢尔·沙·苏尔使用离间计,使马尔代奥的一些部将不听从他的指挥,马尔代奥最终败落,不得不俯首称臣。1584年,罗阇乌代·辛格即位。他与莫卧儿皇室联姻,将妹妹焦特·巴伊(Jodh Bai)嫁给皇帝阿克巴,将女儿曼·巴伊(Man Bai)嫁给王子萨利姆(后来的贾汉吉尔皇帝),收回了除阿杰梅尔以外所有被莫卧儿占领的地方,获得了马尔瓦富庶的地区和"罗阇"头衔。[③]

---

① Adrian Sever, *Rajwadas: The Indian Princely States*, *Vol. 1*, Delhi: B. R. Publishing Corporation, 2012, p.305.

② C. U. Aitchison, *A Collection of Treaties*, *Engagements and Sanads*, *Vol. V*, pp.250—253.

③ Adrian Sever, *Rajwadas: The Indian Princely States*, *Vol. 2*, Delhi: B. R. Publishing Corporation, 2012, p.497.

1638 年,贾斯万特·辛格继承王位,他是马尔瓦第一个获得"摩诃罗阇"头衔的王公。1658 年,贾斯万特·辛格被任命为马尔瓦总督,奉命率领一支军队,进攻反叛父皇沙·贾汉的王子奥朗则布和穆拉德·巴克什(Murad Baksh)。1658 年 4 月 15 日,贾斯万特·辛格与奥朗则布决战于达马特(Dharmat)。这一战役至少牺牲了 1.5 万名英勇的拉杰普特战士。①随后,为了对付另一个王位竞争者沙·舒贾(Shah Shuja),奥朗则布发出宽恕贾斯万特·辛格的保证书,将他招入自己的军队。后来,贾斯万特·辛格担任过古吉拉特总督和德干总督。1678 年,奥朗则布任他为统帅,率领一支军队与阿富汗作战。同年,贾斯万特·辛格在贾姆鲁德(Jamrud)去世。1679 年 2 月,他的遗腹子阿吉特·辛格继承王位。

为了避免被奥朗则布抓去做人质,阿吉特·辛格在幼年时被送到阿布(Abu)一块孤石上的寺庙里精心保护起来。奥朗则布因找不到他而入侵马尔瓦,劫掠首都及其他城镇,推倒印度教庙宇,在其废墟上建起清真寺,迫使拉索尔族人改宗伊斯兰教。阿吉特·辛格是一个非常英勇和聪明的王公,力图使国家摆脱压迫。1707 年,奥朗则布刚去世,阿吉特·辛格就进军焦特布尔,驱散了莫卧儿帝国的驻军,收复了首都。随后与斋浦尔和乌代布尔结盟,以摆脱莫卧儿帝国的约束。1709 年,联军在桑珀尔(Sambhar)打败帝国军队,大约一年后,迫使莫卧儿皇帝巴哈杜尔·沙媾和。②

1715—1720 年,赛义德·阿卜杜拉·汗(Sayyid Abdullah Khan)和赛义德·侯赛因·阿里·汗(Sayyid Husain Ali Khan)兄弟掌握着莫卧儿帝国的实权,决定着皇帝的废立。③他们要求阿吉特·辛格派一支由其继承人率领的军队到德里效力,以表示归顺德里朝廷。在要求遭到拒绝后,帝国军队围攻焦特布尔,将王位继承人阿布海·辛格(Abhai Singh)掳至德里作为人质,要求阿吉特·辛格将一个女儿嫁给法鲁克西雅尔皇帝。阿吉特·辛格卷入 1719 年法鲁克西雅尔皇帝被暗杀、莫卧儿宫廷争夺帝位的阴谋。他拒绝支持赛义德兄弟的恶毒计划,直到 1720 年将阿布海·辛格作为人质留在德里后才回到焦特布尔。1721 年,阿吉特·辛格攻占了阿杰梅尔,还在那里铸造了有自己名字的货币,但是两年之后不得不将阿杰梅尔交给莫卧

---

① Arnold Wright, *Indian States*, New Delhi: Asian Educational Services, 2006, p.196.

② Adrian Sever, *Rajwadas: The Indian Princely States*, Vol. 2, Delhi: B.R. Publishing Corporation, 2012, p.498.

③ [美]约翰·F.理查兹著:《新编剑桥印度史:莫卧儿帝国》,王立新译,云南人民出版社 2014 年版,第 260—265 页。

儿帝国。为了尽快继承王位,阿布海·辛格诱使弟弟巴哈特·辛格(Bakhat Singh)在1724年残忍地将父王杀死。[①]

阿布海·辛格继承王位后曾帮助莫卧儿皇帝穆罕默德·沙攻占艾哈迈达巴德并镇压了一次发生在那里的叛乱。1750年,阿布海·辛格去世,他儿子拉姆·辛格继承王位,但是不久就被他叔叔巴哈特·辛格赶下台,逃往乌贾因。拉姆·辛格找到瓜廖尔摩诃罗阇贾亚帕拉奥·信地亚,商讨夺回王位的方案。在此同时,1752年,巴哈特·辛格被他伯母和统治焦特布尔的儿子比贾伊·辛格(Bijai Singh)毒死。随后,焦特布尔处于马拉塔人的控制之下。

1803年11月19日,曼·辛格被推选为焦特布尔摩诃罗阇,他没有批准与英国人签订的条约,而是提出另一个条约,并支持霍尔卡,但条约在1804年被取消。随后一段时间,焦特布尔发生王位之争,并与斋浦尔进行了一场灾难性的战争。1817年11月至1818年1月间,摩诃罗阇曼·辛格装病,由他的独子查塔尔·辛格摄政。1818年1月6日,查塔尔·辛格与英属东印度公司代表查理·梅特卡夫(Charles Metcalfe)签订条约,将焦特布尔置于英国人的保护之下,将原来支付给信地亚的贡金转交给英属东印度公司,同意为英国人提供1500名骑兵,且必要时将所有武装力量交给英国人调遣。[②]

17. 特伦布尔

特伦布尔(Dharampur)位于古吉拉特,面积1860平方千米。其统治者属于拉杰普特人西索迪亚族(Sisodia),与乌代布尔王公家族为同一祖先。特伦布尔摩诃拉纳自称是阿约提亚罗摩的后代。144年,罗摩之子罗婆(Lava)第63代后人格纳克森(Kanaksen)打败帕尔马尔(Parmar)王朝的拉杰普特统治者,确立自己在卡提阿瓦的统治。特伦布尔由拉姆罗阇(Ramraja)创建于1262年。与其他拉杰布达纳土邦一样,特伦布尔几度兴衰。

1295年,拉姆罗阇去世后,先后继承王位的是索姆沙(Somshah)、普兰达尔沙(Purandarshah)、特伦沙一世(Dharamshah I)、戈普沙(Gopushah)、贾格特沙一世(Jagatshah I)、纳兰沙一世(Naranshah I)、特伦沙二世和贾

① Adrian Sever, *Rajwadas: The Indian Princely States*, Vol. 2, Delhi: B.R. Publishing Corporation, 2012, p.498.

② C.U. Aitchison, *A Collection of Treaties, Engagements and Sanads*, Vol.III, pp.128—129.

格特沙二世。1566 年,贾格特沙二世去世,拉克斯曼德维(Laxmandev)继位为第十任拉纳。1573 年,阿克巴皇帝征服古吉拉特。1576 年,拉克斯曼德维在布罗奇会见阿克巴皇帝的财政部长托达尔·马尔(Todar Mal),支付了 1.2 万卢比贡金,上贡了 4 匹马,作为回报,他得到一件长袍和获许保有 1 500 名骑兵,托达尔·马尔要求他必要时给古吉拉特总督 1 000 名骑兵的帮助。①

1711—1764 年拉姆德维二世(Ramdev II)在位期间,马拉塔人强占了除首都讷格尔(Nagar)和法塔赫布尔(Fatehpur)及周围两个村庄外的大部分领土并在其余地方征收人头税。马拉塔人将夺取的领土转送给葡萄牙人,作为马拉塔海盗给葡萄牙人造成损失的补偿。1764 年,特伦德维(Dharamdev)即位,邀请邻近的居民到新修的以其名字命名的城市特伦布尔居住,两年后正式迁都特伦布尔。②

1774 年,特伦德维去世,没有王位继承人,他的遗孀收养与他同宗的阿里拉杰布尔(Ali Rajpur)拉纳萨巴尔辛格(Sabalsingh)的次子古曼辛格(Gumansingh)为王位继承人,取名"纳兰德维"(Narandev)。3 年后,纳兰德维去世,没有王位继承人,又由他在阿里拉杰布尔的弟弟索姆德维(Somdev)继任特伦布尔拉纳。③

1787 年,鲁普德维(Rupdev)继承王位。1802 年 12 月 31 日,佩什瓦与英属东印度公司签订《巴塞因条约》,佩什瓦将所有对附属国的权利永远转让给英国人。④特伦布尔与英国政府之间的直接联系就此建立起来。孟买省督芒斯图尔特·埃尔芬斯通(Mountstuart Elphinstone)颁发给王公一个勋章和一套礼服,承认特伦布尔的独立。⑤

18. 门 迪

门迪的面积为 2 950 平方千米,南邻比拉斯布尔和苏克特,西边和北边

① Markand Nandshankar Mehta & Manu Nandshankar Mehta, *The Hind Rajasthan or The Annals of the Native States of India*, *Part I B*, New Delhi: Mehra Offset Press, 1979, pp.844—845.

② Adrian Sever, *Rajwadas: The Indian Princely States*, *Vol.2*, Delhi: B.R. Publishing Corporation, 2012, p.415.

③ Markand Nandshankar Mehta & Manu Nandshankar Mehta, *The Hind Rajasthan or The Annals of the Native States of India*, *Part I B*, New Delhi: Mehra Offset Press, 1979, p.846.

④ C.U. Aitchison, *A Collection of Treaties*, *Engagements and Sanads*, *Vol.VII*, pp.50—56.

⑤ Arnold Wright, *Indian States*, New Delhi: Asian Educational Services, 2006, p.675.

是冈格拉和焦达班格哈尔(Chhota Bangahal),东边是纳尔古山脉和比亚斯河。门迪王公是拉杰普特人。他们宣称是《摩诃婆罗多》(*Mahabharata*)中般度人(Pandavas)的后代。统治的首领采用父姓"森"(Sen),而年轻的家族成员都起名"辛格"。①这个森氏王朝最著名的统治者之一是拉克什曼·森(Lakshman Sen),据说他征服了卡瑙杰(Kanauj)、尼泊尔和奥里萨。在马尔达(Malda)修建了城堡之后,拉克什曼·森将它作为政府所在地,按自己的名字起名为拉克什曼普尔(Lakshmanpore)。

拉克什曼·森的一个后代巴拉拉·森(Balala Sen)选择纳迪亚(Nadia)为首都,直到大约 12 世纪末苏尔·森(Sur Sen)被德里第一个奴隶国王库特卜-乌德-丁(Kutb-ud-Din)的一个将军赶出领地,纳迪亚一直是森氏王朝的主要政府所在地。苏尔·森逃到安拉阿巴德并在那里去世,而他的儿子鲁普·森(Rup Sen)与其他家族成员一起,迁徙到安巴拉地区的鲁帕尔(Rupar)。1210 年,穆斯林进攻鲁帕尔,鲁普·森在随后发生的一次战斗中阵亡。他的 3 个儿子逃往邻近的山区,建立了独立的君主国:比尔·森(Bir Sen)成为苏克特王公,吉里·森(Giri Sen)是盖翁塔尔王公,哈米尔·森(Hamir Sen)是吉什德瓦尔王公。

1304 年即位的卡利安·森(Kalian Sen)获得了比亚斯河门迪对面的领土巴塔胡利(Batahuli),并在那里修建了一座宫殿,在 16 世纪新门迪城修建之前,这里一直是门迪的首府。1332—1360 年希拉·森(Hira Sen)在位时,坎瓦尔地区(Kanhwal)被合并到门迪。随后的王公纳林德·森(Narinder Sen)、哈贾伊·森(Harjai Sen)、迪拉瓦尔·森(Dilawar Sen)不断扩大门迪的领土,使一些小国臣服。②

阿杰巴·森(Ajbar Sen)是门迪的第一个"罗阇"(以往都称"Rana"),他在 1527 年修建现在的门迪城作为首都,征服了格姆拉(Kamlah)和格拉尔(Kalar),使门迪成为一个完全独立的国家。1637 年即位的苏拉吉·森(Suraj Sen)曾进攻班格哈尔,但是遭到失败,丧失了在古马(Guma)和特朗(Drang)的两个盐场,被迫求和并支付赔款。因 18 个儿子先于苏拉吉·森去世,1664 年他去世时,王位由弟弟什亚姆·桑(Shyam Sang)继承。1679 年,焚烧什亚姆·桑的尸体时,他的 5 个王后、2 个妃子和 37 个女奴成为萨蒂。③

---

① Arnold Wright, *Indian States*, New Delhi: Asian Educational Services, 2006, p.578.

② Ibid., p.580.

③ Adrian Sever, *Rajwadas: The Indian Princely States*, Vol. 2, Delhi: B. R. Publishing Corporation, 2012, p.386.

巴尔比尔·森(Balbir Sen)在1839年即位不久就面临着锡克人的入侵，在战争中被俘，被囚禁在阿姆利则的戈文德格尔(Govindgarh)。1841年1月，谢尔·辛格(Sher Singh)继任拉合尔摩诃罗阇之后释放了巴尔比尔·森等被囚禁的山区土邦王公。

在打败锡克人之后，1846年3月9日，英国政府与拉合尔摩诃罗阇签订条约，摩诃罗阇将萨特莱杰河和比亚斯河之间的所有领土割让给英国人，门迪即在其范围内。①10月24日，英国人颁发特许令，在确认巴尔比尔·森及其继承人对土邦统治权的同时，保留了英国人撤换品行不端和没有统治能力的王公、任命与王公血缘关系最近并有能力的人为罗阇的自由。②

19. 班 格 哈 尔

班格哈尔的面积为4 998平方千米，首府在比尔(Bir)。13世纪中叶，一个婆罗门占领班格哈尔地区，自称"罗阇"。从第一个王到1720年普里提·帕尔(Prithi Pal)去世，班格哈尔大约经历了20个国王的统治。

16世纪中叶，门迪罗阇萨希布·森(Sahib Sen)入侵班格哈尔，吞并了特朗和古马两个地区，导致班格哈尔的衰落。古卢等王国也蚕食了班格哈尔一些地盘。③1637年，门迪罗阇苏拉吉·森入侵班格哈尔南部，虽然古卢罗阇贾加特·辛格帮助班格哈尔打败了门迪，但是，班格哈尔为古卢的支持付出了很高的代价，将其很大一部分领土割让给了古卢。

1710年，普里提·帕尔即位，他是门迪罗阇西迪·森(Sidh Sen)的女婿，而他妹妹嫁给了古卢罗阇曼·辛格。西迪·森力求通过计谋吞并班格哈尔。1720年，西迪·森邀请普里提·帕尔参加聚会，极其热情地接待了他，但是很快将他拘禁起来，在一个月之内就将他杀害了。西迪·森派兵进攻班格哈尔，普里提·帕尔的母亲向古卢罗阇曼·辛格求助。门迪的军队虽然被驱逐，但古卢再次索取了班格哈尔大量领土。1735年，古卢与门迪、比拉斯布尔、纳拉格尔、古勒尔和贾斯万共同入侵班格哈尔，虽然罗阇达勒尔·帕尔(Dalel Pal)打败了联军，赶走了敌人，但还是失去了大量领土。④

---

① C.U. Aitchison, *A Collection of Treaties*, *Engagements and Sanads*, Vol.I, pp.50—54.
② Ibid., pp.308—309.
③ Mark Brentnall, *The Princely and Noble Families of the Former Indian Empire*, Vol.1, New Delhi: Indus Publishing Company, 2004, p.291.
④ Adrian Sever, *Rajwadas: The Indian Princely States*, Vol.2, Delhi: B.R. Publishing Corporation, 2012, p.355.

1749 年,达勒尔·帕尔去世,他两岁的儿子曼·帕尔(Man Pal)即位。班格哈尔的领土已经大大缩小,曼·帕尔只继承了拉诺特(Lanodh)、巴普罗拉(Paprola)和拉吉尔(Rajjer)3 个塔鲁克。曼·帕尔意识到自己地位不稳固,便在 1770 年去德里朝觐莫卧儿皇帝艾哈迈德·沙(Ahmad Shah),希望皇帝帮助他对付邻邦,但他死在去德里的途中。在冈格拉和古勒尔王公入侵并瓜分班格哈尔时,曼·帕尔的遗孀带着儿子乌查尔·帕尔(Uchal Pal)逃往昌巴。

1785 年,冈格拉罗阁桑萨尔·昌德二世娶了曼·帕尔的女儿,并答应帮乌查尔·帕尔收复被门迪和古卢占领的领土。乌查尔·帕尔没有实现收复失地的愿望,门迪和古卢用 50 万卢比买通了冈格拉。班格哈尔王族在桑萨尔·昌德二世的宫廷过着流亡生活。乌查尔·帕尔的长子拉姆·帕尔(Ram Pal)在 1843 年无嗣而终,幼子巴哈杜尔·帕尔(Bahadur Pal)试图登上王位,因遭到英国人的阻挠而未能如愿,于 1854 年去世,王室直系绝后。英国人只将比尔附近一小块札吉尔的占有权给了达勒尔·帕尔弟弟比姆·帕尔(Bhim Pal)的后代拉金德拉·帕尔(Rajendra Pal),赐给他"拉伊·萨赫布"(Rai Sahib)头衔。[①]

20. 拉杰比布拉

拉杰比布拉(Rajpipla)位于孟买管区,北邻讷尔默达河,东邻坎德什(Khandesh),南邻巴罗达和苏拉特地区,西邻布罗奇地区。其统治者属于戈赫尔族(Gohel)拉杰普特人。乌贾因国王赛达瓦特(Saidawat)的儿子乔卡拉纳(Chokarana)因为不同意父亲对一些家族事务的安排,在离南多德(Nandod)不远的比布拉(Pipla)居住下来。他唯一的女儿嫁给了坎贝湾普瑞姆巴岛(Prembar)的统治者莫赫拉杰(Mokheraj),生下的儿子萨马尔·辛格(Samar Singh)继承了比布拉王位。萨马尔·辛格处于艾哈迈达巴德王的控制之下。

随着莫卧儿帝国在印度中部和西部的扩张,附属的首领都承认德里皇帝的最高宗主权。曾有一个协议规定,拉杰比布拉要给莫卧儿皇帝 1 000 名步兵和 300 名骑兵,但到 17 世纪,阿克巴皇帝同意改为支付 35 550 卢比。[②]然而这一义务在莫卧儿实力迅速衰落时被忽略。1730 年,摩诃拉纳维里萨尔

---

① Mark Brentnall, *The Princely and Noble Families of the Former Indian Empire*, *Vol. 1*, New Delhi: Indus Publishing Company, 2004, p.292.

② Arnold Wright, *Indian States*, New Delhi: Asian Educational Services, 2006, p.480.

一世(Verisal I)停止向莫卧儿帝国纳贡,他儿子杰特·辛格(Jeet Singh)收复南多德,并将都城从拉杰比布拉迁到南多德。

1754年,杰特·辛格去世,因长子格马尔·辛格(Gemal Singh)先于父亲去世,次子普拉塔普·辛格继承王位。1763年,达马吉·拉奥·盖克瓦德得到佩什瓦许可,蹂躏拉杰比布拉的领土,要求拉杰比布拉将南多德、巴洛德(Bhalod)、瓦里蒂(Variti)和戈瓦利(Govali)4个地区收益的一半缴纳给他。[①]

1764年,普拉塔普·辛格去世,长子拉亚·辛格(Raya Singh)即位。达马吉·拉奥·盖克瓦德娶了拉亚·辛格一个侄女,考虑到这层关系,他放弃了上述4个地区一半收益的要求。不过,盖克瓦德继续每年从拉杰比布拉罗阇处收取4万卢比并保有讷尔默达河两岸的4个村庄。1781年,法塔赫辛格·拉奥·盖克瓦德率领大军抵达南多德,将贡金数额确定为4.9万卢比。而当时拉杰比布拉的年收入是345 580卢比。为了防止外敌入侵,拉亚·辛格在领地内设置前哨基地,每个基地设50名骑兵和230名步兵。[②]

1786年,阿贾布·辛格(Ajab Singh)夺取长兄拉亚·辛格的王位,统治了17年,却未能确定其王位的合法性。在兄弟俩争夺王位的斗争中,拉杰比布拉遭遇了极大损失。阿贾布·辛格是一个软弱无能的统治者,巴罗达盖克瓦德利用他的软弱每年增加贡金数额,1793年达到7.8万卢比。此外,萨格巴拉(Sagbara)酋长乌麦德·瓦萨瓦(Umed Vasava)起兵反叛莫卧儿政府,要求阿贾布·辛格帮助阿拉伯和信德商人,夺取了邻近山区的5个比洛迪(Bhilodi)地区。他还在坎德什到古吉拉特的所有商道上设置一个停靠站,这使拉杰比布拉的年收入由345 580卢比减少到259 400卢比。

1803年,阿贾布·辛格去世,因其长子早已去世,王位应该由次子拉姆·辛格继承,但其弟纳哈尔·辛格(Nahar Singh)夺取了王位,并将拉姆·辛格囚禁起来。不过,武士阶级都支持拉姆·辛格,遂将他释放出来,扶上王位。拉姆·辛格继位后整天沉迷于酒色,纵欲无度,国家的事务都委托给滥用权力的宠臣。巴罗达盖克瓦德得知拉杰比布拉的乱象之后,于1805年率军进抵拉杰比布拉,从拉姆·辛格处索取15万卢比王位继承费,并将每年的贡金提高到9.6万卢比。除上述贡金外,罗阇每年还要给盖克

---

① Markand Nandshankar Mehta & Manu Nandshankar Mehta, *The Hind Rajasthan or The Annals of the Native States of India*, Part I B, New Delhi: Mehra Offset Press, 1979, pp.737—738.

② Ibid., p.738.

瓦德本人 4 000 卢比。1810 年,盖克瓦德废黜拉姆·辛格,将王位赐给普拉塔普·辛格,几个月之后,拉姆·辛格就去世了。他的弟弟纳哈尔·辛格宣称,普拉塔普·辛格并非拉姆·辛格的亲生子,而是拉尼偷从一个贫穷的拉杰普特家庭买来的孩子。纳哈尔·辛格将拉杰比布拉富庶的地区变为不毛之地,骚扰无辜的农民。1813 年,巴罗达的军队抵达南多德,阻止这类破坏行为。正是从此时起,巴罗达政府官员接管拉杰比布拉。①

1815 年,普拉塔普·辛格和纳哈尔·辛格都同意就王位继承权问题进行协商,由盖克瓦德做仲裁者。盖克瓦德为了牢牢掌控拉杰比布拉,一直拖了 4 年都未作出裁决。见盖克瓦德因为自利的动机迟迟不裁决并更牢固地掌控了拉杰比布拉,英属东印度公司便进行干预,力图尽快使双方达成妥协。1820 年 6 月,巴罗达驻扎官助理威洛比(Willoughby)受命对拉杰比布拉王位继承问题进行仔细调查。1821 年 2 月 20 日,威洛比得出结论:普拉塔普·辛格是私生子,纳哈尔·辛格是合法的王位继承人。这一结论得到了盖克瓦德的认可。但是,因为纳哈尔·辛格的眼睛已经瞎了,不能管理国家的事务,所以,由他儿子维里萨尔二世继承王位。

1821 年 10 月 11 日,维里萨尔二世与英属东印度公司驻巴罗达驻扎官詹姆斯·威廉斯(James Williams)签订协定,罗阇保证他和他的继承人按照英国人的建议管理国家。②11 月 15 日,维里萨尔二世登上王位。盖克瓦德以在卡提阿瓦和默希根塔(Mahi Kantha)一样的方式将对拉杰比布拉的控制权让给英国政府。③1823 年 2 月 20 日,维里萨尔二世签署契约,答应永久地每年通过英国政府支付巴罗达 56 721 卢比贡金。④1823 年 11 月 26 日,罗阇签署条约,正式规定拉杰比布拉与英属东印度公司的关系,罗阇按照英属东印度公司驻扎官的建议管理国家,不侵犯其他任何国家,如果与其他塔鲁克或柴明达尔发生纠纷,由英属东印度公司的官员裁决。⑤

21. 本 迪

本迪北邻斋浦尔和栋格,东边和南边与科塔相邻,西邻乌代布尔。其统

---

① Markand Nandshankar Mehta & Manu Nandshankar Mehta, *The Hind Rajasthan or The Annals of the Native States of India*, Part I B, New Delhi: Mehra Offset Press, 1979, pp.738—739.

② C.U. Aitchison, *A Collection of Treaties, Engagements and Sanads*, Vol.VII, p.174.

③ Ibid., p.141.

④ Ibid., p.180.

⑤ Ibid., pp.181—182.

治者是拉杰普特人哈拉（Hara）族的酋长、阿杰梅尔和德里古代乔汉（Chauhan）国王的直系后代。米纳人（Minas）是一个掠夺性部落，他们在本迪河谷修筑堡垒，安置武装人员。1342 年，拉奥·德瓦（Rao Deva）进攻米纳人，铲除他们的堡垒，在其地基上修建本迪城，并将首都从阿锡尔（Asir）迁到本迪。14 世纪初，德里苏丹国最强有力的国王安拉-乌德-丁·基尔吉（Alla-ud-Din Khilji）率领大军进攻奇托德（Chitod），打败英勇的防卫者，劫掠奇托德城。梅瓦德（Mewad）拉纳垂头丧气，拉奥·德瓦利用这一局势，征服了邻近的领土，巩固了自己的领地。本迪成为独立的国家。①

15 世纪，本迪虽然时常与焦特布尔发生纠纷和战争，但是哈拉族最大的威胁来自马尔瓦强大的穆斯林王朝。1457 年，门杜（Mandu）苏丹派出一支军队，围攻并占领本迪，拉奥巴伊里·萨尔（Bairi Sal）和很多贵族阵亡，拉奥的幼子沙姆·辛格（Sham Singh）也被入侵者掠走，培养成穆斯林，改名叫萨马尔根德（Samarkand）。此后不久，哈拉人开始抢劫门杜的领土，门杜派出另一支由萨马尔根德率领的军队，攻占本迪并统治一些年头，直到他被拉奥纳拉扬·达斯（Narayan Das）杀害。②

1533 年，拉奥苏拉杰·马尔（Suraj Mal）即苏尔让（Surjan）继承王位，作为附属国和盟友，他与莫卧儿皇帝阿克巴保持密切联系，并获得"罗阇"的封号。1569 年，阿克巴与苏拉杰·马尔签订协定，主要内容是：皇帝给予本迪拉奥一些特权，如将女儿嫁给穆斯林可以免于降低他的身份；拉奥觐见皇帝时，不用严格遵守有辱其尊严的宫廷礼；皇帝应该尊敬拉奥领地内所有寺庙和圣物；皇帝将 52 个地区的管理权交给拉奥等。苏拉杰·马尔在这般优惠的条件下无法拒绝将皇帝所期待的兰桑波尔堡（Ranthambhor）让给他。③

1682 年，阿努拉德·辛格（Anurad Singh）即位。他的王位继承得到了奥朗则布皇帝的确认，为表示对本迪王室的尊敬，在他即位之时，皇帝赠给他锦袍和一头披戴华丽的大象。1683 年，阿努拉德·辛格跟随奥朗则布远征德干。当时，马拉塔人的势力如日中天，他们利用游击战术多次挫败帝国

①　Markand Nandshankar Mehta & Manu Nandshankar Mehta, *The Hind Rajasthan or The Annals of the Native States of India*, *Part I A*, New Delhi: Mehra Offset Press, 1979, p.307.

②　Adrian Sever, *Rajwadas: The Indian Princely States*, *Vol.2*, Delhi: B.R. Publishing Corporation, 2012, p.486.

③　Markand Nandshankar Mehta & Manu Nandshankar Mehta, *The Hind Rajasthan or The Annals of the Native States of India*, *Part I A*, New Delhi: Mehra Offset Press, 1979, p.311.

军队。阿努拉德·辛格和随从英勇地救出落入敌人之手的皇室贝格姆,进一步得到奥朗则布的赏识。但是,1696年,他在平定旁遮普帝国北部领地内的叛乱时死去。[①]

阿努拉德·辛格去世后,他的长子布德·辛格(Budh Singh)即位。在1707年奥朗则布去世后的帝位争夺战中,布德·辛格无可匹敌的勇气和支持使穆罕默德·穆阿扎姆(Muhammad Mu'azzam,即巴哈杜尔·沙一世)没有任何竞争对手。作为对其贡献的回报,皇帝赐给他"摩诃拉奥·罗阇"(Maharao Raja)头衔、7 000级曼萨布、52个地区,并与他保持亲密关系。[②]

1712年1月,巴哈杜尔·沙一世(Bahadur Shah I)去世,贾汉达尔·沙(Jahandar Shah)在祖尔菲卡尔·汗(Zulfikar Khan)的支持下,打败和杀死其他3个王位竞争者,成为莫卧儿帝国皇帝。祖尔菲卡尔·汗成为瓦吉尔,史无前例地被授予10 000级曼萨布,他的副手达乌德·汗·潘尼(Daud Khan Panni)依旧担任德干总督,私人财务官萨巴·昌德(Sabha Chand)成为皇家领地的总管。在听到父亲阿济姆-乌什-善(Azim-ush-Shan)失败被杀的消息后,法鲁克西雅尔在巴特那自立为帝,为争取赛义德兄弟的支持,承诺在获胜后将任命他们为品级最高的两个职位即瓦吉尔和米尔-巴克什。[③]赛义德兄弟随即发动叛乱,布德·辛格支持在位的皇帝,不顾个人安危,与叛军作战。在布德·辛格奋战于帝国北部地区时,斋浦尔罗阇贾亚·辛格为了巩固自己的领地,入侵本迪,并使之屈服,将本迪的管理委托给库尔瓦尔(Kurwar)拉奥罗阇达勒尔·辛格(Dalel Singh)。布德·辛格几次试图打退敌人,收复本迪,都没能成功,并于1730年在流亡中死去。其年仅13岁的儿子乌麦德·辛格继位。在乌麦德·辛格即位后的很长一段时间内,本迪每年向斋浦尔摩诃罗阇支付贡金。马拉塔人到处抢劫,使很多地方都荒无人烟。拉奥丧失了一个又一个地区,几乎到了要丧失所有领土的边缘。1770年,乌麦德·辛格将国家的管理托付给儿子阿吉特·辛格,自己作为娑度(Sadhu,印度教苦行高僧)游走在南亚各处圣地。3年后,阿吉特·辛格在外出狩猎时杀死了同行的乌代布尔拉纳阿里·辛格(Ari

---

① Markand Nandshankar Mehta & Manu Nandshankar Mehta, *The Hind Rajasthan or The Annals of the Native States of India*, Part I A, New Delhi: Mehra Offset Press, 1979, p.315.

② Arnold Wright, *Indian States*, New Delhi: Asian Educational Services, 2006, p.154.

③ [美]约翰·F. 理查兹著:《新编剑桥印度史:莫卧儿帝国》,王立新译,云南人民出版社2014年版,第264页。

Singh)。这一事件导致两个王室家族的纷争,数月之后,阿吉特·辛格去世。乌麦德·辛格只得又接过王位,直至 1804 年去世,由儿子比尚·辛格(Bishan Singh)继承王位。[①]

1804 年,英属东印度公司派出由威廉·蒙森(William Monson)上校率领的一支军队去镇压印多尔,在随后的灾难性撤退中,威廉·蒙森得到本迪罗阇比尚·辛格的大力支持。罗阇不仅给予英军一条安全通道,而且不顾自己的利益,给予最大限度的援助。这招致马拉塔人的疯狂报复。从 1804 年至 1817 年,马拉塔人和平达里人不断袭击本迪,将所到之处变成废墟,向王公勒索贡物,马拉塔人的旗帜飘扬在本迪首府,而本迪王公的收入不足以给他提供安全保护。据詹姆斯·托德(James Tod)的说法,出现这种情形的主要原因是"我们在 1804 年抛弃了罗阇"[②]。

不过,在缔结和约后,英国人无条件帮助本迪收复被印多尔占领了半个多世纪的领土。1818 年 2 月 10 日,博霍拉·托拉兰(Bohora Tolaram)和詹姆斯·托德分别代表罗阇比尚·辛格和英属东印度公司总督哈斯丁斯签订条约。条约规定:英国人为本迪提供保护,本迪承认英国政府的最高统治权并永远与之合作;印多尔占有的领土归还给本迪,本迪则将原来给印多尔的贡金和收入支付给英属东印度公司,并为英国军队提供给养。[③]

22. 迈 索 尔

迈索尔(Mysore)是印度南部势力强大的王国,面积 76 232 平方千米。传统认为,迈索尔王国是毗阇耶·拉杰(Vijaya Raj)和克里希纳·拉杰(Krishna Raj)兄弟俩在 1399 年建立的,起初是毗阇耶那伽罗(Vijayanagara)帝国的附庸国。

随着毗阇耶那伽罗帝国的衰落,迈索尔逐步走向独立。1552 年即位的沙马罗阇四世(Chamaraja IV)不再向名存实亡的毗阇耶那伽罗君主阿拉维杜·罗摩拉亚(Aravidu Ramaraya)纳贡,并将帝国的使者和收税官都驱逐出迈索尔。迈索尔王国扩张到有 300 名士兵保护的 33 个村庄。蒂马罗阇·沃德亚尔二世(Timmaraja Wodeyar II)征服了一些周围的酋长领地,1565 年左右,宣布脱离毗阇耶那伽罗而独立,成为第一位称"摩诃罗阇"的

---

① Adrian Sever, *Rajwadas: The Indian Princely States*, Vol. 2, Delhi: B. R. Publishing Corporation, 2012, p.487.

② Arnold Wright, *Indian States*, New Delhi: Asian Educational Services, 2006, p.157.

③ C.U. Aitchison, *A Collection of Treaties*, *Engagements and Sanads*, Vol.III, pp.229—230.

绝对君主,不过他的独立并没有获得毗阇耶那伽罗帝国的批准。

1610年,罗阇·沃德亚尔驱逐了年迈的毗阇耶那伽罗总督阿拉维杜·蒂鲁马拉(Aravidu Tirumalla),占领斯里伦格伯德讷姆(Srirangapatnam)。1613年,他又征服乌马杜尔(Ummattur),兼并了它的领土。他也通过征服获得北边贾格德瓦·拉亚(Jagadeva Raya)的领土。其后的沙马罗阇六世推行同样的政策,1630年攻占金讷伯德纳(Channapatna),将贾格德瓦·拉亚所有的领土都并入迈索尔。①

在阿拉维杜·罗摩拉亚去世后,沃德亚尔家族进一步宣示自己的主权。1637年,纳拉萨罗阇·沃德亚尔一世(Narasaraja Wodeyar I)即位。第二年,他打退了比贾布尔军队对斯里伦格伯德讷姆的进攻。随后,他四面扩张王国的领土,南边从马杜赖夺取萨迪亚门格拉姆(Satyamangalam)和其他一些地方;西边推翻金格尔瓦(Changalvas)家族的统治,夺取比里亚伯塔(Piriyapatha)和阿格尔古德(Arkalgud);北边夺取霍苏尔(Hosur);东边多次给马格迪以沉重打击。②

17世纪后期,奇卡·德瓦罗阇·沃德亚尔(Chikka Devaraja Wodeyar)在位时,迈索尔吞并了现在卡纳塔克南部的大部分和泰米尔纳德的部分地区,成为德干南部强大的国家。坎迪拉瓦·纳拉萨罗阇·沃德亚尔二世(Kanthirava Narasaraja Wodeyar II)试图进一步向北扩张,但遭到了比贾布尔苏丹国及马拉塔附属国的阻挠。迈索尔转而向南边的泰米尔乡村地区扩张,纳拉萨罗阇·沃德亚尔二世获得了现在的哥印拜陀(Coimbatore)北部地区,而他的继承者多达·德瓦罗阇·沃德亚尔(Dodda Devaraja Wodeyar)进一步扩张,占领了泰米尔西部地区。迈索尔王国的版图大大扩大,东边到塞勒姆(Salem)和班加罗尔(Bangalore),西边到哈桑(Hassan),北边到吉格默格卢尔(Chikmagalur)和杜姆吉尔(Tumkur),南边到哥印拜陀的其他地区。

1731年,多达·德瓦罗阇·沃德亚尔去世,他的直系后代未能掌握实际权力,王国的实权落到军事将领德瓦拉吉(Devaraj)和嫩贾拉吉(Nanjaraj)手中,他们选择迈索尔摩诃罗阇。③古吉拉特总督不时派兵到迈索尔,索取贡物。1757年,马拉塔人在巴吉·拉奥率领下经常袭击迈索尔,

---

① Adrian Sever, *Rajwadas: The Indian Princely States*, *Vol.1*, Delhi: B.R. Publishing Corporation, 2012, p.113.

② Ibid., pp.113—114.

③ C.U. Aitchison, *A Collection of Treaties, Engagements and Sanads*, *Vol.IX*, p.203.

使它变得十分贫困,以至于不得不抵押几个塔鲁克以诱使敌人退兵。在抵御外敌的过程中,1749 年围攻边境城堡德万哈利(Devanhalli)时,海德尔·阿里崭露头角,得到嫩贾拉吉的赏识和器重。按照海德尔·阿里的建议,将马拉塔人从抵押给他们的塔鲁克驱逐出去。1759 年,当戈帕尔·哈里(Gopal Hari)率领马拉塔人再次进犯时,海德尔·阿里被任命为总司令,抵抗马拉塔人。他成功解救了班加罗尔和金讷伯德纳,在回到斯里伦格伯德讷姆时,他得到嫩贾拉吉的拥抱和"法塔赫·海德尔·巴哈杜尔"头衔。[①]不久,海德尔·阿里控制了半个国家,嫩贾拉吉被迫退休。

18 世纪后期至 19 世纪初,海德尔·阿里及其子提普·苏丹掌握迈索尔的实际权力,使迈索尔的军事实力达到鼎盛状态。

23. 卢 纳 瓦 达

卢纳瓦达是孟买管区内的拉杰布达纳土邦,北邻栋格尔布尔,东邻卡达纳和圣特-兰布尔(Sunth-Rampur),南邻班杰县的戈特拉,西邻巴拉斯诺尔(Balasinor)和伊德尔,面积 1 005 平方千米。王公是拉杰普特人维尔普拉(Virpura)族的后裔。传说其祖先早在 1205 年就于维尔布尔(Virpur)建立了国家。因古吉拉特苏丹的势力日益增强,1434 年,拉纳比姆·辛格只得将都城迁到默希(Mahi)河对岸的卢纳瓦达。

1594 年,阿赫拉杰(Akheraj)继承王位。他去世时没有王位继承人,比姆·辛格的直系终结,旁系的古姆博·拉诺(Kumbho Rano)继承王位。1637—1674 年钱德拉·辛格(Chandra Singh)在位期间,伊德尔王公的兄弟阿尔琼达斯(Arjundas)效力于莫卧儿帝国,巡查古吉拉特帝国领土。在卢纳瓦达、班斯瓦拉、栋格尔布尔和德瓦利亚(Devalia)等国王公的陪同下,他在巡查时出其不意地进攻拉纳尚王国(Ranasan)。拉纳尚军队发起反攻,杀害了卢纳瓦达、栋格尔布尔和德瓦利亚王公,活下来的班斯瓦拉王公焚烧了他们的尸体。

1711 年,纳哈尔·辛格即位。在他统治时期,莫卧儿帝国艾哈迈达巴德总督海达尔·库利·汗(Haidar Kuli Khan)进攻卢纳瓦达,索取了 8 万卢比赔款。为了加强防卫,他于 1718 年修筑了卢纳瓦达的城墙。纳哈尔·辛格的长子先于他去世,因此,在他于 1735 年去世时,王位传给他的长孙瓦

---

① Adrian Sever, *Rajwadas: The Indian Princely States*, Vol. 1, Delhi: B.R. Publishing Corporation, 2012, pp.114—115.

哈特·辛格(Wakhat Singh)。艾哈迈达巴德总督谢尔·汗二世(Sher Khan II)率领一支强大的军队进攻维尔布尔,杀死代表拉纳管理维尔布尔的苏丹·辛格(Sultan Singh),抢走两匹马和3 000卢比现金。1758年,瓦哈特·辛格去世,长子迪普·辛格(Dip Singh)即位。同年,马拉塔佩什瓦的总督萨达谢夫·拉姆钱德拉(Sadashiv Ramchandra)率军入侵卢纳瓦达,俘虏了迪普·辛格,直到索取了5万卢比赎金才释放了拉纳。[①]

1803年,卢纳瓦达拉纳开始与英属东印度公司联系,希望得到保护,并承诺每年支付贡金,但因总督康华里(Cornwallis)勋爵推行不干涉政策而未能如愿。1812年,拉纳法塔赫·辛格(Fateh Singh)和巴罗达盖克瓦德签订协定,卢纳瓦达分两次向巴罗达支付贡金7 001卢比。[②]1819年8月10日,英属东印度公司代表约翰·马尔科姆(John Malcolm)与瓜廖尔摩诃罗阁朵拉特·拉奥的代表曼·辛格签订协议,只要信地亚不直接或间接地干涉卢纳瓦达的内部事务,放弃对已经占领了40年的卢纳瓦达70个村庄的权利,卢纳瓦达每年支付贡金9 230卢比,英国担保贡金的支付。[③]卢纳瓦达处在英属东印度公司的保护之下。

24. 贾 恩 吉 拉

贾恩吉拉(Janjira)位于现在马哈拉施特拉邦的赖格德(Raigad)地区,包括穆鲁德(Murud)、斯里沃尔滕(Shrivardhan)及贾恩吉拉岛,面积839平方千米。1489年,一个为艾哈迈德讷格尔苏丹服兵役的逊尼派阿比西尼亚人化装成商人,获得许可将300个箱子从其船上搬到岸上。每个箱子装了一个士兵,阿比西尼亚人通过这种方式,夺取了贾恩吉拉岛,确立了统治。随后一个世纪,统治者将自己置于比贾布尔苏丹保护之下。

莫卧儿帝国和马拉塔人争夺对贾恩吉拉的控制权,多次进攻贾恩吉拉,但都被西迪·赫里亚特(Sidi Kheriyat)打退。1676年,奥朗则布皇帝正式承认贾恩吉拉统治者为纳瓦布。1699年,西迪·赫里亚特去世,其弟卡西姆(Kasim)即位。1707年,卡西姆去世,西迪人推举锡鲁尔·汗(Sirul Khan)为

---

① Markand Nandshankar Mehta & Manu Nandshankar Mehta, *The Hind Rajasthan or The Annals of the Native States of India*, *Part I B*, New Delhi: Mehra Offset Press, 1979, pp.815—816.

② C.U. Aitchison, *A Collection of Treaties*, *Engagements and Sanads*, *Vol.VII*, p.172.

③ Ibid., pp.172—173.

卡西姆的继承人。1713 年,巴拉吉·维斯瓦纳特(Balaji Vishwanath)与海盗头子卡诺吉·安格利亚(Kanoji Angria)签订条约,以消灭西迪政权。贾恩吉拉的领土遭到侵略,锡鲁尔·汗被迫放弃独立。[①]

1734 年,锡鲁尔·汗去世,留下 3 个儿子,最小的儿子谋杀了长子阿卜杜勒(Abdullah),趁次子李赫曼(Reheman)不在贾恩吉拉,夺取了王位。李赫曼向萨达拉罗阇求助,打败了弟弟,获得王位。不过,5 年之后,他被迫让位给西迪·哈桑(Sidi Hasan)。[②]

1759 年,贾恩吉拉与古吉拉特南部的贾法拉巴德(Jafarabad)土邦结盟。1762 年,贾法拉巴德宣布破产,贾恩吉拉帮其偿还债务,并在贾恩吉拉任命总督。英国人到来之后,马拉塔人不再进攻贾恩吉拉。1799 年,贾恩吉拉由孟买管区管理。

25. 林　布　迪

林布迪(Limbdi)位于孟买管区卡提阿瓦半岛东部,面积 632 平方千米,北邻拉克塔尔(Lakhtar)土邦和英属维勒姆格姆(Viramgam)地区,东邻英属托尔加(Dholka),南邻包纳加尔和滕图加(Dhandhuka)地区,西邻瓦德万(Wadhwan)和久拉(Chula)土邦。

王公(塔库尔·萨赫布)属于拉杰普特的贾拉(Jhala)族,林布迪的奠基者哈帕尔代奥(Harpaldeo)因战功卓著,从最后一位古吉拉特的拉杰普特国王卡兰·瓦格赫罗(Karan Vaghelo)那里获得 1 800 个村庄的赏赐。[③]哈帕尔代奥有 3 个儿子,长子是特朗格特拉(Dhrangadhra)的创建者,次子门古(Mangu)大约于 1500 年建立林布迪。

门古去世之后至 18 世纪后期,马杜帕尔(Madhupal)、达瓦尔(Dhaval)、格鲁(Kalu)、丹拉(Dhanra)、拉科一世(Lakho I)、伯杰拉杰一世(Bhojraj I)、卡兰·辛格和阿斯格兰一世(Askaran I)等 27 个塔库尔统治林布迪。[④]维里萨尔二世去世后,哈尔巴姆一世(Harbham I)继承王位。他在

① Markand Nandshankar Mehta & Manu Nandshankar Mehta *The Hind Rajasthan or The Annals of the Native States of India*, *Part I B*, New Delhi: Mehra Offset Press, 1979, pp.860—861.

② Adrian Sever, *Rajwadas*: *The Indian Princely States*, *Vol. 1*, Delhi: B.R. Publishing Corporation, 2012, p.130.

③ Arnold Wright, *Indian States*, New Delhi: Asian Educational Services, 2006, p.683.

④ Markand Nandshankar Mehta & Manu Nandshankar Mehta, *The Hind Rajasthan or The Annals of the Native States of India*, *Part I B*, New Delhi: Mehra Offset Press, 1979, p.882.

攻占了林布迪城后,将首都迁到这里。贾斯丹(Jasdan)和巴利耶德(Paliyad)的王公经常率领卡提人(Kathis)进攻林布迪。有一次,在哈尔巴姆一世去安巴吉(Ambaji)朝圣时,卡提人乘机进攻首都林布迪,塔库尔的弟弟阿玛尔·辛格在抵抗中阵亡。哈尔巴姆一世一听到弟弟阵亡的消息,就立刻返回林布迪,为弟弟报仇,将卡提人赶出林布迪城门。[①]

1786年,哈尔巴姆一世去世,哈里·辛格(Hari Singh)继任塔库尔·萨赫布。1807年,哈里·辛格和英属东印度公司代表亚历山大·沃尔克缔结条约,亚历山大·沃尔克保证让王公享有现有的充分权利,王公则答应支付亚历山大·沃尔克所确定的贡金,停止内部战争。[②]

26. 朱 巴 尔

朱巴尔位于西姆拉以东,与西尔木尔、代赫里格尔瓦尔(Tehri Garhwarl)、塔罗奇、罗温格尔、布萨尔、达科蒂、盖翁塔尔和英属科泰地区接壤,面积710平方千米。[③]朱巴尔王公家族是拉杰普特人。11世纪后期,统治西尔木尔和朱巴尔的国家发生王位之争,1075年即位的巴拉克·昌德(Balak Chand)遭遇其弟桑萨尔·昌德(Sansar Chand)和格拉姆·昌德的挑战,随后进行了长期的内战,最终巴拉克·昌德被废黜。他的儿子格拉斯·昌德(Kalas Chand)继承朱巴尔周边的领土,创建国家,他的兄弟建立了罗温国(Rawain State)。

格拉姆·昌德致力于使当地的小酋长承认他的领导地位,其子阿玛尔·昌德(Amar Chand)最终征服了他们。[④]在经历了大约25个王公后,洛普·昌德(Roop Chand)继任拉纳。[⑤]他的儿子拉纳乌格兰·昌德(Ugran Chand)成功征服朱巴尔以北、当时处在布萨尔控制下的地区。乌格兰·昌德的儿子格兰·昌德(Karan Chand,1527—1558年在位)被视为"现代"朱巴尔的创建者。正是他在代奥拉(Deorha)修建了宫殿和寺庙,规划了城市

---

① Adrian Sever, *Rajwadas*：*The Indian Princely States*, Vol. 2, Delhi：B. R. Publishing Corporation, 2012, p.570.

② C.U. Aitchison, *A Collection of Treaties*, *Engagements and Sanads*, Vol.Ⅵ, pp.23—25.

③ Mark Brentnall, *The Princely and Noble Families of the Former Indian Empire*, Vol.1, New Delhi：Indus Publishing Company, 2004, p.171.

④ Adrian Sever, *Rajwadas*：*The Indian Princely States*, Vol. 2, Delhi：B. R. Publishing Corporation, 2012, p.373.

⑤ Mark Brentnall, *The Princely and Noble Families of the Former Indian Empire*, Vol.1, New Delhi：Indus Publishing Company, 2004, p.173.

的布局。

1629—1676 年伯格·昌德(Bhag Chand)在位时,朱巴尔遭遇格尔瓦尔人的入侵,伯格·昌德在位的大部分时间都是在格尔瓦尔宫廷度过的。正是在这个时期,在格尔瓦尔人的帮助下,贾拉普·辛格(Jalap Singh)占领其兄伯格·昌德统治的朱巴尔的戈尔哈拉地区(Kolhara),获得实际上的独立。但不久他就被监禁起来。不过,伯格·昌德并没有将弟弟一家人赶出戈尔哈拉,而是让他们实际持有并继承这块土地。伯格·昌德之子拉纳那林·昌德(Narain Chand)领导了一次反对格尔瓦尔人的斗争,并且部分地取得成功,大大加固了朱巴尔城。遗憾的是,他的继承者们不是十分勤勉,直到 18 世纪初,朱巴尔都处在邻国西尔木尔的控制之下。

拉纳胡卡姆·昌德(Hukam Chand)是一个精力充沛的统治者和著名的武士,恢复了朱巴尔的独立。但是他没有子嗣,因此,在他于 1773 年去世时,朱巴尔发生了王位之争,胡卡姆·昌德的二弟欣奇尔·辛格(Khinchir Singh)试图夺取王位。在朱巴尔内乱之时,西尔木尔和布萨尔趁机入侵,胡卡姆·昌德的大弟普拉斯·昌德(Puras Chand)和维齐尔挽回了局势。他们向西尔木尔将军科迪亚(Khodia)许诺,如果帮忙废黜欣奇尔·辛格,就给他大量财富。普拉斯·昌德在科迪亚帮助下很快就夺取了王位,一直统治到 1832 年。

1839—1877 年拉纳普兰·昌德(Puran Chand)在位时,朱巴尔遭到廓尔喀人的入侵,英国人也在此期间踏上领土。在廓尔喀人占领时期,朱巴尔被勒索数笔贡金,1810 年为 2.2 万卢比,1811 年为 1.9 万卢比,1812 年为 1.5 万卢比。[1]英国人通过维齐尔干预朱巴尔的事务,普兰·昌德十分怀疑英国人的意图,英国人最终在 1839 年以治理不善为由迫使其退位,将其年仅 4 岁的儿子格拉姆·昌德扶上王位。普兰·昌德深信英国人将吞并朱巴尔,在 1843 年自杀身亡。1853 年,格拉姆·昌德成年,独立统治国家。但是,他也因治理不善于 1859 年被废黜。[2]

除上述王国外,莫卧儿王朝建立前已存在的其他一些王国简况如表1。

---

[1]　Mark Brentnall, *The Princely and Noble Families of the Former Indian Empire*, *Vol.1*, New Delhi: Indus Publishing Company, 2004, p.174.

[2]　Markand Nandshankar Mehta & Manu Nandshankar Mehta, *The Hind Rajasthan or The Annals of the Native States of India*, *Part II*, New Delhi: Mehra Offset Press, 1979, p.150.

表1　莫卧儿王朝建立前南亚次大陆其他王国成立时间、面积和人口一览

王国名称		建国时间	面积 （平方千米）	人口
英文	中文译名			
Alirajpur	阿里拉杰尔布尔	1437 年	2 165（1941 年）	112 754
Athgarh	阿特格尔	1178 年	435（1931 年）	42 351
Baghat	巴格哈特	15 世纪末	93	9 490
Baramba	伯拉姆巴	1305 年	365（1892 年）	29 772
Bariya	巴里亚	1524 年	2 106	81 579
Barwani	伯尔瓦尼	836 年	3 051（1941 年）	176 666
Bastar	巴斯塔尔	1324 年	33 830	306 501
Benares	贝拿勒斯	1194 年前	2 266（1892 年）	115 773
Bikaner	比卡内尔	1465 年	60 391（1931 年）	936 218
Bonai	波 奈	12 世纪	8 907（1892 年）	24 026
Cochin	科 钦	9 世纪	13 525	1 422 875
Cutch	库 奇	1147 年	19 725	488 022
Danta	丹 达	1061 年	899	18 000
Dhenkanal	滕加纳尔	1529 年	3 787（1892 年）	273 662
Dholpur	陶尔布尔	700 年	3 038	250 000
Idar	伊德尔	1257 年	4 323	168 557
Jaisalmer	杰伊瑟尔梅尔	1156 年	41 601（1931 年）	76 255
Jawhar	贾赫尔	1343 年	805	47 538
Jobat	尤巴特	15 世纪	339	9 443
Kalahandi	格拉汉迪	1005 年	9 700（1892 年）	224 548
Kanker	甘盖尔	2 世纪	3 701	103 563
Karauli	格劳利	1348 年	3 217（1931 年）	146 525
Keonjhar	盖翁切尔	12 世纪	8 019（1931 年）	460 609
Malpur	马尔布尔	1466 年	251（1931 年）	13 552
Manipur	曼尼普尔	1110 年	21 901	284 465
Mudhol	穆托尔	1465 年	508（1931 年）	936 218
Nalagarh	纳拉格尔	1110 年	663（1941 年）	52 737
Narsinghpur	讷尔辛格布尔	1292 年	515	39 613
Nayagarh	讷亚格尔	1500 年左右	1 528（1931 年）	142 406
Nilgiri	尼尔吉里	1125 年	3 313（1931 年）	68 594
Palanpur	巴伦布尔	1370 年	1 766（1940 年）	315 855

王国名称		建国时间	面积 （平方千米）	人口
英文	中文译名			
Palasni	珀拉斯尼	1489 年	31(1941 年)	3 119
Palitana	巴利塔纳	1194 年	777(1921 年)	5 800
Patna	巴特那	1191 年	6 503(1892 年)	257 959
Pethapur	贝塔布尔	13 世纪	28	5 616
Phaltan	珀尔登	14 世纪	1 028(1931 年)	58 761
Rairakhol	赖拉戈尔	12 世纪	2 157	26 888
Rajgarh	拉杰格尔	15 世纪	2 435(1931 年)	134 891
Sarangarh	瑟伦格尔	91 年	1 399	79 900
Sirohi	锡罗希	1405 年	5 164(1931 年)	216 528
Talcher	达尔杰尔	12 世纪	1 033	86 432
Tehri Garhwal	代赫里格尔瓦尔	823 年	10 826	268 885
Orchha	奥查哈	1501 年	5 400(1908 年)	321 364

说明：1. 本表数据取自 J.C.Dua, *Illustrated Encyclopaedia & Who's Who of Princely States in Indian Sub-Continent*, New Delhi：Kaveri Books, 2000. Arnold Wright, *Indian States：A Biographical, Historical, and Administrative Survey*, London, 1922; New Delhi：Asian Educational Services, 2006. C.U.Aitchison, *A Collection of Treaties, Engagements and Sanads Relating to India and Neighbouring Countries*, 14 vols, Calcutta, 1929—1933; reprinted by Kraus-Thomson Organization Limited, 1973.

2. 因获得英属东印度公司或英王政府赏赐的领土，或因将一些领土割让给英属印度，或因王族内部领土的分割，一些土邦的面积会有变化，数据后未标明年代的是 1901 年统计数据。人口数据的年份与面积数据的年份相同。

3. 国名翻译主要参考：中国地图出版社编：《印度地图册》，中国地图出版社 2010 年版；中国地名委员会编：《外国地名译名手册》，商务印书馆 1987 年版。

二、莫卧儿帝国时期建立的重要王国

1495 年，帖木儿家族 11 岁的巴布尔继承父亲奥马尔·谢赫·米尔扎二世(Umar Shaikh Mirza II)对中亚小国费尔干纳(Ferghana)的统治权。察合台家族和帖木儿家族在中亚广阔地区争夺权力的斗争中，巴布尔败落，逃亡到前帖木儿帝国边缘地带的喀布尔。1507—1508 年，在乌兹别克人攻占赫拉特之后，巴布尔自封为"帕德沙"。1526 年，巴布尔在巴尼伯德打败德里苏丹易卜拉欣·洛迪(Ibrahim Lodi)的庞大军队，建立莫卧儿王朝。

莫卧儿王朝从建立到结束都没有明确的王位继承制度，实行所谓开放的王位继承制,即所有王子都享有同等的王位继承权,在王位继承斗争中,获胜者为王。激烈残酷的继位之争及国家实力的迅速衰落导致地方势力的快速膨胀。很多札吉达尔和柴明达尔逐渐世袭持有封地,建立准独立的国家。莫卧儿皇帝已经无法控制拥有实权的各省总督,只得赐给"纳瓦布"之类的头衔,承认他们事实上的独立。因此,随着莫卧儿帝国走向衰败,独立和准独立的政权不断增加。

以下简要叙述莫卧儿时期建立的 20 个实力较强的王国的早期历史。

1. 恰 布 瓦

恰布瓦(Jhabua)面积 3 461 平方千米,北邻勒德兰(Ratlam)和赛拉纳,东邻瓜廖尔和印多尔,南邻阿里拉杰布尔、尤巴特和塔尔,西邻孟买管区的班杰地区。恰布瓦的统治者是焦特布尔的创建者焦特·辛格第五个儿子比尔·辛格的子孙。比尔·辛格获得封地里亚(Riya),其子苏亚吉(Suyaji)在1495 年继承该地,并在 1497 年获得阿杰梅尔地区的比奈(Bhinai)。1567 年,比曼·辛格(Bhiman Singh)继承王位,他在阿克巴指挥的几次战斗中表现超群,并得到了皇帝的高度赞赏,皇帝将马尔瓦的 52 个地区赐给他。[①]

比曼·辛格去世后,克苏·达斯(Kesho Das)继位,成为恰布瓦的创立者。1572 年,克苏·达斯成为萨利姆王子的部下。1584 年,他参加孟加拉战役,建功获得奖赏,莫卧儿皇帝赐给他"罗阇"头衔。在萨利姆登上皇帝宝座后,克苏·达斯受命镇压马尔瓦西南部以恰布·奈克(Jhabbu Naik)等人为首的匪帮,取得极大成功,并占有了他们的领地,皇帝赞赏他的贡献,在1607 年赐其皇家勋章。但是,克苏·达斯并没有享受多久的荣耀,同年,他被儿子卡兰·辛格杀害,王国陷入长期的混乱之中。

1723—1727 年阿洛普·辛格(Anop Singh)在位时,勒德兰入侵恰布瓦,罗阇在战斗中阵亡,恰布瓦大量领土落入勒德兰罗阇曼·辛格之手。他将这些领土送给他的弟弟赛拉纳罗阇杰伊·辛格。阿洛普·辛格的弟弟谢奥·辛格(Sheo Singh)即位后收复了被赛拉纳占领的领土。[②]因陀罗·辛格去世后,其幼子巴哈杜尔·辛格(Bahadur Singh)为了让印多尔霍尔卡帮他夺得王位,许诺每年支付贡金 3.5 万卢比。在他获得王位后,因恰布瓦局势动荡,霍尔卡从来没有得到过他许诺的贡金。为了保证贡金的支付,霍尔

---

① Arnold Wright, *Indian States*, New Delhi: Asian Educational Services, 2006, p.557.

② Adrian Sever, *Rajwadas: The Indian Princely States*, Vol.2, Delhi: B.R. Publishing Corporation, 2012, p.663.

卡占有恰布瓦的数个村庄。①在 1770 年比姆·辛格即位后,霍尔卡蹂躏了整个恰布瓦。

1805 年 12 月,英属东印度公司与印多尔摄政耶斯旺特·拉奥签订和平条约,将恰布瓦置于英属东印度公司的监管之下。1821 年 8 月 22 日,在英国人的调解下,恰布瓦罗阇比姆·辛格与他的继承人普拉塔普·辛格签订协定:比姆·辛格让位给普拉塔普·辛格,只保留 3 个塔鲁克,即拉纳布尔(Ranapur)、格纳斯(Kanas)和帕格尔(Bhagor)。②1829 年,比姆·辛格去世,这 3 个塔鲁克回归恰布瓦。1832 年,普拉塔普·辛格去世,由养子拉坦·辛格继位。

1840 年,拉坦·辛格骑马时摔死,没有王位继承人,不过有个王后已经怀孕,后来生下一个儿子,取名戈帕尔·辛格(Gopal Singh)。王子出生后,拉坦·辛格的兄弟莫蒂·辛格(Moti Singh)向英国当局提出戈帕尔·辛格没有王位继承权,认为其是拉尼从一个陶工那里买来以充当自己所生。英国政府指示默希德布尔(Mahidpur)驻扎官博思威克(Borthwick)前往恰布瓦进行调查。正规的调查证明,戈帕尔·辛格是拉坦·辛格合法的儿子。莫蒂·辛格对这一调查结果不满,组织军队发动公开叛乱,最终被布迪库尔(Buticull)少校逮捕,并移交给印多尔驻扎官。③

在印度民族大起义时,罗阇给英国政府以很大援助,对来自波帕瓦尔(Bhopawar)王室的避难者给以保护,因而获得一件价值 12 500 卢比的皇家礼服,给维持马尔瓦比尔军团的贡金也大大减少。总督坎宁勋爵对恰布瓦的支持表示感谢。④

2. 帕 塔 格 尔

帕塔格尔位于拉杰布达纳南部,面积 2 295 平方千米,北边和西北边与乌代布尔相邻,西边和西北边与班斯瓦拉相邻,南邻勒德兰,东邻焦拉(Jaora)与瓜廖尔。其统治者源自梅瓦尔拉纳莫格尔·辛格(Mokal Singh)的后代比卡·辛格(Bika Singh)。1553 年,比卡·辛格放弃梅瓦尔的领地,向南进发,征服了大量土著,确立了对征服地区的统治。1561 年,他修建代奥利亚

---

①　C.U. Aitchison, *A Collection of Treaties, Engagements and Sanads*, *Vol.IV*, p.156.

②　Ibid., pp.183—184.

③　Markand Nandshankar Mehta & Manu Nandshankar Mehta, *The Hind Rajasthan or The Annals of the Native States of India*, *Part I B*, New Delhi: Mehra Offset Press, 1979, p.664.

④　Arnold Wright, *Indian States*, New Delhi: Asian Educational Services, 2006, p.557.

城(Deolia),或称代奥格尔城(Deogarh)。随后,他推翻居住在更东更南的拉杰普特酋长们。1627年即位的贾斯万特·辛格十分强大并被视为格外危险的敌人,以至于在1628年应邀到乌代布尔时和长子一起被谋杀。此后,根塔尔(Kanthal)被梅瓦尔军队占领。

1634年,贾斯万特·辛格的次子哈里·辛格到德里,部分因为贾汉吉尔皇帝的大将摩诃巴特·汗(Mahabat Khan)的支持,部分因为他个人的技巧和表现,沙·贾汉皇帝承认他是一个独立的王公,他同意每年缴纳1.5万卢比贡金,获得7000级曼萨布和"摩诃罗瓦特"头衔。[①]在莫卧儿帝国军队帮助下,哈里·辛格回到梅瓦尔,将占领代奥利亚城的梅瓦尔军队驱逐出去,成功征服了周围地区。

1674年,哈里·辛格去世,其子普拉塔普·辛格即位。1698年,普拉塔普·辛格修建了帕塔格尔城,并将其国家也称为"帕塔格尔"。1708年普拉塔普·辛格去世后,普里提维·辛格(Prithvi Singh)、巴哈尔·辛格、桑格拉姆·辛格、乌麦德·辛格、戈帕尔·辛格和萨利姆·辛格(Salim Singh)先后继承王位。

1774年,7岁的萨旺特·辛格(Sawant Singh)继任摩诃罗瓦特。18世纪末,帕塔格尔遭到马拉塔人的蹂躏,因摩诃罗瓦特同意将原来支付给莫卧儿皇帝的72 720卢比贡金支付给霍尔卡,才使国家得以幸存下来。[②]1804年11月25日,摩诃罗瓦特萨旺特·辛格与英军指挥官约翰·默里缔结条约,摩诃罗瓦特不再承认霍尔卡的宗主地位,将原来给予霍尔卡的贡金支付给英属东印度公司,英国军队可以自由经过帕塔格尔任何地区,并得到摩诃罗瓦特的任何帮助和保护。[③]哈斯丁斯勋爵接任总督后废除该条约,于1818年10月5日签订新条约,摩诃罗瓦特承诺不与任何其他土邦联系,尽最大的努力表明自己听命于英国政府,英国政府则答应帮他重建良好的秩序,保护他不受其他土邦的侵犯。[④]

3. 吉 申 格 尔

吉申格尔位于拉杰布达纳的中心地带,面积2 200平方千米,东北和东部与斋浦尔相邻,东南与沙赫布勒相邻,西南与西部与阿杰梅尔相邻,西北

①② Arnold Wright, *Indian States*, New Delhi: Asian Educational Services, 2006, p.351.

③ C.U. Aitchison, *A Collection of Treaties, Engagements and Sanads*, Vol.III, pp.459—460.

④ Ibid., pp.460—463.

部与马尔瓦相邻。

吉申格尔的创建者是焦特布尔罗阁乌代·辛格的第9个儿子吉申·辛格八世(Kishen Singh VIII)。他在19岁时获得阿苏普(Asop)的札吉尔，待了大约一年之后，移居其哥哥、焦特布尔罗阁赐给他的多杜尔(Dodur)。随后他又移居阿杰梅尔，征服了构成吉申格尔领土的地区。1594年，莫卧儿皇帝阿克巴亲自签字批准他为该地区的统治者。[①]他与贾汉吉尔皇帝也保持着密切联系，被派随摩诃巴特·汗进攻焦特布尔罗阁阿玛尔·辛格，他在那里受了伤，回来之后，于1611年修建吉申格尔城，其国家也开始被称为"吉申格尔"。1615年吉申·辛格八世去世时，吉申格尔的收入达到25万卢比。

1643年即位的摩诃罗阁鲁布·辛格(Rup Singh)也被莫卧儿皇帝沙·贾汉选去远征喀布尔。他作战英勇，取得多次胜利，获得了很高的荣誉。喀布尔回来之后，在土邦北部建立以自己名字命名的鲁布讷格尔城(Rupnagar)。在第二次受命远征喀布尔时，鲁布·辛格迫使喀布尔接受莫卧儿的度量衡制度。1653年，沙·贾汉皇帝将曼德尔格尔城堡(Mandalgarh)赏赐给他。

1658年，鲁布·辛格的儿子曼·辛格继任摩诃罗阁，维持了土邦48年的和平与稳定，也得到了奥朗则布皇帝额外赏赐的领地。1706年即位的拉杰·辛格在贾乔(Jajau)战役中帮助沙·阿拉姆·巴哈杜尔·沙与阿扎姆·沙作战，身受重伤。皇帝赏给他瑟尔沃尔(Sarwar)和马尔布勒(Malpura)。拉杰·辛格的继任者萨旺特·辛格将国家领土的一半给弟弟巴哈杜尔·辛格，自己在鲁布讷格尔统治北部。萨旺特·辛格是一个隐士，不久就隐退到布林达班(Brindaban)，并于1764年在那里去世。他的儿子萨达尔·辛格(Sardar Singh)只统治了两年，因其继承人年幼，巴哈杜尔·辛格实际上统治着整个国家。[②]

1781年，巴哈杜尔·辛格去世，他的曾孙卡尔扬·辛格(Kalyan Singh)继任摩诃罗阁。[③]1818年3月26日，卡尔扬·辛格与英属东印度公司代表查理·梅特卡夫签订友好同盟条约，英国政府保证保护吉申格尔王公的权力

---

① C.U. Aitchison, *A Collection of Treaties, Engagements and Sanads*, Vol.III, p.61.

② Adrian Sever, *Rajwadas: The Indian Princely States*, Vol.2, Delhi: B.R. Publishing Corporation, 2012, p.502.

③ Markand Nandshankar Mehta & Manu Nandshankar Mehta, *The Hind Rajasthan or The Annals of the Native States of India*, Part I A, New Delhi: Mehra Offset Press, 1979, p.373.

和领土;摩诃罗阇和他的继承人是国家的绝对统治者;摩诃罗阇及其继承人则与英国政府合作,承认其最高统治权,不与其他土邦有任何联系,不侵犯其他国家;如果英国政府有要求,吉申格尔根据实力提供军队。①

在签订条约之后,卡尔扬·辛格与附属于他的贵族们发生争执,主要原因是他要摧垮法塔赫格尔(Fatehgarh)罗阇。因为英国政府已经宣布法特赫格尔是吉申格尔的附属国,而法塔赫格尔罗阇宣布独立。摩诃罗阇试图将附属国的兵役折算成现金支付。摩诃罗阇向莫卧儿帝国徒有虚名的皇帝阿克巴二世求助。到德里之后,摩诃罗阇忙着从皇帝那里买得各种荣誉和特权,如在皇帝在场时穿袜子的权利,而吉申格尔国内的局势变得越来越艰难。反叛的贵族寻求科塔的帮助,而摩诃罗阇寻求本迪的帮助。在冲突中,与之相邻的英属东印度公司的领土也受到了影响。冲突双方请求英国人协调,反叛的贵族宣布卡尔扬·辛格的儿子莫卡姆·辛格(Mokam Singh)为摩诃罗阇,围攻吉申格尔。卡尔扬·辛格只好听从驻扎官的调解,于1832年让位给儿子莫卡姆·辛格。

4. 珀勒德布尔

珀勒德布尔的面积约 51 250 平方千米,北邻旁遮普古尔冈地区,东邻联合省的阿格拉和马图拉地区,南邻斋浦尔、格劳利和陶尔布尔,西邻阿尔瓦尔。②

珀勒德布尔王公是辛辛瓦尔(Sinsinwar)族的贾特人。17 世纪末,莫卧儿帝国开始衰落,辛萨尼村庄的柴明达尔贾特·巴伊迦(Jat Baija)乘机扩大自己的领地。其后代邱拉曼·辛格(Churaman Singh)和巴丹·辛格(Badan Singh)继续实施扩张政策,入侵莫卧儿帝国的领土,但在遭遇极大压力的情况下,缔结了体面的和平。

巴丹·辛格即位后在 1722 年宣誓效忠德里,这标志着珀勒德布尔成为一个单独的国家。1724 年,巴丹·辛格修建珀勒德布尔城堡。巴丹·辛格有很多儿子,其中苏拉杰·马尔(Suraj Mal)、舒巴-拉姆(Shubha-Ram)、普拉塔普·辛格和比尔·纳拉扬(Bir Narayan)最为有名。因为莫卧儿帝国濒临崩溃,巴丹·辛格占领了帝国几个地区。巴丹·辛格希望普拉塔普·辛格继承王位,而长子苏拉杰·马尔决定采取行动确保自己继承王位。他

---

① C.U. Aitchison, *A Collection of Treaties*, *Engagements and Sanads*, *Vol.III*, pp.104—105.

② Adrian Sever, *Rajwadas：The Indian Princely States*, *Vol.2*, Delhi：B.R. Publishing Corporation，2012, p.481.

的第一个措施就是攻占珀勒德布尔城堡,使自己成为一个独立的王公。1754年,他不得不与斋浦尔和马拉塔联军对抗,虽然他的实力遭到削弱,但敌人也付出了高昂的代价。

1755年,巴丹·辛格去世,苏拉杰·马尔即位。他率领3万贾特随从作为辅助部队参加了马拉塔人萨达希夫·鲍(Sadashiv Bhau)领导的向德里进军、夺取莫卧儿帝国王位的行动。因对萨达希夫·鲍的作战计划不满,苏拉杰·马尔撤回珀勒德布尔。1761年1月7日,马拉塔人与阿富汗人决战于巴尼伯德,马拉塔人遭受灾难性失败,据说牺牲了20万人。苏拉杰·马尔趁马拉塔人遭遇失败之机占领阿格拉,并驻扎精锐部队。1763年,珀勒德布尔与斋浦尔发生战争,苏拉杰·马尔遭遇名义上的失败,而斋浦尔的重要贵族阵亡,摩诃罗阇马杜·辛格(Madhu Singh)身受重伤并于4天后去世。1763年下半年,苏拉杰·马尔进军德里,在城郊安营扎寨。12月25日,他在莫卧儿帝国领地内狩猎时被杀死。①其子贾瓦哈尔·马尔(Jawahar Mal)继承王位。贾瓦哈尔·马尔虽然统治时间只有不到5年,但他将珀勒德布尔的领土扩张到极限,他攻击德里,也是为死去的父亲报仇。他主要居住在阿格拉宫,坐上贾汉吉尔黑色大理石宝座是他的嗜好,但他也正是在这里于1768年6月被谋杀。

王族的内部纷争、马拉塔人的入侵和阿尔瓦尔的兴起使珀勒德布尔走向衰落,版图大大缩小。1778年3月,兰吉特·辛格继任摩诃罗阇。1803年9月29日,他与英属东印度公司代表杰拉尔德·莱克(Gerald Lake)签订同盟互助条约,除了从摩诃罗阇获取贡金外,英属东印度公司不干涉土邦内部事务。②1803年9月和11月,杰拉尔德·莱克率英军进攻阿格拉和拉斯瓦里(Laswari),珀勒德布尔军队给予了很大帮助。但是,在1804年英国人与印多尔之间发生战争时,珀勒德布尔支持印多尔。1805年1—2月,英军向珀勒德布尔城堡发起不下7次进攻,但都没有攻下坚固的城堡。因持久的战争使摩诃罗阇及其盟友霍尔卡感到非常疲惫,守军士气越来越低,摩诃罗阇便主动求和。

1805年4月,摩诃罗阇与英属东印度公司代表杰拉尔德·莱克签订条约。条约规定,英属东印度公司和兰吉特·辛格及其继承人结成永久友好

---

① Markand Nandshankar Mehta & Manu Nandshankar Mehta, *The Hind Rajasthan or The Annals of the Native States of India*, Part I A, New Delhi: Mehra Offset Press, 1979, pp.290—291.

② C.U. Aitchison, *A Collection of Treaties*, *Engagements and Sanads*, Vol.III, pp.389—390.

同盟。为了保证双方的友好关系,摩诃罗阇同意他的一个儿子经常和一个可以指挥英国军队的官员一起留在德里郊区或阿格拉。英属东印度公司则同意,如果摩诃罗阇忠诚和顺从于英国政府,则将英国官员占据的迪格堡(Deeg)归还给摩诃罗阇。珀勒德布尔分期赔偿英属东印度公司 200 万卢比,两个月内支付 50 万卢比,1806—1809 年分 4 期共支付 150 万卢比。英属东印度公司承诺,如果摩诃罗阇在支付 50 万卢比后,一直忠诚和顺从于英属东印度公司,就免除其余分期支付的款项。①

5. 德 蒂 亚

德蒂亚(Datia)的面积 2 192 平方千米,其领土与瓜廖尔和其他土邦的领土交织在一起,主要部分北邻瓜廖尔和贾劳恩地区,南邻瓜廖尔和占西地区,东邻萨姆塔尔(Samthar)土邦和占西地区,西邻瓜廖尔。②

德蒂亚最早的历史可以追溯到奥查哈摩诃罗阇宾·辛格·代奥(Bin Singh Deo)。他在晚年将一些札吉尔赐给几个儿子。次子珀格万·拉奥(Bhagwan Rao)得到包括德蒂亚城及其宫殿在内的一块领地。1626 年之后,珀格万·拉奥离开奥查哈,在德蒂亚居住下来。与父亲一起生活在奥查哈时,珀格万·拉奥就被派去德里,为莫卧儿皇帝效力,参加过两三次战役,所得到的回报是德蒂亚周围的一片领地。通过武力征服和莫卧儿皇帝赏赐,德蒂亚的领土包括北至昌巴尔河,西至信德河和东至贝达瓦河(Betwa)的广大地区。

1656 年,珀格万·拉奥去世,儿子苏巴·卡兰(Subha Karan)继位。与他父亲一样,苏巴·卡兰是莫卧儿军队的热心支持者,参加了 1646—1653 年莫卧儿帝国对巴尔赫(Balkh)和巴达赫尚(Badakhshan)的远征。在沙·贾汉皇帝去世后发生的王位继承战争中,苏巴·卡兰支持奥朗则布,从而获得了这个未来皇帝的恩宠。他继续进行战争,尤其在与马拉塔人的战争中,声名大振。

1683 年,苏巴·卡兰去世,其子达尔巴特·辛格(Dalpat Singh)继承王位。达尔巴特·辛格 1706 年去世,王位传给儿子拉姆·钱德拉(Ram Chandra)。1733 年拉姆·钱德拉去世时发生王位继承问题,奥查哈罗阇乌多特·辛格(Udot Singh)裁定王位由拉姆·钱德拉的曾孙因陀罗吉特·辛

① C.U. Aitchison, *A Collection of Treaties*, *Engagements and Sanads*, *Vol.III*, pp.390—391.

② Adrian Sever, *Rajwadas: The Indian Princely States*, *Vol.1*, Delhi: B.R. Publishing Corporation, 2012, p.287.

格(Indrajit Singh)继承。1760 年,莫卧儿皇帝沙·阿拉姆二世访问本德尔汗德,邀请因陀罗吉特·辛格与他在班达会晤,赐给他"罗阇"头衔、一个可移动的宝座和两个皇室旗标。[①]

1804 年 3 月 15 日,第七任罗阇帕里查特·辛格(Parichhat Singh)与英属东印度公司代表威廉·贝利(William Baillie)签订友好同盟条约。罗阇承诺臣服于英属东印度公司,视英属东印度公司的朋友为朋友,视英属东印度公司的敌人为敌人;不侵犯邻邦,一旦与邻邦发生争端,则接受英属东印度公司的裁决。[②]

6. 伯蒂亚拉

伯蒂亚拉是最大、最重要的锡克教国家,面积 15 400 平方千米。[③] 1526 年,巴布尔皇帝在巴尼伯德战役后赐给巴里亚姆(Bariam)一个村庄。巴里亚姆的后人乔德里·普尔(Chaudhri Phul)将村庄命名为乔德里亚特(Chaudhriyat),并获得沙·贾汉皇帝的特许。

普尔次子乔达·拉姆(Chota Ram)的后代阿拉·辛格(Ala Singh)是一个能力超群的人,对国家的迅速崛起作出了很大贡献。他打败了实力强大的果德(Kot)和杰格劳恩(Jagraon)穆斯林酋长。1749 年,阿拉·辛格修筑了珀瓦尼格尔城(Bhawanigarh),几年之后修建了伯蒂亚拉城。1757 年,阿拉·辛格西征珀丁达(Bhatinda),不仅解除了珀蒂斯人(Bhattis)的威胁,而且获得了一些重要的村庄。大约此时,阿富汗杜拉尼王朝的奠基者艾哈迈德·沙·杜拉尼侵犯旁遮普,在巴尼伯德战役中打败马拉塔人,抵达德里。1762 年,阿拉·辛格在伯尔纳拉(Barnala)草原与艾哈迈德·沙·杜拉尼交战,失败投降。杜拉尼授予他"罗阇"头衔[④],双方缔结友好关系。这一联盟激怒了锡克人,因为大约 2 万名英勇的锡克人在伯尔纳拉附近与阿富汗人的战斗中被杀,锡克人视艾哈迈德·沙·杜拉尼为民族的敌人。[⑤]但是,阿拉·辛格要使锡克人从外敌入侵的恐惧中摆脱出来。事实证明这是有远见的。杜拉尼离开印度后,阿拉·辛格攻击锡尔欣德总督,锡尔欣德总督在战

---

①　Arnold Wright, *Indian States*, New Delhi: Asian Educational Services, 2006, p.272.

②　C.U. Aitchison, *A Collection of Treaties*, *Engagements and Sanads*, Vol.V, pp.89—91.

③　Arnold Wright, *Indian States*, New Delhi: Asian Educational Services, 2006, p.230.

④　Markand Nandshankar Mehta & Manu Nandshankar Mehta, *The Hind Rajasthan or The Annals of the Native States of India*, Part I A, New Delhi: Mehra Offset Press, 1979, p.365.

⑤　C.U. Aitchison, *A Collection of Treaties*, *Engagements and Sanads*, Vol.I, p.116.

斗中身亡。阿拉·辛格摧毁了锡尔欣德,迫使其人民移居伯蒂亚拉。杜拉尼在第二次踩蹦印度时向伯蒂亚拉罗阁索取了大量贡物,并将他降至附属国的地位。杜拉尼回国时,阿拉·辛格护送其宗主远至拉合尔。①

1765年,阿拉·辛格在伯蒂亚拉去世。他的孙子阿玛尔·辛格继任罗阁,也是一个能干的统治者。1767年,杜拉尼最后一次访问旁遮普,并赐给阿玛尔·辛格"王中之王"(Raja-i-Rajgan)的头衔。1766年,阿玛尔·辛格征服并获得马莱尔戈德拉(Māler Kotla)的帕伊尔(Pail)和伊斯鲁(Isru)。1771年,降服珀丁达。1774年,远征他的同宗珀蒂斯人,获得了锡尔萨(Sirsa)和法塔哈巴德(Fatehabad)。迪万南努·马尔(Nannu Mall)也征服了汉西(Hansi)省督。阿玛尔·辛格成功使伯蒂亚拉成为朱木拿河和萨特莱杰河之间最强大的国家。1781年,阿玛尔·辛格去世,其6岁的儿子萨希布·辛格(Sahib Singh)即位,莫卧儿皇帝沙·阿拉姆二世赐给他"摩诃罗阁"头衔。②

1804年,英属东印度公司和伯蒂亚拉开始友好的政治联系,莱克勋爵签署一份文件,向萨希布·辛格作出保证:"鉴于你已宣布自己是英国坚定的朋友,因此,你可以继续保有现在的国家,永远不要缴纳贡金。"③1805年,因杜拉迪(Duladdi)村庄的纠纷而发生流血冲突,那巴(Nabha)和金德的罗阁请求兰吉特·辛格的干预。兰吉特·辛格立刻率领军队渡过萨特莱杰河,但在与伯蒂亚拉军队遭遇之后,"旁遮普之狮"不得不求和。为兰吉特·辛格日益强大的实力所震惊,和其他萨特莱杰河东边的王公们请求在德里的英国驻扎官的保护。1809年4月25日,查理·梅特卡夫代表英属东印度公司与摩诃罗阁兰吉特·辛格签订条约,并发表声明,宣称"马尔瓦和锡尔欣德王公们的国家已处于英国人的保护下";"王公们在他们的领地内将依旧行使与以前同样的权利和权威"④。

7. 科　塔

科塔北邻斋浦尔和昌巴尔河,东邻瓜廖尔,南邻拉杰格尔、兰布勒(Rampura)、基尔奇布尔和恰勒瓦尔,西邻本迪、乌代布尔,面积14 700平

---

① Markand Nandshankar Mehta & Manu Nandshankar Mehta, *The Hind Rajasthan or The Annals of the Native States of India*, Part I A, New Delhi: Mehra Offset Press, 1979, p.365.

② Arnold Wright, *Indian States*, New Delhi: Asian Educational Services, 2006, p.230.

③ Ibid., p.234.

④ C.U. Aitchison, *A Collection of Treaties, Engagements and Sanads, Vol.I*, p.156.

方千米。科塔统治者属于拉杰普特人乔汉族的哈拉支族。乔汉族是印度36个皇室家族中最著名的家族之一,是最后坐上德里皇帝宝座的印度教徒。在其24个支派中,哈拉族是最重要的。科塔和本迪多年来就以"哈拉奥迪"(Haraoti)或"哈拉瓦迪"(Harawati)著称,意为"哈拉人的国家"。

大约1342年,阿杰梅尔国王的后代拉奥·德瓦(Rao Dewa)创建了本迪城。他的孙子杰特·辛格(Jet Singh)将哈拉族的影响扩大到昌巴尔河以东。杰特·辛格从比尔人那里夺取了现在科塔城的所在地,他的后代一直保持到大约1530年才被本迪拉奥苏拉杰·马尔夺走。

17世纪初,本迪拉奥拉坦·辛格将科塔城及附属地作为札吉尔给予其次子马多·辛格(Madho Singh)。后来,在胡拉姆反叛父亲贾汉吉尔时,拉坦·辛格和马多·辛格加入皇帝的军队。作为奖赏,拉坦·辛格被任命为布尔汉布尔总督,马多·辛格则得到科塔和它的360个城镇及"罗阇"头衔,这一赏赐也得到沙·贾汉皇帝的承认。①这标志着科塔成为一个独立的国家。

1658年,马多·辛格去世,长子穆坎德·辛格(Mukand Singh)即位。在乌贾因附近的法塔哈巴德战役中,他和4个兄弟英勇地与奥朗则布作战,除了最小的兄弟基索尔·辛格(Kishor Singh)身受重伤但后来活下来外,其他的兄弟都战死了。

1713年即位的第七任罗阇比姆·辛格一世大大扩充了领地,并从莫卧儿皇帝那获得"摩诃拉奥"头衔和5 000级曼萨布。1761年,斋浦尔入侵科塔,企图迫使哈拉人承认是斋浦尔的附属国。科塔在伯德瓦拉(Bhatwara)发起反攻,斋浦尔虽然兵力占优势,但是惨遭失败。在这场战役中,年轻的扎里姆·辛格(Zalim Singh)表现超群。1766年查塔尔·萨尔一世的弟弟古曼·辛格(Guman Singh)继任摩诃拉奥。不久,科塔南部遭到马拉塔人的入侵,一度失宠的扎里姆·辛格再次挽回败局,在科塔支付了一大笔钱之后,马拉塔人撤军。

1771年1月,乌麦德·辛格一世继任摩诃拉奥。他虽然在位近50年,却是一个徒有虚名的统治者,实际统治者是著名的总理扎里姆·辛格。扎里姆·辛格使科塔成为拉杰布达纳实力最强和最繁荣的国家。科塔是拉杰布达纳土邦中最早配合英国人打击平达里人的土邦之一。1817年12月

①　Adrian Sever, *Rajwadas: The Indian Princely States*, *Vol. 2*, Delhi: B. R. Publishing Corporation, 2012, pp.503—504.

26 日,扎里姆·辛格与英属东印度公司代表查理·梅特卡夫签订友好同盟条约,英属东印度公司为科塔提供保护;摩诃拉奥则承认英属东印度公司的最高宗主地位,配合和支持英国政府,将以往给佩什瓦、信地亚和霍尔卡的40 多万卢比贡金支付给英属东印度公司。1818 年 2 月 20 日,扎里姆·辛格成功在条约中加了一个补充条款,使他和后人可以永久掌握整个土邦的管理权。① 不过,1819 年 11 月即位的基索尔·辛格二世(Kishor Singh II)试图用武力从总理手中夺回对土邦的实际统治权。由于总理扎里姆·辛格获得英属东印度公司军队的帮助,摩诃拉奥在随后的战争中遭遇失败,逃往乌代布尔。在承认扎里姆·辛格及其后代永久世袭土邦管理权后,摩诃拉奥才获准回到首都。②

基索尔·辛格二世的继任者拉姆·辛格二世与扎里姆·辛格的孙子马丹·辛格(Madan Singh)就统治权的问题发生冲突。英国政府意识到总理世袭是行不通的,在征得摩诃拉奥同意之后,于 1838 年将科塔的 17 个地区划分出来,成立一个由马丹·辛格及其后代统治的新公国——恰勒瓦德(Jhalawad,即恰勒瓦尔),因此,科塔付给英属东印度公司的贡金扣减 8 万卢比。③

8. 勒 德 兰

勒德兰是一个重要的拉杰布达纳土邦,面积 2 336 平方千米。北邻焦拉和帕塔格尔,东邻瓜廖尔,南邻塔尔和印多尔,西邻古萨尔格尔和班斯瓦拉。

1651—1652 年,焦特布尔首任罗阇乌代·辛格的曾孙拉坦·辛格帮助莫卧儿皇帝沙·贾汉在坎大哈(Qandahar)抵抗乌兹别克人和在呼罗珊(Khorasan)对抗波斯人,表现突出,莫卧儿皇帝赏给他札吉尔,授予“摩诃罗阇”头衔,将他提升为 3 000 级曼萨布,赐给他牦牛尾巴、孔雀羽毛等礼物,授予鱼形勋章。罗阇拉坦·辛格将勒德兰作为首都,并在很好的环境下开始他的统治。但在 1658 年上半年,沙·贾汉要求他与焦特布尔摩诃罗阇一道抵抗奥朗则布和穆拉德所率领的叛军的进攻,4 月 20 日,拉坦·辛格

---

① C.U. Aitchison, *A Collection of Treaties，Engagements and Sanads，Vol.III*，pp.357—361.

② Adrian Sever, *Rajwadas：The Indian Princely States，Vol.2*，Delhi：B.R. Publishing Corporation，2012，pp.504—505.

③ Markand Nandshankar Mehta & Manu Nandshankar Mehta, *The Hind Rajasthan or The Annals of the Native States of India，Part I A*，New Delhi：Mehra Offset Press，1979，p.341.

在乌贾因附近的法塔哈巴德作战时阵亡,其长子拉姆·辛格继承王位。

1682年,拉姆·辛格在战斗中阵亡,谢夫·辛格(Shiv Singh)继承王位。不久,谢夫·辛格去世,没有王位继承人。虽然遭到很多贵族的反对,拉姆·辛格非婚生儿子克绍·达斯(Kesho Das)却还是在1684年继任了罗阇。在与贵族们的谈判中,克绍·达斯下令处决了一个穆斯林酋长,招致莫卧儿皇帝不高兴,克绍·达斯便逃离勒德兰,将王位留给叔叔查特拉·萨尔(Chhatra Sal)。查特拉·萨尔大力支持莫卧儿帝国的军队,但大儿子哈特·辛格(Hatte Singh)在一次战斗中被杀后,他变得十分消沉,以至于在将国家三分给两个儿子克斯里·辛格(Kesri Singh)和普拉塔普·辛格及哈特·辛格的儿子巴伊里萨尔(Bairisal)后过起隐居生活。克斯里·辛格成为勒德兰的统治者,普拉塔普·辛格获得拉奥蒂(Raoti),巴伊里萨尔获得达姆诺德(Dhamnode)。巴伊里萨尔在与普拉塔普·辛格的纷争中失败,退到斋浦尔,其达姆诺德领地被并入勒德兰。摩诃罗阇克斯里·辛格在与普拉塔普·辛格的战斗中死去。其子曼·辛格和杰伊·辛格(Jey Singh)为父亲报仇,进攻普拉塔普·辛格,并在萨格德(Sagode)杀死了他。曼·辛格继任勒德兰罗阇,将拉奥蒂领地给予弟弟杰伊·辛格。杰伊·辛格成为赛拉纳王室的祖先。①

1819年1月5日,在英属东印度公司代表约翰·马尔科姆的调解下,勒德兰罗阇帕巴特·辛格(Parbat Singh)与瓜廖尔摩诃罗阇朵拉特·拉奥(Daulat Rao)签订条约,勒德兰每年付给瓜廖尔8.4万卢比贡金,瓜廖尔保证不再派军队到勒德兰或干涉其内政和王位继承。②

9. 马莱尔戈德拉

马莱尔戈德拉的统治者是阿富汗谢尔瓦尼(Sherwani)家族的后代。他们的祖先谢赫·萨德鲁丁(Shaikh Sadruddin)大约在15世纪末从喀布尔来到德里。当时的阿富汗国王贝洛尔·洛迪(Behlol Lodhi)已经控制印度西部的大部分地区,但还希望统治德里。在去德里的途中,贝洛尔·洛迪遭遇沙暴,黑暗之中来到谢赫·萨德鲁丁家里,得到帮助。在夺得德里王位后,1451年左右,阿富汗王将女儿泰杰·穆拉萨(Taj Murassa)嫁给谢赫·萨德鲁丁,并将马莱尔戈德拉地区作为陪嫁给了女儿。五代人之后,马莱尔戈

---

① Arnold Wright, *Indian States*, New Delhi: Asian Educational Services, 2006, p.492.
② C.U. Aitchison, *A Collection of Treaties*, *Engagements and Sanads*, Vol.Ⅳ, pp.289—290.

德拉由巴亚宰德·汗(Bayazid Khan)统治。1657年,巴亚宰德·汗将皇帝奥朗则布从虎口救了下来,皇帝赐给他"纳瓦布"头衔及修筑一个城堡的特权。于是,他修建了马莱尔戈德拉城堡。

莫卧儿帝国衰落后,马拉塔人的力量日益增强,马莱尔戈德拉和旁遮普其他王国都获得独立。1730年,纳瓦布贾迈勒·汗(Jamal Khan)帮助帝国的军队反对伯蒂亚拉的锡克教君主阿拉·辛格。30年后,他又联合阿富汗王艾哈迈德·沙·杜拉尼的军队反对旁遮普的几个锡克教君主。纳瓦布的行为使马莱尔戈德拉与周围几个锡克王国之间的关系非常紧张。

1762年,贾迈勒·汗阵亡,其子比坎·汗(Bhikan Khan)继任纳瓦布。艾哈迈德·沙·杜拉尼最后一次离开印度后不久,伯蒂亚拉罗阇阿玛尔·辛格报复比坎·汗,进攻马莱尔戈德拉,夺取一些村庄。纳瓦布发现他没有能力抵抗如此强大的敌人,不得不与伯蒂亚拉罗阇缔结和约。[①]后来在伯蒂亚拉罗阇处于困境之时,马莱尔戈德拉军队给予了他们帮助,伯蒂亚拉罗阇也给予回报。1787年,势力强大的酋长巴哈杜尔抢占了纳瓦布一些村庄,伯蒂亚拉罗阇帮助纳瓦布夺回。1794年,最著名的锡克教古鲁巴巴·那纳克(Baba Nanak)的后代贝迪族萨希布·辛格宣布对马莱尔戈德拉穆斯林发动一场宗教战争。他煽动锡克教徒反对马莱尔戈德拉宰杀母牛者,大批锡克教贵族都加入其中。马莱尔戈德拉纳瓦布和他的军队在一次壕沟战中被打败,被迫逃到首都,遭到贝迪人的围攻。伯蒂亚拉又派出军队帮助纳瓦布,最终贝迪人从伯蒂亚拉罗阇处获得一大笔钱后撤到萨特莱杰河对岸。

在英国人1803年取得对信地亚的拉斯瓦里战役、1805年取得对霍尔卡的胜利后,马莱尔戈德拉纳瓦布加入英国军队。英属东印度公司的保护延伸到马莱尔戈德拉等萨特莱杰河东边的土邦。

1808年,拉合尔摩诃罗阇兰吉特·辛格征服法里德果德,然后向马莱尔戈德拉进发。尽管在军营中的英国特使表示抗议,兰吉特·辛格还是要求纳瓦布缴纳15.5万卢比。这导致了英国方面的强烈干预,派出由戴维·奥克特洛尼(David Ochterlony)指挥的军队援助纳瓦布。与此同时,英国政府也向兰吉特·辛格发出最后通牒,宣布"萨特莱杰河东边各土邦将处在英国的保护之下"。1809年4月,英属东印度公司代表查理·梅特卡夫与兰吉特·辛格签订条约,重申"萨特莱杰河东边各土邦对英国的依附地位"[②]。

---

① Adrian Sever, *Rajwadas: The Indian Princely States*, Vol.2, Delhi: B.R. Publishing Corporation, 2012, p.337.

② C.U. Aitchison, *A Collection of Treaties, Engagements and Sanads*, Vol.I, p.34.

10. 西　塔　毛

西塔毛(Sitamau)位于印度中部,面积大约 907 平方千米。北邻印多尔和瓜廖尔,南邻焦拉和代瓦斯,东邻恰勒瓦尔,西邻瓜廖尔。和焦特布尔、比卡内尔、吉申格尔、伊德尔、勒德兰、赛拉纳一样,西塔毛王公也是拉杰普特人拉索尔族的后裔。

西塔毛的创建者是克绍·达斯。如前所述,作为拉姆·辛格的非婚生子,克绍·达斯继任勒德兰罗阇遭到了贵族们的强烈反对。在与贵族谈判时,他下令处决一名穆斯林贵族招致皇帝的不满,从而被废黜,将王位传给查特拉·萨尔。①1695 年,奥朗则布颁发特许令,赏给克绍·达斯 3 个帕戈纳,即迪特洛达(Titroda)、那哈尔格尔(Nahargarh)和阿罗特(Alot)。②

在查特拉·萨尔统治后期,勒德兰发生动荡,克绍·达斯趁机占领西塔毛及周边地区,建立一个单独的国家,以西塔毛为首都,因而他是西塔毛的创建者。1748 年,克绍·达斯去世,由其子加杰·辛格(Gaj Singh)继位。马拉塔人不断袭击马尔瓦,西塔毛时常与这些出没无常的劫匪进行战争。

1752 年,加杰·辛格去世,法塔赫·辛格继位。他继续与马拉塔人对抗。据说博帕尔创建者多斯特·穆罕默德·汗(Dost Muhammad Khan)曾在他的军队效力了一段时间。1802 年,法塔赫·辛格去世,其子拉杰·拉姆·辛格一世(Raj Ram Singh I)即位。在他统治初期,信地亚和霍尔卡继续在西塔毛领地内抢劫,将他们所到之处变为不毛之地。信地亚还将自己的领地扩张到西塔毛的门口,向西塔毛罗阇索取每年 6 万卢比贡金。此外,信地亚还将自己的将领安插在西塔毛军队中,以加强对西塔毛的控制。③

1820 年,在约翰·马尔科姆的调解下,拉杰·拉姆·辛格一世与瓜廖尔摩诃罗阇朵拉特拉奥·信地亚签订协定。协定确认拉杰·拉姆·辛格一世拥有西塔毛,但每年要给瓜廖尔 6 万卢比贡金,如果西塔毛不按期支付贡金,英国政府有权分出西塔毛的一部分领土,用其收入支付规定的贡金;瓜廖尔摩诃罗阇则不以任何方式干预西塔毛的管理或王位继承问题,也不用

①③　Markand Nandshankar Mehta & Manu Nandshankar Mehta, *The Hind Rajasthan or The Annals of the Native States of India*, Part I B, New Delhi: Mehra Offset Press, 1979, p.755.

②　Adrian Sever, *Rajwadas: The Indian Princely States*, Vol.2, Delhi: B.R. Publishing Corporation, 2012, p.324.

武力迫使西塔毛支付上述贡金。①

11. 博 帕 尔

博帕尔是印度北部最大的穆斯林土邦,面积达 18 000 平方千米。1696—1697 年,阿富汗人多斯特·穆罕默德·汗来到印度,到莫卧儿军队中服役。1708 年,他到德里寻求机会。1709 年,他以 3 万卢比的年租金获得比拉锡亚(Berasia)的使用权,诱使他的亲戚和支持者到马尔瓦,帮助他征服统治不当的拉杰普特人,从而获得了更多领地,在伊斯拉姆讷格尔(Islamnagar)建立一个城堡,随后获得比尔萨(Bhilsa)、格拉斯布尔(Gyaraspur)、多拉哈(Doraha)、塞霍尔(Sehore)、古尔冈(Gulgaon)等地区,攻占基努尔格尔(Ginnurgarh)。

1713 年,多斯特·穆罕默德·汗与马尔瓦当地的拉杰普特王公一起反叛莫卧儿帝国,虽然失败并受伤,一度失去知觉,但在苏醒过来后将自己所剩不多的水给在战斗中受伤、奄奄一息的赛义德·侯赛因·阿里·汗。赛义德兄弟在莫卧儿宫廷掌握着废立皇帝的权力。为了报答多斯特·穆罕默德·汗给水之恩,赛义德·侯赛因·阿里·汗提出任命他为安拉阿巴德总督,但多斯特·穆罕默德·汗拒绝了,因为他不愿意离开马尔瓦。1722 年,多斯特·穆罕默德·汗开始修建博帕尔城,并将其作为首府。同一年,他获得"纳瓦布"头衔。

由于多斯特·穆罕默德·汗在过去 3 年中支持迪拉瓦尔·阿里·汗(Dilawar Ali Khan)进攻海德拉巴(Hyderabad),尼扎姆便于 1723 年进攻博帕尔,多斯特·穆罕默德·汗无力抵抗尼扎姆的进攻,只好将长子雅尔·穆罕默德·汗(Yar Mahomed Khan)作为人质交给尼扎姆。1728 年 3 月,多斯特·穆罕默德·汗去世,发生王位继承问题。他有两个儿子,长子雅尔·穆罕默德·汗为他的宫女所生,8 岁的幼子苏丹·穆罕默德·汗(Sultan Mahomed Khan)是他合法的儿子。多斯特·穆罕默德·汗去世时,雅尔·穆罕默德·汗正好作为人质在尼扎姆宫廷,博帕尔贵族将苏丹·穆罕默德·汗扶上王位。雅尔·穆罕默德·汗声称自己有合法的王位继承权,在尼扎姆帮助下,成功破坏了他弟弟与帕坦贵族的联盟,兄弟俩达成协议:苏丹·穆罕默德·汗退位,作为对放弃王位的补偿,他可世袭拥有拉特格尔堡(Rathgarh)及其附属领土。雅尔·穆罕默德·汗终于登上博帕尔宝

---

① C.U. Aitchison, *A Collection of Treaties, Engagements and Sanads*, Vol.Ⅳ, p.296.

座。不过,因为他是私生子,很多帕坦贵族都不承认他为纳瓦布。①

雅尔·穆罕默德·汗掌权 14 年,大大扩展了博帕尔的领地。1737 年,博帕尔被马拉塔人打败,不得不向马拉塔人缴纳贡金。1742 年,雅尔·穆罕默德·汗去世,年仅 11 岁的儿子法伊兹·穆罕默德·汗(Faiz Muhammad Khan)继任纳瓦布。他的叔叔苏丹·穆罕默德·汗试图武装夺回王位,但是失败了,退居拉特格尔堡。法伊兹·穆罕默德·汗是个宗教隐士,不能统治一个辽阔的国家。管理国家的责任落到印度教徒巴伊·拉姆(Bai Ram)肩上。巴伊·拉姆精力充沛,管理能力超群,使博帕尔的版图大大扩展,虽然后来不得不将博帕尔一半领土割让给佩什瓦巴吉·拉奥(Baji Rao)。

1777 年,法伊兹·穆罕默德·汗无嗣而终,王位传给他的弟弟哈亚特·穆罕默德·汗(Hayat Muhammad Khan)。哈亚特·穆罕默德·汗同样是个宗教隐士,其无能统治延续到 1807 年。

12. 包 纳 加 尔

包纳加尔(Bhavnagar)北邻艾哈迈达巴德、兰布尔和恰勒沃德的几个地区,东邻坎贝湾和滕图加,南邻阿拉伯海,西邻索拉特(Sorath)和哈拉尔(Halar)地区。

1200 年左右,锡贾吉(Sejakji)率领拉杰普特人的戈赫尔部族来到卡提阿瓦半岛的苏拉斯特拉。当时,朱纳格特的马赫帕尔三世(Mahipal III)统治着更广阔的地区。马赫帕尔三世任命锡贾吉担任其国家的重要职位,将沙布尔(Shahpur)及邻近的 12 个村庄赐给他。在征得马赫帕尔三世的许可后,锡贾吉新建一个以自己的名字命名的村庄锡贾布尔(Sejalpur),居住在那里,征服了周围的地区,建立起一个独立的君主国。②

锡贾吉的 3 个儿子拉诺吉、萨朗吉(Sarangji)和沙赫吉(Shahji)分别建立了包纳加尔、拉提(Lathi)和巴利塔纳(Palitana)3 个王国。瓦拉(Vala)土邦是从包纳加尔分出来的。③包纳加尔在不同时期有不同名称:1254—1309 年称拉尼布尔(Ranipur),1309—1445 年称戈卡(Gogha),1445—1570 年称乌姆拉拉(Umrala),1570—1723 年称锡霍尔(Sihor),1723 年开

---

① Markand Nandshankar Mehta & Manu Nandshankar Mehta, *The Hind Rajasthan or The Annals of the Native States of India*, *Part I A*, New Delhi: Mehra Offset Press, 1979, pp.215—216.

② Arnold Wright, *Indian States*, New Delhi: Asian Educational Services, 2006, p.371.

③ C.U. Aitchison, *A Collection of Treaties*, *Engagements and Sanads*, *Vol.VI*, p.89.

始称包纳加尔。①

锡贾吉的第二十代包辛格一世（Bhavsingh I）于 1703 年即位，在位 60 多年。包辛格一世在位时，莫卧儿帝国走向衰败，马拉塔人的袭击导致北印度的混乱。和其他统治者一样，包辛格一世决定进一步巩固自己的地位。1722—1723 年，马拉塔人在皮拉吉·盖克瓦德等的率领下围攻锡霍尔城堡，但被包辛格一世打退。因担心会遭到更多进攻，包辛格一世离开锡霍尔，在一个叫瓦德瓦（Vadva）的小村子安顿下来。1723 年，他在那里兴建了一座以自己名字命名的包纳加尔城，使之成为王国的首都。莫卧儿的苏拉特总督苏拉布·汗（Sohrab Khan）对包辛格一世非常友好，正是他帮助包辛格一世修建了包纳加尔港。1739 年，包辛格一世与镇守苏拉特要塞的官员签订协议，以保护其贸易利益。1759 年，英属东印度公司获得分享包纳加尔港四分之一关税的权利。②

1764 年包辛格一世去世，他的儿子阿赫拉杰一世（Akheraj I）及孙子瓦哈特辛（Wakhatsinh）先后继位。两位王公都致力于改善国家的贸易，打击劫掠临近海域的海盗，这使包纳加尔与孟买政府关系密切。1771 年，阿赫拉杰一世帮助孟买政府征服海盗占领的德拉贾（Talaja）和默胡瓦（Mahuva）要塞。孟买政府要将德拉贾给予包纳加尔，但是阿赫拉杰一世没有接受，孟买政府就将德拉贾卖给坎贝纳瓦布。

1772 年，瓦哈特辛即位后夺取德拉贾要塞。1773 年 1 月，在英国人威廉·安德鲁·普赖斯（William Andrew Price）的协调下，瓦哈特辛与坎贝纳瓦布莫明·汗二世（Mumin Khan II）签订协定，瓦哈特辛答应每年支付 7.5 万卢比给坎贝，以保有德拉贾要塞。③瓦哈特辛在位时，包纳加尔的版图大大扩展。

在佩什瓦和盖克瓦德瓜分古吉拉特和卡提阿瓦时，西部和包纳加尔的大部分领土归盖克瓦德，东部和包纳加尔的小部分领土（包括包纳加尔市及王室在锡霍尔的一些地产在内）为佩什瓦所有，成为 1802 年《巴塞因条约》佩什瓦割让给英属东印度公司领土的一部分。因此，在解决卡提阿瓦问题时，包纳加尔的部分领地已经成为英国人的领土，而另有一部分处在盖克瓦德控制之下。④

① Adrian Sever, *Rajwadas: The Indian Princely States*, *Vol. 2*, Delhi: B.R. Publishing Corporation, 2012, p.528.

② C.U. Aitchison, *A Collection of Treaties*, *Engagements and Sanads*, *Vol.Ⅵ*, p.89.

③ Ibid., p.178.

④ Adrian Sever, *Rajwadas: The Indian Princely States*, *Vol. 2*, Delhi: B.R. Publishing Corporation, 2012, p.529.

13. 海 德 拉 巴

海德拉巴位于德干高原,是印度最大的土邦之一,面积达 213 273 平方千米。①历史上,海德拉巴存在过一些较为强大的王国。阿育王(Asoka)时,孔雀帝国统治着海德拉巴北部和西部地区。6 世纪至 14 世纪中叶,海德拉巴先后处于遮娄其(Chalukya)王朝、卡卡提亚(Kakatiya)王朝和图格鲁克王朝的统治之下。1347 年,图格鲁克总督阿拉-乌德-丁(Ala-ud-Din)在德干高原建立巴赫曼(Bahman)苏丹国,定都海德拉巴以西 200 千米的古尔伯伽(Gulbarga),统治海德拉巴地区。

1518 年,高康达苏丹国总督苏丹·库利(Sultan Quli)发动叛乱,建立库特卜·沙(Qutb Shah)王朝。1591 年,第五任苏丹库利·库特卜·沙(Quli Qutb Shah)在穆西(Musi)河岸建海德拉巴城,以避免高康达城所经历的水灾。1687 年 9 月,在被奥朗则布皇帝围攻一年之后,高康达苏丹国臣服于莫卧儿帝国的统治。

奥朗则布任命最勇敢的将军卡马尔-乌德-丁·汗·西迪基(Qamar-ud-din Khan Siddiqi)为德干总督。1713 年,法鲁克西雅尔皇帝赐封他为"尼扎姆-乌尔-穆尔克"(Nizam-ul-Mulk)。西迪基实际上的独立招致德里的妒忌,皇帝穆罕默德·沙秘密指示坎德什总督穆巴里兹·汗(Mubariz Khan)进攻海德拉巴。1724 年,双方交战于比拉尔的萨卡尔赫尔达(Shakarhelda),穆巴里兹·汗兵败身亡。这一战役确定了西迪基的独立地位,他兼并了比拉尔,将海德拉巴作为首府。②1725 年,穆罕默德·沙皇帝封赐西迪基为"阿萨夫·贾赫"(Asaf Jah),实际承认了海德拉巴德的独立。

海德拉巴一度是英国和法国扩大势力范围的焦点,双方都极力扶植自己的势力。1748 年 6 月阿萨夫·贾赫去世时,他的次子纳西尔·让(Nasir Jang)和他的外孙穆扎法尔·让(Muzaffar Jang)争夺王位。英国人支持纳西尔·让,法国人支持穆扎法尔·让,后穆扎法尔·让沦为纳西尔·让的阶下囚,但是,在纳西尔·让 1750 年 12 月 16 日遇刺后,穆扎法尔·让继承了王位。法国本地治里总督迪普莱(Joseph François Dupleix)掌握了海德拉巴的实际权力。1751 年 2 月 13 日穆扎法尔·让被一些帕坦酋长刺杀后,法国人选择纳西尔·让的兄弟萨拉巴特·让(Salabat Jang)为尼扎姆。在

---

① Arnold Wright, *Indian States*, New Delhi: Asian Educational Services, 2006, p.45.

② Adrian Sever, *Rajwadas: The Indian Princely States*, *Vol. 1*, Delhi: B. R. Publishing Corporation, 2012, p.109.

罗伯特·克莱武(Robert Clive)取得卡纳蒂克的胜利后,法国人只得更多地关注自己的领地,不能给萨拉巴特·让以帮助。

在失去法国支持的情况下,萨拉巴特·让不得不于 1759 年 5 月 14 日与英国人订立条约。尼扎姆将马苏利伯德讷姆(Masulipatnam,即今默吉利伯德讷姆港)、尼扎姆伯德讷姆港和 10 个地区给予英国人,责令法国军队 15 天内渡过恒河到本地治里或其他地方,今后也不许法国人定居海德拉巴,不能给法国人任何帮助,英属东印度公司也不给予尼扎姆的敌人以任何帮助或保护。①

1762 年 7 月,获得英国人支持的阿萨夫·贾赫第四个儿子尼扎姆·阿里·汗(Nizam Ali Khan)废黜了萨拉巴特·让,自任尼扎姆。②1765 年,尼扎姆·阿里·汗劫掠卡纳蒂克,但被打退。在此同时,一支英国军队凭借莫卧儿皇帝敕令占领卡纳蒂克。尼扎姆积极准备继续对卡纳蒂克的战争,但是,马德拉斯政府派出约翰·卡利奥德(John Calliaud)将军到海德拉巴和谈。1766 年 11 月 12 日,尼扎姆·阿里·汗与英属东印度公司代表约翰·卡利奥德签订友好同盟条约,尼扎姆承认割让给英属东印度公司的北方 5 个地区为英属东印度公司所有,英属东印度公司答应必要时给尼扎姆以军事援助,在尼扎姆没有请求军事援助的情况下,每年支付 90 万卢比给尼扎姆。③海德拉巴成为英属东印度公司的保护国。

14. 巴 罗 达

巴罗达位于孟买管区内,面积 21 145 平方千米。其早期历史始于莫卧儿帝国与强大的马拉塔人交战时期。著名的马拉塔领袖坎德·拉奥(Khande Rao)多次取得对莫卧儿帝国重大战役的胜利,因而在 1717 年 1 月被萨达拉国王沙胡任命为总司令。其部下达马吉一世·盖克瓦德(Damaji I Gaekwad)在随后的战斗中战绩超群,被尊称为"杰出的英雄"。

1721 年初,达马吉一世·盖克瓦德去世,其侄子兼养子皮拉吉·盖克瓦德继承其职位。皮拉吉·盖克瓦德征服了莫卧儿帝国的松格尔(Songarh)。1723 年,皮拉吉·盖克瓦德进军苏拉特,打败省督,坎德·拉奥总司令将萨达拉王赐给他在古吉拉特征收贡物的权利赏给皮拉吉·盖克瓦

---

① C.U. Aitchison, *A Collection of Treaties*, *Engagements and Sanads*, *Vol. IX*, p.21.

② Adrian Sever, *Rajwadas*: *The Indian Princely States*, *Vol. 1*, Delhi: B.R. Publishing Corporation, 2012, p.109.

③ C.U. Aitchison, *A Collection of Treaties*, *Engagements and Sanads*, *Vol. IX*, pp.22—25.

德,皮拉吉·盖克瓦德从此开始在古吉拉特定期征收贡物。1727年,皮拉吉·盖克瓦德成功攻占巴罗达和达波伊(Dabhoi)。①

1729年9月,坎德·拉奥去世,其子特里姆巴克·拉奥(Trimbak Rao)继任总司令。佩什瓦巴吉·拉奥从莫卧儿古吉拉特总督萨布兰·汗(Sarbuland Khan)那里获得收税和贡物的权利,条件是防止马拉塔臣民破坏和平。这显然是针对特里姆巴克·拉奥和皮拉吉·盖克瓦德的。于是,特里姆巴克·拉奥与古吉拉特其他马拉塔领袖谈判,反对佩什瓦的要求。1731年,总司令特里姆巴克·拉奥在皮鲁布尔(Bhilupur)战役中惨遭失败并被杀死,其子亚斯万特·拉奥(Yashwant Rao)虽然被任命为总司令,但是尚未成年,因此皮拉吉·盖克瓦德掌握了总司令在古吉拉特的所有资源。不过,好景不长,1732年5月14日,古吉拉特总督阿布海·辛格派人将皮拉吉·盖克瓦德刺杀。

在皮拉吉·盖克瓦德的儿子达马吉·拉奥二世即位后不久,阿布海·辛格攻占了巴罗达。达马吉·拉奥二世退守达波伊,直至1734年才收复巴罗达。此后,巴罗达一直为盖克瓦德家族所拥有。达马吉·拉奥二世的实力迅速增强。1737年,阿布海·辛格被迫离开古吉拉特。新省督莫明·汗发现难以维持他在古吉拉特的地位,便与达马吉·拉奥二世结成朋友,给予他古吉拉特收入的一半。

1747年,达马吉·拉奥二世自命为萨达拉国王在古吉拉特的代表。1749年,萨达拉国王沙胡吉去世,马拉塔政府的实权落入佩什瓦手中。达马吉·拉奥二世一开始就反对佩什瓦夺取国王的权力,因此,1751年,应王后塔拉·巴伊(Tara Bai)的邀请,达马吉·拉奥二世率领1.5万人的军队进行远征,虽然取得尼姆(Nimb)战役的胜利,但是遭到佩什瓦更强大的军队的抵抗,被佩什瓦俘虏,直到他同意支付古吉拉特150万卢比欠款并与后者分享其领地及征服地收益的一半,佩什瓦才将他释放。1752—1753年,佩什瓦获得达马吉·拉奥二世在卡提阿瓦征服地的一半,盖克瓦德答应必要时率军援助佩什瓦。②

1755年,在佩什瓦的帮助下,达马吉·拉奥二世围攻并占领艾哈迈达巴德,莫卧儿帝国已日薄西山,盖克瓦德和佩什瓦瓜分了古吉拉特。1761年1月,巴尼伯德战役中,阿富汗国王艾哈迈德·沙·杜拉尼取得胜

---

① Arnold Wright, *Indian States*, New Delhi: Asian Educational Services, 2006, p.9.

② C.U. Aitchison, *A Collection of Treaties*, *Engagements and Sanads*, *Vol.VI*, p.284.

利,马拉塔帝国惨遭失败,巴吉·拉奥不仅损失了几员大将,而且失去了年仅 20 岁的长子维斯瓦斯·拉奥(Vishwas Rao)。6 月,巴吉·拉奥去世,幼子马塔瓦·拉奥一世(Madhav Rao I)继任佩什瓦。达马吉·拉奥二世支持拉古纳特·拉奥即拉戈巴(Raghuba)反叛,为其提供由儿子戈文德·拉奥(Govind Rao)率领的军队。但是,达马吉·拉奥二世在这次战役中失败,被罚每年支付贡金 52.5 万卢比,和平时期提供 3 000 名骑兵,战时提供 4 000 名骑兵。达马吉·拉奥二世还答应支付 25.4 万卢比以收回佩什瓦答应归还的一些地区,这使他的贡金总额达 77.9 万卢比。[1]在征服卡马尔-乌德-丁·汗的所有领土后,达马吉·拉奥二世将首府从松格德迁到帕坦。

1768 年达马吉·拉奥去世后,其 6 个儿子展开王位继承之争。第三个儿子法塔赫·辛格为了增强自己的实力,在 1772 年提出与英属东印度公司结盟的建议,但遭到拒绝。不过,1773 年 1 月 12 日,英属东印度公司代表威廉·安德鲁·普赖斯与法塔赫·辛格签订协定,按照所占面积比例分享布罗奇的收益。[2]1779 年,第一次英马战争爆发,法塔赫·辛格站在英国人一边。1780 年,法塔赫·辛格与英属东印度公司代表约翰·科克雷尔(John Cockerell)缔结防卫同盟条约。条约规定,盖克瓦德独立于佩什瓦,应该保有在古吉拉特的份额,佩什瓦在古吉拉特的领地归英国人;在征服和瓜分古吉拉特的行动中,法塔赫·辛格应给予英属东印度公司帮助。[3]

15. 坎 贝

坎贝(Cambay)位于孟买管区内,面积 906 平方千米。坎贝的历史在很大程度上就是坎贝城的历史。坎贝曾经是印度西海岸一个主要的港口。1538 年,葡萄牙人劫掠了坎贝城。阿克巴皇帝在位时,坎贝境内处在最混乱的状态,可以容纳很多船只的良港不久就被淤泥堵塞,港口的大量贸易逐渐转移到苏拉特。

1616 年,英国人在坎贝站稳脚跟。之后几年中,葡萄牙人在坎贝设立商馆。但是,在 1707 年奥朗则布去世后,坎贝城及周围地区遭到马拉塔人的蹂躏,马拉塔人向当地人索取大量钱财。坎贝作为一个独立国家出现大约是在 1730 年,创建者是米尔扎·贾法尔(Mirza Jafar),即莫明汗一世。他本是波斯著名大臣的后代,大约 1720 年,他离开波斯到古吉拉特。此时,

---

① C.U. Aitchison, *A Collection of Treaties*, *Engagements and Sanads*, *Vol.VI*, p.284.
② Ibid., p.306.
③ Ibid., pp.308—314.

莫卧儿皇帝穆罕默德·沙在位,穆巴里兹-乌尔-穆尔克(Mubariz-ul-Mulk)担任古吉拉特总督。

1725 年,总督授予米尔扎·贾法尔"尼扎姆-乌德-道拉"头衔并任命他为收税官。米尔扎·贾法尔娶了古吉拉特总督代理人阿卜杜勒·侯赛因·德拉米·莫明·汗(Abdul Hussain Dehlami Momin Khan)的女儿奥利亚·贝格姆(Oliya Begam)。收税官的官方身份及因婚姻关系而拥有的很高社会地位使米尔扎·贾法尔的实力不断增强,直至成为坎贝纳瓦布。

1730 年,米尔扎·贾法尔到德里觐见皇帝穆罕默德·沙,得到皇帝的赏识。1735 年,他被皇帝任命为古吉拉特总督。但是,这一任命遭到了阿布海·辛格的副手拉坦·辛格的激烈反对。米尔扎·贾法尔寻求巴罗达摩诃罗阇达马吉·拉奥·盖克瓦德的支持,同意如果盖克瓦德愿意为他提供军队占领艾哈迈达巴德,那么他将把除艾哈迈达巴德和坎贝外古吉拉特收入的一半给盖克瓦德。米尔扎·贾法尔和盖克瓦德的联军在围攻艾哈迈达巴德时虽然遭遇失败,但是拉坦·辛格最终还是放弃了坚守,在 1737 年 5 月 20 日将艾哈迈达巴德拱手让给了米尔扎·贾法尔。米尔扎·贾法尔继任古吉拉特总督后将坎贝交给他的女婿纳扎姆·汗(Nazam Khan)。[①]

1743 年 2 月,莫明·汗一世去世,德里朝廷任命阿卜杜勒·阿齐兹·汗(Abdul Aziz Khan)为新总督,但是遭到达马吉·拉奥·盖克瓦德的反对,总督在一场冲突中死去。盖克瓦德支持米尔扎·贾法尔的儿子穆夫塔卡尔·汗(Muftakhar Khan)任古吉拉特总督,但是,穆夫塔卡尔·汗败于自己的副手卡马尔-乌德-丁·汗,他来到坎贝,招募武装力量,谋害了姐夫纳扎姆·汗,接管坎贝政府,直至 1783 年 1 月去世。

1752 年,佩什瓦和盖克瓦德瓜分古吉拉特时,坎贝归佩什瓦。但是坎贝从来没有按期支付佩什瓦所要求的贡金,反倒是穆夫塔卡尔·汗到佩什瓦的戈卡、滕图加和卡提阿瓦地区收取钱财,攻占艾哈迈达巴德,以它作为抵抗马拉塔军队的基地。[②]1771 年,英属东印度公司将德拉贾城堡以 7.5 万卢比的价格转让给坎贝,两年之后,纳瓦布又将该城堡以同样的价格转让给包纳加尔。1774 年,马拉塔佩什瓦拉古纳特·拉奥进军坎贝,穆夫塔卡尔·汗无法募集到足够多的军队进行抵抗,只好逃离坎贝。他向英国军队求助,但是军队指挥官明智地避免卷入与马拉塔人的纷争之中。英属东印度公司

---

①　Markand Nandshankar Mehta & Manu Nandshankar Mehta, *The Hind Rajasthan or The Annals of the Native States of India*, Part I B, New Delhi: Mehra Offset Press, 1979, pp.631—632.

②　C.U. Aitchison, *A Collection of Treaties*, *Engagements and Sanads*, Vol.VIII, p.2.

驻浦那驻扎官查理·马莱(Charles Mallet)代表坎贝纳瓦布政府与马拉塔政府谈判,同意支付一笔战争赔款给马拉塔政府,马拉塔政府退还坎贝。①

1783年1月,穆夫塔卡尔·汗去世,其女婿穆罕默德·库利·汗(Muhammad Kuli Khan)继任纳瓦布。1790年,穆罕默德·库利·汗之子法塔赫·阿里·汗(Fateh Ali Khan)继位。1802年12月,法塔赫·阿里·汗签署由英属东印度公司与佩什瓦签订的《巴塞因条约》,将原来坎贝给予佩什瓦的四分之一的财政收入转付给英属东印度公司。②坎贝从此处在英国人的控制之下。

16. 朱 纳 格 特

朱纳格特是"古堡"的意思,位于城中高地的城堡是孔雀王朝旃陀罗笈多(Chandragupta)在公元前319年修筑的,直到6世纪仍在使用。475—767年,梅特拉卡(Maitraka)王朝统治古吉拉特。11—12世纪,古吉拉特处在索兰基王朝的统治之下。1299年,古吉拉特被穆斯林征服。1407年,古吉拉特苏丹国建立。1476年,马哈茂德·沙一世(Mahmud Shah I)征服朱纳格特,并将它合并到古吉拉特苏丹国。1573—1748年,朱纳格特处在莫卧儿帝国古吉拉特总督的直接统治之下。

17世纪初,巴比家族的巴哈杜尔·汗(Bahadur Khan)从阿富汗移居印度。1654年,莫卧儿皇帝沙·贾汉任命穆拉德·巴克什王子为古吉拉特总督。巴哈杜尔·汗连同他的儿子谢尔·汗也被派往古吉拉特。1690年,谢尔·汗的第三个儿子贾法尔·汗(Jarfar Khan)被任命为春瓦尔(Chunwal)帕戈纳的检察官。

1703年,帕坦前总督杜尔迦达斯·拉托德(Durgadas Rathod)在古吉拉特发动叛乱,贾法尔·汗成功将他俘虏并赶出古吉拉特,得到奥朗则布皇帝的奖赏,被任命为帕坦副总督,获得"萨夫达尔·汗"(Safdar Khan)头衔,并在1704年受委托管理维贾布尔(Vijapur)。再次成功平息杜尔迦达斯·拉托德的叛乱并将他杀死之后,贾法尔·汗被任命为古吉拉特总督。贾法尔·汗成为古吉拉特最有势力和最勇敢的穆斯林,其子被赋予很高且有利可图的职位。萨拉巴特·马哈茂德·汗(Salabat Mahmud Khan)先后担任过戈赫尔沃德(Gohelwad)总督、维勒姆加姆(Viramgam)总督,他的儿子马哈

---

① Markand Nandshankar Mehta & Manu Nandshankar Mehta, *The Hind Rajasthan or The Annals of the Native States of India*, Part I B, New Delhi: Mehra Offset Press, 1979, p.638.

② C.U. Aitchison, *A Collection of Treaties*, *Engagements and Sanads*, Vol.VIII, p.2.

茂德·巴哈杜尔(Mahmud Bahadur)在 1722 年被任命为艾哈迈达巴德周围地区的军事指挥官,后来又被提拔到苏德拉(Sudra)和维尔布尔总督的职位,并拥有"谢尔·汗"头衔。1731 年,阿布海·辛格在达科尔(Dakor)杀死皮拉吉·拉奥·盖克瓦德,攻占巴罗达后,将巴罗达交给马哈茂德·巴哈杜尔管理。不过,皮拉吉·拉奥·盖克瓦德的兄弟马哈达吉·盖克瓦德率领自己的军队将巴比家族赶出了巴罗达。①

大约 1735 年,谢尔·汗赶走莫卧儿帝国的古吉拉特总督,确立他自己的统治。1754 年,巴比·谢尔·汗就任朱纳格特纳瓦布,开始巴比王朝的统治。1758 年,巴比·谢尔·汗去世,其子摩诃巴特·汗继任纳瓦布。1775 年 4 月,摩诃巴特·汗 8 岁的儿子哈米德·汗一世(Hamid Khan I)被阿马尔·迪万(Amar Diwan)扶上王位,和其他卡提阿瓦王公与英属东印度公司的代表沃尔克上校签订协定。与此同时,哈米德·汗一世也被迫与巴罗达盖克瓦德签订条约。②

17. 焦达乌代布尔

焦达乌代布尔(Chhota Udaipur)位于孟买管区,面积 2 316 平方千米,北邻代沃格德-巴里亚(Devgad-Baria)和卡提阿瓦诸土邦,东邻阿里拉杰布尔,南邻讷尔默达河及坎德什地区,西邻巴罗达。

土邦王公属于乔汉拉杰普特人的基奇族(Khichi),据说他们的祖先安哈尔(Anhal)是由圣贤婆吒(Vasistha)在阿布山顶用阿格尼·坤德(Agni Kund)造出来的。安哈尔的一位继承人阿贾亚帕尔(Ajayapal)修建了阿杰梅尔城。另一位继承人马尼卡雷(Manikrai)继承"桑珀尔拉奥"(Sambhari Rao)或"桑珀尔大君"(Lord of Sambhar)的头衔,并传给后代。基奇乔汉人似乎已在信德萨格尔(Sagar)定居下来。

11 世纪,马尼卡雷的一个后代比尔·比兰德(Bir Bilander)保卫阿杰梅尔城不受伽兹尼马哈茂德的进攻。1010 年,维萨尔德维(Visaldev)即位,一直统治至 1074 年才去世。面对穆斯林对印度教国家的侵犯,拉杰普特的印度教首领结成由维萨尔德维领导的同盟,以收复被穆斯林占领的领土,只有古吉拉特的大君比姆德维·索兰基(Bhimdev Solanki)袖手旁观,不参加联盟。维萨尔德维便率军进攻古吉拉特,使其君主屈服后才回到阿杰梅尔。

---

① Markand Nandshankar Mehta & Manu Nandshankar Mehta, *The Hind Rajasthan or The Annals of the Native States of India*, *Part I B*, New Delhi: Mehra Offset Press, 1979, pp.541—543.

② C.U. Aitchison, *A Collection of Treaties*, *Engagements and Sanads*, *Vol.VI*, p.85.

为了纪念这一胜利,他在古吉拉特北部修建了以他的名字命名的维萨尔讷格尔城(Visalnagar)。

德里图阿尔(Taur)君主阿朗帕尔(Anangpal)没有男性继承人。他的女儿格马拉德维(Kamaladevi)嫁给阿杰梅尔的苏梅什沃尔·乔汉(Someshwar Chauhan),1159 年生下儿子普利色拉吉(Prithuraj)。阿朗帕尔将外孙收养为继承人。根据史诗《普利色拉吉颂》(*Prithuraj Raso*),普利色拉吉有着超人的精力,经历过几次战斗,严惩了叛乱的酋长,征服了广阔的领土,多次与古吉拉特的比姆德维二世(Bhimdev II)和其他拉杰普特君主交战。1193 年,普利色拉吉在第七次与苏丹沙哈布-乌德-丁·戈里(Shahab-ud-Din Ghori)交战时被俘遇害,其家族逃到马尔瓦,在现在的基奇瓦达(Khichi Vada)地区定居下来。在根格尔·辛格(Khengar Singh)领导下,他们在加格隆(Gagroon)建立了一个独立的君主国。①

1300 年左右,基奇·哈米尔(Khichi Hamir)英勇保卫兰桑波尔要塞。在要塞沦陷后,一群基奇人移居古吉拉特。1344 年,在帕兰什(Palanshi)的领导下,他们征服了昌帕内尔王国(Champaner)。1484—1485 年,昌帕内尔要塞在遭受 12 年围攻后落入马哈茂德·贝格达(Mahmud Begda)苏丹之手。帕泰·罗瓦尔(Patai Rawal)即普拉塔普·辛格被杀害,他的王国落入穆斯林之手,他的儿孙们逃亡到各地,建立自己的国家。他的孙子普利提拉吉(Prithiraj)和栋格尔·辛格(Dungar Singh)逃到讷尔默达河北岸的罕普(Hamph),逐步征服从拉杰比布拉到戈特拉的领土。两人平分了所征服的领土,普利提拉吉建立以莫罕(Mohan)为首都的国家,栋格尔·辛格建立以巴里亚(Bariya)为首都的国家。18 世纪,巴吉·罗瓦尔(Baji Rawal)迁都焦达乌代布尔,并以此为国名。巴吉·罗瓦尔在位时,国内经常发生起义和暴乱。随着莫卧儿帝国衰败,马拉塔人崛起,在动荡中,他也丧失了很多领土。②

巴吉·罗瓦尔去世后,杜尔让·辛格(Durjan Singh)、阿玛尔·辛格、阿巴亚·辛格(Abhaya Singh)和拉亚·辛格先后继承王位。1819 年,普利提拉吉二世即位,他在位的 3 年中,焦达乌代布尔每年都要向巴罗达支付贡金。1822 年 11 月,英属东印度公司与焦达乌代布尔签订条约,巴罗达放弃对焦达

---

① Markand Nandshankar Mehta & Manu Nandshankar Mehta, *The Hind Rajasthan or The Annals of the Native States of India*, Part I B, New Delhi: Mehra Offset Press, 1979, pp.805—807.

② Ibid., p.810.

乌代布尔的控制,焦达乌代布尔受英国保护,支付给巴罗达8 769卢比。[①]

18. 拉 滕 布 尔

拉滕布尔(Radhanpur)位于古吉拉特北部,面积2 980平方千米。拉滕布尔纳瓦布属于著名的巴比家族。巴比家族跟随莫卧儿帝国第二任皇帝胡马雍来到印度。乌斯曼·汗(Usman Khan)是巴比家族第一个跟随胡马雍的人,但直到沙·贾汉当皇帝时,巴比家族才获得官职和领地。乌斯曼·汗的儿子巴哈杜尔·汗因为突出的功绩而被皇帝任命为特拉德(Tharad)总督,拥有"贾万·马尔德·汗"(Jawan Mard Khan)的头衔。

1693年,巴哈杜尔·汗的儿子贾法尔·汗受命管理拉滕布尔、瑟米(Sami)、孟杰布尔(Munjpur)和特沃达(Tervada)诸国。1704年,贾法尔·汗成为帕坦副省督,并受权管理维贾布尔。1705年,马拉塔人蹂躏古吉拉特南部地区时,贾法尔·汗受命与纳萨尔·阿里·汗(Nazar Ali Khan)一起抵挡马拉塔人的进一步入侵,因与纳萨尔·阿里·汗不和,贾法尔·汗被俘,一个儿子阵亡,在交了一大笔赎金后,马拉塔人才释放了他。再次成功镇压印度教徒杜尔迦达斯的叛乱后,贾法尔·汗被提拔为帕坦总督。

1716年,贾法尔·汗的儿子马哈茂德·谢尔(Mahmud Sher)被任命为拉滕布尔总督,拥有"贾万·马尔德·汗"头衔。1723年,他受托管理其他一些地区。1725年,他成为古吉拉特总督。1729年,马哈茂德·谢尔遇害,其长子卡马尔-乌德-丁·汗即贾万·马尔德·汗二世被任命为古吉拉特副总督。不久,贾万·马尔德·汗二世被提升为古吉拉特总督。1757年,佩什瓦的兄弟拉古纳特·拉奥和达马吉·拉奥·盖克瓦德抵达艾哈迈达巴德,向周围的王公索取贡金。当时不在城内的贾万·马尔德·汗二世急行军赶到艾哈迈达巴德,并成功进入城内,在经过殊死抵抗后,因资金缺乏,他不得不媾和。根据和约,贾万·马尔德·汗二世的兄弟要带300名骑兵和500名步兵为马拉塔人效力,只不过军费由马拉塔人支付,马拉塔人则允许巴比家族独占拉滕布尔、瑟米、孟杰布尔、帕坦、瓦德讷格尔(Vadnagar)、维斯讷格尔(Visnagar)和维贾布尔。随后,贾万·马尔德·汗二世回到拉滕布尔,建立了独立的国家。

1765年,卡马尔-乌德-丁·汗去世,长子加杰-乌德-丁·汗(Gaj-ud-Din Khan)继承拉滕布尔王位,他48年的统治使国家债台高筑。1813年,

---

① C.U. Aitchison, *A Collection of Treaties*, *Engagements and Sanads*, *Vol.*Ⅶ, pp.177—178.

加杰-乌德-丁·汗去世,国家分裂,其长子谢尔·汗继承拉滕布尔,次子卡马尔-乌德-丁·汗拥有瑟米和孟杰布尔。不久,卡马尔-乌德-丁·汗去世,他拥有的领土又重归谢尔·汗。①

19. 印 多 尔

印多尔的面积为 24 600 平方千米,北邻瓜廖尔,东邻博帕尔、代瓦斯和中央省,西邻瓜廖尔、伯尔瓦尼和塔尔,南邻坎德什地区。

印多尔霍尔卡王朝的建立者是马尔哈·拉奥一世。马尔哈·拉奥一世在父亲 1696 年去世时才 3 岁,其母亲带着他回到娘家,住在哥哥波杰拉吉·巴格尔(Bhojraj Bargal)家里。马尔哈·拉奥一世被舅舅招入骑兵队,并很快负责一支骑兵分队,得到马拉塔军队指挥官巴吉·拉奥一世的器重。马尔哈·拉奥一世一生参加了约 40 次战斗,并获得丰厚的奖赏。1728 年,佩什瓦将马尔瓦的 12 个地区赐给他;1731 年,佩什瓦又将 82 个地区赏给他。1731 年,马尔哈·拉奥一世占领马尔瓦,并承认佩什瓦的宗主权,佩什瓦将马尔瓦分给拉诺吉·拉奥和马尔哈·拉奥一世。

1737 年,马尔哈·拉奥一世跟随佩什瓦远征印度北部地区。莫卧儿皇帝穆罕默德·沙听说马拉塔军队正在向德里推进,便请求海德拉巴尼扎姆帮助。尼扎姆立即率领配备大炮、拥有 3.4 万人的军队去帮助莫卧儿皇帝。两军于博帕尔附近相遇,尼扎姆没有进行抵抗就躲进了城堡。马拉塔人立即围攻博帕尔。莫卧儿宫廷最有影响力的贵族萨达特·汗(Sadat Khan)的侄子萨福达尔·让(Safdar Jang)和科塔罗阁杜尔琼·萨尔(Durjan Sal)赶往救援尼扎姆。但是,马尔哈·拉奥一世在耶斯旺特·拉奥(Jeswant Rao)的帮助下,立刻反攻,杀死 1 500 名敌人,尼扎姆失去任何胜利的希望。佩什瓦巴吉·拉奥一世在马尔哈·拉奥一世和拉诺吉·拉奥的帮助下围攻博帕尔 27 天,在弹尽粮绝的情况下,尼扎姆只好投降。莫卧儿皇帝承认马拉塔人对昌巴尔河与讷尔默达河之间地区的统治权。

1739 年,马尔哈·拉奥一世被派去孔坎(Konkan)帮助奇姆纳吉·阿帕(Chimnaji Appa),反对过去几年中迫害印度教徒的葡萄牙人。在强大的攻势后,马拉塔人攻占了巴塞因堡。这次行动给马尔哈·拉奥一世赢得了很高的声望。

---

① Markand Nandshankar Mehta & Manu Nandshankar Mehta, *The Hind Rajasthan or The Annals of the Native States of India*, Part I B, New Delhi: Mehra Offset Press, 1979, pp.721—723.

珀勒德布尔罗阁支持宰相苏尤德·朵拉（Sujaud Dowla），反对皇帝阿拉姆吉尔二世。1754 年，莫卧儿帝国总司令纳贾夫·汗（Najaf Khan）代表皇帝邀请马拉塔人惩罚反叛行动。在马尔哈·拉奥一世和贾亚帕吉·拉奥（Jayappaji Rao）的帮助下，佩什瓦的兄弟拉古纳特·拉奥率领马拉塔军队围攻珀勒德布尔境内的孔博尔堡（Kumbher）。在围攻的过程中，马尔哈·拉奥一世唯一的儿子坎德·拉奥一世阵亡。这使马尔哈·拉奥一世极其愤怒，发誓要将城堡夷为废墟，将其物资扔进朱木拿河。珀勒德布尔罗阁巴丹·辛格惊慌失措，立即求和。为了平息马尔哈·拉奥一世的愤怒，巴丹·辛格给他年收益 1.5 万卢比的 3 个村庄及盐场。皇帝为了安慰马尔哈·拉奥一世，也将奥朗达巴德地区的两个帕戈纳赐给他。马尔哈·拉奥一世在1766 年 5 月去世时留下了一个年收入 1 000 万卢比的国家。①

马尔哈·拉奥一世的独子坎德·拉奥已于 1754 年去世，孙子马勒·拉奥（Male Rao）虽然是个弱智的孩子，但还是继承了王位，不过他确实不能统治国家，1767 年在癫狂中死去。他的母亲阿哈尔雅·巴伊（Ahalya Bai）拒绝收养继承人，由她自己统治国家。她挑选与王族没有血缘关系的图克吉·拉奥（Tukoji Rao）为名义上的君主并统帅她的军队。拉尼的统治一直延续到她于 1795 年去世，印多尔显示出和平和繁荣的景象。②

20. 兰 布 尔

兰布尔（Rampur）是罗希尔坎德（Rohilkand）地区一个独立的国家。它是唯一在罗希拉族阿富汗人（Rohilla Afghans）征服地区幸存下来的土邦。在莫卧儿帝国早期，构成兰布尔土邦的罗希尔坎德地区属于德里省。兰布尔只不过是一个叫卡特尔（Katehr）的印度教村庄，为卡特里亚族（Katehriya）的拉杰普特人所有。卡特里亚人经常与德里苏丹发生严重冲突。最早的记录是 1253—1254 年，纳西尔-乌德-丁·马哈茂德（Nasir-ud-Din Mahmud）派一支军队渡过拉姆甘加河（Ramganga），以"居民可能终其一生都难忘的方式"劫掠了卡特尔。历经多次劫难之后，卡特里亚人的实力又得到恢复。

在胡马雍攻占巴雷利的新城堡和征服卡特里亚人之前，他们也经常与

---

① Arnold Wright, *Indian States*, New Delhi: Asian Educational Services, 2006, pp.72—75.

② Adrian Sever, *Rajwadas: The Indian Princely States*, Vol.1, Delhi: B.R. Publishing Corporation, 2012, p.258.

莫卧儿皇帝发生冲突。在奥朗则布去世后的动荡岁月中,印度教酋长们坚持自己的权利,真正的兰布尔历史从这个时候开始。沙·阿拉姆(Shah Alam)和侯赛因·汗(Hussain Khan)兄弟俩从阿富汗移居罗希尔坎德。沙·阿拉姆的儿子多德·汗(Daud Khan)在卡特尔定居下来。他利用当时混乱的局势,组织起一支军队,进行了几次大胆的远征,树立了自己的声望。18世纪初,多德·汗在与马拉塔人的斗争中起了非常重要的作用,皇帝赐给他兰布尔札吉尔及布道恩(Budaon)郊区周围的领土。因此,多德·汗是兰布尔的创建者。①

在喀布尔的班考利(Bankauli)进行激烈战斗时,多德·汗遇见并收养了6岁男孩赛义德·穆罕默德·汗(Saiyed Mohammad Khan)。后来在莫卧儿皇帝承认他为兰布尔纳瓦布后,根据莫卧儿人的习惯,赛义德·穆罕默德·汗改名为阿里·穆罕默德·汗。8年之后,多德·汗被库毛恩(Kumaun)罗阇谋杀,年仅14岁的赛义德·穆罕默德·汗搜罗了一支由阿富汗人组成的军队,成为卡特尔实力最强的人。②

此时,莫卧儿帝国的实力和影响大大下降,阿里·穆罕默德·汗意识到自己的实力,对皇帝的使者不予以足够的重视,在各种情况下拖延或逃避向皇帝纳贡,利用这些钱财招募军队,购买军火,维持与省内几个重要人物的友谊,如莫拉达巴德(Moradabad)总督阿姆扎特-乌拉(Amzat-Ullah)、巴雷利总督穆恩-乌德-丁(Muin-ud-din)。他等待时机,像大多数更偏远省的省长们那样,撕下忠于皇帝的伪装,宣布独立。1718年,阿里·穆罕默德·汗获得沙贾汉布尔(Shahjahanpur)的所有权。1737年,因为帮助皇帝对付穆扎法讷格尔地区(Muzaffarnagar)实力强大的巴雷哈(Bareha)家族,阿里·穆罕默德·汗从皇帝穆罕默德·沙处获得"纳瓦布"头衔、5 000级曼萨布和卡特尔大量土地的赏赐。

阿里·穆罕默德·汗利用1739年纳迪尔·沙入侵的机会进一步扩大自己的领土,吞并了巴雷利的里查(Richha)及邻近的帕戈纳,但是他日益增强的实力终于引起了德里朝廷的注意。1741年,莫拉达巴德总督罗阇·哈南德(Raja Harnand)接到将罗希尔人驱逐出卡特尔的命令。巴雷利总督也参加了行动,他俩的军队总计5万多人,而阿里·穆罕默德·汗的兵力才1.2万人。但在随后的战斗中,两位帝国总督都阵亡,阿里·穆罕默德·汗

---

① Markand Nandshankar Mehta & Manu Nandshankar Mehta, *The Hind Rajasthan or The Annals of the Native States of India*, *Part I B*, New Delhi: Mehra Offset Press, 1979, p.576.

② Arnold Wright, *Indian States*, New Delhi: Asian Educational Services, 2006, p.357.

获得了罗希尔坎德的大部分领土。他被官方承认为罗希尔坎德的统治者，并以此资格进入巴雷利城。随后将班贾拉（Banjara）酋长德斯帕特（Despat）赶出比利皮德（Pilibhit）并占有它，1743 年入侵和征服库毛恩。奥德纳瓦布萨福达尔·让非常嫉妒阿里·穆罕默德·汗的实力，劝说皇帝穆罕默德·沙占领罗希拉山区。最终，阿里·穆罕默德·汗向皇帝屈服，被带到德里，但 6 个月后，他被任命为锡尔欣德总督，而皇帝将他的两个儿子作为人质留在德里。①

1749 年 9 月，阿里·穆罕默德·汗去世，其子法祖拉·汗（Faizulla Khan）即位。马拉塔人在完全掌控了德里皇帝之后入侵罗希尔坎德。法祖拉·汗起初进行了英勇抵抗，但最终逃亡，寻求奥德纳瓦布的庇护。1773 年，法祖拉·汗请求奥德纳瓦布帮助。在英国人的协调下，双方缔结联盟：在赶走马拉塔人之后，兰布尔立即支付奥德纳瓦布 100 万卢比，3 年之内另外再支付 30 万卢比。在缔结条约后不久，马拉塔人又进犯罗希尔坎德，奥德纳瓦布舒贾-乌德-朵拉（Shujah-ud-Daula）未能使罗希尔坎德免受马拉塔人的蹂躏，罗希尔坎德酋长哈菲兹·拉赫穆特（Hafiz Rahmut）被迫用大量物品换得马拉塔人的撤离。后来马拉塔人再次进攻并在恒河岸边驻扎下来，罗希尔坎德酋长再次求助于奥德纳瓦布，因奥德纳瓦布没有能够保护罗希尔坎德，罗希尔坎德酋长不愿意支付条约规定的数额，双方在格特拉（Katra）进行了一场激战，哈菲兹·拉赫穆特和两个儿子及 2 000 名士兵阵亡，余子被俘。奥德纳瓦布的军队抢劫了罗希尔坎德，烧毁了几个村庄，摧毁了成千上万的农田，最后，法祖拉·汗不得不向奥德纳瓦布投降，签订和约：法祖拉·汗可以保有年收入 147.5 万卢比的领土，条件是承认奥德纳瓦布为宗主。②

1793 年 7 月，法祖拉·汗去世，留下两个儿子，幼子古拉姆·马哈茂德·汗（Gulam Mahmud Khan）刺杀了兄长马哈茂德·阿里·汗（Mahmud Ali Khan），夺取了王位。奥德纳瓦布瓦济尔·阿里（Vazier Ali）支持马哈茂德·阿里·汗的儿子艾哈迈德·阿里（Ahmud Ali），并向英国人求助。英国军队在格雷利（Khareli）打败古拉姆·马哈茂德·汗，恢复艾哈迈德·阿里·汗对年收益 100 万卢比的兰布尔领土的统治权，其余部分则并入罗希尔坎德省。1801 年，奥德纳瓦布将罗希尔坎德省交给英属东印度公司，

---

① Arnold Wright, *Indian States*, New Delhi: Asian Educational Services, 2006, p.360.

② Markand Nandshankar Mehta & Manu Nandshankar Mehta, *The Hind Rajasthan or The Annals of the Native States of India*, Part I B, New Delhi: Mehra Offset Press, 1979, p.577.

并放弃他对兰布尔所有领土的主权。然而英国政府承认了奥德纳瓦布对领土的占有权。[①]

除上述实力较强的王国外，莫卧儿帝国时期建立的其他一些王国的简况如表2。

表2　莫卧儿帝国时期建立的王国成立时间、面积和人口一览

土邦名称		建立时间	面积（平方千米）	人口
英文	中文译名			
Akkalkot	阿格尔果德	1708 年	1 290	82 047
Aundh	奥恩德	1699 年	1 321(1881 年)	58 916
Bahawalpur	巴哈瓦尔布尔	1802 年	45 910	—
Bamra	伯姆拉	1545 年	5 149	123 378
Bansda	班斯达	1781 年	557	39 256
Baoni	包 尼	1784 年	313	19 780
Bhor	波 尔	1697 年	3 862	137 268
Bijawar	比贾沃尔	1765 年	2 520	110 500
Changbhakar	昌巴卡尔	1790 年左右	2 347	19 548
Charkhari	查哈里	1765 年	2 279	123 254
Chhatarpur	切德尔布尔	1785 年	2 927	10 029
Cooch Behar	戈杰比哈尔	1586 年	3 385	—
Dewas(junior)	小代瓦斯	1728 年	1 101	54 904
Dewas(Senior)	大代瓦斯	1728 年	1 160	62 312
Dhar	塔 尔	1730 年	4 659(1941 年)	62 312
Dhrol	特罗尔	1595 年	733	21 906
Faridkot	法里德果德	1803 年	1 652(1892 年)	97 034
Gangpur	冈布尔	1821 年	6 454	398 171
Gondal	贡达尔	1634 年	2 652(1931 年)	205 840
Hindol	欣多尔	1554 年	808(1891 年)	47 180
Jamkhandi	杰姆肯迪	1811 年	1 357	105 357
Jaora	焦 拉	1808 年	1 471(1941 年)	116 953
Jashpur	杰什布尔	18 世纪	5 045	132 114
Jath	杰 特	1686 年	2 538(1931 年)	91 202

① Markand Nandshankar Mehta & Manu Nandshankar Mehta, *The Hind Rajasthan or The Annals of the Native States of India*, Part I B, New Delhi: Mehra Offset Press, 1979, p.578.

土邦名称		建立时间	面积 （平方千米）	人口
英文	中文译名			
Jhalawar	恰勒瓦尔	1838 年	2 106	90 175
Jind	金　德	1763 年	3 460	324 676
Kalat	格拉德	1666 年	91 909	—
Kalsia	格尔锡亚	1763 年	495	62 000
Kapurthala	格布尔特拉	1772 年	352	314 341
Kawardha	格沃尔塔	1751 年	2 067(1892 年)	86 362
Khairagarh	海拉格尔	1833 年	1 033(1931 年)	157 400
Khandpara	根德巴拉	1599 年	632	77 929
Kharsawan	格萨万	1650 年	396(1892 年)	31 051
Khairpur	海尔布尔	1775 年	15 729	—
Khilchipur	基尔奇布尔	1544 年	710	31 143
Kolhapur	戈尔哈布尔	1707 年	8 332	910 011
Korea	科里亚	16 世纪	4 224(1941 年)	126 874
Kurundvad	古伦德瓦德	1733 年	479	42 474
Kushalgarh	古萨尔格尔	1594 年	881(1941 年)	41 153
Loharu	洛哈鲁	1806 年	570	15 229
Mandwa	门德瓦	17 世纪	43(1941 年)	27 529
Mayurbhanji	马尤班吉	17 世纪后期	10 982	610 383
Miraj Senior	大米勒杰	1820 年	886	81 467
Miraj Junior	小米勒杰	1820 年	508	35 806
Morvi	莫尔维	1698 年	627(1931 年)	42 602
Nabha	那　巴	1763 年	2 502	297 949
Nandgaon	南德冈	1833 年	2 256	126 365
Narsinghgarh	讷尔辛格格尔	1681 年	1 919(1948 年)	14 000
Nawanagar	纳瓦讷格尔	1540 年	9 632	—
Panna	本　纳	1731 年	6 724(1931 年)	212 130
Pataudi	伯道迪	1804 年	135	21 933
Pudukkottai	布杜戈代	1680 年	3 051(1941 年)	438 648
Raghogarh	拉戈格尔	1673 年	109	19 446

续表

土邦名称		建立时间	面积 （平方千米）	人口
英文	中文译名			
Raigarh	赖格尔	1625 年	3 849(1892 年)	128 943
Rajkot	拉杰果德	1620 年	730(1931 年)	75 540
Ramdurg	兰杜格	1799 年	438	37 848
Ranasan	拉纳尚	17 世纪	189	18 446
Sachin	萨钦	1791 年	127(1931 年)	22 107
Samthar	萨姆塔尔	1760 年	461	33 472
Saraikela	瑟莱盖拉	1620 年	1 163(1892 年)	77 097
Shahpura	沙赫布勒	1629 年	1 049(1931 年)	54 233
Sonapur	索纳布尔	1556 年	2 347	169 877
Surguja	苏古贾	1603 年	15 771	351 011
Tonk	栋格	1806 年	6 511(1931 年)	317 360
Tripura	特里普拉	1809 年	10 660(1941 年)	513 000
Wadhwan	瓦德万	1630 年	627(1931 年)	42 602

说明：1. 本表数据取自 J.C.Dua, *Illustrated Encyclopaedia & Who's Who of Princely States in Indian Sub-Continent*, New Delhi: Kaveri Books, 2000. Arnold Wright, *Indian States: A Biographical, Historial, and Administrative Survey*, London, 1922; New Delhi: Asian Educational Services, 2006. C. U. Aitchison, *A Collection of Treaties, Engagements and Sanads Relating to India and Neighbouring Comtries*, 14 vols, Calcutta, 1929—1933; reprinted by Kraus-Thomson Organization Limited, 1973.

2. 面积数据后未标明年代的是 1901 年统计数据；人口数据的年份与面积数据的年份相同。

3. 国名翻译主要参考：中国地图出版社编：《印度地图册》，中国地图出版社 2010 年版；中国地名委员会编：《外国地名译名手册》，商务印书馆 1987 年版。

在英属东印度公司向南亚次大陆扩张的过程中，很多王公、酋长、柴明达尔谋求获得英国人的支持以获得独立的地位，承认英国人的最高宗主权，英国人则承认他们的独立地位。

莫卧儿帝国虽然宣称拥有整个帝国的主权，但它毕竟是一个行政管理体制非常不完善的封建王朝。在奥朗则布去世、帝国走向衰落之后，帝国内的地方势力不断膨胀，成为半独立的政治实体。莫卧儿皇帝们深谙如何把地方和地区精英纳入他们体系之道。前政权的附庸、部落酋长和村庄头领及小王公们，统统被作为柴明达尔得到承认。只要向莫卧儿王朝纳贡，他们就能保持权利和特权。[①]

---

① ［德］赫尔曼·库尔克等著：《印度史》，王立新等译，中国青年出版社 2008 年版，第 249 页。

　　莫卧儿帝国时期,王公与莫卧儿帝国中央政府之间的关系是一种依附关系,和后来英国与王公之间的关系有相似的地方,附庸国不仅要俯首称臣,而且要纳贡。不同的是,随着莫卧儿帝国18世纪后走向衰落,朝廷不能给予王公以安全和保护,英国政府则通过与土邦签订条约,禁止土邦之间的交战,尽到保护土邦的责任。

第二章　英属东印度公司对印度土邦最高统治权的确立

英属东印度公司涉足南亚次大陆进一步使南亚的局势复杂化。趁莫卧儿帝国衰落、土邦王公势力进一步扩大以及马拉塔人、廓尔喀人、锡克人进攻莫卧儿帝国及其他地区之机,英属东印度公司不断扩大自己的势力和影响,与土邦王公签订条约、协定,确立起自己的最高宗主地位,最终控制了整个南亚次大陆。

一、英属东印度公司涉足南亚次大陆

1600 年 12 月 31 日,英国女王伊丽莎白一世颁发特许状,准许成立东印度公司,授权公司垄断从好望角至麦哲伦海峡间广大区域的贸易 15 年。1609 年,英王詹姆斯一世延续了特许状,并把 15 年期限改为永久性授予。自成立至 1726 年,英属东印度公司获得一系列特许状,拥有立法、司法、建立军队和政府的权利。这些权利的获得使英属东印度公司在与荷属东印度公司以及法属东印度公司的竞争中逐渐处于越来越有利的地位。

英属东印度公司最初的目标是获取香料。第一、第二次航行只到了爪哇和香料群岛,第三次航行的主要目的地仍然是香料群岛,但是三艘船之一的"赫克托尔"号船长威廉·霍金斯(William Hawkins)奉公司董事会之命在由班达岛返航途中,把船驶到印度西海岸的苏拉特,从那里赴阿格拉晋见莫卧儿皇帝贾汉吉尔,递交国书,要求通商。威廉·霍金斯在 1608 年抵达莫卧儿宫廷,得到了很好的接待,他是"第一个获得莫卧儿职位的人",也就是说,他获得了贾汉吉尔皇帝赏赐的一块领地,可以为莫卧儿征收领地上的税,并以此谋生。1611 年,威廉·霍金斯获得皇帝许可,在苏拉特进行贸易,但是,莫卧儿宫廷的葡萄牙人从中作梗及英国水手在苏拉特的骚乱行为使他的成果化为乌有。

1611 年,英属东印度公司获得印度南部高康达国王的许可,在马苏利伯德讷姆建立了商馆。1612 年,作为公司股东的英王詹姆斯一世指示托马斯·罗(Thomas Roe)拜见莫卧儿皇帝贾汉吉尔,以便为签订给予公司在苏拉特和其他地区居住以及设立商馆的排他性权利的条约做准备。1613 年,英属东印度公司在打败了葡萄牙战船后,终于获得贾汉吉尔皇帝的允许,在苏拉特设立商馆。

1615 年,詹姆斯一世任命托马斯·罗为大使,常驻莫卧儿宫廷。托马斯·罗在 1616 年初见拜皇帝贾汉吉尔,建议英国和印度签订友好通商条约,贾汉吉尔不愿意,但在 1618 年公开声明对英属东印度公司的友善,此后英国商人获得在印度"自由地贸易"、生活在沿海租住的房子里、管理自己及在城里携带武器的自由。除正常的关税外,不用支付其他费用。[1]英国人在印度的影响开始扩散开来。到 1619 年 2 月托马斯·罗离开印度前,英属东印度公司已经在苏拉特、阿格拉、艾哈迈达巴德和布罗奇设立了商馆。

1623 年,20 名英属东印度公司职员在安汶岛被已经在那里站稳脚跟的荷兰人杀害。此后,英属东印度公司退出在香料群岛的竞争,集中精力在印度发展,在印度东西海岸甚至内地设立了众多商馆。在科罗曼德海岸,1626 年,英属东印度公司在高康达国的阿马冈建商馆。1632 年,高康达苏丹颁发给英属东印度公司"黄金诏谕",允准它每年缴纳 500 帕戈达(pagodas)即可在该国所属各港口自由贸易,无需纳税。1639 年 8 月,弗朗西斯·戴(Francis Day)以每年 600 英镑的代价,从毗阇耶那伽罗国王比达·文卡塔·拉亚(Peda Venkata Raya)手中租得沿海一块地和一个小岛,建立圣乔治堡。1653 年,圣乔治堡变成马德拉斯市,成为英属东印度公司在科罗曼德海岸的主要基地。

在孟加拉海沿岸地区,1633 年 5 月,孟加拉纳瓦布授予英属东印度公司贸易权,英属东印度公司很快在奥里萨的赫里赫尔布尔(Hariharpur)和巴拉索尔分别设立商馆。[2]1651 年,英属东印度公司得到沙·贾汉皇帝的许可,在胡格利(Hughli)、卡西姆巴扎尔(Kasimbazar)和巴特那设立商馆。1651 年,孟加拉纳瓦布沙·舒贾(沙·贾汉皇帝次子)因英属东印度公司医

---

[1]　Ramkrishna Mukherjee, *The Rise and Fall of the East India Company: A Sociological Appraisal*, New York: Monthly Review Press, 1974, p.221.

[2]　John F.Riddick, *The History of British India: A Chronology*, Westport: Praeger Publishers, 2006, p.13.

生治好他的病,特许英国人在每年缴纳 3 000 卢比的象征性税款后,可在孟加拉境内免税贸易。1656 年,纳瓦布的另一道命令重申不得向英属东印度公司另外征税,不得干预公司事务。①英属东印度公司在获得这些特权后便加以滥用,为了规避在苏拉特等港口缴纳关税,英属东印度公司尽量使英国货从孟加拉进口,这严重损害了莫卧儿帝国的利益。1680 年,奥朗则布颁布规定,英国商品和其他国家的商品一样,要缴 2% 的关税,另收 1.5% 的人头税,合计征收 3.5% 的税,此外不应有别的索求。这意味着英属东印度公司丧失了在孟加拉的免税特权,对它是一个沉重的打击。因此,英属东印度公司不惜在 1686 年 10 月以 10 艘战舰和 1 000 名士兵对胡格利、希季里、巴拉索尔等莫卧儿要塞发起进攻,挑起了战争。奥朗则布下令向英国所有商馆发起全面攻击。最后英属东印度公司不得不乞求和平,在 1690 年与莫卧儿帝国缔结和约:英属东印度公司赔款 1.7 万英镑,保证以后规规矩矩地进行贸易。奥朗则布皇帝允许英属东印度公司继续在印度开展贸易,但要撤换公司的孟买管区总督乔赛亚·蔡尔德(Josiah Child)。处境困难的奥朗则布在一年后主动让步,恢复英国人在孟加拉每年缴纳 3 000 卢比后免税的特权。②1690 年,英属东印度公司在孟加拉胡格利河口的苏塔纳提(Sutannati)建商馆。1690 年 8 月 24 日,乔布·查诺克(Job Charnock)在加尔各答设立商馆。1697 年 1 月,面临阿富汗人入侵孟加拉,卡西姆巴扎尔及梅达(Maida)被攻占的局势,孟加拉纳瓦布特许英属东印度公司修建威廉堡,后来发展为加尔各答市。1698 年 11 月,英属东印度公司从孟加拉纳瓦布手中买得苏塔纳提、戈文德布尔(Govindpur)和加尔各答 3 个村庄,因此获得行使柴明达尔的权利,获许征收地税。1717 年,英属东印度公司获得加尔各答地区另外 38 个村庄的收税权。③

在西海岸,葡萄牙人较早获得立足之地。由于莫卧儿皇帝胡马雍势力日益强大,古吉拉特苏丹国的苏丹巴哈杜尔·沙在 1534 年 12 月 23 日与葡萄牙人签订《巴塞因条约》,将孟买的 7 个岛屿、巴塞因附近的城镇及地区给予葡萄牙人。1535 年 10 月 25 日,这些地方正式出让。英国人涉足南亚次大陆后,非常希望在西海岸获得立足之地。1661 年 5 月 11 日,葡萄牙国王约翰四世之女、布拉干萨的凯瑟琳(Catherine)与英王查理二世的婚约将孟

① 林承节:《殖民统治时期的印度史》,北京大学出版社 2004 年版,第 22 页。
② 同上书,第 23 页。
③ John F. Riddick, *The History of British India*: *A Chronology*, Westport: Praeger Publishers, 2006, pp.13—14.

买作为嫁妆的一部分给了查理二世。1668 年 3 月,查理二世颁发特许状,将孟买租给英属东印度公司,每年收取 10 英镑的租金。此后,孟买的人口急剧增加,从 1661 年的 1 万人增加到 1675 年的 6 万人,变得十分繁荣和重要,以至于在 1687 年作为英国人在印度西海岸的居住地,超过了苏拉特,成为英属东印度公司在西海岸的贸易中心。[①]

到 17 世纪末,英属东印度公司已经在印度的 3 个地方即西边的苏拉特及孟买,南边的马德拉斯和东部的加尔各答牢牢地扎下根来。从这些加固的、立刻可以凭借其海上优势接近海域的优越地点,英国人不仅可以在印度各个地方进行商业贸易活动并获得各种特权,而且可以在必要时迅速撤离。

二、英属东印度公司大规模征服的开始

18 世纪上半期,南亚次大陆割据局势加剧,莫卧儿总督掌握地方政权,处于独立或准独立的状态。德干省尼扎姆-乌尔-穆尔克在 1724 年实际上已经独立,为海德拉巴土邦奠定了基础,奥德省和孟加拉省处于准独立的状况。印度北部的拉杰普特人和贾特人建立了独立的政权,不过,在奥朗则布之前,他们都和皇帝保持比较好的关系。奥朗则布第三个儿子、莫卧儿帝国第七任皇帝巴哈杜尔·沙一世最初使这些政权臣服,但在 1708 年之后,这些王国组成联盟反对莫卧儿皇帝。锡克人向北进军,攻占锡尔欣德省。随后,锡克人又占领萨特莱杰河和朱木拿河之间的地区。随着武装力量的增强,锡克人控制了原来属于莫卧儿帝国的大片地区。[②]

在强有力的皇帝奥朗则布统治之下,印度西北边疆得到很好的防卫。在奥朗则布去世后,边境防务因帝国内部的纷争而削弱了。1739 年,波斯纳迪尔·沙入侵印度,他的军队抵达德里,到处抢劫,莫卧儿皇帝无法进行有效的抵抗。1747 年,纳迪尔·沙被刺杀,他的下属艾哈迈德·沙·杜拉尼自称为阿富汗国王。1748—1767 年,阿富汗国王多次远征印度,加速了莫卧儿帝国的崩溃。

伊朗、阿富汗人的入侵极大地鼓励了英法殖民者。1742 年,迪普莱将法国总督府从金德讷格尔(Chandernagore)迁到本地治里,希望趁乱在印度

---

① Ramkrishna Mukherjee, *The Rise and Fall of the East India Company: A Sociological Appraisal*, New York: Monthly Review Press, 1974, p.226.

② Ibid., p.249.

南部建立一个殖民帝国,并很快建立起一支印度雇佣军,插手海德拉巴的王位之争,实行政治控制。

英属东印度公司立刻加以仿效,在1746年建立一支印度士兵队伍,插手印度土邦的内部纷争及土邦之间的纷争,获得一些王公的支持,经历三次卡纳蒂克战争,逐步将法国的势力赶出南亚次大陆,随后开始大规模的征服战争。如前所述,此时的南亚次大陆实际处在独立或准独立的王公控制之下,英属东印度公司进行的战争实际上是征服这些王国的战争。

1. 征服孟加拉、控制奥德

孟加拉是莫卧儿帝国的一个省。1700年左右,皇帝奥朗则布任命穆尔希德·库利·汗(Murshid Quli Khan)为孟加拉迪万。1717年,皇帝法鲁克西雅尔任命穆尔希德·库利·汗为孟加拉省督,并赐给"扎法尔·汗"(Zafar Khan)头衔。在莫卧儿帝国因王位之争而几乎瘫痪的情况下,穆尔希德·库利·汗宣布自己为孟加拉纳瓦布,并得到皇帝的认可。孟加拉成为莫卧儿帝国内的一个准独立王国,统治孟加拉、比哈尔和奥里萨。

奥德是由莫卧儿帝国高级官员萨达特·阿里·汗一世(Saadat Ali Khan I)在1732年建立、承认莫卧儿帝国最高统治权的世袭国家。随着莫卧儿帝国衰败,奥德逐渐坚持自己的最高统治权。由于奥德地产富饶,英属东印度公司很快就关注到它,并趁机插手奥德内部事务。

英属东印度公司在孟加拉设立了许多商馆,并在加尔各答修建了威廉堡。1756年4月10日,85岁的孟加拉纳瓦布阿里瓦迪·汗(Alivardi Khan)去世,因没有男性继承人,他23岁的外孙西拉杰-乌德-朵拉(Siraj-ud-Dowla)继任纳瓦布。曾因在1747年与马拉塔人对抗中撤军而被阿里瓦迪·汗撤职的孟加拉将军米尔·贾法尔(Mir Jafar)表面上支持西拉杰-乌德-朵拉,暗地里却与英国人勾结,在普拉西(Plassey)战役之前,与英属东印度公司代表罗伯特·克莱武签订秘密协议。米尔·贾法尔同意:英国人的敌人就是我的敌人,无论他是印度人还是欧洲人;法国在孟加拉、比哈尔和奥里萨的所有财物和商馆将为英国人所有;考虑到加尔各答被攻占时英属东印度公司遭受的损失和维持军队的费用,将给予英属东印度公司1 000万卢比作为补偿;给英国人和其他人以不同数额的赔偿。在附加条款中,英国人则保证尽力帮助米尔·贾法尔成为孟加拉纳瓦布。[①]1757年6月

---

① C.U. Aitchison, *A Collection of Treaties*, *Engagements and Sanads*, *Vol.I*, pp.201—202.

23 日,克莱武所率领的 3 000 多人的军队与纳瓦布西拉杰-乌德-朵拉率领的 7 万多人的孟加拉军队交战于普拉西,米尔·贾法尔和另两名被收买的将军拉伊·杜尔拉布(Rai Durlabh)与雅尔·卢图夫·汗(Yar Lutuf Khan)按兵不动,在前锋稍有接触之后就力促纳瓦布下令收兵,造成孟加拉军队大溃败。纳瓦布逃回穆尔希达巴德,几天之后被俘,惨遭杀害。米尔·贾法尔被扶上纳瓦布宝座,成为英国人的傀儡。1757 年 7 月 15 日之后,米尔·贾法尔先后发布了多个特许令和公告,通告孟加拉、比哈尔和奥里萨的所有省长、柴明达尔及政府工作人员关于给予英属东印度公司任何货物以免税特权、赏赐给英属东印度公司土地、英属东印度公司对比哈尔整个省硝酸钾的控制权等情况。[1]

在被扶上纳瓦布宝座后,米尔·贾法尔不断提出在英属东印度公司看来很过分的要求。1760 年,英属东印度公司以其女婿米尔·卡西姆(Mir Kasim)取而代之。米尔·卡西姆对英国人享有免税特权不满,也免征地方商人的贸易税,甚至撤销英属东印度公司在巴特那的官员、杀死包括驻扎官在内的几个欧洲人,英属东印度公司撤销其纳瓦布职务。于是,他联合奥德纳瓦布舒贾-乌德-朵拉(Shuja-ud-Doula)和莫卧儿皇帝沙·阿拉姆二世与英属东印度公司对抗。1764 年 10 月 22 日,孟加拉和奥德联军在伯格萨尔与英军决战,遭到失败,皇帝沙·阿拉姆二世投降,米尔·卡西姆和舒贾-乌德-朵拉逃走,英军进占奥德,英国人在孟加拉的地位得到巩固。被俘的皇帝与英属东印度公司签订《安拉阿巴德条约》,英属东印度公司获得在西孟加拉、奥里萨和比哈尔等地的迪万权。英属东印度公司在这些地区拥有征税权,基本上每年都能获利 200 万英镑[2],从而大大增强了英属东印度公司的财力。

1765 年 1 月,米尔·贾法尔去世,其子纳杰姆-乌德-朵拉(Najm-ud-Daula)继任孟加拉纳瓦布。2 月 20 日,纳瓦布与英属东印度公司签订条约。英属东印度公司承诺帮助他对付所有敌人,维护孟加拉、比哈尔和奥里萨的安全。纳瓦布则承认英属东印度公司与其父亲所签订的条约继续有效并履行相关义务,如每月支付 50 万卢比军费补助金;赔偿英属东印度公司在战争中遭受的损失;不允许法国人建立城堡、维持军队、持有土地或柴明达尔等,如果法国人经商,则要缴纳贡金。[3]

1765 年 8 月 16 日,克莱武与奥德纳瓦布舒贾-乌德-朵拉和孟加拉纳

① C.U. Aitchison, *A Collection of Treaties*, *Engagements and Sanads*, *Vol.II*, pp.203—205.
② [英]约翰·麦卡利尔著:《印度档案》,顾忆青译,湖南人民出版社 2020 年版,第 39 页。
③ C.U. Aitchison, *A Collection of Treaties*, *Engagements and Sanads*, *Vol.II*, pp.237—240.

瓦布纳杰姆-乌德-朵拉签订条约:确立奥德纳瓦布及其继承人与英属东印度公司之间永久而普遍的和平与友好关系,不能有任何敌对的行为;如果一方遭到进攻,另一方应该以部分乃至全部军队给予帮助,如果奥德雇用了英国军队,纳瓦布应该支付额外的费用;纳瓦布保证不接纳、保护英国人的敌人,而要将他们交给英国人;纳瓦布同意支付 500 万卢比作为战争赔偿;将戈拉尔地区以及已经被皇帝沙·阿拉姆二世占有的安拉阿巴德等地割让给皇帝,以维持他的尊严和开支;允许英属东印度公司在奥德全境自由免税贸易。英属东印度公司则将奥德的大部分归还给纳瓦布。[①]条约的签订实际上将奥德和孟加拉变为英属东印度公司的附属国,使它们不能和其他印度势力一道抵抗英属东印度公司的扩张。

2. 征服印度南部地区

在奥朗则布皇帝去世后,印度南部的迈索尔王国实力逐渐强大,马拉塔人的势力在穆罕默德·沙皇帝统治时期(1719—1748 年)急剧膨胀起来,因为奥朗则布对马尔瓦的拉杰普特诸王公的宗教迫害政策有利于马拉塔人的扩张事业,海德拉巴尼扎姆也希望马拉塔人成为介于他与德里朝廷之间的一股势力。1720 年继任佩什瓦的巴吉·拉奥充分利用这些有利条件,派军队蹂躏古吉拉特,彻底征服马尔瓦。在侵扰了本德尔汗德和印度北部、得到德里皇帝给他四分之一的财政收入之后,巴吉·拉奥才回到自己在南方的领地,于 1740 年去世。

在征服印度南部的过程中,英属东印度公司充分利用迈索尔、海德拉巴和马拉塔联盟等印度地方势力之间的矛盾和纷争,寻求一方支持去打败另一方。四次英迈战争将南亚强国迈索尔变成一个在英属东印度公司掌控下的较弱王国,两次英马战争从根本上削弱了马拉塔联盟,海德拉巴为一己私利,退出抗英联盟,成为英属东印度公司的附庸国。

1766 年,英属东印度公司派一支军队协同海德拉巴和马拉塔联盟军队进攻迈索尔。迈索尔摄政海德尔·阿里以纳贡和割让土地的办法使马拉塔联盟退出战争,随后以同样的方法把海德拉巴争取过来,与自己订立军事同盟条约。这样,海德拉巴和迈索尔与英属东印度公司作战,即第一次英迈战争。海德拉巴在初战失利后退出与迈索尔的联盟,于 1768 年 2 月 23 日与英属东印度公司和卡纳蒂克纳瓦布签订条约,割让北部沿海的穆斯塔法鲁

---

①   C.U. Aitchison, *A Collection of Treaties*, *Engagements and Sanads*, *Vol.II*, pp.98—100.

格尔(Moostafurnugger)、拉贾蒙德里(Rajamundry)、斯卡科勒(Siccacole)、穆尔蒂扎鲁格尔(Moortizanugger)和孔达维尔(Condavir)5个地区给英属东印度公司,承认孔达皮尔堡(Condapille)及札吉尔为英属东印度公司所有,如果英属东印度公司顺利拥有前4个地区,从1774年1月1日起,英属东印度公司每年分两次支付50万卢比,再顺利占有孔达维尔地区,则每年共支付70万卢比。①

海德尔·阿里虽然孤军作战,但是采用骑兵突袭马德拉斯的战术,迫使英国人求和。1769年4月3日,海德尔·阿里与英属东印度公司代表查尔斯·鲍彻(Charles Bourchier)订立永久友好与和平条约。条约规定,在一方遭到敌人进攻时,另一方要给予帮助,直到将敌人驱逐出去,受援方按下列比率支付军事援助的费用:每个步兵和骑兵每月15卢比,每个雇佣的印度士兵每月7.5卢比,指挥官的费用按当时的标准支付。②

孟买管区的英国人一直在寻求扩张的机会,他们面对的是强大的马拉塔联盟。马拉塔人曾是南亚次大陆一股强大的势力,控制着广大的地区,对于终结莫卧儿帝国的统治起了极大的作用。第四任佩什瓦马塔瓦·拉奥一世给予实力强大的马拉塔首领以准独立的地位,因而在马拉塔帝国内出现了很多准独立的马拉塔国家,较强大的有浦那、巴罗达、印多尔、瓜廖尔、那格浦尔、代瓦斯和塔尔,较小的有桑格利、奥恩德、波尔、巴福达(Bavda)、珀尔登(Phaltan)、米勒杰等。

1770年,马拉塔人将莫卧儿帝国皇帝沙·阿拉姆二世置于自己的控制之下,以若干特权为报酬,答应护送他回首都德里。1773年9月,英属东印度公司首任总督沃伦·哈斯丁斯(Warren Hastings)签署《贝拿勒斯条约》,以在一定程度上制止马拉塔人对莫卧儿皇帝提出更多要求。在此期间,可怕的灾难降临到马拉塔人头上。1772年,年轻的佩什瓦马塔瓦·拉奥一世去世。1773年8月30日,继位的佩什瓦纳拉扬·拉奥(Narayan Rao)被政敌杀害。接任的拉古纳特·拉奥(即拉戈巴,纳拉扬·拉奥的叔父)遭到政敌的反对,他们立纳拉扬·拉奥的遗腹子巴吉·拉奥二世(Baji Rao II)为佩什瓦,放逐了拉古纳特·拉奥。拉古纳特·拉奥向孟买的英国人求助。1775年3月6日,英国人与他签订《苏拉特条约》,答应给他一支2 500人的军队,由他承担军事费用。一旦取得成功,佩什瓦将永久割让巴塞因港、萨

---

① C.U. Aitchison, *A Collection of Treaties , Engagements and Sanads , Vol.IX*, pp.28—30.
② Ibid., p.219.

尔赛特岛(Salsette)、贾姆伯瑟尔(Jambooseer)和奥珀德(Orpad)以及孟买附近的 4 个岛屿给英属东印度公司;还答应不和英属东印度公司的敌人结成任何同盟;佩什瓦每年进贡 7.5 万卢比,每月支付军事开支 15 万卢比;如果他与其敌人即浦那政府和谈,英属东印度公司也将参与他们的谈判。①

1775 年 5 月 18 日,英军与拉古纳特·拉奥的军队在阿拉斯平原打败浦那军队。经过几个月谈判,英属东印度公司代表约翰·厄普顿(John Upton)与浦那当局于 1776 年 3 月 1 日签订《布伦特尔条约》(Treaty of Purandhar):废除《苏拉特条约》,确认萨尔赛特领土和布罗奇税收仍由英国人保有,浦那政府同意赔偿英国人 120 万卢比战费;英国人撤销对拉古纳特·拉奥的支持,后者应该在古吉拉特的科帕尔冈居住,每月从佩什瓦政府领取 2.5 万卢比的津贴。②但是条约没有得到孟买政府批准,因而没有生效。

1777 年,支持巴吉·拉奥二世的纳纳·法德纳维斯(Nana Fadnavis)热情地接待了法国冒险家圣吕班(Chevalier de St. Lubin),答应将印度西部一个通商港口让给法国人。这使孟买参事会成员们对法国人在印度南部的图谋产生疑虑,孟买政府重新开战。但是英国军队几度遭遇挫折,1779 年 1 月,英军在塔勒冈(Talegaon)的退路完全被切断,孟买政府被迫与马拉塔人签订《瓦尔冈条约》(Convention of Wargaon),答应不再支持拉古纳特·拉奥,归还 1773 年以后夺取的马拉塔领土,撤回从孟加拉派来的军队,布罗奇税收的一部分应该归瓜廖尔信地亚征收。③总督哈斯丁斯认为这是一个屈辱的条约,因而没有批准。他命令马修·莱斯利(Mathew Leslie)率领 6 000 名印度士兵经陆路增援孟买,战火再起。

英国人的出尔反尔使迈索尔、海德拉巴和马拉塔联盟认清了英国人的意图和危险性,1780 年,三方成立抗英联盟。按计划,海德拉巴进攻割让出去的北部各地区,迈索尔进攻卡纳蒂克,马拉塔联盟进攻孟买和孟加拉。这一联盟的建立使英国人感到高度紧张,因而要不惜一切代价拆散联盟。英国人把贡土尔(Guntur)交还给海德拉巴,使它率先退出联盟。又同马拉塔联盟中的朋斯拉单独媾和,给他一笔钱,使他停止军事行动。随后拉拢马拉塔联盟中的马哈达吉·信地亚,让他从中斡旋。1782 年 5 月 17 日,英属东印度公司代表戴维·安德森(David Anderson)与佩什瓦马塔瓦·拉奥二世

---

① C.U. Aitchison, *A Collection of Treaties, Engagements and Sanads*, Vol.VII, pp.20—24.

② Ibid., pp.27—36.

③ Ibid., pp.37—38.

签订《萨尔巴伊条约》，英国人取得萨尔赛特岛；承认马塔瓦·拉奥二世是合法的佩什瓦；发给拉古纳特·拉奥年金，使其引退；信地亚收回朱木拿河以西的所有领土；海德尔·阿里必须放弃从阿尔果德纳瓦布处获得的领土；双方都不给对方的敌人任何帮助。[1]这个条约是英国在印度扩张史上的一个转折点，它使英国人得以与马拉塔人和平相处 20 年，使英国人可以比较不受牵制地同迈索尔王公提普·苏丹和法国人作战，并将尼扎姆和奥德纳瓦布置于他们的控制之下。迈索尔、海德拉巴和马拉塔联盟三国同盟的瓦解表明，"印度王公的利己主义使他们政治上鼠目寸光，期望他们真正联合抗英是不可能的"[2]。

在 1780—1784 年间进行的第二次英迈战争中，提普·苏丹在父亲去世后继续与英军作战。1780 年 9 月和 1782 年 2 月，提普·苏丹先后取得博利布尔(Pollipur)战役和贡伯戈讷姆(Kumbakonam)战役的胜利，分别打败英军将领威廉·贝利和约翰·布雷思韦特(John Braithwaite)。1784 年 3 月 11 日，提普·苏丹与英属东印度公司代表安东尼·萨德利尔(Anthony Sadlier)等人签订《门格洛尔条约》(*Treaty of Mangalore*)，建立和平友好关系，各自撤出已占领的对方的领土和城堡，交换俘虏，但是提普·苏丹放弃对卡纳蒂克的权利。[3]

第二次英迈战争后，迈索尔又与马拉塔联盟、海德拉巴为争夺领土而发生战争。英国人乘机以瓜分迈索尔为诱饵，争取马拉塔联盟和海德拉巴。1790 年 6 月 1 日，英属东印度公司代表查理·马莱与佩什瓦马塔瓦·拉奥二世和尼扎姆阿萨夫·贾赫二世签订反提普·苏丹的同盟条约。马拉塔联盟和海德拉巴派出不少于 2.5 万人的军队入侵提普·苏丹的领土；在一方对迈索尔军队处于劣势时，其他两方要给予支援；在战争结束时，三方平分所获得的领土、城堡等。[4]于是，第三次英迈战争爆发。尽管提普·苏丹率领迈索尔军民英勇抗战，但终因寡不敌众而不得不求和，于 1792 年 3 月 18 日签订《斯里伦格伯德讷姆条约》(*Treaty of Sriranqapatnam*)，赔款 3 300 万卢比，割让一半领土，由英国人、马拉塔联盟和海德拉巴瓜分；提普·苏丹还要将两个儿子送到查理·康华里营中作为人质。英国人获得了库尔格、马拉巴尔、丁迪古尔和巴拉马哈尔等年收入达 1 316 765.5 卢比的大量

---

[1]　C.U. Aitchison, *A Collection of Treaties, Engagements and Sanads*, Vol.VII, pp.39—43.
[2]　林承节：《殖民统治时期的印度史》，北京大学出版社 2004 年版，第 33 页。
[3]　C.U. Aitchison, *A Collection of Treaties, Engagements and Sanads*, Vol.IX, pp.228—232.
[4]　C.U. Aitchison, *A Collection of Treaties, Engagements and Sanads*, Vol.VII, pp.46—49.

领土,将其并入马德拉斯和孟买管区。①这些重要领土的获得大大增加了英属东印度公司领土的实力和完整性。马拉塔联盟和海德拉巴各分得一部分。不久,两者发生冲突,海德拉巴被打败,割让一半领土给马拉塔联盟,实力遭到严重削弱。

1798 年 4 月 26 日,理查·威尔斯莱(Richard Wellesley)抵达马德拉斯就任总督。他很快发现提普·苏丹的敌意,决定立即对提普·苏丹作战。他在 1798 年 8 月 12 日的《备忘录》中说:"提普使臣的行事是经他自己批准的,加上法国军队在他的国土上登陆,这是一种公开的、不折不扣的、毫不含糊的宣战;更加严重的是公开声明,战争的目的既不是为了扩张、赔款,也不是为了安全,而是要完全摧毁在印度的英国政府。如果对这样的侮辱和危害的形势再有所误解,那就表明不是示弱,而是恐惧。"②除了其他备战措施外,威尔斯莱总督还想恢复 1790 年的三角同盟。尼扎姆于 1798 年 9 月 1 日同英国人结成军事同盟,承诺每年给予 2 417 100 卢比军费补助金③,马拉塔人则比较含糊地答复了总督的建议。为了表示英国政府对三角同盟的任何一方都是公平无私的,总督保证把一部分在战争中征服的土地给予佩什瓦。

1799 年 2 月,100 多名法国士兵在门格洛尔登陆,截获提普·苏丹请求法国军事援助的信使,总督理查·威尔斯莱确信迈索尔与法国关系加深,因而发动了第四次英迈战争。海德拉巴作为英属东印度公司的附庸国参战,马拉塔联盟也表示支持英国人。英国人还收买迈索尔迪万普尔纳亚(Purnaiah)和轻骑兵司令卡马尔-乌德-丁为内应。在这种情况下,提普·苏丹无力回天。1799 年 3 月 5 日,提普·苏丹在斯里伦格伯德讷姆以西的塞达希尔(Sedaseer)被詹姆斯·斯图亚特(James Stuart)打败。3 月 27 日,提普·苏丹在斯里伦格伯德讷姆以东的马尔韦利(Malvelly)被乔治·哈里斯(George Harris)打败,于是退回到斯里伦格伯德讷姆。5 月 4 日,英军占领该城,提普·苏丹在保卫都城的战斗中牺牲,迈索尔最终沦陷。"印度的一个主要强国,英国人最仇恨、最可畏惧的敌人之一,就这样的倒了下来。"④

在征服了迈索尔后,1799 年 6 月 22 日,英属东印度公司代表乔治·哈里斯、阿瑟·威尔斯莱(Arthur Wellesley)和威廉·柯克帕特里克(William

---

① C.U. Aitchison, *A Collection of Treaties*, *Engagements and Sanads*, *Vol.IX*, pp.233—240.
② [印度]R.C.马宗达等著:《高级印度史》(下),张澍霖等译,商务印书馆 1986 年版,第 769 页。
③ C.U. Aitchison, *A Collection of Treaties*, *Engagements and Sanads*, *Vol.IX*, p.49.
④ [印度]R.C.马宗达等著:《高级印度史》(下),张澍霖等译,商务印书馆 1986 年版,第 771 页。

Kirkpatrick)等与尼扎姆和佩什瓦的代表签订瓜分迈索尔的条约。条约将位于迈索尔王国西北部的松达(Soonda)、哈尔波内利(Harponelly)和安纳贡蒂(Annagoondy)等地给予佩什瓦,但佩什瓦不接受,没有批准条约;将接近尼扎姆领地的东北领土古蒂县(Gooty)、古兰孔达县(Gurrumconda)及奇特尔德鲁格县(Chitteldroog)的一部分(除要塞外)给予尼扎姆;英属东印度公司获得格纳拉、怀纳德(Wynad)、哥印拜陀县和达拉波兰县(Dharapuram)东方的两块地方以及斯里伦格伯德讷姆城等地,所得领土田赋收入多达537 332卢比。①迈索尔剩余的领土则给了原印度教的沃德亚尔王朝5岁的克里希纳罗阇·沃德亚尔三世(Krishnaraja Wodeyar III)。

6月30日举行克里希纳罗阇·沃德亚尔三世即位仪式,普尔纳亚被任命为摄政,保留迪万职位,实际上是无冕之王。7月8日,英属东印度公司代表乔治·哈里斯与迈索尔摩诃罗阇签订永久友好同盟条约。条约规定:驻扎一支英军,迈索尔每年支付军费补助金70万卢比;在战争时期,总督还可以加征;总督还被授予一种权力,即如果他对这个政府的管理有任何不满,可以把这个国家的全部内政接管过来。②威尔斯莱总督希望这种措施将使他能够"支配罗阇领土上的全部财源"③。

征服迈索尔为英属东印度公司获得了领土、经济、商业和军事方面巨大的好处。在此之前的1788年,英国人从海德拉巴尼扎姆那里获得了土邦唯一出海口的贡土尔县,从迈索尔获得大量领土,使英属东印度公司的领土从西海岸延伸到东海岸,横跨次大陆,除了北面以外,包围了大大缩小了的迈索尔土邦。1800年10月12日,海德拉巴尼扎姆与英属东印度公司签订条约,将从迈索尔获得的领土全部永久地割让给英属东印度公司。④这使迈索尔完全处在英属东印度公司领土的包围之中。提普·苏丹的失败也彻底消除了法国人在印度对英国人的威胁。因此,英国人可以集中力量对付马拉塔联盟。

佩什瓦职位之争为英属东印度公司插手马拉塔事务提供了很好的机会。巴吉·拉奥二世是佩什瓦拉古纳特·拉奥之子。1796年,年仅21岁的佩什瓦马塔瓦·拉奥二世自杀身亡,没有继承人,巴吉·拉奥二世在朵拉特·拉奥·信地亚和纳纳·法德纳维斯的支持下继任佩什瓦。1800年,法

① C.U. Aitchison, *A Collection of Treaties*, *Engagements and Sanads*, *Vol. IX*, pp.53—61.
② Ibid., pp.240—245.
③ [印度]R.C.马宗达等著:《高级印度史》(下),张澍霖等译,商务印书馆1986年版,第771页。
④ C.U. Aitchison, *A Collection of Treaties*, *Engagements and Sanads*, *Vol. IX*, pp.62—71.

德纳维斯去世,印多尔的耶斯旺特·拉奥·霍尔卡与瓜廖尔的朵拉特·拉奥·信地亚争夺马拉塔帝国统治权,霍尔卡取得胜利,将巴吉·拉奥二世赶出浦那。为瓜分迈索尔和海德拉巴的大片领土,马拉塔联盟内部又发生争执。

1802年10月,印多尔摩诃罗阇耶斯旺特·拉奥一世打败佩什瓦和信地亚联军,佩什瓦巴吉·拉奥二世逃到巴塞因,向英国人求助,12月31日与英国人签订了《巴塞因条约》。条约规定,巴吉·拉奥二世接受一支拥有不少于6 000人的正规土著步兵、配备通常比例的野战炮和欧洲籍炮兵的补助金部队,永久驻扎在佩什瓦的领土内;为了维持这支军队,佩什瓦永久割让地税收入260万卢比的领土,主要包括达比河(Taptee)以南及达比河与讷尔默达河之间的领土,领土内的城堡和设施应完好无损地交给英国人;军费补助金军队在必要时可以用来维护内部安全;佩什瓦不得聘用敌视英国人的欧洲人;在没有通知和磋商的情况下,佩什瓦不与任何政府进行谈判,此后同其他王公的关系要受英国人控制。[①]

因霍尔卡和信地亚反对该条约,总督威尔斯莱在1803年8月发动第二次对马拉塔人的战争。1803年9月和11月,总督的弟弟阿瑟·威尔斯莱率军先后在阿萨耶(Assaye)和阿尔冈(Argaon)打败瓜廖尔信地亚和那格浦尔朋斯拉的军队。杰拉尔德·莱克率领军队胜利进入德里,并在拉斯瓦里打败信地亚的军队。[②]12月17日,那格浦尔罗阇朋斯拉与英国人签订《代奥冈条约》(Treaty of Deogaon),把包括巴拉索尔和瓦尔达河以西的所有领土在内的克塔克大片地区割让给英国人,保证聘用欧洲人时要经英国人许可,与佩什瓦发生争端时要接受英国人的仲裁,并接受英国驻扎官常驻那格浦尔。[③]

12月30日,瓜廖尔摩诃罗阇朵拉特·拉奥与英属东印度公司签订《苏尔杰-安金冈条约》(Treaty of Surji-Anjangaon),把朱木拿河和恒河之间的领土及位于斋浦尔、焦特布尔和戈哈德(Gohad)的拉杰普特小王国以北的所有领土割让给英国人;在西面,放弃艾哈迈德讷格尔和布罗奇堡垒及阿旃陀丘陵(Ajanta Hills)以西的领土,放弃对莫卧儿皇帝沙·阿拉姆二世的一切权利要求,从此不再干涉皇帝的事务;信地亚保证其军队中不再接纳或

① C.U. Aitchison, *A Collection of Treaties, Engagements and Sanads*, Vol.VII, pp.50—57.

② Ramkrishna Mukherjee, *The Rise and Fall of the East India Company: A Sociological Appraisal*, New York: Monthly Review Press, 1974, p.274.

③ C.U. Aitchison, *A Collection of Treaties, Engagements and Sanads*, Vol.II, pp.509—511.

收留法国人及其他欧洲政府或美国政府的臣民。信地亚被迫接受一支拥有6个营的英国军队驻扎在其边境,负担军费,接受一位驻扎官。①从此,德里由英国人占领,莫卧儿皇帝处在英国人的控制之下。1804年2月27日,英属东印度公司与瓜廖尔缔结同盟条约,摩诃罗阁同意接受、英属东印度公司愿意提供一支不少于6000人、配备常规火炮的正规步兵,这支军费补助金部队可以驻扎在邻近瓜廖尔边境的英属东印度公司领地内。②

在征服那格浦尔和瓜廖尔之后,英军转而进攻印多尔,遭遇顽强的抵抗。英属东印度公司董事会担心继续进行战争会耗费过多,影响公司红利,便决定暂时停止扩张战争,召回威尔斯莱总督。1805年12月24日,代理总督乔治·巴罗(George Barlow)与印多尔摩诃罗阁耶斯旺特·拉奥一世签订和约,归还部分领土,把瓜廖尔归还给信地亚,以缓和其不满。③

第二次英马战争使马拉塔联盟各国丧失了大量领土,失去强国地位,政治上一定程度受英国人的控制。1812年7—10月,芒斯图尔特·埃尔芬斯通用武力迫使马拉塔南部的戈尔哈布尔、萨文德瓦迪及一些札吉达尔与他签订条约。在与戈尔哈布尔签订的条约中,罗阁答应将奇格里(Chikoree)、马瑙里(Manowlee)地区和所有附属地的权利出让给佩什瓦巴吉·拉奥二世;为了保证英属东印度公司贸易的安全、防范戈尔哈布尔臣民的海盗行为,罗阁将马尔文港(Malwan)、布杜姆古尔(Puddumghur)、拉杰科特港(Rajhcote)和舒贾科特港(Surjacote)4个港口及其附属地区的主权都永久割让给英属东印度公司,英国军队可以立刻占领这些港口。④

如前所述,在1766年第一次英迈战争中初战失利后,海德拉巴退出抗英联盟,转变为英属东印度公司对付迈索尔和马拉塔联盟的帮凶。1790年6月,海德拉巴尼扎姆和马拉塔佩什瓦与英属东印度公司缔结针对迈索尔的攻守同盟,尼扎姆和佩什瓦为英属东印度公司派出不少于2.5万士兵及尽可能充裕的装备,立即进攻迈索尔;如果总督要求,尼扎姆和佩什瓦应装备1万名骑兵,协同英属东印度公司军队作战,公司支付相关费用;平分赢得战争后所得迈索尔的领土。⑤

---

①　C.U. Aitchison, *A Collection of Treaties*, *Engagements and Sanads*, Vol.V, pp.384—388.

②　Ibid., pp.394—399.

③　C.U. Aitchison, *A Collection of Treaties*, *Engagements and Sanads*, Vol.IV, pp.26—27.

④　C.U. Aitchison, *A Collection of Treaties*, *Engagements and Sanads*, Vol.VIII, pp.224—226.

⑤　C.U. Aitchison, *A Collection of Treaties*, *Engagements and Sanads*, Vol.IX, pp.44—45.

1798 年 9 月 1 日,尼扎姆与英属东印度公司驻海德拉巴代理驻扎官 J.A.柯尔克帕特里克(Kirkpatrick)签订军费补助金条约:军费补助金部队是永久性的,增加到 6 个营,拥有大炮,每年军费 2 417 100 卢比,尼扎姆解散其法国军团;英属东印度公司裁决尼扎姆与佩什瓦之间的纷争。①

1800 年 10 月 12 日,尼扎姆与驻扎官柯尔克帕特里克再次签订永久的共同防御条约,尼扎姆要供养的军费补助金部队总数为 8 000 名步兵、1 000 名骑兵,并配备必要的大炮、欧洲炮兵、步兵、工程兵及军火弹药,军队永久驻扎在海德拉巴;海德拉巴将 1792 年《斯里伦格伯德讷姆条约》、1799 年《瓜分迈索尔条约》及本条约第 5 款规定的领土作为军费补助金割让给英属东印度公司,在割让完成之前,尼扎姆应按以前的标准支付军费补助金;如果没有征得英国人同意,尼扎姆不能向其他获得承认的政权宣战,而英国政府则帮忙解决尼扎姆和其敌人之间的任何争端。②这些领土的割让,尤其是海德拉巴唯一出海口贡土尔的割让,使海德拉巴的实力大大削弱,受到很大限制,成为英属东印度公司的附庸国。

至此,英属东印度公司基本掌控了印度南部绝大部分地区。

三、英属东印度公司与土邦缔约、宗藩体系的建立

在扩张过程中,英属东印度公司与一些土邦签订条约,缔结友好同盟,获得土邦王公的支持,为完成对印度的征服创造了更好的条件。以下简要叙述英属东印度公司与一些重要土邦订立条约、藩属体系建立的情况。

1733 年,贾恩吉拉纳瓦布与英属东印度公司签订同盟友好条约,土邦不用向英国政府缴纳贡金,在卡提阿瓦南岸拥有一块附属地贾法拉巴德。③

1748 年 6 月,阿萨夫·贾赫去世,海德拉巴发生王位之争,英法支持各自的王位竞争者,最终法国支持的纳西尔·让及其继承人成为海德拉巴的统治者。英国克莱武勋爵从德里朝廷获得在某些地区和印度西海岸一些港口进行贸易的权利,海德拉巴尼扎姆与英国人签订条约,尼扎姆允许英国人在上述地区进行贸易,但每年要向尼扎姆支付 60 万卢比,并在尼扎姆要求

---

① C.U. Aitchison, *A Collection of Treaties, Engagements and Sanads*, Vol.IX, pp.48—53.

② Ibid., pp.62—71.

③ J.C. Dua, *Illustrated Encyclopaedia & Who's Who of Princely States*, New Delhi: Kaveri Books, 2000, p.44.

帮助时提供武力援助。①面对强有力的迈索尔王公提普·苏丹,英属东印度公司和海德拉巴尼扎姆订立同盟。1799年5月,英属东印度公司彻底打败提普·苏丹,尼扎姆作为英属东印度公司的同盟者获得年入240万卢比的领土。英军指挥官威尔斯莱在一个官方报告中写道:"如果没有尼扎姆阿里的积极支持和合作,要征服提普的领地是不可能的。"②1800年10月,尼扎姆和英属东印度公司代表签订永久的共同防御条约。1803年,因为尼扎姆阿克巴·阿里·汗(Akbar Ali Khan)曾大力支持英国人远征那格浦尔罗阁,英国人将从那格浦尔获得的大片地区给予海德拉巴。

1801年7月31日,英属东印度公司与卡纳蒂克纳瓦布阿齐姆-乌德-朵拉(Azim-ud-Daula)签订条约,将领土都割让给英属东印度公司,卡纳蒂克纳瓦布只保有相当于田赋收入五分之一的120万卢比年金。③

1802年6月4日,英属东印度公司的代表亨利·威尔斯莱(Henry Wellesley)与法鲁卡巴德(Furrukhabad)纳瓦布伊姆达德·侯赛因·汗(Imdad Hoossain Khan)签订条约,纳瓦布同意将土邦及其附属地永久割让给英属东印度公司,除了纳瓦布的父亲和夫人的地产外,放弃土邦的权利和财产。英属东印度公司则每月支付9 000卢比或每年支付10.8万卢比津贴,纳瓦布在任何场合都应该得到尊重和尊敬;应纳瓦布的要求,只要埃毛姆·汗(Emaum Khan)、普穆尔·汗(Purmul Khan)等人的行为令英国政府和纳瓦布满意,英属东印度公司支付他们2 000—5 000卢比年金。④

1780年1月,巴罗达摩诃罗阁法塔赫·辛格·盖克瓦德与英属东印度公司签订攻守同盟条约。⑤1802年,巴罗达的阿嫩德·拉奥和马尔哈·拉奥争夺王位。应阿嫩德·拉奥的请求,亚历山大·沃尔克少校率领2 000名士兵从孟买进入巴罗达,打败了马尔哈·拉奥。3月15日,英属东印度公司代表乔纳森·邓肯(Jonathan Duncan)与阿嫩德·拉奥及其迪万拉奥·阿帕(Rao Appa)签订条约,盖克瓦德承担给予援助英军的所有费用,并为驻守的英军支付每月约6.5万卢比的军费补助金。⑥6月6日,双方又签订条约,沃尔克被任命为首位巴罗达驻扎官,巴罗达摩诃罗阁将大量领土割让给英

---

①②　Arnold Wright, *Indian States*, New Delhi: Asian Educational Services, 2006, p.38.

③　C.U. Aitchison, *A Collection of Treaties*, *Engagements and Sanads*, Vol.X, pp.72—78.

④　C.U. Aitchison, *A Collection of Treaties*, *Engagements and Sanads*, Vol.II, pp.69—70.

⑤　C.U. Aitchison, *A Collection of Treaties*, *Engagements and Sanads*, Vol.VI, pp.308—314.

⑥　Ibid., p.316.

属东印度公司。①这个条约及英属东印度公司在1805年与摩诃罗阇签订的一些协定确立了两个政府之间军事同盟关系。条约规定建立一支军费补助金部队,并且割让某些地区以维持这支部队。条约规定巴罗达的对外政策也由英属东印度公司执行,所有与佩什瓦的分歧也应作类似的安排。1817年6月13日,佩什瓦巴吉·拉奥与英属东印度公司代表埃尔芬斯通签订条约,佩什瓦承认巴罗达独立,放弃过去对盖克瓦德的要求,但是巴罗达每年要支付40万卢比给佩什瓦。②

在锡克人普尔族(Phulkian)土邦伯蒂亚拉、金德、那巴、法里德果德、马莱尔戈德拉、格尔锡亚(Kalsia)和盖特尔(Kaithal)中,就面积和重要性而言,金德仅次于伯蒂亚拉。1772年,莫卧儿皇帝沙·阿拉姆二世赐给贾杰帕特·辛格(Gajpat Singh)"罗阇"头衔,这意味着金德的统治者已经成为一个独立的王公。1802年,马拉塔人已经确立其对远至萨特莱杰河地区的霸权,从锡克教诸土邦勒索了30万卢比贡金。但是,1803年,马拉塔人在北方的霸权被莱克勋爵打破。盖特尔和金德的王公向莱克表示效忠,锡尔欣德的所有王公实际上成为英国政府的附庸。而对于朱木拿河以北的王公们的事务,英国政府保持严格的中立,直到1809年锡克王公们为了抵抗兰吉特·辛格的侵犯而寻求英国人的保护。印多尔摩诃罗阇耶斯旺特·拉奥·霍尔卡试图联合其他王公一致对抗英国,但一切已是枉然,因为其他王公都已经与英国人签订了条约。他决定独自对抗英国人,在本德尔汗德的昆奇(Kunch)打败了由福西特(Fawcett)上校率领的英军,并攻进德里,将被英国人囚禁的莫卧儿皇帝沙·阿拉姆二世解救出来。1805年,在莱克勋爵猛追之下,耶斯旺特·拉奥·霍尔卡到旁遮普寻求兰吉特·辛格的支持,但没有如愿,英国人担心任何拖延会对霍尔卡有利,因而主动在1805年12月24日与霍尔卡缔结和约,承认他对自己领地的统治权和对斋浦尔、乌代布尔、科塔和本迪的宗主权,保证不干涉印多尔土邦的内政。1806年1月1日,英国政府与兰吉特·辛格及其盟友格布尔特拉罗阇法塔赫·辛格签订友好同盟条约,后者同意要求耶斯旺特·拉奥·霍尔卡立即撤离到阿姆利则90千米之外,并不再与他联系,不再以军队或其他任何方式帮助他。③

---

① C.U. Aitchison, *A Collection of Treaties, Engagements and Sanads*, Vol.VI, p.317.

② C.U. Aitchison, *A Collection of Treaties, Engagements and Sanads*, Vol.VII, pp.62—68.

③ C.U. Aitchison, *A Collection of Treaties, Engagements and Sanads*, Vol.I, p.33.

　　1806 年,拉合尔摩诃罗阇兰吉特·辛格开始攻击萨特莱杰河左岸的普尔人的领地,他有计划的进攻引起锡尔欣德锡克人的惊恐。1808 年,他们派出由金德罗阁伯格·辛格(Bhag Singh)、盖特尔的巴伊·拉尔·辛格和伯蒂亚拉迪万查恩·辛格(Chain Singh)组成的代表团,去恳求英国人的保护。尽管英国人没有正式保证保护他们,但还是给他们以希望。面对法国人可能入侵印度,英国政府派出查理·梅特卡夫到兰吉特·辛格的宫廷,以建立友好同盟。到 1808 年底,谈判期间,在兰吉特·辛格于萨特莱杰河以南发动敌对行动之后,英国政府决定顺从萨特莱杰河东边的王公们的意愿,指示梅特卡夫宣布萨特莱杰河与朱木拿河之间的地区受英国保护。1809 年 4 月 25 日,梅特卡夫与兰吉特·辛格签订《阿姆利则条约》:英国政府与拉合尔土邦之间将保持永久的友好关系;拉合尔将充分尊重英国政府,英国政府不关注萨特莱杰河以北罗阇的领土和臣民;在罗阇及其附属国所征服的萨特莱杰河左岸地区,罗阇将不驻扎超出维护内部治安所需的军队,永不侵犯其邻近王公的领地或权利;如果有一方违反条约规定,条约将无效。①条约在 5 月 30 日得到总督明托伯爵一世的批准。如此一来,兰吉特·辛格向萨特莱杰河以东的扩张受到了限制。

　　1809 年 5 月 3 日,英国政府发布声明:既然马尔瓦和锡尔欣德地区处于英国的保护之下,根据条约的规定,它们可以不接受兰吉特·辛格的控制;这些处于英国保护之下的地区可以不向英国政府缴纳贡金;王公们可以在自己的领地内享有受保护前同样的权利和权威;英国军队为了与公共幸福相关的目的经过土邦境内时,每个王公都应该提供力所能及的帮助和必要的给养;如果遭遇侵略,友好关系和相互的利益要求王公们率领自己的军队与英国军队一起作战,将敌人驱逐出去。②

　　1804 年,金德罗阁伯格·辛格成为萨特莱杰河东边的王公中第一个谋求与英国政府结盟的王公。他与莱克将军联系,莱克称他为"朋友和盟友"。在奥克特洛尼率军追击耶斯旺特·拉奥·霍尔卡率领的马拉塔人时,伯格·辛格实际上帮英国人占有萨哈兰普尔(Saharanpur)。伯格·辛格至死都是英属东印度公司坚定的朋友和盟友。

　　法里德果德是旁遮普一个锡克教土邦。1808 年,拉合尔摩诃罗阇兰吉特·辛格征服法里德果德,然后向马莱尔戈德拉进发,向纳瓦布索要

---

① C.U. Aitchison, *A Collection of Treaties*, *Engagements and Sanads*, *Vol.I*, p.34.

② Ibid., p.156.

15.5万卢比。这招致英属东印度公司的强烈干预,派遣由奥克特洛尼上校指挥的部队援助纳瓦布。在此同时,英国政府向兰吉特·辛格发出最后通牒,宣称"萨特莱杰河东边的土邦处在英国的保护之下"。奥克特洛尼阻止了兰吉特·辛格的进一步侵犯,巩固了纳瓦布的王位。1826年11月5日,萨达尔古拉布·辛格(Gulab Singh)去世,年仅4岁的儿子阿德尔·辛格(Attar Singh)即位,由其弟帕哈尔·辛格担任摄政。1827年8月,阿德尔·辛格神秘去世,英国当局承认了帕哈尔·辛格的王位继承权。1840年英锡战争爆发时,帕哈尔·辛格尽最大的努力给英国人提供运输、给养等帮助。为表彰他的贡献,英国政府授予他"罗阇"的头衔,并赏赐给他大量没收的领地。1849年4月,帕哈尔·辛格去世,其子瓦济尔·辛格(Wazir Singh)继承王位。他在第二次英锡战争和1857年民族大起义中始终忠于英国人。[1]

格布尔特拉通过征服和获得摩诃罗阇兰吉特·辛格的赏赐一度在萨特莱杰河两岸及巴里河间地都有领地。1805年,印多尔摄政耶斯旺特·拉奥在被莱克勋爵打败后避难于旁遮普,渴望联合日益兴盛的锡克联盟对抗英国政府。为此目的,他前往阿姆利则与兰吉特·辛格和格布尔特拉罗阇法塔赫·辛格会晤。尽管前者表示赞同,但后者反对他的计划。1806年1月1日,英属东印度公司与兰吉特·辛格和法塔赫·辛格签订友好条约。两个王公都接受驱逐避难的马拉塔酋长的要求,英国政府则许诺承认他们领土的独立与完整,只要他们与英国政府友好,就不会夺取或没收他们的领土或财产。[2]这个条约被认为是英属东印度公司与印度北部土邦缔结的第一个条约。1809年4月25日,兰吉特·辛格又与英属东印度公司代表梅特卡夫签订条约。根据这一条约,格布尔特拉承诺在英国军队过境时提供需要的物资;如果一个敌人想要征服马尔瓦和锡尔欣德任何王公的国家,那么王公要率领自己的军队加入英军对敌作战。[3]

纳瓦讷格尔是卡提阿瓦半岛上的一个土邦。1743年,不满周岁的拉哈·塔玛奇(Lakha Tamachi)继任贾姆萨赫布,他后来娶了赫尔沃德-特朗格特拉家族的一个女儿。在她嫁到纳瓦讷格尔时,其父送给她名叫梅拉曼·哈瓦斯(Meraman Khawas)的私人随从。梅拉曼很快就控制了土邦的最高权力,贾姆萨赫布只不过是他手中的傀儡。1768年,拉哈·塔玛奇去

---

① Arnold Wright, *Indian States*, New Delhi: Asian Educational Services, 2006, p.541.
② C.U. Aitchison, *A Collection of Treaties, Engagements and Sanads*, Vol.I, p.33.
③ Ibid., pp.156—157.

世,由儿子贾萨·拉哈(Jasa Lakha)继位,而梅拉曼继续掌握着土邦的统治权。拉哈·塔玛奇的王后贾乌芭(Jawuba)对梅拉曼日益增强的权力和野心有所警惕,寻求哥哥、赫尔沃德-特朗格特拉统治者的支持,但王后在与梅拉曼的冲突中死去。直到 1800 年梅拉曼去世,贾萨·拉哈才真正执掌土邦的权力。梅拉曼的继承者也继续侵犯纳瓦讷格尔的领地。王公只好求助于英国政府和巴罗达盖克瓦德,盖克瓦德将梅拉曼的继承者从其已经占有的纳瓦讷格尔 3 个村庄中赶走。此后,贾萨·拉哈与兄弟萨塔·拉哈(Sata Lakha)及巴罗达发生领地继承纠纷,请求英国政府裁决。1807 年,纳瓦讷格尔与英国政府签订条约,为获得英国政府的保护,贾萨·拉哈要恢复土邦的秩序、每年支付贡金,且不能干涉邻近土邦的事务。[①]1811 年,纳瓦讷格尔发生动荡,贾萨·拉哈请求库奇的拉奥提供军事援助,却不愿意满足补偿军事援助的要求,并驱逐正在调查弑婴问题的英国驻扎官,准备诱使其他王公一起对付最高宗主,宣称其独立。因此,英属东印度公司派出一支军队去对付他。1812 年 2 月,英属东印度公司与纳瓦讷格尔签订协定,纳瓦讷格尔必须满足库奇的要求;苏里亚港必须归瓜廖尔政府;对触犯弑婴协定,处以 5 000 卢比罚款;给予 150 万卢比军费开支;等等。[②]

本纳摩诃罗阇欣杜帕特·辛格(Hindupat Singh)在世时,切德尔布尔是本纳土邦的一部分。欣杜帕特让次子阿尼鲁德·辛格作为王位继承人。阿尼鲁德·辛格的仆从孔瓦尔·松·沙(Kunwar Sone Shah)在 1785 年打败本纳的军队,占领切德尔布尔,并通过军事上的成功大大扩展了自己的领地。在英国人占领本德尔汗德问题上,孔瓦尔·松·沙的影响是如此之大,以至于英国人的一个重要政治目标是通过保障他的领地以使他顺从。1806 年 6 月,在孔瓦尔·松·沙的请求下,代理总督乔治·巴罗批准了特许状,承认他对领土的占有。1816 年,孔瓦尔·松·沙去世,长子普拉塔普·辛格继任切德尔布尔罗阇。1817 年 1 月,总督哈斯丁斯勋爵弗兰西斯·罗顿·哈斯丁斯(Francis Rawdon-Hastings)签发特许状,承认其继承的领地。[③]1854 年,普拉塔普·辛格无嗣而终,其领地收归英国政府,考虑到罗阇对英国人的忠诚及对土邦的良好治理,大贺胥总督颁发特许状,让其

---

① Arnold Wright, *Indian States*, New Delhi: Asian Educational Services, 2006, pp.450—451.

② C.U. Aitchison, *A Collection of Treaties*, *Engagements and Sanads*, Vol.VI, pp.162—164.

③ C.U. Aitchison, *A Collection of Treaties*, *Engagements and Sanads*, Vol.V, pp.186—187.

侄孙贾格特·拉杰(Jagat Raj)继承王位。①

拉杰布达纳最西边的土邦杰伊瑟尔梅尔摩诃罗瓦尔摩尔拉杰·辛格二世(Moolraj Singh II)很希望在 1808 年与英属东印度公司签订永久友好同盟条约,但因为限制英属东印度公司涉足朱木拿河以东领土的政策而未能如愿。1818 年 12 月 12 日,摩尔拉杰·辛格二世与英属东印度公司签订永久友好同盟条约,同意作为附属国给英国政府以支持,承认英国的宗主地位。②

1807 年,博尔本德尔拉纳苏丹吉与执掌土邦实权的儿子哈罗吉发生争执,雇佣军队占领根多尔纳堡(Kandorna)并送给纳瓦讷格尔贾姆。为了收复根多尔纳要塞,1807 年,哈罗吉第一次求助于英国人。在归还的要求遭到拒绝之后,沃尔克上校率军进攻根多尔纳要塞,迫使贾姆归还。不到两年时间,哈罗吉又请求英国人帮他收回其反叛的儿子普利提拉吉占领的昌亚要塞。考虑到要给予有效的帮助以及每年给予巴罗达盖克瓦德的贡金,英国人给予 5 万卢比的贷款以满足盖克瓦德的要求,1809 年 12 月 5 日,苏丹吉和哈罗吉与英属东印度公司代表签订协定,将博尔本德尔港收入的一半给英国人。条约将博尔本德尔置于英国人的保护之下,100 名士兵驻守在港口。③1853 年 2 月 9 日,英属东印度公司董事会的特使修改该条约,将"博尔本德尔港收入的一半"改为"每年给帝国政府 1.5 万卢比贡金"。④加上其他贡金,博尔本德尔每年总共支付给英属东印度公司 21 202 卢比贡金。⑤

18 世纪末,博帕尔不断遭到平达里人和马拉塔人的进攻。维齐尔穆罕默德·汗(Mahomed Khan)长期进行抵抗马拉塔人的战争,收复了大多数失地,但他的成功和能力引起徒有虚名的纳瓦布高斯·穆罕默德(Ghaus Muhammad)的嫉妒。为了保住王位,他甚至请求信地亚和朋斯拉给予军事援助,同意给信地亚支付年金。1809 年,维齐尔希望英国人帮助和调解,但未能如愿。1812 年,瓜廖尔信地亚和那格浦尔拉格胡吉·朋斯拉(Raghuji Bhonsale)结盟,以摧毁维齐尔。1813 年,他们围攻博帕尔,在遭遇维齐尔 9 个月的顽强抵抗之后不得不撤军。信地亚谋划再次围攻,但是英国人进行干预,因为他们更看重博帕尔在阻止平达里人中的作用。不过,

---

① C.U. Aitchison, *A Collection of Treaties, Engagements and Sanads*, Vol.V, p.189.
② C.U. Aitchison, *A Collection of Treaties, Engagements and Sanads*, Vol.III, pp.212—213.
③ C.U. Aitchison, *A Collection of Treaties, Engagements and Sanads*, Vol.VI, p.204.
④ Arnold Wright, *Indian States*, New Delhi: Asian Educational Services, 2006, p.471.
⑤ Ibid., p.475.

维齐尔在有生之年未能与英国人结成正式联盟。①1816年,维齐尔去世,其子纳萨尔·穆罕默德·汗(Nazar Mahomed Khan)成为博帕尔的实际统治者。1818年,纳萨尔·穆罕默德·汗与纳瓦布的女儿库德西亚·贝格姆(Kudsia Begam)结婚。2月26日,博帕尔正式与英属东印度公司签订条约,缔结友好同盟,英国政府答应保证和保护博帕尔王国不受任何敌人的侵害;博帕尔纳瓦布及其继承人将配合英国政府并承认其最高统治权,并不与其他土邦联系;博帕尔为英属东印度公司提供包括600名骑兵和400名步兵的军队,一旦要求且有必要,博帕尔所有武装部队都应加入英国的军队;纳瓦布及其继承人应该为英国军队获得给养提供所有方便。②为了遵守这一条款,纳萨尔·穆罕默德·汗自愿将价值50万卢比的珠宝卖掉了。这一举动令英国人感动,以至于将当时掌控在信地亚手中的伊斯拉姆讷格尔转送给了他,另外赏赐了5个有价值的帕戈纳。③

　　代赫里格尔瓦尔是喜马拉雅山脚的一个土邦。823年,马尔瓦王子格纳克·帕尔(Kanak Pal)在朝觐伯德里纳特(Badrinath)毗湿奴(Vishnu)神庙时遇见昌德布尔格里(Chandpur Garhi)国王巴努·普拉塔普(Bhanu Pratap),后来国王将自己唯一的女儿连同王国都给了他。1358年,第37任罗阇阿杰伊·帕尔(Ajay Pal)兼并格尔瓦尔地区的所有小国,建立格尔瓦尔王国。第38任罗阇从德里苏丹国苏丹纳西尔-乌德-丁获得"沙"(Shah,王)头衔。代赫里格尔瓦尔罗阇可能名义上向莫卧儿皇帝缴纳贡金。④1804年1月,罗阇帕杜曼·沙(Parduman Shah)在与廓尔喀人作战时阵亡。其长子苏达尚·沙(Sudarshan Shah)从廓尔喀人那里逃了出来,加入英军阵营。1815年尼泊尔战争结束后,英国人恢复了他对土邦的统治权。在1857年民族大起义时,因给予英国人大力帮助,罗阇获得英国人的高度赞赏。1859年,罗阇苏达尚·沙去世,没有留下合法的王位继承人,按已签订的条约,英国人可以依据"失效原则"没收土邦,但考虑到罗阇对英国人所作的贡献,英国政府同意由苏达尚·沙在流亡时与斯里马蒂·贡德维(Srimati Gundevi)结婚所生的儿子伯瓦尼·沙(Bhawani Shah)继承王位。1862年3月11日,伯瓦尼·沙获得收养权。⑤

① C.U. Aitchison, *A Collection of Treaties, Engagements and Sanads*, Vol.IV, pp.89—90.
② Ibid., pp.112—113.
③ Arnold Wright, *Indian States*, New Delhi: Asian Educational Services, 2006, p.60.
④ C.U. Aitchison, *A Collection of Treaties, Engagements and Sanads*, Vol.II, p.6.
⑤ Ibid., p.50.

18 世纪后期,因霍尔卡、信地亚、帕坦人和平达里人的抢劫,乌代布尔大部分地区变成荒芜之地,在此同时,当地贵族也不失时机地抢占王室领地。在这种情况下,乌代布尔摩诃拉纳寻求英属东印度公司的帮助。1806 年,英属东印度公司总督乔治·巴罗推行不干涉政策,没有答应摩诃拉纳的要求。后来为了平息平达里人,英国人寻求与乌代布尔结成同盟。1818 年 1 月 13 日,英属东印度公司代表梅特卡夫与摩诃拉纳的代表阿杰特·辛格(Ajeet Singh)在德里签订友好同盟条约。英国政府答应保护乌代布尔的领土安全;摩诃拉纳是乌代布尔的绝对统治者,英国的法律将不引入乌代布尔。乌代布尔则配合英国政府,承认其最高统治权,5 年内每年将实际领土地税的四分之一作为贡金支付给英国政府,5 年之后支付八分之三。①英国政府选择后来著有《拉贾斯坦编年史与古代史》的詹姆斯·托德为驻扎官,指导乌代布尔的财政改革。改革效果良好,不到 3 年时间,乌代布尔的财政收入就翻了一倍。萨鲁普·辛格(Sarup Singh)在位时,英国减免了 1818 年条约规定的部分贡金。

马拉塔帝国曾对拉杰布达纳土邦行使宗主权。为了将马拉塔人驱逐出印度北部地区,英属东印度公司与拉杰布达纳土邦缔结军费补助金同盟。1803 年,与斋浦尔摩诃罗阇贾格特·辛格二世签订友好同盟条约。②由于摩诃罗阇没有很好地履行义务,总督宣布解除与斋浦尔的同盟关系。1818 年 4 月,贾格特·辛格二世再次与英国政府缔结同盟条约。③

班斯瓦拉在 18 世纪末之前长期臣服于马拉塔人,遭到马拉塔人的劫掠。在摩诃罗瓦尔比贾伊·辛格看来,英国人实力的兴起是摆脱马拉塔人劫掠的好机会。1812 年,他提出当英国政府的附属国,唯一条件是驱逐马拉塔人。因他在同年去世,班斯瓦拉未能与英国人缔结明确的盟友关系。1818 年 9 月 16 日,他的继承者乌麦德·辛格的代表拉顿·乔·潘迪特(Rutton Jeo Pundit)与英属东印度公司代表梅特卡夫等签订友好同盟条约,英国政府答应保护班斯瓦拉王国和领土的安全;摩诃罗瓦尔同意与英国政府合作,承认其最高统治权;班斯瓦拉的事务将根据英国政府的建议加以决定;断绝与其他酋长的争端与政治联系;支付相当于地税收入八分之三的贡金。④在签订条约后,摩诃罗瓦尔拒绝接受条约对自己的约束,于是在 1818 年 12 月

---

① C.U. Aitchison, *A Collection of Treaties, Engagements and Sanads, Vol.III*, pp.22—23.
② Ibid., pp.66—67.
③ Ibid., pp.68—69.
④ Ibid., pp.466—467.

25 日签订新条约,班斯瓦拉正式处于英国政府的保护之下。①

　　1813 年 12 月 16 日,按照巴罗达驻扎官詹姆斯·里韦特-卡纳克(James Rivett-Carnac)的建议,拉滕布尔纳瓦布谢尔·汗与盖克瓦德和英国人签订条约,盖克瓦德获得在英国政府建议和协调下管理拉滕布尔对外事务的权力,同时要帮助拉滕布尔抵御外来侵略。这实际上使英属东印度公司取代了巴罗达在拉滕布尔的地位。②1820 年 7 月 6 日,拉滕布尔纳瓦布与英属东印度公司代表威廉·迈尔斯(William Miles)签订协定,纳瓦布保证不窝藏抢劫英属东印度公司的人或其他敌人,如果请求英国军队帮助,则照英国人的指示,按自己的收入状况,每年支付相应的军事开支。③1822 年 2 月 18 日,纳瓦布 5 年内每年支付的贡金数额确定为 1.7 万卢比。实际上,纳瓦布只支付了 3 年的贡金,因为 1825 年 7 月 26 日英属东印度公司董事会鉴于纳瓦布没有能力支付这样一笔贡金,将其全部免除了。④

　　与其他拉杰布达纳土邦一样,在莫卧儿帝国衰败后,栋格尔布尔承认了马拉塔的最高统治权。信地亚、霍尔卡和塔尔行使着这种最高统治权,他们获得每年 3.5 万卢比贡金,其中一半归塔尔,其余由信地亚和霍尔卡平分。⑤但是马拉塔人、平达里人及其他部落族群威胁着土邦的安全,整个拉杰布达纳处于动荡之中。英属东印度公司总督哈斯丁斯勋爵邀请拉杰布达纳各土邦王公缔结友好盟约。1818 年 12 月 11 日,栋格尔布尔摩诃罗瓦尔贾斯旺特·辛格和其他拉杰布达纳王公一道与英属东印度公司签订友好同盟条约。摩诃罗瓦尔承认英国政府的最高统治权,同意将所欠塔尔及其他国家的贡金支付给英国政府,并承担因受保护而产生的开支,支付相当于实际地税收入八分之三的贡金。⑥

　　1819 年,英国人与信德的王公们签订一个条约,使库奇成为英国人的属地。1820 年 11 月,英国人和信德的王公们签订新条约,恢复互助关系,解决突出的边界冲突,排除法国人和美国人。⑦

---

　　① C.U. Aitchison, *A Collection of Treaties*, *Engagements and Sanads*, Vol.III, pp.468—470.

　　② C.U. Aitchison, *A Collection of Treaties*, *Engagements and Sanads*, Vol.VI, pp.231—232.

　　③ Ibid., p.233.

　　④ Markand Nandshankar Mehta & Manu Nandshankar Mehta, *The Hind Rajasthan or The Annals of the Native States of India*, Part I B, New Delhi: Mehra Offset Press, 1979, p.723.

　　⑤ C.U. Aitchison, *A Collection of Treaties*, *Engagements and Sanads*, Vol.III, p.439.

　　⑥ Ibid., pp.450—451.

　　⑦ John F.Riddick, *The History of British India: A Chronology*, Westport: Monthly Review Press, 2006, p.36.

在迈索尔和马拉塔联盟被征服后,印度土邦王公纷纷与英属东印度公司签订条约,1818—1823年,出现了土邦王公与英属东印度公司签订条约的高潮。拉杰布达纳20个土邦、中印度145个小土邦和卡提阿瓦半岛145个小土邦都加入了军费补助金同盟条约体系,只有信德和旁遮普还保持独立。

到19世纪20年代,英属东印度公司与大部分重要的印度土邦都签订了条约、协定,确立了不同程度的宗主与附庸关系。

四、彻底摧毁马拉塔联盟、确立对印度土邦的最高统治权

第二次英马战争失败后,在宠臣特里姆巴克·丹格里亚(Trimbak Danglia)影响下,马拉塔帝国最后一位佩什瓦巴吉·拉奥二世密谋重建马拉塔联盟,以反对英国人。1813年10月4日,哈斯丁斯勋爵继任总督。他立即对管理的各个方面进行调研,巡视上印度后,发现形势相当危急,要尽快采取措施,因而彻底改变以往的中立政策,决心"要使英国政府实际掌握最高权位,即或不公然这样",并"要将其他各土邦作为实质上的藩属,即或名义上不是这样"。[1]于是,英马重新开战不可避免。

哈斯丁斯勋爵认为,要消除马拉塔人的威胁,最有效的措施是消除支持马拉塔人的因素,调整与土邦的关系。他认为应该邀请所有土邦参加以英国为首的联盟,邀请加入联盟的土邦将交出相互宣战的权力,要将土邦之间纷争的裁定权交给英国,承认英国为联盟首脑,但是这个建议要以不伤害土邦王公自豪感的方式提出。根据他的计划,土邦将享有内政的真正独立,也可以根据他们的习惯或意愿决定王位的继承。它将是一个内政自由但被剥夺外交主权的联邦国家。[2]在上任4个月内,哈斯丁斯勋爵在私人日记中写道:"我们的目的应该是使英国政府成为事实上的宗主,即便不宣称这样。我们应该实际上使其他国家处于附属地位,即便名义上不是这样。不是它们在莫卧儿政府内那样,而是拥有完的内政权,它们可以得到英国的保证和保护,只要发誓履行如下两项义务:第一,只要召唤,它们就应该以自己的军队支持英国;第二,它们应该在出现分歧时请英国政府裁决,而不互相攻

① 〔印度〕R.C.马宗达等著:《高级印度史》(下),张澍霖等译,商务印书馆1986年版,第765页。
② Mohan Sinha Mehta, *Lord Hastings and the Indian States*, Bombay: D.B. Taraporevala Sons & Co., 1930, p.18.

击对方的领土。"①

哈斯丁斯勋爵在1815年秋写的一份备忘录表明,总督的计划是要彻底改变印度的政治局势,使英国成为印度政治命运无可争议的决定者。为此,英国应该增强军事力量。不过,在哈斯丁斯勋爵看来,印度各方的军事力量并不强,要打败他们并不难。如果能彻底摧毁马拉塔联盟,很多问题就会迎刃而解。因此,要与马拉塔联盟的对手结盟。1803年12月,威尔斯莱总督曾与斋浦尔摩诃罗阇贾格特·辛格二世签订友好同盟条约。1806年,代理总督乔治·巴罗下令废止。1815年底,对尼泊尔的战争临近结束,哈斯丁斯勋爵力主继续与斋浦尔结盟。斋浦尔摩诃罗阇也提出与英国人结盟的要求,因为此时斋浦尔前首相拉伊·查图尔布杰(Rai Chaturbhuj)勾结帕坦酋长阿米尔·汗,请求帮他夺回首相之位,斋浦尔军队要抵抗帕坦人的进攻。总督希望利用斋浦尔处境艰难之际与摩诃罗阇进行谈判,并为谈判的进行做了充分的军事准备,将雷瓦里(Rewari)、马图拉、坎普尔、本德尔汗德、埃利齐布尔(Ellichpur)等地的补助金部队集结起来,一旦签订条约,就可以开出援助斋浦尔的军队。由于斋浦尔摩诃罗阇担心英国人最终会诱使他放弃王位,谈判归于失败,未能缔结军费补助金同盟。②

总督与那格浦尔罗阇、博帕尔纳瓦布、萨格尔纳纳进行谈判,以缔结同盟,因为这些王公都认为,一旦与英属东印度公司缔结军费补助金同盟,就会更加无助地依赖英属东印度公司,会对他们更加不利,所以谈判没有结果。尽管这些努力归于失败,但还是产生了不可忽视的影响。博帕尔得以免遭信地亚和拉格胡吉·朋斯拉的毁灭,信地亚和朋斯拉也未能进一步入侵印度中部地区。更重要的是这些努力在鼓舞士气方面的作用,英国政府显然已经不再愿意停滞在1805—1806年康华里勋爵和乔治·巴罗确定的"围栅"之后,而要向前推进。

为了取得对马拉塔人的彻底胜利,英国人首先清除外围势力,对边区山地部落发动征服战争。1814年5月29日,廓尔喀人攻击英属东印度公司在波思威尔(Bothwell)的几处警察站,18名警察被杀死。③11月1日,英国对尼泊尔宣战,英国人力图解决当地的边界问题,兼并富有矿产和木材资源

---

①　Mohan Sinha Mehta, *Lord Hastings and the Indian States*, Bombay: D. B. Taraporevala Sons & Co., 1930, pp.30—31.

②　Ibid., p.64.

③　John F. Riddick, *The History of British India: A Chronology*, Westport: Monthly Review Press, 2006, p.33.

的库莫安,获得重要的战略要地等。1814—1816 年,英国人先后攻占了格伦迦(Kalanga)、杰伊塔克(Jaithak)、阿尔莫拉、兰格尔、赫里赫尔布里等战略要地。1815 年 12 月 2 日,尼泊尔罗阁比克拉姆·沙(Bikram Sah)与英属东印度公司代表帕里斯·布拉德肖(Paris Bradshaw)签订《塞高利条约》(*Treaty of Segauli*)。根据条约,尼泊尔放弃与其南部边界相邻的低地地区,将尼泊尔西部的格尔瓦尔和库莫安地区割让给英属东印度公司;尼泊尔罗阁答应以后不再袭扰锡金(Sikkim),万一出现争端,则提请英国政府裁决,罗阁保证服从裁决;为了保证和促进已经建立起来的和平友好关系,双方互派官员驻扎对方的宫廷等。①这些对于英属东印度公司来说都是非常重要的收获,因为其西北边界已经到达山区,此后,与重要地区的交通比以往方便多了。②

接下来进行的是对平达里人和帕坦游牧部落的战争。平达里人主要居住在印度中部地区,被雇佣为马拉塔人的辅助部队,因而得到信地亚和霍尔卡等马拉塔首领的保护。1794 年,信地亚将讷尔默达河沿岸马尔瓦的一些领地赏赐给他们。此后,平达里人的实力不断增强,以至于对整个地区都构成威胁。1811 年,总督明托伯爵一世吉尔伯特·基宁蒙德(Gilbert Kynynmond)向英国当局报告说,平达里人正在蹂躏印度中部各省,居民遭遇悲惨。比拉尔驻扎官西德纳姆(Sydenham)曾准备了一份关于平达里人的详细报告。报告说,各平达里首领拥有大约 2.7 万精兵。最著名的首领卡里姆·汗(Karim Khan)已经有相当强的力量,据说他的地税收入一度达到每年 150 万卢比。多斯特·穆罕默德、胡达·巴克什(Khuda Baksh)、胡萨尔·孔瓦尔(Khushal Kunwar)、纳姆达·汗(Namdar Khan)是其他有野心的首领,每人都有 2 000—10 000 名骑兵。③据说奇图·平达里(Chitu Pindari)有 1 万匹马,除步兵和火炮外,还有 5 000 名精良的骑兵。④明托政府开始采取措施消除平达里人的威胁,因为他们将攻击目标指向英国人的盟友本德尔汗德罗阁、尼扎姆、佩什瓦和那格浦尔罗阁,英国人有义务保护他们的领土并对自己的安全采取保护措施。

---

① C.U. Aitchison, *A Collection of Treaties*, *Engagements and Sanads*, Vol. XIV, pp.54—56.

② Ramkrishna Mukherjee, *The Rise and Fall of the East India Company*: *A Sociological Appraisal*, New York: Monthly Review Press, 1974, p.275.

③ Mohan Sinha Mehta, *Lord Hastings and the Indian States*, Bombay: D.B. Taraporevala Sons & Co., 1930, p.10.

④ Ibid., p.33.

　　1813 年 10 月,哈斯丁斯勋爵意识到平达里人的威胁后,改变了他以前的观点,持更积极干预的立场。1817 年,哈斯丁斯勋爵制定对平达里人的作战计划。他事先与印度其他政权达成谅解,然后由他自己、约翰·马尔科姆和托马斯·希斯洛普(Thomas Hislop)率领 12 万军队和 300 多门火炮,从孟加拉、古吉拉特和德干 3 个方向进攻平达里人。1817 年 11 月 5 日,瓜廖尔摩诃罗阁被迫签订《瓜廖尔条约》,摩诃罗阁朵拉特·拉奥·信地亚答应协助英国人削弱平达里人抢劫的实力,不允许平达里抢劫团伙进入瓜廖尔及其他邻近的土邦,让自己的军队配合英国军队与平达里人或其他强盗作战。[①]浦那佩什瓦、那格浦尔朋斯拉和印多尔霍尔卡接受平达里人的战利品,虽然派出军队支持平达里人,但都被英属东印度公司的军队各个击破。卡里姆·汗、奇图·平达里和瓦西勒·穆罕默德(Wasil Muhammad)率领的 3 支实力最强的平达里军队因内部意见不一致而不能协同作战,处于越来越不利的境地,分别向英属东印度公司求和。到 1819 年 2 月,3 人都向英属东印度公司投降。

　　帕坦游牧部落和平达里人相似,通常充当拉杰普特或马拉塔酋长的雇佣军。帕坦人首领阿米尔·汗(Amir Khan)是一个能干的领袖和勇敢的武士。他的军队是所有土邦军队中装备最好、作战能力最强的。1814 年,穆罕默德·沙·汗去世,他把军队交给阿米尔·汗。据阿米尔·汗有些夸大的估计,集合在马尔瓦梅尔达的军队达到步兵 5 万人、骑兵 1.2 万人。阿米尔·汗名义上依附于霍尔卡宫廷,实际上独立行事。他手下的军队向小的酋长和大的王公征收贡赋,如果要求遭到拒绝,就摧毁他们的城堡和村庄。阿米尔·汗干涉拉杰布达纳土邦的事务,主要拉杰布达纳土邦乌代布尔、斋浦尔和焦特布尔此时已被帕坦人弄得很贫困。[②]因受 1805 年与信地亚签订的条约、1806 年与霍尔卡签订的条约的约束,英属东印度公司不能干预拉杰布达纳土邦的事务。[③]平达里人、帕坦人以及马拉塔人都视这些土邦为最好的劫掠之地。在这种情况下,拉杰布达纳土邦觉得需要英国人的帮助以抵抗帕坦人。1814 年,博帕尔纳瓦布在听说信地亚和那格浦尔罗阁的联军将对他发起新的进攻时,表示希望得到英国人的保护。这些就是哈斯丁斯勋爵上任时印度的局势。

---

　　①　C.U. Aitchison, *A Collection of Treaties*, *Engagements and Sanads*, Vol.V, pp.404—408.

　　②　Mohan Sinha Mehta, *Lord Hastings and the Indian States*, Bombay: D.B. Taraporevala Sons & Co., 1930, p.11.

　　③　Ibid., p.12.

　　为了阻止信地亚对博帕尔的进攻,总督通过在信地亚宫廷的驻扎官约翰·斯特雷奇(John Strachey),告知朵拉特·拉奥政府"博帕尔已经处在英国的保护之下",并且说明英国政府不想冒犯信地亚和那格浦尔,而是旨在对付平达里人。[1]1817年11月9日,英国人与拥有大量霍尔卡领地、最重要的帕坦酋长阿米尔·汗达成协议,阿米尔·汗放弃抢劫的行动,解散自己的军队,参加英国的炮兵,后来又被任命为栋格纳瓦布,从而与其他人孤立开来。[2]

　　哈斯丁斯勋爵接下来要做的事情就是彻底摧毁最主要的对手马拉塔联盟。尽管《巴塞因条约》将佩什瓦降为英属东印度公司附庸的地位,明确禁止他与外邦进行直接联系,使马拉塔其他分支可以摆脱佩什瓦权威的约束,但是在很多王公的心目中,佩什瓦的地位依然是很高的。1816年,那格浦尔罗阁阿帕·萨赫布希望从佩什瓦处获得锦袍。1817年,萨格尔纳纳希望获得许可保持与佩什瓦的通信联系;巴罗达盖克瓦德坚持效忠佩什瓦的仪式。瓜廖尔尽管是个独立并相当强大的土邦,却表示始终服从佩什瓦的命令。

　　1815年7月,佩什瓦巴吉·拉奥二世的宠臣特里姆巴克·丹格里亚雇凶杀死出使浦那的巴罗达总理甘加达尔·夏斯特里(Gangadhar Shastri)。佩什瓦也涉嫌参与谋杀。驻扎官芒斯图尔特·埃尔芬斯通要求佩什瓦抓捕并严惩凶手。佩什瓦起初否认特里姆巴克·丹格里亚参与谋杀,后来表示自己无力抓捕,因为特里姆巴克·丹格里亚势力强大,指挥着1万名骑兵和5 000名步兵,拥有大量财富。在驻扎官看来,佩什瓦要保护宠臣,可能让他逃往乡村,发动叛乱。在英国人的高压下,佩什瓦不得不在9月25日将特里姆巴克·丹格里亚交给英国军队,并将其两个同谋交给巴罗达政府。在这个事件中,佩什瓦最终不得不向英国人低头,对他的声望造成了很大的消极影响。

　　英属东印度公司介入那格浦尔王位继承问题、最终与王公签订军费补助金条约,对英国人确立对土邦的宗主权产生了很大影响。1816年3月22日,那格浦尔摩诃罗阁拉格胡吉·朋斯拉去世,其子帕苏吉·朋斯拉(Parsoji Bhonsle)患有心理和身体疾病,虽然有权继承王位,但需要任命一个摄政。阿帕·萨赫布(Appa Sahib,即穆多吉·朋斯拉二世,Madhoji

　　① Mohan Sinha Mehta, *Lord Hastings and the Indian States*, Bombay: D.B. Taraporevala Sons & Co., 1930, p.41.

　　② C.U. Aitchison, *A Collection of Treaties, Engagements and Sanads*, Vol.III, p.220.

Bhonsle II)是帕苏吉的堂兄,是排在第二的男性王位继承人。拉格胡吉的遗孀布卡·巴伊(Buka Bai)得到一些旧臣的支持,欲担任摄政。还有谣言说,摩诃罗阁帕苏吉将收养其大姐的儿子为继承人。阿帕·萨赫布则坚持自己继承王位的权利。英国驻扎官理查·詹金斯(Richard Jenkins)密切注视着事态的发展,并报告总督。总督清楚地意识到,局势有利于军费补助金条约的谈判。他也很快收到阿帕·萨赫布的求助密信,但不急于给予肯定的答复,因为他期待来自其对手的消息。

竞争那格浦尔王位的双方也在谈判,但没有达成妥协。摩诃罗阁帕苏吉宣布阿帕·萨赫布为摄政,但阿帕·萨赫布采取更大胆的措施,在逮捕反对自己的大臣的同时,与理查·詹金斯秘密会谈。在1816年4月25日詹金斯得到总督的指示之前,阿帕·萨赫布就迫不及待地与他开始谈判,起草了军费补助金条约。5月27日,阿帕·萨赫布与总督秘书约翰·亚当(John Adam)签订《那格浦尔条约》。根据条约,军费补助金部队包括6个营的步兵、1支骑兵分队、1个欧洲火炮连;根据阿帕·萨赫布的意愿,两个营将驻扎在那格浦尔,在紧急状况下,英国政府可以调动其中一个营。那格浦尔每年要支付军费补助金75万卢比,半年支付一次,分两次付清。摩诃罗阁不能与其他国家进行战争,要将争端交给英国人裁决。那格浦尔不能与外邦保持联系,英国政府则不干涉那格浦尔内政。那格浦尔要维持3 000名骑兵和2 000名步兵,听从英国驻扎官的调遣。①6月15日,总督正式批准了条约,并在杜巴尔大典上交给阿帕·萨赫布。

与那格浦尔签订军费补助金条约对英属东印度公司来说是具有重大意义的事件。按照约翰·马尔科姆的说法,"在印度的实际情况下,没有任何事件比与那格浦尔签订军费补助金条约更合时宜。它给予马拉塔联盟以沉重打击"②。

特里姆巴克·丹格里亚的脱逃和反叛再次给总督以削弱马拉塔势力的机会。1816年9月12日,特里姆巴克·丹格里亚化装成平民,逃离塔纳。正巧佩什瓦巴吉·拉奥二世也不在浦那。驻扎官理查·詹金斯捎信给佩什瓦,说明只要他抓住特里姆巴克·丹格里亚并交给英国人,就不追究他的责任。佩什瓦一方面表示对英国人的善意;另一方面却与其他土邦联络,以建立马拉塔国家防卫联盟。特里姆巴克·丹格里亚逃离塔纳后到浦那附近的

---

① C.U. Aitchison, *A Collection of Treaties*, *Engagements and Sanads*, *Vol.II*, pp.512—518.

② Mohan Sinha Mehta, *Lord Hastings and the Indian States*, Bombay: D.B. Taraporevala Sons & Co., 1930, p.83.

乡村招募军队,直到 1817 年 2 月,其招募活动还在继续。理查·詹金斯要求佩什瓦平息叛乱活动并逮捕特里姆巴克·丹格里亚。佩什瓦不承认有叛乱活动,而驻扎官的情报证实佩什瓦还在暗中支持和鼓励特里姆巴克·丹格里亚的行为。

在英国人不断施加压力的情况下,佩什瓦不得不在 1817 年 6 月 13 日签订《浦那条约》。条约规定,1802 年《巴塞因条约》和 1803 年《浦那补充条款》中不与本条约抵触的条款依然有效;佩什瓦巴吉·拉奥二世要将特里姆巴克·丹格里亚逮捕并交给英国政府,其家人作为人质;佩什瓦答应解雇所有与英国处于战争状态、对英国人会造成伤害的欧洲人和土邦臣民;佩什瓦答应,如果事先不征得英国政府的同意,将不允许任何欧洲或美洲国家的人进入其领地;佩什瓦接受解散马拉塔联盟,除非通过驻扎官,否则不与其他土邦直接联系;佩什瓦对巴罗达摩诃罗阇阿南德·拉奥·盖克瓦德的权利将折算成为 40 万卢比,不再对巴罗达王公提出更多要求;佩什瓦同意将年收入 340 万卢比的包括拜拉布尔(Bailapoor)、奥特冈(Autgong)、库伦(Cullean)和以北远至古吉拉特、高止山至海的所有地区及达尔瓦尔和格斯古尔在内的所有领土;将在本德尔汗德省内,包括萨格尔、占西和纳纳戈文德·拉奥所持有领土的所有权利转让给英属东印度公司,同意放弃与这里所有王公的联系;艾哈迈德讷格尔要塞及其周围 2 000 码范围内的地方永久割让给英国政府;佩什瓦答应让英国政府派出认为必要的军队进入其领地,允许他们经过土邦的任何地区;承担特里姆巴克·丹格里亚谋杀巴罗达总理甘加达尔·夏斯特里的责任。①

《浦那条约》大大减少了佩什瓦巴吉·拉奥二世的资源,削减了他的领地,降低了他的地位。和《那格浦尔条约》一样,《浦那条约》给英属东印度公司巨大的政治和军事利益,马拉塔联盟初步被摧毁,从佩什瓦处获得的领土增强了英属东印度公司的力量和资源。毫无疑问,条约的签订是哈斯丁斯勋爵确立英国对土邦的最高统治权的一个重要步骤。

不过,哈斯丁斯勋爵继任总督后,英属东印度公司日益增强的势力也激起了印度主要土邦的普遍不信任甚至恐惧。他们意识到,英国政府获得的优势意味着他们的独立和政治重要性的丧失。1814 年 10 月、1815 年初和 1816 年夏天英国军队的行动使他们感到极度恐惧。与博帕尔和斋浦尔进行的军费补助金同盟谈判、1815 年秋天导致特里姆巴克·丹格里亚作为人

① C.U. Aitchison, *A Collection of Treaties, Engagements and Sanads, Vol.VII*, pp.62—70.

质被英国人扣押的谈判、1817 年 6 月签订《浦那条约》的谈判,所有这些事件都激起马拉塔王公们的不满,有些人主张采取一致行动摆脱英国人的控制。朵拉特·拉奥·信地亚和拉合尔摩诃罗阇兰吉特·辛格之间的通信与交换礼品不仅仅是礼节性的行为。尼泊尔摩诃罗阇致函信地亚,抱怨英国人;而马拉塔王公之间的联系更让英国人担忧,在英国人看来,他们试图要重建马拉塔联盟。[①]

　　事实上,马拉塔王公们确实在酝酿着结盟。早在 1814 年,佩什瓦巴吉·拉奥二世就向信地亚和霍尔卡提出成立反英联盟的建议。1815 年秋,在英国人要求佩什瓦逮捕和交出特里姆巴克·丹格里亚时,佩什瓦就在秘密宣传以激起朋斯拉、信地亚和霍尔卡对其建议的兴趣,从而联合对抗英国人。尽管佩什瓦的地位仍然能获得独立的马拉塔帝国成员的尊敬,但是,他们已经不信任佩什瓦巴吉·拉奥二世。拉格胡吉·朋斯拉和朵拉特·拉奥·信地亚只是礼节性地回复了他。年迈的佩什瓦旧臣巴拉·孔贾尔(Bala Kunjar)从信地亚宫廷到那格浦尔罗阇宫廷,遍访马拉塔王公,名义上是朝圣,实际上是要唤醒马拉塔王公们的团结意识,将他们联合到佩什瓦麾下。[②]

　　作为英国人同盟者的那格浦尔的局势也发生了变化。阿帕·萨赫布之所以与英国人结盟,是因为他需要英国人的帮助。1817 年 2 月 1 日,罗阇帕苏吉·朋斯拉被谋杀,4 月 21 日,阿帕·萨赫布正式继承王位,他个人的野心最终变为现实,他对英国人的态度也发生了变化。支持与英国结盟的旧臣纳古·潘迪特(Nagu Pandit)和纳林·潘迪特(Narain Pandit)失宠。阿帕·萨赫布秘密地与佩什瓦、信地亚和霍尔卡的瓦吉尔进行谈判。恰在此时,佩什瓦包庇特里姆巴克,秘密地联络其他马拉塔王公和他一起反对英国人。阿帕·萨赫布对佩什瓦的计划显示出极大热情,并主持了在浦那召开的瓦吉尔会议。[③]1817 年 6 月,佩什瓦被迫签订屈辱的条约之后,不同的马拉塔王公都在试图将他们的力量和资源联合起来,佩什瓦的特使敦促霍尔卡、阿米尔·汗、信地亚和朋斯拉联合起来,反对外国强权。

　　英国驻扎官和政治官员对于印度王公之间的秘密联络、计划和意图都十分清楚,并详细通告总督和英国政府,以采取必要的防范措施。在平达里

---

　　① 　Mohan Sinha Mehta, *Lord Hastings and the Indian States*, Bombay: D. B. Taraporevala Sons & Co., 1930, p.93.

　　② 　Ibid., p.95.

　　③ 　Ibid., p.97.

人遭到英属东印度公司进攻时，一些马拉塔王公不仅支持平达里人，而且发动反叛英属东印度公司的战争，故而进行了第三次马拉塔战争。

最先趁英国人与平达里人作战之机反叛的是佩什瓦巴吉·拉奥二世。他以配合英国人对付平达里人为借口，大肆征兵，开始做准备，要求札吉达尔为他招募军队，与萨达拉罗阁和他自己的兄弟和解。1817 年 10 月 19 日，巴吉·拉奥二世举行盛大的阅兵仪式，见证阅兵仪式的驻扎官立刻致函孟买，请求派去一个欧洲团，并请求史密斯将军派出增援部队。佩什瓦再次因犹豫不决而错失良机。10 月 30 日，英军抵达浦那。不过，佩什瓦已经没有退路，便于 11 月 5 日在基尔基(Kirkee)向英军发起进攻，英国驻扎官官邸被烧毁，但是英军打退了佩什瓦的军队，佩什瓦的军队伤亡惨重，佩什瓦的著名将领莫罗·迪克西特(Moro Dikshit)阵亡。11 月 13 日，史密斯将军率军回到浦那，并于 16 日上午发起进攻。由于得知佩什瓦和他的兄弟逃到布伦特尔，马拉塔军队全无斗志，溃不成军，英军很快占领浦那，佩什瓦逃到萨达拉，后来又逃到戈雷冈。

在 1818 年 1 月 1 日进行的戈雷冈战役中，英马双方都遭遇了较大损失，佩什瓦在战场附近的山上观看了战斗的情形。马拉塔军队撤退后，佩什瓦和萨达拉罗阁一起逃到卡纳塔克，然后继续南逃，由于得不到迈索尔摩诃罗阁的支持，佩什瓦又折回，逃到绍拉布尔。2 月 7 日，史密斯率军进入萨达拉，攻占马拉塔王宫。2 月 19 日，史密斯得知佩什瓦逃向本特尔布尔(Pandharpur)，便率军在阿什迪(Ashti)阻击他。在战斗中，萨达拉罗阁被俘，巴普·郭克雷(Bapu Gokhale)为保护佩什瓦而死去，这给佩什瓦造成很大打击。

6 月 1 日，马尔科姆向佩什瓦提出签订和约的条款，要求佩什瓦及其继承者放弃浦那政府或任何其他政府的所有权利；佩什瓦应该带着家眷和少量随从立刻到马尔科姆的军营内，他将在那里得到尊重，并被安全地护送到贝拿勒斯或其他任何由总督确定的印度圣地；巴吉·拉奥二世自愿接受英属东印度公司政府给的年金以供养自己及家人。年金数额由总督确定，马尔科姆认为不会少于 80 万卢比。①6 月 2 日，佩什瓦向马尔科姆投降。总督哈斯丁斯勋爵趁机决定取消佩什瓦职位，兼并他的领地，将一小部分交给希瓦吉的后代统治(即后来的萨达拉土邦)；巴吉·拉奥二世被软禁在坎普尔附近的比图尔(Bithur)，靠领取 80 万卢比年金生活。

---

① C.U. Aitchison, *A Collection of Treaties*, *Engagements and Sanads*, *Vol.VII*, pp.70—71.

在佩什瓦向英军发起进攻后,那格浦尔罗阇阿帕·萨赫布公开宣布支持佩什瓦。阿帕·萨赫布率军攻击驻扎官,詹金斯立刻请求约翰·亚当斯上校等人增援,英军取得锡塔巴蒂(Sitabardi)战役的胜利,阿帕·萨赫布被迫投降,并被迫于1818年1月6日签订一个临时协定,割让讷尔默达河以北及其南岸的所有领土作为补助金,依据驻扎官的建议管理国家。[①]虽然如此,阿帕·萨赫布并没有放弃反叛英国政府的念头,以至于被废黜和逮捕。他设法逃出,1819年在夺回王位的努力失败后逃到印度北部,焦特布尔摩诃罗阇曼·辛格收留了他。那格浦尔朋斯拉也与英国人签订条约,部分领土被兼并,剩下的部分由尚未成年的拉格胡三世(Ragho III)统治。

在佩什瓦和阿帕·萨赫布发起对英国人的进攻后,佩什瓦也请求印多尔摩诃罗阇马尔哈·拉奥·霍尔卡派军队支援。霍尔卡军方赞成支持佩什瓦,对付共同的敌人。赞成与英国人结盟的摄政图尔西·巴伊被抓起来,年幼的摩诃罗阇马尔哈·拉奥二世处于严密的监控之下。1817年12月19日,图尔西·巴伊被公开斩首。12月21日,霍尔卡在默希德布尔向英国人发起进攻。约翰·马尔科姆和托马斯·希斯洛普指挥英军进行了殊死的战斗,战役结束时,英军伤亡800人,而霍尔卡伤亡3 000多人,这意味着霍尔卡再也不能对英国人形成威胁。1818年1月1日,佩什瓦的军队在戈雷冈被弗兰西斯·斯汤顿(Francis Staunton)打败。

1818年1月6日,英属东印度公司代表约翰·马尔科姆和摩诃罗阇马尔哈·拉奥二世签订《门德索尔条约》(Treaty of Mandasor)。条约规定,英国政府同意将惩罚任何国家或强盗在摩诃罗阇领地内实施的暴行或发动的战争,摩诃罗阇同意在这种情况下将用他的军队或以要求的其他方式给予全力支持,英国政府将在任何时候像保护自己的领土那样保护摩诃罗阇的领土;摩诃罗阇同意批准英国政府与纳瓦布阿米尔·汗所达成的协定,将英国政府协定中保证的领土的所有权利给予纳瓦布及其继承者;摩诃罗阇将租给科塔罗阇扎里姆·辛格的巴切巴赫尔(Patchpahar)、德格(Dag)、贡拉尔(Gungrar)等领土永久地割让给他,放弃对这些领土的所有权利;摩诃罗阇同意将他对拉杰布达纳土邦王公如乌代布尔、斋浦尔、焦特布尔、科塔、本迪等所享有的贡金和地税收入的权利全部给予英国政府;摩诃罗阇将兰布尔、拉杰布尔、本迪等领土和权利转让给英国政府;考虑到摩诃罗阇割让了这些领土,英国政府将自己维持一支军队,以维护摩诃罗阇领土内部的安

---

① C.U. Aitchison, *A Collection of Treaties*, *Engagements and Sanads*, *Vol.II*, pp.518—519.

定并抵抗来犯的敌人;摩诃罗阇同意永远不对公司的盟友或附属国以及其他任何国家采取战争行动,万一出现争端,无论英属东印度公司作出怎样的裁决,摩诃罗阇都予以承认;摩诃罗阇同意不向任何国家派出也不接收任何国家的瓦吉尔(Vakil,副首相),除非事先告知并得到英国驻扎官的同意,摩诃罗阇将不与其他国家发生联系;为了维持和增进已经建立起来的友好与和平关系,同意英国政府派驻官员到印多尔,驻扎官可以自由地向总督派出瓦吉尔;最后,条约规定,英国政府将不允许佩什瓦和他的继承者及后代对霍尔卡和其继承人及后代行使任何统治权。①印多尔与欧美国家及其他土邦的交往受到一定限制,但内政自治还是有一定保障。条约改变了英国人和霍尔卡之间的关系,双方由平等关系变为辅助和附属的联盟关系。印多尔由一个独立的国家变成英属东印度公司的保护国。

1817年11月5日,英属东印度公司强迫瓜廖尔摩诃罗阇朵拉特·拉奥·信地亚签订《瓜廖尔条约》。条约规定,信地亚本人必须和英国人合作,镇压平达里人及任何其他强盗团伙,摩诃罗阇同意尽最大的努力抓住平达里人首领及其家人,将他们交给英国政府;摩诃罗阇保证再也不让平达里人及其他抢劫团伙进入其领地、不给他们任何帮助,相反,摩诃罗阇答应发布最明确的命令给民事和军事官员,以最严厉的方式迫使他们尽最大的努力驱逐或摧毁试图在其领地内避难的抢劫团伙;摩诃罗阇同意至少提供5 000名骑兵,协同英国人对平达里人或其他抢劫团伙作战;在英属东印度公司与昌巴河对岸各土邦作战时,摩诃罗阇应该提供充分的便利。②英属东印度公司从此得以与拉杰布达纳各土邦缔结一系列条约。

1818年6月25日,瓜廖尔摩诃罗阇朵拉特·拉奥·信地亚又与英属东印度公司执行驻扎官乔赛亚·斯图尔特(Josiah Stewart)签订新条约。为了方便,公司将据1817年条约瓜廖尔割让给公司、与瓜廖尔相连并交错在一起的领土换取其他领土,决定将贾乌德(Jawud)城堡及领土归还给摩诃罗阇;摩诃罗阇答应与公司交换领土,并向公司归还欣迪亚堡(Hindia)和阿瑟格尔堡(Asseergarh)以补偿。③

英国人取得对平达里人和反叛的马拉塔王公的胜利,从马拉塔诸国获得大量领土,几乎控制了萨特莱杰河以南所有印度的领土,实际上结束了他们最有力的反抗,马拉塔王公们承认了英国人的最高权威,将外交权

① C.U. Aitchison, *A Collection of Treaties*, *Engagements and Sanads*, *Vol.IV*, pp.29—32.
② C.U. Aitchison, *A Collection of Treaties*, *Engagements and Sanads*, *Vol.V*, pp.405—408.
③ Ibid., pp.409—413.

移交给英国政府,内政权也受到一定限制,马拉塔诸王国都成为依附于英属东印度公司的土邦,英属东印度公司最终确立起对印度土邦的最高宗主地位。

第三章　英属东印度公司最终征服南亚及其兼并土邦的政策

英属东印度公司征服的南亚次大陆核心地区时常遭到来自周边地区部落民族或国家的侵扰，为消除后患，英属东印度公司先后对缅甸、阿富汗、锡克人进行了一系列战争，最终完成对南亚次大陆的征服。在此同时，英属东印度公司以"失效"原则等为借口剥夺了一些王公的统治权，将他们的土邦并入英属印度，大大扩展了控制的领土。不过，兼并土邦的做法也引起很多王公的恐惧，成为导致 1857 年大起义爆发的重要因素。

一、对周边地区的战争与征服的最终完成

1. 第一次英缅战争

1647 年，英属东印度公司在缅甸南部的沙廉（Syrian）设立商馆。1757 年，为了打败对手、终结法国对缅甸事务的干涉，贡榜（Konbaung）王朝的创建者雍藉牙（Alaungpaya）谋求与英属东印度公司结盟，以获得武器。他与公司签订条约，将尼格雷岛和勃生镇附近的一些地方给予英属东印度公司。[1]由于英国商人暗中支持南部孟族的反政府活动，1759 年 10 月，雍藉牙屠杀了在尼格雷岛的英国商人，收回恒枝岛，英缅关系因此中断了40 年。

1782—1819 年孟云王（Bodawpaya，即波道帕耶）在位期间，雍藉牙王朝达到鼎盛，对外推行拓展疆域的政策，将阿拉干（Alakan，若开）王国纳入

---

① C.U. Aitchison, *A Collection of Treaties, Engagements and Sanads*, Vol.XII, p.199.

缅甸的统治范围,曼尼普尔和阿萨姆都处在缅甸的统治之下。①缅甸国势强大,不仅威胁着英属东印度公司已经征服的印度地区的安全,而且阻碍英国人向马来亚等地扩张。雍藉牙王朝实行的民族歧视和压迫政策使被统治民族离心倾向较强,天灾人祸使缅甸国势迅速衰落。

1784年,缅甸征服若开。1797年和1811年,若开先后爆发叛乱,很多人逃到吉大港,并在那里组织反对缅甸的活动。坎宁(Canning)上尉奉命出使缅甸宫廷,说明英国人既没有鼓动,也没有支持若开人的反叛活动,抱怨英国臣民在若开遭遇的暴行。在此同时,缅甸军队追逐若开叛乱者到英国人的领地,缅甸宫廷命令仰光总督将坎宁上尉囚禁起来,以他作人质,迫使若开反叛者投降。1811年后,若开的缅甸官方多次要求若开避难者投降,甚至提出对孟加拉远至穆尔希达巴德的主权要求,因为这些领土曾附属于若开王国。

1819年,孟云王之孙孟既(Bagyidaw)即位。他虽然不是一个能干的国王,但他的部将摩诃·班都拉(Maha Bandula)推行在印度东北部扩张的政策,征服阿萨姆和曼尼普尔(Manipur),使它们成为缅甸的附属国。这样,英属印度与缅甸的边界从孟加拉湾的若开一直北上到喜马拉雅山脚,英属印度领土时常遭到缅甸人的袭击。1823年,缅甸军队入侵克车(Cachar),英属东印度公司不失时机地发动了第一次对缅甸的战争。

1824年1月17日,在托马斯·牛顿(Thomas Newton)指挥下,英属东印度公司的印度士兵和当地征募的士兵在锡尔特边境的比克兰布尔(Bikrampur)与4000名缅甸士兵遭遇。5月11日,阿奇博尔德·坎贝尔(Archibald Campell)率领的1.1万名马德拉斯士兵和马里亚特(Marryat)上校率领的一支皇家海军在没有遭遇抵抗的情况下登陆并占领仰光。1824年12月1—16日,一支由摩诃·班都拉指挥的拥有6万人的缅甸军队向英军在仰光周围不同的据点发起进攻,但被得到海军炮火支援的1300名英国士兵和2500名印度士兵打退。②

1825年3月,英军沿伊洛瓦底江北上,对班都拉劝降不成,便向缅军阵地发起猛攻,班都拉亲临前线指挥,不幸中弹身亡。4月3日,英军占领卑谬(Prome)。12月1日,坎贝尔对威胁卑谬和仰光之间交通的缅甸军队发

---

① 梁志明主编:《殖民主义史·东南亚卷》,北京大学出版社1999年版,第198页。

② John F.Riddick, *The History of British India*: *A Chronology*, Westport: Monthly Review Press, 2006, p.37.

起海陆进攻,缅甸军队被击溃,指挥官摩诃·纽录(Maha Newlow)被杀。

1826年2月,因为缅甸的拖延战略和谈判失败,坎贝尔再次发起进攻,占领蒲甘,逼近首都,缅甸主和派求和。2月24日,坎贝尔将军口授《杨达波条约》(Treaty of Yandabo),主要条款是:缅王放弃对阿萨姆及其附属地和相邻的两个小土邦克车和杰因蒂亚(Jaintia)的权利,今后永不干预它们的事务;如果甘比尔·辛格(Gambhir Singh)愿意回到曼尼普尔,缅王应承认他为罗阇;将下缅甸、仰光、若开、丹那沙林(Tenasserim)等地割让给英国人;缅甸支付1000万卢比赔款,在缅甸宫廷安置一个英国驻扎官;双方签订通商条约,允许英国船只自由进出缅甸港口。①英国虽然在第一次英缅战争中付出了较大代价,4万多名英印官兵参加了战争,1.5万多名英印官兵葬身于缅甸,全部军费开支高达1300万英镑,但是获得大量缅甸领土,为征服整个缅甸奠定了基础。②

英国在1852年和1885年发动第二次、第三次对缅甸的战争。1852年4月,英印殖民当局以英国商船船长受到迫害为由,发动第二次英缅战争,4月13日占领仰光。到1852年10月,英军占领第悦茂(Thayetmyo)以南的整个下缅甸。

1853年2月,蒲甘王(Pagan)被废黜,敏同王(Mindon Min)即位。他推行改革,发展与法国、意大利等国的关系,遭到英国的极力阻挠。1879年,敏同王去世,其子锡袍王(Thibaw)在继承王位后将40余名兄弟处死,致使国内政局动荡。1885年,在英法争夺上缅甸愈演愈烈的情况下,锡袍王号召国民解放被英国人控制的下缅甸,英国人便以废黜暴君为名,发动第三次对缅甸的战争。11月26日,英军进攻曼德勒,几乎没有遭遇抵抗,锡袍王只得无条件投降,被废黜之后流放到英属印度的拉特纳吉里群岛。1886年1月1日,缅甸被合并到英属印度,由印度总督治理,直到1937年4月,缅甸才从英属印度分离出来,成为单独的英属殖民地。

2. 第一次英阿战争

为了抵抗法国联合波斯入侵阿富汗和印度,英国于1808年派芒斯图尔特·埃尔芬斯通出使阿富汗。为了防止俄国入侵阿富汗和印度,阿富汗国王舒贾·沙也有意与英国结盟,于是双方在1809年6月17日签订友好同

---

① C.U. Aitchison, *A Collection of Treaties, Engagements and Sanads, Vol.XII*, pp.230—233.

② 贺圣达、李晨阳编著:《列国志·缅甸》,社会科学文献出版社2009年版,第130页。

盟条约。①不久,舒贾·沙被马哈茂德·沙(Mahmud Shah)推翻。1826 年,多斯特·穆罕默德·汗成为阿富汗国王。

19 世纪 30 年代,英国人虽然已经在南亚次大陆牢牢扎下根来,但是英俄在中亚的角逐日趋激烈。1837 年,英国外交大臣巴麦尊(Palmerston)勋爵和英属东印度公司议会监督局主席约翰·霍布豪斯(John Hobhouse)因担心阿富汗和信德的不稳定、锡克王国的势力不断向印度西北扩张,提出俄国可能自阿富汗入侵印度的观点。英国派使者到喀布尔,希望与阿富汗缔结对抗俄国的同盟。

1834 年,被废黜的阿富汗前国王舒贾·沙联合拉合尔摩诃罗阇兰吉特·辛格,各自率军分别进攻坎大哈和白沙瓦,舒贾·沙被打败,锡克人则攻占了白沙瓦。多斯特·穆罕默德·汗请求英国人帮助他夺回白沙瓦,但是英国人不愿意。1837 年 12 月 24 日,俄国使臣扬·维特凯维奇(Yan Vit-kevich)抵达喀布尔,印度总督奥克兰勋爵乔治·艾登(George Eden)得知后,认为多斯特·穆罕默德·汗可能寻求俄国的支持。由于俄国与波斯卡扎尔王朝结盟、卡扎尔王朝的军队围攻波阿有争议的赫拉特,奥克兰勋爵对多斯特·穆罕默德·汗的亲俄之举感到不安,因而决定以亲英的舒贾·沙取代多斯特·穆罕默德·汗。

1838 年 10 月 1 日,奥克兰勋爵发布著名的《西姆拉宣言》。"在这个宣言中他详尽叙述了多斯特·穆罕默德的蓄谋挑衅,并宣布了东印度公司侵略其领土和安置舒贾为阿富汗'合法'统治者的明确意图。奥克兰勋爵甚至还指定了永久的英国代理人,在舒贾掌握权力的时候,能够给他忠告建言。"②于是,第一次英阿战争爆发。

1838 年 12 月,约翰·基恩(John Keane)指挥 2.1 万多英国和印度士兵自旁遮普出发。1839 年 3 月下旬,英印军队越过博兰山口,到达阿富汗的奎达城(Quetta),并继续向喀布尔进军。4 月 25 日,英印军队在坎大哈安营扎寨。1839 年 5 月 7 日,威廉·麦克诺顿(William Macnaghten)在坎大哈与舒贾·沙签订条约,条约规定了征收商业税、建立一支由英国人率领的印度兵小分队;承诺在和平和商业得到维持的情况下,英国人不干预行政管理。7 月 22 日,英军突然发动袭击,夺取加兹尼要塞,此后英军取得决定性

---

① C.U. Aitchison, *A Collection of Treaties*, *Engagements and Sanads*, Vol.XIII, p.233.
② [美]沙伊斯塔·瓦哈卜、[美]巴里·扬格曼著:《阿富汗史》,杨军、马旭俊译,中国大百科全书出版社 2010 年版,第 91 页。

胜利,多斯特·穆罕默德·汗带着忠实的随从逃亡到布哈拉。7 月 23 日,威廉·丹尼(William Dennie)上校和罗伯特·塞尔(Robert Sale)准将所率领的英军攻占喀布尔。8 月 7 日,英军和舒贾·沙没有遭遇任何抵抗就进入喀布尔,多斯特·穆罕默德·汗逃离喀布尔。在被废黜近 30 年后,舒贾·沙再次登上阿富汗王位。

1839 年底,一支 5 000 人的俄国武装力量进入咸海南部的希瓦可汗领地。这使英军司令威廉·麦克诺顿更加深信英国先遣部队只能继续待在阿富汗。因此,在主要战事结束后,虽然英军大多数撤回了印度,但却仍有 8 000 多人留在阿富汗。英国人的到来及舒贾·沙的统治引起阿富汗人的不满。因为占领的持续,威廉·麦克诺顿允许士兵将家人带到阿富汗,以提高士气,这更加激起阿富汗人的强烈反对,因为英国人似乎要永久占领下去。多斯特·穆罕默德·汗向英国人及其傀儡发起进攻,但遭到失败,1840 年末被流放到印度。

1841 年 4—10 月,马斯基迪·汗(Masjidi Khan)等一些阿富汗部落酋长支持多斯特·穆罕默德·汗的儿子阿克巴·汗(Akbar Khan),在巴米扬(Bamiyan)和兴都库什山以北的山区组织有效抵抗,使英军处于越来越不利的境地。威廉·麦克诺顿一方面秘密许诺只要让英军待在阿富汗,就让阿克巴·汗担任阿富汗首相;另一方面则用一大笔钱雇凶刺杀阿克巴·汗。阿克巴·汗得到了相关情报,在与威廉·麦克诺顿会晤时,把他与另外 3 名官员杀死,并且拖着尸首游街示众,喀布尔局势变得相当紧张。

在得到吉尔查依人提供一个安全通道的承诺后,英军老将威廉·埃尔芬斯通决定立即撤离阿富汗。1842 年 1 月 1 日,威廉·埃尔芬斯通与阿克巴·汗达成协议。1 月 6 日,威廉·埃尔芬斯通率领 4 500 名士兵和 1.2 万随军平民从喀布尔撤离。在撤离过程中,英军和平民遭到了很多部落民的攻击,一部分逃回喀布尔,一些人被围困在坎大哈和贾拉拉巴德(Jalalabad)。9 月,被围困在坎大哈和贾拉拉巴德的英军得到来自印度的增援,在打退无组织的袭击后,回援喀布尔,营救出被围困在那里的英国人。10 月 12 日,英国军队开始撤离喀布尔和阿富汗。10 月 27 日,乔治·波洛克(George Pollock)从贾拉拉巴德撤出所有英军,摧毁其防御工事,从而结束英国人对阿富汗东部的影响,第一次阿富汗战争结束。

这次战争不仅严重损耗了英属东印度公司的军队,并且使得士兵招募工作受阻。这次战争共计耗资 2 000 万英镑,国库费用一度吃紧。英国威望的戏剧性下降被认为是 1857 年印度独立战争爆发的主要诱因之一。[①]

3. 兼 并 信 德

英属东印度公司对信德的兴趣源自它横跨印度河的战略地位。信德也是连接印度与西亚和中亚的通道,既是自阿富汗或俄罗斯入侵印度的通道,也可能是潜在商业要道,因此,英属东印度公司要控制信德。

18 世纪后期,信德处在俾路支人达尔普尔族(Talpur)阿米尔的统治之下。这些阿米尔有 3 个中心,即海尔布尔(Khairpur)、(信德境内的)海得拉巴和米尔布尔(Mirpur),他们实际上都听命于阿富汗当局。信德统治者认为英国人也许对王朝的防卫是有益的,但要与英国人保持一定距离。因此,1800 年纳森·克罗(Nathan Crow)和 1827 年詹姆斯·伯恩斯(James Burnes)出使信德都没有取得成果,直到 1834 年,信德统治者才与英属东印度公司签订条约。1838 年 4 月 23 日,亨利·波廷杰(Henry Pottinger)与信德国王签订条约,一个驻扎官驻扎海得拉巴,此后英国人在信德和锡克人发生冲突时给信德提供帮助。[②]

1838 年 12 月 24 日,亚历山大·伯恩斯(Alexander Burnes)与上信德海尔布尔米尔鲁斯塔姆·阿里·汗(Rustam Ali Khan)缔结条约,获得巴哈尔要塞(Bakhar)控制权,从而使英国人控制了印度河。条约要求信德支付 27 万英镑给沙·舒贾、兰吉特·辛格和英国人。[③]1838 年,信德不得不接受英国驻扎官。

1839 年 11 月 13 日,托马斯·威尔希尔(Thomas Willshire)指挥孟买军队猛攻格拉德(Kalat),其统治者梅拉布·汗(Mehrab Khan)在作战中死去,他的儿子侯赛因·汗逃跑。英国人扶持沙·纳瓦兹·汗(Shah Nawaz Khan)为格拉德汗。不久,改名为纳西尔·汗的侯赛因·汗发动叛乱,废黜沙·纳瓦兹·汗,驻格拉德的英国驻扎官被杀害,英属东印度公司与纳西尔·汗进行了一场公开的战争。为了使局势稳定下来,英属东印度公司改变政策,承认纳西尔·汗为格拉德汗。1841 年 10 月 6 日,奥克兰勋爵与纳西尔·汗签订条约:阿富汗国王沙·舒贾名义上保有格拉德控制权;纳西

---

① 〔美〕沙伊斯塔·瓦哈卜、〔美〕巴里·扬格曼著:《阿富汗史》,杨军、马旭俊译,中国大百科全书出版社 2010 年版,第 93—94 页。

② John F.Riddick, *The History of British India*:*A Chronology*, Westport:Monthly Review Press, 2006, p.41.

③ Ibid., p.42.

尔·汗及继承人将接受英国驻扎官的建议;不经英国政府和沙·舒贾同意,纳西尔·汗及继承人不与外国政权进行政治上的联系或谈判;英国则帮助维护格拉德的正当权利。①条约的签订使格拉德实际上处于英国人的控制之下,保证了英国人通往阿富汗的交通线。

1842 年,查理·詹姆斯·内皮尔(Charles James Napier)成为在信德的英军指挥官。9 月 25 日,内皮尔第一次到海得拉巴并得到了热情的接待。他预示性地说:"这可能是他们作为王公给一个英国将军最后的独立的接待!"②后来他在苏库尔(Sukkur)写信说"这些王公似乎表现不忠",宣称王公们触犯了 1832 年条约的第五条,不仅对他们的臣民征税,而且向巴哈瓦尔布尔的臣民征税。内皮尔还在对河上船只和卡拉奇上岸的货物的征税权问题上与阿米尔发生冲突。阿米尔们因要签订新条约的传言而日益不安,他们担心总督会向海尔布尔发起进攻,恐慌之中召集军队。随后,总督埃伦伯勒(Ellenborough)勋爵迫使阿米尔们签订新条约,并利用信德阿米尔的反对势力,导致阿米尔派兵进攻英国驻扎官官邸。

1843 年 1 月 11 日,内皮尔攻占海尔布尔,年轻的阿米尔逃往的伊马姆格尔(Imamgarh)。2 月 14—15 日,一些俾路支人攻击海得拉巴英国驻扎官官邸,詹姆斯·乌特勒姆(James Outram)乘蒸汽船从印度河逃离。2 月 17 日,内皮尔率领一支 2 800 人的军队进攻并打败了海得拉巴、海尔布尔和米尔布尔在米亚尼(Miani)附近的二三万人的联军。英军 256 人伤亡,而敌军伤亡五六千人。这一战役的胜利使英国人控制了信德。3 月 5 日,埃伦伯勒勋爵发布命令,从苏库尔至海,印度河两岸都属于英国人。这相当于将信德并入英属印度。3 月 13 日,埃伦伯勒勋爵任命内皮尔为信德总督。8 月 28 日,印度总督正式决定将信德并入英属印度。③

4. 对瓜廖尔的战争

1827 年,瓜廖尔摩诃罗阇朵拉特·拉奥·信地亚去世,没有儿子继承王位,与他血缘关系最近的穆加特·拉奥(Mugat Rao)被英属东印度公司扶上王位,称贾恩库吉·拉奥·信地亚(Jankuji Rao Scindia),由朵拉特·

①　C.U. Aitchison, *A Collection of Treaties*, *Engagements and Sanads*, *Vol.XI*, pp.351—352.

②　Michael H.Fisher, *The Politics of the British Annexation of India*, *1757—1857*, New Delhi: Oxford University Press, 1993, p.232.

③　John F.Riddick, *The History of British India*: *A Chronology*, Westport: Monthly Review Press, 2006, p.46.

拉奥的遗孀巴伊扎·巴伊(Baiza Bai)摄政，但是巴伊扎·巴伊认为她丈夫的意愿是由她自己执政，因而非常勉强地接受了英属东印度公司的安排，却不履行 1817 年条约规定的瓜廖尔的义务。1843 年，贾恩库吉·拉奥·信地亚去世，没有儿子继承王位，其 12 岁的遗孀塔拉·拉尼(Tara Rani)收养 8 岁的巴吉拉特·拉奥(Bhagirat Rao)为王位继承人，即位后称贾亚吉·拉奥二世(Jayaji Rao II)，由他的舅舅、亲英的马马·萨赫布(Mama Sahib)任摄政。信地亚家族的掌控者达达·哈斯吉瓦勒(Dada Khasgiwale)推翻马马·萨赫布，几乎导致信地亚内战，英属东印度公司决定干预。12 月 13 日，埃伦伯勒勋爵致函瓜廖尔摩诃拉尼，警告她应该解除要夺权的摄政，瓜廖尔的军队应该减少。依据 1804 年条约，休·高夫(Hugh Gough)率军渡过昌巴尔河，进入瓜廖尔。12 月 29 日，英国军队在摩诃拉杰布尔(Maharajpur)和巴尼尔(Panniar)两次战斗中打败瓜廖尔军队，俘获了达达·哈斯吉瓦勒并将他囚禁在贝拿勒斯的监狱。

　　1844 年 1 月 13 日，摩诃罗阇贾亚吉·拉奥二世与英属东印度公司签订新条约，条约重申 1803 年签订的《苏尔杰-安全冈条约》、1804 年签订的军费补助同盟条约和 1817 年条约等依然有效；设立由 6 个当地人组成的摄政委员会，将瓜廖尔的军队减少到 9 000 人；增加瓜廖尔军队中英国指挥官的人数；在条约签订后 14 日内，信地亚支付英属东印度公司 260 万卢比，否则，舒贾乌尔布尔(Shujawulpore)、沙杰汗布尔(Shahjehanpore)和埃萨格尔(Eesagur)的田赋收入(总共 75.5 万卢比)及行政管理权移交给公司，直至欠款连同利息都付清；英属东印度公司支付塔拉·拉尼年金 30 万卢比，以满足其个人及宫廷之需；英属东印度公司派驻官员以维护摩诃罗阇正当的领土权利和信地亚在邻国和其他土邦的臣民的权利。[1]这样一来，瓜廖尔基本处于英国人的控制之下。

5. 对锡克人的战争

　　19 世纪初，旁遮普有 10 多个锡克教军事首领统辖地。到 19 世纪 20 年代，最强大的兰吉特·辛格用武力征服了其他首领和势力，实现了萨特莱杰河以北至印度河的统一，还征服了克什米尔，建立了强大的旁遮普锡克教国家。1834 年 11 月 29 日，英国人和锡克人签订《拉合尔条约》。条约规定，兰吉特·辛格对印度河和萨特莱杰河河上所有商船都征税 570 卢比，

---

①　C.U. Aitchison, *A Collection of Treaties, Engagements and Sanads*, Vol.V, pp.416—421.

在印度河边的米坦果德(Mithenkot)安置一个驻扎官,以监督印度河上的航运。①但在兰吉特·辛格于1839年去世后,其后代无法维持强有力的中央政权,将越来越多的国有土地封赐给上层,各地大封建主实力大增,各行其是,甚至有些锡克人想借助英国人实现自己的目的。这为英国人征服旁遮普提供了机会。

在征服信德后,英国人在萨特莱杰河与朱木拿河之间集结4万军队、94门大炮和70艘大船,准备发动进攻。②在第一次对锡克人的战争中,英国人收买宫廷权贵和军队上层,如首相拉尔·辛格(Lal Singh)、军队总司令泰杰·辛格(Tej Singh)和宫廷大臣、查谟王公古拉布·辛格。他们与英国人的合作和懈怠成为英国人迅速取得战争胜利的重要因素。1845年12月5日,总督亨利·哈丁(Henry Hardinge)命令休·高夫指挥英国军队向边界进发。12月10日,英军集中于菲罗兹布尔(Firozpur)。12月12日,总督收到情报,锡克军队已经渡过萨特莱杰河。12月13日,总督发布一个公告,表明英国政府的观点和目标,宣布没收摩诃罗阇达利普·辛格(Dalip Singh)在萨特莱杰河左岸的领土,并入英属印度,总督将尊重这些领土上所有札吉达尔、柴明达尔和佃户的现有权利;要求所有在英国保护下的土邦王公与英国政府真诚合作,以惩罚共同的敌人。③12月18日,休·高夫率领的英军在穆特基(Mudki)打败拉尔·辛格率领的锡克军队。12月21—22日,英军在菲罗兹布尔再次打败锡克军队。

1846年1月28日,哈里·史密斯(Harry Smith)率领的英军在阿里瓦尔(Aliwal)战役中占领锡克军队的阵地,收缴50门大炮。这次交战清除了除索布拉翁镇(Sobraon)桥头堡外萨特莱杰河以南的所有锡克人。2月10日,休·高夫攻占锡克人的桥头堡索拉翁镇,英军死亡320人,受伤2 063人,而锡克军队伤亡约1万人,损失67门大炮。2月13日,所有英军渡过萨特莱杰河。2月14日的公告宣称,如果锡克人不给予充分的补偿,英军将占领旁遮普。第二天,英方代表和锡克代表举行会谈。2月18日,英国人接受年少的摩诃罗阇达利普·辛格的正式投降。

3月9日,总督亨利·哈丁与摩诃罗阇达利普·辛格签订《拉合尔条约》。条约规定:拉合尔摩诃罗阇及其继承人放弃对萨特莱杰河以南所有领

---

① C.U. Aitchison, *A Collection of Treaties, Engagements and Sanads*, Vol.I, pp.39—40.
② 林承节:《殖民统治时期的印度史》,北京大学出版社2004年版,第38页。
③ C.U. Aitchison, *A Collection of Treaties, Engagements and Sanads*, Vol.I, pp.48—50.

土的权利或联系;将比亚斯河与萨特莱杰河之间领土即贾朗达尔河间地永远割让给英国人;摩诃罗阁赔款1 500万卢比,因摩诃罗阁不能支付这笔款项,将萨特莱杰河与印度河之间相当于1 000万卢比的领土割让给英属东印度公司,在条约批准时或之前,摩诃罗阁要支付500万卢比给英属东印度公司;将克什米尔割让给古拉布·辛格,抵付7.5万英镑;将锡克人的军队减到2万步兵和1.2万骑兵;将"光明之山"钻石交给英国人;应锡克人的请求,一支英国军队占领拉合尔一年。①12月16日,英属东印度公司与拉合尔签订新协定:英国官员驻扎拉合尔,摄政委员会帮忙管理旁遮普,直至摩诃罗阁达利普·辛格年满16岁;拉合尔国家每年支付220万卢比管理费;在拉合尔、贾朗达尔和菲罗兹布尔驻扎英军。②

1818年,兰吉特·辛格征服木尔坦。1823年,他任命萨万·马尔(Sawan Mal)为木尔坦总督。萨万·马尔被阿富汗人刺杀后,其子迪万·穆尔拉杰(Dewan Mulraj)继任总督。第一次锡克战争结束后,穆尔拉杰实际上独立行事。在被英国驻扎官亨利·劳伦斯(Henry Lawrence)控制的年幼的摩诃罗阁达利普·辛格要求支付新增的税款和以前的欠款时,穆尔拉杰试图将职位传给儿子,以保持其家族的统治地位。但是取代亨利·劳伦斯的拉合尔驻扎官弗雷德里克·柯里(Frederick Currie)任命锡克教徒萨达尔·汗·辛格(Sardar Khan Singh)为木尔坦总督,任命帕特里克·万斯·安格纽(Patrick Vans Angnew)为木尔坦驻扎官。许多已经习惯于反叛的锡克酋长对摩诃罗阁与英国政府签订的条约深感不满。1848年4月18日,帕特里克·万斯·安格纽和威廉·安德森(William Anderson)中尉到木尔坦后,穆尔拉杰将要塞钥匙交给他们,但是护送他们的人要拿要塞里的财物,穆尔拉杰的非正规部队和城里的暴徒发起攻击,安格纽和安德森受伤,4月20日,两人被杀害。查塔尔·辛格及其子谢尔·辛格(Sher Singh)等锡克酋长加入穆尔拉杰的反叛活动,希望重建一个独立的锡克教国家。摩诃罗阁无法控制局势,于是发生第二次锡克战争。

5月20日,英国人取得德拉加齐汗(Dera Ghazi Khan)战役的胜利,穆尔拉杰失去所有附属国。6月18日,赫伯特·爱德华兹(Herbert Edwardes)率领由帕坦人、道帕特拉斯(Daudpatras)和亨利·范·科特兰(Henry Van Cortland)指挥的正规部队所组成的混合部队在基尼利(Kinyree)与木尔坦

---

① C.U. Aitchison, *A Collection of Treaties*, *Engagements and Sanads*, *Vol.I*, pp.50—54.
② Ibid., pp.56—58.

的主力部队决战,英国人取得胜利,消除了穆尔拉杰的威胁。7 月 1 日,爱德华兹成功将穆尔拉杰的军队赶出木尔坦附近的苏杜萨姆(Suddoosam)。英国人的胜利打击了其他锡克人加入起义的热情。①10 月,英军渡过萨特莱杰河。12 月 27 日,英军进攻并清理了锡克人在木尔坦的外围工事。

1849 年 1 月 2 日,英军进攻木尔坦城。1 月 3 日,木尔坦已经处在英国人的控制之下。1 月 22 日,穆尔拉杰投降。2 月 21 日,在古吉拉特,休·高夫率领 3 万人的军队与谢尔·辛格和查塔尔·辛格对阵,在炮兵的支持下,英军击溃了锡克军队。这次成功实际上结束了锡克人大规模的抵抗。3 月29 日,摩诃罗阁达利普·辛格不得不接受大贺胥勋爵提出的条件:摩诃罗阁及其继承人放弃对旁遮普所有领土或其他任何领地的权利和头衔;没收拉合尔国家的所有财产,以支付其所欠英属东印度公司的债款及本次战争赔款;摩诃罗阁将"光明之山"钻石交给英国女王;摩诃罗阁将从英属东印度公司获得不少于 40 万英镑、不超过 50 万英镑的年金,以供养他自己、亲戚及拉合尔国家的公务人员;摩诃罗阁将得到尊重并保留"摩诃罗阁"头衔,但要求住在旁遮普境外。②于是,旁遮普成为英属东印度公司控制下的领土。

从 1757 年普拉西战役开始,到 1849 年兼并旁遮普结束,英属东印度公司经过与莫卧儿帝国及诸多土邦的战争,最终完成对南亚次大陆的征服,确立起对南亚次大陆的统治权。在这个过程中,英属东印度公司由一个商业贸易组织转变成为殖民政权。"东印度公司在征服过程中使用了军事征服和建立藩属国两种形式,征服后自然产生了两种统治形式:直接领有的殖民地和间接统治的附属国。"③

二、英属东印度公司兼并土邦的政策

从 1757 年开始进行征服战争到 1858 年将统治权移交给英王政府,英属东印度公司对土邦的政策一直倾向于兼并,不断扩大直接统治的地区。

---

① John F. Riddick, *The History of British India: A Chronology*, Westport: Monthly Review Press, 2006, p.49.

② C.U. Aitchison, *A Collection of Treaties, Engagements and Sanads*, Vol. I, p.59.

③ 林承节:《殖民统治时期的印度史》,北京大学出版社 2004 年版,第 40 页。

1. 大贺胥任总督前英属东印度公司兼并的土邦

从 1803 年兼并布罗奇到 1848 年大贺胥勋爵任总督,英属东印度公司先后兼并了布罗奇、库尔达(Khurda)、贝拿勒斯、库尔格、杰因蒂亚、曼德维、班基(Banki)、贾劳恩、苏拉特等土邦。

1685 年,马拉塔人征服穆斯林统治下的布罗奇,不过,布罗奇纳瓦布作为佩什瓦的附庸继续持有领土。1772 年 11 月 18 日,英属东印度公司占领布罗奇。《布伦特尔条约》及随后的《萨尔巴伊条约》承认了英属东印度公司对布罗奇的权利,但考虑到信地亚在谈判中的贡献,城镇和地区被割让给信地亚。在 1803 年马拉塔战争中,英国军队攻占布罗奇。根据《苏尔杰-安金冈条约》,布罗奇最终被割让给英属东印度公司。最后一任纳瓦布的后代可以从公司享有世袭的年金。

库尔达是一个在莫卧儿王朝建立前就存在的小国,1576 年,库尔达成为莫卧儿帝国的附属国。1592 年,钱德拉·德瓦继承王位。阿克巴皇帝任命他为 2 500 级曼萨布。1780 年迪布亚辛格亚·德瓦二世(Dibyasinghya Deva II)继承王位后,库尔达成为马拉塔帝国的附属国。英属东印度公司确立对这个地区的统治后,库尔达罗阇穆孔达·德维二世(Mukunda Devi II)发动叛乱。他被废黜,领取年金,土邦在 1804 年被兼并。[1]

古勒尔的大部分地区曾被锡克帝国的创建者兰吉特·辛格占领和统治,英属东印度公司打败兰吉特·辛格后,在 1813 年将古勒尔并入英属印度。

1794 年 10 月 27 日,贝拿勒斯罗阇马希普·纳拉扬·辛格(Mahip Narayan Singh)与英属东印度公司签订条约,在贝拿勒斯省采用已经在孟加拉、比哈尔和奥里萨确立的司法和财政管理制度,除构成王公家族的领地和皇帝赏赐的土地之外,王公每年获得 10 万卢比的补偿。[2]1795 年,马希普·纳拉扬·辛格去世,其长子乌迪特·纳拉扬·辛格(Udit Narayan Singh)继位。1828 年,他要求英属东印度公司废除 1794 年条约,归还失去的领地,英属东印度公司不仅拒绝,而且下令对罗阇个人事务和王室领地管理的情况进行详细调查。在发现他对领地管理不善后,英属东印度公司没收了罗阇手中的领地,实际上兼并了罗阇的领土。1835 年继承叔父之位的

---

① Adrian Sever, *Rajwadas: The Indian Princely States*, Vol. 1, Delhi: B. R. Publishing Corporation, 2012, pp.183—184.

② C.U. Aitchison, *A Collection of Treaties, Engagements and Sanads*, Vol.II, pp.85—86.

普拉萨德·纳拉扬·辛格(Prasad Narayan Singh)在 1857 年印度民族大起义中忠于英国人、尽力给予各种形式的帮助,因而获赐"摩诃罗阇"的头衔和13 响礼炮待遇。1911 年,英国政府决定在罗阇家族领地上成立一个新贝拿勒斯土邦。摩诃罗阇帕布·纳拉扬·辛格(Parbhu Narayan Singh)被任命为新成立的贝拿勒斯土邦的第一任王公。

库尔格是一个面积 4 100 平方千米的土邦,据说其居民是纳亚尔(Nayar)部落的一支。迈索尔王公海德尔·阿里试图征服库尔格,他利用维拉·罗阇(Vira Raja)兄弟俩的矛盾,毁灭了维拉·罗阇的哥哥一家,将维拉·罗阇囚禁起来。1788 年,维拉·罗阇携妻子、弟弟林加·罗阇(Linga Raja)和阿帕吉(Appaji)成功逃出,在众多族人的帮助下,将迈索尔王公提普·苏丹的军队赶了出去。第三次英迈战争爆发之前,维拉·罗阇求助于英国人,但是没有得到英国人的承诺。战争爆发后,维拉·罗阇给予英国人有益的帮助,因此,英属东印度公司代表罗伯特·泰勒(Robert Taylor)与维拉·罗阇在 1790 年 10 月 26 日缔结主要针对迈索尔的友好同盟协定,视迈索尔为共同的敌人,维拉·罗阇要给予英国人尽可能的帮助,参加对迈索尔的军事行动;英国人则保证库尔格的独立。[1]1809 年 6 月,维拉·罗阇去世,应其要求,其女儿德瓦玛吉(Devammaji)被承认为拉尼。林加·罗阇为摄政。1811 年,林加·罗阇将拉尼废黜,自称为王。1820 年,林加·罗阇去世,其子维拉·拉金德拉·瓦迪亚尔(Vira Rajendra Wadiar)即位。他残暴地处死了大多数王室成员,他的妹妹和妹夫逃离库尔格,向迈索尔驻扎官寻求避难。英国政府派出使者,试图与罗阇谈判,但是罗阇不仅扣押了使者,而且辱骂英国政府。因此,他被宣布为公敌。1834 年 3 月 15日,驻扎官詹姆斯·斯图亚特·弗雷泽(James Stuart Fraser)在班加罗尔发布公告,对库尔格宣战,宣布维拉·拉金德拉·瓦迪亚尔不再是库尔格王公。[2]在一次小战斗之后,罗阇投降。4 月 11 日,罗阇被废黜。5 月 7 日,弗雷泽发布最终吞并库尔格的公告,宣布维拉·拉金德拉·瓦迪亚尔统治的领土已移交给英属东印度公司。[3]

杰因蒂亚土邦位于克车和锡莱特之间。1774 年,亨尼克(Henniker)上校以锡莱特平原的一些居民遭到侵犯为由进攻杰因蒂亚。1821 年,杰因蒂亚从锡莱特地区抓捕一些英国使者以献祭其保护神迦梨(Kali)女神。在缅

---

① C.U. Aitchison, *A Collection of Treaties*, *Engagements and Sanads*, *Vol.IX*, p.357.
② Ibid., pp.360—361.
③ Ibid., p.361.

甸侵犯克车并打算经过杰因蒂亚进军阿萨姆时,锡莱特的英国当局与罗阇进行谈判。总督代理人斯科特(Scott)提出,在签订条约前,罗阇拉姆·辛格二世应该不让所有土著进入;英国政府答应,如果积极抵御外来侵略,罗阇可以得到帮助。同时,斯科特也威胁罗阇说,如果允许缅甸人进入其领土,将受到惩罚。1824年2月2日,斯科特致函驻克车的缅军指挥官,禁止其军队进入杰因蒂亚。不久,一支缅甸军队出现在杰因蒂亚边境附近,在英国军官指挥下的150多人来到边境帮助罗阇,最终缅甸军队撤退。在4月签订的条约中,罗阇正式承认自己的依附地位,并保证不与任何其他国家进行单独的谈判,承诺对英国在布拉马普特拉河(Brahmaputra)以东进行的任何战争都给予军事上的帮助。后来,罗阇否决了与英国人签订的条约。1830年,罗阇在戈比利河(Kopili)和迪姆拉河(Dimla)于查帕穆克(Chapar-mukh)附近的交汇处设立了一个警察所,并且无视斯科特和罗伯逊(Ro-bertson)再三下达的拆除命令。1830年,杰因蒂亚王位继承人拉金德拉·辛格(Rajendra Singh)下令抓捕了4个英国人,并送到迦梨女神庙献祭。其中3人被作为牺牲献给神庙,1人逃跑到锡莱特,向当局报告。英国政府当即要求杰因蒂亚罗阇拉姆·辛格二世交出凶手,但谈判持续两年都没有结果。1832年11月,拉姆·辛格二世去世,拉金德拉·辛格继位。英国人决定强占他在平原地区的领土以示惩罚。拉金德拉·辛格不屈服,不愿意放弃领土,使英国人非常生气。1835年3月15日,利斯特(Lister)上尉率两个连的军队强占了平原地区,宣称将其并入英属东印度公司领地。4月,英属东印度公司又宣布兼并戈巴(Gobha)地区,拉金德拉·辛格宣布放弃自己控制较弱的山区领土,这些地方也成为英属东印度公司的领地。①卡西丘陵和杰因蒂亚的领土都依据《1835年卡西丘陵法》(*Khasi Hills Act 1835*)进行司法管理。罗阇拉金德拉·辛格被迫退居锡莱特,英属东印度公司将其多达150万卢比的个人财产交还给他。②

1732年,曼德维罗阇杜尔琼·辛格(Durjan Singh)被巴罗达摩诃罗阇达马吉·拉奥剥夺了领地,但是大约20年后,杜尔琼·辛格在佩什瓦的帮助下恢复了统治。1771年,杜尔琼·辛格去世,由他的侄子巴格万·辛格(Bhagwan Singh)继承王位,佩什瓦要求巴格万·辛格支付10万卢比贡金。1776年古曼·辛格(Guman Singh)继位时,佩什瓦索要15万卢比贡

① C.U. Aitchison, *A Collection of Treaties, Engagements and Sanads, Vol.XII*, p.76.
② Subir Kar, *1857 in North East: A Reconstruction from Folk and Oral Sources*, New Delhi: Akansha Publishing House, 2008, pp.19—22.

金。1786年古曼·辛格去世,没有继承人。纳哈尔·辛格继位时,佩什瓦索要6万卢比贡金。在《巴塞因条约》签订后,曼德维处于英国政府的统治之下,要缴纳6.5万卢比贡金。1809年,在英国政府考虑将贡金减至2.5万卢比时,曼德维发生叛乱,罗阇寻求英国政府的保护。1810年双方签订条约,罗阇答应承担军事援助的开支,将财政收入中每卢比的6安纳支付给英国政府。在英军帮助下,罗阇恢复了统治。1810年3月,罗阇答应每年支付6万卢比贡金。考虑到动荡之后土邦财政枯竭,英国政府既没有要求王公支付高达2万卢比的军费开支,也没有要求王公支付拖欠的45万卢比贡金。1814年,纳哈尔·辛格去世,因无嗣,由其侄子哈米尔·辛格继位。哈米尔·辛格的顾问鼓动他与英国政府为敌,将自己置于正与英国人交战的马拉塔佩什瓦的保护之下。巴吉·拉奥二世被推翻后,英国军队抵达曼德维,将兼并土邦。1818年5月,罗阇与英国签订条约,解雇了顾问,处理土邦事务需征得英国人同意。1834年,哈米尔·辛格的儿子瓦杰·辛格(Waje Singh)即位。1838年,瓦杰·辛格因花炮爆炸而死亡,其遗腹子也在1839年12月去世。因没有直系继承人,曼德维被视为无继承人的领土,被英属东印度公司兼并。[1]

班基是那格浦尔的附属国。1839年,罗阇因犯谋杀罪而被废黜,其土邦也被没收。[2]

贾劳恩罗阇戈文德·拉奥一世与沙姆谢尔·巴哈杜尔(Shamsher Bahadur)一道反对英国政府,因此,他的领土被英国军队占领。1806年,戈文德·拉奥一世屈服之后,除了朱木拿河两岸的几个村庄之外,其他领土都归还给他。1817年,因英属东印度公司免除了他的贡金和兵役,他便将坎德地区和久尔基(Churki)的一些村庄割让给英国人。1822年,戈文德·拉奥一世去世,其子巴拉·拉奥(Bala Rao)继位。1832年,巴拉·拉奥死而无嗣,其遗孀收养的继承人戈文德·拉奥二世也在1840年去世,因没有继承人,土邦收归英属东印度公司。[3]

自从占领苏拉特城堡和控制舰队后,英国人在苏拉特的势力大大增加,成为苏拉特实际上的主人,而纳瓦布只不过是名义上的统治者。1798年,纳瓦布尼扎姆-乌德-丁开始与英属东印度公司谈判,准备签订条约,为苏拉

---

① C.U. Aitchison, *A Collection of Treaties*, *Engagements and Sanads*, Vol.VIII, pp.359—360.

② C.U. Aitchison, *A Collection of Treaties*, *Engagements and Sanads*, Vol.II, p.322.

③ C.U. Aitchison, *A Collection of Treaties*, *Engagements and Sanads*, Vol.V, p.6.

特城堡和苏拉特城的管理支付 10 万卢比。但是,尼扎姆-乌德-丁在 1799 年条约正式签订之前就去世了,他的弟弟纳西尔-乌德-丁在签订条约之后被批准为纳瓦布。根据条约,苏拉特每年支付 10 万卢比和净收入的五分之一给英国人。1818 年,纳瓦布同意交出土邦管理权,从英属东印度公司领取 15 万卢比的固定年金。1842 年,纳西尔-乌德-丁之子阿夫扎尔-乌德-丁(Afzal-ud-din)去世,没有男性继承人。英国人兼并了苏拉特。[①]

2. 大贺胥总督兼并的土邦

1848 年 1 月至 1856 年 2 月,大贺胥勋爵一世任印度总督。他致力于在领土和法律上加强英国的主权,为此而采取的重要措施就是削弱土邦主权,并不失时机地兼并土邦。[②]他利用"失效"原则兼并土邦。所谓"失效"就是英国创立的土邦或依附于英国的土邦没有自然继承人,后来甚至延伸到"治理不善"。[③]大贺胥勋爵不承认收养继承人的习惯做法。他在 1848 年兼并了安古尔(Angul)、萨达拉和曼杜尔(Mandaul);在 1849 年兼并了杰伊特布尔(Jaitpur)、旁遮普、贾斯万、森伯尔布尔和西巴(Sibah);在 1853 年兼并了占西、那格浦尔;在 1855 年兼并了卡纳蒂克和坦焦尔;在 1856 年兼并了奥德。

安古尔是那格浦尔的附属国。1803 年 9 月和 10 月,英军打败马拉塔人,先后占领巴拉索尔和克塔克后,英属东印度公司与包括安古尔在内的那格浦尔附属国签订协定,确定王公们交给英属东印度公司的贡金额,王公们表示对英国人的忠诚。[④]1842 年,因英属东印度公司禁止以人献祭,包达(Bauda)罗阇发动叛乱。1848 年,安古尔罗阇索马纳特·辛格(Somanath Singh)公开帮助包达罗阇,与英属东印度公司为敌,安古尔罗阇因此被废黜,土邦被没收。

萨达拉是马拉塔联盟的中心。沙胡一世是希瓦吉的长孙,孩提时代就和母亲一起被莫卧儿贵族佐勒菲卡尔·汗·努斯拉特·琼(Zulfikar Khan Nusrat Jang)囚禁起来。奥朗则布去世后,莫卧儿宫廷官员认为,一个友好

① C.U. Aitchison, *A Collection of Treaties, Engagements and Sanads*, Vol.VIII, p.358.

② B.D.Metcalf & T.R.Metcalf, *A Concise History of India*, Shanghai: Shanghai Foreign Language Education Press, 2006, p.94.

③ Harleen Singh, *Rani Lakshmi Bai, Queen of Jhansi, and the 1857 Rebellion*, California, 2002, p.10.

④ C.U. Aitchison, *A Collection of Treaties, Engagements and Sanads*, Vol.II, pp.346—348.

的马拉塔领袖是有用的,便将他释放出来,并恢复了他作为马拉塔首领的权利,但他将所有事务都交给大臣巴拉·维斯瓦纳特(Bala Viswanath)。在去世前,他收养其姊婶、戈尔哈布尔的塔拉·巴伊(Tara Bai)的孙子即希瓦吉家族的罗阇拉姆二世为继承人,颁发敕令,只要佩什瓦维护以罗阇拉姆二世及其后代为代表的希瓦吉家族的尊严,就授予他掌控马拉塔联盟的全部权力。此后,萨达拉罗阇要么是佩什瓦的傀儡,要么是佩什瓦的囚徒,直到1817年佩什瓦巴吉·拉奥被推翻。1817年,第三次英马战争开始时,萨达拉罗阇普拉塔普·辛格处在佩什瓦的严密看管之下,佩什瓦曾下令说,与其让罗阇及其家人落入英国人之手,不如将他们处死。1818年2月11日,埃尔芬斯通发表公告,宣布让萨达拉罗阇成为一个可以保有他和家人舒适和尊严的独立的土邦王公。普拉塔普·辛格在2月20日阿什迪战役后获救。1819年9月25日,英属东印度公司与萨达拉未成年的摩诃罗阇签订条约。条约除了规定罗阇要服从英属东印度公司外,还将土邦管理权也留在驻扎官手中。在罗阇被授予全部统治权后,罗阇要听从驻扎官的建议,维护土邦的安定,罗阇及其继承人不得与外邦、萨达尔、札吉达尔、酋长等有任何交往,英国政府则保证罗阇拥有札吉达尔权。

萨达拉之所以被兼并,主要是因为英国政府认为罗阇普拉塔普·辛格触犯了1819年条约的第五条,与果阿当局有不恰当的交往,私下与那格浦尔的前罗阇阿帕·萨赫布交往,收买孟买土著步兵第23团的土著官员。英国政府本来愿意原谅他,只要他遵守1819年条约的某些条件,但普拉塔普·辛格拒绝接受,因而在1839年被废黜,并被遣送到贝拿勒斯,每月领取1万卢比的生活津贴。普拉塔普·辛格的养子沙胡吉·拉杰(Shahuji Rajey)被扶上王位,1839年9月,沙胡吉·拉杰与英属东印度公司签订新条约。[①]沙胡吉·拉杰在土邦内废止萨蒂制和所有过境税。1848年4月,沙胡吉·拉杰去世,英国政府不承认他收养的希瓦吉后代文凯·拉杰(Venkai Raje)的王位继承权,决定收回萨达拉的统治权。拉尼尽管表示反对英国政府接管土邦,但是最终不得不默认给予其慷慨的年金的安排。[②]

旁遮普的拉合尔王国是一个锡克教国家。锡克教徒虽然遭到莫卧儿皇帝的残酷迫害,但是势力却不断发展起来。阿富汗国王艾哈迈德·沙·杜拉尼对印度的多次入侵、打败莫卧儿帝国和马拉塔军队有利于锡克教国家

---

① C.U. Aitchison, *A Collection of Treaties, Engagements and Sanads, Vol.VIII*, pp.418—419.

② Ibid., pp.360—362.

的建立和扩张。在艾哈迈德·沙·杜拉尼第五次入侵印度、在巴尼伯德打败马拉塔军队并回到喀布尔后,锡克教徒发现他们已经强大到可以占领拉合尔周围地区。1762 年,艾哈迈德·沙·杜拉尼回到印度,在卢迪亚纳(Ludhiana)附近的伯尔纳拉毁灭性地打败锡克教徒,捣毁他们在阿姆利则的圣庙。不过,锡克教徒很快从失败中恢复过来。1763 年,他们打败阿富汗锡尔欣德总督,将他们的势力扩张到萨特莱杰河以东和以南的平原地区。1767 年艾哈迈德·沙·杜拉尼第八次入侵印度之后,锡克教徒控制了查谟至拉瓦尔品第(Rawalpindi)之间的地区。3 年内,锡克教徒将他们控制的地区扩展到查谟以远及至拉杰普特丘陵地区。锡克教徒的扩张遭到了马拉塔人的阻碍。1802 年,马拉塔人确立起对远至萨特莱杰河的霸权,向萨特莱杰河以南的锡克教徒索取 30 万卢比的贡金。1803 年,莱克勋爵打败马拉塔人,盖塔尔和金德等锡克教酋长表示效忠于莱克勋爵,锡尔欣德的所有酋长实际上成为英属东印度公司的附庸。1789 年沙·扎曼(Shah Zaman)入侵时,兰吉特·辛格给他提供了帮助,被任命为拉合尔总督。随后,兰吉特·辛格很快建立起一个强大的拉合尔王国。到 1839 年兰吉特·辛格去世时,拉合尔王国的面积达到 36 260 平方千米,收入达到 2 500 万卢比,有一支训练有素的 8.2 万人的武装部队。[1]不过,在兰吉特·辛格去世后不久,王国就走向分裂。1840 年,兰吉特·辛格年幼的儿子达利普·辛格继任摩诃罗阇,其母亲任摄政,军队统帅掌握了政府实权。他们对英属东印度公司领地的侵犯导致了前述英属东印度公司对锡克人的战争,拉合尔摩诃罗阇不得不将旁遮普拱手给了英属东印度公司。

杰伊特布尔由本纳摩诃罗阇查塔尔萨尔的儿子贾格特·拉杰(Jagat Raj)创建于 1731 年。1807 年,杰伊特布尔成为英国的附属国。1812 年,英国政府给罗阇克斯里·辛格特许,他去世时可将王位传给儿子帕里查特·辛格(Parichat Singh)。1842 年,帕里查特·辛格因反叛而被废黜。迪万科特·辛格(Khet Singh)作为查塔尔萨尔的后代获得了土邦。1849 年,科特·辛格去世,没有继承人,土邦以“失效”原则收归英属东印度公司。

西巴是下喜马拉雅山区的小王国,建于 1450 年。1808 年,西巴被古勒尔占领。1813 年,尽管王国已被分为两个部分,但基本上没有受到锡克帝国兰吉特·辛格的影响。1849 年,达德尔布尔被并入西巴,同时英属东印度公司将西巴并入英属印度。

---

① C.U. Aitchison, *A Collection of Treaties*, *Engagements and Sanads*, *Vol.I*, p.6.

　　森伯尔布尔由巴拉勒姆·德比（Balaram Deb）创建于 15 世纪中叶。
1540 年，乔汉王朝统治的巴特那王国一分为二。安格河以南的部分由纳拉
辛格·德比（Narasingh Deb）统治，安格河以北由其兄弟巴拉勒姆·德比统
治，称胡马（Huma）王国。巴拉勒姆·德比在森伯尔布尔修建新都城。格
尔贾特（Garhjat）丘陵地区的各土邦都是森伯尔布尔的附庸国。1800 年，森
伯尔布尔处于那格浦尔朋斯拉王朝统治之下。1803 年 12 月，英属东印度
公司与拉格胡吉·朋斯拉签订条约，除赖格尔以外，森伯尔布尔及其附属土
邦都被置于英国的特别保护之下。①1806 年，这些土邦又被归还给马拉塔
人。1817 年第三次英马战争之后，英国将森伯尔布尔归还给乔汉王贾扬
塔·辛格（Jayanta Singh），但是剥夺了他对 18 个附庸国的宗主权。1818—
1820 年，森伯尔布尔处于英国的直接管理之下，成为英国的保护国。
1827 年，摩诃拉杰·萨伊（Maharaj Sai）去世，没有男性继承人，英国政府允
许其遗孀拉尼莫汉·库马里（Mohan Kumari）继位，导致王位继承斗争。苏
伦德拉·萨伊（Surendra Sai）是森伯尔布尔第四个乔汉王马杜卡尔·萨伊
（Madhukar Sai）的直系后代，有资格继承王位。在拉尼的统治不得人心的
情况下，英国政府不顾苏伦德拉·萨伊的继承权而扶持纳拉扬·辛格
（Narayan Singh）。1849 年，罗阁纳拉扬·辛格去世，没有继承人，英属东
印度公司兼并了森伯尔布尔。

　　占西是由与莫卧儿皇帝贾汉吉尔关系比较好的比尔·辛格·代奥（Bir
Singh Deo）在 17 世纪初修建占西城堡后扩张而建立的王国。1804 年，英
属东印度公司与佩什瓦及占西罗阁谢沃·拉奥·包（Sheo Rao Bhao）签订
友好同盟条约，罗阁承认英国的最高统治权，他的军队在任何时候都会协同
英军行动并接受英军指挥官的调遣。②1815 年，他的孙子拉姆·昌德·拉
奥（Ram Chand Rao）继任罗阁。1817 年 11 月 17 日，拉姆·昌德·拉奥与
英国政府签订新的条约，英国政府承认他及其继承人对占西的世袭统治权，
罗阁则接受英国的保护，如与其他土邦发生争端，接受英国政府的裁决；不
经英国政府同意，不与其他土邦保持联系。③1835 年，摩诃罗阁拉姆·昌
德·拉奥无嗣而亡。依据 1817 年条约，拉姆·昌德·拉奥的叔叔拉古纳
特·拉奥继承了王位。1838 年，拉古纳特·拉奥去世时没有合法的继承
人，他的兄弟甘加达尔·拉奥（Gangadhar Rao）继承王位，但是甘加达尔·

①　C.U. Aitchison, *A Collection of Treaties，Engagements and Sanads*, Vol.II, pp.509—511.
②　C.U. Aitchison, *A Collection of Treaties，Engagements and Sanads*, Vol.V, pp.64—66.
③　Ibid., pp.67—69.

拉奥的无能使英国政府获得对土邦的直接管理权。1843 年,英国政府根据新修订的协定将管理权归还给他。1853 年,甘加达尔·拉奥听从其大臣和王后的建议,在去世前不久收养堂兄的儿子阿嫩德·拉奥为继承人,改名为达摩德尔·拉奥(Damodar Rao)。但是,大贺胥总督有意兼并占西,没有批准这次收养。自王公去世至 1856 年,拉尼拉克西米·芭伊(Laxmi Bai)寄出一系列信件至英国,抗议兼并占西及对她家族的待遇。[①]1853 年 12 月 3 日,拉尼致信总督,提出兼并是不公正和不合法的,但英属东印度公司拒绝了她的主张。拉尼约请律师约翰·兰格(John Lang)将第三封信呈递给英属东印度公司。公司官员显然不愿意律师介入,大贺胥总督也不希望问题被披露,对拉尼的做法非常不满,以至于他下令,王公的财产不归拉尼而归其养子,英属东印度公司按惯例,给予拉尼每年 6 万卢比的年金,允许拉尼居住在占西的一座宫殿。[②]拉尼甚至直接写信给英属东印度公司董事会,除了要求恢复家族对占西的统治外,还要求她作为政治退休者的特别司法地位。一直到 1857 年战死,拉尼都没有接受英属东印度公司对占西的兼并。

那格浦尔建于 18 世纪初,18 世纪中期,处于马拉塔人朋斯拉王朝的统治之下,成为马拉塔帝国的一部分。如前所述,1817 年谋杀帕苏吉·朋斯拉的阿帕·萨赫布继任罗阇之后,与其他马拉塔头领联合反对英国人,他率领军队袭击驻扎官官邸,但是被打败,被迫于 1818 年 1 月 6 日签订临时协定,将他在讷尔默达河以北及南岸的领土、在比拉尔的领土和锡尔戈贾(Sirgoojah)及久什布尔(Jushpore)割让给英属东印度公司;那格浦尔的内政和军事事务都要按照驻扎官的建议决定;罗阇及家人要居住在那格浦尔宫内,接受英国军队的保护;领地内英国政府希望占有的要塞应立即交给英国军队。[③]在签订条约之后,阿帕·萨赫布依然密谋反对英国政府,因而被废黜和逮捕,但其成功脱逃。1819 年,在一次重掌那格浦尔的努力失败后,阿帕·萨赫布逃到印度北部,1840 年在焦特布尔去世。1818 年 6 月 26 日,英国政府将拉格胡吉二世的一个外孙拉格胡吉三世(Raghoji III)扶上摩诃罗阇宝座。在其未成年期间,那格浦尔由驻扎官以摩诃罗阇的名义管理。1826 年,拉格胡吉三世成年,获得统治权,签订条约,割让领土以支付补助

① Michael H.Fisher, *The Politics of the British Annexation of India*, New Delhi: Oxford University Press, 1993, pp.250—251.

② Ibid., p.252.

③ C.U. Aitchison, *A Collection of Treaties, Engagements and Sanads*, Vol.II, pp.518—519.

金军队的开支,让领土作为支付军费的保证,在驻扎官的监督之下管理好国家。条约的实施效果与英国政府要使那格浦尔成为印度强大的土邦的意愿相悖,因此在1829年对条约进行了修改,将转让的地区归还给那格浦尔,收取80万卢比的补助金;解散军费补助金军队,要求摩诃罗阇保持一支维持国内稳定的军队,在内政方面也在一定程度上放松了驻扎官的掌控。①1853年,拉格胡吉三世去世,没有王位继承人,那格浦尔被并入英属印度。

卡纳蒂克是印度南部的一个土邦。为了奖励佐勒菲卡尔·阿里·汗取得对罗阇拉姆领导下的马拉塔人的胜利,奥朗则布皇帝任命他为首任卡纳蒂克纳瓦布。随着毗阇耶那伽罗王朝的严重衰落,卡纳蒂克控制了克里希纳河以南的广大地区。1765年,莫卧儿皇帝赐给穆罕默德·阿里·汗(Muhammad Ali Khan)"瓦拉贾赫"(Walajah)封号。英国和法国日益增强的影响及其殖民战争对卡纳蒂克产生了很大影响。纳瓦布支持英国人对抗法国人和迈索尔的海德尔·阿里。海德尔·阿里对英国人攻占在他保护下的法国人的城堡马埃(Mahé)非常恼怒,于1780年7月率领8万人以上的军队进攻卡纳蒂克首都阿尔果德。随后的战争多在纳瓦布的领土上进行,为了保卫自己的领土,纳瓦布不得不求助于英国人。1783年,英属东印度公司军队打退了迈索尔的进攻,结束了卡纳蒂克与迈索尔之间的战争。根据纳瓦布穆罕默德·阿里·汗和英属东印度公司代表阿历克谢·大卫逊(Alex Davidson)在1785年6月签订的草约,纳瓦布要支付120万帕戈达债款,每年支付英国军队40万帕戈达的费用。如果纳瓦布不能付清这些款项,则将大量领土割让给英属东印度公司。②1787年正式签订上述内容的条约。1790年英迈战争爆发时,卡纳蒂克纳瓦布没有能够支付任何款项,英属东印度公司决定在战争期间直接管理卡纳蒂克。1792年7月战争结束后,纳瓦布和英属东印度公司缔结新条约。条约规定:英国应该维持一支军队,并驻扎在卡纳蒂克;纳瓦布每年应支付90万帕戈达军费;一旦发生战争,英国政府将接收整个国家的管理,支付五分之一的地税收入;纳瓦布的债款减少至621 105帕戈达;纳瓦布应断绝与其他土邦的政治联系。③1801年7月31日,阿齐姆-乌德-朵拉(Azim-ud-Daula)继任纳瓦布后与英属东印度公司签订条约。他放弃卡纳蒂克的民事和军事权,接受领取年金

---

① C.U. Aitchison, *A Collection of Treaties , Engagements and Sanads*, Vol.II, pp.527—529.

② C.U. Aitchison, *A Collection of Treaties , Engagements and Sanads*, Vol.X, pp.52—56.

③ Ibid., pp.63—71.

264 704 帕戈达。①1855 年 10 月,第 13 任纳瓦布古拉姆·穆罕默德·戈斯·汗(Ghulam Muhammad Ghouse Khan)去世,没有合法的继承人,他叔叔阿齐姆·贾赫(Azim Jah)要求继承王位,但是,英属东印度公司以 1801 年条约没有规定王位世袭为由拒绝了他的要求,而依据“失效”原则兼并了卡纳蒂克。

坦焦尔(Tanjore)是塞瓦帕·纳亚克(Sevappa Nayak)在 1532 年左右建立的一个王国。1674 年,比贾布尔纳瓦布斯坎达尔·阿迪尔·沙派埃克吉一世(Ekoji I)入侵并征服了坦焦尔。比贾布尔纳瓦布去世时,埃克吉一世自称为坦焦尔国王。在比贾布尔臣服于希瓦吉时,埃克吉一世也不得不向希瓦吉称臣纳贡。希瓦吉一去世,坦焦尔就不再纳贡,恢复独立地位。1773 年,坦焦尔罗阇图尔贾吉(Tuljaji)涉嫌与迈索尔和马拉塔人勾结,提供一支军队,英属东印度公司视之为一种时常的威胁,因此,想利用机会使罗阇屈服。9 月 17 日,坦焦尔遭到英属东印度公司军队的进攻,罗阇及其家人都被囚禁在城堡中。英属东印度公司董事会不赞同这一针对坦焦尔的远征,指示恢复罗阇的职位。1776 年 4 月 11 日,英属东印度公司恢复了罗阇的王位,并与他签订协定:要求他不做任何不利于英属东印度公司的事情,同意接受英国军队的保护,支付军费补助金 40 万卢比,将 277 个村庄给予英属东印度公司。②1787 年,图尔贾吉去世,由其年幼的养子瑟福吉二世(Serfoji II)继位。摄政阿玛尔·辛格以瑟福吉二世被收养时心智不清、年幼且是独子为由认定收养无效,废黜年幼的罗阇,自任罗阇。但是,进一步的调查表明收养有效。在英国人的帮助下,瑟福吉二世在 1799 年夺回了王位,并在 10 月 25 日与英国人签订条约,将王国的管理权交给英国政府,领取 10 万卢比和净地税收入的五分之一。③根据条约,瑟福吉二世的主权仅限于坦焦尔城堡及周围地区。1832 年,瑟福吉二世去世,由他的独子希瓦吉二世继位。1855 年 10 月 30 日,希瓦吉二世去世,没有合法的继承人,根据“失效”原则,坦焦尔被并入英属印度。希瓦吉二世的 2 个女儿和 16 个寡妇都领取年金。④

1764 年 10 月,英属东印度公司取得伯格萨尔之战的胜利。在第二年签订的条约中,以维护莫卧儿帝国皇帝尊严为由,获得戈拉尔地区和安拉阿

---

① C.U. Aitchison, *A Collection of Treaties*, *Engagements and Sanads*, Vol.X, pp.72—76.

② Ibid., pp.86—88.

③ Ibid., pp.101—105.

④ Ibid., p.8.

巴德的控制权。1773 年 9 月,沃伦·哈斯丁斯与纳瓦布舒贾-乌德-朵拉签订条约,以 500 万卢比的价格将戈拉尔和安拉阿巴德卖给纳瓦布,支付现金 200 万卢比,第一年和第二年再各支付 150 万卢比。为了保证支付不出现争议,英属东印度公司将驻扎军队,纳瓦布要每月为每个旅开支 21 万卢比。[①]

1775 年,舒贾-乌德-朵拉去世,其子阿萨夫-乌德-朵拉(Asaf-ud-Daula)继任纳瓦布。他一即位,沃伦·哈斯丁斯总督就要他与英属东印度公司签订新条约,条约强调纳瓦布与英属东印度公司的友好同盟关系,纳瓦布永不招待或接纳英属东印度公司的敌人,有义务将英属东印度公司的敌人逮捕并交给英属东印度公司;确认纳瓦布拥有戈拉尔地区和安拉阿巴德,每月支付给每个旅的开支增加到 26 万卢比;将贝拿勒斯、江布尔(Jaunpur)和加济布尔(Ghazipur)等地区割让给英属东印度公司。[②]对英属东印度公司的资助使纳瓦布债台高筑,纳瓦布只得剥夺前纳瓦布的母亲和自己母亲的财产来减轻债务负担。他的母亲抱怨他索取了 260 万卢比。[③]

1797 年,阿萨夫-乌德-朵拉去世,他的儿子米尔扎·阿里继位,但后来证明他父亲的身份有假,米尔扎·阿里被废黜。1798 年 1 月 21 日,阿萨夫-乌德-朵拉的弟弟萨达特·阿里·汗二世继任纳瓦布。1798 年 2 月 21 日,纳瓦布与英属东印度公司签订的条约将支付给公司的军费补助金提高到每年 760 万卢比,每月支付 633 334 卢比,英国军队的数量为至少 1 万人。[④]纳瓦布的军队训练无素、装备极差,一旦阿富汗王扎曼·沙(Zaman Shah)入侵,纳瓦布的军队不仅不能帮助英属东印度公司抵抗阿富汗人,反而会成为一种危险的根源。总督威尔斯莱建议纳瓦布解散自己的军队,以英国补助金军队取而代之。W.斯科特少校代表总督进行谈判,提出可以割让领土以保证补助金有稳定的来源。纳瓦布非常不愿意接受建议,但是遭到让位给儿子的威胁,不得不在 1801 年 11 月 10 日与英属东印度公司签订条约,将总地税收入为 13 523 474 卢比的河间地和整个罗希尔坎德永久割让给英属东印度公司,以作为军费补助金;纳瓦布将自己的军队削减为 4 个步兵营、2 000 名骑兵和 300 名炮兵;纳瓦布接受英国政府的建议,实行一种可以保

① C.U. Aitchison, *A Collection of Treaties*, *Engagements and Sanads*, *Vol.II*, pp.104—105.

② Ibid., pp.106—108.

③ Ibid., p.15.

④ Ibid., pp.125—129.

证其臣民繁荣、保障土邦内居民生命和财产安全的体制。①为了满足对尼泊尔战争的军费之需,英国政府多次向奥德举债,以至于被英国人提升为国王的奥德纳瓦布在 1825 年要求割让一些领土给英国政府以抵债。

　　1847 年,瓦吉德·阿里·沙(Wajid Ali Shah)继任奥德国王。大贺胥总督早在 1848 年 9 月任命威廉·斯利曼(William Sleeman)为驻扎官之前就有意兼并奥德。他在给私人朋友的信中说,要兼并奥德和海德拉巴。②但奥德国王的健康状况良好并且有合法的男性继承人,不能适用"失效"原则,因此,英国政府以管理不善为由,多次提出警告,奥德国王对国家的管理在驻扎官看来,总是没有改善,总督最终草拟强迫奥德国王接受的条约:奥德所有的民事和军事管理权都永远转让给英国政府,国王的封号可以由国王及其合法的继承人享有;国王应该得到应有的尊重;国王每年可以获得120 万卢比的年金。③1855 年,英属东印度公司董事会指示大贺胥总督接管奥德。大贺胥总督立刻给詹姆斯·乌特勒姆下达详细指令,部署军队,向奥德国王发出最后通牒,在奥德国王拒绝签字的情况下,于 1856 年 2 月 13 日宣布兼并奥德。这是大贺胥总督兼并政策的高峰,也标志着兼并时代的终止。奥德被兼并无疑是激发民族大起义的重要因素。④

三、印度民族大起义时的土邦

　　1857—1858 年起义席卷了印度北部大部分地区。这次起义被印度民族主义者视为反对殖民统治的"起义"或"第一次独立战争"。⑤

　　导致起义爆发的原因是多方面的,最直接的原因就是大贺胥推行的兼并土邦政策。大贺胥任总督期间,总共兼并了 68 万平方千米土邦领土,占英属东印度公司兼并总面积的四分之一。⑥兼并政策激起很多土邦王公的

　　①　C.U. Aitchison, *A Collection of Treaties*, *Engagements and Sanads*, Vol.II, pp.130—133.

　　②　Michael H.Fisher, *The Politics of the British Annexation of India*, New Delhi: Oxford University Press, 1993, p.261.

　　③　C.U. Aitchison, *A Collection of Treaties*, *Engagements and Sanads*, Vol.II, pp.21—22.

　　④　Michael H.Fisher, *The Politics of the British Annexation of India*, New Delhi: Oxford University Press, 1993, p.260.

　　⑤　B.D.Metcalf & T.R.Metcalf, *A Concise History of India*, Shanghai: Shanghai Foreign Language Education Press, 2006, p.92.

　　⑥　Michael H.Fisher, *The Politics of the British Annexation of India*, New Delhi: Oxford University Press, 1993, p.22.

不满和恐惧。

间接的原因则是英国在印度势力的进一步膨胀与西方技术和观念的引进。大贺胥总督上任适逢 1848—1849 年第二次锡克战争。战争胜利后,英属东印度公司兼并了富庶且战略地位重要的旁遮普省,因而将英国的统治区域扩大到开伯尔山口。大贺胥总督引进了西方的新技术,这对于印度与宗主国文化、政治和经济的整合是必要的。铁路、电报、邮政服务和蒸汽运输改变了 19 世纪帝国体系。但是,所有这些措施都在不同程度上侵犯或威胁到土邦王公的统治。赛义德·艾哈迈德·汗在《印度起义的原因》中认为,没有印度人参与立法委员会是起义的真正原因。与此相关的是政府对宗教和社会习俗的干预。[1]1829 年废除萨蒂制,1856 年寡妇再婚法和给予女性独立行为权利的法案等严重触犯了印度教社会的宗教规范。[2]1850 年通过法案,允许印度教徒皈依基督教,以保护祖传遗产。"英国人对人们个人生活和宗教生活干预的日益增加对印度教文化构成直接致命和精神的威胁。"[3]兼并政策只威胁到王公们的统治,而对印度教传统的威胁则刺激了印度教社会的各个阶层。英国学者和印度学者一致认为,起义的导火线是涂油弹事件,因为无论印度教徒还是穆斯林都认为使用这种子弹是对他们宗教信仰的亵渎,因而引起恐慌和抗议,最终发动哗变。

1. 印度民族大起义概况

在 1857 年民族大起义发生之前,印度很多地方就发生过农民和部落民起义。在大起义之前,安得拉地区爆发了多达 40 次有记录的反对英属东印度公司的起义。1832—1834 年间起义如此频繁地发生,以至于马德拉斯政府任命乔治·罗素(George Russell)为特别专员,拥有镇压起义的特别权力。[4]但是,此后至 1857 年民族大起义爆发,小规模起义还是一再发生,如1852 年坎德什、塔尔和马尔瓦的比尔人(Bhills)起义,1855—1856 年拉杰马哈尔(Rajmahal)、帕格尔布尔(Bhagalpur)和比尔布姆(Birbhum)的桑塔尔人起义(Santals),1836—1854 年间马拉巴尔的马皮拉人(Mapillas)起义,

① Syed Ahmed Khan, *Causes of Indian Rebellion*, Delhi: Ashajyoti Book Sellers & Publishers, 2007, p.115.

② Ibid., p.132.

③ Harleen Singh, *Rani Lakshmi Bai, Queen of Jhansi, and the 1857 Rebellion*, California, 2002, p.11.

④ Biswamoy Pati ed., *The Great Rebellion of 1857 in India*, London: Routledge, 2010, p.64.

1855 年爆发的古姆萨尔（Ghumsar）和包达的坎达人（Kandhas）起义，1856 年伯尔拉基米迪（Parlakhemedi）的萨瓦拉人（Savaras）起义。

除农民和部落民起义外，英属东印度公司雇佣的印度士兵"在 1857 年起义前的 13 年中已叛变过 4 次：1844 年第三十四土著步兵联队叛变，1849 年第二十二土著步兵联队叛变，1850 年第六十六土著步兵联队叛变，1852 年第三十八土著步兵联队叛变"①。政府的失策，"孟加拉军"中高级种姓士兵对种姓权利的敏感，德里和安拉阿巴德等重要地区完全由印度士兵驻防，英国在印度境外进行克里米亚战争、波斯战争和中国战争等，使印度士兵认为英印帝国的安全依靠他们。密拉特的专员写道："一种权力的意识已在军队中滋长起来，而这种权力只有通过兵变才能得以行使，枪弹一响，这种潜在的反叛精神便见诸行动了。"迫使士兵使用涂了动物油脂的子弹犹如一个火星子，"将由纳纳·萨希布、奥德王党人物、占西的拉尼等平时在军队中小心翼翼煽动起来的不满，一下子燃了起来"②。

1857 年印度民族大起义主要发生在英属东印度公司直接控制的印度中部和北部地区。德里、勒克瑙、坎普尔是主要的起义中心。

密拉特是最先爆发起义的地方，位于德里以北 60 多千米，是一个战略要地，驻扎着大量英属东印度公司的军队和女王的军团。1857 年 4 月 24 日，当局将涂油子弹发给第三轻骑兵连 90 名印籍士兵，并要他们用牙齿去咬，其中 85 名士兵坚决拒绝。5 月 6 日，这些不服从命令的士兵被送交军事法庭审判，被判处 8—10 年苦牢徒刑。这成为引发大起义的导火线。起义者计划 5 月 31 日举行起义，但密拉特士兵提前于 5 月 10 日发动起义，将城内包括妇女和小孩在内的很多英国人杀死或烧死。晚上，密拉特的起义军向德里进发。密拉特炮兵进入红堡时鸣放了 21 响礼炮，向莫卧儿皇帝巴哈杜尔·沙二世致敬。82 岁的老皇帝答应领导独立战争。5 月 11—19 日，起义者对德里城内的英国人实行大屠杀，完全控制了德里。德里的光复对印度各地的起义产生了巨大影响。纳纳·萨希布与其他起义领导者以皇帝的名义号召全印度的王公、士兵和人民进行抗英战争，阿里格尔（Aligarh）、迈恩布里（Mainpuri）、埃达沃（Etawah）、巴雷利、沙贾汉布尔、莫拉达巴德等地宣布独立。

起义军在巴赫德·汗（Bakht Khan）的率领下坚守德里。9 月 14 日，英

---

① ［印度］R.C.马宗达等著：《高级印度史》（下），张澍霖等译，商务印书馆 1986 年版，第 835 页。
② 同上书，第 836 页。

国军队发起自 9 月 7 日开始攻城后最猛烈的攻势,约翰·尼可逊(John Nicholson)将军第一个在枪林弹雨中登上克什米尔门附近的城墙。在德里彻底沦陷之前,巴赫德·汗去觐见莫卧儿皇帝巴哈杜尔·沙二世。他鼓励皇帝说:"失掉了德里对我们没有多大妨碍,现在全国都燃起了独立的火焰。您不要以为已经失败了。我们一道离开德里到别处去。在战略上比德里更重要的地方很多,我们应该到一个这样的地方去继续战斗。我相信最后胜利是我们的。"①皇帝赞同他的看法,又命他第二天早上再来觐见。但是,英国人的秘密助手米尔扎·伊拉希巴赫西拜见了皇帝,保证让英国人对皇帝不咎既往、皇帝及其家族都不会受到任何损伤,年迈的皇帝便打消了与巴赫德·汗一起离开德里的念头。9 月 20 日,躲藏在胡马雍陵的皇帝、他的两个儿子及一个王孙先后被英军俘虏,并在进城途中被杀死。经过审判,皇帝与其家人被流放到仰光,直到 1862 年去世。

9 月 17 日,被英属东印度公司剥夺向戈达瓦里河运货物收费权的部落酋长科鲁孔德·苏巴·雷迪(Korukonda Subba Reddy)率领 400 多名起义者袭击巴塔亚村(Buttaya),占领瓦加瓦拉姆古堡(Vagavaram),并陆续有更多的起义者加入他们的队伍。9 月 23 日,起义者包围了英国政府派出的官员莫洛尼(Molony),英国政府立刻增派援兵,在无法解围的情况下,英国当局只好采取新的策略,悬赏起义首领的头颅,起初赏金为 100—500 卢比,后来提高到 2 500 卢比取科鲁孔德·苏巴·雷迪的头颅,1 000 卢比取科拉·文卡塔·苏巴·雷迪(Korla Venkata Subba Reddy)的头颅。②由于叛徒的出卖,科鲁孔德·苏巴·雷迪于 1858 年 6 月 11 日被俘,到 6 月底,大多数起义领袖都被俘。10 月 7 日,科鲁孔德·苏巴·雷迪和科拉·瑟塔拉梅亚(Korla Setharamaiah)被绞死,其他起义领袖也遭遇相同的命运,德里起义失败。

勒克瑙是奥德省的首府,英属东印度公司驻扎官驻地。1857 年 6—11 月,勒克瑙遭起义者围困。对于重建独立的奥德王国与英国人的防御来说,勒克瑙是使双方都不安之地。奥德省高级专员亨利·劳伦斯和他的哥哥、旁遮普省高级专员约翰·劳伦斯(John Lawrence)发现奥德处于起义的中心。英属东印度公司在勒克瑙的兵力为 1 720 人,其中 700 人是印度士

---

① [印度]孙德拉尔著:《1857 年印度民族起义简史》,文仲叔、强广学译,生活·读书·新知三联书店 1957 年版,第 101 页。

② Biswamoy Pati ed., *The Great Rebellion of 1857 in India*, London: Routledge, 2010, pp.68—70.

兵,另有 153 名平民志愿者和 1 280 名非战斗人员,而城内及周围地区的起义者达到 5—10 万人。①

　　5 月 14 日,亨利·劳伦斯得知密拉特爆发起义的消息,也得悉勒克瑙守军中一些士兵计划在 30 日晚发动兵变,于是将他们驱逐出勒克瑙城,将所有欧洲人集中到驻扎官管辖区,管辖区城墙得到加固,窗子被封住,且储存了食品和弹药。到 6 月中旬,亨利·劳伦斯意识到奥德所有英国的前哨基地都被封锁,他处于孤立无援的境地。6 月底,传来坎普尔城陷落、守军全部投降的消息。6 月 29 日,一股由大约 500 名步兵、50 名骑兵和 1 门大炮组成的起义军抵达附近的钦哈德(Chinhut)。实际上,起义士兵人数超出此 10 倍。在敌情不明的情况下,亨利·劳伦斯率 300 人出城,阻击起义者。但是,和亨利·劳伦斯的军队受过同样训练且装备相同的起义者给他以重创,造成 200 多人伤亡,夺走 5 门大炮,亨利·劳伦斯受伤,撤回驻扎官管辖区。他写信给亨利·哈夫洛克(Henry Havelock)求援:"敌人已经追着我们,如果不能得到快速援助的话,我们大约会在 15—20 天内失守。"②

　　7 月 2 日,亨利·劳伦斯因书房内炸弹爆炸而受致命重伤,并于两天后去世。约翰·因格利斯(John Inglis)接管军队的指挥。他立即采取行动,向起义者的前哨阵地发起几次冲击,堵塞他们的大炮,以振奋英军的士气。但是,一时难以解除起义军对勒克瑙的围困。在步枪射击对英国人的防御效果相对较低的情况下,起义者采取地道战术。因格利斯的工程兵则挖掘反地道,在驻扎官管辖区城墙下的地道里与起义者进行较量。8 月 10 日,起义者设法引爆一颗地雷,摧毁了 18 米的城墙,发起进攻。但是,守军的猛烈射击打退了起义者的进攻。起义者的进攻只是被围困在驻扎官管辖区的人所面临的危险之一,同样致命的是,管辖区内人口过多和卫生条件糟糕,霍乱、痢疾和天花之类的疾病蔓延,食物短缺也极其严重。到被困后期,因疾病而死去的人和战死的人一样多。

　　7 月初,哈夫洛克受命前去救援勒克瑙。17 日,他夺回坎普尔。25 日,渡过恒河,进入奥德。起义者几次未能阻止他的推进。但是到 8 月中旬,霍乱、伤亡和炎热使他的军队减员到仅剩 1 500 人和 10 门大炮,弹药也耗尽。由于大量起义军驻守在比图尔,哈夫洛克意识到其侧翼遭到威胁,只得撤回坎普尔,等待援军。8 月 16 日,两军在比图尔城外遭遇,哈夫洛克打败纳

---

　　① G. Fremont-Barnes, *The Indian Mutiny 1857—1858*, New York: Osprey Publishing, 2007, pp.55—56.

　　② Ibid., pp.56—57.

纳·萨希布的军队,焚烧了他的宫殿。

9月15日,詹姆斯·乌特勒姆率援军抵达坎普尔,使哈夫洛克的援军达到3 000多人。9月19日,哈夫洛克的军队渡过恒河,22日在曼格尔沃尔(Mangalwar)取得一场小胜,并抵达离勒克瑙仅26千米的巴尼(Bani)。23日,哈夫洛克继续向前推进,在勒克瑙以南6千米处遭遇大约11 500名装备精良的起义者。哈夫洛克的大炮驱赶走起义者的骑兵,炸毁了他们的大炮,起义的步兵便四处逃生。25日,哈夫洛克所率领的援军抵达驻扎官管辖区,但是付出了535人伤亡的惨重代价。[①]因伤亡和疾病损失的人员较多,援兵只足以加强和保证驻扎官管辖区及其周围地区的安全,而不能继续向前进击或将人员撤离到坎普尔。起义者再次对勒克瑙实行了6周之久的围困。

11月初,霍普·格兰特(Hope Grant)到达坎普尔,与科林·坎贝尔(Colin Campbell)一道,率总数达5 000人的援兵和49门大炮,开展第二轮救援。11月12日,援军抵达阿拉姆伯克(Alambagh)。坎贝尔采取与哈夫洛克不同的方式,在准备好从驻扎官管辖区撤离所需的给养和车辆后,向起义军最牢固的据点塞康德拉伯克(Secundrabagh)发起猛烈攻势,造成起义军2 000多人阵亡。17日,坎贝尔最终与乌特勒姆和哈夫洛克汇合。19日开始将守军和平民撤离,23日完成撤离工作。哈夫洛克因过度劳累和患上痢疾而死去。12月3日,所有伤员和平民都撤到安拉阿巴德的安全地区。1858年3月2日,2万多人的增援部队及乌特勒姆留守在阿拉姆伯克的4 000多人向勒克瑙包括平民在内的12万多起义军发起反攻。3月16日,英军收复驻扎官管辖区。3月21日,英军收复整个勒克瑙城。

坎普尔是1857年起义的重要中心之一。坎普尔处于从加尔各答溯恒河而上的交通要道上,任何救援勒克瑙的军队都要经过这里。驻城守军由在印度呆了近50年的休·惠勒(Hugh Wheeler)指挥。1857年6月5日,起义者攻占坎普尔,宣布佩什瓦巴吉·拉奥的养子、以"纳纳·萨希布"而著称的多恩杜·潘特(Dhondu Pant)为佩什瓦。纳纳·萨希布是比图尔摩诃罗阇、佩什瓦巴吉·拉奥二世的继承人,因大多数领地被英属东印度公司剥夺,只能从公司领取8万英镑的年金。[②]在巴吉·拉奥二世去世后,英属东印度公司连8万英镑年金也不再发放,因为纳纳·萨希布不是自然出生的

① G. Fremont-Barnes, *The Indian Mutiny 1857—1858*, New York: Osprey Publishing, 2007, p.63.

② Ibid., p.49.

继承人,而且王国也不再存在。这使纳纳·萨希布非常生气,1853 年派阿济穆拉·汗(Azimullah Khan)到伦敦向英国政府申诉,但英国政府拒绝了他的要求。因此,纳纳·萨希布在起义爆发后也加入了起义的队伍。

在休·惠勒指挥下,英国官兵和平民撤退到营区很浅的壕沟(史称"惠勒壕沟")中。6 月 6 日,起义队伍开始围攻英军所在的壕沟。当时,壕沟中有休·惠勒指挥的 300 多名英国和印度官兵及 500 多名平民,其中大多数是妇女和小孩。英属东印度公司的军队没有进攻的实力,只采取措施进行防守。在食品和水都短缺的情况下,很多人因日晒和缺水而死去。在攻击英军的消息传出后,很多支队伍加入纳纳·萨希布,到 6 月 10 日,他指挥的起义军达到 1.2 万至 1.5 万人。但是,因担心英军在起义者接近时引爆弹药,起义者不敢贸然进攻。

1857 年 6 月 23 日是普拉西战役 100 周年纪念日,有人预言说,普拉西战役 100 年后英国的统治将崩溃,很多起义者受到预言的鼓舞,在 6 月23 日向英军发起进攻,虽然起义者未能在当天攻下堡垒,但是导致英军和平民大量伤亡,休·惠勒之子戈登·惠勒(Gordon Wheeler)被起义者斩首,英印军队士气低落。纳纳·萨希布为了打破僵局,在 6 月 24 日派出欧洲女囚犯罗斯·格林韦(Rose Greenway)送信给休·惠勒:如果英军投降的话,他答应让欧洲人安全地撤到恒河边的萨迪乔拉码头(Satichaura Ghat),在那里乘船到安拉阿巴德。因为没有纳纳·萨希布的字据,休·惠勒没有接受建议。第二天,纳纳·萨希布又派另一名女囚雅各比(Jacobi)夫人将有他签名的字条送给惠勒。鉴于防守的英军弹尽粮绝,休·惠勒决定投降。经过一天时间的准备及掩埋死者的尸体后,惠勒于 6 月 27 日带着官兵和平民走出壕沟,在起义者的押送下前往萨迪乔拉码头。但在到了码头后,混乱之中,英军朝起义者开火,导致报复性屠杀,除已经上船的休·惠勒和少数英军及被俘的 120 多名平民脱逃外,其他人都被杀死。

被俘的 120 多名妇女儿童被关押在比比格尔(Bibigarh),后来又有惠勒船上的幸存者、从法塔赫布尔及其他地方俘虏而来的妇女儿童被关押在比比格尔,总共 200 多人。在怎样处置这些被俘妇女儿童的问题上,纳纳·萨希布与唐蒂亚·托庇(Tantya Tope)发生争执,纳纳·萨希布主张以他们作为与英属东印度公司谈判的筹码,唐蒂亚·托庇则要杀死他们,以报复英国人。纳纳·萨希布家的女人也反对屠杀,甚至以绝食抗争,但是枉然。7 月 15 日,因起义士兵也拒绝枪杀被俘的妇女儿童,侯赛尼·卡努姆(Hussaini Khanum)雇佣屠夫杀死被囚禁在比比格尔的妇女儿童,只有少数几个藏身尸体之中的人得以幸存。

坎普尔屠杀激起了英国人极端的复仇情绪。哈夫洛克在安拉阿巴德集合了一支准备救援勒克瑙的军队。坎普尔是去勒克瑙的必经之地,因此,哈夫洛克要先解其围。7月7日起,哈夫洛克率军在酷热中行进200多千米。7月12日,哈夫洛克在法塔赫布尔很快就打败拥有12门大炮的3 500名起义者。接着打败潘杜·纳迪(Pandu Nadi)率领的起义军。16日,哈夫洛克最终与纳纳·萨希布拥有8门大炮的1万多人的主力遭遇于坎普尔城外。因为天气炎热,运输大炮的公牛处于极其疲惫的状态,所以哈夫洛克的大炮无法发挥作用。英军遭到起义军的猛烈轰击。哈夫洛克指挥英军发起冲锋,很快驱散了起义军,纳纳·萨希布逃跑了。在经过8天行军和数次战斗之后,英军无力继续前进、解救城内被俘的人。实际上,纳纳·萨希布已下令将城内的俘虏杀死,英军进城后,几乎没有可救之人。哈夫洛克将其下属詹姆斯·尼尔(James Neill)及小股军队留在坎普尔后驰援勒克瑙,以免大屠杀在勒克瑙重演。[1]"该城于11月27日和28日由叛乱的瓜利奥尔(即瓜廖尔)部队占领,但于12月6日被科林·坎贝尔爵士收复。"[2]

除了印度中部和北部外,其他一些地区和土邦也发生过规模较大的反英斗争,如奥里萨的森伯尔布尔、马尤班吉、普里(Puri)[3];此外,戈诺(Gonoo)在焦达讷格布尔高原的辛格布姆(Singhbhum)地区也领导了起义。[4]

1857年起义爆发后,安得拉地区也并非偶然地爆发了多次起义。大起义爆发之前,1857年2月28日,维济亚讷格勒姆(Vizianagaram)发生起义。在5月10日密拉特起义爆发后,北部地区的起义者宣布莫卧儿皇帝巴哈杜尔·沙二世为他们的领袖,南方地区的穆斯林起义者也宣布效忠莫卧儿皇帝。7月17日,图拉巴兹·汗(Turabaz Khan)和摩尔维·阿洛丁(Moulvi Allauddin)领导5 000多罗希拉人和平民起义,进攻海德拉巴的英国驻扎官官邸,但是失败了。8月28日,在古德伯(Cuddapah)地区,一个穆斯林酋长试图鼓动土著官员和第30团的士兵起义,表示效忠德里皇帝,预言在第一个斋期"英国政府将终止,莫卧儿王朝将重建,英国军队的子弹将没有杀伤

① G. Fremont-Barnes, *The Indian Mutiny 1857—1858*, New York: Osprey Publishing, 2007, pp.51—54.

② [印度]R.C.马宗达等著:《高级印度史》(下),张澍霖等译,商务印书馆1986年版,第839页。

③ Biswamoy Pati ed., *The Great Rebellion of 1857 in India*, London: Routledge, 2010, pp.50—58.

④ Ibid., pp.32—43.

力,剑将变钝"①。在对海德拉巴的英国管区进攻失败后,罗希拉人继续袭击英国人控制下的古德伯、卡努尔(Kurnool)和克里希纳地区。

在英国当局忙于镇压戈达瓦里山区苏巴·雷迪起义时,维沙卡帕特南(Visakhapatnam)地区的古代姆(Gudem)山区也爆发了起义。1858年4月22日,起义者在桑亚斯·布帕蒂(Sanyasi Bhupathi)领导下向古代姆山区进发。5月,起义队伍发展到300多人。纳拉萨伯达姆(Narasapatam)当局立刻派兵追击起义者。在取得一些成功之后,起义队伍发生分化,包括桑亚斯·布帕蒂在内的部分起义领袖离开起义队伍。9月,桑亚斯·布帕蒂被俘,被判终身流放海外,给起义造成致命打击。其他被俘起义领袖也被判流放10—14年。②

尽管R.C.马宗达、E.A.盖特等学者依据英国官方档案说"伟大的1857年士兵起义几乎没有波及阿萨姆"③,但实际上,阿萨姆和印度东北地区也曾发生过规模比较大的起义。1858年1月12日,起义者与曼尼普尔王公纳林德拉吉特·辛格(Narindrajit Singh)及其随从走出丛林。早上,他们进入比纳根迪河(Binnakandi)西边的一个村庄,随即与宾斯特(Binst)中尉率领的英军发生了激烈的交火。④在激战两个小时之后,起义者被迫撤离已经占领的村庄,退回丛林。

在印度民族大起义期间,少数土邦王公参加了起义,很多土邦王公则给英国人以大力支持。

2. 参与起义的土邦王公

参与起义的只是那些利益受到英属东印度公司损害的土邦王公。"部分印度土邦王公对英国新的兼并政策的实施不满,视起义为恢复其权力和领土的机会。"⑤在大贺胥治下,根据新"失效"原则,英属东印度公司兼并了那格浦尔、占西和奥德等没有自然继承人的印度土邦,这在土邦中造成不安情绪。奥德被兼并在激起孟加拉军队不满中起了关键的作用,孟加拉军队中7.5万多人来自奥德。很多居民认为兼并是非法的政治行为。在兼并

---

① Biswamoy Pati ed., *The Great Rebellion of 1857 in India*, London: Routledge, 2010, p.65.

② Ibid., p.76.

③ Subir Kar, *1857 in North East: A Reconstruction from Folk and Oral Sources*, New Delhi: Akansha Publishing House, 2008, p.1.

④ Ibid., p.42.

⑤ G. Fremont-Barnes, *The Indian Mutiny 1857—1858*, New York: Osprey Publishing, 2007, p.25.

中,纳瓦布瓦吉德·阿里·沙被废黜,英属东印度公司在支付了象征性的退伍金后解散了6万多军人。[1]这是英属东印度公司实行兼并政策的迹象。看到奥德的命运,很多王公非常惊慌,觉得他们的领土也面临着被兼并的威胁。随着奥德作为一个独立国家的消亡,高级军人将被剥夺王公曾赋予的权利和特权,从而丧失作为军人的特殊地位。正是这一支军队维持了社会的稳定和安全,在其地位受到威胁时,普遍的不安也就不可避免了。孟加拉军队中四分之三的士兵是高级种姓的印度教徒,往往是英国统治所依赖的地主的儿子。《1856年普遍征兵法》不顾印度士兵的强烈反对,要求他们在必要时到印度境外服役。撇开将士兵拉到远离故乡和家庭的地方不说,要他们到海外服役将剥夺他们的种姓地位。此前英属东印度公司给予在海外服役的士兵一些津贴,《1856年普遍征兵法》却取消了这一津贴。如果需要,印度士兵要到阿富汗、缅甸或更远的地方服役,征兵受到影响,其结果是,印度教徒担心英国当局为了满足需要,将征用低级种姓甚至不可接触者,这是他们难以接受的。因此,一些土邦王公参加了反英大起义。

在奥德纳瓦布瓦吉德·阿里·沙被废黜并被流放后,贝格姆哈兹拉特·马哈尔(Hazrat Mahal)的支持者杰伊拉尔·辛格(Jailal Singh)领导的军队参加大起义,攻占勒克瑙。贝格姆宣布其子比尔吉斯·卡德拉(Birjis Qadra)为奥德纳瓦布。在英军收复勒克瑙及奥德大部分地区后,贝格姆被迫撤离,与纳纳·萨希布联系,参与进攻沙贾汗布尔,失败后逃往尼泊尔。

占西拉尼拉克西米·芭伊是1857年起义的一个重要领袖。按照计划,占西在1857年6月4日爆发了起义。第12印籍团的军曹古鲁·巴赫息·辛哈首先占领堡垒中的军火库和金库。随后,拉克西米·芭伊也从宫里走出来,手里拿着武器,亲自掌握了指挥起义军的大权。6月7日,骑兵队长加勒·罕与税吏穆罕默德·胡信受拉尼之命率兵攻打堡垒,堡垒里的印籍士兵起义接应。6月8日,加勒·罕下令杀死堡垒里面的67名英国人,包括男人、女人和小孩。从这天起,英属东印度公司的政权被逐出了占西。拉克西米·芭伊再度以年幼的君主达摩德尔的监护人身份登上了占西的王座。德里皇帝的旗帜替换了原来的英国旗,在占西堡垒的上空升起来。拉尼在全土邦范围内发出通告:"人类属真主,天下属德里皇帝,占西属拉克西米·芭伊女王。"[2]1858年3月23日,休·罗斯(Hugh Rose)率领英军围攻

---

① G. Fremont-Barnes, *The Indian Mutiny 1857—1858*, New York: Osprey Publishing, 2007, p.25.

② [印度]孙德拉尔著:《1857年印度民族起义简史》,文仲叔、强广学译,生活·读书·新知三联书店1957年版,第60—61页。

占西,拉克西米·芭伊在少数护卫保护下冲出重围,到加尔比(Kalpi)安营扎寨,并加入唐蒂亚·托庇等领导的起义队伍。5 月 22 日,英军进攻加尔比,起义军遭遇失败,起义领袖逃到瓜廖尔的莫拉尔(Morar),但是没有听从拉克西米·芭伊加强防卫的建议,以至于英军在 6 月 16 日很快就攻占莫拉尔,拉克西米·芭伊受伤身亡。

塔尔是印度中部的重要土邦之一。1819 年 1 月 10 日,塔尔罗阁拉姆钱德拉·拉奥(Ramchandra Rao)与英属东印度公司订立条约,塔尔成为英属东印度公司的保护国,罗阁同意配合英国政府的行动;将其向班斯瓦拉和栋格尔布尔征收贡金的权利转让给英国政府,英国政府将持有比拉锡亚帕戈纳 5 年,以抵消英国政府同意给予塔尔的 25 万卢比贷款。[①]1821 年 12 月 18 日,塔尔又与英国政府签订协定,塔尔转让比拉锡亚及阿里莫汉的贡金,英国人每年支付 11 万卢比。[②]1828 年,塔尔将尼曼布尔·马卡拉尔(Nimanpur Makrar)帕戈纳的管理权交给英国政府,在扣除所有管理费用之后,英国政府要将盈余的地税收入交给塔尔。在 1857 年起义爆发时,塔尔罗阁阿南嫩德·拉奥三世刚刚继位,且年仅 13 岁,他的大臣们无法阻止起义的蔓延。1858 年 1 月,土邦被没收,但是在 1860 年,除比拉锡亚之外,其他地方都归还给罗阁。不过,由于罗阁尚未成年,直到 1864 年 10 月 1 日,塔尔一直处在英国人的监管之下。尽管在起义时塔尔也反叛,但是罗阁本人忠于英国政府,而且善于管理,被赐给特许,授予收养权。1877 年获得"摩诃罗阁"的封号。[③]

安杰赫拉(Amjhera)是 17 世纪建立的一个小国,一直要向强大的政权缴纳贡金,最初向莫卧儿帝国,后来向马拉塔人。在英国人的调解下,1820 年订立的协定规定,安杰赫拉向信地亚缴纳贡金,但是信地亚不能干涉安杰赫拉的内政。罗阁巴赫达瓦尔·辛格(Bakhtawar Singh)参加 1857 年起义,被俘。由信地亚、霍尔卡、塔尔、小代瓦斯、包尼和德蒂亚的瓦吉尔组成的陪审团判定他有罪,被处以绞刑,他的土邦被没收,转归瓜廖尔信地亚。[④]

在将罗希尔坎德割让给英国政府之前,法鲁卡巴德的领土已几乎全部

---

① C.U. Aitchison, *A Collection of Treaties*, *Engagements and Sanads*, *Vol. IV*, pp.177—178.

② Ibid., pp.180—181.

③ Arnold Wright, *Indian States*, New Delhi: Asian Educational Services, 2006, p.302.

④ Adrian Sever, *Rajwadas: The Indian Princely States*, *Vol. 1*, Delhi: B. R. Publishing Corporation, 2012, p.242.

被奥德纳瓦布的领地包围。法鲁卡巴德纳瓦布伊姆达德·侯赛因·汗（Imdad Hoossain Khan）每年向奥德纳瓦布缴纳贡金45万卢比。1801年，奥德纳瓦布与英属东印度公司签订条约后，贡金交给英国政府。1802年，法鲁卡巴德纳瓦布将领土割让给英国政府，"为了维护纳瓦布伊姆达德·侯赛因·汗的生活和尊严，同意他将得到每月9 000卢比（或者每年10.8万卢比）的津贴，这笔津贴可以继续给他的继承人及其后代，并不得以任何借口减少。英国政府进一步同意，前述纳瓦布将在任何场合都因为他的等级和地位而得到关注、尊重和尊敬"①。最后一位纳瓦布塔法佐尔·侯赛因（Tafazzul Husain）在1857年参加起义，1859年投降，接受特别委员会的审判，以叛乱和发动战争罪、谋害许多英国臣民和印度人的罪名被判处死刑，所有财产被没收。但是，由于他是在巴罗（Barrow）上校的邀请下投降的，最终没有执行死刑，只是要求他立刻、永远离开英国人的领地。他被送到亚丁，1882年死于麦加。②

蒂洛哈（Tiroha）是佩什瓦拉戈巴的儿子阿姆里特·拉奥（Amrit Rao）创建的。霍尔卡将巴吉·拉奥逃亡到巴塞因视为退位，试图将阿姆里特·拉奥作为他的继承人，但是英国军队开进浦那，使他的计划没有成功。1803年，阿姆里特·拉奥与英属东印度公司签订条约，英属东印度公司保证给他和他的儿子每年70万卢比津贴，他放弃佩什瓦。阿姆里特·拉奥选择本德尔汗德作为他的官邸所在地，英属东印度公司给他一块年收入4 691卢比的札吉尔。1853年，阿姆里特·拉奥的继任者维纳亚克·拉奥（Vinayak Rao）去世，没有继承人，其70万卢比的年金停发。他收养的两个儿子纳拉扬·拉奥（Narayan Rao）和马多·拉奥（Madho Rao）在1857年参加起义，领地被没收。③

伯勒布格尔（Ballabhgargh）是德里以南30千米处的一个小土邦，由戈帕尔·辛格建于1705年。1829年，纳哈尔·辛格继任罗阇。印度民族大起义期间，罗阇率领自己的军队，利用游击战术，袭扰德里至阿格拉战略要地上的英军。俘虏莫卧儿皇帝巴哈杜尔·沙的英军陷入罗阇军队包围，直到英军指挥官威胁说要杀死皇帝时，罗阇才解除包围，撤回伯勒布格尔。英军邀请罗阇去德里和谈，声称已经与皇帝达成协议。罗阇率领500名骑兵

---

① C.U. Aitchison, *A Collection of Treaties, Engagements and Sanads*, Vol.II, p.69.

② Ibid., p.9.

③ Adrian Sever, *Rajwadas: The Indian Princely States*, Vol.1, Delhi: B.R. Publishing Corporation, 2012, p.299.

前往德里,但是一进德里城,就被英军逮捕。英军猛攻 3 天之后,占领伯勒布格尔。因罗阁拒绝投降,于 1858 年 4 月 21 日被绞死,土邦被没收。[①]

法鲁克讷格尔(Farrukhnagar)是德里西南 25 千米处的一个小土邦,纳瓦布在起义时与英军对抗,第二年以叛乱罪被处决,土邦被没收。

切杰尔(Jhajjar)是德里西边的一个小土邦。1794 年给予爱尔兰冒险者乔治·托马斯(George Thomas),1803 年被赏给尼贾巴特·汗(Nijabat Khan)。起义爆发时,他的继任者阿卜杜尔·拉赫曼·汗(Abdur Rahman Khan)拿起武器反对英国人,当年被处决,土邦被没收。[②]

除上述土邦外,还有一些土邦因参加起义而被没收。1830 年,瓜廖尔征服班布尔(Banpur),宣布其为金代里(Chanderi)地区的一部分,但是这一宣称并没有获得承认。1857 年,班布尔罗阁马尔丹·辛格(Mardan Singh)参与起义,其领地被没收,并给予瓜廖尔。[③]比杰拉戈格尔(Bijairaghogarh)因王公苏约·普拉萨德(Surju Prasad)参与起义而在 1858 年被没收。沙格尔(Shahgarh)因罗阁巴赫德·巴利(Bakht Bali)在 1857 年参与起义而被没收。英属东印度公司兼并戈兰(Kolhan),剥夺了珀拉哈特(Porahat)罗阁的权力。在大起义爆发后,罗阁阿尔琼·辛格(Arjun Singh)在辛格布姆地区煽动反英起义。[④]

总体来看,参与起义的土邦都是较小的土邦,在 560 多个土邦中只占极少数,不能对英属东印度公司的统治构成很大威胁。

3. 支持英国人的土邦王公

在印度民族大起义期间,绝大多数土邦王公给予英国人以不同程度的支持,如巴罗达、海德拉巴、博帕尔、印多尔、瓜廖尔、乌代布尔、珀勒德布尔、斋浦尔、焦特布尔、伯蒂亚拉、雷瓦、代瓦斯、栋格尔布尔、海尔布尔、兰布尔、勒德兰等,他们对英国人的忠诚和支持也得到了较多回报。

在起义爆发后,印度北部地区蔓延着难以言状的恐怖,即便在古吉拉特也发生了起义,但是,巴罗达摩诃罗阁坎德·拉奥二世给予英国同盟者以坚定的、慷慨的、力所能及的支持,以镇压起义。为表彰其帮助,1858 年 5 月

①　Adrian Sever, *Rajwadas: The Indian Princely States*, *Vol. 2*, Delhi: B.R. Publishing Corporation, 2012, p.329.

②　Ibid., pp.331—332.

③　C.U. Aitchison, *A Collection of Treaties*, *Engagements and Sanads*, Vol.V, p.7.

④　Biswamoy Pati ed., *The Great Rebellion of 1857 in India*, London: Routledge, 2010, p.42.

31 日,总督查尔斯·坎宁(Charles Canning)致函巴罗达驻扎官 R.C. 谢克斯比尔(Shakespear),表示免除 1841 年摩诃罗阇同意每年承担的 30 万卢比养马费用。①1862 年 3 月 11 日,坎宁总督又颁发特许状,赐给坎德·拉奥二世收养继承人的权利。②英国政府还颁发给其"印度之星"勋章。③

1857 年 5 月 16 日,海德拉巴尼扎姆纳西尔-乌德-朵拉去世,其长子阿夫扎尔-乌德-朵拉(Afzal-ud-daula)继任。此时,民族大起义已经爆发。海德拉巴对德干和中印度军事行动的成功非常重要。依据土邦的局势,英国人非常担心起义会蔓延到海德拉巴,从而导致其西北的孟买与南方的马德拉斯之间卷入起义之中。虽然在 1857 年 7 月 17 日确实发生了袭击驻扎官官邸的事件,但是,尼扎姆遵守诺言,驳回了一些下属参加起义的建议。为了表彰尼扎姆的忠诚及在镇压起义中给予的帮助,在 1860 年缔结的新条约中,英国人将赖久尔河间地(Raichur Doab)、与艾哈迈德讷格尔和绍拉布尔相邻的西边的领地归还给尼扎姆;免除尼扎姆所欠英属东印度公司的 500 万卢比债务。④在恢复和平之后,坎宁总督代表英王向尼扎姆及其总理萨拉尔·琼(Salar Jung)在镇压起义中给予的巨大帮助表示衷心感谢,并奖给尼扎姆 10 万卢比,维多利亚女王授予尼扎姆和萨拉尔·琼以"印度之星"勋章。⑤

1857 年起义爆发时,博帕尔统治者斯坎德尔·贝格姆是对英国人很忠实的纳萨尔·穆罕默德·汗的女儿。起义爆发后,斯坎德尔·贝格姆尽可能维持土邦内的和平。尽管遭到暴力威胁,却尽可能保护来避难的英国人。她派军队配合英军,提供大量食品和马饲料。她的支持得到了英国政府的肯定和奖赏。1860 年 12 月 27 日,坎宁总督颁发特许状,将比拉锡亚的主权赐给博帕尔。⑥1861 年 1 月,在贾巴尔普尔庆典上,坎宁总督对斯坎德尔·贝格姆在民族大起义时给英王政府的支持表示感谢,宣布确定她为博帕尔的统治者,授予她"印度之星"勋章。1862 年 3 月 11 日,坎宁总督颁发收养特许状。在 1868 年斯坎德尔·贝格姆去世时,其女儿沙杰汉·贝格姆(Shahjehan Begam)继位。⑦

---

① C.U. Aitchison, *A Collection of Treaties, Engagements and Sanads, Vol.*Ⅵ, p.373.

② Ibid., p.375.

③ Arnold Wright, *Indian States*, New Delhi: Asian Educational Services, 2006, p.17.

④ C.U. Aitchison, *A Collection of Treaties, Engagements and Sanads, Vol.*Ⅸ, p.96.

⑤ Arnold Wright, *Indian States*, New Delhi: Asian Educational Services, 2006, p.41.

⑥ C.U. Aitchison, *A Collection of Treaties, Engagements and Sanads, Vol.*Ⅳ, p.117.

⑦ Arnold Wright, *Indian States*, New Delhi: Asian Educational Services, 2006, p.63.

1857 年 5 月 10 日,密拉特兵变爆发,很快蔓延开来。马希德布尔和博帕尔的兵变蔓延到印多尔、姆豪(Mhow)和其他地方。6 月 9 日,印多尔摩诃罗阁图克吉·拉奥二世敦促继任驻扎官和总督的代表亨利·马里恩·杜兰(Henry Marion Durand)将女性、儿童和财产转移到姆豪,但是他的建议没有被接受。7 月 1 日,驻扎官官邸遭到起义士兵的进攻和抢劫,杜兰突然向塞霍尔(Sehore)方向撤退。虽然自己的军队已处于失控的状态,摩诃罗阁还是派出小分队寻找并保护受伤的欧洲人,让进入王公宫殿的人避难,提供可能的帮助。摩诃罗阁找到留在印多尔驻扎官库房中的物品,并交给姆豪的指挥官 T.亨格福德(Hungerford);也同样给予亨格福德力所能及的帮助。摩诃罗阁在安杰赫拉和瑟尔达尔布尔(Sardarpur)等地方的官员和军队给予在博帕瓦尔的驻扎官亚历山大·哈钦森(Alexander Hutchinson)和其他官员以有益的帮助。英国政府肯定了摩诃罗阁为英国人提供的帮助,1858 年女王诏书撤销了 1844 年哈丁总督颁发给摩诃罗阁图克吉·拉奥二世的特许状中施加的限制,即英国人有权干涉王位继承问题。[①]1860 年,坎宁勋爵在贾巴尔普尔专门给摩诃罗阁举行庆典,再次感谢他的帮助,保证霍尔卡家族统治将永久且繁荣。[②]英国政府还补给他在大起义期间的军费支出 306 993 卢比。1862 年 3 月 11 日,坎宁总督授予霍尔卡收养特许权。[③]

瓜廖尔士兵参与了民族起义的计划。6 月 14 日,瓜廖尔士兵举起起义旗帜,焚毁瓜廖尔的英国人住宅,杀死英国官员和城中的其他英国人。英属东印度公司在整个瓜廖尔的势力几乎被彻底消灭。然而,在总理丁卡尔·拉奥(Dinkar Rao)和驻扎官沙特尔·麦克弗森(Chartres Macpherson)的劝说下,摩诃罗阁贾亚吉拉奥·信地亚在起义之初保持中立,后来站到英国人一边。1858 年 6 月 1 日,摩诃罗阁率领由 1 500 名骑兵、600 名卫队和 8 门大炮组成的军队,与唐蒂亚·托庇、拉克西米·芭伊和纳纳·萨希布领导的包括 7 000 名步兵、4 000 名骑兵和 12 门大炮的起义军决战于莫拉尔。结果,除少数卫兵跟随摩诃罗阁逃到阿格拉外,武器和其他士兵均落入起义军之手。尽管与起义军的决战遭遇失败,但是摩诃罗阁的立场和行动给予了英国人极大支持。如果当时摩诃罗阁不和英属东印度公司保持友谊而公开率领自己的庞大军队前往德里,那么,英属东印度公司的军队在德里城中的

①　C.U. Aitchison, *A Collection of Treaties*, *Engagements and Sanads*, *Vol.*IV, pp.34—35.

②　Arnold Wright, *Indian States*, New Delhi: Asian Educational Services, 2006, pp.93—94.

③　C.U. Aitchison, *A Collection of Treaties*, *Engagements and Sanads*, *Vol.*IV, pp.35—36.

起义军和外面的信地亚军队两面夹攻之下,当时就会被消灭,全国的起义者都会得到无限的鼓舞。①由于摩诃罗阇的这种作用,英国政府给他以丰厚的奖赏。1860年12月签订的新条约规定,给摩诃罗阇岁入30万卢比的领土,可以招募3 000—5 000人的步兵、32—36门大炮的炮兵;免除因歉收而欠下英国人的债款等。②

乌代布尔摩诃拉纳萨鲁普·辛格在英国政府镇压1857年民族大起义中给予了非常有价值的援助。③他还营救和保护了兵变时从尼默杰逃出的一帮英国妇女和儿童。④

1853年,年仅两岁的贾斯万特·辛格继任珀勒德布尔摩诃罗阇。在1857年民族大起义中,摩诃罗阇给予英国人以宝贵的支持,并得到英国人的肯定。1871年,摩诃罗阇成年,获得全部统治权,1877年被授予"印度之星"勋章。1890年,其礼炮待遇由17响增加到19响。⑤

斋浦尔摩诃罗阇拉姆·辛格二世在大起义爆发时将自己的军队交给英国政府调遣,营救了几个欧洲人,并将他们安全送到阿格拉堡。因此,英国政府将果德-卡西姆(Kot Kasim)帕戈纳赏给他。⑥1862年3月,摩诃罗阇获得收养特许权。

伯蒂亚拉、那巴和金德是安巴拉(Ambala)和德里之间的3个旁遮普土邦。王公们对起义的态度影响巨大。在得知德里起义的消息后,坎宁勋爵立即命令总司令乔治·安森(George Anson)重新攻占德里。乔治·安森从西姆拉赶到安巴拉之后就准备进攻德里。但是,他面临很多困难,如安巴拉及其周围的任何印度人都不愿意给英国人任何帮助,"如果当时这3个土邦支持自己的国家,那毫无疑问,英国想重新攻占德里是绝不可能的,而英国在印度的统治基础就会被摧毁。即使伯蒂亚拉、那巴、金德保持中立,那对英国也极为不利。然而,恩逊(即安森)将军和英国政府幸运的是当时这3个土邦都反对起义军,在财力、物力和人力三方面尽量支持英国人"⑦。

---

① [印度]孙德拉尔著:《1857年印度民族起义简史》,文仲叔、强广学译,生活·读书·新知三联书店1957年版,第84—85页。

② C.U. Aitchison, *A Collection of Treaties, Engagements and Sanads*, Vol.V, pp.422—427.

③ Arnold Wright, *Indian States*, New Delhi: Asian Educational Services, 2006, p.124.

④ C.U. Aitchison, *A Collection of Treaties, Engagements and Sanads*, Vol.III, p.13.

⑤ Arnold Wright, *Indian States*, New Delhi: Asian Educational Services, 2006, p.146.

⑥ C.U. Aitchison, *A Collection of Treaties, Engagements and Sanads*, Vol.III, p.56.

⑦ [印度]孙德拉尔著:《1857年印度民族起义简史》,文仲叔、强广学译,生活·读书·新知三联书店1957年版,第76页。

　　"在 1857—1858 年大起义期间,没有任何印度王公比伯蒂亚拉摩诃罗阇表现得更忠实于英国政府或给予了更多帮助。"摩诃罗阇纳林德拉·辛格(Narindra Singh)将自己所有军队和资源都交给英国政府使用。从起义开始到 1857 年底,伯蒂亚拉给英国人提供了 8 门大炮、2 156 名骑兵和 2 846 名步兵及 156 名指挥官。1858 年提供了 2 门大炮、2 930 名步兵和 907 名骑兵。①英国政府对摩诃罗阇的支持表示感谢并给予回报。1858 年 6 月 2 日,总督坎宁勋爵赏给玛诺尔(Marnol)帕戈纳。1859 年 6 月 17 日,赏给果德沃纳(Kotwoona)帕戈纳。1860 年 5 月 5 日,坎宁总督颁发特许状,承认摩诃罗阇家族对祖传领土及英属东印度公司历次赏赐领土的永久统治权;赐给摩诃罗阇及其继承人以收养权,万一没有后代,他们可以从普尔族的后代中收养王位继承人;强大的英国政府将不接受摩诃罗阇的臣民、札吉达尔、兄弟、仆人等对摩诃罗阇的指控;承认摩诃罗阇对领土内所有地主贵族的统治权。②纳林德拉·辛格是第一批获得"印度之星"勋章的印度王公之一,也是当时王公中唯一的总督参事会成员。

　　1857 年起义爆发时,金德罗阇萨鲁普·辛格给予英国人以极大的帮助。5 月 18 日,萨鲁普·辛格带领他的军队,急行军赶到格尔纳尔(Karnal),接手城市和军营的防卫。6 月 21 日,他派出一支军队去保卫德里以北的巴格伯德(Baghpat)的浮桥,从而使密拉特的军队可以渡过朱木拿河,与亨利·巴纳德(Henry Barnard)的小分队会合。在巴德利战役中,金德的军队作战非常英勇,得到了总司令的奖赏,将俘获的 1 门大炮作为礼物送给罗阇。在进攻德里时,金德的军队与英军一道以云梯攻城,起了重要作用。罗阇萨鲁普·辛格是唯一亲自率领军队帮助英军镇压起义的印度王公。作为感激和信任的标志,英国政府将罗塔克的管理权赏给了他。③

　　1857 年起义爆发时,即位 3 年的雷瓦摩诃罗阇拉古拉杰·辛格(Raghuraj Singh)立即向英印政府表达自己的决心,表示将尽力保护英国的利益,帮助维护法律和秩序的军队平息叛乱。第一个举动是派出 2 000 人的军队,维护邻近地区的和平,他的能干和忠诚得到了英国人的赏赐,英国人将被马拉塔人夺去的索哈格布尔(Sohagpur)和阿默尔根德格(Amarkantak)帕

　　①　Arnold Wright, *Indian States*, New Delhi: Asian Educational Services, 2006, p.234.
　　②　C.U. Aitchison, *A Collection of Treaties*, *Engagements and Sanads*, Vol.I, pp.162—165.
　　③　Arnold Wright, *Indian States*, New Delhi: Asian Educational Services, 2006, pp.411—412.

戈纳赏还给雷瓦。[1]

大代瓦斯是一个建立较晚的土邦。1725—1726 年,克里希纳吉(Krishnaji)的曾孙、著名的马拉塔帝国的将军图克吉·拉奥一世打败了马尔瓦穆斯林省督,确立了对代瓦斯领土的统治。1754 年,图克吉·拉奥一世去世,王位传给克里希纳·拉奥一世(Krishna Rao I)。在英国人占领马尔瓦之前 30 年,代瓦斯遭到信地亚、霍尔卡和平达里人的劫掠和压迫,一些酋长的贡金多数被剥夺。[2]1818 年 12 月 12 日,摩诃罗阁图克吉·拉奥二世与英属东印度公司缔结条约,英属东印度公司向摩诃罗阁提供保护,摩诃罗阁则保证不仅他们自己和国家的军队听从英属东印度公司的调遣,而且维持并支付 50 名骑兵和 50 名装备精良的步兵的费用;3 年后,随着人口和种植的增加,摩诃罗阁收入的增加,他要维持 100 名骑兵和 100 名步兵,并听从英国政府的调遣。[3]在 1857 年起义爆发后,摩诃罗阁鲁克曼格德·图克吉·拉奥(Rukmangad Tukoji Rao)忠实地追随英国政府,并得到了英国政府的赞赏。[4]1862 年 3 月 11 日,总督授予摩诃罗阁收养特许权,只要摩诃罗阁及其继承人忠于英国王室并履行条约、特许或协定规定的对英国政府的义务,他们就可以按照印度教法令和种族习俗收养王位继承人。[5]

1857 年起义爆发时,栋格尔布尔摩诃罗瓦尔乌代·辛格尽管还很年轻,但他证明自己是一个能干的英国政府的支持者。1862 年 3 月,总督颁发特许状,保证他及继承人的收养权。[6]

在 19 世纪 30 年代海尔布尔王位继承斗争中,英属东印度公司支持鲁斯塔姆·阿里·汗,但其兄弟阿里·穆拉德·汗一世(Ali Murad Khan I)最终在 1842 年获得王位。尽管阿里·穆拉德·汗一世对英属东印度公司曾支持其兄长而耿耿于怀,但为了自己的利益,他还是与英国人结盟,必要时给英属东印度公司以帮助。在信德战争期间,他给英国政府有价值的帮助。1845 年,为结束对土耳其的战争,给英国物资和外交上的帮助。1857 年起义爆发时,他命令长子沙·纳瓦兹·汗给英国宗主以一切帮助。一得知希卡布尔(Shikarpur)监狱和库房遭到起义者的威胁,沙·纳瓦兹·

---

① C.U. Aitchison, *A Collection of Treaties, Engagements and Sanads*, Vol.V, p.233.

② C.U. Aitchison, *A Collection of Treaties, Engagements and Sanads*, Vol.IV, p.246.

③ Ibid., pp.274—276.

④ Arnold Wright, *Indian States*, New Delhi: Asian Educational Services, 2006, p.281.

⑤ C.U. Aitchison, *A Collection of Treaties, Engagements and Sanads*, Vol.IV, pp.278—279.

⑥ C.U. Aitchison, *A Collection of Treaties, Engagements and Sanads*, Vol.III, pp.35—36.

汗就率领军队赶到那里,加以营救。1866 年,英国政府颁发特许,认可依据伊斯兰教法确定王位的继承。[①]

1855 年继位的兰布尔纳瓦布尤素福·阿里·汗(Yusuf Ali Khan)在1857 年起义爆发时表明自己是英国政府的忠实朋友。在全国处于一片混乱的状况时,罗希尔坎德也麻烦不断。在各种获得帮助及保持通信的方式都被断绝的情况下,欧洲官员从兰布尔纳瓦布那里获得了不可估量的援助。纳瓦布为他们提供了大量物资,甚至给他们所要求数量的黄金和白银。纳瓦布监视来到兰布尔的起义者的情报员,让自己的臣民明白他们的宗教信仰与起义者的没有关联,成功防止兰布尔发生起义。在此同时,纳瓦布给英国政府力所能及的帮助,让自己的佣人充当信使,让在德里、勒克瑙和巴雷利等起义中心的情报员不断给英国政府提供情报。一些欧洲官员、女士和孩子都将自己的生命与安全托付给纳瓦布。在起义结束后,居住在库毛恩地区的欧洲人还召开会议,感谢纳瓦布所给予的帮助。英国政府也在法塔赫布尔举行庆典,表明自己充分意识到纳瓦布所给予的有价值的和值得称道的帮助。英王政府也乐意将巴雷利和莫拉达巴德地区 146 个村庄、年收益 128 527 卢比的土地赏赐给兰布尔土邦[②];并给纳瓦布 2 万卢比奖金。1861 年,维多利亚女王授予纳瓦布"印度之星"勋章,第二年又让他成为额尔金(Elgin)勋爵詹姆斯·布鲁斯(James Bruce)总督参事会额外成员。[③]

1857 年起义爆发后,包纳加尔罗瓦尔贾斯旺特辛(Jasvantsinh)立即给英国政府镇压起义提供任何可能的帮助,因而获得"印度之星"勋章。[④]

阿富汗斯瓦特(Swat)部落的阿卜杜勒·马吉德·汗(Abdul Majid Khan)在 18 世纪中叶来到印度谋求发展。其孙子加富尔·汗(Ghafur Khan)成为平达里酋长阿米尔·汗驻霍尔卡宫廷的代表。因为他的效力,加富尔·汗从霍尔卡获得焦拉土邦的领地。1820 年左右,英国政府认可这一转让。同时,加富尔·汗也从英国人那里获得"纳瓦布"头衔。1823 年4 月 30 日,英属东印度公司驻印多尔驻扎官杰拉尔德·威尔斯莱(Gerald Wellesley)与纳瓦布签订条约,规定焦拉维持的部队数量为 500 名骑兵、500 名步兵和 4 门大炮。[⑤]1829 年,加富尔·汗去世,其年幼的儿子高斯·

---

①　Arnold Wright, *Indian States*, New Delhi: Asian Educational Services, 2006, p.337.

②　C.U. Aitchison, *A Collection of Treaties, Engagements and Sanads*, Vol.II, pp.38—42.

③　Arnold Wright, *Indian States*, New Delhi: Asian Educational Services, 2006, p.366.

④　Ibid., p.376.

⑤　C.U. Aitchison, *A Collection of Treaties, Engagements and Sanads*, Vol.IV, p.284.

穆罕默德·汗(Ghaus Muhammad Khan)继任纳瓦布,其母亲任摄政。因管理不善,英国接管土邦事务。1842年,高斯·穆罕默德·汗掌握土邦管理权。土邦维持的军队折算成缴纳185 810卢比贡金。1857年起义爆发后,纳瓦布立刻用最充分的证据表明自己毫不动摇地忠于英王,帮助英国政府镇压起义,恢复和平。[①]1859年,英国将其贡金减为161 810卢比,作为对其忠诚和帮助的奖赏。1862年,纳瓦布获得收养特许权。[②]

1852年,22岁的兰迪尔·辛格(Randhir Singh)继任格布尔特拉罗阇。其父亲尼哈尔·辛格(Nihal Singh)在1839年爆发的英阿战争中帮助了英属东印度公司,但是,在1845—1846年第一次英锡战争中没有站在英国人一边,英国以其不忠为由进行惩罚,没收了年入56.5万卢比的领土。[③]在1857年起义爆发后,罗阇吸取教训,立刻将他所有资源都置于英国政府的支配之下,并率领由1 200名步兵、200名骑兵和5门大炮组成的军队冲到贾朗达尔,保护平民,守卫仓库和监狱,追赶起义者。1857年7月,他的军队恢复了霍希亚布尔的秩序。罗阇不满足于在自己土邦附近帮助镇压起义,在1858年率领自己的军队开进奥德,参加了6次战斗,俘获了几门大炮,到1859年3月底才率军回到格布尔特拉。尽管罗阇能够以军费开支为由不支付贡金,但是他并没有这样做,而是依旧支付贡金。罗阇的两个弟弟比克拉姆·辛格和苏契特·辛格(Suchet Singh)同样显示出对英国人的忠诚与支持,率领自己的侍从协助英国人作战。罗阇的官员也都表现出同样忠诚的意识。罗阇的帮助得到了英印政府的高度赞赏,减免了土邦一年的贡金,分别给予罗阇及其弟比克拉姆·辛格1.5万卢比和5 000卢比奖金;罗阇获得11响礼炮的待遇。兰迪尔·辛格罗阇因这些帮助而得到包迪(Baundi)和比道利(Bhitauli)两个村庄,每年10万卢比收益的地产,包括阿姆利则地区25个村庄和拉合尔地区12个村庄的巴利河间地也被归还。比克拉姆·辛格也得到伊高纳(Ikauna)一块年收益4.5万卢比的土地。罗阇在奥德所有塔鲁克达尔中享有优越地位,英国政府封他为"罗阇中的罗阇"。1862年3月,兰迪尔·辛格获得永久收养权。1864年10月17日,他被维多利亚女王授予"印度之星"勋章,是旁遮普第一个获得

---

① Arnold Wright, *Indian States*, New Delhi: Asian Educational Services, 2006, p.402.

② C.U. Aitchison, *A Collection of Treaties, Engagements and Sanads, Vol.IV*, p.251.

③ Anju Arora, *The Princely States: British Paramountcy and Internal Administration 1858—1948*, New Delhi: National Book Organisation, 2001, pp.10—11.

这一荣誉的王公。①

勒德兰罗阁巴尔旺特·辛格（Balwant Singh）是前任罗阁帕巴特·辛格没有子嗣而选定并得到英国人承认的继承人，于 1824 年继承王位。从民族大起义爆发至 1857 年 8 月 29 日其去世，他给予英国军队以显著的贡献，因此，他的养子和王位继承人白隆·辛格（Bhairon Singh）获得英国政府的感谢和价值 3 000 卢比的锦袍。②

到 1857 年底，起义显然已经不可能取得胜利，德里落入英国人及其印度盟友手中，勒克瑙和坎普尔之围已被解除，但是数千起义者依然活跃在战场上。坎贝尔在收复勒克瑙和占领罗希尔坎德首府巴雷利之后，法扎巴德（Faizabad）的毛尔维（Maulvi）自奥德进入罗希尔坎德，试图占领沙贾汉布尔。英国军队迫使他撤退，在其撤退过程中，毛尔维力图让他的军队进入奥德边境珀温（Powain）罗阁的城堡，但珀温罗阁关上城门，并射死了毛尔维。想到英国人给出的 5 万卢比的奖赏，1858 年 6 月 5 日，罗阁飞奔出城，砍下毛尔维的头颅，用布裹起来，带到了在沙贾汉布尔的英国官员面前。英国官员看到一个起义领袖被杀死，非常高兴，给了他更多的奖赏，因为这有助于英国人重新征服奥德，使坎贝尔能收复罗希尔坎德。③

昌巴 1846 年处于英国的占领之下，其一部分领土被转让给克什米尔摩诃罗阁古拉布·辛格。不过，根据 1847 年与克什米尔摩诃罗阁签订的协定，整个昌巴再次处于英国人的统治之下。1848 年 4 月 6 日，总督大贺胥颁发特许状，将所有领土归还给昌巴罗阁斯利·辛格（Sri Singh）及其男性继承人，如果斯利·辛格去世时没有合法的男性继承人，则由他的兄弟按长幼秩序继承王位。④在民族大起义时，昌巴完全忠于英国政府，提供军队，保卫受骚扰的边境。⑤

1804 年，查哈里罗阁比贾伊·巴哈杜尔·辛格（Bijai Bahadur Singh）臣服于英国政府，获得对其领土的统治权。在民族大起义时，罗阁拉坦·辛格坚定地忠于英国人，英国政府授予他一块土地和世袭的 11 响礼炮。⑥

法里德果德罗阁维齐尔·辛格在民族大起义时给予英国人极大的帮

①　Arnold Wright, *Indian States*, New Delhi: Asian Educational Services, 2006, p.429.

②　C.U. Aitchison, *A Collection of Treaties*, *Engagements and Sanads*, Vol.Ⅳ, p.257.

③　G. Fremont-Barnes, *The Indian Mutiny 1857—1858*, New York: Osprey Publishing, 2007, p.78.

④　C.U. Aitchison, *A Collection of Treaties*, *Engagements and Sanads*, Vol.Ⅰ, pp.324—325.

⑤　Arnold Wright, *Indian States*, New Delhi: Asian Educational Services, 2006, p.527.

⑥　Ibid., p.536.

助。维齐尔·辛格守卫萨特莱杰河上的渡口,防止起义者渡河从这个地区到另一个地区;派出骑兵队和两门大炮,进攻起义者沙姆·达斯(Sham Dass),在付出了很大代价之后打败了他,并摧毁了他的堡垒。为表彰维齐尔·辛格的贡献,英国政府授予他荣誉头衔,给予11响礼炮的待遇。[1]

在签订《巴塞因条约》后,英属东印度公司确立起对整个马拉塔佩什瓦控制区的统治。1803年,名义上统治本纳的基苏尔·辛格实际上遭到流放,英国人确立对本纳的最高统治权。1807年和1811年,英属东印度公司先后两次颁发确认其统治的特许令。1834年,因为其政府的压迫性措施,英国人废黜了基苏尔·辛格,其子哈班斯·拉伊(Harbans Rai)被立为摄政。同年,基苏尔·辛格去世,哈班斯·拉伊继任罗阁。1849年,哈班斯·拉伊无嗣而终,由他的弟弟尼尔帕特·辛格(Nirpat Singh)继位。尽管尼尔帕特·辛格是合法的王位继承人,但英国政府直到他下令在整个土邦内废除萨蒂制后才承认他的王位。在获得全部统治权后,尼尔帕特·辛格显示出很强的管理能力。在民族大起义时,他给英国政府强有力的支持。尼尔帕特·辛格的支持得到英方的赞赏和回报,英方赐给他价值2万卢比的锦袍和塞默里亚(Simaria)帕戈纳。尼尔帕特·辛格1862年获得收养权,1869年获得"国王"(Mahendra)的头衔。[2]

1800年,赖格尔罗阁朱吉哈尔·辛格(Jujhar Singh)与英属东印度公司签订条约,赖格尔正式成为公司的附庸国,罗阁一直忠于英国人。1833年继位的代奥纳特·辛格(Deonath Singh)粉碎了伯尔格尔(Bargarh)罗阁阿吉特·辛格煽动的叛乱,作为奖赏,英属东印度公司将伯尔格尔的收税权给了他。1857年起义时,代奥纳特·辛格再次表示了对英国人的忠诚,帮助俘虏了追随起义的森伯尔布尔的孙达尔·萨伊(Sundar Sai)和乌代布尔(现切蒂斯格尔邦境内)的谢奥拉杰·辛格(Sheoraj Singh)。[3]

焦达乌代布尔罗阁吉特·辛格(Jit Singh)在1857年民族大起义时显示了对英国王室的忠诚,拒绝加入起义的唐蒂亚·托庇的队伍。唐蒂亚·托庇在展示他的军队以迫使罗阁帮助他时被威廉·帕克(William Parke)打败。[4]

1857年起义时,尽管焦特布尔军团发生了叛乱,焦特布尔摩诃罗阁塔

---

[1] Arnold Wright, *Indian States*, New Delhi: Asian Educational Services, 2006, p.541.

[2] C.U. Aitchison, *A Collection of Treaties, Engagements and Sanads*, Vol.V, p.18.

[3] Arnold Wright, *Indian States*, New Delhi: Asian Educational Services, 2006, p.625.

[4] Ibid., p.664.

赫特·辛格却忠于英国人,他的保护挽救了在马尔瓦的众多欧洲人的性命。[1]

桑格利拉奥敦迪·拉奥(Dhundi Rao)在民族大起义之前成年,掌握土邦的全部权力。起义发生后,他给予英国政府极大的支持,成为英国人坚定而忠实的盟友。在桑格利举行的重大庆典上,驻扎官 L.G.雅各布(Jacob)代表英王陛下和总督向他表示衷心感谢。[2]1862 年 3 月,拉奥获得收养特许权。[3]

伯尔拉姆布尔(Balrampur)是 15 世纪中叶由马多·辛格在贡达地区建立起来的国家。贾汉吉尔皇帝时,马多·辛格之子伯尔拉姆·辛格(Balram Singh)修建了伯尔拉姆布尔城。1836 年,18 岁的迪格比贾伊·辛格(Digbijai Singh)继任罗阇。1856 年 2 月,奥德王国被兼并,罗阇立即表示了对新政府的忠诚。巴赫赖奇(Bahraich)地区专员查理·温菲尔德(Charles Wingfield)意识到印度军队中的不安定,有可能发生兵变,便与罗阇联系,并做出安排,一旦发生起义,他辖区内的英国官员将立刻到伯尔拉姆布尔避难。1857 年 6 月 9 日,兵变爆发。10 日,温菲尔德与在贡达及锡克劳拉(Sikraura)的 30 名官员和孩子抵达伯尔拉姆布尔,得到了罗阇的热情欢迎。6 月 10 日和 11 日,驻守在锡克劳拉和贡达的军队先后起义。整个奥德处于公开起义的状态,伯尔拉姆布尔周围都是起义的队伍。罗阇尽管自己处境极其危险,但是拒绝加入起义队伍,而以可能的方式,忠实地支持英国人镇压起义。考虑到伯尔拉姆布尔可能被起义者攻占,温菲尔德派出 500 名护卫在罗阇的指挥之下,将他的朋友们从伯尔拉姆布尔转移到更安全的班西(Bansi)和戈勒克布尔。1858 年 12 月,奥德的起义最终被平息下去,伯尔拉姆布尔罗阇加入英国军队,参加了卡克拉(Ghaghara)河战役,为英军提供情报和给养。在最后一批起义者被赶过塞瓦山口进入尼泊尔之前,罗阇一直保持着这种支持英国人的热情。罗阇在起义中给英国人的支持得到了最高宗主的赞赏和回报。英国政府赏给他一件价值 7 000 卢比的锦袍和整个被没收的杜尔西布尔(Tulsipur)帕加纳和巴赫赖奇的大片地产,减免了 10%的田赋,给予他个人 9 响礼炮待遇,授予他"摩诃罗阇"头衔和"印度之星"勋章。[4]

---

[1]　Arnold Wright, *Indian States*, New Delhi: Asian Educational Services, 2006, p.200.

[2]　Ibid., p.732.

[3]　C.U. Aitchison, *A Collection of Treaties*, *Engagements and Sanads*, Vol.VIII, p.277.

[4]　Arnold Wright, *Indian States*, New Delhi: Asian Educational Services, 2006, pp.783—786.

曼尼普尔是一个非常古老的国家,最早可以追溯到公元 33 年农达·莱伦·帕康巴(Nongda Lairen Pakhangba)称王。1110 年,洛伊逾巴(Loiyumba)建立根格尔巴克(Kangeilpak)王国。1714 年,罗阇梅丁古·潘赫布(Meidingu Pamheib)奉印度教为国教,改国名为曼尼普尔。1821 年 4 月,罗阇甘比尔·辛格继承其侄子尤姆焦塔巴(Yumjaotaba)的王位,但是,其叔父杰伊·辛格率领缅甸军队到来,迫使他退位。10 月,甘比尔·辛格逃到克车。在其兄弟丘尔吉特·辛格(Chaurjit Singh)和马吉特·辛格(Marjit Singh)的帮助下,甘比尔·辛格夺取了克车王戈文德·钱德拉(Govind Chandra)的王位。戈文德·钱德拉寻求英属东印度公司的帮助,但遭到拒绝。在得到缅王孟既的支持后,戈文德·钱德拉夺回王位。1823 年,缅王派大军到克车,欲逮捕甘比尔·辛格兄弟三人,缅军抵达英属东印度公司领土。英属东印度公司与甘比尔·辛格联系,1824 年,印度总督威廉·皮特·阿美士德(William Pitt Amherst)向缅甸宣战,甘比尔·辛格指挥的 500 多名曼尼普尔军队配合英军,对将缅军赶出克车起了非常大的作用。考虑到曼尼普尔的地理政治地位及东部边境的安全,英属东印度公司决定将甘比尔·辛格扶上曼尼普尔国王的宝座。1826 年 2 月 24 日缔结的《杨达波条约》第二条规定,甘比尔·辛格是独立的曼尼普尔王国的统治者,只要他每年向英属东印度公司支付 1 万卢比的贡金。[1]1834 年 1 月,甘比尔·辛格去世,他年仅 2 岁的儿子钱德拉·科迪·辛格(Chandra Kirti Singh)即位,纳拉·辛格(Nara Singh)摄政。1844 年 2 月,纳拉·辛格废黜钱德拉·科迪·辛格,自任罗阇。1850 年 4 月,纳拉·辛格去世,钱德拉·科迪·辛格重返王位,并得到英属东印度公司的承认,英属东印度公司还保证必要时用武力维护他的王位。[2]因此,印度民族大起义时,钱德拉·科迪·辛格忠于英国人,英属东印度公司当局感到满意,并表示赞赏。[3]

正是在这些土邦王公的支持之下,英属东印度公司很快就镇压了 1857—1859 年印度民族大起义,英国人在南亚次大陆的统治得到彻底巩固。

---

① Subir Kar, *1857 in North East*: *A Reconstruction from Folk and Oral Sources*, New Delhi: Akansha Publishing House, 2008, p.16.

② C.U. Aitchison, *A Collection of Treaties*, *Engagements and Sanads*, *Vol.XII*, pp.103—104.

③ Subir Kar, *1857 in North East*: *A Reconstruction from Folk and Oral Sources*, New Delhi: Akansha Publishing House, 2008, p.18.

第四章　英王间接统治下
印度土邦与英国的关系

　　1773 年英国议会通过的《管理法》(*Regulating Act of 1773*)开启英王政府接管英属东印度公司对南亚次大陆统治权的步伐,1858 年《印度政府法》正式终结英属东印度公司对印度的统治。英王接管南亚次大陆后,放弃兼并土邦的政策,对忠于英王的土邦王公给予奖赏和特权地位,加强对土邦的监督和管理。在两次世界大战中,土邦王公纷纷将自己的资源交给英印政府支配,对英国的战争努力给予了极大的支持,王公们希望能获得最高宗主的认同和保护,最大限度地维护自己的主权。

一、英王政府接管南亚次大陆

1. 逐步剥夺英属东印度公司对印度管理权的《印度法案》

　　18 世纪中叶之后,随着英属东印度公司在南亚的不断扩张,利益与纷争也在加剧。英国议会中要取消英属东印度公司的垄断权、加强对印度管理的呼声不断高涨。1773—1858 年,英国国会通过一些重要的《印度法案》和《特许状法案》,英王政府逐步接管英属东印度公司在南亚次大陆所获得的权益。

　　1773 年,英国议会通过《管理法》,英国政府开始控制英属东印度公司在印度占领的土地,在印度设立总督、总督参事会及最高法院。总督参事会在政府授权下有宣战、媾和与控制税收的权利。最高法院在印度实行英国法律。参事会和最高法院共同对英王负责。《管理法》还对英属东印度公司的股票权利、公司董事的任期等做了规定,董事们要向财政部交出从印度寄来的有关税收的一切信件,并把有关民政或军政的一切函件交给一个大臣。

英国内阁通过《管理法》第一次获得了控制英属东印度公司内部事务的权力。英属东印度公司对印度的管理权开始逐渐转移到英国政府手里。①

北美的独立使对印政策成为英国政治上的重要议题，一些议员提出要进一步消除英属东印度公司雇员在印度的贪赃枉法行为，改善对印度的统治。1783 年 11 月，外交大臣查理·詹姆斯·福克斯（Charles James Fox）提出两个"印度议案"，即《为了股东和公众利益将东印度公司事务委授权给某些专员的议案》（*A Bill for Vesting the Affairs of the East India Company in the Hands of Certain Commissioners，for the Benefit of the Proprietors and the Public*）和《改善对印度领地和附属国管理的议案》（*A Bill for the Better Government of the Territorial Possessions and Dependencies in India*）。第一个议案建议修改英属东印度公司的章程，废除公司股东大会和董事会，议会选派菲兹威廉伯爵威廉（William Earl Fitzwilliam）、弗里德里克·蒙塔古（Frederick Montagu）、乔治·莱格（George Legge）、乔治·奥古斯特斯·诺斯（George Augustus North）、吉尔伯特·艾略特（Gilbert Elliot）、亨利·弗莱彻（Henry Fletcher）和罗伯特·格雷戈里（Robert Gregory）7 位专员组成英属东印度公司理事会，管理印度的民事、军事和财政事务，公司的商业事务则由托马斯·奇普（Thomas Cheap）、乔治·卡明（George Cuming）和理查·霍尔（Richard Hall）等 9 名助理董事负责。②第二个议案建议重组总督和马德拉斯及孟买管区总督的权力，不经专员同意，他们无权将领土割让给印度土邦或其他任何国家，也不能与他们交换领土。③议案虽然在下院获得通过，但是英王乔治三世否决了它，并告知上院，他视赞同议案的人为敌人。因此，1783 年 12 月 17 日法案最终没有获得通过，国王解散了所谓的"福克斯-诺斯联合内阁"，小威廉·皮特（William Pitt the Younger）组成新的内阁。

1784 年 8 月 13 日，英国议会通过《1784 年东印度公司法》（*The East India Company Act 1784*，即《皮特印度法案》）。该法主要涉及英属东印度公司在伦敦的管理机构：由国王任命一个议会监督局来监督、指导和控制所有涉及在印度的政府以及所有占领区英属东印度公司的民政内政和军政事务；增加总督的权力。法案也特别提出惩处英属东印度公司雇员在印度的

① 汪熙：《约翰公司：英国东印度公司》，上海人民出版社 2007 年版，第 240—241 页。
② P.J. Marshall, *Problems of Empire：Britain and India 1757—1813*, London：George Allen and Unwin Ltd., 1968, pp.126—130.
③ Ibid., pp.162—163.

敲诈勒索、收礼受贿等行为。①1786 年,英国议会通过《补充法案》(*Supplementary Act*),授予总督更大的权力,在紧急情况下,总督可以凌驾于参事会之上,可以兼任军队总司令。②这两个法案使英国政府实际上掌握了英属东印度公司对印度的统治权。③《1784 年东印度公司法》所确立的制度在 1858 年英属东印度公司对印度的统治结束前一直没有大的变化。

　　1793 年议会通过《1793 年特许状法》(*The East India Company Act 1793*, or *The Charter Act of 1793*),该法允许英属东印度公司继续享有 20 年的贸易垄断权,对印度的管理或对公司活动的监督体制没有做大的变动,但是,授予总督更广泛的权力,总督、省督和总司令的任命要得到英王的批准,高级官员不经批准不得离开印度④。

　　1813 年 7 月议会通过的《1813 年特许状法》(*The Charter Act 1813*)只保留英属东印度公司对茶叶贸易及与中国贸易的垄断权;法案还明确表示英王对英属印度的主权;拨款 10 万卢比发展印度大众教育;允许传教士用英语传教。根据这一法案,议会对英属东印度公司在印度商业账目的监督和控制加强,公司要分别保持其商业和领地的账目,接受公司董事会的仔细审查,每年上报议会。英属东印度公司招聘的人员要经过 4 期的严格培训,控制局掌管公司武装人员的训练。《1813 年特许状法》在印度宪法史上是一个重要的里程碑。它给英属东印度公司 20 年的特许权,保持了英王对英属东印度公司在印度领土的间接统治权。控制局的权力增加,议会对英属东印度公司账目的监督加强,对公司雇员民事和军事培训的控制意义很大。⑤

　　1833 年,英国议会通过《1833 年印度政府法》(*The Government of India Act 1833*)。法案延长王室特许 20 年;将"孟买总督"改称为"印度总督";剥夺了马德拉斯总督和孟买总督的立法权,总督参事会被授予为整个

---

　　①　P.J. Marshall, *Problems of Empire: Britain and India 1757—1813*, London: George Allen and Unwin Ltd., 1968, pp.131—136, pp.167—170.

　　②　John F.Riddick, *The History of British India: A Chronology*, Westport: Praeger Publishers, 2006, p.25.

　　③　郭家宏:《日不落帝国的兴衰——英国与英帝国史研究》,北京师范大学出版社 2012 年版,第 122—123 页。

　　④　P.J. Marshall, *Problems of Empire: Britain and India 1757—1813*, London: George Allen and Unwin Ltd., 1968, pp.217—218.

　　⑤　S.R. Bakshi, *Governors-General and Viceroys of India (Policy and Administration)*, New Delhi: K.K. Publications, 2006, pp.153—154.

英属印度立法的排他权力;法案结束了英属东印度公司作为一个商业机构的活动,使它成为一个纯粹的管理机构,尤其是英属东印度公司丧失了与中国和远东其他地区的贸易垄断权。①

《1853 年印度政府法》(*The Government of India Act 1853*)对于加强和改善对印度的管理有很积极影响。一方面,它引入在公平竞争基础上招募公司文职人员的机制;另一方面,专门设立一个立法委员会,负责法律草案的起草工作。立法委员会由总督、总司令、4 名行政会议成员、4 名省代表、最高法院首席法官和最高法院其他 1 名法官共计 12 人组成,立法委员会可以讨论行政会议的政策,议会制度因立法委员会的组成而被慢慢引入。②

1857 年印度民族大起义促使巴麦尊勋爵于 1858 年 2 月 12 日在议会提出议案,要将印度政府从英属东印度公司转到王室手中。随后英属东印度公司董事会被解散,设立以内阁首相为首的执行委员会,代表王室处理印度事务。③

1858 年 8 月 2 日议会通过的《印度政府法》规定,取消英属东印度公司,印度将以女王陛下的名义进行统治,所有以前由英属东印度公司行使的与任何领土相关的权利都将由女王陛下行使;成立印度事务部,设立由 15 人构成的"印度参事会",现在所称的"印度委员会"改称"印度总督参事会";"总督"改称"副王"(总督兼王室代表,Governor-General and Crown Representative),是英王驻印度的代表,总督、原来总督参事会 4 名代表及管区总督的任命都要获得英王陛下的批准。④法案正式结束英属东印度公司对英属印度的统治,将对英属印度的统治权移交给英王陛下。

2. 英王政府对土邦的安抚和英王对土邦最高宗主地位的确立

查尔斯·坎宁是英国著名政治家和外交家乔治·坎宁(George Canning)的幼子。大贺胥在担任 7 年多总督后健康状况越来越差,要求退休,巴麦尊勋爵任命查尔斯·坎宁为印度总督。尽管巴麦尊任命查尔斯·

---

① 汪熙:《约翰公司:英国东印度公司》,上海人民出版社 2007 年版,第 250—251 页。

② 周小明:《印度宪法及其晚近变迁》,上海三联书店 2021 年版,第 16 页。

③ S.M. Nair, *Governors and Chief Ministers in Indian States: Conflicts and Relations*, New Delhi: Deep & Deep Publications, 1991, p.9.

④ C.H. Philips, *The Evolution of India and Pakistan 1858 to 1947: Select Documents*, London: Oxford University Press, 1962, pp.5—9.

坎宁为总督的重要原因也许是其父乔治·坎宁的卓越表现,但是查尔斯·坎宁 25 岁就成为下院议员,随后不久继承母亲的爵位进入上院,先后担任议会外交事务副大臣、邮政大臣等职,显示了较强的能力和工作热情。1856 年 2 月至 1862 年 3 月,查尔斯·坎宁担任英王政府接管后的第一任印度总督。1856 年即将担任总督前夕,在英印官员不相信印度会爆发起义时,查尔斯·坎宁谈到印度爆发起义的可能性。在起义爆发之后,他对局势严峻的清晰认识、冷静的判断和快速的反应能力使起义很快得到控制。在起义爆发后,很多英国人不再信任印度士兵和指挥官并要进行报复,坎宁总督则立场坚定,不让不分青红皂白的报复玷污公正。英国公众的观点被有关起义者野蛮行为的报道鼓动起来,坎宁总督竭尽所能地遏制这种种族情绪,使英国负责任的观点逐渐站到他这边来。[①]

在平息起义之后,很多人认为英国对印度的统治将不得不建立在军事力量的基础之上。这在坎宁总督看来是不现实的。如果他们不相信印度人并排斥所有阶层,英国人不可能有效进行统治,因为英国人在印度毕竟只是极少数。起义爆发之初,在孟加拉和比哈尔,没有一个欧洲士兵;在奥里萨,欧洲士兵总数不超过 100 人,这些地方的和平与秩序都是靠印度社会上层即罗阇、柴明达尔和印度官员的善意和忠诚维持的,因为支持英国人对他们自己是最有利可图的,信任并善待他们会进一步增强他们的利益,从而维护英国对印度的统治。[②]为了获得土邦王公的继续支持,在对参与起义的土邦王公进行惩罚(剥夺塔尔和科塔的一些领土)的同时,坎宁总督更多地给予忠诚的土邦王公奖励。

坎宁总督先后在阿格拉和拉合尔召开王公大会,将忠诚的土邦王公召集去,确认他们的等级和头衔,给一些在印度民族大起义中特别忠诚并提供大力支持的王公颁发勋章。总督甚至考虑将一些从海德拉巴获得的领土归还给尼扎姆,“我们应该令人信服地表明,我们有时可以放弃我们已经获得的好东西”。不过,最终还是没有像他想的那样做。

安抚和奖励土邦王公最重要的举措是放弃兼并土邦的政策。1858 年 11 月 1 日,总督查尔斯·坎宁在安拉阿巴德举行的交割仪式上宣读了维多利亚女王的诏书。诏书郑重宣告:“我们特此向印度土邦王公宣告,我们将接受和慎重地维护东印度公司先前与印度各王公签订的所有条约和协定,

---

①　S. Gopal, *British Policy in India 1858—1905*, Cambridge: Cambridge University Press, 1965, p.2.

②　Ibid., p.7.

我们也希望王公们同样遵守。我们不想再扩大现有的领地;在不允许侵犯我们的领地或者权利遭到损害的同时,我们将赞成不侵犯其他人的领地和权利。我们将像尊重自己的权利、尊严和荣誉那样尊重印度王公的权利、尊严和荣誉。我们期待,他们以及我们自己的臣民,将享有通过内部和平与良好管理予以保障的繁荣和社会进步。"①诏书宣示英王放弃兼并土邦的政策。

与此相关的是废除大贺胥时期兼并土邦的权利"失效"原则,给王公们颁发特许令,承认他们收养继承人的权利。"批准收养权不会是奢华的王公大会和颁发奖赏那样壮观的场面,但是它的效果将更加普遍,其结果将是持久的。它是依靠印度头面人物政策的不可或缺的基础,坎宁希望不仅是其后的总督任期内,而且是他一辈子都坚持这一政策。英国人不失时机地将他们自己与王公和地主捆绑在一起,给后者留下这一印象,即英国权力的坍塌将意味着后者会一无所得。只有那样,无论面临内乱还是外患,印度帝国都是安全的。即便狂热的情感也会让位于物质利益。"②尽管印度事务大臣查理·伍德(Charles Wood)不太乐意坚决关闭兼并土邦的大门,尤其是那些令人愉快的山区土邦,但他还是赞同与土邦王公友好的原则,坎宁的建议也得到了爱德华·史密斯-斯坦利(Edward Smith-Stanley)首相和维多利亚女王的批准。

接收迈索尔与否是对英王政府放弃兼并土邦政策的第一次考验。1857年,迈索尔摩诃罗阇克里希纳罗阇·沃德亚尔三世62岁,没有继承人,也不想收养继承人。他宣布他将是迈索尔的最后一位王公,英国政府将继承他的财产。印度事务部与摩诃罗阇直接联系,在没有告知总督的情况下通知摩诃罗阇,迈索尔事务将由马德拉斯政府负责。因坎宁总督的抗议,印度事务部撤销了决定,但是印度政府的影响力被削弱,摩诃罗阇开始重新考虑王位继承问题。查理·伍德急于获得迈索尔,敦促坎宁总督在离职前一定要防止摩诃罗阇收养继承人,而总督则乐于允许摩诃罗阇收养继承人。1862年2月继任总督的额尔金勋爵也倾向于坎宁的主张。1863年12月,额尔金勋爵去世。1864年,约翰·劳伦斯继任总督。他提出,如果迈索尔的管理权掌握在英国人手中,政府就有职责和权力拒绝承认收养权。1865年6月,罗阇收养一个两岁的男孩,取名为查摩拉金德拉(Chamara-

---

① C.H. Philips, *The Evolution of India and Pakistan 1858 to 1947: Select Documents*, London: Oxford University Press, 1962, p.10.

② S. Gopal, *British Policy in India 1858—1905*, Cambridge: Cambridge University Press, 1965, pp.8—9.

jendra)。1866 年 11 月 19 日,印度事务大臣克兰伯恩子爵(Cranborne,即后来的索尔兹伯里勋爵)罗伯特·塞西尔(Robert Cecil)回复说,虽然他不特别同情这些"在他们觉得安全的时候就肯定动手割每个英国人的喉咙"的王公,但是,政府应该谨慎对待他们,不能给他们留下英国不守诺言的口实。继任的斯塔福德·诺斯科特(Stafford Northcote)决定在摩诃罗阇成年时将整个王国都归还给查摩拉金德拉·沃德亚尔十世。约翰·劳伦斯总督尽管对没有适用"失效"原则兼并迈索尔感到遗憾,但还是遵从了他的决定。①1868 年 3 月 27 日,摩诃罗阇克里希纳罗阇·沃德亚尔三世去世。3 月 30 日,总督立即发布公告,承认收养有效,查摩拉金德拉·沃德亚尔十世为迈索尔摩诃罗阇。"在摩诃罗阇未成年时,迈索尔将由英国政府以摩诃罗阇的名义按以前的方式进行管理。摩诃罗阇成年即 18 岁时,如果英国政府觉得他具备承担与其崇高地位相适应的能力,英国政府就将土邦的管理交给他。"②9 月 23 日,年幼的摩诃罗阇举行了登基仪式。

　　1881 年 3 月 1 日,总督里彭侯爵一世乔治·罗宾逊(George Robinson)签署《移交协定》(Instrument of Transfer),有条件地将迈索尔的统治权归还给摩诃罗阇查摩拉金德拉·沃德亚尔十世:王位的继承要得到总督的承认;摩诃罗阇必须始终效忠并臣服于英王,履行义务;在英国政府已经对其领土加以保护、防止外敌入侵的情况下,自 1881 年 3 月 25 日起,应该每年支付给英国政府 350 万卢比;不经过总督允许,摩诃罗阇不得修建任何新的堡垒或据点,或者维修领地内现有的堡垒或据点;不经总督许可,不得进口或允许进口任何武器、弹药或军需品,以及在所有领土内制造武器弹药和军需品,或者只有在特定时间和地点,在总督要求下,才能制造武器弹药和军需品;摩诃罗阇不应该反对总督在其领地内认为必要的地方维护或设立英国的兵站;除非事先得到总督的批准或通过总督的中间人,摩诃罗阇不能插手其他土邦或政权的事务,不能与其他土邦或政权、其他土邦或政权的代理人或官员交往通信等。③

　　1862 年 3 月 11 日,坎宁总督颁发收养特许状给巴罗达摩诃罗阇、海德拉巴尼扎姆等众多土邦王公,特许状规定:"英王陛下希望几个现在统治自己领地的印度王公和酋长的政府将永久存在,他们家族的代表和尊严

---

① S. Gopal, *British Policy in India 1858—1905*, Cambridge: Cambridge University Press, 1965, pp.9—10.

② C.U. Aitchison, *A Collection of Treaties*, *Engagements and Sanads*, Vol.Ⅸ, pp.249—250.

③ Ibid., pp.250—253.

将得到延续,我谨向你转达保证,一旦没有自然继承人,你们自己和土邦未来的统治者根据印度教法律和家族习惯收养的继承人将获得登记和批准。谨保证:只要你们的家族忠于英王和履行条约、特许状和协定所规定的义务,任何事情都不能破坏向你们做出的保证。"①坎宁总督还将一些被兼并的土地归还给原来统治者的养子,如代赫里格尔瓦尔、戈尔哈布尔、塔尔等。

巴罗达王位继承问题是对英王宣称的"不兼并政策"的另一次考验。1870 年 11 月,巴罗达摩诃罗阇坎德·拉奥二世突然去世,摩诃拉尼贾姆纳巴依(Jamnabai)立即将她已怀有身孕的事告诉驻扎官大卫·巴尔(David Barr)。坎德·拉奥二世的弟弟马尔哈·拉奥虽然劣迹斑斑,如 1857 年 25 岁时密谋反对英国人和土邦政府,试图在维贾布尔(Vijapur)地区的科利人(Kolis)帮助下劫掠艾哈迈达巴德;1863 年参与密谋通过巫术、投毒或枪杀的方式除掉自己的兄弟②,但还是继任摩诃罗阇。马尔哈·拉奥一即位就将因 1863 年密谋事件而被监禁的人释放出来,将建议囚禁他的土邦支柱、前摩诃罗阇的密友鲍·欣德(Bhau Shinde)投进监狱。他还大肆挥霍土邦的财产,使巴罗达土邦财政赤字非常严重,以至于孟买政府于 1873 年 3 月 18 日任命非常有能力的罗伯特·费雷(Robert Phayre)为巴罗达驻扎官。

3 月 22 日,驻扎官得到消息,一些人因被指控毒害摩诃罗阇的佣人贾努(Ganu)而被逮捕起来,其中 8 人在巴罗达街头遭到鞭笞,一些人因伤死去,还有一些已经奄奄一息。从此刻起,驻扎官致力于揭露摩诃罗阇的腐败行为,并详细报告给孟买政府。③孟买总督请求总督诺斯布鲁克(Northbrook)勋爵托马斯·巴林(Thomas Baring)干预。印度政府组成以理查·米德(Richard Meade)上校为主席的调查委员会,对英国人和土邦臣民的抱怨进行全面调查。委员会发现,前摩诃罗阇的部下和随从都遭到不公平对待,臣民的税负前所未有地重,很多人遭受非人待遇,很多正派的已婚妇女和未婚姑娘被迫成为摩诃罗阇的家奴,换句话说,她们是被绑架和诱奸。印度政府听从委员会的建议,并没有立即干预,只是于 1874 年 1 月 25 日向摩诃罗阇

---

① C.U. Aitchison, *A Collection of Treaties*, *Engagements and Sanads*, *Vol.Ⅵ*, p.375; *Vol.Ⅸ*, p.98.

② Govindbhai H.Desai & A.B. Clarke ed., *Gazetteer of the Baroda State*, London, 1923; New Delhi: SSDN Publishers & Distributors, 2014, p.595.

③ Ibid., pp.598—599.

发出警告,要他对政府的行为负责,要求他进行改革。①

马尔哈·拉奥邀请在英国和印度都很有名的政治家达达拜·瑙罗吉(Dadabhai Naoroji)到巴罗达,委托瑙罗吉和他带来的另外 4—5 人管理土邦。驻扎官怀疑摩诃罗阇是否真的会授予他们管理权。驻扎官与摩诃罗阇之间的关系变得越来越紧张,摩诃罗阇要求印度政府撤换驻扎官,孟买政府也准备任命刘易斯·佩利(Lewis Pelly)为特别专员和总督代理。1874 年 11 月 9 日,费雷喝柚子汁类的饮料时,发现饮料中有砒霜等毒物,坚称摩诃罗阇要在离任前夕毒死自己。在没有找到确凿证据之前,总督建议暂时由印度政府接管巴罗达,成立一个调查委员会,如果马尔哈·拉奥有罪,就废黜他,另立王公。12 月,调查发现,摩诃罗阇买通费雷的两个佣人拉奥吉(Raoji)和纳尔苏(Narsu),将砒霜等毒物放在饮料中。②

在怎样处置摩诃罗阇和土邦的问题上,总督再次表明自己的立场。在 1875 年 1 月 1 日给印度事务大臣索尔兹伯里勋爵的信中,总督诺斯布鲁克勋爵说:"我无需告诉您,我是完全反对兼并政策的。……任何改变政策的想法都是十分错误的。"③索尔兹伯里勋爵也同意他的观点,即使印度委员会一致赞成兼并。他在 1 月 14 日给总督的回信中说,在惩罚重到足以阻止其他王公毒害驻扎官的同时,"我们应避免这样的指控,即我们对正义的热爱在这种场合因对领土的热爱而变得尖刻"④。兼并只在土邦王公公开叛乱的情况下才进行。不过,索尔兹伯里勋爵愿意考虑通过承认巴罗达的附属地为土邦而使巴罗达分裂。而诺斯布鲁克勋爵甚至不愿意这样做。他希望将巴罗达完整地交给马尔哈·拉奥的一个亲戚,不对其内政作任何特别规定。

在取得其他相关证据之后,孟买政府于 1875 年 1 月 13 日发布通告,摩诃罗阇已被逮捕,英国政府代表英王陛下接管巴罗达。为了进一步对摩诃罗阇进行调查,组成由孟加拉首席法官理查·库奇(Richard Couch)为主席,理查·米德、P.S.梅尔维尔(Melvill)、瓜廖尔摩诃罗阇、斋浦尔摩诃罗阇和瓜廖尔前总理丁卡尔·拉奥为成员的调查委员会。调查委员会的 3 个印度人中,有两个是土邦王公。此时,整个印度都弥漫着对巴罗达盖克瓦德的同情。尽管他十分无耻,但他却成为爱国主义情感的标志。即便在他手下

---

① Govindbhai H.Desai & A.B. Clarke ed., *Gazetteer of the Baroda State*, London, 1923; New Delhi: SSDN Publishers & Distributors, 2014, pp.599—600.

② Ibid., p.602.

③④ S. Gopal, *British Policy in India 1858—1905*, Cambridge: Cambridge University Press, 1965, p.107.

十分不幸,巴罗达人依然站在他的一边。他们不仅得到土邦外的马拉塔人的支持,也得到古吉拉特人的支持。因此,委员会中的印度成员与英国同僚观点不一致,拒绝判马尔哈·拉奥有罪。

委员会意见的分歧将最终决定权推给政府。印度事务大臣索尔兹伯里勋爵和女王都不主张废黜盖克瓦德,但印度事务部支持印度政府所作的任何决定,因此,总督诺斯布鲁克勋爵宣布废黜盖克瓦德,原因不是印度政府认为他有罪,而是因为考虑了马尔哈·拉奥即位后与巴罗达事务相关的所有环境、他臭名昭著的恶行、对土邦治理不善和不能有效实行改革。①1875 年 4 月 19 日,印度政府发布公告,废黜马尔哈·拉奥,并于 4 月 22 日将他流放到马德拉斯。5 月 27 日,摩诃拉尼贾姆纳巴依正式收养戈帕尔拉奥(Gopalrao)为坎德·拉奥二世的儿子和继承人,并举行了即位仪式,戈帕尔拉奥继任巴罗达摩诃罗阇,称萨雅吉拉奥三世(Sayajirao III)。②尽管废黜了马尔哈·拉奥,总督却拒绝兼并或分治巴罗达,拒绝加强对土邦管理的控制。不过,在孟买政府的支持下,总督让费雷主管巴罗达。

坎宁总督以后,英王政府对土邦的政策基本上是一贯的,即与土邦这些"封建"因素——"暴风雨中的防浪堤"结成联盟。李顿(Lytton)勋爵和乔治·寇松(George Curzon)等总督将部分没收的领土或统治权归还给有关王公;时常举行王公盛会,对忠诚的王公给予特殊的荣誉和地位;开办主要教育王公子弟和地方酋长子弟的梅约学院和加尔文学院,以培养亲英的王公后代。

在英王接管统治权后,土邦已被视为英王的附属国,由副王代表英王行使最高权力,具体事务由副王参事会政治部负责。但是,当时这样做并无法律依据,因为土邦原来只是英属东印度公司的同盟国,英王接管应该是继承盟国关系。为了消除这种不规则的状态,1876 年,英国议会通过《英国王室头衔法案》(*British Royal Titles Act*),自 1876 年 5 月 1 日起,维多利亚女王兼任印度女皇。这样就将所有土邦变成了英王的臣属国,从而确立了英王的最高宗主地位。1877 年 1 月 1 日,总督李顿勋爵在德里举行登基大典,庆祝维多利亚女王任印度女皇,所有王公都出席大典。1903 年,寇松总督在德里举行爱德华七世继任印度皇帝的庆典,尽管爱德华七世没有出席,

---

① S. Gopal, *British Policy in India 1858—1905*, Cambridge: Cambridge University Press, 1965, p.108.

② Govindbhai H.Desai & A.B. Clarke ed., *Gazetteer of the Baroda State*, London, 1923; New Delhi: SSDN Publishers & Distributors, 2014, pp.603—604.

但是他派弟弟亚瑟亲王出席了这个盛况空前的盛典,土邦王公们从四面八方赶来德里,佩戴着数世纪以来收藏的珠宝,显露他们的荣华和富贵。1911 年 12 月 12 日,乔治五世夫妇亲自出席在德里举行的即任印度皇帝和皇后的大典。他们身着皇袍,在大典帐篷中接受所有王公的臣服礼。举行这些仪式的目的就是要显示英王作为印度皇帝、最高宗主的威严,也显示王公们在帝国中的特殊地位。

为了获得土邦王公们的忠实支持,英王给予他们一些特权或荣誉,如授予在大起义中和大起义后特别忠诚的王公以"印度之星"勋章;对功绩卓著的王公授予爵士称号;实行差别礼炮待遇制度,规定一批有影响的王公在重要场合享受礼炮待遇,并按土邦的重要性分为 9 响到 21 响的不同等级。参见表 3。①

表 3　1921 年重要土邦王公礼炮待遇一览

礼炮数	土　邦　名　称
21 响	巴罗达、瓜廖尔、海德拉巴、克什米尔、迈索尔
19 响	博帕尔、印多尔、格拉德、戈尔哈布尔、特拉凡科尔、乌代布尔
17 响	巴哈瓦尔布尔、珀勒德布尔、比卡内尔、本迪、科钦、库奇、斋浦尔、焦特布尔、格劳利、科塔、伯蒂亚拉、雷瓦、栋格
15 响	阿尔瓦拉、班斯瓦拉、德蒂亚、大代瓦斯、小代瓦斯、塔尔、陶尔布尔、栋格尔布尔、伊德尔、杰伊瑟尔梅尔、海尔布尔、吉申格尔、奥查哈、帕塔格尔、兰布尔、锡罗希
13 响	贝拿勒斯、包纳加尔、戈杰比哈尔、特朗格特拉、焦拉、恰勒瓦尔、金德、朱纳格特、格布尔特拉、那巴、纳瓦讷格尔、巴伦布尔、博尔本德尔、拉杰比布拉、勒德兰、特里普拉
11 响	阿杰格尔、阿里拉杰布尔、包尼、伯尔瓦尼、比贾沃尔、比拉斯布尔、坎贝、昌巴、查哈里、切德尔布尔、法里德果德、贡达尔、贾恩吉拉、恰布瓦、马莱尔戈德拉、门迪、曼尼普尔、摩尔维、讷尔辛格格尔、本纳、布杜戈代、拉滕布尔、拉杰格尔、赛拉纳、萨姆尔塔尔、西尔木尔、西塔毛、苏克特、代赫里格尔瓦尔
9 响	巴拉斯诺尔、本格讷伯莱、班斯达、巴劳达、巴里亚、布萨尔、焦达乌代布尔、丹达、特伦布尔、特罗尔、哈伊布尔、贾赫尔、格拉汉迪、基尔奇布尔、林布迪、洛哈鲁、卢纳瓦达、迈赫尔、马尤班吉、穆托尔、纳戈德、巴利塔纳、巴特那、拉杰果德、萨钦、桑格利、萨文德瓦迪、索纳布尔、圣特、瓦德万、万加内尔

英国希望通过对叛乱王公的惩罚和对支持者的奖赏进一步加强对印度土邦的掌控和管理。

3. 维多利亚女王对曼尼普尔叛乱者的宽容

19 世纪末,英王与印度土邦关系史上有一定影响的是介入曼尼普尔王

---

① Arnold Wright, *Indian States*, New Delhi：Asian Educational Services, 2006, p.829.

位之争及女王对叛乱者的宽容。1826 年与缅甸签订《杨达波条约》后,英国派出驻扎官,力图干预曼尼普尔土邦的事务。1886 年 5 月,摩诃罗阇钱德拉·科迪·辛格去世,长子苏拉·钱德拉·辛格(Sura Chandra Singh)继承王位。但他生性软弱,即位不久曼尼普尔就发生叛乱,王位之争随即展开。1890 年 9 月 21 日,次子库拉·钱德拉·辛格(Kula Chandra Singh)和军队总司令蒂根德拉吉特·辛格(Tikendrajit Singh)反叛。第二天,苏拉·钱德拉·辛格不顾驻扎官的建议就宣布退位,去布林达万(Brindaban)朝圣。9 月 23 日,苏拉·钱德拉·辛格带着 3 个弟弟和一些随从离开曼尼普尔,9 月底到达克车。在这里,他改变主意,请求印度总督兰斯多恩(Lansdowne)勋爵亨利·佩蒂-菲茨莫里斯(Henry Petty-Fitzmaunice)帮助他夺回王位。同时,在总司令蒂根德拉吉特·辛格的诱使下,库拉·钱德拉·辛格占据王位,并请求印度政府承认。

在经过全盘考虑后,印度政府得出结论,承认库拉·钱德拉·辛格的王位而不是帮助前摩诃罗阇恢复王位也许更有利于曼尼普尔。不过,对总司令蒂根德拉吉特·辛格反叛兄长的不法行为要加以惩罚,要将他驱逐出曼尼普尔。[1]总督派阿萨姆高级专员詹姆斯·华莱士·昆顿(James Wallace Quinton)率领 400 名廓尔喀士兵去逮捕密谋者。1891 年 3 月 22 日到达因帕尔后,昆顿要求交出叛乱的主要鼓动者蒂根德拉吉特·辛格,但他的要求遭到拒绝。3 月 24 日拂晓,莱昂内尔·布拉肯伯里(Lionel Brackenbury)和 G.H. 布彻(Butcher)率领英国军队向蒂根德拉吉特·辛格在根格拉(Kangla)宫的住所发起进攻,但很快被曼尼普尔军队包围,大量平民被杀。随后,昆顿与库拉·钱德拉·辛格谈判,表示立即停止所有敌对行动,回到科希马(Kohima)。库拉·钱德拉·辛格认为昆顿在欺骗他而对其加以拘捕,并于 3 月 24 日将昆顿、驻扎官弗兰克·格里姆伍德(Frank Grimwood)及另外 3 名英国官员一起枪杀。两名英国官员在马杨坎村(Mayangkhang)发生的暴乱中被杀死。3 月 31 日,英国政府对曼尼普尔宣战。英军在德穆(Tamu)、锡尔杰尔(Silchar)和科希马等地与曼尼普尔军队交战。4 月 27 日,英军收复因帕尔。5 月 23 日,蒂根德拉吉特·辛格被俘。

1891 年 5 月 11 日,由约翰·米切尔(John Michell)中校主持的特别法庭开始对叛乱者进行审判。在怎样处置蒂根德拉吉特·辛格的问题上,总督和维多利亚女王进行过多次沟通。女王不赞成处决蒂根德拉吉特·辛

---

① C.U. Aitchison, *A Collection of Treaties*, *Engagements and Sanads*, *Vol.XII*, pp.104—105.

格。1891 年 8 月 1 日,女王致电印度事务大臣理查德·克罗斯(Richard Cross)子爵:"相信摄政不会被处死。没有发现他犯了谋杀罪。现在不能实行压制政策。"①8 月 8 日,克罗斯子爵致电女王,转述了总督所发电报的主要内容:"我们已经仔细审查了摄政和司令的陈述与他们的主张。我们认为:第一,摄政被严格指控发动战争,并应被处以死刑,但是我们建议处以终身流放并没收其财产。……第三,我们认为司令也确实犯了向女王发动战争罪和教唆罪,……我们的观点是,为了这个国家的安全,判决绝对必须执行。"克罗斯子爵完全同意这一决定,它与内阁达成的决定是一致的。从前面的电报来看,如果不获批准,总督会辞职。8 月 12 日,总督致电女王:"收到陛下 12 日的电报。无疑,我坚持改变判决将会有严重的公共影响,我认为现在绝对不能。"②

最终,法庭判决蒂根德拉吉特·辛格、库拉·钱德拉·辛格和坦格尔(Thangal)将军有罪,判处死刑。总督批准了对蒂根德拉吉特·辛格和坦格尔的死刑判决,而将库拉·钱德拉·辛格和安高·森纳·辛格(Angao Senna Singh)的死刑判决改为终身流放。8 月 13 日,蒂根德拉吉特·辛格与其他 5 名曼尼普尔军官一道被处以绞刑。库拉·钱德拉·辛格和 21 名参与反叛的曼尼普尔贵族被判处没收所有财产,并流放到安达曼群岛。

8 月 14 日,克罗斯子爵致电女王,转呈总督的电报:"我们建议在《公报》中发表如下声明:第一,曼尼普尔土邦已经因反叛女王和谋杀她的代表而被没收。第二,女王陛下以其不容置疑的权力乐于允许重建土邦统治。不过,统治者应该是王族中与叛乱者没有任何关系的成员。"但是,女王并不同意没收曼尼普尔。③8 月 18 日,总督致电女王,表示同意女王不没收曼尼普尔的主张,但为其他判决辩护。④

8 月 21 日,印度政府通过关于曼尼普尔的决议:曼尼普尔附属于英帝国的程度要高于已经解释的相关案例;必须结论性地证明,曼尼普尔是一个臣服于最高权力的附属保护国;其武装抵制一个合法的命令,要么可以称为发动战争、叛逆、反叛,要么以其他任何名义,是一种犯罪,这种抵抗中的相关个人和土邦都需受到应有的惩罚。……女王的最高统治权已经包含和意味着土邦的附属地位。在行使最高统治权时,如在其他土邦那样,印度政府

---

　①　P.N. Chopra, *Secret Papers from British Royal Archives*, Delhi: Konark Publishers Pvt. Ltd., 1998, p.70.

　②③　Ibid., p.71.

　④　Ibid., pp.71—73.

在曼尼普尔拥有不容置疑的权力,可通过行政命令,免除一个在土邦内明显会引起不愉快的人。他们也有权力由政治代表召开会议,宣布与驱逐前摩诃罗阇相关事务的决定,如果他们驱逐司令的命令没有得到执行,采取强制方式执行命令也是他们的责任。在议事会的总督看来,任何武装或暴力抵抗这一逮捕都是反叛的行为,不能认定为自卫行为。①

既然英王无意兼并曼尼普尔,印度政府就着手选定新统治者。根据《曼尼普尔宫廷纪事》(*The Manipur Court Chronicle*),两名学者查阅保存在保险箱中的王室档案后,编了一个包括所有曼尼普尔王子的名单,政治代表约翰·马克斯韦尔(John Maxwell)与星象学家萨朗·潘吉(Sarang Panchi)最终选定纳拉·辛格的孙子、5岁的丘拉·钱德拉·辛格(Chura Chandra Singh)为新统治者。②9月18日,总督颁发特许令,确定丘拉·钱德拉·辛格为曼尼普尔罗阇,享受11响礼炮待遇,罗阇及其继承人每年要向英国政府交纳贡金。③

对曼尼普尔叛乱的处置显示了英王对土邦的最高统治权,没有过于严厉地制裁所有叛乱分子显示了英王的宽容,没有没收曼尼普尔土邦则表明英王遵守了自己曾颁布的不再兼并任何土邦的敕令。

4. 寇松总督加强对土邦王公的监督和管理

1899年1月,乔治·寇松被任命为印度总督。他不仅加强和改善对英属印度的统治,也加强对土邦王公的监督和管理。这可以从他给英王的一些关于印多尔、巴罗达和珀勒德布尔等土邦的报告、信件、电报中看出来。

1886年6月,印多尔摩诃罗阇图克吉·拉奥二世去世,其27岁的长子希瓦吉·拉奥(Shivaji Rao)继任摩诃罗阇。希瓦吉·拉奥自幼性格比较残暴。据说在继任前两年,他就虐待王公的臣民,曾强迫一个在水池边喝水的妇女咽下盐巴,让另一妇女在烤架上暴晒一整天,导致死亡。任摩诃罗阇后,希瓦吉·拉奥劣性难改。

1895年,额尔金勋爵得到公开媒体证实的情报,希瓦吉·拉奥任意残暴地对待其臣民,将他们从城市中驱赶出去,没收他们的财产,或者不经审

① C.H. Philips, *The Evolution of India and Pakistan 1858 to 1947: Select Documents*, London: Oxford University Press, 1962, p.423.

② Caroline Keen, *An Imperial Crisis in British India: The Manipur Uprising of 1891*, London: I. B. Tauris & Co. Ltd., 2015, pp.168—169.

③ C.U. Aitchison, *A Collection of Treaties, Engagements and Sanads*, Vol.XII, p.198.

讯就将人囚禁起来,导致他们遭到鞭笞和折磨。8 月 20 日,总督致函希瓦吉·拉奥,警告他如果不改正,将受到最严厉的处罚。同一年,摩诃罗阇行贿总督代理大卫·巴尔上校。在写了道歉书、保证给受害人以补偿、任命能干的总理和官员、妥善治理土邦后,他总算保住了摩诃罗阇之位。1898 年夏天,希瓦吉·拉奥又不经任何公开审讯,指控一名男子谋杀了一个地主,将他判处死刑。而调查发现,那个地主在两年前就自然死亡了。另外,希瓦吉·拉奥抢劫了另一臣民家里的财物,虐待他的妻子和家人。[①]在巴尔上校向希瓦吉·拉奥发出严正警告后,他不仅不检讨自己的错误行为,反而抱怨印度政府不给土邦王公以支持和公平的待遇。

1899 年 5 月 17 日,寇松总督致电女王,重申印多尔王公"精神不正常"的态度和未来控制王公的问题。他向女王说明,印多尔王公的精神不正常,1887 年印多尔摩诃罗阇去英国参加女王加冕 50 周年庆典时就有一些病态的行为。非常希望摩诃罗阇的屈服可以使他的心态得到改善,因为,"如果他继续过去两年的疯癫状况和对英印政府的挑衅,从长远来看,就使我们不能不采取决定性的行动,无论怎样,我们可能会为与霍尔卡这样一个等级和地位非常高的王公发生争执而感到遗憾"[②]。

7 月 4 日,寇松致电女王,请求削弱霍尔卡的权力。"在不断的压力之后,霍尔卡已经部分顺从我们的要求,但是坚决拒绝重新考虑我们驱逐 4 个获释囚犯的命令,此外,在取消了《公报》的最初通告之后,又发布两个通告撤销他的取消。他和政府之间的论辩实际上已经缩小到一些内部的小但很重要的几点上,这可以视为对政府命令的挑衅。我们的结论是,霍尔卡没有执行 1895 年协议,他已经不能被授予全部权力。因此,我们建议限制霍尔卡的权力,通过任命驻扎印多尔的政治官,减少摩诃罗阇造成危害的机会。要采取下列任何或所有措施:第一,除非得到我们的同意,否则不得任命或解除大臣。第二,摩诃罗阇在重要事务上应该征求政治驻扎官的意见并听从其建议。第三,极刑应该经英印政府核准。"[③]

1899 年,希瓦吉·拉奥的管理非常糟糕,促使总督任命一个驻扎官,直接指导摩诃罗阇,所有重大事务都要征求驻扎官的意见。1903 年 1 月,希瓦吉·拉奥让位给儿子图克吉·拉奥三世,领取 40 万卢比年金。在 1911 年成

---

① P.N. Chopra, *Secret Papers from British Royal Archives*, Delhi: Konark Publishers Pvt. Ltd., 1998, pp.106—107.

② Ibid., pp.80—81.

③ Ibid., p.82.

年获得全部统治权之前,图克吉·拉奥三世由在驻扎官直接监督之下的摄政委员会辅佐。①

巴罗达盖克瓦德萨雅吉拉奥三世自 1875 年即位,20 多年来的表现也不尽如人意。1899 年 7 月 5 日,寇松总督致函女王,汇报了与萨雅吉拉奥三世会晤的情况,表明自己对其可疑态度的看法:上个星期,巴罗达盖克瓦德作为总督的客人在西姆拉待了几天,总督急于在来到印度的初期与王公建立友好关系。盖克瓦德是一个个子矮小、其貌不扬但快言快语、令人愉快的人。他游历甚广,陛下您对他有所知晓,总督也相信,诚如您所看到的那样。因为果断、独立及一度可疑的个性,他在过去有点与政府作对的倾向,也落得其忠诚相当成问题的名声。总督为了与他建立更和谐、更密切的关系,跟他进行了十分坦诚的交谈,相信这一指控没有依据。总督与他就感兴趣的问题交谈了一个半小时,很高兴听到他对陛下忠诚的保证。但是对您的忠诚并不能阻止他以最不恭敬的甚至傲慢的方式对待印度政府。②

在 1901 年 6 月 19 日给爱德华七世的报告中,寇松总督对萨雅吉拉奥三世的看法有了很大变化。他说:"考虑到他的出生(一个牧羊人的儿子),巴罗达盖克瓦德是一个很精明和很突出的男子。但他是最令人不满、最爱争吵和最小气的印度王公之一。他滔滔不绝的口才和演讲给每个英国人留下了深刻印象。但我们对他有更多的了解,历任总督都持同样的看法。数年前,他承诺为帝国军队贡献一个小分队,但是至今一直不愿意兑现自己的诺言,也永远不会为此贡献一点点。他的救灾措施是微不足道和悲惨的;他的吝啬在印度已经成为笑柄;他是彻头彻尾的自私自利和精于算计的人,总督极难说服灾荒委员会不要向他禀报他们的行动。数年来,他是国大党基金的贡献者;他实际上承担了瑙罗吉参加选举的费用。""他在英国发表流利的演讲,给《十九世纪》杂志撰写文章,讲述他对土邦的有效治理。但是在印度,他很少待在土邦内,现在他不在巴罗达而是在奈尼达尔(Naini Tal)避暑。大臣们很少长期为他效力,他的总理即将辞职。他只有自利而无忠诚。"③

在 1905 年 1 月 25 日给爱德华七世的报告中,寇松陈述了再次拒绝盖克瓦德到海外旅游的要求:"作为最精明但是最令人不满意的印度王公之一(因为他总是以自己随意的方式并总是站在不友好的当地政党一边与政府

---

① C.U. Aitchison, *A Collection of Treaties, Engagements and Sanads, Vol.*Ⅳ, p.19.

② P.N. Chopra, *Secret Papers from British Royal Archives*, Delhi: Konark Publishers Pvt. Ltd., 1998, p.83.

③ Ibid., pp.97—98.

作对),盖克瓦德提出到国外旅游一年的要求,令总督非常震惊。在统治土邦的23年中,他差不多4年时间没有待在印度。"①摩诃罗阇和摩诃拉尼1887年第一次出访欧洲,到意大利、瑞士、法国和英国待了几个月之久。1892年、1893年、1895年、1900年和1905年,王公夫妇又多次以健康状况不佳为由到欧洲休养。②寇松在3月29日给国王的信中表示,他曾向盖克瓦德表明:"英王陛下无疑希望他缩短旅居国外的时间,以便和其他土邦王公一道到孟买欢迎威尔士亲王(即未来的乔治五世)的来访,但是,盖克瓦德坚决拒绝修改他离开印度一年的计划。我们不得不告诉他,如果在这段推延的时间里他的土邦管理不能令我们满意,印度政府监督和控制的权利不能得到保证,我们将拒绝允许他出航。……总督希望陛下和其他任何王室成员对于这些没有礼貌和具有坏心眼的王公到英国时不要给予过多的关注。盖克瓦德对威尔士亲王夫妇的行为表现得绝对的自私冷漠及不懂礼节。"③

珀勒德布尔摩诃罗阇拉姆·辛格于1893年12月继承王位,由于脾气暴躁,于1895年被剥夺一部分权力。因为顾问无能和不怀好意,以及自己健康状况的进一步恶化,拉姆·辛格越来越不能控制自己的暴躁脾气。1900年6月,他突然开枪杀死自己的理发师。7月4日,寇松致函女王,建议废黜摩诃罗阇拉姆·辛格。他在信中说,"宽恕谋杀是不可能的,因为是土邦王公所为,总督只得建议殖民部大臣:一个表现得如此不适合其地位和不能控制自己脾气的王公应该被永远剥夺统治权,应该置于监督之下,应该让他唯一年幼的儿子取代他,坐上土邦的王位"④。8月10日,拉姆·辛格被废黜。8月27日,他被流放到阿格拉。其不足1岁的儿子基尚·辛格(Kishan Singh)继承王位,王公的母亲基拉吉·考尔(Girraj Kaur)担任摄政,直至1918年11月28日摩诃罗阇成年。

1900年10月30日,寇松致函女王,反映一些王公的不良行为,如昌巴罗阇沙姆·辛格(Sham Singh)数年前是一个颇有希望的年轻人,但是越来越嗜酒,健康每况愈下。年轻的金德罗阇兰比尔·辛格(Ranbir Singh)娶

---

①　P.N. Chopra, *Secret Papers from British Royal Archives*, Delhi: Konark Publishers Pvt. Ltd., 1998, pp.110—111.

②　Arnold Wright, *Indian States*, New Delhi: Asian Educational Services, 2006, p.20.

③　P.N. Chopra, *Secret Papers from British Royal Archives*, Delhi: Konark Publishers Pvt. Ltd., 1998, pp.111—112.

④　Ibid., p.86.

了一个在其土邦举行飞行表演、名声很差的欧洲飞行员的女儿。①1900 年
11 月 8 日,伯蒂亚拉摩诃罗阇拉金达尔·辛格(Rajendar Singh)因嗜酒不
到 30 岁就去世。寇松在第二天给女王的信中说,拉金达尔·辛格虽然"是
一个优秀的运动员和很好的人,却是一个奢侈无度和很不合格的王公。他
的去世是完全符合土邦的利益的,因为他永远也不会做任何好事"②。在
1901 年 7 月 31 日给爱德华七世的信中,寇松提到陶尔布尔摩诃罗阇尼哈
尔·辛格因酗酒和吸毒而去世,焦特布尔摩诃罗阇萨达尔·辛格因性格软
弱,完全被夫人掌控,他夫人酗酒,也要摩诃罗阇大量饮酒,导致其身体状况
很差。③

　　1901 年 6 月 19 日,寇松总督再次致函爱德华七世,称一些重要土邦王
公为"冒牌的英国人",因为他们经常旅居欧洲尤其是英国。以前,印度王公
到国外旅游都须获得许可,在一些场合,他们的请求遭到拒绝,或者在某些
条件下得到许可。寇松总督在就任几个月后听从孟加拉省督的建议,拒绝
了戈杰比哈尔王公到国外旅游的请求。但是,王公必须得到许可才能出国
旅行的规定往往被规避或降至无效,因为王公们在出发前才提出请求或获
得地方当局的批准,如贡土尔塔库尔在从孟买出航前两天内才提出请求并
获得地方当局的允许。布杜戈代罗阇马尔坦达·拜拉瓦·童代曼
(Martanda Bhairava Tondaiman)对土邦事务漠不关心,却乐意被视为喜欢
运动的英国人,他获得阿瑟·哈夫洛克(Arthur Havelock)爵士的许可去英
国度假,在动身前一两天才向印度政府报告,要阻止行程已经来不及了。调
查表明,兰斯多恩勋爵和额尔金勋爵都留下记录说不应该鼓励这个年轻人
离开自己的土邦。根据哈夫洛克的建议,额尔金勋爵拒绝允许他前往英国
参加 1897 年女王登基 60 周年庆典。④因此,总督建议国王对印度土邦王公
出访英国和其他欧洲国家作出一些硬性的限制性规定,以免因他们长期待
在国外而忽视了土邦的治理。7 月 11 日,爱德华七世回信给寇松,国王虽
然赞同总督的观点,但是责备总督对土邦王公比较独断的态度,建议他友好
地对待王公。⑤

---

　　① P.N. Chopra, *Secret Papers from British Royal Archives*, Delhi: Konark Publishers
Pvt. Ltd., 1998, p.90.
　　② Ibid., p.91.
　　③ Ibid., p.108.
　　④ Ibid., p.95.
　　⑤ Ibid., p.94.

1901 年 7 月 31 日，寇松致函爱德华七世，为他对土邦王公的态度表示歉意并保证听从陛下的建议。总督在信中也表明自己在尽可能与土邦王公们友好相处，并取得了成效："总督遵循陛下的建议，尽可能对王公们采用友好的语言和同情的劝导。自到印度后，不曾对王公们说一句刺耳的话。相反，总是努力谦恭地与各种类型和级别的王公接触。"①寇松先后邀请巴罗达摩诃罗阇、海德拉巴尼扎姆和瓜廖尔摩诃罗阇到加尔各答访问，与他们友好交流，访问昌巴、科钦、库奇、特拉凡科尔等土邦，产生了比较好的影响。

寇松勋爵虽然在表面上向英王陛下保证会友好对待土邦王公，但实际上对很多王公难以表示尊敬，因为他发现很多土邦王公既没有文化知识，又缺乏责任心。巴罗达盖克瓦德和布杜戈代罗阇长期旅居国外。布杜戈代摩诃罗阇自 1894 年即位至 1900 年在土邦内待的时间仅仅两年。而在旅居外国期间，王公们挥霍浪费土邦的财富。因此，寇松在任期内对土邦的内部事务进行干预，实行和英属印度一样的管理标准，要求土邦王公积极主动地履行自己的重要职责。为了培养王公的能力，他在 1905 年建议成立 25 人委员会，由总督从给"帝国服务军团"提供士兵的土邦王公中挑选产生；让王公有资格在印度军队中任职。为了加强对王公的监督，总督要求驻扎官每年都要提交关于自己控制土邦的报告，内容包括王公及其顾问的性格和能力，他们对于政府的态度。寇松总督甚至想要外交部编辑《土邦年鉴》，以便于对任何土邦的管理正常与否可以随时作出判断。总督要将尽可能多的土邦置于印度政府的控制之下。②

在寇松任总督期间，本格讷伯莱（Banganapalle）、班斯瓦拉、珀勒德布尔、比拉斯布尔、昌巴、印多尔、贾索（Jaso）、杰德布尔（Jetpur）、焦特布尔、马莱尔戈德拉、纳逾德（Nayod）、本纳、拉戈格尔（Raghogarh）、桑杰利（Sanjeli）和栋格等土邦王公被迫退位或者被剥夺统治权，主要原因是王公的不良行为，如酗酒、虐待狂、精神病、长期旅居海外挥霍浪费等。

虽然寇松总督的一些措施无论对英帝国还是对土邦都是有益的，但是印度民族大起义的历史教训告诫很多英国人，过多的干预可能会再次导致土邦王公的强烈不满，导致暴乱的发生。因此，寇松管理土邦王公的措施遭到很多英国政府官员的非议。再加上他的对华政策、对俄政策也遭到英国

① P.N. Chopra, *Secret Papers from British Royal Archives*, Delhi: Konark Publishers Pvt. Ltd., 1998, pp.107—108.

② S.R. Ashton, *British Policy towards the Indian States*, New Delhi: Selectbook Service Syndicate, 1985, pp.23—26.

政府内部很多人的反对,寇松不得不辞去印度总督职务。1905 年 11 月继任的明托伯爵四世放弃了过多干预土邦内政的政策。

二、第一次世界大战期间印度土邦给予英国的帮助

第一次世界大战爆发后,印度土邦王公纷纷向英王表示效忠,以下王公除了表示"将自己的军队和土邦所有资源交给英王陛下政府支配"外,还给予英国人力、物力和财力的支持。

巴罗达是英国政府最忠实和慷慨的支持者。157 名土邦正规部队士兵加入英国军队,1 417 人作为战斗人员、非战斗人员和熟练及非熟练劳工加入英属印度军队作战;巴罗达总共给各项基金捐献了 3 471 987 卢比;无偿提供了 154 匹马和 13 个帐篷等物资,借用和有偿提供一些物资;摩诃罗阇和土邦人民购买了超过 1 122 万卢比的战争债券。[①]

根据 1918 年 8 月发布的官方声明,1914 年,海德拉巴第一帝国服务骑兵团被派往埃及,在埃及和巴勒斯坦作战,遭受了一些人员伤亡。1915 年,派出 100 名驯马人和 2 名官员到马图拉,为骑兵驯马。到 1918 年 6 月,4 955 人被征入印度军队。尼扎姆为荣誉上校的第 20 德干骑兵团在参战前配备了新剑,花费了 1 万卢比。尼扎姆将 167 头骡子和 185 匹马卖给印度政府,以支持运输工作。海德拉巴还给予资金和物资贡献。1916—1918 年,总共购买战争债券 1 640 万卢比;捐献物资达 1 820.96 万卢比。1916 年,放贷价值达 500 万卢比的银锭以改善英属印度政府的财政状况。[②]

博帕尔纳瓦布苏丹·贾汉·贝格姆(Sultan Jahan Begum)、纳瓦布家族成员及土邦官员慷慨解囊,因而也鼓励土邦人民为战争努力作贡献。纳瓦布的政治秘书发表的一份声明列举了土邦在战争中的贡献:因战争而产生的额外军事费用(包括骑兵团增加的薪水、马、快艇和汽车等开支)236 024 卢比,直接用于战争的贡献(包括"忠诚"号医疗船的维护、圣约翰医疗协会支出、购买飞机和汽车等)485 913 卢比,战争慈善捐款(包括威尔士亲王基金、帝国救济基金、孟买救济基金等)280 500 卢比,购买战争债券和捐赠各种物资。博帕尔通过不同途径对战争的贡献多达 2 834 575 卢比。[③]

---

① Arnold Wright, *Indian States*, New Delhi: Asian Educational Services, 2006, pp.35—36.

② Ibid., p.52.

③ Ibid., p.69.

印多尔摩诃罗阁图克吉·拉奥三世让英国政府利用土邦的所有资源，以取得战争的胜利，尽管《门德索尔条约》几乎剥夺了土邦三分之二的领土，尽管 1865 年协定规定，在印多尔摩诃罗阁支付 2 381 520 卢比后，没有义务给英国政府以任何军事援助。[①]印多尔的运输和救护队活跃在各个战场，约 15 万卢比的开支都是由土邦承担的。摩诃罗阁向威尔士亲王基金、帝国救济基金、圣约翰红十字会基金等捐赠了总共超过 260 万卢比的善款。此外，摩诃罗阁还认购了 300 万卢比可兑换债券和 220 万卢比战争债券。印多尔人民也给予大量捐助。[②]

巴哈瓦尔布尔王室在一战中再次表示了对英国王室不容置疑的忠诚。土邦招募的部队到各地服役，除了官员和士兵外，土邦还捐赠了大量骆驼、马匹和营地设施，以满足帝国军队的需要。土邦向战争贷款基金捐赠 820 多万卢比，捐给勒努夫人基金（Mrs Renout）和奥德怀尔[③]女士基金（Lady O'Dwyer）等救济基金 1.7 万卢比。王室在拉合尔的房子也被用作战地医院。[④]

珀勒德布尔在一战中给予帝国政府以人力和财力方面的宝贵支持。著名的珀勒德布尔步兵在东非战场为国王和国家而战，更有名的是骡子运输队服务于非洲以外的各个战场。土邦的战争贡献包括：派往东非的步兵 714 人及侍从 64 人；到帝国运输团的 430 人及侍从 64 人；200 万卢比战争贷款；捐给各种救济基金 20 万卢比，红十字会 20 万卢比；公众捐给战争基金 2.6 万卢比，认购战争债券 6.9 万卢比。[⑤]

本迪摩诃拉奥罗阁拉古比尔·辛格（Raghubir Singh）在 1914 年 8 月表示诚心追随英王，将自己的军队和所有资源交给英国政府支配，给予大量人力和财力支持。为了招收更多的士兵，土邦给予征兵者较好的津贴，每招收一个士兵可以获得 3 卢比奖赏。战争期间，1 000 多人与印度军队并肩作战。1917 年 5 月 10 日，为了向公众解释战争贷款基金的宗旨，摩诃拉奥罗阁主持在孙德尔格特（Sundar Ghat）举行的集会，以印地语精心措辞，表达了自己的心意，激起极大的热情，在场的人纷纷捐款，当场就筹到 5 万卢比。到 1917 年 11 月底，土邦各地捐款达到 358 562 卢比。到 1918 年底，总

① C.U. Aitchison, *A Collection of Treaties*，*Engagements and Sanads*，*Vol.IV*，pp.37—38.
② Arnold Wright，*Indian States*，New Delhi：Asian Educational Services，2006，p.98.
③ 米歇尔·奥德怀尔（Michael F. O'Dwyer，1864—1940），曾任旁遮普省督。
④ Arnold Wright，*Indian States*，New Delhi：Asian Educational Services，2006，p.145.
⑤ Ibid.，p.153.

共向威尔士亲王基金、帝国印度救济基金和比利时基金等捐献 182 700 卢比。①

焦特布尔比任何其他古老的土邦都更随时给英国军队以帮助。1914 年 8 月 29 日,16 岁的摩诃罗阇苏迈尔·辛格(Summair Singh)和他的摄政、伊德尔罗阇普拉塔普·辛格一起离开焦特布尔,前往法国,加入英国陆军,直到 1915 年 6 月才回到马尔瓦尔。其他马尔瓦尔王室成员继续留在法国作战。在整个战争期间,土邦派出各级战士 1 369 人,参加了在法国、巴勒斯坦、约旦等地的战斗。1918 年还计划新征骑兵 1 360 人。在几次战斗中,土邦军队都付出了很大的牺牲。1918 年 7 月 14 日,土邦长矛骑兵参加了在约旦进行的战斗,打退了敌人的进攻,但 15 人在战斗中牺牲,7 人受伤。一战期间,焦特布尔给予的财力支持达到 3 596 095 卢比。②

伯蒂亚拉摩诃罗阇布平德·辛格(Bhupinder Singh)在战争爆发时就将土邦所有资源毫不保留地交给印度政府支配,通过他的努力,伯蒂亚拉继续注入人力、财力和物力。1917 年沙皇被推翻后,总督邀请摩诃罗阇参加中央征兵局。1918 年 4 月,摩诃罗阇立即答应征集 3 个营,并在德里召开的印度作战会议中起主导作用。他热衷效力于帝国事业,使他被挑选去参加 1918 年帝国作战会议及帝国战时内阁。摩诃罗阇访问了在比利时、法国、意大利和巴勒斯坦的盟军前线,获得了各国的最高荣誉。在一战期间,伯蒂亚拉贡献了大约 2.5 万人。除了满足作战部队需要的开支 600 多万卢比外,土邦还提供了 1 000 峰骆驼、259 头骡子、400 匹马;认购了 350 万卢比的战争贷款;通过及时提供 100 万卢比的银币贷款帮助印度政府度过了财政危机。土邦总共给予财力帮助达 1 500 万卢比,物资达 90 万卢比。③为表彰土邦的贡献,英王陛下授予摩诃罗阇英帝国骑士勋章,将其礼炮数由 17 响增加到 19 响。

1914 年 8 月 4 日,雷瓦摩诃罗阇文卡特·拉曼·辛格(Venkat Raman Singh)致电在巴克尔根德的驻扎官:"获悉英国不得不在欧洲作战。特此询问是否有英王和皇帝或总督给我和我的军队的命令。"电报显然向英国政府表明了他支持英国的决心。9 月,摩诃罗阇又要驻扎官向印度政府转达他的心意:"摩诃罗阇听说大象在法国为人所用,请问拉大炮的象在那里是否

① Arnold Wright, *Indian States*, New Delhi: Asian Educational Services, 2006, p.168.

② Ibid., pp.202—209.

③ Ibid., p.242.

有用。如果能派上用场,雷瓦摩诃罗阇可以借出大约 30 头象,其中一些已经受过训练。"①除了答应提供军队、马和象以外,摩诃罗阇还将土邦在乌默里亚(Umaria)的煤矿和皮革厂交给印度政府掌管。主要政府战争动员官到雷瓦时挑选了 80 匹马,1916 年 7 月,又买了 18 匹马。摩诃罗阇将一架价值 1.8 万卢比的"雷瓦"号飞机赠给印度军队,后来飞机成功地用于埃及,在飞机发生一次事故之后,摩诃罗阇承担了 3 000 卢比的维修费用。1915 年 9 月,摩诃罗阇又捐赠了耗资 22 500 卢比的"朋友"号飞机。摩诃罗阇还号召印度所有的索兰基酋长和塔库尔加入他的行列,出资购买 3—4 架飞机,与"雷瓦"号、"朋友"号组成一个"索兰基"飞行中队,很快就有两架飞机加入"雷瓦"号和"朋友"号,并立刻送给政府,投入战场。此外,摩诃罗阇和夫人在 1918 年捐款 20 多万卢比。②

班斯瓦拉摩诃罗瓦尔珀蒂·辛格(Pirthi Singh)一获悉一战爆发的消息就致函印度政府,保证自己和臣民都忠于英王,将自己的军队和土邦的资源都交给英国政府支配。土邦政府宣布了下列鼓励应征的奖励:应征加入英国军队的,赏给土地 15 比格;给征兵者以津贴;每招募一个兵,奖 5 卢比,向提供士兵的家庭发给服役和忠诚证书。土邦向各种与战争相关的救济基金捐赠了 44 115 卢比,捐给拉杰布达纳飞机和机枪基金 5 147 卢比,认购两种战争贷款 58 830 卢比等。③

塔尔摩诃罗阇乌达吉·拉奥(Udaji Rao)在得知英国对德宣战后立刻给威尔士亲王救济基金捐赠 7 500 卢比,摩诃拉尼萨赫巴捐赠 5 000 卢比,一些官员捐赠 1 000 卢比。摩诃罗阇及摩诃拉尼分别给帝国救济基金捐赠 1 万卢比和 2 000 卢比。土邦贵族向帝国救济基金捐赠 4 077 卢比。摩诃罗阇还将自己价值约 3 万卢比的马捐给帝国骑兵炮队。在 1915—1916 年间,摩诃罗阇及其夫人的捐赠总额约 98 450 卢比。④

栋格尔布尔摩诃罗瓦尔比贾伊·辛格得知战争爆发的消息后马上致电总督,表示自己坚定地忠于英王陛下,并且将土邦所有资源都交给政府支配,自己也将去前线作战。1914 年 8 月 26 日,他亲自主持群众集会,号召所有听众慷慨地捐款给帝国战争基金,当场就筹到了 8 000 卢比。当土耳其支持德国时,摩诃罗瓦尔在 1915 年再次提出要亲自去前线,但是总督没

①②　Arnold Wright, *Indian States*, New Delhi: Asian Educational Services, 2006, p.248.
③　Ibid., p.271.
④　Ibid., pp.305—307.

有接受他的请求。在战争期间,土邦政府和民众定期和不定期捐款,支持英国的战争努力,到1918年9月,栋格尔布尔的战争捐款将近14.5万卢比,相当于土邦年收入的29%。土邦民众购买战争债券、捐给战争贷款基金56 720卢比。①

杰伊瑟尔梅尔摩诃罗阇贾瓦希尔·辛格(Jawahir Singh)在一战爆发后将自己的军队和土邦的资源都用来支持英国政府。杰伊瑟尔梅尔给予的支持达到大约100万卢比,且将数千只绵羊和山羊免费供应给战俘。为了鼓励人们参战,土邦政府承诺,应征入伍参战的人都可以得到报酬和土地赏赐。②

海尔布尔米尔伊玛姆·巴克什·汗(Imam Baksh Khan)在一战中给英国政府大力支持。除了在英属东非、埃及和印度西北边界作战的海尔布尔帝国骑兵队和骆驼运输队外,海尔布尔还提供了下列支持:1915年3月21日至1917年11月25日,米尔最小的弟弟古拉姆·阿里·汗(Ghulam Ali Khan)作为少尉在印度军队中作战;为印度军队招募142名士兵;耗资34 082卢比购买一架飞机"海尔布尔"号,并捐赠200卢比给飞机基金;战争救济捐款2.3万卢比;土邦和人民认购战争贷款1 091 053卢比。③

兰布尔纳瓦布哈米德·阿里·汗(Hamid Ali Khan)在战争爆发时立刻奉献出自己的军队和土邦的资源。他一开始就捐给帝国印度救济基金1万卢比、威尔士亲王救济基金7 500卢比、联合省特别战争基金2.5万卢比、两笔战争贷款共70万卢比等,总计约125万卢比。战争结束后,印度政府欲返还战争时期超出和平时期的军费开支228 813卢比给兰布尔,但纳瓦布没有接受,表示当做战争时期的贡献。在人力方面的贡献:373名帝国步兵被派去东非,数个使用长矛的骑兵队被派到奥兰加巴德和贝拉里(Bellary)训练马,直到1918年3月才回到兰布尔。官员和士兵都表现出色,共得到各种勋章19枚。兰布尔在战争中的贡献得到了英国政府的高度评价。1919年6月30日,总督蔡姆斯福德勋爵致函纳瓦布,代表英王陛下表示感谢。④

包纳加尔王室一直忠于英国王室。在一战爆发后,摩诃罗阇包辛格

---

① Arnold Wright, *Indian States*, New Delhi: Asian Educational Services, 2006, p.317.

② Ibid., p.329.

③ Ibid., p.343.

④ Ibid., pp.368—370.

(Bhavsingh)及其臣民都尽他们最大的限度提供了钱和各种物资。①

特朗格特拉摩诃拉纳甘什亚姆辛(Ghanshyamsinh)在得知英德开战的消息后立刻致电英国政府,将土邦所有资源都交给英王支配。在战争持续的4年多时间内,土邦及其臣民给各种基金和战争贷款的捐献达191.8万卢比。此外,奉献了41匹马、5顶野战医院用的帐篷等物资。摩诃拉纳和土邦人民的支持得到了英王陛下政府的高度赞赏。1917年1月1日,英王乔治五世授予王公"摩诃罗阇"头衔和"印度之星"荣誉勋章,将其礼炮数由11响增加到13响。②

德蒂亚摩诃罗阇戈文德·辛格在战争爆发后就将自己和土邦的所有资源交给英国政府支配,并向总督保证,他将随时为帝国的事业效微薄之力。在捐赠第一笔现金的同时,摩诃罗阇成立了由首席部长负责的战争基金委员会,募集捐款。摩诃罗阇自己的第一笔捐赠为3 000卢比,并承诺每月向总督战争基金捐款1.2万卢比,直至战争结束。德蒂亚还提供了122名兵员。③

金德摩诃罗阇兰比尔·辛格在得知英国对德宣战的消息后立刻致电将土邦的所有资源和他的军队交给英王陛下支配。1914年8月15日,摩诃罗阇收到驻扎官的电报,告诉他印度政府已接受他的提议,金德帝国兵团的4个连将参加战斗。9月14日晚,4个连队开赴前线。摩诃罗阇、所有的官员和贵族都前往火车站台送行,场面十分感人。金德共派出1 058名作战人员和86名非作战人员。他们在东非等地英勇战斗,伤亡达175人,获得47枚勋章。除了派人参战外,摩诃罗阇还奉献人力、财力、物力和畜力,为帝国效力。除派出的4个连外,由712人及随员组成的13支分遣队时不时进行增援;为印度军队征兵5 173人、帝国兵团征兵1 150人,如果加上战前提供的兵力,总共达到8 673人。土邦还提供了28名司机和305名赶骆驼和骡子的人。摩诃罗阇还捐赠了33万卢比的金银币;捐赠7.5万卢比购买装甲飞机;捐赠4.5万卢比购买用于美索不达米亚的轰炸机;捐赠25 050卢比购买救护车;支付金德帝国兵团的开支1 354 452卢比;支付维持帝国马队的开支24 408卢比;支付征募赶骆驼和骡子的人的开支30 024卢比;支付招募新兵及随员的开支50 221卢比;向各种基金捐赠116 921卢比;认购

---

① Arnold Wright, *Indian States*, New Delhi: Asian Educational Services, 2006, p.382.

② Ibid., p.396.

③ J.C. Dua, *Illustrated Encyclopaedia & Who's Who of Princely States*, New Delhi: Kaveri Books, 2000, p.33.

第一次和第二次印度战争贷款 115 万卢比;等等。金德还提供了大量战争物资及用于运输的骆驼、骡子。当时金德的年收入为 250 万卢比,战争期间的贡献达到 3 418 741 卢比,土邦将年收入的三分之一用于支持战争。[①]

1877 年 10 月 16 日,5 岁的贾格特吉特·辛格(Jagatjit Singh)被旁遮普省督罗伯特·埃杰顿(Robert Egerton)扶上格布尔特拉王公宝座。1890 年 11 月 24 日成年亲政前,摩诃罗阇得到一些著名人士的辅佐,对英国王室表现得很忠诚。第一次世界大战期间,摩诃罗阇给予英国王室极大的支持。1914 年 8 月,378 人入选帝国作战部队,9 月前往东非作战。战争爆发时,在印度军队中有不少于 900 格布尔特拉士兵。战争结束时,增加到大约5 000 人。土邦还给予大量财力支持,向帝国战争救济基金捐赠 39 945 卢比,向威尔士亲王救济基金捐赠 7 500 卢比。1915 年,额外的战争开支为 10 万卢比。1916 年,额外的战争开支为 5 万卢比,并提供 12 匹马和 12 名运输司机。1917 年,分别捐赠 2.5 万卢比给旁遮普省和联合省,用于购买救护车;免费提供 28 头骡子和 44 头骆驼;认购英国战争贷款 130 万卢比,认购印度战争贷款 40 万卢比,认购法国战争贷款 25 万卢比。为表彰摩诃罗阇在战争中给予的支持,英王将其礼炮数增加为 15 响,授予"印度之星"勋章。[②]

纳瓦讷格尔摩诃罗阇兰吉特·辛格曾在剑桥三一学院接受教育,1907 年 3 月 11 日继承王位。战争爆发后,摩诃罗阇向印度政府提出服兵役的请求,并且将土邦所有资源交给政府支配。他在西线服役一年多,回到印度后,受邀担任陆军元帅道格拉斯·黑格(Douglas Haig)的参谋,但因土邦事务繁多谢绝了这一荣誉。王公的 3 个侄儿都参加了战斗:萨瓦伊·辛格(Savai Singh)在非洲服役两年,并在战斗中负伤;达吉拉杰·辛格(Dajiraj Singh)在法国服役,并在 1917 年的一场战役中牺牲;希马特·辛格(Himat Singh)则在美索不达米亚作战。纳瓦讷格尔帝国骑兵团负责守卫卡拉奇。1918—1919 年的《土邦管理报告》列举了战争期间纳瓦讷格尔的各种贡献:配备了司机的 14 辆汽车,配备司机用于孟买的救护车,48 匹马,向各种救济基金和红十字会基金捐赠 210 531 卢比,捐赠 10 万卢比用于购买飞机,向 1918 年 4 月在德里举行的战争会议捐赠 30 万卢比,捐赠价值11 万卢比的各种物资,50 匹矮马和少量骆驼。摩诃罗阇将自己在英国泰晤

---

① Arnold Wright, *Indian States*, New Delhi: Asian Educational Services, 2006, pp.418—419.
② Ibid., pp.437—439.

士河畔斯坦斯的房子作为治疗军官的医院,并承担了高达 49 万卢比的维护和设备开支。摩诃罗阇及其官员、臣民,以及居住在孟买与土邦有关系的人,总共认购了战争贷款 260 万卢比。英王陛下对于土邦的支持给予高度赞赏,授予兰吉特·辛格"印度之星"勋章、"摩诃罗阇"头衔世袭、礼炮数由 13 响增加到 15 响。①

　　一战爆发时,巴伦布尔纳瓦布谢尔·穆罕默德·汗(Sher Mahomed Khan)以其一贯对王室的忠心和忠诚,将其所有资源交给英国政府支配,当时土邦年均收入约 76 万多卢比,战争期间,向各种基金捐赠了大约 20 万卢比,还奉献了帐篷等军需物资。②

　　博尔本德尔是一个在 1911 年人口仅 90 837 人的小土邦。在战争期间,土邦以未成年的摩诃罗阇纳特瓦尔辛·包福辛(Natwarsinh Bhavsinh)的名义捐赠战争开支和各种基金 189 177 卢比,另有私人捐赠 30 302 卢比。1918 年,土邦认购印度战争贷款 50 万卢比,土邦官员贡献 31 600 卢比,个人捐赠 46 843 卢比。③

　　拉杰比布拉在一战期间给予盟国大力支持。作为孟买省征兵局的成员,摩诃拉纳维杰伊辛格·查特拉辛格(Vijaysingh Chhatrasingh)怀着极大的兴趣关注征兵工作的进展,他为完成征兵任务所付出的努力取得很大成功。他给予参战的士兵很多有吸引力的待遇。在战争之初,他慷慨捐赠一架耗资 3.4 万卢比的战机,并捐赠 4.2 万卢比给各种基金。1918 年 2 月,向总督捐赠 20 万卢比,总督可将钱用于他认为有利于取得战争胜利的地方;捐赠 3 000 卢比,帮助安置在玛丽女王技术学院内的伤员。在出席 1918 年 6 月省战争会议时,摩诃拉纳宣布每年捐赠 10 万卢比,以支付战争开支。此外,土邦购买 60 万卢比利率为 4% 的政府可兑换贷款,购买第一期以及第二期战争债券各 20 万卢比,土邦人民购买两期战争债券的数额分别是 20 万卢比和 10 万卢比。④

　　勒德兰摩诃罗阇萨贾恩·辛格(Sajjan Singh)忠于英王,最早将自己的军队和土邦的资源交给帝国政府支配。1915 年 3 月,他离开勒德兰前往孟买。4 月 5 日,随同一支远征军前往法国作战。英国驻法军队总司令道格拉斯·黑格在 1916 年 4 月 3 日的报告中赞赏摩诃罗阇是战场上表现英勇

---

① Arnold Wright, *Indian States*, New Delhi: Asian Educational Services, 2006, p.453.
② Ibid., p.461.
③ Ibid., p.479.
④ Ibid., pp.490—491.

的人之一。摩诃罗阇直到 1918 年 5 月 30 日才回到勒德兰,因为作战英勇,多次得到英王的提拔和表彰。1916 年 6 月 3 日被提升为中校,1918 年 1 月 1 日被提升为荣誉上校,给予 13 响礼炮待遇。在摩诃罗阇的带领下,勒德兰王室、土邦官员和人民都给盟国的事业以全力支持。从战争爆发到结束,土邦官员将自己每月薪水的 10% 捐给帝国救济基金,他们的举动也为一些札吉达尔所仿效,总共捐给帝国救济基金 20 472 卢比。到 1918 年 10 月止,摩诃拉尼已捐给圣约翰救济基金 3 187 卢比。1917 年 12 月,勒德兰王室将在勒德兰火车站的候车室作为军方接待室和英国士兵娱乐室,自 1918 年 2 月起,每月给予 100 卢比的开支。1917 年 4 月,勒德兰王室开始维护两个在印多尔被称为"勒德兰王室战地医院"的机构,分别可以接纳 25 个和 20 个病人。勒德兰捐赠 3 000 卢比作为第一笔开支,在一年多时间内,每月捐赠 1 000 卢比。勒德兰总共认购了 40 万卢比的战争贷款,王室在 1916 年认购了 537 800 卢比利率为 4% 的可兑换贷款。王室派出了 80 名新兵,而勒德兰骑兵队则在埃及作战。①

巴里亚是一个面积为 2 100 平方千米的土邦,自 1785 年就与孟买政府建立了友好关系,巴里亚罗阇一直忠于英国人。摩诃罗瓦尔兰吉特辛格·曼辛格(Ranjitsingh Mansingh)在 1908 年 5 月 7 日继承王位时提到他的先辈对英国人的忠诚,并表示"维持祖先对英王的忠诚和依恋是我的荣耀"②。在 1914 年 8 月初从驻扎官那里得知英德开战的消息后,摩诃罗瓦尔为显示对英王的忠诚,立刻电报回复,将自己和土邦的军队交给英国政府调遣。12 月,摩诃罗瓦尔接到服役的命令,随后到法国和荷兰前线作战,数月之后才回到孟买。回到巴里亚后,摩诃罗瓦尔通过自己捐赠和从臣民那里募集钱物,支持各种战争基金。捐赠总数达到 111.6 万卢比,相当于战争期间每年财政收入的三分之一。巴里亚的人口在 1911 年时仅 115 201 人,征兵不是一件容易完成的事情。为了鼓励应征,摩诃罗瓦尔给予应征入伍者的家庭慷慨的赏赐,给受伤士兵和牺牲士兵的家属以土地和年金。因此,到 1918 年底,有不少于 270 人服现役,其中大多数是战斗人员。在缔结和约后,英国政府致函摩诃罗瓦尔,对其在战争期间给予的支持和援助表示赞赏和感谢。信中提到,摩诃罗瓦尔每年捐赠 7.5 万卢比作为战争开支,这相当于巴里亚 1917—1918 年 188 579 卢比田赋收入的 39.77% 和 114 万卢比总

---

① Arnold Wright, *Indian States*, New Delhi: Asian Educational Services, 2006, pp.496—498.

② Ibid., p.499.

收入的 6.5%①。

伯尔瓦尼拉纳兰吉特·辛格完全忠于英国王室。在一战期间,他亲自去法国前线作战,承担了印多尔爱德华国王医院 50 个床位的费用,时常捐赠,购买了 15 万卢比的战争贷款。②

昌巴罗阁布里·辛格(Bhuri Singh)发自内心地响应号召,给予盟国以支持。土邦提供的兵员为 232 名,另有 267 人被征兵入伍。贡献战争经费 15 万卢比,支付昌巴连的维持费 53 634 卢比,购买飞机耗资 3.1 万卢比,认购战争贷款 379 200 卢比,捐赠给帝国印度救济基金 27 450 卢比、威尔士亲王基金 100 英镑、"我们胜利"基金(Our Day)5 056 卢比。③

法里德果德摩诃罗阁布里杰·因达尔·辛格(Brij Indar Singh)在一战爆发后立即将土邦所有资源交给英王政府支配。1914 年 10 月 10 日,由 184 人组成的帝国工兵小分队离开法里德果德,前去支援盟国。随后不少于 12 次增加兵员,新增 260 人,土邦还装备了 401 名赶骆驼者及赶骡者与 11 名培训过的赶骡者。工兵在前线的英勇表现得到了英军指挥官的高度评价。1918 年 2 月回到法里德果德时,工兵分队获得了 29 枚勋章。从战争爆发到 1918 年 9 月 15 日,王室贡献的钱和物资,总计达到 200 万卢比。具体各项为:捐给帝国印度救济基金 5 万卢比,威尔士亲王基金 2.5 万卢比,旁遮普飞行大队基金 7.5 万卢比,圣约翰红十字会救济基金 1 万卢比,4 辆救护车 3.6 万卢比,美索不达米亚军队的士兵生活用品 4 万卢比,认购战争贷款 617 500 卢比,土邦官员和个人捐赠 40 万卢比,价值 1.4 万卢比的骆驼和骡子,等等。王室给予应征参加法里德果德帝国工兵连的每个人 50 卢比的津贴,如果牺牲或受伤,将可以得到帝国印度救济基金土邦分部的救济;对领取津贴或受伤及失去劳动能力的,都会做好安排。④这些都激发了土邦人民支持英国战争的热情。

伊德尔摩诃罗阁朵拉·辛格(Dowlat Singh)在战争期间每年向总督战争基金捐款 2.5 万卢比,土邦捐赠了两架耗资 3.5 万卢比的飞机。此外,土邦王室成员、官员和人民捐款 4 777.99 卢比,其中包括每年捐给总督战争基金的 1 509 卢比。土邦还成立中央战争委员会,以募集捐款和征兵。土邦

---

① Arnold Wright, *Indian States*, New Delhi: Asian Educational Services, 2006, pp.502—506.

② Ibid., p.511.

③ Ibid., p.530.

④ Ibid., p.549.

还每月支付 100 卢比,作为设在拉杰果德的印度西部土邦英国军队宣传局的开支。①

一战期间,摩尔维塔库尔-萨赫布瓦格·拉瓦(Wagh Rawa)同其官员和人民通过贡献钱物和认购战争债券给予盟国支持。土邦捐赠了救护车、帐篷、火车头等物资,对英国和印度战争贷款基金的贡献达到 503.2 万卢比。②

1896 年,讷尔辛格格尔(Narsinghgarh)罗阇马赫塔布·辛格(Mahtab Singh)去世,没有王位继承人,英国政府确定由阿尔琼·辛格(Arjung Singh)继承王位。《1916—1917 年土邦管理报告》公布了罗阇及拉尼焦特布里·萨赫巴(Jodhpuri Sahiba)捐赠钱物的清单:捐给帝国印度救济基金 3.3 万卢比、圣约翰红十字会救济基金 500 卢比、威尔士亲王救济基金 8 000 卢比、帝国印度救济基金 500 卢比、军服基金 500 卢比、战争伤员基金 500 卢比、基奇纳③(Kitchener)勋爵基金 500 卢比、官方家庭基金 1 万卢比、战争贷款基金 17.4 万卢比、"我们胜利"基金 5 925 卢比、总督战争礼物基金 7 500 卢比、帝国救济基金 1 080 卢比等。④

拉滕布尔纳瓦布贾拉鲁丁·汗(Jalaludin Khan)在一战爆发后将其土邦所有资源置于英国政府的绝对掌握之下。他还表示自己愿意与盟国并肩作战。在 1914 年 8 月 20 日举行的公共集会上,纳瓦布发表演讲,敦促所有臣民给予那些在战场上反对普鲁士军国主义分子的人以力所能及的帮助。纳瓦布虽然没有实现去前线作战的愿望,但是他让所有人对于欧洲大陆和世界其他地方的战事有很好的了解,在土邦各地发表了多次演讲。他鼓励土邦人民应征入伍,给予应征者慷慨的赏赐。战争期间,纳瓦布及土邦人民向各种基金的捐赠总额达到大约 12 万卢比。⑤

西尔木尔摩诃罗阇阿玛尔·普拉卡什在战争爆发后表示要亲自服役,将土邦的资源交给英国支配。1914 年,他派出西尔木尔的工兵和扫雷兵赴美索不达米亚作战,在第一批被俘后,又派出另一批。摩诃罗阇及其夫人、土邦官员和人民捐赠的钱和认购的战争债券总计约 58 万卢比。捐赠的物

① J.C. Dua, *Illustrated Encyclopaedia & Who's Who of Princely States*, New Delhi: Kaveri Books, 2000, p.41.

② Arnold Wright, *Indian States*, New Delhi: Asian Educational Services, 2006, p.594.

③ 基奇纳勋爵霍雷肖·赫伯特(Horatio Herbert, 1850—1916),在寇松任印度总督时担任印军总司令。

④ Arnold Wright, *Indian States*, New Delhi: Asian Educational Services, 2006, p.605.

⑤ Ibid., p.624.

资包括:给英国远征军用的 2.5 万磅茶叶,价值 1 万卢比的香烟,12 顶帐篷(其中 8 顶 560 平方英尺,4 顶 912 平方英尺),一辆价值 9 000 卢比的救护车。格拉格尔(Kowlagarh)的休息室被当作医疗室用,台拉登、西姆拉的住所给医院的官员使用至战争结束。①

班斯达摩诃罗阁萨赫布因陀罗辛格·普拉塔普辛格(Indrasingh Pratapsingh)是印度土邦中最早以自己的军队和资源帮助盟国的王公之一。他派出一些士兵到前线作战,贡献了大批物资,捐赠了 20 多万卢比。②

焦达乌代布尔摩诃罗瓦尔法塔赫辛格·莫蒂辛格(Fatehsingh Motisingh)慷慨地捐款给各种基金,其官员和人民竭力仿效他。他捐赠了86 142 卢比,购买了战争债券 207 500 卢比。土邦官员和人民购买了债券150 675 卢比。③

丹达(Danta)摩诃拉纳哈米尔辛·贾斯旺特辛(Hamirsinh Jashwantsinh)在一战中慷慨捐赠 16 万卢比帮助盟国,显示了对英王的忠诚。④

特伦布尔摩诃拉纳莫汉德维·纳拉扬德维(Mohandev Narayandev)提出让其兄弟普拉巴特德维(Prabhatdev)服役,帮助盟军,将土邦所有资源交给英国政府支配。虽然土邦没有武装力量,不能派出受过军事训练的人,但还是派出 100 多人。一些人被挑选为士兵,其他则充当劳工。土邦给予这些被派出的人巨额津贴,并将他们的家人安排好,如果不幸阵亡,其孩子可以享受免费教育(包括学费、书本和其他学习用品)。摩诃拉纳提供了3.5 万卢比战争经费,为军队免费提供了上千袋大米,购买了战争债券52.5 万卢比。土邦的贡献和捐赠超过 10 万卢比。⑤

克什米尔摩诃罗阁普拉塔普·辛格在战争爆发时除请求自己服役外,还将军队交给英国政府调遣,并号召多格拉族拉杰普特人给予尽可能的援助。一战期间,克什米尔提供了 3.1 万名士兵及维持这些被派往海外的士兵的费用 1 110 万卢比。此外还认购了 750 万卢比战争贷款。⑥

林布迪塔库尔萨赫布朵拉特·辛格在得知第一次世界大战爆发的消息

---

① Arnold Wright, *Indian States*, New Delhi: Asian Educational Services, 2006, p.644.

② Ibid., p.663.

③ Ibid., p.668.

④ Ibid., p.674.

⑤ Ibid., p.678.

⑥ J.C. Dua, *Illustrated Encyclopaedia & Who's Who of Princely States*, New Delhi: Kaveri Books, 2000, p.43.

后立即致电孟买省督和卡提阿瓦的驻扎官,表示给以英国所有可能的帮助。随即召开公众集会,募集款项。他非常急切地招募士兵,对应征者给予很多优惠待遇:给战斗人员 100 卢比津贴,非战斗人员 50 卢比津贴,服役者的家庭每月 10 卢比津贴,如果牺牲或受伤失去劳动能力,则给予一块 10 比格的土地,免收赋税。据《1917—1918 年土邦管理报告》,到 1918 年 3 月 31 日止,王公及其臣民向各种基金的捐赠达 4.7 万卢比。土邦王公、官员和人民认购战争贷款总额达到 558 950 卢比。[①]

卢纳瓦达是一个穆斯林土邦。摩诃拉纳瓦哈特·辛格在得悉战争爆发后立刻致电致函驻扎官,表达自己和土邦人民对英王忠诚之心,将土邦的资源交给英国政府支配,并深信帝国陛下的军队一定会赢得战争的最后胜利。在得知土耳其加入德国和奥匈帝国对英国作战的消息时,摩诃拉纳表示深深的遗憾,认为土耳其走上了自杀的道路。印度各地的斯兰基族拉杰普特土邦王公们希望将他们团结为一个整体,忠于英国王室,决定募集一个特别基金,购买一定数量的飞机,作为给帝国的礼物。卢纳瓦达向这个基金捐赠了 1 万卢比。土邦购买战争债券 10 万卢比。[②]

一战爆发时,马尤班吉摩诃罗阇珀纳钱德拉·班吉·代奥(Purnachandra Bhanji Deo)尚在阿杰梅尔的梅约学院接受大学教育。尽管年轻,但他尽可能地帮助盟国。他恳请军事当局认真考虑他去前线作战的愿望。1918 年,他终于获得委任状,作为皇家炮兵少尉去法国前线作战。他随即离开首府伯里巴达(Baripada)去法国前线。1919 年 6 月 21 日回到马尤班吉。为了鼓励土邦人民应征入伍或充当劳工,土邦政府给予津贴。战争期间,马尤班吉向各种战争基金捐赠 89 217 卢比,认购战争债券 3 561 542 卢比。为了表彰摩诃罗阇对战争努力的贡献,英王陛下给予他 9 响礼炮待遇。[③]

自战争爆发至 1918 年暑期结束,巴利塔纳塔库尔萨赫布巴哈杜尔·辛格一直在爱德华六世公立学校学习。1919 年 11 月 27 日,巴哈杜尔·辛格获得统治土邦的全部权力。巴利塔纳虽然在战争期间遭遇了饥荒,但还是尽最大的能力捐钱捐物,支持盟国。土邦捐赠给各种战争基金 3 万卢比,土邦人民捐赠 25 980 卢比,购买战争债券 157 200 卢比,捐款 27 725 卢比购买救护车、汽车和铁轨等物资。[④]

---

① Arnold Wright, *Indian States*, New Delhi: Asian Educational Services, 2006, p.689.
② Ibid., p.699.
③ Ibid., p.704.
④ Ibid., p.720.

拉杰果德塔库尔萨赫布拉哈·拉杰(Lakha Raj)在得知欧洲战争爆发的消息后,立刻致函卡提阿瓦的驻扎官,表示支持英国的战争努力是义不容辞的责任。他不仅给各种战争救济基金捐款,而且在公共集会上发表演讲,鼓励土邦人民尽力贡献。拉杰果德捐赠给基金和慈善活动大约 164 590 卢比,王室、官员、臣民购买战争债券 353 850 卢比。①

桑格利拉奥钦塔曼拉奥·阿帕萨赫布(Chintamanrao Appasaheb)坚定地忠于英王陛下,给予英国大力帮助。据《1916—1917 年土邦管理报告》,拉奥已经购买印度战争债券 30 万卢比,其人民也响应王公的号召,向各种基金贡献了大约 9 万卢比。桑格利一直给印度军队提供兵员,1914—1918 年间,桑格利至少提供了 938 名士兵。为了鼓励应征,王公给予了很多有吸引力的待遇,包括给予现金补贴、退役后就业机会、伤残津贴,以及给予阵亡士兵家属年金。②

一战期间,萨文德瓦迪罗阇巴哈杜尔克姆·萨文德五世(Khem Savant V)到美索不达米亚服役。③总人口仅 217 240 人的萨文德瓦迪有 2 232 人应征入伍参战。1917—1918 年认购第一期战争贷款 313 385.12 卢比,捐给"我们胜利"基金 6 741.31 卢比,帝国战争救济基金 2 500 卢比,孟买管区战争与救济基金妇女分会 1 000 卢比。④

一战刚爆发,万加内尔摩诃拉纳阿玛尔·辛格就将自己土邦的所有资源交给英王支配,并且让自己的武装力量去前线作战。孟买帝国救济基金一开始对伤残者提供帮助,阿玛尔·辛格捐赠了 4 000 卢比,在随后举行的公共集会上,他又捐赠了 2 800 卢比,并捐给威尔士亲王救济基金 200 英镑、帝国战争救济基金 1 000 卢比。英王陛下很高兴地接受了他亲自服役的请求,授予他上尉军衔。1915 年 11 月 14 日,阿玛尔·辛格乘船前往法国。在伦敦短暂休假的时间里,阿玛尔·辛格得到英王及王后的接见。在此期间,他向英国各种战争基金捐款 3 000 卢比。1916 年捐给德里红十字会一架直升机,以运输伤员。1917 年 1 月至战争结束,阿玛尔·辛格及土邦总共捐款 218 300 卢比。为了表彰他对战争努力的贡献,英王陛下给予他个人 11 响礼炮的待遇及永久荣誉上尉军衔。⑤

---

① Arnold Wright, *Indian States*, New Delhi：Asian Educational Services, 2006, p.727.

② Ibid., p.738.

③ C.U. Aitchison, *A Collection of Treaties*, *Engagements and Sanads*, *Vol.VIII*, p.180.

④ Arnold Wright, *Indian States*, New Delhi：Asian Educational Services, 2006, p.745.

⑤ Ibid., p.756.

瓦德万是 1630 年创建的土邦。1807 年成为英国的保护国。塔库尔萨赫布贾斯万特辛·贝查尔辛(Jashwantsinh Becharsinh)在一战中效忠于英国王室,总共向各种基金捐款 98 760 卢比,分别认购第一期和第二期战争债券 30 万卢比和 156 790 卢比。①

阿里拉杰布尔罗阁普拉塔普·辛格二世在得悉战争爆发的消息后立刻提出自己服役并将土邦资源交给英国政府支配,以表对英王的忠心。为了让土邦人民知道英国是被迫拿起武器的,土邦政府将战前英国和其他欧洲大国之间的官方信件翻译成印地语和乌尔都语,免费发给民众。为响应总督的号召,罗阁及其夫人分别向帝国印度救济基金捐款 5 000 卢比和 1 000 卢比。9 月 9 日,罗阁主持召开土邦官员和人民大会,为救助基金筹集资金,现场筹集到 1 500 卢比。1918 年 6 月,罗阁布捐款 1 500 卢比,并承诺每年捐赠 1 万卢比,直到战争结束。整个战争期间,阿里拉杰布尔罗阁和土邦人民总共捐款约 18 万卢比。②

伯尔拉姆布尔摩诃罗阁伯格瓦蒂·普拉萨德·辛格(Bhagwati Prasad Singh)在一战期间捐款 394 969 卢比,认购战争债券 2 821 487 卢比,每月捐献 5 000 卢比作为运送伤病士兵的汽车的开支。③

如前所述,土邦王公们通过给予物资方面的援助、政治方面的支持,支持英国的战争努力。1916 年之后,一些王公进入政府部门参与战争的规划和宣传。土邦王公之所以这样做,主要原因是:第一,土邦王公们对英国政府的依赖非常严重。在军费补助金体制下,绝大多数土邦的武装力量非常有限,甚至国内的治安状况都依赖英国政府的支持,如果英国战败,王公们无法应对可能发生的任何情况。第二,希望借此减弱英国政府对土邦王公的约束。1915 年比卡内尔摩诃罗阁甘加·辛格(Ganga Singh)主张,战争为土邦要求政府开始撤销令他们感到极其泄气和沮丧的"无能"提供了恰当的机会。其他王公,特别是巴罗达的萨雅吉拉奥三世和纳瓦讷格尔的兰吉特·辛格也很快加入这一行列。在采取这一战略时,王公们取得高度一致,希望如 1858 年那样通过赏赐土地对他们的战争贡献给予恰当的认可。比卡内尔想着从德国手中获得的东非领土可以用于这一目的。第三,他们要与政府商讨有关政治做法的改革。在王公们看来,尽管实行自由放任政策,但政治部的官员依然墨守 19 世纪的价值观;主要的倾向是依然贬低土邦王

① Arnold Wright, *Indian States*, New Delhi: Asian Educational Services, 2006, p.766.
② Ibid., p.782.
③ Ibid., p.790.

公,认为条约已经过时。最好的结果是,恢复他们失去的一些权利;最坏的结果是,他们要英方保证不进一步侵犯他们的权利。最后,作为一个长期目标,王公们希望大大扩大查理·哈丁总督(Charles Hardinge)开创的咨询做法。他们希望有人倾听他们的观点,不仅仅关于最高宗主权的问题,用甘加·辛格的话来说,要在印度帝国内被当作一回事。[①]总之,王公们希望通过支持英国赢得战争,减弱英国对土邦王公的约束,提高土邦在印度政治中的地位。

三、最高统治权之争

根据英国人与土邦王公签订的条约,印度土邦失去外交权,名义上享有完全的内政权,但要接受英国人的监督。作为最高宗主,英国可以干预土邦与印度和帝国有共同利益的事务,干预涉及土邦王公共同利益方面的事务,如王位继承、土邦的完整、国防和外交关系,以防止土邦内乱。在第一次世界大战结束后,一些土邦尤其是实力较强大的土邦,要求收回曾经割让的部分权利,享有完全的内政权。

1.《蒙塔古-蔡姆斯福德报告》对土邦未来的定位

印度土邦王公希望通过支持英国的战争努力以恢复一些失去的权利,获取更多的利益,但是,印度事务大臣奥斯汀·张伯伦(Austen Chamberlain)对王公们的期待表示冷淡甚至反对,这使一些王公采取民族主义立场。英帝国战时内阁唯一非白人成员、比卡内尔摩诃罗阇甘加·辛格在伦敦举行的帝国议会团体会议上发表演讲,认为印度政治进步的时机已经成熟,对英帝国内自治领地位的温和要求是完全合理的。张伯伦决定要给他一个难忘的教训。幸运的是,1917 年夏天,张伯伦因英军在美索不达米亚的失败而不得不辞去印度事务大臣职务,埃德温·蒙塔古(Edwin Montagu)取而代之,后者对土邦王公表示了较多同情。1917 年 8 月 20 日,蒙塔古在下院发表宣言称,英国在印度的政策目标是使印度逐渐发展为自治政府。他还宣布将在冬天访问印度,以与总督一道,征求印度各方的意见,起草一个权力有

---

① Ian Copland, *The Princes of India in the Endgame of Empire*, Cambridge: Cambridge University Press, 1997, p.35.

限下放的明确建议。①

《蒙塔古宣言》激起印度土邦王公很大希望。一些王公在蒙塔古1912年底至1913年初访问印度时就结识了他,他们觉得机会来了,要充分利用它。比卡内尔摩诃罗阇甘加·辛格、纳瓦讷格尔摩诃罗阇贾姆兰吉特·辛格、伯蒂亚拉摩诃罗阇布平德·辛格和阿尔瓦尔摩诃罗阇杰伊·辛格(Jey Singh)组成四人委员会,以起草一些建议,呈递给印度事务大臣。蒙塔古没有令王公们失望,在1917年底访问印度时,不仅会见总督蔡姆斯福德(Chelmsford)勋爵和印度各界领袖,讨论有关有限自治和少数种族权利的保护问题,而且出席了由总督召集的王公年会,倾听了王公们的心声,最终与布平德拉·纳特·鲍斯(Bhupendra Nath Bose)、威廉·杜克(William Duke)和查尔斯·罗伯茨(Charles Roberts)等人起草了《蒙塔古-蔡姆斯福德报告》,亦被称为《蒙福德报告》(Montford Report)。②

《蒙塔古-蔡姆斯福德报告》在谈到印度土邦的未来时写道:"展望未来,我们可以将印度勾勒为某种形式的'联邦'的轮廓。各省最终将成为由中央政府统管在一起的自治单位,中央政府只处理所有省都共同关心的事务。但是,英属印度各省共同的事务,如防卫、关税、交易、鸦片、盐、铁路、邮政和电报,在很大程度上也是各土邦感兴趣的事务。印度政府逐渐集中于这些事务将使土邦在保持他们所珍视的内部自治的同时更易于与中央政府接触,如果他们愿意的话。"③报告希望成立常设的咨询机构,以便于英属印度与土邦之间的沟通。这实际上也是为土邦加入由各自治省组成的"联邦"做一些准备。

1919年12月23日,英国议会正式通过以《蒙塔古-蔡姆斯福德报告》为蓝本的《1919年印度政府法》。该法的主要内容是,将原来由中央政府掌管的大量各省的事务交给省政府,确定一定程度的省政府自治;实行"二头政治",将法律和秩序这样关键的职能"保留"给总督和他的行政会议,他们像以前那样对国务部和议会负责,其他领域的事务则"移交"给对省立法会议负责的印度政府,从而开始在各省实行责任政府;将现存的中央立法会议

① Ian Copland, *The Princes of India in the Endgame of Empire*, Cambridge: Cambridge University Press, 1997, p.37.

② Ganesh Raghunath Abhyankar, *Problem of Indian States*, Poona: Aryabhushan Press, 1928, p.223.

③ C.H. Philips, *The Evolution of India and Pakistan 1858 to 1947: Select Documents*, London: Oxford University Press, 1962, p.428.

改变为二元制的英属印度的立法机构,大多数代表在全国或统一的基础上选举产生;为审议的目的,设立代表印度土邦的王公大会;法案最后规定,在法案生效后的第十年任命一个立法调查委员会,以考虑进一步扩大责任政府的可能性。[①]这一新政策标志着英国对宪政问题态度的变化。议会制不再被排除在外。与之相反,责任政府的发展普遍被解释为意味着英国模式的议会或内阁政府的发展。政策的制定者并没有回避或低估发展进程中的困难,尤其是印度教徒和穆斯林之间的对抗。他们希望这种障碍将在所有种族为了共同的自治任务而进行的爱国主义合作中得到克服,只有这样,印度才能获得其作为一个国家的地位,作为一个统一和自由的国家,在英联邦中取得与其他国家同等的地位。[②]

2. 王公院的成立

王公院(Chamber of Princes)是适应印度政府和大多数土邦王公的需要而成立的。对于印度政府来说,需要一个平台与土邦王公进行更多的交流和沟通,以更好地解决共同关心的问题。早在 1914 年 1 月,比卡内尔摩诃罗阇甘加·辛格就向总督查理·哈丁提出建议,“代表所有土邦的封建王公院,首先可以让其发挥咨询的功能,其他的功能及步骤今后再议,如果有必要,总督、副总督及英印省官员也可参加”[③]。哈丁总督赞同建立一个这样的组织。第一次世界大战期间,英国政府的战争努力得到了土邦王公的大力支持,因而对于土邦的建议也更加重视。1916 年 10 月,总督蔡姆斯福德勋爵召集王公年度会议。他希望土邦王公们就关系他们自身的问题、土邦政治经济问题及其子民的问题向印度政府提出建议。1917 年 11 月,总督主持召开第二次王公年会,基本上确定了王公院机制。总督蔡姆斯福德勋爵和印度事务大臣蒙塔古都支持成立王公机构。1917 年底,蒙塔古到印度,与总督一道会见印度各群体的领袖,商讨印度宪政改革的问题。1918 年 2 月,蒙塔古和蔡姆斯福德勋爵召开了一次王公会议。6 月呈递给内阁的《蒙塔古-蔡姆斯福德报告》称:“尽管过去几年来王公们参与会议比较多了,但是他们依然取决于总督的邀请;因此,我们的第一个建议是建立一个王公委员会机构。我们希望将它作为一个永久性的咨询机构。很多问

①　C.H. Philips, *The Evolution of India and Pakistan 1858 to 1947*: *Select Documents*, London: Oxford University Press, 1962, pp.273—282.

②　R.Coupland, *The Future of India*, Part III, London, 1945, p.vi.

③　李加洞:《王公印度之“兴”亡研究(1906—1947)》,内蒙古大学出版社 2014 年版,第 91 页。

题对土邦有普遍影响,另一些问题则要么关系到整个帝国,要么关系到英属印度和印度土邦,这样一个机构对这些问题的观点将是极有价值的。"①

对于大多数中小土邦来说,更需要在涉及土邦主权和政治改革等问题上采取一致立场。1913—1919年,王公们都到德里参加会议,商讨一些重要问题。在1913年王公会议上,大部分王公要求考虑王公之间的联合问题。在比卡内尔摩诃罗阇和巴罗达摩诃罗阇等的领导下,王公们请求政府允许成立一个永久性机构以便他们就影响土邦利益和与英属印度有关的问题向印度政府提供建议。②

1919年1月,王公们在德里进行面对面的商讨。9月,王公、迪万和官员成立联合工作机构,以王公们已经收集起来的抱怨对政治程序进行仔细审查,确定条约和协定中提炼出的普遍原则。蔡姆斯福德总督在11月举行的王公会议上看了其报告后也坦率地承认,有些武断的惯例已经形成,并答应进一步进行调查。最后,王公们得到了他们期待已久的委员会。

1919年12月23日,英王乔治五世发布皇室公告,宣布成立王公院。皇室公告指出,王公院成立了,我们对它"寄以希望,即王公和统治者正式聚在一起的评议将对于他们自己及他们的臣民的持久幸福富有成果,通过促进他们领地及英属印度共同的利益而整体上有利于帝国"。公告特别强调英王陛下"殷切希望通过这种方式,相互了解的纽带将得到增强,印度土邦与帝国其他地区日益增强的利益认同将得到促进和发展"。公告向王公们保证,总督将大方接受王公院关于其领地内事务及英属印度或帝国其他地方的事务的评议。

1921年2月9—10日,王公院在红堡举行盛大的成立大会,总督蔡姆斯福德和代表国王乔治五世的亚瑟王子出席成立大会。国王在托亚瑟王子带去的贺信中说,他的祖母维多利亚女王保证"不让印度王公的特权、权利和尊严受到损害。王公们也可以相信,这一保证依然不会被违背也不可违背"③。亚瑟王子代表英王陛下宣布会议开幕,他在演讲中重申一再做出的保证,即"政府将支持关于条约和土邦王公的特权、权利和尊严的承诺。政

---

① B.N.Pandey, *The Indian National Movement*, *1885—1947*: *Select Documents*, London: MacMillian Press, 1979, p.226.

② Ian Copland, *The British Raj and the Indian Princes*: *Paramountcy in Western India*, *1857—1930*, Bombay: Sangam Books Ltd., 1982, p.243.

③ Ian Copland, *The Princes of India in the Endgame of Empire*, Cambridge: Cambridge University Press, 1997, p.42.

府及其官员都会承认条约和协定赋予的内政主权。我们希望印度王公们将继续以公正和开明的方式管理自己的土邦"①。

王公院最初有 120 个成员,其中 108 个是拥有完全权力的土邦王公,另外 12 个是 127 个较小土邦的联合代表,另外 327 个更小土邦没有代表。1921—1926 年,王公院常设委员会的成员是瓜廖尔、克什米尔、博帕尔、比卡内尔、库奇、伯蒂亚拉、阿尔瓦尔、陶尔布尔、恰勒瓦尔、纳瓦讷格尔、巴伦布尔和桑格利。②虽然王公们怀着较大热情成立王公院,但是出席会议的王公并不多。第一届大会有席位的 109 个王公代表中,只有 30 个王公出席,到 20 世纪 20 年代中期,出席会议的人数很少超过 45 人。③海德拉巴、迈索尔、特拉凡科尔、科钦、巴罗达和印多尔等土邦王公拒绝参加王公院。到 1947 年解散,王公院一直只是一个咨询机构,对土邦事务的影响没有成立前预想的那么大。

3. 比拉尔的权属问题

比拉尔的面积 29 万多平方千米,原本是海德拉巴的一个省。1853 年 5 月 21 日,海德拉巴尼扎姆与英属东印度公司驻扎官约翰·罗签订条约,将它永久性地租让给英属东印度公司,以供养"海德拉巴军团",镇压海德拉巴领地内的起义或动乱,但保留了海德拉巴对比拉尔的主权。④1860 年 12 月 26 日,驻扎官卡思伯特·戴维森(Cuthbert Davidson)代表维多利亚女王与尼扎姆马赫布·阿里·汗(Mahbub Ali Khan I)签订补充条约,确认已经租给英国政府的比拉尔各地区将继续由英国政府管理,以其 320 万卢比的总地税收入支付海德拉巴军团的开支、阿帕·德赛(Appa Dessaye)要求的金额、莫西普特·拉姆(Mohiput Ram)家族的生活津贴和 1853 年条约第六款所列举的一些津贴。⑤

1902 年 12 月 18 日,大卫·巴尔代表英国政府与海德拉巴总理基申·珀萨德(Kishen Pershad)签署一个备忘录,英国确认尼扎姆马赫布·阿里·汗二世对比拉尔的主权,尼扎姆以固定的 250 万卢比年租金将比拉尔永

---

① Diwan Bahadur, *Problems of Indian States*, Poona: Aryabhushan Press, 1936, pp.58—61.

② Ian Copland, *The Princes of India in the Endgame of Empire*, Cambridge: Cambridge University Press, 1997, p.47.

③ Ibid., p.45.

④ C.U. Aitchison, *A Collection of Treaties*, *Engagements and Sanads*, *Vol.IX*, pp.85—95.

⑤ Ibid., p.96.

久地租给英国政府;英国政府在依据 1853 年和 1860 年条约享有对比拉尔充分和排他性的司法和权力外,拥有按自己希望的方式管理比拉尔的自由。①

1903 年 9 月 17 日,总督寇松宣布将比拉尔合并到中央省。10 月 1 日,比拉尔被置于总督直接管理之下。1910 年 11 月 29 日,英国政府与海德拉巴签订协定,相互无条件地将罪犯从比拉尔引渡到英属印度和从英属印度引渡到比拉尔。②这说明比拉尔和英属印度的法律地位还是有区别的,还属于海德拉巴管辖。由于海德拉巴军团人数削减,尼扎姆也要求收回比拉尔一部分地区,但没有遂愿。

1911 年 8 月,尼扎姆马赫布·阿里·汗二世去世,由其长子奥斯曼·阿里·汗(Osman Ali Khan)继任尼扎姆。1919 年,奥斯曼·阿里·汗重提恢复对比拉尔完全主权的要求。在英国人看来,比拉尔问题已经由寇松永久性地解决,但是从"绝对公正"的角度来看,奥斯曼·阿里·汗完全可以要求重新审视比拉尔问题。尼扎姆马赫布·阿里·汗二世可能因为寇松的胁迫而同意了协定。如果尼扎姆和他的总理阿里·伊玛目(Ali Imam)采取比较有效的方式,他们也许可以收回一些权利。但是,阿里·伊玛目采取了错误的一步,他进入总督雷丁(Reading)勋爵鲁弗斯·达尼尔·艾萨克斯(Rufus Daniel Isaacs)的书房,并且威胁说将寇松狡诈行为的铁证大白于天下,除非允许组成一个联合调查委员会。总督气得脸色发白,用拳头敲击桌子,宣布会见结束。而此时,海德拉巴总理几乎崩溃,总督不得不给他水喝,才缓过气来。在总督正式拒绝海德拉巴的要求后,尼扎姆试图挑战政府行为的合法性。

1923 年 10 月 25 日,尼扎姆在给总督的信中附有一份很详细的历史的备忘录。1925 年 9 月 20 日,雷丁总督予以回复。9 月 25 日,尼扎姆奥斯曼·阿里·汗回信给雷丁勋爵,对英国最高宗主权的基础提出挑战。他在信中说:"除了与外交权力和政策相关的事务外,海德拉巴尼扎姆在土邦内部事务方面有着与英国在英属印度同样的独立地位。除了我所提到的转让了的权利外,双方在所有场合都可完全自由和独立地处理邻国间时常出现的政府间的问题。而比拉尔问题不是也不会包含在我转让的权利之内。……(因此),我可以质疑与比拉尔相关的'决定'。作为英国政府的盟友,除了外交事务外,我有任何正当理由保留对英王陛下政府的否决而非

---

① C.U. Aitchison, *A Collection of Treaties*, *Engagements and Sanads*, *Vol.IX*, p.165.

② Ibid., pp.191—192.

'决定'进行申辩的权利。""拒绝接受一个盟友的要求或建议显示了作出'决定'的不同立场,这个决定表示了在这种情况下不适用的法律约束力。陛下政府拒绝我收回比拉尔的要求,只能是这样一个事实,陛下政府可以表达它的观点,但不能强迫我或我的家族将这个问题封存起来或者承认这个权利永远遭到禁止。"[1]严格地说,尼扎姆收回比拉尔的要求在理论上是正确的,海德拉巴这样的土邦的内政是自由和独立的,因而是准主权国家。[2]而这封信因为声称尼扎姆与英国政府平等的地位而将原本只是双方的一个小争议变成一个指向整个最高统治权的原则性问题。

1926年3月27日,雷丁勋爵给尼扎姆寄去一封长信,并且同时将信发表在《政府公报》上,以便让所有王公都能看到。他在回信中说,"在印度,英王的主权是最高的,因此,任何印度土邦王公都不能要求在平等的地位上与英国政府谈判。英国政府的最高统治权不仅仅基于条约和协定,而且基于独立于土邦。除了涉及外交权力与政策的特权外,在严格尊重与印度土邦的条约和协定的同时,维护整个印度的和平和良好秩序是英国政府的权利和职责。对于阁下和其他土邦王公来说,其推断的结果是众所周知和显而易见的,无需指出"。总督接着说,"英国政府干预土邦内政的权利是必然涉及英国最高统治权结果的一个例证。事实上,英国政府一再表明,如果没有严重的理由,他们不愿意行使这一权利。但是,与外部安全一样,土邦王公享有的内部安全最终决定于英国政府的保护权利,就帝国利益而言,或者在一个土邦的人民的普遍幸福严重受其政府的行为的影响时,正是因为最高统治权,英国政府有采取最后的补救措施的责任。王公享有内政主权的不同程度完全取决于最高宗主履行责任的程度"[3]。总督的声明意味着:第一,干预土邦内部事务的权利是基于独立于条约和其他文献协定之外的理由。第二,保障土邦的外部和内部安全意味着干预土邦内部事务的权利。第三,这种干预可以是为了帝国的利益,为了保障土邦人民的普遍幸福,为了整个印度的良好治理,为了消除野蛮的习俗,为了挽救人的性命,为了处理不称职的土邦王公。[4]

---

① Ranjana Kaul, *Constitutional Development in the Indian Princely States*, New Delhi: Vikas Publishing House Pvt. Ltd., 1998, pp.147—148.

② Diwan Bahadur, *Problems of Indian States*, Poona: Aryabhushan Press, 1936, pp.32—33.

③ C.H. Philips, *The Evolution of India and Pakistan 1858 to 1947: Select Documents*, London: Oxford University Press, 1962, pp.428—429.

④ Diwan Bahadur, *Problems of Indian States*, Poona: Aryabhushan Press, 1936, pp.33—34.

总督这封信立刻被视为对不受约束的最高统治权的经典声明。1926年7月,尼扎姆收到最后通牒,所有执行委员会的代表要么按德里的意志办事,要么辞职。尼扎姆表面上后悔但内心激动地在签署了一些必要的命令之后结束他在位的第一个阶段。政府的干预虽然结束了海德拉巴危机,但是同时埋下了另一次危机的祸根。与雷丁勋爵和其秘书约翰·汤普森(John Thompson)的愿望背道而驰的是,王公秩序并没有在总督信里所含的警告面前崩溃。6年之后,王公们看到蒙塔古和蔡姆斯福德战后建起来的大厦被系统地毁灭,他们已经感受到最高统治权崩溃的加快。王公们对政府的愤怒与失望纠结在一起,他们觉得是时候作出自己的抉择了,因为英国政府得到警告:王公们的忠诚不要再被认为是理所当然的。①

比拉尔主权问题一直到1936年才获得解决。为了诱使海德拉巴加入拟定的印度联邦,《1935年印度政府法》明确规定,比拉尔的主权属于尼扎姆,但根据英王与尼扎姆的协定归中央省管理。②1936年10月24日,英国政府与尼扎姆奥斯曼·阿里·汗签订协定,承认尼扎姆对比拉尔的主权。③王公的头衔也明确为"海德拉巴和比拉尔尼扎姆"。在英国撤离印度前夕,1947年6月19日,总督总顾问伊斯梅(Ismay)勋爵在给蒙巴顿(Mountbatten)勋爵的信中说,比拉尔的法律地位是清楚的,"比拉尔从来没有割让给英国政府",英国政府无权处置它。④

4.《印度土邦调查委员会报告》对最高统治权的诠释

土邦王公对英国政府的怨恨不仅源自其主权被部分剥夺,也来自经济上受剥削。在财政政策上,王公和最高宗主的观点就有很大差异。王公们认为,土邦承担了太重的税收负担,影响了自身的发展。首先,因为大多数土邦都是内陆国家,它们必须从英属印度进口货物,这些货物都被征收帝国关税。这样,土邦每年都向英印政府财库贡献了大量财富。20世纪20年代的大多数年份,土邦至少贡献5 500万卢比,而它们没有得到一个派萨⑤的退税。王公们认为,这就显示了对自然公平的否认,蔑视最基本的经

① Ian Copland, *The Princes of India in the Endgame of Empire*, Cambridge: Cambridge University Press, 1997, pp.55—56.

② Nicholas Mansergh ed., *The Transfer of Power 1942—1947*, *Vol.X*, p.56.

③ Raghubir Sinh, *Indian States and the New Regime*, Bombay: D.B. Taraporevala, Sons & Co., 1938, p.xxi.

④ Nicholas Mansergh ed., *The Transfer of Power 1942—1947*, *Vol.XI*, p.503, note 2.

⑤ 印度货币单位,1卢比=100派萨,25派萨=4安纳。

济规则。其次,王公们也反对交税,因为纳税会增加进口商品的成本,抬高当地的生活费用,加重土邦人民的财政负担。而这又反过来降低了土邦人民支付筹集必要的社会和发展资金所需的国内税收的能力。第三,王公们对于收取保护性关税越来越难以接受。以前保护性关税较低,1916 年作为战争措施,印度政府大幅提高了关税水平,1922 年依据财政委员会的建议再次大幅提高关税。从 1890 年到 1930 年,印度政府的海关税收入增加了90 倍。①王公们虽然都愿意在战争期间作出一些牺牲,但是对于间接地补贴兴起中的工业化项目颇有微词,因为这种政策使土邦工业发展的基础更小了,更不能给他们带来商业上的利益。第四,土邦王公觉得德里的货物税政策、税率等变化太快了。和海关税一样,盐税也是土邦人民的一个负担。土邦每年仅盐税就给政府贡献了 900 多万卢比。政府就酒、煤油和汽油等征收的货物税 390 多万卢比。②最后,土邦王公认为,政府对货币的控制使他们处于非常不利的地位。英国政府在铸币时获得很大利润,在与英镑兑换时使英国人处在有利的地位。

王公们要求减轻税负,但他们得到的回答是,土邦所纳的税使他们享受到免费的防卫。1926 年 10 月 18 日,政治部官员 G.F.特纳(Turner)写道:"对这个回答是,相对于英属印度各省来说,土邦在其他方面得到了很多好处,尤其是没有承担相应比例的防务开支。"10 月 26 日,另一位官员H.W.加勒特(Garrett)作了这样的计算,考虑到一些土邦支付的贡金和其他土邦维持帝国军队的开支,他们的总贡献近 200 万英镑,而保卫次大陆三分之一领土的开支大约 800 万英镑。③王公们激烈地反对这种主张,他们认为,通过支付贡金和割让领土,他们为次大陆的"普遍和平与安全"作出了贡献。更主要的是,王公们相信,他们从宗主保护中所获得的利益不值他们每年因财政政策而开支的 1 亿卢比。

尽管王公们关注财政负担,但是他们都认识到,核心问题是,他们在帝国政府决策机构中不断下降的影响力。总督参事会没有一个土邦成员,在土邦与英属印度各省发生利益冲突时,政治部从来不有效地维护土邦王公的利益。此外,改革使当选的英属印度人担任一些部长职位,这使土邦更加不利。1928 年,伯蒂亚拉摩诃罗阇布平德·辛格在伦敦举行的东印度协会会议上说:"在各个方面,我们最深切地发现,我们受到没有参与制定政策的

---

　　①　Ian Copland, *The Princes of India in the Endgame of Empire*, Cambridge: Cambridge University Press, 1997, p.56.

　　②③　Ibid., p.57.

极大影响。"①因此，在 20 世纪 20 年代中期之后，土邦王公们在寻求改善这一状况的方法。

1925 年，伯蒂亚拉摩诃罗阇布平德·辛格成为王公院主席，他主张改革，并得到王公院两位年轻能干的常委克什米尔摩诃罗阇哈里·辛格和博帕尔纳瓦布哈米杜拉·汗（Hamidullah Khan）的大力支持。欧文（Irwin）勋爵爱德华·伍德（Edward Wood）的祖父查理·伍德曾担任英属东印度公司控制局主席和印度事务大臣，并向当时的总督大贺胥提出发展印度教育的建议。考虑到其祖父与印度的渊源，乔治五世建议欧文勋爵担任印度总督，1926 年 4 月 1 日，欧文勋爵抵达孟买，就任总督。11月，在王公院发表演讲时，欧文勋爵表示，正是他的祖父查理·伍德在 19 世纪 60 年代担任印度事务大臣时签发了给王公收养权的特许令。欧文勋爵与他的前任有着十分明显的不同，在王公们看来，他是富有魅力和值得信任的。王公院常设委员会与总督接触，要求召开一次关于最高统治权与土邦关系的峰会。他们的要求没有遭到拒绝。一个由王公和总理组成的特别委员会于 1926 年 8 月和 1927 年 2 月先后在比卡内尔和伯蒂亚拉召开会议。委员会首先研究了王公秩序的要求，并很快将最高统治权确定为四项，即保障土邦不受侵犯或叛乱的安全、消除所有其余关于内政主权的限制、在与英属印度共同关心的事务上充分的发言权、与外国发展关系的权利。②

在 5 月初举行的西姆拉会议上，总督看到王公们的一致立场、真诚和充分准备，觉得不能拒绝他们的要求。10 月，印度事务大臣伯肯黑德伯爵弗里德里克·埃德温·史密斯（Frederick Edwin Smith）也同意成立由退休的联合省省长哈考特·巴特勒（Harcourt Butler）为主席的印度土邦调查委员会，对土邦与最高宗主的关系进行调查，考察英属印度和印度土邦之间的财政和经济关系。

为了在巴特勒委员会到印度之前准备好要呈递给委员会的报告，布平德·辛格听从其顾问的建议，成立一个新的全职特别机构，筹集资金。克什米尔和博帕尔保证出 50 万卢比，焦特布尔出 20 万卢比，比卡内尔和库奇各出 15 万卢比，阿尔瓦尔和包纳加尔各出 10 万卢比。有这些资金的注入，特别机构的年预算资金很快接近 180 万卢比，远远超出王公院过

---

① Ian Copland, *The Princes of India in the Endgame of Empire*, Cambridge: Cambridge University Press, 1997, p.58.

② Ibid., p.62.

去 9 年的开支。①

在特别机构正式成立之前,王公院委托瓜廖尔迪万凯拉什·哈克萨尔(Kailash Haksar)和伯蒂亚拉的鲁什布鲁克-威廉姆斯(Rushbrook-Williams)去英国寻求一个国际法领域的知名律师,要他代表王公院在巴特勒委员会做陈述。1927 年一个获得推荐的人是约翰·西蒙(John Simon),由于他已经担任立法调查委员会主席,他不得不放弃他"职业生涯中最大的一笔聘金"②。最后,莱斯利·斯科特(Leslie Scott)爵士被选中。斯科特不仅是一个知名的律师,而且担任过副检察长和枢密院官员,在法律界和政界都有很大影响,尤其他还是印度事务大臣的私交。斯科特在加入特别机构后,与凯拉什·哈克萨尔、鲁什布鲁克-威廉姆斯及他们的家人、朋友开始在英国政界和媒体广泛活动。到 1931 年,特别机构花费了 2.9 万英镑,一些人对巨额费用到底值不值提出疑问,虽然确实无法估算王公们到底从这笔开支中得到了多少利益,但明确的是,在这段时间,印度土邦事务得到了英国公众前所未有的关注。③

1928 年 1 月 14 日,巴特勒委员会成员抵达德里。此时,王公院依然还在忙着收集整理证据。王公院主席布平德·辛格只得请求推延向巴特勒委员会提出诉求的时间,巴特勒同意了他的请求。在分析了凯拉什·哈克萨尔和鲁什布鲁克-威廉姆斯提供的材料后,莱斯利·斯科特决定:作为英国的盟友,所有王公的权利和义务实质上都是由他们的条约和协定规定的,经常实行的最高统治权的成规并没有授权总督或他的政治代理人以任何全面任意干预土邦内政的权利。对包括王公院 7 个常委土邦中 5 个在内的 20 多个土邦来说,这是一个好消息,因为它们与英国人签订的条约明确保证它们内政的独立,但是对于包括迈索尔和巴罗达这样的大土邦和绝大多数小土邦来说,这并不是好建议,因为迈索尔和巴罗达等大土邦与英国人签订的条约和协定给予政府同样明确的干预权,而绝大多数小土邦与英国人根本就没有签订条约。斯科特还建议设立土邦行政委员会和土邦最高法院。斯科特的主张招致很多人的不满。1928 年 4 月 19 日,孟买王公全体大会召开,但是以朱纳格特为首的几个卡提阿瓦土邦率先退会,没有取得成果。

---

① Ian Copland, *The Princes of India in the Endgame of Empire*, Cambridge: Cambridge University Press, 1997, pp.65—66.

② Ibid., p.66.

③ Ibid., p.67.

1928 年 6 月 24 日,由莱斯利・斯科特、斯图亚特・贝文(Stuart Beven)、威尔弗里德・格林(Wilfrid Greene)、瓦伦丁・霍姆斯(Valentine Holmes)和唐纳德・萨默维尔(Donald Somervell)组成的王公咨询委员会提出关于英王与土邦关系的报告。报告认为:恰当地说,最高统治权不是一个可以产生权利或义务的因素,而纯粹只是经另一个主权国家同意而获得的某些权利的名称。如果理解错误,它就可能被当做可以产生权利和义务。如果最高统治权是一种权利的来源,那么,除非最高统治权分立,否则最高统治权就可以没有任何限制地干涉保护国的主权。我们认为最高统治权可以产生权利的观点是完全错误的。将最高统治权视为对印度土邦无限制的权力是基于对最高统治权的误解。将任何主权转让给英国王室都要经过每个土邦王公的同意。每一个土邦、每一个出让的场合都必须单独考虑,以弄清楚协定到底是什么,土邦同意出让了什么权利。[1]

1929 年 3 月,巴特勒委员会向议会提交《印度土邦调查委员会报告》。报告虽然给王公们带来一些好消息,例如,它完全赞同王公们的主张,即他们的关系是与英国王室的关系,不是与印度政府的关系,如果没有他们的同意,不能将权利转让给"英属印度对立法会议负责的新政府",但是委员会严厉驳回了莱斯利・斯科特提出的最高统治权是由条约规定的论点。"最高宗主与土邦的关系不仅仅是一种依赖于一个多世纪前签订条约的契约关系。它是一种由环境和政策确定,依赖于历史、理论和现实的混合物的活生生和不断成长的关系。"报告指出,"印度土邦与英国政府签订协定时是独立的国家,每个土邦都拥有完全的主权和国际地位,这种说法不符合历史事实。实际上,任何土邦都没有国际地位。几乎所有土邦都从属于或依附于莫卧儿帝国、马拉塔帝国或锡克王国。英国人解救了一些土邦,也建立了一些土邦"。报告称,"我们不同意惯例本身没有法律效力。惯例从最早的时候就决定和发展了最高宗主与土邦的关系。在所有条约、协定和特许状没有规定时,惯例和默许可用以作出裁决"[2]。报告强调最高宗主一贯处于至高无上的地位。在历史上,无论土邦与英国政府的关系怎样,无论英国政府的行为是否得到土邦的认可,英国政府的决定都是最终的,土邦王公必须执行。可见,《印度土邦调查委员会报告》将最高统治权理论推进到超出当时

---

① C.H. Philips, *The Evolution of India and Pakistan 1858 to 1947: Select Documents*, London: Oxford University Press, 1962, p.431.

② Ibid., pp.432—433.

可以接受的限度。①

1929 年 6 月,王公院召开会议,以对《印度土邦调查委员会报告》作出回应。以比卡内尔摩诃罗阇甘加·辛格为首的一些王公宣称,英国律师骗走了王公院大笔钱财。其他王公则赞同包纳加尔摄政普拉巴尚卡尔·帕塔尼(Prabhashankar Pattani)的观点,即王公咨询委员会的攻击目标就是错误的,如果不攻击最高统治权,各土邦将可以更好地实行管理和消除抱怨,令人民满意。另一些王公则再次声明,他们不会再支持可能使他们与英国宗主和保护者冲突的策略。几天之后,王公院常委会在加内什欣德(Ganeshkhind)与欧文勋爵会晤,甘加·辛格向总督保证,王公们已经记住他们的教训,现在已经达成共识:英国和土邦之间及土邦与英属印度之间令人不满意的问题、纷争将通过坦诚的沟通和友好谈判解决,而不是通过法律途径或者通过任何秘密会议或不合作解决。②王公队伍的分化和妥协标志着印度土邦王公在最高统治权之争中失败。

1929 年 10 月,欧文勋爵发表声明,宣布将在 1930 年底举行圆桌会议,印度宪政改革的最终目标是印度获得自治领地位。这个声明得到王公院的欢迎,因为王公们看到,圆桌会议提供了一个最高政治层面倾听他们自治要求的机会。

四、第二次世界大战期间印度土邦与英国王室的关系

由于英印当局在撤离印度时将大量有关土邦的档案资料销毁,人们无法获得二战期间印度土邦支持英国政府战争努力的比较充分的资料。虽然20 世纪二三十年代英国王室、英印政府与土邦之间的一些纷争,如前述的最高统治权之争,会影响印度土邦在战争中对英国的态度,但是依然有相当多的土邦继续给英国政府以人力、物力和财力的支持。在一些重大问题上,土邦王公也表示了对英国政府的支持。

1. 印度土邦给予英国战争努力的支持

和第一次世界大战时一样,很多印度土邦王公在第二次世界大战中给

---

① Ian Copland, *The Princes of India in the Endgame of Empire*, Cambridge: Cambridge University Press, 1997, p.70.

② Ibid., p.71.

予英国以大力支持。一些年轻的王公在战场上表现英勇并获得表彰,例如,本迪摩诃罗阇因伊什瓦里·辛格(Ishwari Singh)在缅甸作战英勇而获得军事十字勋章,而老一辈王公如比卡内尔摩诃罗阇甘加·辛格和博帕尔纳瓦布哈米杜拉·汗在战略制定和实施方面起了突出的作用。1940 年 8 月,总督林利思戈(Linlithgow)侯爵维克托·霍普(Victor Hope)提名 3 位王公与海德拉巴总理阿克巴·海达里组成新的战争咨询委员会,后来,更多的王公和迪万被任命为取代战争咨询委员会的全国防务委员会的成员。①

以下是一些土邦支持英国政府战争努力的简况。

索纳布尔摩诃罗阇苏当舒·舍卡尔·辛格(Sudhansu Shekhar Singh)在 1937 年 4 月 30 日即位。二战爆发时,他将土邦的所有资源和个人的军队交给英国政府支配。他倡议并呼吁其他土邦王公组成医疗救护队,为此筹集了 5 万卢比,购买了 6 辆救护车。王公向救护队捐赠了 15 925 卢比及价值 2 000 卢比的药品,还向战争基金捐款 109 077 卢比,其中 5 万卢比是从自己腰包里掏出来的。②

班斯达摩诃罗阇萨赫布因陀罗辛格·普拉塔普辛格在现金、人力和物资方面作出了极大贡献,奉献了 1 辆救护车帮助战地医院,与其他索兰基王公一起购买飞机,且每个月捐给总督战争基金 2 725 卢比。③

德蒂亚摩诃罗阇戈文德·辛格在一战中就因为给英国政府以支持而在 1918 年 1 月被授予"印度之星"勋章。二战爆发后,摩诃罗阇提出将自己的军队和土邦资源交给英国政府支配,并且向总督保证,为了帝国的事业,将随时作出任何牺牲。在缴纳了首笔现金后,他成立了战争基金委员会,由总理哈什马特·阿里(Hashmat Ali)负责,募集捐款。摩诃罗阇自己捐款 3 000 卢比,并承诺每年给总督战争基金捐款 1.2 万卢比。此外,他还向各种组织如印度红十字会、乔治国王海员基金等捐款。在摩诃拉尼赛拉·萨卡尔(Sayla Sarkar)的资助下,一些妇女被组织起来纺织棉织品,很多手工编织的头巾被送往各个战场。王公还派出 112 名汽车运输人员和 10 名受过训练的旗手去印度军队服役。王室代表对王公给予的帮助非常感激。④

---

① Ian Copland, *The Princes of India in the Endgame of Empire*, Cambridge: Cambridge University Press, 1997, p.183.

② J.C. Dua, *Illustrated Encyclopaedia & Who's Who of Princely States*, New Delhi: Kaveri Books, 2000, p.73.

③ Ibid., p.21.

④ Ibid., p.33.

特拉凡科尔用自己的钱给印度海军建了一艘巡逻艇；博帕尔用美国股票购买了战斗机；焦特布尔则奉献了购买"哈利法克斯"轰炸机的钱；克什米尔捐赠了18辆战地救护车；海德拉巴购买了3个中队的战斗机。到1945年，土邦王公提供的战争物资开支超过500万英镑。此外，土邦奉献大量现金，大方地将土地、建筑物和劳动力用于战争目的。迈索尔将班加罗尔所有建筑物交给军队使用；纳瓦讷格尔开办一所水雷训练学校；瓜廖尔将其孟买的制帽厂转为生产降落伞网；比卡内尔建立了一家军事医院。到1945年，海德拉巴将5270万卢比用于与战争相关的项目，博帕尔与战争相关的开支超过2000万卢比。土邦王公再次通过鼓励其臣民间接地为战争努力作出贡献。到1944年底止，59个土邦的30多万男子签名服役，1.5万多人从事与战争相关的工作，人均比率高于除旁遮普外的各省。土邦人民将大约18亿卢比用于购买战争债券和捐给总督战争基金。在1942—1943年国大党开展"退出印度运动"时，土邦王公帮助维持动荡地区的秩序，使英印政府可以腾出上千名警察和军队，将他们部署在孟加拉、孟买和西北边省骚乱的地方。[①]

兰布尔纳瓦布拉扎·阿里·汗（Raza Ali Khan）派军队赴中东战场作战。其子穆尔塔扎·阿里·汗（Murtaza Ali Khan）在1943年参加英印军队，担任印军总司令克劳德·奥金莱克（Claude Auchinleck）的助手。

1942年8月24日，林利思戈总督在给印缅事务大臣利奥波德·埃默里（Leopold Amery）的信中附加了《关于土邦给予战争努力支持的备忘录》：自战争爆发以来，印度土邦军队的兵力大约由4.66万人增加到7.9万人。这还不包括土邦征集的大约3万人的民工团。现在有53个土邦分队在英国军队中效力，其中18个在海外服役，包括马来半岛沦陷时被俘的5个步兵营。除了前述土邦军队，另外在土邦征集了28个印度军分队，其中7个正在海外服役。这意味着在印度土邦臣民中大约招募了10万印度士兵。现在无法得到土邦军费开支方面的完整数据，海德拉巴的军事预算从550万卢比增加到950万卢比，克什米尔的军事预算从350万卢比增加到760万卢比。对战争基金和防务贷款的贡献：到1942年7月底，土邦给战争的捐款达到约3492.4万卢比，防务贷款余额3625.4万卢比。除了几个皇家空军训练机构外，土邦开办了51个技术训练中心和几所防空训练学

① Ian Copland, *The Princes of India in the Endgame of Empire*, Cambridge: Cambridge University Press, 1997, pp.185—186.

校。博帕尔和迈索尔两个土邦提供了大战俘营;比卡内尔答应提供第三个这样的战俘营。在印度土邦选定了不少于 28 个新飞机场场址,大多数机场已经在建设中。迈索尔已经开办了一家飞机工厂,海德拉巴开办了一家布朗式轻机枪制造厂,纳瓦讷格尔建了一个新海军基地,比卡内尔建了一家战地医院。很多王公将房屋用作伤员的住所和其他用途。几乎所有德里的宫殿都被用作官员的办公室和宿舍。[①]

1944 年 2 月 15 日,阿奇博尔德·珀西瓦尔·韦维尔(Archibald Percival Wavell)总督访问特拉凡科尔。摩诃罗阇巴拉·拉姆·瓦尔马二世(Bala Rama Varma II)为表示忠诚,向战争基金捐款 20 万卢比,小摩诃拉尼也捐献 10 万卢比。[②]

虽然没有详细的资料显示土邦王公在二战期间对英国的战争努力给予了多大力度的支持,但毫无疑问的是,相对于国大党在英属印度开展不合作运动和"退出印度"运动等而言,土邦王公的支持对英国和盟军来说是十分难得的。

2. 印度土邦王公谋求更多的权利和让步

当然,并不是所有土邦王公都全心全意、无条件地支持英国的战争努力。据 1945 年 1 月 28 日坎吉·德瓦卡达斯(Kanji Dwarkadas)的一个备忘录,在 1942 年,几个王公都制订了在英国崩溃后的秘密生存计划。例如,博帕尔和伯蒂亚拉在这个时期大幅度增加军费开支,博帕尔纳瓦布哈米杜拉·汗试图以西北边省的帕坦雇佣军扩充他的军队,谣传其扩充军队并非要与日军对抗,而是要兼并旁遮普周围地区,重建拉合尔王国。印多尔摩诃罗阇耶斯旺特·拉奥宣称在日军到来时印多尔为一个"开放城市",以避免麻烦降临,许多人认为他将与敌人合作。[③]

重建王公院,维护土邦王公的权利。1938 年 3 月伯蒂亚拉摩诃罗阇布平德·辛格去世后,纳瓦讷格尔摩诃罗阇贾姆迪格维杰伊辛(Digvijaysinh)继任王公院主席。20 世纪 30 年代中期以来,王公院几乎被人遗忘了。为重建王公院,迪格维杰伊辛采取了以下措施:第一,使王公院对较大的土邦有吸

---

① The Marquess of Linlithgow to Mr. Amery, *TOP*, *II*, pp.817—818.

② S. Thulaseedharan Assary, *Colonialism*, *Princely States and Struggle for Liberation*: *Travancore*(*1938—1948*), New Delhi: A.P.H. Publishing Corporation, 2009, p.193.

③ Ian Copland, *The Princes of India in the Endgame of Empire*, Cambridge: Cambridge University Press, 1997, p.186.

引力。1938年2月,他建立了一个由比卡内尔摩诃罗阇领导的工作组,帮他出谋划策。工作组建议将常设委员会扩大4倍,引入通讯投票,主席任期4年,为大土邦预留席位,设立以地理为基础的选举社团,使王公院与部长委员会关系正式化。在11月孟买举行的会议上,这些建议尽管遭到小土邦的冷遇,但都获得通过,并于1939年7月获得总督批准而实施。如迪格维杰伊辛所希望的,巴罗达、克什米尔、瓜廖尔、印多尔、斋浦尔、焦特布尔、博帕尔和兰布尔都参加了1940年3月举行的王公院年会。第二,给予因没有完全统治权而在1921年被忽视的较小土邦以成员资格,增加王公院的代表。到1941年7月,26个新成员加入,总数达到135个。参加1942年3月和1943年10月两次年会的成员达到大约70个。[1]第三,关注和改善王公院的财务状况。王公院的经费在20世纪30年代都用完了。1939年,在博帕尔、比卡内尔、陶尔布尔和伯蒂亚拉等王公的帮助下,迪格维杰伊辛发起恢复成员费和兑现以前承诺而没有到位的捐献的运动。到1942年,王公院不仅付清了近20万卢比欠款,而且还盈余5万卢比。1939年10月之后,所有欲成为王公院成员的土邦都要向王公院基金支付5 000卢比,如果不支付,他们的申请就不能得到批准。有这些额外资金后,王公院主席可以扩大秘书处,增加给秘书的酬劳。1940年以后,迪格维杰伊辛主要集中精力于维护土邦王公的利益,尤其是针对英属印度。早在1941年,迪格维杰伊辛向总督提出建议,应该设定一种正式的制度,让土邦王公在中央和省法令的制定过程中有发言权。这个要求虽然遭到林利思戈总督以战争非常时期为由的否决,但是在1941年3月得到一个承诺,即政府在未来将"仔细考虑"土邦提出的任何要求。依据这一保证,迪格维杰伊辛劝说王公院,每年花1.2万卢比支持两个专家委员会,分别审查中央和省立法及年度预算。第四,迪格维杰伊辛试图改善王公们有点被政治家玷污的形象。最后,利用报纸进行宣传,主要利用拉合尔的《先驱者日报》(Daily Herald),访问英国的王公要在英国议会和公众面前宣传王公事业的重要性。尽管并非所有措施都很有成效,但是在迪格维杰伊辛的领导下,王公院已经成为一个成熟的政治组织。[2]

---

① Ian Copland, *The Princes of India in the Endgame of Empire*, Cambridge: Cambridge University Press, 1997, p.190.
② Ibid., p.192.

3. 印度土邦对《克里普斯方案》的反应

太平洋战争爆发后,日本迅速占领印度支那、马来亚和新加坡,印度开始直接受到日军的威胁。处境不利的英国急切希望印度给予人力、物力和道义上的支持;美国对于英国的对印政策表示了诸多不满,希望英国调整对印政策,以得到印度的全力支持。所有这些都使英国政府不得不关注印度问题。

2月26日,丘吉尔设立战时内阁特别印度委员会,以起草和制定一个新的印度宪法声明。2月28日,委员会起草了声明。声明的总精神是:英国应该给予印度完全自治和自由,给它以制定自己喜欢的宪法的自由,英国不通过坚持英国臣民的特殊权利而干涉其宪法的形式。[①]3月11日,丘吉尔在上下两院宣布内阁派掌玺大臣斯塔福德·克里普斯(Stafford Cripps)出访印度,力图提出一个令印度各方都能接受的宪政改革方案,以得到印度各方的支持。

3月23日,克里普斯偕同印缅事务大臣私人秘书弗朗西斯·费伦·特恩布尔(Francis Fearon Turnbull)和他自己的秘书罗兰·赫伯特·欧文(Rowland Hubert Owen)及私人助理格雷厄姆·斯普赖(Graham Spry),带着内阁的声明到达德里。3月25日,克里普斯开始与印度的政治领袖们会谈。

3月26日,克里普斯会见王公院主席纳瓦讷格尔摩诃罗阇和比卡内尔摩诃罗阇,对声明作了一些解释。王公院代表对两点表现出兴趣:第一,如果土邦觉得宪法不合适,他们是否有权利退出;第二,在退出的情况下,他们与英王签订的条约在铁路等公共服务方面是否受影响。克里普斯向他们保证,土邦不仅可以选择加入制宪机构,如果不同意制定的宪法,也可以选择退出。[②]

3月28日,克里普斯会见王公院代表纳瓦讷格尔摩诃罗阇、比卡内尔摩诃罗阇、伯蒂亚拉摩诃罗阇、博帕尔纳瓦布、查特里纳瓦布、克里希纳马查里(Krishnamachari)、拉马斯瓦密·艾耶尔(Ramaswamy Aiyer)、M.N.梅达(Mehta)和马克波尔·马哈茂德(Maqbool Mahmud)。谈到王公与王室签订的条约时,克里普斯说,条约大致可以分为两类,一类涉及最高统治权,

---

① Draft Declaration, Circulated by the Secretary of State for India, *TOP*, I, pp.264—265.

② Note by Sir Cripps, 26 March 1942, *TOP*, I, p.487.

这类条约在印度自治领成立后不会发生变化,除非土邦要摆脱最高统治权,以便能够更好地适应新的局势。另一类则涉及贸易、经济或财政事务,在新的印度联邦成立后,这些条约将做一些调整,因为它们将是土邦王公和自治领政府之间签订的条约而不再是王公与英王政府签订的条约。[1]

在内阁特别印度委员会第九次会议上获得通过后,克里普斯在3月29日记者招待会上公开了声明草案,第二天在印度和英国同时正式公布,这就是通常所称《克里普斯方案》。《克里普斯方案》声明:为了使印度尽快实现自治,英王陛下政府已经决定以准确而清晰的措词表明它建议要采取的措施。其目标是创建一个新印度联邦,它将是英联邦的自治领,因共同效忠于英王而与联合王国及其他英联邦自治领相联系,而在任何方面它们都是平等的,其内政或者外交事务的任何方面绝不从属于英王;一旦战事结束,就在印度设立一个由选举产生的立法机构,为印度制定一部新宪法;印度土邦加入制宪机构;陛下政府和制宪机构之间签订的条约将依据陛下政府作出的承诺制定保护种族的和宗教的少数族群的措施,但不把任何限制性规定强加给印度联邦政权;某个印度土邦是否选择遵守这个宪法,它必须根据新形势的需要进行谈判,修订条约;印度土邦将被邀请指派代表参加制宪机构,这些代表与土邦总人口的比例和英属印度代表所占英属印度总人口的比例一样,并且拥有和英属印度成员一样的权利。[2]

4月2日,克里普斯会见王公院代表。王公们希望克里普斯能帮忙向政府提出他们是否可以成立一个自由独立的联盟的问题,也就是说,如果英国放弃最高统治权,他们是否可以选择成立一个自由独立的土邦联盟。王公们还想知道英国政府是否允许土邦与制宪会议中的主要各方来往。如果一些土邦加入联邦,那么英王会不会对联邦继续行使最高统治权。制宪机构是否有权讨论土邦内政或土邦的制宪机制。克里普斯对土邦王公们提出的问题一一予以答复。他说,土邦一旦加入联邦,最高统治权即告终止。他强调,如果印度人民足够理性和胸襟足够宽广的话,他们就可能建成一个联邦,否则,他们就会有单独的联盟,因此而造成很多不便。他建议较小的土邦应该组成几个组或者结成联邦关系,合作组计划的精神应该扩大到更广泛的单位,尤其在共同的工业和经济利益的事务方面,以便土邦不至于落后于英属印度,在整个印度发展中尽自己的努力。[3]

---

① Note by Sir Cripps, 28 March 1942, *TOP*, Ⅰ, p.510.
② Draft Declaration for Discussion with Indian Leaders, *TOP*, Ⅰ, pp.565—566.
③ Mr. Turnbull to Maqbool Mahmud, *TOP*, Ⅰ, pp.648—652.

4月10日,王公院主席迪格维杰伊辛致函克里普斯,信中附有王公院的决议:第一,王公院欢迎1942年3月11日英国首相在下院发表的声明及掌玺大臣和下院议长来访,希望能有助于团结印度以进一步增强其战争努力,加强保卫祖国的措施。第二,王公院一再表明,土邦可以接受的任何计划必须有效地保护他们的条约、协议和特许权利,并确保土邦的存在、主权和土邦自治,给它们以与对英国王室和臣民的义务相对应的充分自由;因此,土邦对于首相保证对土邦履行条约规定的义务表示非常满意。第三,王公院授权其代表就有关印度宪法进展问题进行讨论和谈判。王公院主席表示,为了祖国的利益,印度土邦将乐于以与它们的领土主权和完整相应的合理方式为印度新宪法的制定作出贡献。然而,土邦应该得到保证,如果一些土邦发现不适合加入印度联邦,那些没有加入的土邦或土邦集团,希望有权利成立拥有主权地位的土邦联盟。①

4月11日,国大党工作委员会和全印穆斯林联盟工作委员会发表声明,拒绝《克里普斯方案》。国大党在声明中强调,获得印度战争努力支持的必要条件是印度的自由。英国战时内阁新建议的某些条款严重危害了一个自由统一的民族政府的发展和一个民主国家的建立。甚至制宪机构是如此构建,以至于民族自决权也因非民选代表的进入而受到玷污。印度人民,作为一个整体,明确要求完全独立,国大党已经一再声明,除了整个印度独立外,没有其他地位可以得到赞同或者可以满足目前局势的必要要求。委员会承认在建议中,未来独立是明显的,但是相关条文和限制如此之多,真正的独立也许只是一个梦想。国大党认为,《克里普斯方案》完全忽视了9 000万土邦人民,他们的统治者像商品一样处置他们是对民主和自由的否定。尽管土邦在制宪机构中的代表是按人口确定的,但是,土邦人民在选举代表的时候没有话语权,土邦统治者在作出影响他们切身利益的决定时也不会征求他们的意见。这样的土邦在很多方面成为印度自由发展的障碍。事先接受省不加入的新原则对于印度统一的观念来说也是一个沉重的打击,将在各省引起很多争端,并使印度土邦并入一个印度联邦面临更多困难。国大党献身于印度的自由和统一,在人民心里必然期待一个更大的联邦的现代世界,任何对这种统一的破坏将会伤害所有相关的人。然而,国大党委员会不会强迫任何领土单位违背他们的意愿待在印度联邦内。但是,在承认这一原则的同时,国大党觉得可以做出任何努力,以创造有助于不同

---

① Maharaja Jam Saheb of Nawanagar to S.Cripps, *TOP*, I, pp.734—735.

单位形成共同的合作的民族生活的条件。①

全印穆斯林联盟工作委员会在声明中说,强迫印度教徒和穆斯林组成一个印度联邦,既不公平,也不可能。就穆斯林联盟而言,印度宪政问题的唯一解决方法是将印度分为独立的地区。对穆斯林而言,被迫参加旨在成立印度联邦的制宪机构是不公平的。就局势而言,它将不仅是无益的,而且会在不同的民族间造成更大的痛苦。制宪机构将在对涉及宪法制定的所有最关键的和首要的问题作出决定时采取简单多数,这将只占 25% 的穆斯林完全置于制宪机构的掌控之下。"关于印度土邦,委员会认为,决定是否加入印度联邦或成立一个联盟是他们自己的事情。"②

在印缅事务大臣利奥波德·埃默里看来,"无论如何,《克里普斯方案》的目的不是要分裂印度,而是要消除这样的指责,即坚持协议阻碍了进步;迫使国大党正视找到一种宪政方案的必要性,这种宪政方案将说服穆斯林加入,而不是力图迫使英国政府去制定强迫穆斯林的宪法。印度人应全部承担作出以下决定的责任,即以耐心和妥协获得一个统一的印度或匆忙得到一个独立但分治的印度"③。1942 年 4 月 24 日,埃默里致函总督林利思戈。他认为土邦王公很少会考虑加入一个他们的内政将受印度政府控制的联邦。尽管一些土邦王公反对政治部的干预,但他们宁愿接受政治部的干预,也不要受土邦地方鼓动者唆使的联邦部长的干预。土邦提出也要建立一个他们自己的联盟或自治领,无疑,这只是讨价还价的方式,从教训国大党来说,这种主张是好的,它要国大党不得不面对事实,即如果不准备制定一部穆斯林和土邦都能接受的宪法,那么它们将从帝国分裂出去。鼓励土邦王公们尽可能一起努力,认真考虑拉杰布达纳土邦区和其他类似土邦区的较大土邦成立一个联邦的可行性。而小土邦则合并到相邻的英属印度省。……可以做点宣传表明,土邦王公和他们的政府不是像国大党所说的那样是罪恶的渊薮,他们构成印度政治的一个必要部分。④

比卡内尔摩诃罗阇对克里普斯在谈判过程中没有给予土邦足够的重视感到非常生气。他尤其反对克里普斯的总态度——在印度真正起作用的因素只有国大党和穆斯林联盟,忽视土邦的条约权利,甚至要削弱这些权利。⑤

---

① Resolution of the Congress Working Committee, *TOP*, I, pp.745—748.
② Resolution of the All-India Muslim League Working Committee, *TOP*, I, pp.748—751.
③ Note by Mr. Amery, *TOP*, I, p.839.
④ Mr. Amery to the Marquess of Linlithgow, *TOP*, I, pp.843—845.
⑤ The Marquess of Linlithgow to Mr. Amery, *TOP*, II, p.123.

在克里普斯出访失败及随后印度不同政治和宗教团体之间敌视日益加剧的情况下,印多尔摩诃罗阇耶斯旺特·拉奥二世在5月26日甚至发表给美国总统罗斯福的公开信,希望国际联盟代表的仲裁不仅可以使英国政府摆脱目前的负担,而且可以使目前反对在印度建立统一战线的人的观点站不住脚。①总督对摩诃罗阇的做法表示不满,"实质上,这封信就是邀请美国总统对英王陛下政府和'印度不同团体'之间进行裁决";"作为在印度的王室代表,我的紧要职责是,提请阁下注意起草和公布这封给总统的信是严重违反规定的"。总督要求摩诃罗阇收回任何解释,以后不要再发生这样的事情。②

1942年6月1日,王公院主席、纳瓦讷格尔摩诃罗阇致函总督政治顾问亨利·克雷克(Henry Craik)说:在战争期间,印度土邦王公们不愿提出任何有争议的问题,希望集中所有心思和精力确保如何取得迅速而决定性的胜利。但是,摩诃罗阇指出,克里普斯出访引发的一些事情已经引起,也必将加剧王公和他们的臣民的焦虑,在土邦内出现了强烈和极度的失望情绪。在陈述了维多利亚女王、莫利勋爵、乔治五世、哈利法克斯勋爵(即欧文勋爵)、《蒙塔古-蔡姆斯福德报告》和《巴特勒委员会报告》等有关英王对土邦的条约义务的保证后,王公院主席指出,《克里普斯方案》几乎没有提到英王对土邦王公的条约义务引起王公和他们臣民的不安。③由此可见,克里普斯出访的失败对土邦王公的影响也是相当大的,他们意识到了在移交政权时土邦王公的特权和权利将没有适当的保障,国大党对土邦的政策进一步强硬。为了消除土邦王公的恐慌,埃默里在10月7日给总督的信中表示,英国政府将继续履行对土邦的义务。④

4. 印度土邦对"退出印度"运动的反应

1942年上半年,亚洲战局进一步恶化。缅甸很快被日军占领,英军仓皇撤退,日本开始轰炸印度沿海城市。国大党看到英国防御力量脆弱,对印度的命运深感担忧。甘地产生了要英国立即退出印度的想法。4月26日,甘地在《哈里真》发表文章,公开提出这一主张。"如果英国退出印度,就像它不得不撤离新加坡那样,非暴力的印度将不会有任何损失,日本人也许不

---

① The Marquess of Linlithgow to Mr. Amery, *TOP*, II, p.286.
② The Marquess of Linlithgow to the Maharaja of Indore, *TOP*, II, pp.174—175.
③ Maharaja of Nawanagar to H. Craik, *TOP*, II, pp.164—173.
④ Mr. Amery to the Marquess of Linlithgow, *TOP*, III, p.111.

会惹印度。""不管怎样，印度和英国的真正安全就在于英国有秩序地、及时地从印度退出。""一旦英国退出，印度人民就能解决自己的一切问题，包括国大党与穆斯林联盟的争端。"①

1942 年 4 月 27 日，全印国大党工作委员会约 180 名代表在安拉阿巴德召开会议。甘地提出决议草案，拉金德拉•普拉萨德（Rajendra Prasad）对草案加以修改。4 月 27 日修改后的决议表示，因为克里普斯提出的英国战时内阁的建议前所未有地显示了英国帝国主义，全印国大党委员会通过以下决议："全印国大党委员会的观点是，英国不能保卫印度。印度的利益和英国的利益永远存在冲突。""如果印度获得自由，它的第一个步骤就是与日本谈判。""如果英国从印度撤离，印度就能够抵抗日本或任何进攻印度的侵略者。""因此，全印国大党委员会的观点是，英国应该从印度撤离。他们为了保护印度土邦而应该留在印度的借口是站不住脚的。它是他们决心维护对印度的控制的另一个证据。土邦王公无需对没有武装的印度担忧。多数民族和少数民族的问题是英国政府造成的，只要他们一撤离，问题就会消失。"因为这些原因，为了她自己的安全，为了印度的安全，为了世界和平事业，委员会要求英国撤离印度，即使她不愿意放弃亚洲和非洲的殖民地。这个决议草案被删除的部分是"全印国大党委员会请求圣雄甘地在必要的时候指导国大党开展非暴力不合作运动"。通过的决议对前述决议又做了些修改，措词温和了许多，但还是要求英国尽快给印度以独立，如果印度获得自由，"全印国大党委员会深信，印度将通过自己的力量获得自由，并以自己的力量保住自由。目前的危机以及与斯塔福德•克里普斯爵士谈判的经历使国大党不可能考虑任何保留英国在印度哪怕部分控制和权力的方案或建议。印度只有在独立的基础上才能与英国或其他国家交往"。对于外来侵略者，印度人要采取非暴力不合作的抵抗方式。②

5 月 1 日，国大党工作委员会对决议草案进行讨论。尼赫鲁、潘迪特•潘特（Pandit Pant）、拉贾戈帕拉恰里（Rajagopalachari）等人对于甘地的草案表示了不同意见。尼赫鲁认为，征服印度在日本的计划之内，如果英国撤离印度，日本将坚决要求某些便利——飞机场、战略要地的占领和日军通往中东的通道。接受甘地草案中的政策将使印度被动地成为轴心国的伙伴。尼赫鲁强调印度不可能以非暴力不合作阻止日本人，而国大党将遭到除轴

---

①　Recent Utterances of Gandhi，*TOP*，*II*，p.218.

②　All-India Congress Committee War Resolution，1942，*TOP*，*II*，pp.66—70.

心国以外的各方的敌视。甘地草案的总思想和背景都是有利于日本人的。日本和德国将赢得战争胜利正是甘地的想法。拉贾戈帕拉恰里也对甘地草案和普拉萨德修改案提出批评。对国大党政策的新解释将对盟国极为不利,日本人将说"好极了!"日本将填补英国撤离后形成的真空。国大党工作委员会成员阿萨夫·阿里(Asaf Ali)认为,要求英国人撤离将对谁都没有好处。①尽管甘地草案和普拉萨德修改案遭到尼赫鲁等人的批评,但是得到了国大党工作委员会大多数人的支持。

5月10日,国大党安拉阿巴德会议通过和发表"战争决议"草案。最初的决议可能是根据甘地的指示起草的,会议通过的决议删去了最初文本中的一些句子:"日本与印度没有争端。她是在与英帝国作战。""如果印度是自由的,她的第一步将可能是与日本谈判。国大党的观点是,如果英国从印度撤离,万一日本或任何侵略者进攻印度,印度将可以保卫她自己。""因此,国大党的观点是,英国应该撤出印度。""委员会希望向日本政府和人民保证,印度不对日本或任何其他国家怀有敌意。""由于所有这些原因,为了她自己的安全,为了印度的安全和为了世界和平事业,委员会呼吁英国撤出印度,即便她不愿意放弃所有在亚洲和非洲的殖民地。"②

5月13日,孟买省督罗杰尔·拉姆利(Roger Lumley)在给总督林利思戈的报告中说,甘地到孟买访问一周,他比以前任何时候都憎恨英国,可能在国大党工作委员会下次开会时提出公开敌视的动议。他可能要求我们从印度撤离,我们撤离后印度宣布中立。③5月15日,甘地在孟买会见孟买郊区和古吉拉特国大党党员时表示,他建议英国人尽快撤离印度,如果英国人不听从建议,他将不得不通过不合作或文明不服从运动迫使他们离开印度。"我认为,这一次不是个人不服从而是群众性的不服从——竭尽全力要求英国撤离印度的不服从运动。"④第二天,在与媒体见面时,甘地表示,如果允许,他将关注和努力将英国从印度撤离的要求告诉公众。5月17日,甘地在《哈里真》发表《告全体英国人书》,请英国人支持他的请求,即英国从每个亚洲和非洲殖民地撤离,至少从印度撤离。这对世界安全和摧毁纳粹主义、法西斯主义和日本军国主义是必要的。甘地认为,接受他的呼吁将挫败所

---

① Summary of Discussion in Congress Working Committee on the Congress War Resolution Finally Adopted on May I, *TOP*, *II*, pp.283—284.

② M. Hallett to the Marquess of Linlithgow, *TOP*, *II*, pp.64—65.

③ Mr. Amery to the Marquess of Linlithgow, *TOP*, *II*, pp.83—84.

④ Note by Mr. Pilditch, *TOP*, *II*, p.129.

有轴心国的军事计划,甚至英国军事顾问的计划。在回答一个深信非暴力最终正确但是觉得应该尽最大的力量反抗日本的人提出的问题时,甘地指出,说日本人没有权利进攻印度是一种谬误,因为印度并不在印度人手中而是在可以随意处置印度的外国人手中。"如果日本人与你的主人作战,他们有权利警告你的主人拥有的任何东西。……如果英国人离开印度,印度会照顾好自己,也可能逃避日本人的注意,如果英国人不离开印度,印度将以非暴力予以回击。"①

5月24日,甘地在《哈里真》发表文章称,"英国在印度任何形态或形式的统治必须结束。统治者至今一直说'如果我们知道应该将政权交给谁,我们将乐于退出'。我现在的答复是,将印度交给神。如果这太多了,那么将她交给无政府主义者。……我希望,所有有冲突的因素和势力将联合起来,使印度摆脱外国的统治"②。5月31日,帕特尔主持召开古吉拉特国大党省委员会执行委员会紧急会议,讨论甘地的未来计划。帕特尔详细叙述了全印国大党安拉阿巴德会议后发生的事件及与甘地的谈话,敦促国大党党员遵循甘地的建议,听从召唤,为党和国家尽力尽责。③

英属印度局势的发展令埃默里关注土邦的局势。1942年5月27日,埃默里致函总督林利思戈,强调加强弱小土邦使它们能抵抗英属印度局势发展冲击的重要性。④6月1日,王公院主席纳瓦讷格尔摩诃罗阁致函总督政治顾问亨利·克雷克说:"在战争期间,印度土邦王公们不愿提出任何有争议的问题,希望集中所有心思和精力于确保取得迅速而决定性的胜利。"《克里普斯方案》几乎没有提到英王对土邦王公的条约义务,引起王公和他们臣民的不安。⑤

甘地越来越激烈的反英情绪使英国政府不得不作出回应。战时内阁觉得要尽快对甘地采取决定性措施。埃默里甚至在6月16日给总督林利思戈的电报中提出要将甘地用飞机送到乌干达去。⑥

尽管尼赫鲁和阿扎德等国大党领袖不赞同甘地对非暴力力量过分乐观的估计,但在这个非常时期还是表示拥护他的领导,努力争取运动的胜利。

---

① The Marquess of Linlithgow to Mr. Amery, *TOP*, *II*, pp.104—106.

② Recent Utterances of Gandhi, *TOP*, *II*, p.219.

③ Bipan Chandra, *Towards Freedom*: *Documents on the Movement for Independence in India*, 1942, *Part I*, p.818.

④ Mr. Amery to the Marquess of Linlithgow, *TOP*, *II*, pp.136—138.

⑤ Maharaja Jam Saheb of Nawanagar to H. Craik, *TOP*, *II*, pp.164—173.

⑥ Mr. Amery to the Marquess of Linlithgow, *TOP*, *II*, p.216.

7月14日,国大党工作委员会通过了由甘地起草的要求英国退出印度的决议。决议说:"迄今发生的种种事件和印度人民的亲身经历证实了国大党人的观点,即英国在印度的统治必须立刻结束,这不仅是因为外国的统治即便在最好的情况下也是个灾祸,是对被统治人民的继续伤害,而且因为被捆绑的印度绝不能在保卫自己和影响这个正在毁灭人类的战争的结局上起有效的作用。因此,印度的自由不仅仅对印度的利益,而且对世界安全和结束纳粹主义、法西斯主义、军国主义和其他形式的帝国主义及一个国家对另外一个国家的侵略,都是必要的。"决议指出:"国大党渴望避免马来亚、新加坡和缅甸的遭遇,希望抵抗日本人或任何外国对印度的侵略。""国大党代表已经尽最大的努力以解决种族问题,但是外国势力的存在使种族问题不可能得到有效解决。只有外国统治和干预结束之后,目前的不现实才能变为现实。所有团体和政党的印度人民面对印度的问题,在互相协商的基础上解决它们。"印度呼吁英国当局接受"退出印度"的要求,并郑重宣布,如果遭到拒绝,国大党将不得不利用自1920年以来将非暴力作为维护政治权利和自由的政策的一部分而积聚的全部非暴力力量。"这样一场广泛的斗争将必然由圣雄甘地来领导。"①

8月6日,艾德礼(Clement Attlee)、克里普斯和欧内斯特·贝文(Ernest Bevin)等战时内阁成员举行会议,商讨一旦全印国大党委员会批准7月14日通过的决议,应采取对付国大党的措施。会议同意一旦全印国大党委员会批准决议,就逮捕甘地,将他驱逐出境,送到亚丁或苏丹,同时逮捕10余名国大党主要领袖,将他们送往东非。为了消除逮捕国大党领袖所产生的影响,要向公众说明,这一行动得到由11名印度人和4名欧洲人组成的总督行政委员会的充分支持;国大党的决议将削弱印度在战争努力中的合作;行动总体上是有利于联合国家的,不仅仅维护英国在印度的利益。外交部要事先将采取行动的详细过程告知美国总统,自治领大臣要告知各自治领总理,告知英国驻华大使。②

8月7日,全印国大党委员会在孟买召开。林利思戈致电埃默里,"全印国大党委员会批准了印度国大党工作委员会8月5日通过的决议,该决议要求英国政府立刻从印度撤离,批准'发动尽可能大规模的非暴力的群众斗争。'"③

---

① Resolution of the Congress Working Committee, *TOP*, *II*, pp.385—387.

② War Cabinet W.M.(42) 105th Conclusions, Minutes 1 and 2, *TOP*, *II*, pp.586—588.

③ The Marquess of Linlithgow to Mr. Amery, *TOP*, *II*, p.600.

8月8日,国大党最高权力机构全印委员会通过"退出印度"决议,决定动员所有力量,开展最广泛的不服从运动,实现要英国退出印度的目标。①甘地在讲话中号召斗争应该在整个印度以最广泛的范围展开。他提出"行动或者死亡"的口号。他说:"我们应当或者使印度获得自由,或者在这一斗争中死去。我们不能活着眼睁睁地看着我们的奴隶地位永久化。"②

8月12日,拉马斯瓦密·艾耶尔拜见总督,鉴于严峻的形势,建议让他飞往浦那,去见甘地,请求他取消文明不服从运动。③8月14—15日,艾耶尔又致函总督,表明他从各地得到消息说,在学生和工人之中散发着同样的传单,提出要破坏公共交通,建议英国人必须被赶出去。为了印度的利益,这场运动一开始就应该被阻止。因而他建议应该将这些事实摆在甘地的面前,作为一个爱好和平和受人尊敬的人,他应该取消这些颠覆性的运动,取消不服从运动。④艾耶尔为了使自己以非官方的身份有完全的说话和行动自由,以采取必要的措施应对在不同地区发生的群众运动和统一的破坏行动,请求辞去印度政府信息和广播部部长职务。

特拉凡科尔土邦政府对"退出印度"运动持反对态度。特拉凡科尔土邦大会中一直要求土邦政府实行政治改革、成立责任制政府的激进派也公开声明,在苏联参战后,战争已经变成"人民战争",他们将支持政府的战争努力。1942年5月24日,煽动叛乱的领袖安妮·马什卡雷(Anne Mascrene)在纳盖科伊尔召开的特拉凡科尔土邦大会会议上发表的主席演讲中说,"时局要求对责任制政府的鼓动不是国家的最急迫的问题。但是我希望向政府指出,立刻给予责任制政府的时机已经成熟,那样会使统治者和被统治者乐于合作,使国家和谐起来"。不过,她的主张被紧张的局势淹没了。大会通过的"战争决议"也声明,为了有效地防卫,实行责任制政府变得比以往更为迫切。但是,土邦政府没有作出积极回应,只是采取措施,禁止公共集会和游行,关闭所有教育机构和学校,以遏制退出印度鼓动,对于违反禁令的,立即逮捕起来。⑤

因为土邦王公和最高宗主是相互依赖的关系,所以,土邦王公对国大党

① The "Quit India" Resolution, *TOP*, II, pp.621—624.
② 林承节:《殖民统治时期的印度史》,北京大学出版社2004年版,第448页。
③ The Marquess of Linlithgow to Mr. Amery, *TOP*, II, p.668.
④ Note by the Marquess of Linlithgow, *TOP*, II, p.725.
⑤ S. Thulaseedharan Assary, *Colonialism, Princely States and Struggle for Liberation: Travancore(1938—1948)*, New Delhi: A.P.H. Publishing Corporation, 2009, p.188.

发动的"退出印度"运动持反对立场,而希望给英国人以支持,赢得战争的胜利。1942 年 7 月 9 日,王公院主席迪格维杰伊辛致函总督说,王公院常务委员会上周在孟买举行的会议通过决议,对王公院主席被任命为帝国战时内阁太平洋战争委员会的印度代表之一表示感谢,深信摩诃罗阇与帝国战时内阁和太平洋战争委员的联系将有助于盟国为成功结束战争而开展密切合作,有助于保护土邦利益的印度宪政的进步。①

---

① The Maharaja Jam Saheb of Nawanagar to Linlithgow, *TOP*, *II*, p.355.

第五章　20世纪二三十年代
印度土邦的宪政改革

20世纪初至第二次世界大战爆发,英属印度先后出台了一系列宪政改革方案,如1909年《莫利-明托改革法案》、1919年《蒙塔古-蔡姆斯福德法》和《1935年印度政府法》,逐渐地扩大省立法会议和中央立法会议中印度议员的名额,甚至逐步移交中央和省政府的权力。英属印度的宪政改革不仅涉及英属印度,也涉及印度土邦的政治前途,其中最重要的是把印度土邦和英属印度纳入同一框架的全印联邦(All-India Confederation)方案。很多土邦王公对全印联邦方案曾表示过赞成和支持,但是最终放弃。

英属印度民族民主运动的发展和国大党对土邦政策的变化,尤其是极力鼓动土邦臣民争取民主权利、敦促土邦王公实行宪政改革导致印度土邦政治局势的重大变化,促使很多土邦王公不得不适应时局的变化,进行不同程度的政治改革,其中桑格利、特拉凡科尔、博帕尔、迈索尔和克什米尔等土邦的政治改革最具有代表性。

一、印度土邦王公与全印联邦方案

1. 土邦王公赞同和支持全印联邦方案

联邦设想在印度由来已久。早在1858年,约翰·布莱特(John Bright)就提出建议,印度政府应该建立在联邦的基础上。①这种想法虽然遭到当时官方的冷落,却引起了印度民族主义者的注意。著名英属印度官员亨利·科

---

① Verinder Grover and Ranjana Arora, *India: Fifty Years of Independence*, *Vol.1* New Delhi: Deep & Deep Publications, 1997, p.129.

顿(Henry Cotton)支持印度自治。在 1904 年国大党第 20 届年会主席演讲中,他提出"印度合众国"的想法,不过,他将"合众国"的范围仅仅局限于英属印度各省。

一些土邦王公对联邦方案表示认可。1914 年,巴罗达摩诃罗阇萨雅吉拉奥三世和比卡内尔摩诃罗阇甘加·辛格将联邦制的政府形式视为维护土邦与英属印度一致利益的唯一方式。在 1917 年比卡内尔召开的王公和大臣会议上,他们再次提出同样的观点。[①]然而,在第一次圆桌会议王公们主动提出建议之前,人们都不相信土邦王公会加入这样一个联邦。

所有认真思考过的人都承认,南亚次大陆的统一只能通过印度土邦与英属印度组成联邦才能实现。一种观点认为,虽然联邦是令人期待的结果,但要经历一个较长的过程。约翰·西蒙立法调查委员会就持这种观点。另一种观点认为,由于土邦成为联邦的组成部分,因此,任何联邦都必须消除土邦的不同特征,剥夺王公的权利和特权,将土邦与各省整合在一起。[②]一些人担心联邦制会剥夺土邦王公的一些权利而不被王公接受,建议成立印度土邦和各省联盟。联盟内,在一些特别的问题上,土邦王公可以按自己的意愿行事。[③]

阻碍王公接受联邦宪法的主要问题是,他们是否将丧失显赫名声或特别的地位,加入联邦是否意味着会丧失很多享有的特权和权利。没有所有土邦作为一个团体的自愿同意,任何联邦宪法和责任政府就不可能在印度形成。令人欣喜的是,一些王公在很多场合表达了接受联邦的主张。1928 年 5 月,孟买王公会议决定,设法成立一个土邦和总督行政委员会联合会议。1929 年 2 月,阿尔瓦尔摩诃罗阇杰伊·辛格致函欧文勋爵说:"我们衷心希望英属印度在您的指导下在英帝国内获得应有的地位,因为她的力量意味着这个联邦的力量,她的繁荣会促进整个印度的繁荣。"比卡内尔摩诃罗阇甘加·辛格也表示:"我期待着这样一天,即在英王和皇帝的保佑之下,一个统一的印度将享有自治领的地位,作为一个统一的联邦机构,土邦和王公在与英属印度的联邦各省绝对平等的地位上都享有他们应有的一切。"

1929 年 10 月 31 日,欧文勋爵发表声明称,蒙塔古 1917 年宣言所说的印度宪政进步的自然结果是自治领地位的获得。要充分实现这一政策,显然重要的是,印度土邦应该获得找到它们地位的机会,即便目前无法预料这种发展的确切路线,但是希望自己的所作所为不与最终目标即无论英属印

---

① Raghubir Sinh, *Indian States and the New Regime*, Bombay: D.B. Taraporevala, Sons & Co., 1938, pp.105—106.

② Diwan Bahadur, *Problems of Indian States*, Poona: Aryabhushan Press, 1936, p.71.

③ Ibid., p.72.

度还是印度土邦都期待的全印的某种统一相抵触。①11月2日,比卡内尔摩诃罗阁在记者招待会上表明"印度问题的最终解决方案和最终目标"是"联邦,一个不会给王公和土邦政府造成恐慌的词"②。代表马拉塔帝国创建者家族的戈尔哈尔摩诃罗阁拉姆二世发表评论说:"现在官方正式将自治领地位作为我们的目标,这意味着印度将是英帝国内一个地位平等的伙伴。……我可以肯定,这个目标的实现将加强英帝国的伙伴关系,这将对增强英帝国的力量和世界的和平与进步作出很大贡献。"③这些重要王公的声明表明他们都支持联邦的组建。

依据《1919年印度政府法》,英国政府在1927年11月8日宣布成立以约翰·西蒙为主席、艾德礼等6人为成员的印度立法调查委员会,负责研究印度未来宪法的权限问题。西蒙委员会在1928年2月3日至3月31日和1928年10月11日至1929年4月13日对印度进行了两次考察,尽可能详尽地了解印度社会的状况。1930年6月10日和24日,《西蒙委员会报告》分两卷先后发表。委员会提出,最终的印度宪法应该是将英属印度和印度土邦统一起来的联邦制宪法。

为了解决印度宪政改革问题,英国政府先后主持召开了有英国代表、英属印度代表和印度土邦代表参加的三次圆桌会议。在第一次圆桌会议召开之前,土邦王公们提出了全印联邦方案。王公院常设委员会成员凯拉什·哈克萨尔和K.M.潘尼迦(Panikkar)在1930年8月完成一部书的初稿,在第一次圆桌会议开幕当天以《联邦制印度》出现。该书大部分篇幅用于论述在给予英属印度中央责任制政府的同时,土邦将获得内政完全自治。8月末,迈索尔迪万米尔扎·伊斯梅尔(Mirza Ismail)提出类似方案。因为这两个方案如海德拉巴驻扎官特伦斯·凯斯(Terence H.Keyes)指出的那样威胁到海德拉巴的存在和尼扎姆君主统治,所以,海德拉巴总理阿克巴·海达里于9月提出另一个方案:撤销英属印度中央政府,代之以一个由36名省代表、24名土邦代表和12名英王提名的代表组成的联邦议会,所有共同关心的问题将由联邦管辖。④长期蛰伏的王公们现在意识到,如果拥有没有界

---

① C.H. Philips, *The Evolution of India and Pakistan 1858 to 1947: Select Documents*, London: Oxford University Press, 1962, p.287.

② R.J. Moore, *Endgames of Empire: Studies of Britain's Indian Problem*, Oxford: Oxford University Press, 1988, p.44.

③ Diwan Bahadur, *Problems of Indian States*, Poona: Aryabhushan Press, 1936, p.84.

④ S.R. Ashton, *British Policy towards the Indian States*, New Delhi: Selectbook Services Syndicate, 1985, p.134.

定的最高统治权的总督将对进步的英印行政会议负责的话,他们的主权将面临危险。他们希望通过谈判,获得在全印联盟内部自治的承诺,保证他们在公共事务中有话语权。

第一次圆桌会议于 1930 年 11 月 12 日至 1931 年 1 月 19 日在伦敦召开。阿尔瓦尔摩诃罗阁贾伊·辛格、巴罗达摩诃罗阁萨雅吉拉奥三世、博帕尔纳瓦布哈米杜拉·汗、比卡内尔摩诃罗阁甘加·辛格、克什米尔摩诃罗阁哈里·辛格、纳瓦讷格尔摩诃罗阁兰吉特·辛格、伯蒂亚拉摩诃罗阁布平德·辛格等重要土邦王公出席了会议。在会上,比卡内尔摩诃罗阁在讲话中表示土邦王公愿意加入印度联邦。关于王公和土邦是否加入为印度设计的联邦政府的问题,最终的答案取决于政府的结构及相关各点,如对土邦及其臣民的权利和利益给予法律和财政方面的保护。联邦制是一个有弹性的术语:有几种形式的联邦制政府。印度的情况独特。所有这些和其他重要政策问题及细节问题将不得不在委员会和非正式讨论中首先考察、解释和解决。但是,大致说来;王公和土邦认识到,全印联邦可能是唯一令人满意地解决印度问题的办法。在联邦政府完全组建起来之前,必须有一个过渡时期,联邦只有在土邦以任何形式加入后才能实现。印度土邦王公将要出于自愿并且他们和臣民的正当权利得到保障后才加入联邦。①

1931 年 9 月 7 日至 12 月 1 日,第二次圆桌会议在伦敦举行。英国首相拉姆齐·麦克唐纳(Ramsay MacDonald)在会议结束时重申,英王陛下政府相信,全印联邦是唯一有望解决印度宪政问题的方案。为了给省自治铺路,如果有必要,政府将发布一个种族裁决书(Communal Award)。②政府也将派委员会去印度调研有关联邦的主要实际问题。③

1932 年 4 月 1 日,王公院通过一项决议,如果英王给予他们下列保证,

---

① C.H. Philips, *The Evolution of India and Pakistan 1858 to 1947*: *Select Documents*, London: Oxford University Press, 1962, pp.433—434.

② 1932 年 8 月 17 日,麦克唐纳发布"种族裁决书",将穆斯林单独选区制做法扩大到包括锡克教徒、印度基督教徒、盎格鲁印度人,甚至贱民阶层。1916 年"国大党-穆斯林联盟改革方案"即《勒克瑙协定》提出:帝国立法会议中"三分之一选举的成员应为几个省单独穆斯林选区选举的穆斯林"(参见 C.H. Philips, *The Evolution of India and Pakistan 1858 to 1947*: *Select Documents*, London: Oxford University Press, 1962, p.172)。因此,穆斯林单独选区的设立并非英国人提出来、制造印穆不和之举。印度独立后的《印度共和国宪法》和《印度人民代表法》等法律都规定为表列部落、表列种姓和少数民族等预留席位(参见张文镝和吕增奎编:《世界主要政党规章制度文献:印度》,中央编译出版社 2016 年版)。

③ R.J. Moore, *Endgames of Empire*: *Studies of Britain's Indian Problem*, Oxford: Oxford University Press, 1988, p.55.

土邦就加入全印联邦;第一,必要的保证应在宪法中体现出来。第二,宪法保证不侵犯条约、萨纳德或协定赋予土邦王公的权利。第三,土邦主权和内政独立及领土完整得到充分保护与尊重,英王对土邦的义务不变。①

1932年9月20—22日,总督威灵顿(Willingdon)勋爵在西姆拉与25个土邦的代表举行会议,议题主要集中在联邦和非联邦背景下最高宗主与土邦王公的关系。关于前者,土邦代表都同意土邦和英属印度之间的争端将提交联邦法庭解释。关于后者,土邦代表有很大分歧,比卡内尔和博帕尔强烈主张由特别法庭进行最终的裁决。而雷瓦摩诃罗阇古拉布·辛格和海德拉巴总理阿克巴·海达里提出,对于土邦来说,在"政府专制体制受到英属印度圈子内公开挑战"的时刻,削弱最高宗主的保护职能将是自杀性的做法。由于土邦王公内部分歧较大,没有达成一致。1932年9月的西姆拉会议不仅是王公院常设委员会的失败,而且是土邦政治中的一个转折点。会议之后,委员会的土邦王公开始丧失过去10年中所享有的独特影响力。②

1932年11月17日至12月24日,第三次圆桌会议召开。参加这次会议的代表人数大大减少,土邦方面,除了小土邦萨里拉(Sarila)罗阇马希帕尔·辛格(Mahipal Singh)外,没有一个重要土邦王公参加,只有几个重要土邦的迪万参加了会议,如海德拉巴的阿克巴·海达里、迈索尔的米尔扎·伊斯梅尔、巴罗达的克里希纳马查里、焦特布尔的苏赫代奥·普拉萨德(Sukhdeo Prasad)、乌代布尔和斋浦尔的代表。由于重要土邦王公缺席,会议无法就土邦和穆斯林代表在中央的席位、在联邦财政或土邦代表方面的问题作出明确决定。1933年3月发表的会议《白皮书》称:在新印度政府法通过时,每个土邦王公都要签署《加入协定》。协定特别说明土邦转让给联邦政府的主权,王公可以对转让的主权作出英国政府认为与联邦原则一致的某些限定。③

经过近8年的努力,在《西蒙委员会报告》和圆桌会议的基础上制定的《1935年印度政府法》终于在1935年7月获得议会通过,8月2日,法案获得英王乔治五世的批准。该法正式提出由英属印度和印度土邦组成印度联邦。英属印度各省自动加入联邦,土邦则自愿加入。联邦立法机关包括由总督代表的英王陛下和两院即国务会议与联邦大会。国务会议由156个英

---

①　S.R. Ashton, *British Policy towards the Indian States*, New Delhi: Selectbook Services Syndicate, 1985, p.142.

②　Ibid., pp.144—145.

③　Ibid., p.147.

属印度代表和不超过 104 个印度土邦代表组成,代表都按法律规定,选举产生。联邦大会由 250 名英属印度代表和不超过 125 名印度土邦代表组成。英属印度代表选举产生,而土邦代表由王公提名。印度土邦代表在国务会议中所占比率达到 40%,在联邦大会中占 33%。[1]

1936 年 4 月,年富力强的林利思戈接替威灵顿勋爵为印度总督。他是一个联邦制的虔诚信奉者,在抵达印度后不久就告诉政治部的弗朗西斯·怀利(Francis Wylie),他的目标是在 1938 年 4 月 1 日之前让联邦建立并运转起来。[2]从《1935 年印度政府法》通过到林利思戈侯爵就任总督期间,德里和伦敦在与土邦接触的时间上观点不一致。1935 年 6 月即任的印度事务大臣泽特兰(Zetland)勋爵并不急于完善联邦方案,相反,在他的信件中充满推延的托辞。林利思戈总督相信自己拥有一种比国内政治家更好的让联邦运转起来的意识。1936 年 8 月底,政治部将修改好的《加入协定》寄到每个土邦王公手中,要求他们表明有关联邦的事项及限制,在 6 个月内将自己的决定告诉印度政府。[3]为了诱使海德拉巴加入联邦,英国政府在 1936 年 10 月与尼扎姆签订条约,承认其对比拉尔的主权。

在征求了几个顾问和他认为赞同联邦制的迪万,如海德拉巴的阿克巴·海达里和巴罗达的克里希纳马查里的意见之后,总督重新启动阿瑟·洛西恩(Arthur Lothian)在前一年冬天推出的计划,即两到三个政治部高级官员到土邦进行解释性游说,诱使王公们亮出他们的底牌,使他们以后不能再提高筹码。1936 年 8 月 17 日,官方宣布考特尼·拉蒂默(Courtney Latimer)、阿瑟·洛西恩和弗朗西斯·怀利将在冬季分别访问印度西部、南部和北部,以了解王公们对《1935 年印度政府法》规定的联邦方案的态度。[4]11 月,弗朗西斯·怀利向德里提交报告,说他所访问的所有王公都不赞同《1935 年印度政府法》的内容。洛西恩报告说迈索尔更关注财政方面的问题而不是政治方面的问题,海德拉巴则反对联邦官员在他的土邦工作。1937 年 2 月底,印度政府收到最后一份报告,并开始对土邦提出的限制进

① S.M.A.W. Chishti, *Political Development in Manipur 1919—1949*, Delhi: Kalpaz Publications, 2005, p.180.

② Ian Copland, *The Princes of India in the Endgame of Empire*, Cambridge: Cambridge University Press, 1997, p.144.

③ Raghubir Sinh, *Indian States and the New Regime*, Bombay: D.B. Taraporevala, Sons & Co., 1938, p.xvi.

④ Ian Copland, *The Princes of India in the Endgame of Empire*, Cambridge: Cambridge University Press, 1997, p.146.

行分级。8月,总督林利思戈告诉印缅事务大臣泽特兰勋爵,分级的结果使他深信有必要对土邦做出让步,以诱使他们加入联邦,因而有必要对《1935年印度政府法》做一些修改。①

2. 国大党土邦政策的变化与土邦王公放弃联邦方案

1937年2月,王公院召开会议,出席会议的代表比历届会议都多,达到45人,选举出新的王公院领导。伯蒂亚拉摩诃罗阁布平德·辛格当选为主席,焦特布尔摩诃罗阁乌麦德·辛格和纳瓦讷格尔摩诃罗阁迪格维杰伊辛当选为新的常委,比卡内尔摩诃罗阁加甘·辛格重进常委。虽然王公院领导力量加强,但是,王公院新领导对于此时最重要的问题即全印联邦并没有起到领导的作用,他们认为不宜讨论关于联邦的任何决议。②1938年,一些赞成联邦方案的土邦领导人的去世或离职,使不赞成联邦方案的势力占了上风,如伯蒂亚拉摩诃罗阁布平德·辛格在1938年3月23日去世;最先提出联邦设想者之一和提议召开圆桌会议的萨雅吉拉奥三世也在不久之后去世;在瓜廖尔取得非凡成就的凯拉什·哈克萨尔在1938年被反对联邦方案的萨达尔·安格里(Sardar Angre)所取代;伯蒂亚拉外交大臣潘尼迦去比卡内尔之后影响力也大大减弱;克里希纳马查里在巴罗达的遭遇相似,摩诃罗阁普拉塔普·辛格·拉奥使他大权旁落;特拉凡科尔迪万拉马斯瓦密·艾耶尔和海德拉巴总理阿克巴·海达里也遭到地方势力的攻击。③

土邦王公对联邦方案的态度发生变化的主要原因是国大党土邦政策的变化,即由原来的不干预转变为积极干预,鼓动土邦人民开展针对王公的政治斗争。在20世纪30年代中期以前,国大党公开承认土邦王公有权作出有关其臣民幸福的决定,对土邦事务持不干涉立场,避免与土邦王公之间的纷争。但是,国大党大多数党员尤其是左翼坚决反对拟议中的联邦,因为他们认为联邦方案的目的是要将"印度纳入帝国",所以,开始改变其对土邦的立场。在《1935年印度政府法》通过后,英王政府希望将省政权移交给印度人,动员各党派和政治团体参加选举。为了提高在国民中的声望,国大党也

①　S.R. Ashton, *British Policy towards the Indian States*, New Delhi: Selectbook Service Syndicate, 1985, pp.166—167.

②　Raghubir Sinh, *Indian States and the New Regime*, Bombay: D.B. Taraporevala, Sons & Co., 1938, p.xxv.

③　Ian Copland, *The Princes of India in the Endgame of Empire*, Cambridge: Cambridge University Press, 1997, p.162.

不得不参加省立法会议选举。1936年4月,尼赫鲁当选为国大党主席,他通过媒体发表声明,警告土邦王公。1937年5月,尼赫鲁宣称:"很多人在谈论土邦独立、谈论他们的特别条约等,但未来可指望的事情是印度人民与其他人签订的条约。法案将不可避免地随所有数百个派系、特别权力及其联邦的消亡而消亡。因此,我要请求王公们从这个角度考虑这件事情,不要匆忙走上明智的人害怕走的路。"①虽然一些王公认真对待尼赫鲁的警告,但大多数王公没有受他及其他左翼社会主义者的警告的影响。

真正使王公们犹豫不决的是国大党在1937年2月取得省立法会议选举的胜利及其随后的决定。在选举中,国大党获得总席位1 161个中的716个,接管了在选举中获得多数的6个省的政府。国大党在获得1937年省立法会议选举胜利后设想成为最高统治者。据国大党的估计,在联邦中央立法会议选举中,它至少可以获得低级阶层中一般选民、表列种姓、工人和妇女75%的选票,也许可以获得社会上层80%的选票。但这些不足以使它获得绝对多数,因而还要争取到土邦的一些席位。②据印度政府改革部的估计,国大党在全印立法会议中将获得341个席位中的100个左右。王公院主任马克波尔·马哈茂德估计,要保证王公在立法会议中占稳固的多数,至少要从英属印度争取94个可靠的成员。考虑到印度教大斋会、表列种姓联盟、印度基督徒、非穆斯林联盟成员等获得的选票,他们可以获得大约100个下院席位,这样一来,可以保证微弱的多数。但是,如果现在已经掌权的国大党行使特权,使其他团体的成员退出,或者大量穆斯林接受穆斯林联盟的领导,或者相当多的小土邦不参与,或者土邦不能按照王公院的意图统一投票,那么多数就很容易变为少数了。更直接的是,国大党执掌6省政权后对土邦边境造成的威胁。在国大党省政府成立宣誓时,国大党议会局宣布,国大党坚持省督在利用他们的任意权力之前要征求国大党的意见。1937年7月17日,伯蒂亚拉外交大臣潘尼迦焦急地写道:这一惯例将"使许多对土邦的保障变为无效"③。因此,在国大党赢得选举后与王公们的接触中,林利思戈的使者和他自己都非常惊讶地感觉到,土邦王公对联邦的热情已经大大地消退了,以至于总督建议伦敦进一步对《1935年印度政府法》进行修改,保证加入联邦的土邦王公至少享有现在一样多的财政收入。总督

---

① Ian Copland, *The Princes of India in the Endgame of Empire*, Cambridge: Cambridge University Press, 1997, p.156.

② Ibid., p.166.

③ Ibid., pp.157—158.

还提出对土邦王公作更多的让步,但都没有能够顺利地得到支持。不支持尼赫鲁的国大党党员试图利用全印土邦人民大会(All-India States People's Conference)领袖的不满,通过在土邦组织国大党委员会和非暴力不合作运动加强自己在国大党内的地位。这进一步导致王公们对国大党的恐惧。

国大党在土邦进行煽动土邦人民的运动更让王公们措手不及。尽管这种政策也遭到国大党左翼的批评,甘地和尼赫鲁到1937年还是坚持不干预土邦内政的政策。但是,1938年2月3—6日,国大党工作委员会在沃尔塔(Wardha)召开会议,起草了一份决议,决议在2月17—18日国大党哈里普拉(Haripura)年会上获得通过。决议提出了国大党对土邦的新政策。决议称:"国大党像支持印度其他地方那样支持土邦同样的政治、社会和经济自由,视土邦为印度不可分离的组成部分。作为国大党目标的完全独立适用于包括土邦在内的整个印度,因为印度的完整和统一必须在自由中得到维持,尤如其在臣服中那样。""国大党支持完全责任制政府和保障土邦的公民自由,悲叹许多土邦目前落后的局势和完全缺乏自由及公民自由受到压制的现状。""国大党将为土邦实现自由而努力视为它的权利和特权。"在承认国大党全力支持土邦人民为自由而开展的斗争的障碍和困难的同时,"国大党党员将可以给予力所能及的帮助",国大党党员被赋予以个人身份参加土邦政治斗争的权利,成立国大党工作委员会分会监督和指导土邦中已有支部的活动。[1]从总督林利思戈1938年9月9日给印缅事务大臣泽特兰勋爵的信可以看出,国大党及其成员对土邦事务的干预和影响不断扩大,国大党在土邦的鼓动给很多土邦造成很大麻烦。[2]

1938年9月15日《桑格利罗阇备忘录》也反映了国大党的鼓动给桑格利这类小土邦造成的麻烦和危险。《桑格利罗阇备忘录》陈述了英属印度政治鼓动对土邦王公的影响:"可以毫不夸张地说,王公们的地位和权利正天天遭到主要来自英属印度政治鼓动者的攻击和削弱。英属印度内外的报纸和电台的工作及个人活动正持续地损害对王公们及他们的政府的尊重",希望最高宗主能履行条约和《1935年印度政府法》等规定的保护土邦王公的义务。[3]孟加拉省长布雷伯恩(Brabourne)勋爵在一封给总督的信中称桑格利罗阇是一个值得赞赏的王公,正在尽一切可能满足臣民的立法愿望。他

---

① Basudev Chatterji, *Towards Freedom: Documents on the Movement for Independence in India, 1938, Part I*, pp.27—28.

② Ibid., *Part III*, p.2745.

③ Ibid., pp.2745—2746.

对桑格利罗阁和印度其他地方处在类似境地的统治者表示深切同情。①

1938年10月1日,甘地在《哈里真》发表文章称,国大党对土邦的不干预政策只不过是国大党及国大党人的一种自我克制,有必要重新审视其含义。"越来越明显的是,土邦人民正寻求国大党的指导和帮助。我认为,给予他们任何指导和帮助是国大党的职责。"②12月,甘地在《哈里真》发表题为《土邦与人民》的文章,他说:"土邦王公必须承认这样一个事实,即土邦人民在很多场合得到国大党或国大党党员的指导。他们都知道,我要对国大党遵循的不干预政策负责,但是随着国大党影响力的日益增强,在各土邦普遍不公正时,我不可能维护这一政策。如果国大党觉得它已经有实力进行有效干预,只要有请求,它必定会干预。"③

1939年2月15日,尼赫鲁在卢迪亚纳接任全印土邦人民大会主席时的就职演讲中说:"各土邦不会独立,也不可能有一个土邦独立,因为在地理上几乎是不可能的,这也与一个统一自由的印度的观念相抵触。可以预想和期待的是,较大的土邦将可以在印度联邦框架内享有较多自治,但它们将依然是印度的有机构成部分,共同关心的重要事务必须由一个民主的联邦中央掌控。土邦内则要成立责任制政府。"④这意味着土邦将随着印度的独立而消亡。

在3月召开的特里普里(Tripuri)国大党第52届年会上,苏巴斯·钱德拉·鲍斯(Subhas Chandra Bose)再次任年会主席,国大党的土邦政策变得越来越明显和强硬。其特征之一是国大党对各土邦的政策的不满和批评。国大党批评拉杰果德和卡提阿瓦土邦违背了与甘地和瓦拉巴巴伊·帕特尔(Vallabhbhai Patel)签订的有关协定。苏巴斯·钱德拉·鲍斯提议国大党实行一种系统的和强有力的土邦政策,建议成立一个支委会,如果必要,应充分利用甘地对全印土邦人民大会的指导与合作。国大党领导发表评论说,土邦王公首先应该照顾好人民,应该保护他们的基本利益和权利,应该停止压迫和迫害人民的政策。⑤

---

① Basudev Chatterji, *Towards Freedom: Documents on the Movement for Independence in India*, 1938, Part III, p.2748.

② Ibid., p.2758.

③ Ibid., p.2776.

④ Mushirul Hasan, *Towards Freedom: Documents on the Movement for Independence in India*, 1939, Part I, p.476.

⑤ S.H.Patil, *The Congress Party and Princely States*, Bombay: Himalaya Publishing House, 1981, pp.28—29.

国大党在土邦鼓动人民进行的斗争对土邦王公们造成了极大伤害，尤其在较小的土邦，因为缺乏有组织的抗议的传统，群众示威游行与和平罢工很快升级为对当局的公开挑衅与不加区分的暴力行为。林布迪总人口4万人，其中6 000多人逃到英属印度，以躲避（据说与王公有联系的）流动匪帮的抢劫；奥里萨各土邦的3万多人也逃到英属印度。兰杜格及其他德干南部的土邦在爆发反王公示威后，紧接着爆发林加亚特人与马拉塔人之间的冲突。在兰布尔，英国政治驻扎官巴泽尔杰特（Bazalgette）被砍死。1939年5月23日，萨里拉罗阇马希帕尔·辛格在写给尼赫鲁的信中说："我去年冬天在土邦内巡视时，任何事情都是正常的，没有人向我诉苦。而现在，城里到处都是暴民、游行和嘲笑的官员。"①7月7日、7月21日和8月26日，总督林利思戈先后发电报给印缅事务大臣泽特兰勋爵，叙述迈索尔、拉杰果德、珀勒德布尔、斋浦尔、瓜廖尔等土邦因鼓动而发生的骚乱及王公们作出的一些让步等情况。②总督突然面对这样翻天覆地的世界，罗阇和他的兄弟们不得不决定是面对它、分享权力，还是与之斗争，冒险引爆一种已经变化无常的局势。很多王公选择斗争，因为他们相信可以依赖政府帮他们摆脱困境。但也有许多王公因担心他们的王位和家人的安全而选择妥协。金德迪万开始戴甘地帽，与旁遮普自由战士运动领袖亲善。雷瓦罗阇古拉布·辛格送大象给特里普里国民大会，在总督来访时允许国旗飘扬。1938年圣诞节，拉杰果德塔库尔萨赫布特门德拉辛·拉哈（Dharmendrasinh Lakha）与帕特尔签订一项协议，答应进行宪政改革。1939年1月21日，奥恩德成为印度第一个拥有完全责任的土邦政府。同年9月，讷尔辛格格尔罗阇维克拉姆·辛格（Vikram Singh）服从甘地的代表阿姆里特·考尔（Amrit Kaur）的裁决。一些土邦的总理如阿克巴·海达里、米尔扎·伊斯梅尔、拉马斯瓦密·艾耶尔和克什米尔摩诃罗阇哈里·辛格为了平息土邦内乱而听取国大党高层的建议。这些情况使旁遮普省督柏特兰·詹姆斯·格兰西（Bertrand James Glancy）觉得土邦的崩溃日益逼近。然而，较大的土邦并没有动摇或者只作出较小让步，土邦的整体状况并没有格兰西感到的那样糟糕。

在德干南部的一些土邦以及海德拉巴、特拉凡科尔等，政治斗争一开始就带有种族主义的色彩，海德拉巴的雷迪族地主遭到来自英属印度社会主义

①　Ian Copland, *The Princes of India in the Endgame of Empire*, Cambridge: Cambridge University Press, 1997, p.168.

②　Mushirul Hasan, *Towards Freedom: Documents on the Movement for Independence in India, 1939, Part I*, pp.481—486.

者鼓动的佃农的反对,暴力冲突时有发生。在巴泽尔杰特遇害后,1939 年
1 月,国大党工作委员会在巴尔多利(Bardoli)会议上通过的决议指出,暴力
对土邦的自由事业造成了很大损害。和以往发生暴力事件时那样,甘地在
1939 年 4 月建议停止政治鼓动。①同年秋末,局势又似乎恢复了常态。

　　国大党在土邦的政治鼓动对土邦王公造成的心理伤害是不言而喻的。
一些王公认为他们的臣民出卖了他们;一些人对暴民的愤怒记忆犹新,思考
着一旦这一幕重演该采取什么措施应对;一些王公再次担心国大党会利用
其省政府的力量对土邦实施报复。为了避免可以预见的不良反应,林利思
戈总督在与博帕尔纳瓦布会晤时表示,如果一个土邦在联邦内而不是在联
邦外,那么民族主义者的报复性可能没有那么强,但是王公们没有被说服,
在他们的心目中,国大党已经露出了它的真面目。

　　令王公们感到惊慌的不只是国大党开展的政治鼓动,还有印度政府对
它所作出的回应。尽管这场运动在大多数地区是由当地的自由战士开展
的,但也有成千上万的外地人参加。如在海德拉巴,1939 年,来自旁遮普的
有组织的贾特人参加了反对尼扎姆的运动。在这个过程中,王公们觉得印
度政府没有给予他们应有的保护。

　　国大党在土邦的鼓动也造成印度政府土邦政策的重大变化。这些变化
又促使土邦对联邦方案的态度发生变化。弗朗西斯·怀利等官员和总督林
利思戈认为,"最大的错误是在寇松卸任后我们的政策的变化,我们放松了
对土邦内发生的事情的控制。现在,我们和土邦都要为 30 年的自由放任政
策付出代价了"②。1939 年 3 月,林利思戈在对王公院的年度演讲中宣布一
种建设性协议的新政策。随后他会见了王公院常设委员会,告诉他们,"事
实是,旧的秩序一去不复返了"。

　　巴特勒委员会曾提出的原则是"没有土邦王公的同意,最高宗主与土邦
王公之间的关系不会转交给对印度立法会议负责的新英属印度政府"③,林
利思戈总督和政治部的做法尽管只是有限地偏离了这一原则,但对王公来
说也是猛烈的打击。因为一方面,它十分出乎意料;另一方面,对于许多王
公来说,它是不公平和不公正的。一些土邦按照其臣民的要求、王公院的告
诫和国大党的警告,已经开始逐步进行改革;一些土邦已经在公民权利方面

　　① Ian Copland, *The Princes of India in the Endgame of Empire*, Cambridge: Cambridge
University Press, 1997, p.170.
　　② Ibid., pp.172—173.
　　③ Nicholas Mansergh, *The Transfer of Power 1942—1947*, *Vol.II*, pp.166—167.

作出了让步；一些土邦再次建立或扩大了代议机构；一些土邦甚至效仿1937年以前各省的二元体制，让一些当选的立法会议成员担任部长职位。在王公们看来，林利思戈的"新政策"表明，政府对他们的改革没有给予应有的认可，他们觉得自己好像遭到朋友的抢劫一样。在王公院会议期间，正在首都访问的泰杰·巴哈杜尔·萨普鲁(Tej Bahadur Sapru)发现王公们都很不满意。正是在这种很不平静的氛围下，主要土邦的代表应总督的邀请到西姆拉首次听取政府提出的关于加入联邦的条件。

1938年9月，大约20个部长参加了西姆拉会议，开始的反应是令人乐观的，只有海德拉巴总理阿克巴·海达里在耐心听完林利思戈总督的讲话后立刻表示他不会建议尼扎姆参加联邦，因而总督林利思戈和政治部秘书格兰西在1938年10月高高兴兴地回到德里。不过，这种兴致没有能保持多久。比卡内尔摩诃罗阇甘加·辛格和海德拉巴总理阿克巴·海达里因个人和王朝的影响被迫采取反联邦的立场。在受到国大党政治鼓动及看到最后方案的条件之后，两人发现了其他反对联邦计划的理由。在审查《加入协定》草案时，阿克巴·海达里得出结论：《加入协定》在联邦外没有给条约权利以有效的保护。他感到特别恼火的是，草案对印度军队在土邦的部署没有限制，这使他怀疑英王是否有能力在他们危急之时给予保护。阿克巴·海达里还发现，行政管理协定没有如期望的那样给予土邦依照第125节管理联邦法律的普遍权利，而将代表事务留给中央决定。在阿克巴·海达里看来，格兰西和林利思戈的方案没有保证土邦存在下去的必要措施，甚至在许多方面都倒退了。甘加·辛格和阿克巴·海达里同样被1938—1939年国大党的政治鼓动所震惊，也对英国政府抵制得到选民支持的国大党政府意愿的能力产生了动摇。基于政治和个人的理由，甘加·辛格和阿克巴·海达里两个土邦政治家都深信，联邦是不得不抵制，如果可能，还要对不良的东西加以防止。为此目的，他们在1939年初一致开展了一场劝说王公对总督方案说"不"的运动，甘加·辛格在印度北部的拉杰普特人和贾特人中开展活动，海达里则劝说部长委员会中掌握权势的人物。甘加·辛格的第一个重要支持者是陶尔布尔罗阇乌代巴鲁·辛格(Udaybhanu Singh)，第二个支持者是小代瓦斯罗阇耶什旺特·拉奥(Yeshwant Rao)，第三个支持者是新当选的王公院主席、纳瓦讷格尔摩诃罗阇迪格维杰伊辛。此外，又带来卡提阿瓦和古吉拉特的一些附属土邦的支持者，而阿克巴·海达里的努力也初现成效。4月初，部长委员会在孟买召开会议，在主席和拉马斯瓦密·艾耶尔的领导下，从技术层面对联邦方案加以否决，尽管也承认从长远来看,联邦制是王公们最好的选择。1939年4月23日,印多尔总理 S.M.巴普纳(Bapna)致函格兰西,在4月下旬于孟买召开的一次重要大会上,大约95％的土邦都反对加入联邦。①6月9—17日,王公院常设委员会在孟买召开会议,反对加入联邦的人似乎牢牢控制了会议,会议声明修订后的《加入协定》根本"不能令人满意",因而是"无法接受的"。王公院主席在致闭幕辞时表示完全否决联邦方案。②主张加入联邦的潘尼迦看到10年的努力终归失败,感到非常失望,立刻向部长委员会提交辞呈,印多尔总理巴普纳不久之后步其后尘。但是,他们的抗议只会进一步加深比卡内尔摩诃罗阁等赢得胜利的印象。

不过,印度政府觉得局面还是可以补救的,因为,第一,政治部搜集的情报表明,王公院会议上王公们对于联邦方案并非主席所说的那样态度完全一致。第二,在随后几周内,一些没有出席孟买会议的土邦对结果并不高兴,并且相信向德里传递了错误信息。西尔木尔迪万曾出席孟买会议并随大多数投票反对,但是罗阁拉金德拉·普拉卡什(Rajendra Prakash)表明他在考虑加入联邦。旁遮普和东部土邦区的王公们公开脱离与孟买决议的关系,即使海德拉巴也表示欢迎保持谈判。这些情况使林利思戈总督认为,孟买决定还是可以改变的。在读了阿克巴·海达里报告之后,他觉得,拒绝土邦王公的要求,无论在道义上还是法律上都不占优势,因此,他和他的顾问们都倾向于向土邦王公作出更多的妥协和让步。他觉得政府可以在糖税和治外条约权利方面作出让步,而且他相信伦敦会同意。7月中旬,总督请求泽特兰勋爵将土邦王公答复的最后期限延长到9月1日,以使他可以向王公们提出作出让步的方案。然而,国内政府拒绝作出让步。1939年5月31日,泽特兰勋爵回复总督说,"我强烈地认为,在这个阶段,我们坚持已经提出的条件是明智的。"③尽管对国内政府的反应很失望,但总督还是不放弃,争取举行与王公院的另一次峰会。一旦这个想法得到批准,他就可以回去向泽特兰勋爵提出另外一个要求,王公院主席迪格维杰伊辛和他们的朋友们就可以提出推翻孟买决议的建议。尽管白厅同意总督对《加入协定》的

---

① Ian Copland, *The Princes of India in the Endgame of Empire*, Cambridge: Cambridge University Press, 1997, pp.174—176.

② Mushirul Hasan, *Towards Freedom: Documents on the Movement for Independence in India*, *1939*, *Part I*, p.511.

③ Ian Copland, *The Princes of India in the Endgame of Empire*, Cambridge: Cambridge University Press, 1997, p.179.

措辞作一些修改,但是拒绝在"条约权利"方面对王公作出让步。

1939年8月下旬,总督与王公院常设委员会在西姆拉举行会议。格兰西在给总督秘书康拉德·科菲尔德(Conrad Corfield)的私人信件中这样概述会议的情形:"我认为,我们在这里与王公们会谈是浪费时间——在泽特兰想方设法不让我们在王公权利保护和其他一些事情上作出让步时,结果必定如此。与会部长们都很敏感,而比卡内尔摩诃罗阇和纳瓦讷格尔贾姆萨赫布都不愿说明加入联邦的理由,显然认为那样做就是对任何人的背叛。"①总督的反应也与之相似。他离开峰会后深感继续谈判已无任何意义,只想尽快将联邦方案搁置起来。8月27日,总督通知王公院主席,政府坚持修改后的方案,不能期待进一步的修改。同时,他也向没有回复的王公发出类似的暗示。总督计划公布联邦方案的条件和王公们的回复则以白皮书的方式发表。然而,第二次世界大战的爆发使总督的这一计划也未能实施。

1939年9月11日,印度政府与土邦关于《1935年印度政府法》的谈判终止,联邦方案推延。1940年3月12日,王公院作出如下决议:王公院在欢迎印度获得在英联邦自治领中应有地位的同时,表明其有力而坚定的观点,即未来任何印度宪法应该有效地规定对土邦的主权和自治给予保证和保护,对于因条约、协定和特许令而获得的权利给予保护。任何单位都不应被置于可以支配其他单位或干涉特许给他们的权利和保护的地位,各方都必须保证其应有的权利和义务;在任何制定印度宪法的谈判中,对《1935年印度政府法》或其修订版,土邦王公和王公院的代表都应该有与其重要性和历史地位相称的发言权。王公院进一步表明观点:涉及土邦与英国王室的关系转变为与其他任何政府的关系的宪政方案,如没有他们的自由和自愿的同意,或者不经过他们的同意,对影响他们的权利和利益的修改,都将是他们不可接受的。这标志着土邦王公们彻底放弃了全印联邦方案。

二、印度土邦的政治改革

1. 推动印度土邦政治改革的主要因素

绝大多数印度土邦实行的是封建色彩浓厚的君主制。君主制的自利力

---

① Ian Copland, *The Princes of India in the Endgame of Empire*, Cambridge: Cambridge University Press, 1997, p.181.

图排除在土邦进行任何全面的政治现代化的改革,但是,一些开明土邦王公在 20 世纪初开始从绝对君主制转变为通过支付给薪水的官员组成的专门部门运转得更官僚化的管理模式,到 20 世纪 20 年代末,大约 20 个北方土邦已经建立某种形式的参事会政府,尽管这些参事会没有任何实权。例如,巴罗达 18 人组成的立法会议实际上是由官员和政府提名的成员控制的,并严格限制于提供建议。[1]不过,这些还是可以视为土邦政治改革的一些征兆。

在 20 世纪 20 年代之后,两个因素进一步推动土邦政治改革的发展。一个因素是土邦民主运动的发展。在英属印度民主浪潮的推动下,一些印度土邦的民主运动也得到发展。1927 年 12 月,全印土邦人民大会成立,目的是推动土邦人民反对其土邦王公专制统治的斗争。[2]全印土邦人民大会的活动得到国大党的支持,尼赫鲁一度被推选为大会主席,直接领导全印土邦人民大会。王公们开始感觉到,如果不想被英属印度的民主浪潮冲刷掉的话,他们必须审视并加强自己的地位。[3]1928 年 2 月,王公院会议一致通过决议:王公院知道在条件复杂多样的土邦实行统一管理标准是不可能的,王公及其政府必须是哪些措施最适于促进土邦和臣民的进步和繁荣的最好的决定者;王公院认识到土邦政府自主的内政改革的真正和永久的价值,认为改革对土邦和王公未来的幸福是必要的,土邦政府应该带着成为一个有益的政府必须具备的观点反思政府的管理,如土邦是不是拥有一套保障个人自由和财产的法规和独立的司法体系。[4]

另一个因素是国大党鼓动和敦促。1928 年 12 月,国大党加尔各答年会向土邦人民保证其同情和支持他们在各土邦实现责任政府开展的合法与和平的斗争。1935 年 8 月 1 日,国大党工作委员会关于印度土邦的决议指出:"印度国民大会承认印度土邦人民享有和英属印度人民一样的天生的自治权利。相应地,国大党宣布赞成土邦建立代议制责任政府,因此不仅呼吁王公们建立这样的责任政府,并保证土邦人民基本的公民权,如人身自由、演讲、结社、新闻自由,而且向土邦人民保证同情和支持他们为实现完全责

① Ian Copland, *State, Community and Neighbourhood in Princely North India*, c.1900—1950, New York: Palgrave MacMillian, 2005, p.35.

② B.N. Pandey, *The Indian Nationalist Movement, 1885 to 1947: Select Documents*, London: MacMillan Press, 1979, p.223.

③ Diwan Bahadur, *Problems of Indian States*, Poona: Aryabhushan Press, 1936, p.20.

④ Mushirul Hasan, *Towards Freedom: Documents on the Movement for Independence in India, 1939, Part I*, p.506.

任政府所进行的合法与和平的斗争。国大党将遵守这一宣言和保证。国大党觉得,即便是为他们自己的利益,王公们也应该尽快在土邦内建立完全责任政府,保障其臣民充分的公民权利。"

1936年9月3日,尼赫鲁致函国大党著名活动家 N.S.哈迪克(Hardiker):"现在的局势是,国大党的工作应该像印度其他地方那样在土邦推行。认为国大党或者它的领袖们对土邦不感兴趣或者希望土邦人民不参与国大党的活动,都是完全错误的。如国大党关于公民自由的勒克瑙决议所宣示的那样,国大党非常关心土邦人民的未来,我们希望他们在政治、社会和经济条件上与印度所有人民一样。在这个方面,土邦人民和其他人民之间没有任何差别。因此,希望也有必要在土邦开展国大党的工作,在那里成立国大党委员会。"[1]国大党对土邦民主运动表示支持。1937年10月29—31日,全印国大党委员会在加尔各答召开会议,通过"迈索尔决议",全力支持和鼓励迈索尔人民争取自治权利的斗争。[2]

在20世纪20—30年代土邦政治改革中,桑格利、特拉凡科尔、博帕尔、迈索尔和克什米尔的改革比较具有代表性。

2. 桑格利民主化改革试验

桑格利的面积是2 880平方千米,20世纪初的人口略多于20万,其中85%以上是印度教徒,大约7%是穆斯林,6%是耆那教徒。王公是帕特瓦丹家族的婆罗门。[3]1905年,理查·约翰·查尔斯·伯克(Richard John Charles Burke)接管土邦后任命阿布扬卡尔(Ganesh Raghunath Abhyankar)为检察官。在伯克和阿布扬卡尔领导下,桑格利开始进行一系列改革。作为在桑格利发展地方自治政府的第一步,1905年引入桑格利市政府官员选举。市政管理委员会总共18个席位,7个通过民主选举产生,11个由土邦政府指定。市政府的行政管理委托给从机构中推选组成的管理委员会。阿布扬卡尔成为第一任非官方当选主席,直到1921年辞职。[4]市政事务由一个包括18名成员的机构掌管,其中8名成员由桑格利市民选举,8名成员

---

①　B.N. Pandey, *The Indian Nationalist Movement*, 1885 to 1947: *Select Documents*, London: MacMillan Press, 1979, pp.234—235.

②　Ibid., p.224.

③　Adrian Sever, *Rajwadas: The Indian Princely States*, Vol.1, Delhi: B.R. Publishing Corporation, 2012, p.144.

④　Ranjana Kaul, *Constitutional Development in the Indian Princely States*, New Delhi: Vikas Publishing House Pvt. Ltd., 1998, p.42.

由土邦政府指定。总机构掌握财政、批准市政预算的权力和批准每项重要决议或决定的权力。每月由主席召开一次会议。

1907年5月13日,伯克发出通告,他在巡视过程中发现过去很多农民的要求被忽视了,要么是因为过去的巡视官玩忽职守,要么是因为拉奥一再忽视了他们的建议。无论原因是什么,其后果对相关人士来说都是很丢脸的,重要的是,今后不应出现这种状况。为此目的,有必要采取一些措施,让土邦每个村庄的农民都可以定期向村长诉说他们的苦楚。当局相信,富有同情地制定出的方案至少可以在一定程度上保证土邦大多数乡村人口获得最大限度的幸福和舒适。因此,伯克乐于成立农民代表大会和农民协会。这个方案按面积将每个塔鲁克分为几个小区,每个小区有小区会议。每个人口超过1 000人的村可以推选2名代表,而人口少于1 000人的村则只能推举1名代表。每年向村财政缴纳5卢比地税或每年最少缴纳25卢比的人可以获得选举权。这些会议在每年4月的上半期召开一天。每个小区推举2名代表参加塔鲁克会议。小区会议代表没有任何出差费用和津贴。塔鲁克会议由各分区推举的代表和塔鲁克内每个城镇的代表组成。塔鲁克会议推选2名代表参加土邦会议。塔鲁克会议代表有一天的津贴和差旅补贴。土邦会议成员除了塔鲁克会议推举的代表外,还包括由桑格利市政推举的1个成员,桑格利商会选举的1个代表,拉奥的财务助理、医官、首席法官、土邦工程师、象头神(Ganpati)神庙管理者、副教育督察和6名马姆莱达尔(Mamletdar)。这些大会或协会确实不仅可以让农民有机会使自己的困难和痛苦引起统治者的注意,而且可以讨论与地方当局和教育相关的事务。①

桑格利土邦民主化改革取得了一定进步,遗憾的是,这一进程因阿布扬卡尔被解除职务而基本中止。1924年初,阿布扬卡尔和V.K.梅恩卡尔(Mainkar)决定在桑格利举行德干土邦臣民大会第四次会议,并准备邀请著名自治派领袖M.R.贾亚卡尔(Jayakar)主持会议。拉奥钦塔曼拉奥·阿帕萨赫布担心贾亚卡尔在会上发表反对土邦王公的鼓动性演讲,便竭力阻止他参加大会。1924年5月28日早上,贾亚卡尔到达桑格利后找不到住宿的地方。在会议进行到中午时,非婆罗门带着邻近村庄的2 000多名暴民冲进会场,攻击阿布扬卡尔及其他参会者。下午5—8点,贾亚卡尔发表主席演讲,他将自己的遭遇导致的情绪也在演讲中表达出来:"桑格利王公

① Ranjana Kaul, *Constitutional Development in the Indian Princely States*, New Delhi: Vikas Publishing House Pvt. Ltd., 1998, pp.55—56.

是纯血统的高级种姓婆罗门,难以理解的是,在他的政府中为非婆罗门臣民的权利进行鼓动竟然遭到如此误解和非婆罗门族群的暴力反对。"[1]1924 年 6 月 5 日,阿布扬卡尔收到土邦政府解除他桑格利土邦检察官职务的公函。拉奥解除阿布扬卡尔的职务说明他从内心上不能接受政治民主化改革。

3. 特拉凡科尔的民主运动推动政治改革

1924 年 8 月,年仅 12 岁的巴拉·拉马·瓦尔马二世即位,大摩诃拉尼拉克斯密·巴伊(Lakshmi Bayi)摄政。在她摄政初期,因为当局倾向于基督教徒,而小摩诃拉尼希望在摄政委员会中获得奈尔人的支持,结果,报刊充斥着谩骂诽谤政府的文章,迪万实施《特拉凡科尔报刊管理条例》,以压制自由公众的观点。[2]被迫停止出版的《狮报》(Kesari)主编巴拉克里希纳·皮莱(Balakrishna Pillai)最先表示反对。1926 年 6 月 23 日,伊蒂·切里亚(Itty Cheria)领导的报刊管制撤销委员会(Newspapers Regulation Repeal Committee)组织了一次大规模群众集会。会议强调责任制政府对阻止这种管理高压政策的必要性。

1929 年 1 月 14—15 日,印度南部土邦人民大会在特里凡得琅(Trivandrum)举行为期两天的会议,前迈索尔迪万 M. 维斯韦斯瓦拉亚(Visvesvaraya)为会议主席,迈索尔、海德拉巴、布杜戈代和科钦的代表参加了会议。维斯韦斯瓦拉亚倡导印度联邦制宪法和土邦内责任制政府,像欧洲君主制国家那样,由土邦总理和人民共同管理土邦事务。[3]

1930 年甘地领导的文明不服从运动和拉合尔国大党决定庆祝"独立日"等活动对特拉凡科尔民众的觉醒和动员产生了很大推动作用。特拉凡科尔出现了青年联盟、共产主义者联盟等政治团体和党派。庞纳拉·斯里达尔(Ponnara Sreedhar)、N. P. 古鲁格尔(Kurukkal)和 N. C. 谢卡尔(Shekar)组织的青年联盟在学生中有广泛的追随者。古鲁格尔以印度共产党的名义发表一个小册子,成立"共产主义者联盟",但只限于宣传共产主义思想,而没有采取什么实际行动。特拉凡科尔土邦大会(Travancore State Congress)在 1930 年 12 月 19 日召开成立大会,帕托姆·塔努·皮莱

---

① Ranjana Kaul, *Constitutional Development in the Indian Princely States*, New Delhi: Vikas Publishing House Pvt. Ltd., 1998, p.60.

②③ S. Thulaseedharan Assary, *Colonialism, Princely States and Struggle for Liberation: Travancore(1938—1948)*, New Delhi: A.P.H. Publishing Corporation, 2009, p.100.

(Pattom Thanu Pillai)在主席演讲中反对土邦王公,强调在所有印度土邦建立责任制政府的必要性。会议提出特拉凡科尔土邦大会的目标是:通过所有合法与和平的方式,通过普选在特拉凡科尔实现完全责任制政府,立即保障特拉凡科尔人民的言论和信仰自由,除非经过合法的程序,不能被逮捕、监禁和拘留;除非经过公开审判,不能遭受惩罚;促进种族间的和谐与合作;彻底废除贱民制度。①

贱民争取进入印度教寺庙的权利。1932年10月,戈勒姆、特里凡得琅和阿勒布扎(Alappuzha)种姓印度教徒举行集会,要求寺庙向贱民开放。总督代表感慨说,在这个婆罗门教的堡垒,贱民真会获得许可进入伯德默纳珀圣庙(Padmanabha Swamy temple)和其他重要寺庙。11月,A.K.高普兰(Gopalan)领导一次从古鲁瓦尤尔开始的寺庙进入游行,在整个特拉凡科尔激起很好的反响。特里凡得琅有4 000多人加入,欢迎游行队伍,出现了3万人的集会,各教派的人参加了这些集会。11月8日,特拉凡科尔政府任命以前迪万苏布拉马尼亚·艾耶尔(Subramania Iyer)为主席的寺庙进入委员会。

在这个过程中,埃扎瓦斯人(Ezhavas)、基督教徒和穆斯林组成联合政治大会(Joint Political Congress),共同鼓动改革,成为一股在民众中很有基础的强大势力。迪万拉马斯瓦密·艾耶尔没有采取前任迪万 M.哈比布拉赫(Habibullah)的压制措施,而是采取分化瓦解的措施。他颁布了《寺庙进入公告》(*Temple Entry Proclamation*),并对所有改革建议进行审查,做了一些令被剥削族群满意的修改。艾耶尔被称为"伟大的总理"(Sanchivothama),特拉凡科尔被描绘成模范土邦。

1937年5月4日,政府发布立法会议成员提名公告,获得提名的不仅有来自种植园、当地银行和劳工协会的,而且有来自一些虽然比较大但是分散在土邦各处和比较落后的地方因而不一定能确保有代表的族群。这样,政府虽然暂时可以哄得被边缘化的族群的支持,获得他们的信任,但是会弱化君主的权力。

1937年4月,特拉凡科尔依据修改后的法案举行了选举。联合政治大会获得58个议席中的26个。6月21日召开的新议会选举 T.M.瓦基斯(Varghese)为副主席。8月25日,被监禁的联合政治大会领袖 C.克萨万

---

① S.Thulaseedharan Assary, *Colonialism*, *Princely States and Struggle for Liberation*: *Travancore*(*1938—1948*), New Delhi: A.P.H. Publishing Corporation, 2009, p.101.

(Kesavan)因摩诃罗阇生日而获得特赦出狱。在为他和家人举行的欢迎演讲中,瓦基斯宣布代表特拉凡科尔 500 万人民欢迎他们。马曼·马皮莱(Mamman Mappilai)在演讲中称他是"无冕之王"。这些说法超出了迪万和土邦政府可以容忍的限度,遭到官方的警告。

特拉凡科尔的民主运动进一步朝着成立责任制政府、保障民主权利的方向发展。1937 年 11 月 27 日,特拉凡科尔地区国大党委员会组织政治大会,通过了几个决议,一个决议鼓动埃扎瓦斯人加入;一个决议提出不干预土邦事务不是国大党的政策;另一个重要决议是建议探讨科钦、特拉凡科尔和马拉巴尔成立作为印度联邦单位的附属联邦的可能性。附属联邦有着共同的法院、共同的大学和共同的立法机构,以促进喀拉拉文化。[①]

1938 年 2 月 16 日,纳拉亚那·皮莱(Narayana Pillai)在他特拉凡得琅的办公室开会,决定成立一个政治组织,为在摩诃罗阇领导下的责任制政府,保护少数族群的利益,维护公民的权利与特权而奋斗。2 月 23 日,由 C.V.昆久拉曼(Kunjuraman)主持的第二次会议决定将政治组织定名为特拉凡科尔土邦大会。很多特拉凡科尔知名人士如帕托姆·塔努·皮莱、瓦基斯和纳拉亚那·皮莱等参加了大会。以忠于土邦政府而著名的布图帕利·克里希纳·皮莱(Puthupally Krishna Pillai)和科图尔·昆久克里希纳·皮莱(Kottor Kunjukrishna Pillai)也参加了会议,提出责任制政府意味着抢走摩诃罗阇的权力的主张,希望阻止特拉凡科尔土邦大会的成立。2 月 25 日,第三次会议制定了党章并组成工作委员会,帕托姆·塔努·皮莱当选为主席。

1938 年 5 月 30 日,特拉凡科尔土邦大会工作委员会向摩诃罗阇递交了一份备忘录,要求成人普选权,成立(充分保护少数族群利益的)责任制政府,保障公民权利,解除艾耶尔的迪万职务并对他的管理行为和财政交易进行调查。摩诃罗阇将备忘录转给艾耶尔。1938 年 6 月底,备忘录加上相关附录,以题名为《今日特拉凡科尔》(*Travancore Today*)一书的形式面世。7 月,这些书到了英国上下两院议员以及印度和英国各级官员、非官员手中。为了遏制特拉凡科尔土邦大会的影响的扩大,土邦政府采取一系列压制措施。[②]特拉凡科尔土邦大会的著名领袖马塔瓦·瓦里尔(Madhava Warrier)、帕拉梅斯瓦兰·皮莱(Parameswaran Pillai)和 K. T. 托马斯

---

① S. Thulaseedharan Assary, *Colonialism*, *Princely States and Struggle for Liberation*: *Travancore*(*1938—1948*), New Delhi: A.P.H. Publishing Corporation, 2009, pp.105—106.

② Ibid., p.116.

(Thomas)遭到攻击,安妮·马什卡雷家里被盗。全印国大党党员 G.拉马钱德兰(Ramachandran)怀疑秘密警察参与这些行动,谴责这些暴力行为。特拉凡科尔的国大党成员昌格纳瑟里·帕拉梅斯瓦兰·皮莱(Changanassery Parameswaran Pillai)和拉马钱德兰参加了由帕托姆·塔努·皮莱和克里希纳·皮莱(Krishna Pillai)组织的、从凡罗斯(Vanross)到特里凡得琅中央车站的游行示威。拉马钱德兰在演讲中警告政府,如果允许土邦现在的状况持续,他们将面临严重的后果。①

在压制特拉凡科尔土邦大会的同时,迪万艾耶尔争取新成立的特拉凡科尔土邦人民联盟(Travancore State People's League)的支持。曼纳图·帕德马纳巴·皮莱(Mannathu Padmanabha Pillai)、苏布拉莫尼亚·艾耶尔(Subramoniya Iyer)、N.V.约瑟夫(Joseph)等各族群的知名人士都加入联盟。7 月 8 日,它被重新命名为"特拉凡科尔土邦人民同盟"(Travancore State People's Federation),以健康地鼓动在摩诃罗阇领导下的责任制政府。后来又更名为"特拉凡科尔国民大会"(Travancore National Congress),而组织的领导没有变换。②

政府顽固的压制立场导致它与特拉凡科尔土邦大会的冲突。拉马钱德兰和约翰·菲力浦斯(John Philippose)去沃尔塔征求甘地的建议后,土邦大会工作委员会勉强开展文明不服从运动。8 月 20 日,土邦大会举行集会,安妮·马什卡雷宣读了卡马拉德维·查托帕迪亚雅(Kamaladevi Chattopadhyaya)的主席演讲辞,号召土邦人民反对帝国主义和专制主义统治。警察在驱散集会群众的过程中遭到示威者的石块袭击,警方逮捕了青年联盟领袖。甘地派拉贾库马里·阿姆里特考尔(Rajakumari Amritkaur)去调解土邦政府与土邦大会,但没有成功。8 月 22 日,土邦大会工作委员会在凡罗斯召开紧急会议,决定在 8 月 26 日发动文明不服从运动。8 月 25 日,摩诃罗阇颁布公告宣布土邦大会和青年联盟为非法组织。同一天,迪万表示要压制鼓动。土邦大会领袖公然违抗禁令,在特里凡得琅、戈勒姆、阿勒布扎和戈德亚姆(Kottayam)发起文明不服从运动。8 月 29 日发生暴乱,警察逮捕了一些土邦大会领袖。8 月 30 日,特拉凡科尔的学校和学院罢课,很多学生包括女学生举行游行示威,抗议政府逮捕土邦大会领袖。女学生参加游行示威是突破传统的,表明对摩诃罗阇神圣态度的明显变化。学生

---

① S. Thulaseedharan Assary, *Colonialism*, *Princely States and Struggle for Liberation*: *Travancore*(*1938—1948*), New Delhi: A.P.H. Publishing Corporation, 2009, p.125.

② Ibid., p.127.

也投入到争取责任制政府的斗争中。

9月3日，甘地就特拉凡科尔局势发表声明，指出土邦政府过度使用了镇压措施，呼吁摩诃罗阁、摩诃拉尼和迪万撤销压制措施，只要土邦大会的活动保持和平的方式，就允许它聚会。①

9月4日，V.K.韦拉尤丹（Velayudhan）代表土邦大会宣布暂时中止群众集会，对造成的暴乱表示遗憾。不过，那些被逮捕的领袖并不赞同这一声明。9月5日，政府与土邦大会的代表在马斯科特酒店谈判，但失败。政府出动军队镇压群众聚会，封闭反政府的报馆，甚至指控土邦大会主席帕托姆·塔努·皮莱的妻子、摩诃罗阁女子中学教师庞娜玛·塔努·皮莱（Ponnamma Thanu Pillai）在女学生中表露反对政府的情绪。在此同时，反政府的斗争在整个特拉凡科尔蔓延开来。瓦伊格姆（Vaikom）、埃杜默努尔（Ettumanoor）、巴莱（Palai）、根吉勒伯利（Kanjirappally）、阿勒皮（Aleppey）和金根努尔（Chengannur）等地及偏远的村庄都参加了反禁令的斗争。

政府的高压政策遭到来自各方的批评。拉宾德拉纳特·泰戈尔（Rabindranath Tagore）谴责特拉凡科尔政府是"一个有枪杀技能、否认基本自由权利和肆意迫害土邦大会党人的法西斯政权"②。国大党主席苏巴斯·钱德拉·鲍斯致函土邦大会，赞赏其勇气和决心。工人开展大规模的罢工。特拉凡科尔的局势相当紧张，因此，在摩诃罗阁诞辰之后，10月22日，土邦政府发布公报，宣布将在周末释放政治犯。10月24日，获释的帕托姆·塔努·皮莱宣布暂时停止文明不服从运动。

虽然土邦大会的要求没有一个得到满足，但是，责任制政府的信念已经深入特拉凡科尔各个角落。土邦大会的领袖们成功地将不同族群、学生和工人联合在为责任制政府而斗争的同一个舞台上。③

10月27—29日，土邦大会工作委员会在特里凡得琅举行会议。工作委员会表示，他们不能将政府释放政治犯的行为视为善意的举动。因为政府公报的精神、语调或内容都无助于在国内制造和平的氛围；公报也刻意回避了责任制政府问题。委员会警告政府说："除非政府立即采取成立责任制政府的措施，否则，委员会只能极其遗憾地被迫实行新的'直接行动'纲领。"

---

① S. Thulaseedharan Assary, *Colonialism*, *Princely States and Struggle for Liberation*: *Travancore*（*1938—1948*）, New Delhi: A.P.H. Publishing Corporation, 2009, p.135.

② Ibid., pp.143—144.

③ Ibid., p.150.

英属印度的政党和组织以各种形式表示对土邦大会的支持。11月28日至12月1日,土邦大会工作委员会在特里凡得琅召开会议,全印工会大会的主席苏雷什钱德拉·班纳吉(Sureshchandra Banerjee)在高普兰的陪同下来到阿勒皮。在一次有5 000多名工人参加的集会上,他在演说中鼓动劳动者为责任制政府而斗争,帮助国大党在印度获得责任制政府。印度共产党领袖 N.D. 马宗达(Mazumdar)、拉马·默蒂(Rama Murthi)和 S.V. 贾特(Ghate)也在此时访问阿勒皮。此外,全印国大党成员和社会主义者曼久纳塔·拉奥(Manjunatha Rao)也来到阿勒皮参加会议。为了防止志愿者组织的活动,土邦政府在12月8日颁布了特拉凡科尔刑法第十条修正案,成立志愿者组织、穿制服和戴徽章都是不被许可的。①

1938年12月13日,土邦成立特别法庭,发布逮捕令,逮捕了部分土邦大会领袖。为了营造和平的氛围,迎接总督1939年1月的来访,迪万艾耶尔在经过1月6日的审判秀之后释放了被监禁的土邦大会领袖。驻扎官克拉蒙特·珀西瓦尔·斯克林(Clarmont Percival Skrine)在土邦大会领袖获释后向政治部报告说:"土邦大会的鼓动完全停息,它的领袖们将不可能在最近的将来激起民众的情感。"然而,局势的发展出乎驻扎官的意料。青年联盟的领袖们动员他们所有力量进行游行示威,反对总督来访。他们成立作战委员会,散发一些反对总督访问的小册子和传单,对土邦大会领导被动的态度感到非常失望和气愤。虽然土邦大会取消了游行示威的计划,但青年联盟组织了游行示威。青年联盟战争委员会致函土邦大会工作委员会,呼吁采取直接行动。1939年1月17日,土邦大会工作委员会举行会议,主席帕托姆·塔努·皮莱表示,"在这种环境下,我们除了诉诸直接行动以外,别无选择"。

2月13日,整个特拉凡科尔开展"责任制政府日"活动。2月27日,工作委员会决定在马杜赖、蒂内维利(Tinnevelly)和埃尔讷古勒姆(Ernakulam)成立"影子内阁"。在3月6—7日召开的工作委员会上,16名成员决定3月25日发起直接行动。

土邦政府决定采取"胡萝卜加大棒"的政策,不惜一切代价对付文明不服从运动。3月18日,逮捕土邦大会行动委员会的6名成员。甘地通过在特拉凡科尔的密友约翰·菲力浦斯了解局势的进展,他谴责逮捕行为。

---

① S. Thulaseedharan Assary, *Colonialism*, *Princely States and Struggle for Liberation*: *Travancore*(*1938—1948*), New Delhi: A.P.H. Publishing Corporation, 2009, pp.159—162.

3月20日,甘地建议土邦大会领袖取消直接行动计划。土邦大会主席帕托姆·塔努·皮莱被监禁起来,代理主席克里希纳·皮莱不得不听从甘地的建议,于3月23日发表声明,推迟直接行动。土邦大会领袖多次拜访甘地,听取他的建议。甘地也出面与特拉凡科尔迪万沟通。8月10日,甘地致函艾耶尔:"你要求土邦大会完全放弃责任制政府的主张去谈改革的问题,并且'你要求他们不要征求包括甘地自己在内的印度国大党领袖的意见'。"甘地进而声明他并不希望建议土邦进行任何斗争。"但是,如果你要坚持剥夺人民的自尊,他们除了为荣誉而战外将一无所有,虽然斗争也许是没有希望的和不平等的。"艾耶尔在回复甘地时直率地重申他的立场:土邦政府不愿意看到土邦内的政治鼓动由外人操纵。他还警告甘地,"如果你建议他们从事你所说的为荣誉而战,那么,虽然土邦与你这样一位世界人物进行的冲突是很困难的,但是除了按自己的正义和神意推行我们的路线外,我们别无选择"①。迪万对甘地所用的言辞是非常激烈的,他们之间的通信往来未能使迪万改变态度。

第二次世界大战的爆发使局势变得更加复杂起来。社会经济局势的动荡导致人们的生存都成了问题,政治权利问题似乎退居次要地位,直到第二次世界大战末期,宪政改革问题才再次浮现。

4. 博帕尔的改革

1819年11月10日,博帕尔纳瓦布纳萨尔·穆罕默德·汗带着女儿斯坎德尔·贝格姆在伊斯拉姆讷格尔堡休闲时被库德西亚·贝格姆8岁的弟弟福吉达尔·穆罕默德·汗(Faujdar Mohammad Khan)枪杀。在决定王位继承人的会议上,库德西亚·贝格姆出示纳萨尔的遗嘱:一旦他早亡,女儿斯坎德尔·贝格姆将是王位继承人,在她成年和结婚之前,其母亲库德西亚·贝格姆作为摄政统治博帕尔。虽然有人觊觎王位,但是不敢表示反对,因为反对会招致谋杀纳萨尔的嫌疑。会议最终确定斯坎德尔为王位继承人,库德西亚·贝格姆为摄政,从而开启博帕尔历史上4位贝格姆统治的时代。②

1901年,沙杰汉·贝格姆去世,苏丹·贾汉·贝格姆继任纳瓦布。贝

① S.Thulaseedharan Assary, *Colonialism*, *Princely States and Struggle for Liberation*: *Travancore(1938—1948)*, New Delhi: A.P.H. Publishing Corporation, 2009, pp.176—177.

② Shaharyar M.Khan, *The Begums of Bhopal*: *A Dynasty of Women Rulers in Raj India*, London: I.B. Tauris & Co. Ltd., 2000, p.71.

格姆发现博帕尔的财政状况非常糟糕,债台高筑,国库中只有 4 万卢比。①腐败十分厉害。她信任驻扎官马尔科姆·米德(Malcolm Meade)和印度政府的政治代表约翰·朗格(John Lang),挑选正直和能干的顾问担任重要职务,对农业、税收、军队、警察、监狱、灌溉、司法和公共工程进行改革。她恢复咨询机构法律顾问委员会作为立法会议;选举市政官员,以此作为民主的推动力;重视妇女的教育和启蒙,修建学校,坚持从各地聘用高素质的老师以提高教学质量,要求中产阶级家庭的年轻姑娘去指导女孩子,鼓励已婚妇女加入博帕尔女士俱乐部;开办技工学院,教授绣花、手工工艺和针织工艺等。博帕尔的手工艺品非常出名。②

1911 年,英王爱德华七世去世,乔治五世在 6 月 22 日加冕,苏丹·贾汉·贝格姆受邀参加在伦敦举行的加冕仪式。贝格姆希望趁此机会到欧洲开阔自己的视野。另外,其次子欧拜杜拉(Obaidullah)身体状况不好,怀疑患了心脏病,希望去欧洲接受治疗。因此,贝格姆进行了为期 6 个月的欧洲之旅,先后访问了法国、英国、德国、土耳其和意大利等国。在土耳其,贝格姆获得奥斯曼帝国苏丹穆罕默德·拉什德(Mehmet Rashad)最高规格的赠礼——先知的头发。结束欧洲之旅回到博帕尔之后,贝格姆进一步投入妇女的教育和解放的事业之中。她自己撰写相关的小册子,将印度各地受过教育的妇女解放领袖如阿布洛·贝格姆(Abroo Begum)和法特玛·贝格姆(Fatma Begum)、阿扎德(Maulana Abdul Kalam Azad)的几个寡居妹妹、著名艺术家阿迪雅·菲兹(Atiya Fyzee)等聚集在自己身边。她在妇女解放中的影响很快超出博帕尔的范围。她参加穆罕默德教育大会,成为1914 年全印穆斯林女子大会的筹备主席,主办了 1918 年全印穆斯林女子大会,参加了 1928 年关于教育改革的全印妇女大会。③

到 1923 年,苏丹·贾汉·贝格姆已经统治 22 年之久,博帕尔也显示出稳定和繁荣的景象。但 1924 年初,贝格姆个人和博帕尔土邦陷入悲剧之中。贝格姆和她两个儿子之间的分歧越来越大,利特尔·哈米德(Little Hamid)实际上控制了土邦。3 月 24 日,次子欧拜杜拉因癌症去世,长子及王位继承人纳斯鲁拉(Nasrullah)也因严重的糖尿病而生命垂危。王位继承问题凸显出来,贝格姆希望由幼子哈米杜拉·汗继承王位,而纳斯鲁拉的

---

① Shaharyar M.Khan, *The Begums of Bhopal: A Dynasty of Women Rulers in Raj India*, London: I.B. Tauris & Co. Ltd., 2000, p.155.

② Ibid., pp.171—172.

③ Ibid., pp.179—180.

长子哈比布拉(Hamibullah)宣称有权继承王位。1926年4月29日,苏丹·贾汉·贝格姆在伦敦告知印度事务大臣斯坦福德哈姆(Stamfordham)勋爵,她将让位给儿子。6月29日,总督在大会上宣布承认哈米杜拉·汗为博帕尔第13任纳瓦布。[①]

1926年,博帕尔纳瓦布哈米杜拉·汗继续实行开明、民主和公平统治。他将主要来自博帕尔之外的著名顾问引入他的内阁,其中包括绍埃布·库雷希(Shoaib Qureshi)、萨拉姆丁(Salamuddin)、阿里·海德尔·阿拔斯(Ali Haider Abbassi)、利亚奎特·哈亚特(Liaqut Hayat)和约瑟夫·波尔(Joesph Bhore)等。纳瓦布邀请乔德里·哈利克扎曼(Chaudhri Khaliquzzaman)、阿卜杜尔·拉赫曼·西迪基(Abdur Rahman Siddiqui)、阿拉马·伊克巴尔(Allama Iqubal)和乔德里·查弗鲁拉·汗(Chaudhri Zafrullah Khan)等充当顾问,实行了一些民主化的政策。[②]

5. 迈索尔的宪政改革

迈索尔是一个婆罗门少数种族占统治地位的土邦。林加亚特人最先挑战婆罗门少数种族的统治地位,随后穆斯林加入进来。1881年,英国人在将统治权还给摩诃罗阇查摩拉金德拉·沃德亚尔十世的同时,也将一个按照英属印度模式成立的官僚机构交给他,实际权力掌握在迪万手中。[③]婆罗门与非婆罗门之间的纷争对迈索尔局势有很大影响。很有作为的迪万维斯韦斯瓦拉亚因为非婆罗门的反对而辞职,非婆罗门出身的根塔拉杰·乌尔斯(Kantharaj Urs)和阿尔比恩·拉杰库马尔·班纳吉(Albion Rajkumar Banerjee)任迪万的1919—1926年是非婆罗门的黄金时期。在迪万支持下,迈索尔成立以法官莱斯利·米勒(Leslie Miller)为主席,2个婆罗门和4个非婆罗门为成员的米勒委员会,对非婆罗门的要求进行调查。委员会的报告公布了婆罗门在公共服务中所占的优势地位:略多于总人口3%的婆罗门把持了70%的政府职位。在中学生中,非婆罗门只占17%。迈索尔是第一个任命委员会调查下层阶级要求的土邦。迪万加大对基础教育的投入,每年减免学费23.7万卢比,每年颁发奖学金447 828卢比,其中包括指

① Shaharyar M.Khan, *The Begums of Bhopal: A Dynasty of Women Rulers in Raj India*, London: I.B. Tauris & Co. Ltd., 2000, p.209.

② Ibid., p.230.

③ S.Chandrasekhar, *Dimensions of Socio-Political Change in Mysore 1918—1940*, New Delhi: Ashish Publishing House, 1985, p.21.

定给下层阶级学生的奖学金 10 万卢比。[1]

1919 年,迈索尔政府颁发行政命令,推行政治改革。主要特点是以人口和选民为基础修改议会和立法会议选区。降低选民资格要求,为种姓团体预留 25 个立法会议席位,通过立法会议将席位由 21 个增加至 30 个,其中 18 个为非官方人士,确保立法会议中非官方议员占多数。所有这些改革使少数族群和下层阶级有较多机会进入立法会议,反映他们的困苦,表达他们的诉求。根塔拉杰·乌尔斯还希望给妇女普选权,开办女子学校和鼓励她们接受教育,但是迈索尔大多数人和摩诃罗阇都反对这些改革,因而未能如他所愿。[2]

1922 年 4 月,根塔拉杰·乌尔斯退休,班纳吉继任迪万,继续实行其前任的政策,尤其在教育和政府公职方面继续照顾下层阶级。在普通学校,下层阶级的学生达到 4 356 人,此外,贱民学校有 16 575 人。土邦政府为贱民学校提供额外的设施和奖学金,提供免费的课本和书写石板,为学校提供办公楼和学生宿舍,甚至为了吸引父母将孩子送来学校,还在某些情况下给予补贴,为贱民学校提供免费食宿。因此,对贱民学校的投入由 1918—1919 年度的 1 126 卢比加特别经费 1.5 万卢比增加到 1925—1926 年度的 44 528 卢比另加 1.5 万卢比。非婆罗门人在政府部门任职的比例由 1921 年的 30% 上升到 42%,而婆罗门所占比例由 69.6% 下降为 54.1%。[3]

1923 年,迈索尔组成改革委员会,布拉金德拉纳特·西尔(Brajendranath Seal)博士担任主席,有 6 名非官方成员和 6 名官方成员。3 月,改革委员会提交了报告。根据报告,议会成为一个常设机构,不过,委员会极力维护专制统治,认为迈索尔的权力都来自摩诃罗阇,他是唯一对所有事务负责的人,因此,在政府中没有议会和立法会议的地位。议会的人数确定 250 人,也可以增加到 275 人,其中乡村地区 163 人,城市地区 73 人,特别利益群体 15 人,少数群体 35 人。立法委员会在宪法中有其地位,人数由 30 人增加到 50 人,规定了具体分配的方案,当选的非官方议员 8 人,指定的非官方议员 8 人,政府官员 20 人。因此,在立法委员会中,官方确定的和官方身份的议员占了大多数。虽然立法委员会有制定各方面法律的权力,但是,政府可

① S.Chandrasekhar, *Dimensions of Socio-Political Change in Mysore 1918—1940*, New Delhi: Ashish Publishing House, 1985, pp.55—59.

② Ibid., pp.60—61.

③ Ibid., pp.64—65.

以在紧急状况下独立于立法委员会制定任何法律。这就使立法委员会的立法权遭到严重削弱。改革报告降低了选民资格要求,女性只要具备条件,也拥有和男性同等的投票权,因而迈索尔选民人数从 2.8 万人增加到 10 万人。①1923 年改革方案没有实质性地削弱摩诃罗阇土邦政府的专制权力,更没有提出实行责任制政府,因而遭到很多参加过议会辩论的人的批评。

1926 年,摩诃罗阇克里希纳罗阇·沃德亚尔四世任命自己的私人秘书和自孩提时代以来的密友米尔扎·伊斯梅尔为迪万。前述旨在改善非婆罗门族群境遇和提升他们社会地位的非婆罗门运动逐渐消退。

20 世纪 20 年代后期,迈索尔土邦的迈索尔市、班加罗尔等地发生规模较大的种族冲突。关于班加罗尔骚乱的报告提出,为了令人民满意,应将更多权利让给人民。迪万米尔扎反对这种观点。国大党的鼓动对迈索尔也产生很大冲击,1930 年,迈索尔国大党支持印度国大党抵制第一次圆桌会议和开展非暴力不合作运动,威胁要触犯禁令,土邦政府只得预先逮捕其领袖塔格杜尔·拉马钱德拉·拉奥(Tagadur Ramachandra Rao)。②

1930 年之后,迈索尔立法会议开始认真讨论关于宪政发展、民事权利和责任制政府的问题。不过,米尔扎政府并不认真对待立法会议的决议,米尔扎不加区分地否决立法会议的决议使一些立法会议成员退出,无情压制非婆罗门政党(Praja Samyukta Paksha)的活动也迫使他们要求解除米尔扎的迪万职务。1937 年 10 月 15 日,迈索尔国大党和桑巴农民党(Praja Sambha Paksha)合并。两党合并后的迈索尔国大党成为米尔扎专制政府强有力的对手。在 10 月 16 日召开的制宪会议中,国大党的席位由仅仅 30 个增加到 130 个。③

为了遏制国大党在迈索尔影响的扩大,迈索尔政府禁止印度国大党在土邦内的宣传鼓动。国大党加尔各答会议谴责迈索尔政府的压制政策。迈索尔国大党在乡村地区进行宣传,被逮捕。著名的孟买国大党人纳里曼(Nariman)在班加罗尔公然违反禁令,在公共集会上发表演讲,被迈索尔政府逮捕,这引起很大骚乱,导致警察开枪打死 6 人和大约 100 人受伤的流血事件。愤怒的暴民攻击 3 个警察站,使政府派军队镇压。迈索尔国大党不得不更名为"迈索尔土邦国大党"。土邦政府禁止土邦国大党 1938 年 4 月

---

① S.Chandrasekhar, *Dimensions of Socio-Political Change in Mysore*, New Delhi: Ashish Publishing House, 1985, pp.178—180.

② Ibid., p.151.

③ Ibid., p.154.

在希瓦布勒(Shivapura)召开年会,逮捕与会领袖。①4月25日中午,戈拉尔地区土邦国大党书记拉马查尔(Ramachar)在维杜拉斯瓦塔(Viduraswatha)小村庄的集市散发小册子,要将国大党旗帜插上寺庙,遭警察逮捕,愤怒的群众向警察投掷石头,警察向群众开火,导致伤亡(媒体说死亡32人,官方报告确定为10人)。②虽然甘地声明国大党要求立即还权于民,但是帕特尔到班加罗尔会见了迪万,双方达成协议,迪万承认土邦国大党,允许悬挂国大党党旗,保证改革委员会将讨论责任制政府的方案。国大党则呼吁取消不合作运动,撤回对被监禁者的指控。

《1935年印度政府法》给予责任制政府并使非官员管理土邦对迈索尔产生了很大冲击。科钦和特拉凡科尔土邦行政的开放也给迈索尔土邦施加了很大压力。因此,以斯利尼瓦萨·叶恩格尔(Srinivasa Iyengar)为主席的改革委员会的使命被确定为适当地考虑教育状况、公共精神和人民日益增长的政治意识及其他因素,制定一个方案,以在迈索尔取得和谐的宪法进步。③

1939年,改革委员会提交报告。关于议会的构成,委员会建议将议会议员人数增加至300人,后来的法案将议员人数确定为311人。其中,少数族群有67个议席(穆斯林和被压迫阶级各30个,欧裔印度人和英裔印度人各1个,印裔基督徒5个),废除了多数族群种姓集团的代表特别利益群体17个议席,其中11个议席预留给女性。关于立法权力,包括预算在内的法案都要首先获得议会的同意,在议会中获得三分之二以上多数的同意直接通过的法案都要政府接受。值得注意的是,英属印度允许责任制政府后,迈索尔的法案都不是强制性的。关于立法委员会,其人数由50人增加至68人。其中24人从大选中产生,10人从特殊利益群体选举产生,10人从少数群体选举产生,其余由政府任命。除了选举主席和副主席外,没有另外的立法权力。选民的财产和其他资格降低一半。法案的一个重要变化是设立公职委员会,以控制和管理土邦公职人员的聘用。④该报告在1940年获得议会批准,成为法案。1940年改革法案未能令人民满意,相对前一个法案没有多少进步。不过,法案中规定的议会和立法委员会人数的增加使更

① S.Chandrasekhar, *Dimensions of Socio-Political Change in Mysore*, New Delhi: Ashish Publishing House, 1985, p.155.

② Ibid., p.156.

③ Ibid., p.183.

④ Ibid., pp.185—186.

多的土邦精英汇聚在一起,交流他们的观点,在土邦政府采取一些错误举措时,他们联合起来一致反对土邦政府的决策,要求实行民主化的措施。

在公布宪政改革方案之前,米尔扎会见了政治部秘书格兰西,告知他的改革只是增加两名非婆罗门行政会议成员。英国人对米尔扎的行政方法不满意,原因不是他压制国大党,而是压制国大党引起的抗议会激起全国性的反抗。米尔扎拒绝遵守帕特尔-米尔扎协议,使勉强接受协议的国大党领袖开始进行鼓动,准备在9月1日开始进行文明不服从运动。为了显示实力,土邦国大党决定参加地区选举。虽然土邦政府设置了很多障碍,但土邦国大党还是获得了133个竞选席位中的119个。在1941年初立法会议选举中,土邦国大党获得152个议会议席中的106个和21个参议院议席中的17个。①即便如此,米尔扎·伊斯梅尔因为得到摩诃罗阁的支持,所以继续压制土邦国大党意在质疑土邦当局专制统治的活动。米尔扎·伊斯梅尔反对责任制政府的态度一直没有改变,认为民主制不适合迈索尔土邦。

1940年8月,摩诃罗阁克里希纳罗阁四世·沃德亚尔去世,其侄子贾亚查马拉金德拉·沃德亚尔(Jayachamarajendra Wodeyar)继任摩诃罗阁。新摩诃罗阁和他的叔叔不一样,高度关注土邦和人民的活动。他的父亲根迪拉瓦·纳拉辛哈罗阁·沃德亚尔(Kantirava Narasimharaja Wodeyar)在世时与米尔扎关系一直不好,迪万甚至没有满足其提高年金的要求。摩诃罗阁也亲历了迪万对其父亲的不公平待遇,因而,他不仅不会许可米尔扎在土邦事务上独断专行,而且不放过任何为难迪万的机会,以迫使其辞职。1941年7月,米尔扎·伊斯梅尔正式辞去迪万职务。

迈索尔的宪政改革虽然没有能够获得成功,但使宪政改革领袖们经受了锻炼,为他们在独立的印度承担更大的责任打下了基础,立法活动也为公共观念的成长铺平了道路。②

6. 克什米尔的宪政改革

1901年,印度政府设立以白沙瓦为省府的西北边省,这使当地的问题可以得到及时解决。此时俄国对英属印度的威胁似乎也消退了。因此,寇松总督在1905年将克什米尔的权力归还给摩诃罗阁普拉塔普·辛格。在新统治秩序下,摩诃罗阁在总理和负责内政、财政和司法事务的大臣的辅佐

① S.Chandrasekhar, *Dimensions of Socio-Political Change in Mysore*, New Delhi: Ashish Publishing House, 1985, p.160.
② Ibid., p.187.

下进行统治。后面3个大臣通过总理与摩诃罗阇联络；所有命令和决定都要发给英国驻扎官批准。新"宪法"表明，权力掌控在英国驻扎官手中。所有大臣和其他重要官职的任命都必须得到印度政府的同意。①

日本赢得日俄战争的胜利及孟加拉分治激起英属印度强烈的民族主义情绪；与克什米尔相邻的英属印度地区的政治形势对克什米尔也产生很大冲击。克什米尔出现了带有浓厚宗教色彩的政治团体。1905年出现关注教育与穆斯林自我意识的穆斯林互助会。印度教组织主要有圣社（Arya Samaj）的分支雅利安库马尔协会（Arya Kumar Sabha）、多格拉协会（Dogra Sabha）、达摩协会（Dharma Sabha）和兄弟会等。第一次世界大战的结束和哈里发运动的开始使穆斯林互助会更加关注在印度教徒统治下克什米尔穆斯林的权利。1924年7月，克什米尔政府经营的斯利那加（Srinagar）丝绸厂发生暴动，一些人被镇压。10月，总督雷丁勋爵访问克什米尔，令摩诃罗阇惊讶的是，穆斯林族群递交陈情书，提出很多改善穆斯林地位的要求。总督访问期间发生了多次大规模的示威游行。

1925年，摩诃罗阇普拉塔普·辛格去世，其侄子哈里·辛格即位。他一即位就颁布了《农民救济条例》（*Agriculturists' Relief Regulation*）和《义务初等教育法》（*Compulsory Primary Education Act*）等法令，摩诃罗阇还废除了只向穆斯林征收的结婚税。他还宣布自己唯一的宗教是"正义"，并且到斯利那加参加开斋节祷告。②

不过，整个克什米尔法律依然都是以牺牲穆斯林为代价的。屠宰母牛依然要受到严厉的制裁；如果改变宗教信仰，将剥夺所有继承的遗产。只有信奉印度教的拉杰普特人才允许携带武器。摩诃罗阇公布一个新法令，改组高等法院，强化自己的权力。虽然遭到很多人的指控和憎恨，但他却熟视无睹。一些穆斯林团体和领袖开展反对摩诃罗阇的活动。全印克什米尔穆斯林大会在拉合尔成立，在旁遮普穆斯林帮助下，克什米尔穆斯林在英属印度可以获得奖学金。谢赫·阿卜杜勒就得到奖学金帮助，在阿里格尔大学获得硕士学位。他回到克什米尔只能在一所公立学校谋得每年60卢比的低级教师工作，而他的上级远不及他，一个多格拉拉杰普特族的部门领导还是一个文盲，这令他难以接受。1930年，谢赫·阿卜杜勒和同事成立法塔赫·卡达尔阅览室党（Fateh Kadal Reading Room Party），后很快辞去教师

① Robert A.Huttenback, *Kashmir and the British Raj 1847—1947*, Oxford: Oxford University Press, 2004, p.132.

② Ibid., p.136.

职位,全身心投入到政治活动之中。

1931 年,克什米尔发生多起穆斯林受害事件,穆斯林组织到处进行鼓动。很多鼓动者被逮捕并秘密受审判。9 月 21 日,谢赫·阿卜杜勒因发表鼓动性演讲而被捕。第二天,斯利那加发生严重暴乱,4 人被军队枪杀。9 月 23 日,1.5 万人在斯利那加集会抗议,当局感到如此恐惧,以至于不敢逮捕集会群众。[①]

在局势日趋紧张的情况下,印度政府劝导摩诃罗阇对穆斯林的抱怨给予更多关注,克什米尔驻扎官考特尼·拉蒂默等建议组织调查组对有关事件进行调查。英国人的压力、阿拉尔人的持续入侵及内部纷争再起的威胁,迫使摩诃罗阇在 10 月 5 日做了以下事情:取消尤其向穆斯林游牧者征收的一种税;归还以前没收的某些穆斯林宗教建筑;任命另一个委员会调查最近发生的暴力事件;请求一个高级英国政治官员对克什米尔的局势进行调查。经过多番考虑,最后组成由格兰西为主席,2 名穆斯林和 2 名印度教徒为成员的调查委员会,调查 1931 年 9 月所发生的事件。[②]

1932 年 2 月 29 日,格兰西委员会发布调查报告。报告建议:完全宗教自由,恢复克什米尔的宗教建筑;增加穆斯林的教育机会;应有更多穆斯林教师和一个考察和改善穆斯林教育条件的特别官员;所有土邦职位都应该公开招聘,采取措施让所有种族都可以得到公平的机会;免除支付给土邦的土地所得税,土邦应将土地所有权转让给他们;停止所有非官方授权的索取,土邦政府应分权;等等。[③]

1932 年 3 月,在格兰西主持下召开克什米尔宪政改革大会。代表来自克什米尔乡村和城市,包括印度教徒、逊尼派穆斯林、什叶派穆斯林、锡克教徒和佛教徒的官方和非官方代表。大会建议组成一个立法会议,有权制定法律,最后经摩诃罗阇批准生效。摩诃罗阇也有权将任何议案打回立法会议,以进一步考虑和修改。关于选民资格,大会建议,参照英属印度的做法,选民应达到总人口的 10%,成立选举委员会,选举委员会的资格将与英属印度类似,除了妇女不能担任官职或投票外,不足 25 岁或在政府部门任职的人不能参加选举。投票资格是每年支付地税不少于 20 卢比,或者有不少于 1 000 卢比的不动产,或者拥有法医之类的职业资格等。大会同意设立

① Robert A.Huttenback, *Kashmir and the British Raj 1847—1947*, Oxford: Oxford University Press, 2004, p.139.

② Ibid., pp.140—141.

③ Ibid., pp.142—143.

单独选区。立法会议的成员确定为 33 人,按人口基数意味着 24 个穆斯林,7 个印度教徒,佛教徒和锡克教徒各不到 1 个。后来实行的比重是增加印度教徒的比率至三分之一,穆斯林大约五分之三,锡克教徒和佛教徒百分之三。指定的代表 22 人,摩诃罗阇任命的 5 个大臣是当然的代表。这样,立法会议总人数为 60 人。总理将是立法会议的主席,立法会议每年 3 月和秋天召开 2 次,成员每 3 年选举一次。1932 年 5 月 5 日,总理艾略特·科尔文(Elliot Colvin)任命由巴久尔·达拉尔(Barjor Dalal)主持的 5 人委员会,详细研究拟议中的立法会议选举问题。①

格兰西委员会的建议并没有平息土邦的动荡,各方都表示了对建议的不满。只有 3 900 人的锡克教徒要求立法会议 10% 的议席。印度教学者 10 月 28—31 日举行会议,要求有更多的特权。谢赫·阿卜杜勒指出,摩诃罗阇虽然接受了建议,却没有实施,克什米尔的局势越来越糟糕。土邦政府逮捕了谢赫·阿卜杜勒等鼓动者。

1934 年发布的《选举委员会报告》建议立法会议由 33 名选举议员、30 名指定成员和 12 名官方成员组成。在 33 名选举议员中,穆斯林 21 名,印度教徒 10 名,锡克教徒 2 名。立法会议中,至少应有 32 名穆斯林,至多有 25 名印度教徒。两个数字都不包括官方成员。报告对选举权和候选人资格进行了规定。下列人员拥有投票权:所有已经是代表的人和可能代表他们的同胞参加选举的人;在克什米尔或英属印度获得头衔及退休金的人;卸任官员和非委员会官员;正规武装部队的士兵;年纳地税 20 卢比或拥有 600 卢比不动产的人;接受较高教育,或随后成为律师、教师、收税官的人。选举权还给予拥有中学毕业证书的女性。投票人必须满 21 岁,立法会议候选人必须超过 25 岁并能阅读和书写乌尔都语。候选人必须已登记为选民并在他希望代表的选区内至少生活 12 个月。候选人不能有犯罪记录或破产。②

驻扎官莱昂内尔·爱德华·兰格(Lionel Edward Lang)发现,格兰西委员的建议规定穆斯林在立法会议中有 13% 的多数,而选举委员会的方案则给了非穆斯林 9% 的多数。2 月 22 日在查谟召开的选举委员会会议将非穆斯林的多数减为 4%。这一修改并没有令穆斯林满意。青年穆斯林协会主席古拉姆·阿拔斯(Ghulam Abbas)在一系列会议上传布新教义,为宪法

---

① Robert A. Huttenback, *Kashmir and the British Raj 1847—1947*, Oxford: Oxford University Press, 2004, pp.144—145.

② Ibid., pp.146—147.

举行了一场模拟葬礼。3月2日,古拉姆·阿拔斯、阿卜杜勒·马吉德·库雷什(Abdul Majid Qureshi)和谢赫·阿卜杜勒等人被捕。

1936年,摩诃罗阇任命国大党员N.戈帕拉斯瓦密(Gopalaswamy)为总理,泰杰·巴哈杜尔·萨普鲁为顾问,在立法会议快结束时颁布新宪法法案,对任命议员的名额、候选人资格等进行了一些修正,例如,7个指定的议员将选举产生,代表塔兹米·希尔达尔(Tazmi Sirdar)、札吉达尔、穆阿菲尔达尔(Muafirdar)和穆卡拉尔(Mukarrar)等阶层的人,更多人民院的议员通过选举产生。[①]虽然立法会议讨论预算和税收的能力增强,但是实际权力依然保留在大臣会议。对立法会议其他成员而言,变化也不够。因此,穆斯林不能接受该宪法法案。穆斯林大会决定采取下一步措施,以扩大穆斯林的权力。

1938年8月5日是克什米尔"责任制政府日"的第二个纪念日,民众要求土邦政府进行新的改革。8月27日,谢赫·阿卜杜勒和其他11人(其中2名印度教徒和1名锡克教徒)签署所谓《国民要求》,要求实行在摩诃罗阇领导下的责任制政府。1939年1月8日,全印人民大会斯利那加支部通过一个关于查谟-克什米尔的正式决议。随后,谢赫·阿卜杜勒及其他签署《国民要求》的11人都被逮捕,进而引发更大规模的游行示威浪潮。此时第二次世界大战临近,国际和英属印度的局势及克什米尔的局势都发生了很大变化,有关宪政改革的事情基本搁置起来。

20世纪20—30年代土邦宪政改革的主要目标是建立责任制政府,与之相关的是臣民的权利和自由。虽然即使在最具代表性的土邦也没有能够真正建立起责任制政府,也没有能够实现宪政改革的目标,但是,土邦的政治改革还是有着不可否认的意义。一方面,很多土邦政府设立了代表性的机构,民主的观念在很多土邦扎下根来。土邦王公对臣民的态度有所变化,也注意维护自己在臣民心目中的形象,赢得臣民的爱戴。另一方面,政治改革促进了土邦社会经济的发展。在实行改革的过程中,大多数土邦政府增加了在教育方面的投入,臣民的素质得到了提高,可以适应社会经济发展的要求。从长远看,土邦的政治改革使它们和英属印度在政治体制和经济体制方面的差距有所缩小,这有利于权力移交后英属印度地区与土邦之间的融合与发展。

---

① Robert A.Huttenback, *Kashmir and the British Raj 1847—1947*, Oxford: Oxford University Press, 2004, p.149.

第六章　权力移交时印度土邦王公的选择

　　英属印度权力的移交只是印度问题的一个重要方面。土邦的归属是印度问题的另一个重要方面。土邦归属问题能否得到妥善解决直接关系到南亚次大陆的社会和政治发展。在 1945 年 8 月 17 日召开的英国内阁印缅委员会会议上，首相艾德礼提出要兑现 1942 年《克里普斯方案》所作的让印度完全自治的承诺。1946 年 5 月，内阁使团提出在和平统一基础上移交英属印度权力的方案。在国大党和穆斯林联盟一再拒绝《内阁使团方案》后，总督蒙巴顿勋爵在 1947 年 6 月 3 日公布分治方案。由于土邦在法律上是内政独立的主权国家，英国政府只能建议土邦加入印度或巴基斯坦。绝大多数土邦王公选择加入印度，少数几个土邦王公选择加入巴基斯坦，海德拉巴、特拉凡科尔和克什米尔等 5 个土邦王公则坚决要求独立。

一、英属印度权力移交方案对印度土邦的定位

　　1945 年 7 月，英国工党赢得大选的胜利，组成以领袖艾德礼为首相的英国政府。在战后英国经济陷入困境、印度民族独立运动不断高涨和教派冲突不断发生的情况下，艾德礼政府希望尽快解决印度问题。

1.《关于土邦的条约与最高统治权的备忘录》和《内阁使团方案》

　　1945 年 8 月 17 日，艾德礼主持召开内阁印缅委员会会议，他指出：对日战争的突然结束使局势发生了急剧的变化，政府应该考虑怎样兑现1942 年《克里普斯方案》中所作出的承诺，对政府未来的对印政策进行总的检讨。①9 月 19 日，韦维尔总督和艾德礼首相先后在新德里和伦敦发布内容

---

① India and Burma Committee. I.B.(45) 1st Meeting, *TOP*, VI, pp.76—82.

258

相同的对印政策声明,强调政府充分重视推进印度宪政改革的进程。艾德礼宣布工党政府将按照 1942 年《克里普斯方案》的精神和意图行事,尽快在印度实行代议制民主制,由通过自由和公正的选举选出的代表组成制宪会议,"制定一部多数民族和少数民族都觉得公正和公平的宪法、一部各土邦和各省都可以找到自己地位的宪法"①。艾德礼在声明中强调,《克里普斯方案》是土邦也可以找到自己地位的宪政改革方案。

　　为了使英国议会议员对战后印度局势有更多了解,为英、印政治领袖提供一个相互交流和了解的机会,消除印度政治领袖对工党政府对印政策的误解,英国政府派出以 R.理查兹(Richards)教授为团长,成员包括 R.索伦森(Sorensen)、A.R.W.洛(Low)准将和乔利(Chorley)勋爵等 9 人的议会代表团,于 1946 年 1 月 5 日至 2 月 9 日访问印度。②在印度的见闻给代表团成员留下了深刻的印象,他们发现印度的局势已经相当紧张,英国应该尽快给印度完全自治或独立的地位。A.R.W.洛关注到土邦问题,他认为,如果不解决好土邦问题,那么,印度问题就不能算得到了最终的解决。③议会代表团的观点为政府尽快移交政权提供了舆论基础。

　　为了帮助印度制定新宪法和实现自治或独立,艾德礼首相在 1946 年 2 月 19 日发表声明,英国政府准备派由贸易大臣克里普斯、印缅事务大臣佩西克-劳伦斯(Pethick-Lawrence)和海军大臣阿尔伯特·维克托·亚历山大(Albert Victor Alexander)组成的内阁使团出使印度。3 月 23 日,内阁使团抵达卡拉奇,举行了记者招待会。3 月 26 日至 4 月 17 日,内阁使团与总督先后会见了各省省督、行政会议的成员以及土邦和印度各政党、各阶层的代表,向他们了解对印度的局势、印度未来宪法、巴基斯坦等问题的看法。这些谈话使内阁使团对印度当时的局势有了更全面的认识,为他们起草后来所称的《内阁使团方案》提供了依据。

　　在土邦方面,内阁使团与博帕尔纳瓦布哈米杜拉·汗、海德拉巴总理查特里纳瓦布、斋浦尔迪万米尔扎·伊斯梅尔、特拉凡科尔迪万拉马斯瓦密·艾耶尔、栋格尔布尔摩诃罗瓦尔拉克斯曼·辛格(Laxman Singh)等人进行了会谈。

―――――――

　　①　Clement Attlee, *Purpose and Policy*, *Selected Speeches*, London: Hutchinson & Co. Ltd., 1946, pp.187—189.

　　②　Pethick-Lawrence to Wavell, *TOP*, Ⅵ, p.667.

　　③　Notes of Points by Members of the Parliamentary Delegation at the Meeting at No.10 Downing Street on 13 Feb. 1946, *TOP*, Ⅵ, pp.947—951.

4月2日,在与内阁使团会谈时,王公院主席博帕尔纳瓦布表示,土邦王公们都承认印度独立的要求,都不想阻碍其实现。但是,印度土邦自然都希望继续存在和延续下去,如果这与印度和世界的进步一致的话。然而,王公们认为他们有资格在与英属印度平等的基础上给予考虑。他们最希望与英国继续保持密切的联盟和朋友关系。土邦王公认为自己是独立主权国家的统治者,在英属印度移交权力后,他们也应该最大限度地保持主权。如果英属印度有两个国家,那么没有理由否认由土邦组成的第三个国家。这第三个印度的性质和宪法由土邦自己决定。如果英属印度的两个国家组成松散的联邦,那么土邦也加入这个松散的联邦。①同一天,王公院常务委员会代表博帕尔、伯蒂亚拉、瓜廖尔、比卡内尔、纳瓦讷格尔等土邦的王公与内阁使团会谈。4月4日,栋格尔布尔摩诃罗瓦尔、比拉斯布尔罗阇阿嫩德·昌德(Anand Chand)代表小土邦王公与内阁使团会谈,他们认为,未来宪法肯定是联邦制的,希望对小土邦的利益给予保护。②

4月9日,海德拉巴总理查特里纳瓦布在与内阁使团会谈时表示,海德拉巴政府认为,如果得不到各大土邦的同意,任何方案都不能获得成功。海德拉巴尼扎姆特别关心维护海德拉巴的领土完整、与英国王室的条约关系、留在英联邦的权利、对比拉尔和一个出海口的权利。③4月9日,特拉凡科尔迪万拉马斯瓦密·艾耶尔在与内阁使团会谈时表示,他认为英国对印度的三大贡献是司法制度、印度统一的观念与和解的意识。关于独立问题,最适当的时间是1947年或1948年甚至更晚一些。正因为人们知道1949年或1950年之后不能再得到英国军队的帮助,真纳(Mohammed Ali Jinnah)也许会改变态度,达成和解的可能性就增大。他认为印度应该有一个强大的中央政府。

1946年5月12日,内阁使团向王公院主席博帕尔纳瓦布提交了《关于土邦的条约与最高统治权的备忘录》。在备忘录中,内阁使团强调,在独立或完全自治的印度政府新宪法生效前的过渡时期,最高统治权依然有效。在任何情况下,英国政府都不会将最高统治权移交给印度政府。与此同时,

---

① Note of an Interview between Cabinet Mission, Wavell and Bhopal On 2 April, *TOP*, *VII*, pp.83—87.

② Note on Discussion between Cabinet Delegation, Wavell and the Maharawal of Dungarpur and the Raja of Bilaspur on 4 April, *TOP*, *VII*, p.127.

③ Record of Meeting between Cabinet Delegation, Wavell and the Nawab of Chhatari on 9 April, *TOP*, *VII*, pp.181—182.

内阁使团认为,印度土邦可以通过参加制宪会议在印度新宪法的制定中发挥重要作用。在过渡时期,土邦必须与英属印度就共同关心的有关事务,尤其是经济和财政事务的未来规定进行谈判。在英属印度建立起一个或多个完全自治或独立的政府时,英王陛下政府与这些政府的影响使她不能履行最高统治权的义务。此外,她也不能考虑为此目的而将军队留在印度。这也意味着英国政府不能行使最高统治权。土邦与英王的关系不再存在,土邦出让给英王的权力要返还给土邦。土邦必须与英属印度的一个或多个政府建立联邦的关系。[①]

该备忘录直到 5 月 22 日才在印度媒体公布。海德拉巴尼扎姆也许在此之前并不知道备忘录的存在。他在 5 月 12 日给总督韦维尔的电报中特别强调,从不同角度看,土邦王公的事务,尤其与英国政府签订条约的重要土邦王公事务的性质与英属印度事务的性质是完全不同的。在过去印度历史经受严峻考验时,土邦王公效忠于英王,在现在的情况下,土邦王公希望最高宗主显示对土邦王公同样的考虑和好意。[②]第二天,总督回电表示:"英王陛下政府充分认识到英属印度的地位和印度土邦的地位的根本差异。内阁使团和我本人在最近进行的所有讨论中都将此谨记心中。"[③]

5 月 16 日下午 3 点,艾德礼首相在下院宣读了《内阁使团和总督的声明》[④],该声明同时在新德里公布。该声明提出关于印度未来宪政的建议,通称为《内阁使团方案》。方案的第一部分概述宪法的基本形式:(1)成立由英属印度和印度土邦组成的印度联邦。联邦政府掌管外交、国防和交通,并拥有筹措上述事项所需经费的权力。(2)联邦设立由英属印度和土邦代表组成的行政会议和立法会议。在立法会议中,任何可能引起严重教派争端的问题,都需要两大教派与会,投票的所有代表的占多数才能作出决定。(3)其余所有事项和权力归省。(4)土邦将保留除割让给联邦以外的其他所有事项和权力。(5)各省可以自由组成设有行政和立法机构的集团,每个集团可以决定有关各省的共同事项。(6)联邦宪法和集团宪法应该包含一个条款,经过立法会议多数代表投票表决,任何省都可以要求在实施 10 年后

---

① Memorandum on States' Treaties and Paramountcy Presented by the Cabinet Mission to the Nawab of Bhopal on 12 May, *TOP*, *VII*, pp.522—523.

② The Nizam of Hyderabad to Wavell, 12 May 1946, *TOP*, *VII*, p.527.

③ Wavell to the Nizam of Hyderabad, 13 May 1946, *TOP*, *VII*, p.543.

④ Statement by the Cabinet Delegation and His Excellency the Viceroy, *TOP*, *VII*, pp.583—591.

并每隔 10 年重新考虑宪法的条款。

方案的另外一部分重要内容是制宪机构的成立。这主要包括两个方面:(1)制宪会议代表的确定。在制宪机构成立的过程中,首要问题是获得尽可能广泛而准确的总人口的代表数。最令人满意的方式显然是通过成人公民投票基础上的选举,但是采用这种方式会导致制宪工作发生令人难以接受的推延。最公平而且最可行的方案是,每个省按人口比例给一个总的席位数,大致每 100 万人一个席位;然后将各省的席位总数按主要种族即印度教徒、穆斯林和锡克教徒的人口比例进行分配;分给一个省每个种族的代表将由该种族在立法会议中的成员选举产生。根据这一方案,制宪会议定额 385 名,其中英属印度 292 名,从各省立法会议成员中选出。土邦代表最多不能超过 93 名,选派办法协商解决。(2)制宪会议的程序。当选代表尽快在新德里开会,举行预备会议,确定大致的程序,选举主席和其他官员,设立咨询委员会;将英属印度各省代表分为 3 个组,即由没有要求巴基斯坦的各省的代表组成的 A 集团,包括马德拉斯、孟买、联合省、比哈尔、中央省和奥里萨 6 省;由旁遮普、西北边省和信德省代表组成的 B 集团和由孟加拉与阿萨姆省的代表组成的 C 集团。各组确定它所属各省的省宪法,决定是否应该制定集团宪法。如果需要,则规定相应事项。最后,所有立法会议代表集中,制定联邦宪法。一旦新宪法安排开始运作,任何省都可以选择脱离原来被安排的任何集团,这一决定应该由按新宪法举行第一次大选后产生的省立法会议作出。为了尽可能缩短新宪法制定好以前至政权移交之间的过渡时期,总督立即请求省立法会议开始选举他们的代表,请求土邦成立谈判委员会。和《克里普斯方案》一样,声明提到制宪会议与联合王国之间签订条约对有关因政权移交而出现的某些事务作出规定。

土邦王公对《内阁使团方案》最先作出回应。5 月 16 日,海德拉巴尼扎姆致电总督韦维尔:"在我看来,在毁灭性的 6 年世界大战之后、所有国家和整个世界的事务还没有得到和平解决时,英国政府移交权力是不合时宜的。另一方面,令人不满意的情况依然以这种或那种方式出现。在这些情况下,将权力移交给还不适合掌握权力的人将会导致混乱和动荡,进而威胁到最高宗主通过土邦的存在和努力已持续数个世纪的印度的和平与安定。"[1]尼扎姆对英国政府无视土邦王公的利益表示不满。5 月 17 日,海德拉巴总理

---

① The Nizam of Hyderabad to Wavell, 16 May 1946, *TOP*, *VII*, pp.599—600.

查特里纳瓦布一行拜访总督韦维尔和亚历山大,表示海德拉巴希望继续与英国保持联系,对声明中提到的基本权利、联邦中央政府的财政权力、比拉尔的归属等问题提出疑问。①同一天,王公院主席博帕尔纳瓦布给总督写了两封信,对《内阁使团方案》中有关土邦的地位和权力等方面的条款提出不同看法,对方案没有给土邦以足够重视和恰当安排表示异议。②

5月27日,内阁使团成员佩西克-劳伦斯和总督韦维尔会见小土邦王公代表奥查哈摩诃罗阇、桑格利罗阇、巴特那摩诃罗阇和巴格哈特罗阇。巴格哈特罗阇杜尔迦·辛格(Durga Singh)代表在王公院没有代表的103个土邦抱怨王公院没有征求过他们的意见,内阁使团成员也没有访问过他们。为了维护小土邦的利益,小土邦应该组成土邦集团,在谈判委员会和联络机构中有足够多的代表。巴特那摩诃罗阇拉金德拉·纳拉扬·辛格(Rajendra Narayan Singh)也赞成小土邦联合组成较大管理单位的建议。实际上,东部土邦在考虑成立一个联盟,该联盟将有面积155 400平方千米,人口800万,财政收入4 000万卢比至5 000万卢比,还有相当丰富的森林资源和尚未开发的矿产资源,足以使它成为新印度联邦的一个单位。王公们将在7月作出初步决定,起草一部联盟宪法。韦维尔总督指出,小土邦与省合作、加入省是最符合土邦利益的,他也会与省长讨论与土邦合作的问题,开启与土邦的谈判,土邦王公也将得到最好的建议。③

1947年1月29日,土邦王公会议通过决议,重申王公愿意在起草一部统一的宪法及在建立与已经接受的方案一致的印度联邦中给予尽可能的合作,并宣布接受《内阁使团方案》的基本条件:土邦加入内阁使团所建议的印度联邦应该基于谈判,最后的决定权在于每个土邦;土邦应该保留所有臣民和除出让给联邦以外的权利,最高统治权在过渡时期结束时终止,不移交或遗留给新印度政府。所有出让给最高统治者的权利将都回归土邦王公。因此,拟议中的印度联邦将只行使那些土邦让给或委托给联邦的职能。除了那些明确委托的权利和权力之外,每一个土邦将继续保留主权和所有权利及权力。每一个土邦的法律、领土完整和按照土邦习惯、法律和惯例确定王朝的继承,不应该受联邦或任何单位的干预,除非经过同意,土邦现在的边

---

① Note of Meeting between Wavell and Alexander with the Nawab of Chhatari and others, 17 May 1946, *TOP*, *VII*, pp.600—602.

② The Nawab of Bhopal to Wavell, 17 May 1946, *TOP*, *VII*, pp.605—609.

③ Note of Meeting between Pethick-Lawrence, Wavell and the Maharaja of Orchha and Others, *TOP*, *VII*, pp.713—716.

界不得变更。英王陛下政府已经在议会明确表示，土邦可以自由选择加入还是不加入联邦。决议还引用了内阁使团备忘录中关于土邦政治安排的建议。①

总之，在《关于土邦的条约与最高统治权的备忘录》和《内阁使团方案》公布后，土邦王公们在不同场合表示希望继续保持原有的特权，在时局发生变化时，在新政府中拥有比较有利的地位。

2. 蒙巴顿总督与土邦王公的会谈

在国大党和穆斯林联盟没有合作的可能、印度局势越来越紧张，尤其是教派冲突不断升级的情况下，英国政府迫切希望尽快解决印度问题。韦维尔虽然自1943年10月即任总督后为印度问题的解决作出了极大努力，但是他和尼赫鲁、甘地等国大党领袖之间的关系越来越糟糕，没有解决印度问题的希望。艾德礼政府只得任命蒙巴顿勋爵为印度总督。

在蒙巴顿勋爵上任时，艾德礼政府给了他明确的指示："英王陛下政府的明确目标是，通过按照《内阁使团方案》设立和运作的制宪会议，成立一个包括英属印度和印度土邦的统一的政府，如果可能，让它留在英联邦内，你应该尽最大的能力说服各党派为这一目的而努力。""你要尽力说服那些政治进步缓慢的印度土邦的统治者，迅速在他们的土邦内建立某种更民主的政府。你同样要帮助土邦与英属印度领袖就他们未来的关系达成公平和公正的协议。"②这表明，艾德礼政府在希望将政权移交给一个统一的印度政府的同时，也非常希望公平、合理和合法地解决印度土邦问题。

1947年3月22日，蒙巴顿勋爵抵达新德里。3月24日，在韦维尔总督离开印度后，蒙巴顿宣誓就任印度总督，随即与印度各党派、团体和教派领袖会谈，与土邦王公们会谈，希望了解他们关于制宪和政府组成方面的真实想法。在他看来，国大党和穆斯林联盟是决定性的力量，如果能够说服穆斯林联盟领袖真纳放弃建立巴基斯坦的要求，促成国大党和穆斯林联盟的合作，印度问题就可以得到好的解决。对于王公们的心声，蒙巴顿总督也乐于倾听。3月24日，蒙巴顿与王公院主席博帕尔纳瓦布、比卡内尔摩诃罗阇等会谈。博帕尔纳瓦布提出土邦与英联邦未来的政治关系的问题、土邦或土邦集团被授予自治领地位的可能性——或者与其他国家如美

---

① C.H. Philips, *The Evolution of India and Pakistan 1858 to 1947*: *Select Documents*, London: Oxford University Press, 1962, pp.435—436.

② Draft Directive to Viceroy, *TOP*, *IX*, pp.669—671.

国的关系。①比卡内尔摩诃罗阇萨杜尔·辛格（Sadul Singh）表示，比卡内尔、斋浦尔、焦特布尔、伯蒂亚拉、巴罗达和博帕尔计划加入制宪会议；就他个人而言，他更希望英国人继续留下来，但现在不得不追随国大党的领导，因为他相信国大党不会"食言"。②

4月3日，比卡内尔摩诃罗阇、伯蒂亚拉摩诃罗阇等拉杰布达纳、旁遮普和印度中部一些重要土邦的代表在孟买召开会议。这些王公都赞成参加制宪会议。代表们在经过充分考虑后决定，"我们虽然急切地要维持王公们的团结，将通过由王公院成立的谈判委员会正常地配合和工作，但是，如果要采取任何企图推迟或延迟参加立宪会议及其委员的举动，或者如果阐明的政策在我们看来违背土邦的利益，我们将进行干预。如果我们觉得所涉及的事情严重影响到土邦的利益，作为不得已的措施，我们将撇开谈判委员会单独进行谈判"③。比卡内尔摩诃罗阇在给蒙巴顿的信中详细叙述了这次会议的情况及王公们的想法。

4月18日，全印土邦人民大会在瓜廖尔召开会议。尼赫鲁在会上发表讲话说："任何不加入制宪会议的印度土邦都将被视为敌对者，并将要承担被视为敌对者的所有后果。我们的目标是尽我们所能地解放印度，然后为其他地区解决独立的问题。印度迈向自由将要消除任何障碍。"他在另一场合说："旁遮普和孟加拉将分治；我极其负责地发表这一声明。"④尼赫鲁的讲话和声明激起很多土邦王公的恐慌。

4月20日，总督和伯蒂亚拉摩诃罗阇雅达温德拉·辛格（Yadavindra Singh）共进晚餐。摩诃罗阇抱怨英国人要从印度撤离，正在抛弃长期以来支持自己的盟友和朋友。他认为过去几年英国人一直在削弱土邦而不是在离去之前增强它们的实力，使它们可以自立，这对土邦来说是很不公平的。锡克教领袖塔拉·辛格（Tara Singh）和卡塔尔·辛格（Kartar Singh）、法里德果德摩诃罗阇等试图在英国人撤离时趁乱扩张自己的势力，伯蒂亚拉摩诃罗阇认为他们这样做是愚蠢的，并警告了他们。尽管摩诃罗阇尽力维护和平和秩序，避免动荡和骚乱，但还是非常担心会发生内战，他希望英国人

---

①　Record of Interview between Mountbatten and the Nawab of Bhopal, 24 March 1947, *TOP*, *X*, p.10.

②　Record of Interview between Mountbatten and the Maharaja of Bikaner, 24 March 1947, *TOP*, *X*, p.11.

③　The Maharaja of Bikaner to Mountbatten, 3 April 1947, *TOP*, *X*, pp.107—114.

④　Nicholas Mansergh, *The Transfer of Power 1942—1947*, *Vol.X*, p.337, note 2.

重新考虑撤离的问题。①

4月21日,陶尔布尔摩诃拉吉-拉纳乌代·班·辛格(Udai Bhan Singh)在与蒙巴顿总督会晤时表示极其关注尼赫鲁对印度土邦王公发起的挑战;尼赫鲁试图要迫使土邦王公在加入制宪会议还是招致国大党的敌视之间作出选择。土邦王公们似乎没有选择,只能应对挑战,因为以这种方式力图敲诈他们是十分不公平的。他深信,1948年6月之前不可能实施任何方案,英国人不得不留下来。②兰尔纳瓦布、博帕尔纳瓦布和特拉凡科尔迪万拉马斯瓦密·艾耶尔都就尼赫鲁的威胁纷纷询问总督他们应该采取什么行动。4月21日,总督职员会议作出决定,要告诉尼赫鲁,在新方案发布之前或国大党和穆斯林联盟都充分接受《内阁使团方案》之前,不要采取任何措施,实施其"最后通牒"③。第二天,总督召见尼赫鲁,责备他在瓜廖尔发表充满火药味的演讲。尼赫鲁解释说,他并非代表内阁或国大党,而是以土邦人民大会主席身份发表讲话。④

5月2日,蒙巴顿与特拉凡科尔迪万拉马斯瓦密·艾耶尔会谈。艾耶尔倾诉了对尼赫鲁在瓜廖尔发表的演讲的看法。由于制宪会议建议将征收所得税、遗产税等的权力、将干预任何单位管理的权力给中央政府,艾耶尔已经建议特拉凡科尔摩诃罗阇根本不要加入制宪会议。如果《内阁使团方案》因为某种奇迹而被接受,特拉凡科尔将毫不保留地加入联邦,但是如果印度和巴基斯坦将成立,他将不得不权衡加入的利弊。他觉得特拉凡科尔不能独立自主,希望其成为英联邦成员,最好是自治领地位,即便不行,无论如何也会是积极主动的盟友。蒙巴顿向艾耶尔说明了所有英联邦成员的政策,他反对任何不包括整个印度的成员。⑤

5月5日,比卡内尔总理潘尼迦与蒙巴顿会晤。潘尼迦表明了比卡内尔摩诃罗阇的立场。按照他的建议,作为该土邦集团的领袖,摩诃罗阇已经决定加入制宪会议。土邦不可能自立,对于土邦来说,一个强有力的中央政府是绝对必要的。他反对《内阁使团方案》中软弱的中央政府。潘尼迦积极

---

① Record of Interview between Mountbatten and the Maharaja of Patiala, *TOP*, X, pp.346—347.

② Record of Interview between Mounbatten and the Maharaja-Rana of Dholpur, *TOP*, X, p.351.

③ Minutes of Viceroy's 19th Staff Meeting, Item 1, *TOP*, X, p.353.

④ Viceroy's Personal Report No.4, *TOP*, X, p.408.

⑤ Record of Interview between Mountbatten and Ramaswami Aiyar on 2 May, *TOP*, X, pp.565—566.

支持巴基斯坦,因为它可以使德里(指印度)真正成为强有力的中央,穆斯林多数地区的加入将使强有力的中央成为不可能。①

5月9日,受印缅事务大臣利斯托维尔伯爵威廉·弗朗西斯·黑尔(Willian Francis Hare)的邀请,王室代表的政治顾问科菲尔德与印缅事务部副大臣亚瑟·亨德森(Arthur Henderson)等人讨论最高统治权的撤销问题。科菲尔德表示,现在的政策是,首先撤离政治代表,然后撤离驻扎官,到1948年3月,只留下政治部的核心机构;1948年6月之前逐渐撤离将可以避免英国人完全撤离后出现权力真空。尼赫鲁不喜欢这个撤离程序,因为他担心最高统治权不会移交给印度继任政府,他认为,因为最高统治权的结构是建立在印度土邦和总督参事会上,所以,印度继任政府完全可以继承所有与土邦的条约关系。印缅事务部的官员都认为这种主张是错误的,因为在《1935年印度政府法》之前英王以总督参事会为代表,但是《1935年印度政府法》设立了王室代表作为王室代理人。英属印度政府不能牵涉进来。如果一个土邦王公在过渡时期请求在1948年6月之前终止最高统治权,可以通过签订协定作出这样的安排;否则,最高统治权将继续到移交权力的日子,然后失效。拒绝加入任何制宪会议的土邦能得到的王室代表最大帮助是,王室代表应该尽力为它们提供一个就共同关心的问题与相关印度当局谈判的一个平台。②

5月22日,蒙巴顿在艾德礼首相、印缅事务大臣利斯托维尔伯爵等出席的印缅委员会第27次会议上告诉与会者,一些土邦尤其是特拉凡科尔要求自治领的地位。总督认为,除非印度其他地方也在英联邦内,否则他不会同意让任何土邦为英联邦接纳。委员会同意,最高统治权不能由英属印度的两个新政府中的任何一个继承,因此可以明白让土邦王公通过合法的任何一个总督保持与英王的关系有相当大的困难。③在第二天的印缅委员会会议上,委员会秘书S.E.V.卢克(Luke)传阅了蒙巴顿总督前一天给委员会会议的便条。总督指出,土邦也许认为在与英属印度两部分的宪政关系得到维持的情况下,完全割断与英国王室的宪政关系是不合理的。他们也希望保持与英王的直接联系。如果英方允许印度土邦甚或一些土

---

① Record of Interview between Mountbatten and K. M. Panikkar on 5 May, *TOP*, X, pp.623—624.

② Note of Discussion on Retraction of Paramountcy with C. Corfield at the India Office, *TOP*, X, pp.717—718.

③ India and Burma Committee. I.B.(47) 27th Meeting, *TOP*, X, p.957.

邦以单个的自治领加入英联邦,将遭到使印度解体的指控,国大党很可能撤回其自治领地位的申请。①显然,总督不希望在土邦问题上与国大党闹得不愉快。

6月1日,在第36次总督职员会上,蒙巴顿总督介绍了与一些土邦王公会晤的情况。博帕尔纳瓦布询问是否给土邦以自治领地位,总督再次表示英王陛下政府没有这样的打算,并说明了理由。纳瓦布抱怨英王陛下政府再次令土邦失望。如果分治,两个新制宪会议将有很"强硬"的中央,他担心60%的收入将被中央拿走,他曾宣布在这些情况下不加入任何制宪会议。比卡内尔摩诃罗阁指出,土邦王公不愿意将自己交给一个强硬的中央政府,而希望自由地谈判,协定依附中央的程度。在总督看来,真正不愿意加入任何一个制宪会议的土邦只有特拉凡科尔、迈索尔、海德拉巴和博帕尔。②

3.《蒙巴顿方案》关于土邦问题的建议与印度各方的回应

在1947年6月3日公布分治方案之前,蒙巴顿总督会见土邦王公谈判委员会成员:博帕尔纳瓦布、伯蒂亚拉摩诃罗阁、栋格尔布尔摩诃罗瓦尔、纳瓦讷格尔摩诃罗阁、比拉斯布尔罗阁、海德拉巴行政会议主席米尔扎·伊斯梅尔、巴罗达迪万布罗金德拉·拉尔·米特(Brojendra Lal Mitter)、克什米尔总理拉姆钱德拉·卡卡、特拉凡科尔迪万艾耶尔、瓜廖尔行政会议副主席M.A.斯里尼瓦桑(Srinivasan)、斋浦尔总理克里希纳马查里、比卡内尔总理潘尼迦、王公院顾问苏丹·艾哈迈德(Sultan Ahmed)和王公院主任马克波尔·马哈茂德。在会谈中,总督首先简要介绍了国大党和穆斯林联盟谈判的情况。他表示,上任之初,他力图让印度领袖接受《内阁使团方案》,因为他真诚地相信,《内阁使团方案》对印度的未来是最好的;在他看来,该方案给予土邦加入他们最能接受的中央的机会,因而对土邦也是最公平的。但是国大党和穆斯林联盟没有办法达成一致,国大党在没有印度教徒占多数地区被迫加入巴基斯坦的条件下答应分治。总督说,他是如此极力地反对分治,以致拒绝承担作出这种决定的责任。随后,总督与王公谈判委员会成员谈到最高统治权的失效问题。艾耶尔希望呼吁总督,最高统治权应该在权力移交之前失效。这种程序将使土邦可以在平等的条件下与未来的两个

---

① Relations between His Majesty's Government and the Indian States after the Transfer of Power, *TOP*, *X*, p.970.

② Minutes of Viceroy's 36th Staff Meeting, *TOP*, *XI*, pp.32—33.

自治领进行谈判。总督表示,他认为,最高统治权即将失效使土邦可以在完全自由的基础上进行谈判。他所得到的指示是,最高统治权将在权力移交时失效。然而,如果在特别情形下最高统治权的持续确实成为谈判的障碍,他将考虑最高统治权提前失效。总督还就经济和商业协定、权力和合同、土邦与两个新自治领之间的关系问题与土邦谈判委员会成员交换了意见。①

6 月 3 日下午三点半,首相艾德礼和印缅事务大臣利斯托维尔伯爵分别在下院和上院发表《1947 年 6 月 3 日声明》,蒙巴顿总督同时(印度时间晚上 7 点)在德里发表广播讲话,宣读了声明。这个通称的《蒙巴顿方案》主要是一个英属印度分治的方案,它对土邦归属只作了原则性规定:"英王陛下政府希望明确的是,以上宣布的决定只涉及英属印度,他们包含在内阁使团 1946 年 5 月 12 日备忘录中对印度土邦的政策依然没有变化。"②如前所述,备忘录的建议是:土邦将国防、外交和交通这三项事务交中央政府管理,其他事务继续由土邦管理,基本上保持土邦内政自治。但是,《内阁使团方案》与《蒙巴顿方案》有个根本不同的地方,《内阁使团方案》将权力移交给一个统一的印度政府,而《蒙巴顿方案》则将权力移交给印度和巴基斯坦两个自治领政府。以《蒙巴顿方案》为蓝本、7 月 18 日由英王签署生效的《印度独立法》第 7 条规定了英国政府与土邦的关系:"因为从确定的那一天(即 8 月 15 日)开始,英王陛下政府对印度土邦的最高统治权丧失,因此,在本法案通过之日一直有效的英王与土邦王公之间的条约、协议,英王对土邦或统治者行使的职责和义务,或因之而根据条约、特许、惯例、默许或其他方式的协定而享有的所有权力、权利、政权或司法权,都将随之而失效。"③

这使土邦王公不得不面临两种选择,要么加入印度,要么加入巴基斯坦。根据最高统治权在权力移交时失效的原则,有些土邦则提出独立要求。因此,在分治方案出台后,南亚的局势变得纷繁复杂。就土邦问题而言,以总督为首的英印政府竭力做好协调、劝说的工作,使所有土邦都加入两个自治领之一,使权力移交顺利完成;国大党和穆斯林联盟则尽可能争取更多的土邦加入或成为自己的朋友(尤其对巴基斯坦而言);要求独立的土邦王公则面临着英国政府、国大党及其影响下的土邦人民大会、不同信仰的臣民等多方的压力。

---

①　Minutes of the Meeting of the Viceroy with Members of the States Negotiating Committee, *TOP*, *XI*, pp.80—86.

②　Statement of 3 June 1947(as publihed), *TOP*, *XI*, p.93.

③　Nicholas Mansergh, *The Transfer of Power 1942—1947*, *Vol.XII*, pp.237—238.

《蒙巴顿方案》公布后,土邦王公一再抱怨英国政府抛弃了他们。旁遮普附近的古尔冈地区发生种族暴乱后,总督前往视察,平息暴乱。在从古尔冈返回德里途中,蒙巴顿邀请博帕尔纳瓦布和比卡内尔摩诃罗阇共进午餐,随后分别与他们谈话。在总督向博帕尔纳瓦布解释分治方案后,纳瓦布再次抱怨说:"英王陛下政府再次在危难之时抛弃了土邦王公,因为我们本可以加入《内阁使团方案》设计的微弱的中央政府,但是现在将有强势的中央政府,无论我们加入哪个自治领,都将彻底摧毁我们。"总督向他表明,如果土邦王公力图坚持作为一个独立的地区,那就会真正使土邦王公个人的地位遭到毁坏。但是,总督所说的任何理由都不能动摇博帕尔纳瓦布的独立意图。①

在《蒙巴顿方案》公布后,6 月 11—12 日,全印土邦人民大会常务委员会在新德里召开会议并通过决议,反对土邦独立,土邦主权归土邦人民。②而印度土邦王公,尤其那些地域较广、人口较多的土邦王公,对于《蒙巴顿方案》将土邦置于"不幸的地位"表示失望。③他们希望继续保持自己的独立地位,一再请求英国政府允许它们以自治领的身份留在英联邦内。但如上所述,英国政府的态度非常明确,要求印度土邦加入新自治领。为了协调土邦与继承政府的关系、劝说土邦加入新自治领,英国政府也做了大量工作。

在《蒙巴顿方案》公布几天后,海德拉巴和特拉凡科尔宣布它们将在8 月 15 日成为独立的主权国家。国大党对此作出强烈反应。在此之前,尼赫鲁多次表明国大党对土邦归属的立场。1945 年 12 月 30 日,尼赫鲁表明:"印度土邦的大部分应该合并到邻近的省,王公们领取年金退位。……在改革后的民主体制下,大多数土邦可以作为自治单位在印度联邦中发挥重要作用。"④1947 年 4 月 18 日,尼赫鲁在瓜廖尔召开的全印土邦人民大会上发表演讲说,"任何现在不加入立法会议的土邦将被视为敌人,将要承担被视为敌人的后果。我们的目的是要尽可能解放印度,然后为其他地方解决独立的问题。印度奔向自由不能容忍任何更多的障碍。"⑤在 6 月 10 日

---

① Viceroy's Personal Report No.8, *TOP*, *XI*, pp.159—160.

② Resolutions (2) and (3) Passed by the Standing Committee of the All India States' People's Conference on 11 and 12 June 1947, *TOP*, *XI*, pp.282—283.

③ Mountbatten to the Earl of Listwel, *TOP*, *XI*, p.528.

④ R.G.Casey, *An Australian in India*, London, 1947, p.88.

⑤ Viceroy's Conference Paper V.C.P. 32, *TOP*, *X*, p.337.

与蒙巴顿总督会晤时,尼赫鲁就宣称他完全不同意土邦彻底独立的观点,并警告说,他将"在所有反对我们的土邦中鼓励叛乱"①。在新印度政府中,次大陆第二大土邦的加入被视为一个被放弃的结论,海德拉巴因为其地理位置,除非只在名义上,否则实际上不可能获得独立。内务部长帕特尔说:"海德拉巴事实上处于印度的腹地。如果将腹腔与主体分离,它怎么能呼吸?"②6 月 15 日,全印国大党委员会通过《全印国大党委员会关于土邦的决议》。决议强调,内阁使团 1946 年 5 月 12 日关于土邦的备忘录、5 月 16 日声明和 6 月 3 日声明都对移交政权后土邦的地位进行了明确的规定:印度联邦由省和土邦组成,权力一旦移交,最高统治权就失效。如果任何土邦没有与联邦建立关系,它将与联邦订立其他的政治协定。印度土邦也曾告诉英国政府,为了他们自己及整个印度的利益,他们将为制定宪法作出贡献并在印度联邦中占有他们适当的地位。决议强调,政权的移交、宗主权的失效不能导致土邦的独立。"无论从 1946 年 5 月 12 日备忘录和 1946 年 5 月 16 日声明的潜在精神的角度,还是从现在全世界公认的人民权利的角度看,很清楚的是,土邦人民在任何与他们相关的决定中必须有决定权。主权在民,这是众所公认的。即使导致土邦与国王的关系终结的宗主权失效,人民的内在的权利不会受影响。""全印国大党委员会不能承认任何印度土邦有宣布独立、与印度其他地区分离的权利。那将是违背印度历史潮流和今天印度人民的目标的。"③

据 6 月 18 日《泰晤士报》报道,6 月 17 日,尼赫鲁在全印国大党委员会会议上说,"如果土邦不加入联盟,它与联盟的关系——将必定有一些关系——将不会是平等的关系,而是稍微低一些。我们要求宗主权或最高统治权。"他声明不允许土邦与任何外国或任何独立政府在防务方面有任何联系。他补充道,"我们将不承认在印度有任何形式的独立的土邦","任何外国政权承认这种独立将被视为不友好的行为"④。尼赫鲁主张,印度领域内的独立土邦对国家来说将是一种危险。除了新自治领政府接受最高统治权外的唯一一选择是土邦单独或组成团体,以与省一样平等的伙伴身份加入印度联盟。甘地宣称,印度土邦宣布独立"等同于向数百万自由的印

① Record of Interview between Mountbatten and Nehru, 10 June 1947, *TOP*, *XI*, p.233.

② Vallabhbhai Patel, *For a United India*: *Speeches of Sardar Patel*, *1947—1950*, New Delhi, 1990, p.11.

③ Resolution of the All-India Congress Committee on the States, *TOP*, *XI*, pp.399—400.

④ Nicholas Mansergh, *The Transfer of Power 1942—1947*, Vol.*XI*, p.400, note 1.

度人民宣战"①。国大党之所以不承认土邦的主权国家的地位,因为 560 多个土邦中只有少数几个是穆斯林土邦或与巴基斯坦相邻的土邦,其他都在印度腹地内或相邻,如果承认土邦的独立主权地位,很多问题无法解决,印度就会巴尔干化。

真纳反对尼赫鲁的主张。他在 6 月 17 日发表声明说:"在英国宗主权终结之后,从宪法和法律上来看,印度土邦将是独立的主权国家,它们将有自由作出它们自己喜欢的抉择。""土邦可以自由地加入印度制宪会议或巴基斯坦制宪会议,或者决定保持独立。在最后一种情形下,它们可以选择与印度斯坦或巴基斯坦缔结怎样的关系。"真纳并不赞成土邦只能选择加入印度斯坦或巴基斯坦的观点,并表示巴基斯坦欢迎与保持独立的土邦与建立各种政治、商业或经济等任何形式的关系。"在我看来,如果它们愿意,它们就有自由保持独立。英国政府或英国议会或任何其他政权或团体都不能强迫它们做违背它们的自由意志和愿望的事,它们也没有作出这种裁决的权力。"②真纳的这种立场当然是从巴基斯坦的切身利益出发的,一则,将加入巴基斯坦的穆斯林土邦屈指可数,它们加入巴基斯坦与否,对巴基斯坦势力的增强或减弱影响并不很大。二则,如果大的土邦独立,就会削弱印度的力量,并且成为制约印度的因素,对于巴基斯坦是非常有利的。

针对土邦人民大会与一些大土邦王公独立要求方面的矛盾,国大党和穆斯林联盟在土邦问题上的不同态度,英国政府一再非常明确地表明自己的态度,要求印度土邦加入新自治领。英国人为协调土邦与未来继承政府之间的关系做了大量的工作。

鉴于国大党的反应,6 月 20 日,印缅事务大臣利斯托维尔伯爵致函蒙巴顿总督,要求他协调好土邦与继承权力的政府的关系。"全印国大党委员会关于土邦的决议及其他各种迹象清楚地表明,国大党反对我们的土邦政策,尤其反对我们宣布的不打算将宗主权交给任何继承权力的政府。虽然无论从历史的角度还是从宪法的角度看,内阁使团 5 月 12 日备忘录都是正确的,但同样必要的是,我们要充分考虑政策实施所产生的实际后果,因此,我们应该竭尽全力帮助土邦和继承政府达成令人满意的新协定。"③

6 月 28 日,比拉斯布尔罗阇阿嫩德·昌德拜访蒙巴顿的政治顾问科菲

---

① E.W.R. Lumby, *The Transfer of Power in India 1945—1947*, New York: Hyperion Press, 1981, pp.232—233.

② Mr. Jinnah's Statement, *TOP*, *XI*, p.438.

③ The Earl of Listwel to Mountbatten, *TOP*, *XI*, p.540.

尔德,征求关于旁遮普诸土邦未来的意见。他表示,除了伯蒂亚拉外,其他旁遮普土邦都希望采取一致的行动,这将最能保证它们的未来。科菲尔德告诉罗阁,即将成立的土邦部将代表两个自治领政府在 7 月 25 日与土邦签订《维持现状协定》(*Standstill Agreement*),该协定涉及铁路、邮政、电报等方面,但不包含各土邦各方面的利益,商业协定,尤其关于灌溉等事务的协定也是必须的。旁遮普诸土邦必须决定派代表参加 7 月中旬召开的两个制宪会议中的一个,通过这样做来表明它们愿意与它们选择的自治领政府缔结军事方面的关系,确保那个政府的善意。在选择参加哪个制宪会议时,土邦可以考虑下述因素:地理位置、人口构成、土邦人民的意愿、主要商业利益方向、两个自治领政府可能给出的条件。①

二、大多数土邦加入新自治领

在权力移交时,负责土邦事务的政治部不再存在,因而有必要成立一个专门的部门处理土邦事务。1947 年 6 月 9 日,尼赫鲁致函蒙巴顿,建议设立一个中央机构,代表印度政府以一种统一的方式处理土邦问题;没有这个机构就会导致管理上的慌乱和混乱。②6 月 13 日,总督召集印度各方代表尼赫鲁、帕特尔、真纳、利亚奎特·阿里·汗(Liaquat Ali Khan)、阿卜杜勒·拉布·汗·尼什塔尔(Abdul Rab Khan Nishtar)和巴尔德维·辛格(Baldev Singh)等人到新德里开会,土邦是会议的一个重要议题。会议决定成立土邦部,以解决新自治领与土邦共同关心的问题。③6 月 17 日,尼赫鲁致函总督,对拟议中的土邦部的职能提出建议。④6 月 21 日,总督顾问伊斯梅勋爵致函尼赫鲁,信中附加的备忘录草案对土邦部的成立缘由、职责、与政治部的关系等提出建议,以便在 6 月 23 日印度内阁会上传阅、修改。⑤

7 月 1 日,总督将 6 月 29 日修改过的《印度独立法草案》展示给印度各方领袖。各方对法案草案提出了自己的看法。法案第 7 条(1)(b)规定:"英

---

①　Mountbatten to C. Corfield,*TOP*,*XI*,pp.764—765.

②　Pandit Nehru to Mountbatten,9 June 1947,*TOP*,*XI*,pp.205—206.

③　Minutes of Viceroy's 18th Miscellaneous Meeting, On 13 June 1947,*TOP*,*XI*,pp.320—327.

④　Viceroy's Conference Paper V.C.P. 81,*TOP*,*XI*,pp.461—462.

⑤　Lord Ismay to Pandit Nehru,21 June 1947,*TOP*,*XI*,pp.548—550.

王陛下对印度土邦的最高统治权失效,随之失效的还有:陛下和土邦王公之间所有在本法案通过之日有效的条约和协定,陛下对有关土邦或王公行使的职责,陛下行使的所有权力、权利、权威或司法权,或与土邦的条约、特许、惯例、默许或其他。"①国大党对此的评论主要是,所有条约协定等在移交权力当天都失效会造成管理上极其严重的混乱;签订新条约是一个需要很长时间且艰巨的任务,应将一个普遍适用的《维持现状协定》嵌入法案之中。②7月18日通过的《印度独立法案》第7条没有任何修改。③

7月5日,印度政府正式成立土邦部,帕特尔任部长,梅农(Vapal Pangunni Menon)任秘书。帕特尔以部长身份发表由梅农草拟的《关于土邦未来的声明》。他强调:"历史的教训是,正是因为印度政治上的四分五裂和我们没有能够团结一致才使印度不断遭受侵略者的入侵。在过去,我们相互之间的冲突、纷争和嫉妒一直是导致我们多次垮台并沦陷于外族支配之下的原因。我们不能再犯同样的错误或落入陷阱之中。""土邦的安全和保护以及印度的安全和保护都要求不同地区之间的团结与相互合作。""现在英国的统治即将结束,土邦将重新获得它们的独立。我相信,土邦都不愿意以一种不利于印度的共同利益的方式获得自由。"帕特尔呼吁那些还没有加入制宪会议的土邦加入制宪会议,"我们只要求土邦让出国防、外交和交通三项共同利益所涉及的权力。在其他事务上,我们将非常认真地尊重他们的自治权"。在声明的最后,帕特尔再次强调,"我们处在历史的紧要关头。通过共同努力,我们能使这个国家崛起为一个新的强国,相反,如果缺乏团结,我们将蒙受新的灾难。我希望印度土邦王公们记住,除为了共同利益合作外的选择是无政府状态和混乱,如果我们不能为了共同的任务而进行最低限度的合作,那么,我们将走向毁灭"④。帕特尔在声明中实际上承认土邦的独立地位,但他希望土邦王公能从整个南亚次大陆的未来着想,与英属印度组成印度联邦。这种观点是比较切合实际的,与尼赫鲁和甘地的观点有一些差异。在总督看来,尼赫鲁和甘地在土邦问题上的态度是病态的,他们要支持土邦的自由运动。因此,总督为土邦部由帕特尔负责而感到庆幸,如果由尼赫鲁负责,他肯定会坏事。⑤

---

① Viceroy's Conference Paper V.C.P. 97, *TOP*, *XI*, p.785.

② Mountbatten to the Earl of Listwel, 3 July 1947, *TOP*, *XI*, p.856.

③ *Indian Independence Act*, 1947, *TOP*, *XII*, pp.237—238.

④ Text of Statement by Sardar Patel, 5 July 1947, *TOP*, *XI*, pp.928—930.

⑤ Viceroy's Personal Report No.10, 27 June 1947, *TOP*, *XI*, p.687.

在成立土邦部之后，以总督、帕特尔和梅农为核心的团队致力于与土邦王公联络，劝导他们尽快决定加入相邻的自治领，签订《加入协定》。7月11日，土邦部致电各驻扎官，告知7月25日土邦代表和土邦部大会的议程，希望土邦7月25日前举行前期会议，推选出进行谈判的代表委员会并达成协议。①7月8日，王室代表的秘书致电所有驻扎官："请通知所有土邦，本月要讨论的议题包括土邦立即在外交、国防和交通三个方面加入自治领的建议。土邦部将尽快寄出议程副本及召开会议的时间。"②

7月16日，土邦部秘书梅农致电印缅事务部助理副大臣保罗·约瑟夫·帕特里克（Paul Jesoph Patrick）：总督已经与迈索尔、巴罗达、瓜廖尔、比卡内尔、斋浦尔和焦特布尔的代表就8月15日前国防、外交和交通事务方面加入自治领的问题进行了非正式的会谈。他们的反应是可喜的。随后，我根据总督的指示，与这些土邦和其他土邦的代表见面。在与他们讨论之后，一些代表明确答应就三项加入自治领；一些代表表示原则上同意，但还要详细讨论。③

7月18日，印度驻联合国大会特别代表克里希纳·梅农（Krishna Menon）致函告知蒙巴顿总督，他拜访了利斯托维尔伯爵、亨德森和克里普斯，他们都答应尽可能在演讲中表明，英王陛下政府不希望南亚次大陆巴尔干化或给土邦以自治领地位。④

在此同时，英国政府一再表明对土邦的立场。"依据《印度独立法》，对印度土邦的最高统治权将在8月15日起失效，在法律上，它们通过特别条约关系与英王的联系也将终止。但是，如首相7月10日和总检察长肖克罗斯（Hartley William Shawcross）7月14日在下院发表的演讲、印度事务大臣7月16日在上院发表的演讲都清楚地表明，英王陛下政府相信，印度土邦的未来不可避免地决定于与英属印度的关系，因为它们与英属印度的领土犬牙交错地交织在一起。因此，我们希望所有土邦都与印度或巴基斯坦自治领建立联邦关系。"⑤这些都表明，英国政府希望断绝土邦王公独立的念头。

7月25日，蒙巴顿总督主持召开有土邦王公和代表参加的新闻公报发

---

① States Department to Residents，*TOP*，*XII*，pp.111—112.

② The Secretary to the Crown Representative to All Residents，*TOP*，*XII*，p.2.

③ V.P.Menon to Sir P. Patrick，*TOP*，*XII*，p.199.

④ Krishna Menon to Mountbatten，*TOP*，*XII*，pp.255—256.

⑤ Cabinet Office to U.K. High Commissioner, New Delhi，*TOP*，*XII*，p.581.

布会。总督宣布由伯蒂亚拉摩诃罗阇、巴罗达摩诃罗阇、瓜廖尔摩诃罗阇、博帕尔纳瓦布、比卡内尔摩诃罗阇、纳瓦讷格尔摩诃罗阇、栋格尔布尔摩诃罗瓦尔、海德拉巴总理查特里纳瓦布、特拉凡科尔迪万艾耶尔、迈索尔迪万拉马斯瓦密·穆达里尔(Ramaswami Mudaliar)、斋浦尔总理克里希纳马查里等 22 人组成土邦谈判委员会。①总督发表演讲说,"我面临着两个突出的问题,一是怎样将权力移交给英属印度,二是怎样以一种各方公认的、公平而恰当的方式将印度土邦放置到这种场景中来。……我不得不谈论一下分治机制问题——一个违背我个人主观愿望的方案。""现在《印度独立法》解除了土邦对英王的所有义务。土邦拥有了完全的自由——无论在技术上还是在法律上,它们都是独立的。"但是,在多大程度上享有独立是最有利于土邦的呢? 蒙巴顿指出,"任何土邦的统治者都可能认识到,国防、外交和交通事务不是一个土邦所能实行的,不可能抵抗外来侵略,不可能向每一个国家派出使节,交通更是维持整个次大陆的生命线的途径。因此,对土邦最有利的做法是在 8 月 15 日之前加入自治领"。总督最后向与会代表强调:"整个国家都正在经历一个关键的时期。我并不要求任何土邦作出有关内部自治或独立的不可忍受的牺牲。我的方案给你们以自己可以利用的切合实际的独立以摆脱自己无法管理的事务。"②这一次会议具有非常重要的意义,很多王公在会议结束不久就作出加入印度自治领的决定。③

但是,焦特布尔、印多尔等重要土邦王公在加入哪个自治领问题上犹豫不决。焦特布尔大多数居民是印度教徒,在地理上却与巴基斯坦相邻。在焦特布尔年轻的摩诃罗阇汉旺特·辛格(Hanwant Singh)向总督保证加入印度不久,陶尔布尔土邦集团就劝他不要加入印度联盟。他被带到真纳那里,博帕尔纳瓦布和迪万乔德里·查弗鲁拉·汗也在场。真纳承诺让焦特布尔使用卡拉奇机场作为自由港,自由进口武器,管辖焦特布尔-海得拉巴(信德境内)铁路,为受饥荒威胁的地区提供谷物,条件是焦特布尔在 8 月15 日宣布独立,然后加入巴基斯坦。8 月 5 日,摩诃罗阇召开了有一些领头人出席的家族会议,多数人反对加入巴基斯坦,而摩诃罗阇依然认为真纳所给的条件是最好的。摩诃罗阇打电话给博帕尔纳瓦布说,他这边的局势令人满意,他将于 8 月 11 日在德里会见博帕尔纳瓦布。8 月 7 日,摩诃罗阇

① Press Communique of an Address by Mountbatten to a Conference of the Rulers and Representatives of Indian States, *TOP*, *XII*, p.351.
② Ibid., pp.347—352.
③ The Maharaja of Travancore to Mountbatten, *TOP*, *XII*, p.414.

前往巴罗达,试图劝说盖克瓦德不签署《加入协定》。同时,博帕尔纳瓦布正试图阻止斋浦尔、库奇和乌代布尔签署《加入协定》。

鉴于局势的发展可能难以控制,蒙巴顿总督致电焦特布尔摩诃罗阇,希望立刻与他会晤。[1]鉴于博帕尔纳瓦布对焦特布尔摩诃罗阇的影响,8月11日上午,总督召见博帕尔纳瓦布,希望纳瓦布将焦特布尔摩诃罗阇与真纳等会谈时的真实情况告诉他,并且向纳瓦布表明:如果未来的印度政府认为,纳瓦布要诱使一个全部是印度教徒的土邦加入巴基斯坦,与印度为敌,无论个人友谊有多深厚,总督都无法保护纳瓦布本人、他的土邦或土邦的新统治者。[2]在这种情况下,纳瓦布只好详细地向总督叙述了焦特布尔摩诃罗阇与真纳会谈及与斋浦尔和乌代布尔等王公交往的情况,不敢再干预焦特布尔摩诃罗阇的决定。总督在会见了焦特布尔摩诃罗阇之后,让他去见帕特尔,帕特尔满足了他所有的要求,因为焦特布尔是一个印度教土邦,它的背叛会为斋浦尔、乌代布尔等邻近土邦提供加入巴基斯坦的条件。帕特尔答应,焦特布尔可以让它的拉杰普特人持有并进口武器,不受限制;为饥荒区提供粮食,如果需要,甚至可以牺牲印度其他地区的利益;优先考虑修建一条从焦特布尔到库奇的铁路,为他们开放一个港口,允许库奇加入印度关税同盟。焦特布尔摩诃罗阇也意识到,他不可能真正带领一个印度教土邦加入巴基斯坦,帕特尔给出的条件令他满意[3]。因此,他放弃加入巴基斯坦的打算,加入了印度。

印多尔是马拉塔土邦中最有影响的土邦之一。印多尔摩诃罗阇耶斯旺特·拉奥二世一度表示要独立。因此,总督给予特别关注。印多尔摩诃罗阇虽然是蒙巴顿总督的老朋友,但他如此痴迷于维持国王的权力,以致无法看清形势。总督多次会见他,与他交流信件,让很多土邦王公做他的工作。他向总督表明,《加入协定》的条件比他所希望的都要好,如果它们是条约,他将立即接受,但是,如果签订《加入协定》,则有失身份。印多尔摩诃罗阇拒绝去德里或者允许代表去德里进行谈判。作为王室代表,总督觉得应该千方百计帮助任何土邦。7月28日总督职员会议上,梅农认为印多尔有可能就三项加入自治领,总督没有必要主动找摩诃罗阇,而摩诃罗阇最迟在7月底主动接近总督。[4]蒙巴顿总督在第二天主动致函印多尔摩诃罗阇,对

---

①　Viceroy's Personal Report No.16, *TOP*, *XII*, pp. 603—604.

②　Memorandum by Mountbatten, 11 August 1947, *TOP*, *XII*, p.660.

③　Viceroy's Personal Report No.16, *TOP*, *XII*, p.767.

④　Minutes of Viceroy's Sixty-Fifth Staff Meeting, *TOP*, *XII*, p.375.

没有能够得到摩诃罗阇关于土邦加入印度及其他重要事情的意见而感到失望。①总督要巴罗达盖克瓦德、瓜廖尔和戈尔哈布尔摩诃罗阇会同塔尔、小代瓦斯摩诃罗阇和桑杜尔(Sandur)罗阇亚什万特·拉奥(Yashwant Rao)携带他的信飞往印多尔,将印多尔摩诃罗阇带回德里。6 个王公到印多尔时,摩诃罗阇已经前往拜访博帕尔纳瓦布,只好由戈尔哈布尔总理将印多尔罗阇从博帕尔接回来。巴罗达、瓜廖尔和戈尔哈布尔摩诃罗阇将总督的信交给印多尔摩诃罗阇。印多尔摩诃罗阇说他之所以不能去德里,是因为他曾答应博帕尔纳瓦布,不经他同意就不去德里。巴罗达盖克瓦德希望总督立即废黜印多尔摩诃罗阇,但总督指出,8 月 15 日之前没有任何理由废黜他。②7 月 31 日,印多尔摩诃罗阇回信感谢总督的邀请,对没有参加 7 月 25 日的土邦大会感到遗憾,因为他觉得土邦王公有权决定自己的未来,和其他许多王公一样,觉得自己与英国的联系将可以在单独的自治领基础延续,可以不成为印度自治领的有机组成部分。摩诃罗阇答应尽快去德里,并且邀上亲如兄弟的博帕尔纳瓦布。③

印多尔摩诃罗阇因一直犹豫不决而被指责为土邦加入自治领的绊脚石。8 月 6 日,摩诃罗阇致函尼赫鲁,做了一些解释,表明自己的态度。他说:"我希望提醒您的是,印度土邦总体上是唯一严格坚持 1946 年 5 月 16 日的《内阁使团方案》的团体,《内阁使团方案》是一个统一的印度的方案。在这样一个方案中,土邦曾愿意,现在依然愿意支持国防、外交和交通的共同政策。我同样提醒您的是,我们还不清楚巴基斯坦给予的加入条件。……我希望您不要误解我而认为印多尔将加入巴基斯坦。不过,我确实认为,先看看巴基斯坦的态度对土邦来说是公平的。""我被指责为绊脚石。我可以向你保证,事实并非如此。我对土邦和我的臣民负有不可推脱的责任,因此,我不能匆匆忙忙地加入。仓促的加入可能会导致很多出乎意料的事情。……我热切地希望印度和巴基斯坦自治领最终可以统一起来。如果它们要统一,您将发现,土邦最爱国并成为这种统一的合作者。"④

8 月 6 日,印多尔摩诃罗阇拜访蒙巴顿总督,总督对摩诃罗阇的态度表示不满和失望,摩诃罗阇并没有显示出对其臣民应有的责任感。经过一番

---

① Mountbatten to the Maharaja of Indore, *TOP*, *XII*, p.393.

② Minutes of Viceroy's Sixty-Fifth Staff Meeting, *TOP*, *XII*, p.454.

③ The Maharaja of Indore to Mountbatten, *TOP*, *XII*, pp.434—435.

④ The Maharaja of Indore to Nehru, 6 August 1947, *TOP*, *XII*, pp.554—555.

劝说,摩诃罗阇的态度发生变化,试图让其他人代表他调解:让博帕尔纳瓦布拜访总督,让查弗鲁拉·汗见伊斯梅,让印多尔总理霍尔顿(Ralph Albert Horton)见总督私人秘书乔治·阿贝尔(George Abell),让副总理见梅农。[①]不过,为了争取更好的加入条件,印多尔摩诃罗阇致电他的王公兄弟,敦促他们不到最后时刻不要签署《加入协定》,这使帕特尔非常生气。虽然摩诃罗阇未能在 8 月 15 日之前递交签署的《加入协定》,但是在 15 日将签署日期为 14 日的《加入协定》寄给了总督。帕特尔因生气而不接受。经过与摩诃罗阇面谈,到 9 月 1 日,摩诃罗阇才致电蒙巴顿总督,他按照给其他土邦的条件加入印度自治领。[②]

经过蒙巴顿和帕特尔等的努力,最终 140 个有全权的土邦按照《加入协定》的条件加入印度自治领,土邦只需向中央交出国防、外交和交通三项权力,其余所有事务仍由土邦政府掌管,中央不干预。卡提阿瓦和古吉拉特的 327 个没有司法权的小土邦在 1943 年根据《依附方案》(Attachment Scheme)依附于它们邻近的大土邦,它们希望回到依附前的方式,由自治领政府管理。大约 70 个卡提阿瓦、中印度和西姆拉山区中等土邦的王公权力有限,他们都同意在最高统治权失效时行使的权力基础上加入印度自治领。[③]潘迪认为,梅农-帕特尔-蒙巴顿工作队在不到 3 周的时间内成功使将近 600 个土邦合并到自治领中,这也许是他们最伟大的成就。[④]

在印度成立土邦部和土邦谈判委员会,积极争取土邦加入之时,巴基斯坦因主观和客观原因的影响,在争取土邦加入方面没有取得成果。主观因素主要是真纳对土邦的态度和政策。如前所述,真纳对土邦持自由的立场,甚至承认土邦有独立的权利,不过多干预。客观上,巴基斯坦相对混乱和紧张的局势使土邦问题被置于次要地位。数百万难民不断涌入,边境不安全,巴基斯坦没有足够的人力或设施保证政府的运转,资金也严重不足。虽然巴基斯坦立法会议也有一个由尼什塔尔负责的土邦谈判委员会,但是它不仅直到 1947 年 8 月 11 日才成立,而且其工作性质在权力移交之前也不为人所知。事实上,土邦谈判委员会与土邦加入巴基斯坦没有多大关系,只是

①　Viceroy's Personal Report, No.16, 8 August 1947, *TOP*, *XII*, pp.592—593.

②　Ibid., pp.768—769.

③　Nicholas Mansergh, *The Transfer of Power 1942—1947*, *Vol.XI*, p.469, note 2.

④　B.N. Pandey, *The Break-up of British India*, New Delhi: MacMillan India Ltd., 1969, pp.207—208.

在真纳去世后才活动起来,在宪法制定中起了一定作用。[①]因此,虽然朱纳格特、巴哈瓦尔布尔、海尔布尔、吉德拉尔(Chitral)、迪尔(Dir)、拉斯贝拉(Las Bela)和斯瓦特(Swat)等穆斯林土邦愿意加入巴基斯坦,但是在1947年8月15日之前,没有一个土邦加入巴基斯坦。

三、5个土邦坚决要求独立

在560多个土邦中,真正有实力且可能独立的土邦主要是海德拉巴、迈索尔、印多尔、克什米尔等大土邦,有些土邦因宗教信仰和邻近的新自治领的不一样,或者土邦王公的宗教信仰与大多数臣民的宗教信仰不同,而不愿意作出加入某一自治领的决定。海德拉巴、特拉凡科尔、克什米尔、博帕尔和朱纳格特明确表示在1947年8月15日前不加入印度或巴基斯坦而成为独立国家。

1. 海 德 拉 巴

海德拉巴位于印度半岛中南部,人口1 700万。[②]绝大多数居民信奉印度教,穆斯林只占总人口的13%,而尼扎姆奥斯曼·阿里是正统的穆斯林,一直享有很大特权。1947—1948年,尼扎姆的财政收入和支出可与比利时相比,超过了联合国20个成员国的收入和开支。[③]从领土面积和人口总数等来看,海德拉巴相当于一个中等国家,但是它的领土完全处于印度的包围之中,如果印度不承认其独立,其就完全处在印度的封锁之下。因此,尼扎姆早就开始进行工作,希望能得到英国和其他相关国家的支持。

对海德拉巴来说,最迫切需要解决的问题是获得出海口,突破领土被英属印度包围的局面。可能的途径就是收回比拉尔,并占领东面邻近土邦的一些领土。如前所述,《1935年印度政府法》规定,比拉尔主权属于尼扎姆,但由中央省管理。[④]印度政府官员都知道政府法的规定。1947年4月

---

① Yaqoob Khan Bangash, *A Princely Affair*: *The Accession and Integration of the Princely States of Pakistan*, *1947—1955*, Karachi: Oxford University Press, 2015, p.105.

② Josef Korbel, *Danger in Kashmir*, Princeton: Princeton University Press, 1954, p.46.

③ Ian Copland, *The Princes of India in the Endgame of Empire*, Cambridge: Cambridge University Press, 1997, p.8.

④ Pethick-Lawrence to Mountbatten, 31 March 1947, *TOP*, X, p.56.

18 日,中央省和比拉尔省省长弗里德里克·伯恩(Frederick Bourne)在给蒙巴顿的信中叙述了他与海德拉巴行政会议主席米尔扎·伊斯梅尔会谈的情况。弗里德里克·伯恩和米尔扎·伊斯梅尔都同意,尼扎姆对比拉尔的主权是不容置疑的。如果没有签订新条约,在最高统治权终结时,比拉尔必须回归尼扎姆。米尔扎希望英王陛下政府发表一个关于比拉尔归属的公开声明。尼扎姆将比拉尔的回归看作一个涉及情感和荣誉的重要问题,但他无意将比拉尔与海德拉巴合并,他建议将比拉尔作为其宗主权下的一个省,也就是让比拉尔成为一个半独立的省。①

为了获得一个出海口,海德拉巴尼扎姆希望兼并巴斯塔尔土邦、奥里萨与巴斯塔尔接壤的戈拉布德地区的一部分及杰伊布尔附属邦。奥里萨首席部长哈雷克鲁希纳·马赫塔布(Harekrushna Mehtab)在 5 月 22 日给帕特尔的信中说,奥里萨的一些土邦正在与海德拉巴谈判。如果尼扎姆的要求得不到满足,在 1948 年 6 月英国人撤离印度之后,他会不择手段地占领这些地区。在谈判的过程中,米尔扎·伊斯梅尔代表尼扎姆向奥里萨省穆斯林联盟主席保证照顾穆斯林的利益,在英国人离开印度后,如果省政府损害穆斯林的利益,将给予一切可能的帮助。②

为了争取国际支持,海德拉巴开展了一些外交活动。7 月 4 日,法国驻伦敦大使告诉英国外交部,海德拉巴驻伦敦的贸易专员向他们建议,8 月15 日之后,在巴黎设立海德拉巴覆盖整个欧洲的外交使馆(代表团)。7 月11 日,贸易专员将到巴黎与法国政府洽谈此事。③5 月 27 日,葡萄牙驻英大使帕尔梅拉公爵告诉英国常务副外交大臣奥姆·加尔顿·萨金特(Orme Garton Sargent):海德拉巴政府曾间接地与葡萄牙政府接触,请求葡萄牙出售果阿(Goa)殖民地,在遭到拒绝之后,又提出建议,在果阿港给予海德拉巴特别的铁路和海运方便。④这说明海德拉巴为了突破内陆环境的局限,在谋求通往外界的通道。

5 月 27 日,尼扎姆致电蒙巴顿总督,请求支持。"我诚挚地相信您将在英国内阁支持我的请求即给予海德拉巴英联邦成员的身份,在 1948 年 6 月

① F.Bourne to Mountbatten, 18 April 1947, *TOP*, X, pp.325—326.

② Sucheta Mahajan, *Towards Freedom: Documents on the Movement for Independence in India*, 1947, Part 2, New Delhi: Oxford University Press, 2013, pp.2539—2540.

③ The Earl of Listowel to Mountbatten, *TOP*, XII, p.266.

④ Note by O.Sargent of his Interview with the Duke of Palmella on 27 May 1947, *TOP*, X, p.1009.

移交权力后与英国政府签订新条约。因为在享受了这么多年英国政府忠实盟友的令人自豪的名号后，我不愿意断绝与英王的联系。因为时间紧迫，从印度的政治局势来看，我的观点是：对大土邦来说，要保护他们自己的利益和王朝免遭敌对力量的毁灭，这是可以采取的最好的路线。"①

6月9日，政治部致电海德拉巴和克什米尔的驻扎官："如果有适当的机会，劝阻他们的统治者在蒙巴顿勋爵访问之前发表任何仔细考虑过的公开声明。"②6月11日，海德拉巴驻扎官查理·加尔顿·赫伯特(Charles Garton Herbert)致电科菲尔德：考虑到公众要求发表公开声明及持续推迟会导致紧张局势，尼扎姆和他的委员会觉得有必要立即发表公开声明。总理和尼扎姆的法律顾问沃尔特·特纳·蒙克顿(Walter Turner Monckton)周末将去德里进一步商讨。③

6月12日，尼扎姆发表公告称："总督阁下最近6月3日声明表明，英属印度现在完全可能分裂为两个部分，相应地，并非只有一个制宪会议而是两个。因此，我现在不得不考虑我的土邦到底加入哪个制宪会议。""英属印度分治的基础是教派的不同。然而，在我的土邦内，两个主要教派一起生活。自即位以来，我通过各种方式设法促进印-穆两族的良好和友好关系。我的先辈和我一直将穆斯林和印度教徒视为土邦的两只眼睛，土邦本身已经成为生活在其中的所有族群不可分割的财富。……如果派代表到哪个制宪会议，海德拉巴将似乎站在哪个一边。我确信，拒绝做这种选择是考虑到我的臣民的最大利益。因此，我决定不派代表到任何一个制宪会议。""按照法律，最高统治权在不久的将来撤离的结果将是，我有权保持独立主权的地位。"公告称，"无论英属印度单位采用怎样的宪法形式，海德拉巴都与它们保持最密切和友好的关系。同时，我和我的政府将通过主动谈判，不失时机地达成对各方有利的工作协定"④。

7月8日，蒙巴顿总督与蒙克顿会谈。总督原本打算通过一系列会议，完成与海德拉巴的谈判，后来将一周的议程限定在讨论比拉尔和塞康德拉巴德(Secunderabad)的归属和临时的维持现状协定。为了更利于谈判，如果尼扎姆的表现确实很好，可以暗示给其次子以"殿下"称号。7月10日，

---

① The Nizam of Hyderabad to Mountbatten, 27 May 1947, *TOP*, *X*, p.1008.

② Nicholas Mansergh, *The Transfer of Power 1942—1947*, *Vol.XI*, p.199, note 1.

③ Resolutions (2) and (3) Passed by the Standing Committee of the All India States' People's Conference at its Meetings Held in New Delhi on 11 and 12 June 1947, *TOP*, *XI*, p.282.

④ Firman-e-Mubarak Issued by the Nizam of Hyderabad, *TOP*, *XI*, pp.308—310.

总督致电利斯托维尔伯爵,表示希望印缅事务大臣同意他的想法。利斯托维尔伯爵 7 月 21 日回电说,国王准备接受他的建议,赐给尼扎姆次子"殿下"头衔。①

7 月 9 日,尼扎姆在给蒙巴顿总督的信中说,"在媒体上看到《印度独立法案》有关土邦的第 7 条时感到非常遗憾,因为尽管和英属印度领袖们密切讨论过,却从来没有向我披露过,更谈不上与我或我土邦的任何代表讨论过。我很沮丧地看到,那个条款不仅包含了英国政府单方面废除了这么多年来约束着我的国家和王朝的条约,而且似乎在考虑,除非我加入两个新自治领之一,否则,我的国家将不再是英联邦的一部分。那些英国政府多年前保证我的国家和王朝不受外来侵犯和内部动乱的条约在最近几年,尤其是1942 年斯塔福德·克里普斯爵士出使印度时,时常庄严地得到确认。我被开导说,我可以安全地依赖英国的军队和英国的保证,随之一直到现在都被劝说不要增加我的军队,不要建立我国的军工厂。然而法案第 7 条中的废除条约不仅没有征得我的同意,而且没有征求我或我的政府的意见"②。尼扎姆对英国政府单方面废除条约表示抗议,他希望总督将他的信转给英国政府。7 月 9 日,因为原信在转交的过程中被耽搁了,尼扎姆的法律顾问蒙克顿将上述信件的复印件递交给总督的首席秘书埃里克·查理·米维尔(Eric Charles Mieville),并强调要立即转交总督。7 月 10 日,总督私人秘书将尼扎姆的信寄给印度事务局。总督和科菲尔德商量决定到《印度独立法案》通过后再回复尼扎姆。为了保住自己的特权,尼扎姆不愿意加入印度自治领,土邦内的穆斯林鼓吹保持独立或加入巴基斯坦,而印度教徒要求并入印度联邦。如果尼扎姆宣布加入印度联邦,他将激怒其穆斯林臣民的感情。如果他选择加入巴基斯坦,那么他就会疏远其印度教臣民,并使土邦的很多管理问题无法得到解决,处于两难的境地。③

7 月 11 日,蒙巴顿在总督府会见海德拉巴总理查特里纳瓦布、行政会议成员纳瓦布·阿里·亚瓦尔·琼(Nawab Ali Yawar Jung)和蒙克顿等人。总督表明,他的主要目的是消除土邦和自治领政府之间观念的差异,使土邦加入自治领时在经济上作出的牺牲最小。在一些具体问题上,总督及其秘书梅农向海德拉巴代表表明看法。如比拉尔的问题,总督说,虽然《印度独立法》明确规定尼扎姆对比拉尔的主权,但它现在已经是中央省的有机

①　Record of Interview between Mountbatten and Monckton,*TOP*,*XII*,pp.11—12.

②　The Nizam of Hyderabad to Mountbatten,*TOP*,*XII*,pp.31—32.

③　W.Monckton to Mountbatten,14 June 1947,*TOP*,*XII*,pp.387—388.

组成部分,如果不是武力或自愿,比拉尔不可能回归尼扎姆,这显然是一个不得不接受的事实。他觉得最好的解决方法是,一方面,诱使国大党接受尼扎姆对比拉尔主权的事实,继续其现在的管理形式;另一方面,诱使尼扎姆同意以现在这种形式管理,换句话说,目前的局势应持续一段时间。如果试图将比拉尔在8月15日归还给尼扎姆,那将意味着战争、封锁及海德拉巴可能的致命的经济孤立。有关加入印度制宪会议的问题,土邦部秘书梅农指出,海德拉巴加入印度制宪会议不仅使整个南亚次大陆的稳定得到更多保障,而且海德拉巴将有机会在讨论国防问题时表达自己的想法。总督表示他也持同样的观点。海德拉巴在新印度制宪会议中有17个席位,土邦总共有90个席位,海德拉巴的代表可以在制宪会议参与讨论各方面的问题。如果尼扎姆决定不派代表参加制宪会议,他将对自己和他的国家造成最大的危害。他将要放弃在土邦中的领导地位,并且实际上是制宪会议中最大的一派的领导地位。如果放弃这个领导地位,海德拉巴将失去一个最好的机会。蒙克顿说,尼扎姆在这种环境下也可以认真考虑加入巴基斯坦,但是总督回应说,毫无疑问,尼扎姆在法律上有权这样做,不过,地理上的困难是很现实的。巴基斯坦的两个部分可以靠海联系,而海德拉巴却不可能。国大党可能接受海德拉巴以某种神秘的方式派代表参加巴基斯坦制宪会议,但是人们发现这行不通。确实,海德拉巴只有靠包围其领土的印度的善意才能生存。总督强调海德拉巴没有军事防务力量,加入印度是最好的选择。现在的机会可能是最后的,一旦失去,就会永远丧失了。①总督站在非常现实的立场向海德拉巴代表分析海德拉巴所面临的形势,希望他们劝说尼扎姆放弃独立或加入巴基斯坦的想法。然而,总督觉得会谈没有达到预期的结果,海德拉巴代表担心他们无法使尼扎姆接受加入制宪会议。因此,总督邀请他们7月24日再回来会谈,因为总督觉得,一旦他可以使海德拉巴不再要求完全独立,而是现实地向前走,就会为其他土邦树立一个榜样,即便特拉凡科尔也不会抵制。总督也安排了特拉凡科尔迪万艾耶尔来德里会谈,不过,他自己对能不能使特拉凡科尔看清形势不抱希望。②

7月20日左右,蒙巴顿总督与海德拉巴代表会谈。虽然蒙克顿做了大量工作,使尼扎姆同意就国防、外交和交通事务与印度签订条约,但是,总督告诉代表们这还不够好,尼扎姆必须加入。尼扎姆在背着蒙克顿写给真纳

---

① Minutes of Viceroy's Nineteen Miscellaneous Meeting, *TOP*, *XII*, pp.79—88.

② Viceroy's Personal Report No.12, *TOP*, *XII*, p.99.

的信中说，如果没有真纳的同意，他不会采取任何措施。海德拉巴代表拜访了真纳，真纳以他自大狂的方式说，他不会同意尼扎姆加入印度，即使条约中加入一条他的军队永远不与巴基斯坦作战，因为"要求海德拉巴在战争中成为一个积极的盟友而不是保持中立"。为了使尼扎姆加入，蒙巴顿和蒙克顿配合，既向尼扎姆施加压力，又给他一线希望，最后总督甚至提出给尼扎姆次子"殿下"的封号。①在总督看来，如果能让海德拉巴和特拉凡科尔加入，几乎所有土邦都会加入，如果它们拒绝加入，迈索尔、博帕尔和陶尔布尔等相当多的土邦也可能拒绝加入。因此，总督对这三个土邦的代表也做了大量的工作。

在7月25日土邦大会召开的第二天，海德拉巴总理查特里纳瓦布致函总督，对提名他参加土邦谈判委员会表示感谢。不过，7月11日总督同意海德拉巴和那些尚未参加制宪会议的土邦一样，单独进行谈判，土邦谈判委员讨论的问题都不是海德拉巴感兴趣的，因此，他希望总督不要介意他不参加谈判委员会。②

7月28日，海德拉巴驻扎官赫伯特致函王室代表秘书格里芬（Lancelot Cecil Lepel Griffin），讲述了海德拉巴的局势。"局势中的主要因素是印度教徒和穆斯林之间的教派情绪。这在最近有很大的增强，现在尤其在城镇已经很紧张。乡村地区则没有这么明显，部分因为大多数村民是印度教徒，也许部分因为目前乡村居民过于忙着耕作，以至于没有注意其他事情。不过，如果某地发生教派冲突，很快就会传到整个土邦。现在甚至所有政治问题几乎都从教派基础上考虑。""在这种环境下，英属印度分裂为教派单位大大地增加了尼扎姆和他的政府解决土邦与印度其他部分的政治关系问题的难度。"因此，海德拉巴目前的局势相当困难和不安定。无论加入印度与否，都会导致大规模的宣传鼓动和反对运动。③同一天，蒙克顿致函蒙巴顿，尼扎姆已经决定不加入印度，即使总督出访，也没有多少希望使他改变主意。现实是，如果现在加入，土邦内的穆斯林毫无疑问将发动叛乱。另一方面，土邦内外尽管反对势力比较强大，但他很可能愿意通过条约给予他们所要的。④7月29日，蒙巴顿回信给查特里纳瓦布，希望他能改变主意。

8月3日，蒙巴顿总督与海德拉巴代表查特里纳瓦布、蒙克顿会谈。蒙

① Viceroy's Personal Report No.14，*TOP*，*XII*，pp.337—338.
② The Nawab of Chhatari to Mountbatten，*TOP*，*XII*，p.359.
③ The Resident at Hyderabad to Mr. Griffin，*TOP*，*XII*，pp.387—389.
④ W.Monckton to Mountbatten，*TOP*，*XII*，pp.377—378.

巴顿答应尽可能争取宽限尼扎姆作出决定的时间,但是强调如果尼扎姆不加入印度,海德拉巴可能被摧毁,尼扎姆将失去王位。尼扎姆没有选择,如果不加入,几个月之内就会下台,如果他继续战斗并得到整个印度穆斯林的支持,就会发生大规模的流血冲突。所有人都希望避免流血冲突,必须找到一个解决问题的方法。在总督离开的一会儿,梅农继续阐述海德拉巴不加入印度的前景。虽然臣民不一定有公开的反对行动,但是会拒绝缴纳谷物、税和其他支出,海德拉巴就会出现问题。如果问题很严重,印度不会给予支持,而是看着土邦的局势持续。他们的宣传不仅仅为了加入,更是为了责任制政府。如果海德拉巴成立责任制政府,梅农毫不怀疑海德拉巴将加入自治领。查特里纳瓦布指出,煽动实行责任制政府是可能发生的,无论海德拉巴是否加入自治领。①

在 8 月 7 日总督职员会议上,总督解释了海德拉巴还没有决定加入印度自治领的主要原因:虽然土邦的穆斯林只占总人口的 15%,但是他们几乎占据了所有政府、警察和军队的职位。因此,要防止穆斯林的革命而不是非穆斯林的革命(如果 85% 的非穆斯林发动革命的话,可以镇压下去;如果 15% 的穆斯林叛乱,则无法镇压)。蒙克顿报告说,他与尼扎姆的会谈进行得很好,尼扎姆的态度在发生转变。②

8 月 8 日,尼扎姆致函蒙巴顿总督,表明在获得更多关于自治领怎样就共同关心的问题进行合作的信息之前,他不能考虑加入某个自治领;说明他准备与自治领签订条约及土邦的局势;对印度自治领拒绝就签订《维持现状协定》和比拉尔归属问题进行谈判感到惊讶,认为有必要公布信件以证明是自治领不愿意签订条约。③8 月 10 日,蒙克顿先后与伊斯梅勋爵和蒙巴顿总督会谈。在与伊斯梅勋爵会谈时,他说,除非海德拉巴加入印度自治领,否则国大党拒绝谈判,这是不能容忍的。④在与总督会谈时,总督保证他不支持对海德拉巴施加任何压力,建议比拉尔和现在的管理制度延续;在他的广播讲话中会把海德拉巴作为"特别问题"提出。⑤

8 月 12 日,总督致函尼扎姆,说明他已经为海德拉巴获得两个月的谈

①　Notes of Meeting between Mountbatten, Chhatari, Monckton and Menon,*TOP*,*XII*,pp.495—497.

②　Minutes of Viceroy's Sixty-Eighth Staff Meeting,*TOP*,*XII*,pp.568—569.

③　The Nizam of Hyderabad to Mountbatten,*TOP*,*XII*,pp.575—578.

④　Record of Interview between Monckton and Ismay,*TOP*,*XII*,pp.648—649.

⑤　Record of Interview between Monckton and Mountbatten,*TOP*,*XII*,pp.649—650.

判期限,保证印度自治领同意延续比拉尔的现状及管理制度。①8 月 13 日,总督致电利斯托维尔伯爵,请求立刻向国王提出赐给尼扎姆次子"殿下"头衔。②8 月 14 日,在送别驻扎官的宴会上,尼扎姆致辞说:"我的祖先阿萨夫·贾赫在海德拉巴创建阿萨夫·贾赫王朝已有 200 多年。英国人撤离印度时,我将成为独立的君主。"③同一天,尼扎姆致函总督,对总督所作努力表示谢意,但是重申他不准备签署《加入协定》,希望能找到令人满意的解决方法。④这也就宣告在权力移交之前,海德拉巴未能加入印度自治领。

2. 特拉凡科尔

特拉凡科尔是南亚次大陆西南沿海一个比较大的土邦。在 1947 年 8 月 15 日英属印度移交权力之前,特拉凡科尔政府一再主张维护其独立的主权国家地位,也因此遭到来自多方的反对和压力,总督和他的团队尽可能劝导摩诃罗阇巴拉·罗摩·瓦尔马二世尽快加入新自治领。

1947 年 3 月 17 日,特拉凡科尔迪万拉马斯瓦密·艾耶尔在与土邦内著名人士谈话时表示,1795 年,特拉凡科尔是一个独立的王国,到 1948 年 6 月底,特拉凡科尔将恢复其 1795 年的独立地位。特拉凡科尔从来没有被英国人征服或推翻。尽管王公在 1805 年最后的友好条约中将某些顾问权转让给英国人,但没有征服或接管主权的问题。在未来所有宪法讨论中,应该记住的是,如果人民和王公一起努力,不给外来干涉以任何空间,宪法问题就可以作为一个独立国家来处理。⑤

6 月 15 日,艾耶尔在谈到全印土邦人民大会常设委员会的决议时说,"一旦最高宗主权失效,主权将属于人民,这种说法既不合乎法律,也违背了宪法。在印度土邦内,即便有最高宗主时,主权也在于王公而不在于人民,尽管王公过去和现在都要依据'达摩'及为人民的利益进行统治"⑥。

6 月 16 日之前,艾耶尔在给甘地的电报中说,"您认识到,特拉凡科尔曾愿意加入一个统一的印度制宪会议,但是,她现在已经决定,如果印度有两个主权国家,在过去数个世纪中从未被征服、保持着独立传统的特拉凡科

---

① Mountbatten to the Nizamu of Hyderabad, *TOP*, XII, pp.679—680.
② Mountbatten to Listowel, 13 August 1947, *TOP*, XII, p.706.
③ A.G.Noorani, *The Destruction of Hyderabad*, New Delhi: Tulika Books, 2013, p.149.
④ The Nizam of Hyderabad to Mountbatten, *TOP*, XII, pp.721—722.
⑤ Sucheta Mahajan, *Towards Freedom: Documents on the Movement for Independence in India, 1947, Part 2*, New Delhi: Oxford University Press, 2013, p.2383.
⑥ Ibid., p.2385.

尔也可以维持独立的地位,同时与印度其他地方进行最密切合作,就共同关心的事情签订必要的协定和条约"①。

6月17日,马德拉斯土邦驻扎官 C.G.N.爱德华兹(Edwards)在两周工作报告中说:特拉凡科尔迪万艾耶尔通过记者招待会和媒体解释了特拉凡科尔摩诃罗阇在国大党接受印度分治后决定在最高宗主权失效后独立的原因,但是这种独立并不是要与印度其他地方孤立开来,而是为了就共同关心的问题签订互惠的协定和条约。迪万强调,摩诃罗阇的决定得到了土邦绝大多数臣民的支持。②特拉凡科尔的喀拉拉省国大党工作委员会在6月20日通过决议,反对迪万的声明:"喀拉拉省国大党工作委员会抗议特拉凡科尔政府宣布8月15日特拉凡科尔将成为一个独立国家的决定。特拉凡科尔人民希望加入印度联盟。特拉凡科尔政府的独立声明只能被视为摧毁建立人民政府运动、永久实行纳粹式的独裁统治和压制人民一个统一的喀拉拉愿望的措施。本委员会欢迎土邦国大党委员会全力抵制特拉凡科尔政府这一危险而反动的政策的决定。"③

6月22日《黎明》报道,"特拉凡科尔将派公使到巴基斯坦",真纳先生和特拉凡科尔迪万之间个人会谈和通信的结果是,巴基斯坦自治领一成立就同意接受一个特拉凡科尔的代表,建立互惠的友好关系。特拉凡科尔政府提名退休的警察总长阿卜杜勒·卡里姆·萨希布(Abdul Karim Sahib)为派往巴基斯坦的公使。④6月22日,尼赫鲁致函蒙巴顿,说明特拉凡科尔宣布独立意味着特拉凡科尔将不可避免地与印度政府发生冲突。⑤

为了争取反对国大党的势力的支持,6月28日,艾耶尔致函全印印度教大斋会主席 L.B.波帕特卡尔(Bhopatkar),呼吁终结国大党的伪善,维护印度教徒的利益。⑥

7月6日,艾耶尔致电英国首相艾德礼和印缅事务大臣利斯托维尔伯爵,对利斯托维尔伯爵的声明作出回应,并将这份电报发表在《每日电讯》

① Sucheta Mahajan, *Towards Freedom: Documents on the Movement for Independence in India, 1947, Part 2*, New Delhi: Oxford University Press, 2013, p.2385.

② Report of the Madras States Residency for the Fortnight Ending 15th June 1947, *TOP, XI*, pp.438—439.

③ Sucheta Mahajan, *Towards Freedom: Documents on the Movement for Independence in India, 1947, Part 2*, New Delhi: Oxford University Press, 2013, p.2387.

④ Ibid., p.2388.

⑤ Ibid., pp.2388—2389.

⑥ Ibid., p.2390.

上。艾耶尔还在电报中说，虽然特拉凡科尔已经答应与两个自治领合作，签订最友好的条约，并且在国防、交通甚至公共卫生、教育和研究方面建立合作关系，但是特拉凡科尔的独立对它的存在和维持较高水平的生活、教育和公共卫生是必要的。摩诃罗阇已经宣布特拉凡科尔将于 8 月 15 日独立。①

7 月 14 日，艾德礼首相委托总督回复艾耶尔："如我 7 月 10 日在下院解释的那样，我们希望所有土邦都在适当的时候在英联邦内的一个或另一个新自治领内找到自己适当的地位。我们认识到，各土邦可能需要一些时间作出自己的决定，我们希望不要过早地作出不可挽回的、置身其外的决定。"②在 7 月 14 日印度缅甸委员会会议上，利斯托维尔伯爵表明，我们都同意，我们应该鼓励各土邦与一个或另一个新的印度自治领建立一种联邦或条约关系。目前，我们应该拒绝对任何印度土邦独立于新自治领之外的决定作出判断。③对英国来说，特拉凡科尔的情况还有特殊之处，因为它是独居石的著名产地。独居石含有钍，而钍可能成为与铀同样重要的核材料。此时，英国正在加紧研制核武器，因此，有人从英国研制核武器需要的角度主张鼓励特拉凡科尔独立。不过，更多的人反对仅从眼前的需要考虑。在 1947 年 7 月 18 日印度缅甸委员会会议上，供应大臣约翰·威尔莫特（John Wilmot）表示，"在我看来，如果特拉凡科尔保持政治和经济上的独立将是有利的，至少目前是如此。但是，我认识到，从更宏观的政策考虑，英王陛下政府不能积极地鼓励这一点"④。

7 月 8 日，总督会见尼赫鲁，总督告诉他，总督有意邀请艾耶尔来访，并劝说其在国防、外交和交通三个方面加入印度自治领。⑤

7 月 10 日，艾耶尔致函驻马德拉斯驻扎官，表明根据《印度独立法》成立的自治领由英属印度部分组成，相关自治领政府的宪法也被认为只适用于英属印度。实际上，议会没有权力为印度土邦立法，土邦与英王的关系有别于议会的关系。任何印度土邦加入根据《印度独立法》成立的自治领的观点是难以遵行的，因为它从根本上是与英国政府发表并被印度主要政党接受的宣言——随着最高统治权的失效，印度土邦可以自由地与联盟政府缔

① The Dewan of Travancore to the Prime Minister Dated 6th July, *TOP*, *XII*, pp.151—154.
② Secretary of the State for India to Crown Representative Dated 14 July, *TOP*, *XII*, p.155.
③ Travancore: Memorandum by the Secretary of State for India, 14 July, *TOP*, *XII*, pp.151—153.
④ Travancore: Memorandum by the Minister of Supply, 18 July 1947, *TOP*, *XII*, p.232.
⑤ Record of Interview between Mountbatten and Nehru, 8 July 1947, *TOP*, *XII*, pp.6—7.

结联邦关系或缔结政治协定——相抵触的。因此,特拉凡科尔必须通过与自治领单独进行谈判来确定它们之间的关系。①

7月13日,马德拉斯土邦驻扎官致电王室代表:特拉凡科尔政府将特拉凡科尔的问题视为特别的和个人的问题,因此,他们不打算参加预备会议或参与推选进行谈判的代表委员会。他们表示,特拉凡科尔不存在加入哪一个制宪会议的问题,因此他们也不参与任何土邦部顾问委员会的成立。在这种情况下,他们觉得没有必要让特拉凡科尔代表出席7月25日及随后几天的会议。但是,特拉凡科尔准备并急于与适当的政府或获得授权的代表就所有其他问题进行谈判。②7月14日,蒙巴顿总督致电特拉凡科尔摩诃罗阇巴拉·罗摩·瓦尔马二世,询问他是否同意7月23日之前去德里进行会谈,摩诃罗阇在第二天回电表示土邦总理艾耶尔将去德里。

7月14日,土邦部秘书梅农致函艾耶尔,概述了土邦部成立的背景和目的,"8月15日,所有土邦收回主权,500多个土邦将在字面上脱离中央,将与中央或相互之间没有联系。这是一种非常危险的地位,如果过渡时期没有保障,其结果可能是彻底混乱。过渡时期总是有风险的,目前印度尤其存在反社会力量带来的危险。如果不立刻控制,恐怕就为时过晚。这种危险目前对英属印度影响最大,但是土邦也不会避免其蔓延"。梅农接着说,"现在独立即将实现,国大党不再急于制定最终的宪法,临时宪法可以持续一段时间,直到一个深思熟虑的宪法被拟定出来取代它。根据《1935年印度政府法》设计的联邦方案,土邦只要将国防、外交和交通交给中央政府管理,其他事务完全由土邦自主。你知道,总督既希望土邦好,也希望英属印度好。他能将权力移交给印度,他的一个愿望是找到一个令土邦满意并对双方都公平的方法。作为王室代表,他只能在8月15日之前的谈判中给土邦以最好的条件。他现在集中所有精力来解决这一问题"。最后,梅农在高度赞扬艾耶尔的同时也给他施加一点心理压力。他说:"在所有在世的政治家中,我最尊重您,既因为您对事务的现实主义的态度,也因为您在印度获得自由中起了决定性的作用。您不会让人说,在印度这个关键时刻,您在有权力这样做的时候却不为建立一个统一的印度作出贡献。因此,我恳求您不要作出任何鲁莽的决定。"③梅农极力劝导艾耶尔代表特拉凡科尔去德里

① Ramaswami Aiyar to the Resident for the Madras States,*TOP*,*XII*,pp.76—77.

② Resident for the Madras States to the Secretary to the Crown Representative,*TOP*,*XII*,pp.138—139.

③ V.P.Menon to Ramaswami Aiyar,*TOP*,*XII*,pp.148—150.

参加土邦大会。

7 月 16 日，艾耶尔的朋友、《鞭子》(*Whip*)周刊的创建者和执行编辑斯林瓦萨·萨尔马(Srinvasa Sarma)拜访克里普斯，反复讲艾耶尔在声明中所说关于特拉凡科尔的主张。第二天，克里普斯致函艾耶尔，再次表明他关于土邦问题的立场。他说："我如此深信印度作为一个国际单位不能再被分裂——虽然在解决所有问题之前你可以提出各种暂时性的要求。这就是我们不准备干预的原因，尽管我知道，总督在利用他的职位以他所能的方式帮助土邦。"①

大约在上院通过《印度独立法》后，7 月 17 日，艾耶尔发表声明：通过条约和协定行使对印度土邦最高统治权的英王陛下已经自愿放弃他对土邦的权利和义务，所有与他签订的条约和协定都将于 1947 年 8 月 15 日终止。无论在法律上还是事实上，特拉凡科尔从那天起将成为一个独立的国家，但是将尽最大的努力，在电能和输送设施的管理、全国性公路和铁路、海上和空中交通、邮政、电报电话、护照、迁移、流动和居住权利、财产的获得、印度货币的合法性等事务上与印度其他地方合作。艾耶尔在声明中强调，"特拉凡科尔不是任何其他自治领的附属国"②。

由于艾耶尔向锡兰政府驻印度代表提出继续和发展锡兰与特拉凡科尔贸易方式的建议，印度事务部助理秘书 T.W.戴维斯(Davies)在 7 月 19 日致函求教于英联邦事务部助理秘书 H.A.F.朗博尔德(Rumbold)。朗博尔德回复说："英国也收到特拉凡科尔迪万给锡兰类似的建议。我们将给予的回复是，我们很想按现在的方式继续与特拉凡科尔进行贸易，我认为，我们应该建议锡兰政府做类似的回复。""特拉凡科尔迪万似乎力图在政府对政府的基础上进行贸易谈判，我认为，我们应尽可能对此加以抵制，因为即便是与特拉凡科尔的非正式政府间的交往，它们在这个节骨眼上都会鼓励特拉凡科尔坚持独立。"③

7 月 20 日上午，梅农与艾耶尔交谈了一个小时。梅农得知艾耶尔没有收到他 7 月 14 日写的信，便另给一份，将已经与很多土邦讨论过并愿意接受的《加入协定》草案给艾耶尔，然后向艾耶尔概述了土邦加入三项的要点，强调特拉凡科尔加入印度对特拉凡科尔和英属印度的好处。如果土邦加入印度，它们将在自治领立法会议中自动有代表，土邦代表可以成为英属印度

① S.Cripps to Ramaswami Aiyar, *TOP*, *XII*, p.216.
② Statement by Ramaswami Aiyar, *TOP*, *XII*, pp.203—204.
③ Mr. Rumbold to Mr. Davies, *TOP*, *XII*, p.265.

轻率冒险事业的制动器。①

　　7月21日,在与总督会谈之前,艾耶尔邀请英国驻印度副高级专员亚历山大·西蒙(Alexander Symon)到特拉凡科尔会议厅会谈。他向西蒙表明了一些观点:特拉凡科尔不希望卷入导致国家分裂的教派纷争,既不与印度发生争端,也不与巴基斯坦发生纷争,只想独善其身;印度的内战是不可避免的,短期内就可能爆发,甚至甘地也持这种观点;下午与总督会晤时,总督可能建议加入印度,但是他会拒绝这种建议;他担心印度会对特拉凡科尔实行进行封锁,这是他与真纳签订食品供应协定的主要原因;如果印度的封锁扩大到钢铁、水泥等物资,特拉凡科尔必须安排其他进口来源,因此他派约翰·莫勒姆(John Mowlem)公司的皮科克(Peacock)上校去英国确认能否依赖英国供应这些物资;他已经同意与巴基斯坦交换代表,也将向其他国家如土耳其派出代表。②

　　7月22日,蒙巴顿在给特拉凡科尔摩诃罗阇的信中表示,只要摩诃罗阇在国防、外交和交通事务方面作出让步,他将尽力帮忙协调他与英属印度的关系。③当天,总督与艾耶尔会谈。艾耶尔宣布特拉凡科尔将永不加入印度自治领,实际上,他已经与真纳初步达成包括贸易协定在内的一些协定。总督指出,印度自治领也不会反对特拉凡科尔与巴基斯坦的贸易协定;印度土邦从来没有控制自己的外交事务和国防。总督强调三项加入的好处。经过两个小时的会谈,艾耶尔表示他可以考虑与印度签订条约。这使总督觉得艾耶尔已经有所进步,让他离开后再派梅农去做他的工作。第二天,艾耶尔回来,总督告诉他,帕特尔不准备与他签订条约;特拉凡科尔要么加入,要么待在自治领之外。拉姆·克里希纳·达尔米亚④上午支付了50万卢比给特拉凡科尔国大党基金,准备在8月15日之后制造麻烦。总督深信,以后的麻烦会接踵而至,避免内部动乱的唯一途径就是8月15日之前加入自治领。艾耶尔表示这确实是一个严重的问题。他请求总督给摩诃罗阇写封信,提出建议。在离别之前,艾耶尔问总督,摩诃罗阇是否有权退出印度,英王陛下政府是否可以让他加入英联邦。总督明确告诉他,退出自治领应不是难事,但是英王陛下政府永远不会同意让摩诃罗阇在自治领

---

①　V.P.Menon to Sir G. Abell, *TOP*, *XII*, pp.274—275.

②　Record of Interview between Symon and Ramaswami Aiyar, *TOP*, *XII*, p.281.

③　Mountbatten to the Maharaja of Travancore, *TOP*, *XII*, pp.298—299.

④　拉姆·克里希纳·达尔米亚(Ram Krishna Dalmia)是当时印度著名的企业家和金融家。

的基础上单独加入英联邦。①总督将写好的信由艾耶尔带给摩诃罗阇,赞赏迪万艾耶尔代表特拉凡科尔进行谈判的方式,解释三项加入的好处,如果特拉凡科尔三项加入中央政府,他会在谈判中要求其海关、关税和内部财政不受干涉的地位。②艾耶尔在回去不久遭到钩刀袭击,险些丧命。土邦人民组织趁机施加压力,特拉凡科尔摩诃罗阇立即作出让步。

7月30日,摩诃罗阇致电蒙巴顿总督,"考虑到您所作出的保证,我已经决定,虽然不是毫不犹豫,但按照您在信中所说的条件,加入印度自治领"。不过,摩诃罗阇还是有所保留,他在信中说,"当然,您也认识到,土邦被赋予在自治领宪法最终制定时重新考虑其地位的选择"③。当天,土邦国大党支部向土邦政府发出威胁,将在8月1日开始包括火烧建筑物和卖酒商店在内的直接行动和文明不服从运动。因为摩诃罗阇已经决定加入印度自治领,因而艾耶尔建议不赞同这种政党的暴力鼓动。为了避免不必要的麻烦和可能的生命的牺牲,可能会请求援助。④8月2日,梅农致函帕特里克,告知与土邦谈判的结果。他说,相当多的土邦已经决定就国防、外交和交通三项加入印度自治领。"事实上,特拉凡科尔是第一个通知其加入决定的土邦,这是总督的一大胜利。现在,我不会怀疑,除了海德拉巴、博帕尔和印多尔之外,其他所有土邦都将加入。"⑤

3. 克 什 米 尔

克什米尔是南亚次大陆面积最大的土邦,分查谟和克什米尔两个部分。与海德拉巴相同的一点是,王公和大多数臣民的宗教信仰不同。据尼赫鲁1947年6月17日为总督提供的文稿,克什米尔的总人口为4 021 616人,其中,穆斯林3 101 247人,占总人口的77.11%;印度教徒809 165人,占总人口的20.12%;锡克教徒65 903人,占总人口的1.64%;佛教徒40 696人,占总人口的1.01%。⑥摩诃罗阇哈里·辛格是印度教徒,他选择加入哪一个自治领都会使一部分臣民不高兴。摩诃罗阇保持独立的决定也得到了很多政治领袖的支持。1947年5月,穆斯林大会党执行主席在记者招待会上请

---

① Viceroy's Personal Report No.14, *TOP*, *XII*, pp.336—337.
② Mountbatten to the Maharaja of Travancore, *TOP*, *XII*, p.298.
③ The Maharaja of Travancore to Mountbatten, *TOP*, *XII*, p.414.
④ Resident for the Madras States to Sir G. Abell, *TOP*, *XII*, pp.421—422.
⑤ V.P.Menon to Sir P. Patrick, *TOP*, *XII*, p.468.
⑥ Nehru to Mountbatten, *TOP*, *XI*, p.442.

求独立并向摩诃罗阇保证说土邦 80％的穆斯林会给予支持和配合。穆斯林大会党保证摩诃罗阇将被宣布为民主和独立的克什米尔第一任合法的国王。5 月 21 日,穆斯林大会党副主席古拉姆·艾哈迈德(Ghulam Ahmad)请求摩诃罗阇宣布克什米尔为独立国家。国民大会党主席谢赫·阿卜杜勒也在过去几个场合呼吁土邦独立。①

　　另一个影响抉择的因素是摩诃罗阇哈里·辛格与尼赫鲁、甘地等国大党领袖之间的不愉快甚至敌意。导致敌对的根源是国大党支持克什米尔国民大会党领袖谢赫·阿卜杜勒的反政府活动。谢赫·阿卜杜勒曾向内阁使团提交一份备忘录,要求在英属印度权力移交时土邦的主权必须回到人民手中,而不是回到土邦王公手中。尼赫鲁对这份备忘录原则上表示赞成,但内阁使团没有给予重视。②1946 年 5 月 20 日,谢赫·阿卜杜勒发起"退出克什米尔运动",鼓动人民推翻土邦政府,拒绝忠于摩诃罗阇,辱骂摩诃罗阇及其家族,土邦当局在 5 月 20 日晚和 21 日逮捕了谢赫·阿卜杜勒和土邦国民大会领袖及工作人员 300 多人。③6 月 18 日,尼赫鲁坚持要去克什米尔为谢赫·阿卜杜勒辩护,设法使他获释,支持土邦自由运动,韦维尔总督告诉他这样做是最不明智的。④克什米尔政府断然拒绝了尼赫鲁要为谢赫·阿卜杜勒辩护的要求,并告诉尼赫鲁,如果不经总法官的同意,外来法官一概不能参加审判,并准备禁止尼赫鲁入境。⑤6 月 20 日,尼赫鲁违抗禁令和通告进入克什米尔,被土邦政府逮捕。不过,土邦政府无意监禁他,只要他提出回英属印度,就为他离开克什米尔提供汽车。⑥经过这一事件,克什米尔政府与以尼赫鲁为首的国大党的关系变得非常不友善。摩诃罗阇哈里·辛格虽然是印度教徒,却没有亲印度的倾向,他希望保持土邦的独立地位,而不是加入印度或巴基斯坦。

　　1947 年 6 月,克什米尔准备宣布独立,尼赫鲁和甘地又坚持要去克什米尔。他们在这个时候去访问,只会招致王公的怀疑,使局面更加复杂化。为了避免因尼赫鲁和甘地的访问引起克什米尔的动荡,蒙巴顿指示驻扎官

　　① Rajkumar Singh, *Past*, *Present and Future of Kashmir*, New Delhi: Gyan Publishing House, 2008, pp.107—108.

　　② P. L. Lakhanpal, *Essential Documents and Notes on Kashmir Dispute*, Delhi: International Books, 1965, p.18.

　　③ Wavell to Mr. Henderson, on 23 May 1946, *TOP*, *VII*, p.673.

　　④ Note by Field Marshal Viscount Wavell, *TOP*, *VII*, p.970.

　　⑤ Record of Meeting of Cabinet Delegation and Wavell on 17 June 1946, *TOP*, *VII*, p.958.

　　⑥ Wavell to Mr. Henderson, *TOP*, *VII*, pp.1021—1022.

一定要尽一切努力保证海德拉巴和克什米尔两个土邦的统治者在总督访问之前不要公开宣布他们将独立,不加入任何自治领①;总督还接受摩诃罗阇的邀请,于6月18—23日访问克什米尔。总督起初几次与摩诃罗阇和总理交谈都有其他人在场。②

6月23日,总督分别与摩诃罗阇和总理拉姆钱德拉·卡卡会谈,向他们提出一些建议:在巴基斯坦制宪会议成立、局势变得更明朗之前,克什米尔不要加入任何制宪会议;不要发表关于独立或其他想法的声明;应与新国家签订《维持现状协定》和其他协定;最终应派代表参加两个中的一个制宪会议,至少为了国防、交通和外交事务;尽可能征求人民的意愿,作出大多数人认为最有利于他们国家的选择。③另一方面,尽可能劝说尼赫鲁和甘地不要去克什米尔,以免激起反对。尽管总督成功地使尼赫鲁放弃了去克什米尔的念头,却没有办法阻止甘地。

7月17日,蒙巴顿总督致函甘地,表示愿意为甘地访问克什米尔提供任何帮助,已经打电话给驻扎官,将甘地以私人身份访问克什米尔的要求转给摩诃罗阇。因为克什米尔总理卡卡将于下周初来德里,参加与土邦部的谈判,总督觉得,尼赫鲁和甘地与卡卡会晤,确定甘地访问的确切时间和细节是礼貌和明智的。因为甘地这样一个世界知名人士的访问不可能保证足够私密而没有什么影响。④7月24日,总督安排卡卡与甘地会面,卡卡不听总督的警告,成功阻止甘地访问克什米尔,却导致尼赫鲁要求访问克什米尔。总督意识到,卡卡和摩诃罗阇十分憎恨尼赫鲁,预想到摩诃罗阇会在尼赫鲁到克什米尔之前宣布追随巴基斯坦,卡卡将制造一起事故,在尼赫鲁接管德里权力之前将他逮捕。总督也意识到尼赫鲁处于十分情绪化的状态,因此在7月29日召见甘地、尼赫鲁和帕特尔。总督劝他们暂时不要访问克什米尔。他表示,在克什米尔统治者可以选择加入印度还是巴基斯坦之际,任何国大党领袖的访问都可能受到世界舆论的高度关注。但是,如果尼赫鲁去访问,可能被视为直接的政治游说。如果甘地以宗教为由去,可能得到一定缓和。甘地同意总督的观点,表示愿意替尼赫鲁去。尼赫鲁坚决要去,帕特尔则反对任何人去,最终决定甘地第二天晚上就动身去访问克什米尔。⑤

---

① Minutes of Viceroy's 40th Staff Meeting, *TOP*, *XI*, p.199.

② Viceroy's Personal Report No.10, *TOP*, *XI*, pp.687—688.

③ Record of Interview between Mountbatten and Nehru, *TOP*, *XI*, p.592.

④ Mountbatten to Mr. Gandhi, *TOP*, *XII*, p.211.

⑤ Record of Interview between Mountbatten and Gandhi, Nehru and Patel, *TOP*, *XII*, pp.397—398.

当天,蒙巴顿致电克什米尔驻扎官威尔弗雷德·弗朗西斯·韦伯(Wilfred Francis Webb),告诉他甘地将乘 7 月 30 日晚上的火车离开德里,31 日到拉瓦尔品第,8 月 1 日下午乘车到克什米尔的斯利那加,要求驻扎官好好控制甘地之行,以免引起更严重的问题,并要求他每天都报告有关甘地访问的情况。①甘地到克什米尔后总算信守诺言,甚至在祈祷后也没有像往常那样发表演讲,只在回程中到拉瓦尔品第时才发表了一个没有坏处的声明。一场可能发生的危机总算被总督化解。不过,随着权力移交时间的临近,克什米尔的局势也变得越来越紧张,摩诃罗阇不得不解除卡卡的总理职务。

8 月 12 日,克什米尔总理致电印度和巴基斯坦,表示希望与两个政府签订《维持现状协定》。8 月 15 日,巴基斯坦政府回复同意与查谟-克什米尔政府签订《维持现状协定》,印度政府则回复希望总理或获得授权的其他部长到德里就《维持现状协定》进行谈判。②8 月 13 日,克什米尔驻扎官致电总督私人秘书阿贝尔,因为无论加入哪一个自治领都会导致严重的麻烦,所以克什米尔不可能加入哪一个自治领。③总督在 8 月 16 日的个人报告中说,只有克什米尔一个土邦没有加入自治领;如果边界委员会给克什米尔与印度的陆上连接,他将举行公民投票来决定到底加入印度还是加入巴基斯坦。④

4. 博 帕 尔

博帕尔纳瓦布哈米杜拉·汗是穆斯林,而他的大多数臣民是印度教徒。纳瓦布的处境确实比较难,而他拖拖拉拉的态度使问题变得更加难以解决。《蒙巴顿方案》公布之后,博帕尔纳瓦布曾致函总督:按照《蒙巴顿方案》,英属印度的每一个部分都可以选择在英联邦内或脱离英联邦,土邦也应给予同样的选择。6 月 15 日,博帕尔纳瓦布致函蒙巴顿总督,抱怨《蒙巴顿方案》"置土邦于非常不幸的地位","您也认识到,土邦在以往的生死斗争中所起的作用。他们至少在保卫国家免受外国侵略和控制方面做得比国大党所

---

① Mountbatten to the Resident at Kashmir, *TOP*, *XII*, p.405.

② D.N.Dhar, *Dynamics of Political Change in Kashmir*, New Delhi: Kanishka Publishers, Distributors, 2001, p.288.

③ Resident at Kashmir to Abell, *TOP*, *XII*, p.696.

④ Viceroy's Personal Report No.17, *TOP*, *XII*, p.769.

声称的还要多"①。

6月17日,总督会见博帕尔纳瓦布及其法律顾问查弗鲁拉·汗。纳瓦布再次提起给予自治领地位的问题。总督表示已经将有关信件、电报转交内阁委员会。总督告诉纳瓦布,国大党将十分愿意接受土邦签订《内阁使团方案》中所说的由中央管理三项事务的协定。然而,纳瓦布指出,他的居民包括15万好战的穆斯林,他们永远不会同意加入纯粹的印度教徒自治领。他再次抱怨英王陛下政府置王公们于危难之中而不顾。总督告诉他,如果有两个以上自治领,国大党根本不会接受分治方案,他们甚至拒绝允许孟加拉投票赞成独立和单独的自治领,以避免分治。6月25日,总督再次会见博帕尔纳瓦布,并告诉他关于新土邦部的成立及由帕特尔任部长、梅农任秘书的消息。这个意外的消息使纳瓦布非常高兴。②

6月29日,博帕尔纳瓦布致函蒙巴顿总督,对英属印度针对特拉凡科尔的煽动表示抗议,强调为了给土邦部和各土邦维持现状协定的谈判营造好的氛围,各方都必须防止与"6·3方案"相抵触的行为。他表示他的土邦同样关注其他土邦所发生的事情。③

7月22日,博帕尔纳瓦布致函总督,表明在目前的方案下不能加入任何自治领的立场。他说,土邦曾愿意接受《内阁使团方案》,愿意将国防、外交和交通事务交给中央政府,主要是因为权力只移交给一个统一的印度。那样,土邦、穆斯林联盟和其他少数民族可以联合起来,通过联合投票可以保证他们在未来印度的宪法结构中有适当的地位。在目前的方案下,地位完全不同,因为任何土邦或土邦集团都被降格到永远没有权力而被国大党掌控的地位,而国大党公开宣称的意图就是从印度政治地图上消灭王公阶层。最近国大党对土邦王公的辱骂、威胁、暴力和政治强迫等行为可以判定为对敌人的行动。纳瓦布告诉总督,他决定不参加7月25日的会议。主要原因是:第一,那些已经加入制宪会议、将自己的命运交给国大党人的土邦和至今保留独立态度的土邦之间没有谈判的共同基础。第二,加入制宪会议,将国防、外交和交通交给中央政府管理,土邦将要承担很多费用,中央政府从间接税等获得很多财富。第三,印度和巴基斯坦之间是否签订某种共同防御协定,如果没有,印度和巴基斯坦怎样维持友好的关系?第四,印度

---

① Mountbatten to the Earl of Listowel, *TOP*, *XII*, pp.528—529.

② Viceroy's Personal Report No.10, *TOP*, *XI*, pp.688—689.

③ The Nawab of Bhopal to Mountbatten, *TOP*, *XI*, pp.739—740.

按教派一分为二,一个土邦(尤其王公为穆斯林的土邦)被置于非常脆弱的地位。在博帕尔,既有印度教徒又有穆斯林,两大教派一直保持和平与安宁,过去40年从没有发生过教派冲突。无论选择加入哪一个自治领,总有一个族群不欢迎。因此,不能选择加入某个自治领,但会和两个自治领保持友好关系。①

7月31日,总督回复博帕尔纳瓦布,就纳瓦布对国大党的恐惧,总督指出,帕特尔就任土邦部部长时发表的声明是新印度自治领对土邦的官方政策,纳瓦布可以看出,它与以前国大党领袖发表的讲话有很大不同,使土邦可以在平等的基础上进行谈判。为了劝导纳瓦布,总督告诉他,"《加入协定》草案承认和确认加入土邦的主权,除了加入程度有所不同外,保证土邦内政的完全自由"②。为了营造一种氛围,总督在8月1日邀请还在德里的所有土邦王公参加午宴,请求所有准备让总督公布其加入的王公在离开德里前私下让总督知道,总督也答应不强迫尚未作出决定的王公。除了两个帕特尔同意推迟到他们与克什米尔的谈判完成后才决定的旁遮普山区土邦王公外,其他所有王公都加入了。③

8月4日,总督与博帕尔纳瓦布和印多尔摩诃罗阇会谈。总督声明最近将自己大部分时间用于履行作为王室代表维护印度土邦利益的职责,已经尽很大努力为它们与两个自治领政府保持很好的关系创造了最好的条件。他的努力所取得的成功已经远远超出刚到印度时的预期。除了海德拉巴、博帕尔和克什米尔还在犹豫外,其他土邦王公都亲自或派代表讨论加入协定,只有印多尔一个土邦还没有任何回应。在印多尔摩诃罗阇作了一些辩解后,总督劝导他说,他最先让国大党和穆斯林联盟接受内阁使团的1946年5月12日备忘录,对土邦王公的利益给予了最多的保护,以至于他和帕特尔被称为"亲土邦者";8月15日之后,没有加入的土邦将得不到王室代表的帮助;将不再保有与英联邦联系的有利条件;他们的臣民也不受英国的保护。条约关系和加入的差异首先也就在于这一点,因为条约并不是与英国王室签订的。总督强调,在印度自治领新宪法制定和生效后,它将包括一些已加入土邦代表参与制定的涉及土邦的条款。如果这些条款令土邦王公不满意,现在的《加入协定》规定,土邦王公可以再作考虑。而另一方

① The Nawab of Bhopal to Mountbatten, *TOP*, *XII*, pp.291—297.
② Mountbatten to the Nawab of Bhopal, *TOP*, *XII*, pp.436—438.
③ Viceroy's Personal Report No.15, *TOP*, *XII*, p.455.

面,印度自治领则没有给予第二次选择。①

8月7日,博帕尔纳瓦布致函蒙巴顿,感谢总督给予的关照和耐心细致的劝导,但还是希望等克什米尔和海德拉巴决定后再作出最后的决定。②8月10日,纳瓦布在给蒙巴顿总督的信中表示,希望以自己退位为条件,换取其继任者阿比达·苏丹(Abida Sultan)在8月15日后10天内作出决定。③

8月11日,纳瓦布拜访蒙巴顿总督,谈到以纳瓦布退位为条件,宽限作出最后决定的时间,以及焦特布尔原本准备与巴基斯坦签订条约,但帕特尔给出更好的条件,转而加入印度自治领。④在当天给纳瓦布信中,蒙巴顿讲了他与帕特尔会谈的情况即他对纳瓦布让位给女儿等的看法:总督将以纳瓦布退位为条件宽限博帕尔加入时间的建议转告帕特尔,但是帕特尔表示他已经拒绝了所有王公和迪万的宽限要求,因此他不能给予纳瓦布例外。总督说,"我有两种选择,要么亲自请求印度内阁同意,要么由我自己掌控事务"。由于总督已经在最后一次印度内阁会议上向印度内阁请求授权他延长海德拉巴在8月15日后继续谈判时间,因而总督不可能有机会再请求内阁授权他宽限博帕尔的加入时间。因此,只能走另一条路:他获得帕特尔的同意,如果纳瓦布同意在8月14日签署《加入协定》和《维持现状协定》,然后将签署的协定亲自交给总督,由总督锁起来,8月25日之前不交给土邦部,除非纳瓦布授权早一点公布。对于提前让位给女儿的事,总督指出,在这样一个关键时刻退位,将这样重的负担交给年轻的女儿,不仅对纳瓦布的女儿不公平,而且也使纳瓦布自己遭遇世界很不好的看法。最后,总督诚挚建议纳瓦布尽快签署协定并交给他,如果决定退位,也要等到10月再退。⑤

8月12日,纳瓦布一收到总督的信,就给总督写了一封私人信件,请求与总督短暂会晤,讨论"信中的退位部分"。14日,纳瓦布致函总督,表示接受总督的建议,即尽快(在1947年8月14日深夜之前)签署《加入协定》和《维持现状协定》,请总督按照给他的信中所说的那样保守秘密,直至纳瓦布作出最终决定或1947年8月25日之前。纳瓦布也表示在这个关键的时

① Record of Interview between Mountbatten and the Nawab of Bhopal and the Maharaja of Indore, *TOP*, *XII*, pp.505—509.
② The Nawab of Bhopal to Mountbatten, *TOP*, *XII*, pp.562—563.
③ Ibid., p.644.
④ Memorandum by Mountbatten, *TOP*, *XII*, pp.659—661.
⑤ Mountbatten to the Nawab of Bhopal, *TOP*, *XII*, pp.671—673.

刻,为了避免流血冲突的发生,决定目前不退位。①从前述情况看,博帕尔在8月15日之前留有余地地加入印度。

5. 朱 纳 格 特

朱纳格特是卡提阿瓦半岛南部一个拉杰普特土邦。在英属印度移交权力时,纳瓦布摩诃巴特·汗三世口头上答应实现卡提阿瓦的统一,但是在1947年4月11日发布的新闻公报中,朱纳格特政府表示:"朱纳格特热心拥护卡提阿瓦的统一,欢迎成立一个独立的卡提阿瓦土邦集团。"②4月22日,《朱纳格特政府公报》重发了迪万阿卜杜勒·卡迪尔(Abdul Kadir)的演讲,迪万否认朱纳格特在考虑加入巴基斯坦。6月10日,纳瓦布的法律顾问纳比·巴克什(Nabi Baksh)和包纳加尔迪万 A.P.帕塔尼(Pattani)发表联合通告,希望成立一个卡提阿瓦土邦联盟。③

据巴罗达迪万布罗金德拉·拉尔·米特6月17日给帕特尔的信,以纳瓦讷格尔贾姆萨赫布为首的卡提阿瓦土邦王公举行会议,如果特拉凡科尔可以宣布独立,作为沿海土邦的卡提阿瓦诸土邦也同样可以独立。独立的好处是他们可以不受德里任何干预进行统治,发展他们的港口,他们无需依靠印度。会议决定成立包括整个半岛的卡提阿瓦联盟,它将宣布独立,不受朱纳格特宣布独立或加入巴基斯坦的影响。贾姆萨赫布将是联盟的主席,纳瓦讷格尔、包纳加尔、贡达尔、博尔本德尔、摩尔维、特朗格特拉和朱纳格特7个土邦组成委员会,管理半岛。联盟宪法也在制定之中。朱纳格特的立场是,它将要么独立,要么加入巴基斯坦。④

7月25日,在蒙巴顿主持的王公会议上,朱纳格特代表、纳瓦布的法律顾问纳比·巴克什向蒙巴顿提出了几个问题,他建议纳瓦布加入印度。1947年5月,阿卜杜勒·卡迪尔去国外治病,沙·纳瓦兹·布托(Shah Nawaz Bhutto)接任迪万,随后土邦政府解雇了纳比·巴克什。纳瓦布处于穆斯林联盟的影响之下。纳瓦讷格尔贾姆萨赫布和特朗格特拉摩诃罗阇告诉梅农,在沙·纳瓦兹·布托执掌政权的情况下,朱纳格特可能加入巴基

---

① The Nawab of Bhopal to Mountbatten, *TOP*, *XII*, pp.729—730.

② V.P. Menon, *The Integration of the Indian States*, London: Longmans, Green and Co. Ltd., 1956, p.125.

③ Sucheta Mahajan, *Towards Freedom: Documents on the Movement for Independence in India*, *1947*, *Part 2*, New Delhi: Oxford University Press, 2013, pp.2474—2475.

④ Ibid., pp.2475—2476.

斯坦。《加入协定》早已发给纳瓦布,要他签署,但是到1947年8月12日还没有收到回复。梅农致电提醒签署《加入协定》的最后日期是8月14日,要求立即给予回复。8月13日,沙·纳瓦兹·布托回复正在考虑中。布托召集要员讨论加入问题,会议备忘录分析了加入巴基斯坦可能招致的危险,因而主张加入印度。一个受邀参加会议的穆斯林在迪万要他发表意见的时候表示:人民在加入问题上没有发言权,王公可以决定加入他喜欢的自治领。

8月15日,朱纳格特政府发表加入巴基斯坦的公告:"在过去几周中,朱纳格特政府面临作出加入印度还是加入巴基斯坦的选择的问题。它不得不对问题的各个方面给予非常仔细的考虑。政府的主要考虑是采取一条从长远来看会对朱纳格特人民永久的幸福和繁荣作出最大的贡献、有助于维护土邦的完整和在最大程度上保护其独立和自治的路线。在经过焦急的考虑和仔细权衡各种因素之后,土邦政府决定加入巴基斯坦,谨在此宣布其决定。土邦政府深信,土邦将所有忠实的臣民的真正幸福和繁荣谨记在心,其决定将受到他们的欢迎。"①

在这5个比较坚决要求独立的土邦中,因为总督和土邦部的努力,也因为时局变得越来越不利于实现独立的愿望,最终在8月15日英属印度移交权力之前,特拉凡科尔和博帕尔签署《加入协定》,加入印度自治领,朱纳格特宣布加入巴基斯坦自治领,海德拉巴和克什米尔保持独立的立场。

---

① V.P. Menon, *The Integration of the Indian States*, London: Longmans, Green and Co. Ltd., 1956, pp.125—126.

第七章　印度土邦的合并与王公制的消亡

根据《加入协定》，土邦王公宣布将国防、外交和交通事务交给印度自治领管理，并承担相关的义务和遵守相关的法律。[①]140 个拥有全部统治权的王公与印度签订了《加入协定》。拥有全部统治权的王公在加入之后可以继续享有除国防、外交和交通三项之外的其他权力和利益。总共有 554 个土邦主动或被动地加入了印度自治领。[②]不久之后，印度又与加入的土邦签订合并协定，土邦王公以土邦主权换取年金和一定特权。根据 1950 年 1 月生效的《印度共和国宪法》和 1956 年 11 月生效的第 7 条宪法修正案对行政区划进行的调整，土邦被完全合并入印度联邦。1971 年 12 月生效的第 26 条宪法修正案废除王公的年金和特权，王公制度在印度消亡。格拉德、巴哈瓦尔布尔和海尔布尔等土邦加入巴基斯坦，20 世纪 50 年代中期，这些土邦也被并入西部巴基斯坦。

一、土邦并入印度

如前所述，很多土邦王公对签署《加入协定》的态度是有所保留的，主要原因在于他们不信任国大党及其领导人，帕特尔之所以比较爽快地保证答应王公提出的条件，只不过是要诱使他们尽快加入印度自治领，尤其对焦特布尔等有意加入巴基斯坦的土邦王公，一旦王公们签署了《加入协定》，国大党政府就会食言，剥夺他们对土邦的统治权。

王公们的担忧很快变成了严酷的现实，帕特尔、梅农在与土邦签订《加入协定》不久后就开始考虑合并土邦的计划。合并土邦就是要土邦王公放

---

① V.P. Menon to P. Patrick, 2 August 1947, *TOP*, *XII*, pp.468—469.

② V.P. Menon, *The Integration of the Indian States*, London：Longmans, Green and Co. Ltd., 1956, p.477.

弃对土邦的主权,将它转让给印度政府,并入邻近的省,或者组成土邦联盟,成为印度联邦的成员,印度政府按照协议保证王公享有一定数额的年金、个人财产、社会地位甚至一些特权。尽管有后面这些安抚性措施,但是土邦的合并会极大损害土邦王公的利益,遭到很多王公尤其是瓜廖尔等大土邦王公的抵制和反对,需要帕特尔和梅农等人做大量的工作,甚至使用威胁性手段。[①]

本节主要参考土邦部秘书梅农所著《印度土邦合并史》对土邦合并的情况作一个简要的叙述。

1. 奥里萨土邦的合并

奥里萨省共有 26 个土邦。印度中央政府依据《1947 年特别省管辖权法》(*The Extra-Provincial Jurisdiction Act 1947*)派代表到奥里萨政府,将各土邦作为一个地区。

1947 年 12 月 13 日,帕特尔和梅农一到克塔克就会见了省长和省部长,向他们解释了心中的计划,不仅将 B、C 等级的土邦整合到奥里萨省,而且 A 等级土邦也要合并到奥里萨省。14 日上午,阿特格尔、伯拉姆巴、德斯伯拉(Daspala)、欣多尔、根德巴拉(Khandpara)、格萨万、讷尔辛格布尔、尼尔吉里、巴尔勒赫拉(Pal Lahara)、赖拉戈尔、兰布尔、达尔杰尔(Talcher)12 个 B、C 等级的土邦王公被召集到一起,帕特尔向他们发表了很有威慑力的讲话。他表示,在奥里萨,土邦人民和王公的安全处于危险之中,局势要求立刻解决。他不是作为一个旧宗主或任何外国政权的代表,而是作为试图解决家庭问题的家庭一员来到克塔克,为王公们提出友好的建议。奥里萨作为一个联邦单位,只有当它是一个紧密的整体、不被五花八门的管辖权和政府弄得四分五裂时,才能取得进步和繁荣。这些土邦没有资源和人力,难以在这样的基础上建立稳定的政府,因而显然不能实行责任制政府。责任制政府在小土邦没有任何意义。他建议王公们不要再在这个多事之秋使自己成为攻击的目标,要移交所有权力和职权。印度政府将保证这样的王公的特权、荣誉和尊严。对人民日益增强的不满要求立即采取措施。帕特尔最后说,如果王公不听劝导,在被他的人民驱逐出去之后,最终将不得不求助于德里,到那时,事情的发展已超出可以控制的范围,他

---

① Vijayaraje Scindia, *Princess*: *The Autobiography of the Dowager Maharani of Gwalior*, London: Century Hutchinson Ltd., pp.191—194.

也就不能给王公以帮助。①在经过一番讨论后,出席会议的王公都签署了合并协定。3 个因病或其他原因没有出席的王公后来也签署了协定。

12 月 14 日午餐之后,帕特尔、梅农、奥里萨总理马赫塔布、司法部长与东部土邦地区专员 K.V.K.孙达拉姆(Sundaram)等人会见了 A 等级土邦巴姆拉、包德、滕加纳尔、冈布尔(Gangpur)、格拉汉迪(Kalahandi)、盖翁切尔、马尤班吉、讷亚格尔、巴特那、瑟莱盖拉(Seraikela)和索纳布尔的王公。帕特尔解释了这些土邦的地位,要它们与 B、C 等级土邦一样合并。他表示,奥里萨诸土邦就像奥里萨省躯体上的溃疡,它们必须被治愈或消除。如果王公们听从他的建议,它们是可以治愈的,否则,他们将发现自己会被人民连根拔掉。但是,王公们不愿意接受将所有权力移交给省政府、与省合并的建议。巴特那摩诃罗阁拉金德拉·纳拉扬·辛格提出要考虑一些时间,帕特尔几乎失去耐心。梅农建议王公们再花几个小时考虑合并协定,当晚10 点再开会。

当晚 10 点再次会见王公们时,梅农强调所有奥里萨土邦与省合并对于土邦和省的和平与进步是必要的。王公们还是犹豫不决。滕加纳尔摩诃罗阁舒拉·普拉塔普·辛格(Shura Pratap Singh)是 A 等级土邦中重要的王公。在土邦人民协会(Prajamandal)鼓动责任制政府的情况下,如果没有印度政府的支持,他就不能维持他在土邦中的地位。在会见结束时,梅农答应满足其合理要求,摩诃罗阁同意合并。第二天,梅农和王公们再次会谈,逐条讨论合并协定,最后,除盖翁切尔、马尤班吉、讷亚格尔 3 个土邦外,其他土邦王公都签署了合并协定。②12 月 23 日,印度政府行使《1947 年特别省管辖权法》所赋予的权力,将奥里萨各土邦作为该省的地区进行管理的权力授予奥里萨政府,中央的职能则保留给印度政府。

格萨万和瑟莱盖拉的大多数人口都是阿迪巴西斯人(Adibasis),在地理上是比哈尔省辛格布姆地区的一部分,因此在 1948 年 5 月 18 日,两个土邦并入比哈尔省。

因马尤班吉已经成立责任制政府,没有征求部长们的意见的话,摩诃罗阁普拉塔普钱德拉·班吉·代奥(Pratapchandra Bhanj Deo)不能决定合并的问题,因此,摩诃罗阁在克塔克会议上没有签署合并协定。但在将近一年

---

① V.P. Menon, *The Integration of the Indian States*, London: Longmans, Green and Co. Ltd., 1956, p.163.

② Ibid., pp.163—168.

的时间里,马尤班吉的管理陷入停滞,人民出现很大不安。于是,摩诃罗阇请求印度政府立刻接管土邦。在梅农征得土邦总理的同意后,摩诃罗阇于1948 年 10 月 17 日签署合并协定。11 月 9 日,印度政府接管马尤班吉,并任命一个高级专员进行管理。1949 年 1 月 1 日,马尤班吉被并入奥里萨省。这样,奥里萨的所有土邦都被并入印度。

2. 切蒂斯格尔土邦的合并

切蒂斯格尔共有 15 个土邦,最大的土邦巴斯塔尔面积 38 925 平方千米,人口超过 50 万[①],大多数土邦原来都是柴明达尔和札吉尔。1861 年成立中央省时,英国政府将它们提升到附属国的地位。在合并的过程中,巴斯塔尔等一些土邦成为地区,其他土邦则被并入它们邻近的地区。

1947 年 12 月 15 日,帕特尔和梅农从奥里萨首府布巴内什瓦尔(Bhubaneshwar)飞往那格浦尔,与中央省省长曼格尔达斯·帕克瓦萨(Mangaldas Pakvasa)、省总理 R.S.舒克拉(Shukla)、内务部长 D.P.米什拉(Mishra)一起会见土邦王公或他们的代表。帕特尔一开始就概述了在克塔克与奥里萨的土邦王公会见时所说的原则,呼吁王公们签署合并协定,将他们的苦恼和忧愁交给省政府。格沃尔塔(Kawardha)塔库尔拉尔·特伦拉杰·辛格(Lal Dharamraj Singh)请求帕特尔给予过去英国人所给予的保护,他准备接受自治领政府的最高统治权。帕特尔回复说,除非同样在内部事务方面加入自治领政府,否则维护内部的安定不能扩及土邦;至于恢复最高统治权,没有理由这样做,因为在自由的印度,所有人都是平等的,任何印度人都不能高于另一个人。土邦王公提出了关于个人年金、王公的宪法地位及其权利和特权的问题。科里亚罗阇普拉塔普·辛格提出,王公的年金应该永久地固定下来,以至于不因政府的变化而变化,并且写入宪法,使高等法院可以强制实施。帕特尔向他保证,王公们将签署的协定已经体现了印度政府给他们的保证,也将写进宪法中。在得到这些保证之后,在场的 10 个土邦王公签署了合并协定,南德冈的摄政拉尼代表年少的摩汉特(Mahant)迪格维贾伊·达斯(Digvijai Das)签了字,苏古贾(Surguja)摩诃罗阇萨兰·辛格(Saran Singh)和杰什布尔及昌巴卡尔两个土邦的迪万同意获得各自土邦王公的签名。[②]

---

① S.N. Sadasivan, *Political and Administrative Integration of Princely States*, New Delhi: Mittal Publications, 2005, p.27.

② V.P. Menon, *The Integration of the Indian States*, London: Longmans, Green and Co. Ltd., 1956, p.169.

3. 卡提阿瓦土邦的合并

卡提阿瓦半岛共有 14 个有礼炮待遇土邦、17 个无礼炮待遇土邦和 191 个小公国,面积 5 698 平方千米,人口近 400 万。据 1939 年 7 月的《论坛报》(*Tribune*),在卡提阿瓦半岛,多达 46 个土邦的面积只有不到 5.18 平方千米,其中 8 个土邦的面积只有 1.3 平方千米。最小的土邦维贾诺尼斯(Vejanoness)只有 0.75 平方千米、206 人和年财政收入 500 卢比。卡提阿瓦土邦的管理因为许多土邦领土散布在多处而变得更加复杂,比如,纳瓦讷格尔、贡达尔和朱纳格特就分别拥有 9、18 和 24 块单独的领土。因此,卡提阿瓦地区被分为大约 860 个不同的管辖区域。[①]

在“6·3 方案”公布后不久,政治部将统治权授予几个未成年的王公。印度政府成立后,任命 N.M. 布赫(Buch)为卡提阿瓦地区专员。在移交权力后,整个卡提阿瓦地区兴起一股责任制政府浪潮,出现了动荡和不安。在王公比较进步的特朗格特拉,鼓动者宣布他们要向王宫进发。较大的土邦包纳加尔的摩诃罗阇也感受到要求责任制政府的压力。但是,印度政府不鼓励责任制政府,为了保证卡提阿瓦未来的繁荣和幸福,首要的是将这些零散的地区整合起来。土邦部设想了几种方案。在与梅农讨论了各种方案之后,帕特尔同意,为了确保卡提阿瓦未来的繁荣,只能将所有大大小小的土邦整合到一个单位,即卡提阿瓦联合邦。每 20 万人选举 1 名代表,组成立法会议,为基于责任制政府的新邦制定一部宪法。一旦包括操古吉拉特语地区的语言省成立,卡提阿瓦将自动合并入该省。[②]

1948 年 1 月 15 日,帕特尔宣布包纳加尔成立责任制政府。随后,帕特尔、梅农与国大党另外两名重要领袖 U.N. 德巴尔(Dhebar)和巴尔万特莱·梅达(Balwantrai Mehta)从包纳加尔飞往拉杰果德,在那里举行了一次规模空前的会议。帕特尔用古吉拉特语发表演讲。在帕特尔到艾哈迈达巴德后,15 日晚和 16 日一整天,梅农等人与卡提阿瓦的公众领袖及有礼炮待遇的土邦王公进行非正式会谈。

1 月 17 日上午,梅农、孙德拉姆、布赫等与有礼炮待遇的土邦王公会晤。梅农发表演讲,强调建立一个统一的卡提阿瓦联合邦的理由;成立卡提阿瓦联合邦可以保证王公们的地位、年金、特权等,最有利于保护王公和人

---

① V.P. Menon, *The Integration of the Indian States*, London: Longmans, Green and Co. Ltd., 1956, p.177.

② Ibid., p.181.

民的利益。222个卡提阿瓦土邦在现在的局势下不可能继续独立存在多久。独立土邦的消亡虽然令人难受,但是,如果不在恰当的时间做一些事情稳定卡提阿瓦的局势,事态的发展可能带来更加难以接受的结果。[①]王公们希望给予时间考虑。在这些土邦王公中,包纳加尔摩诃罗阇克里希那库马尔辛·巴夫辛(Krishnakumarsimh Bhavsimh)不反对土邦的合并,特朗格特拉摩诃罗阇梅格拉杰三世(Meghraj III)公开表示支持。因此,纳瓦讷格尔贾姆萨赫布迪格维杰伊辛的态度非常重要。在梅农的劝说下,贾姆萨赫布赞同保持卡提阿瓦的完整,并以某种形式保持他的领导权。在经过讨论之后,王公们一致赞同一个统一的卡提阿瓦的原则。

1月20日下午,梅农会见了无礼炮待遇土邦王公,在告知有礼炮待遇土邦王公已经接受一个统一的卡提阿瓦的原则之后,建议他们也接受。经过商讨,梅农和王公们一起拟定了盟约:卡提阿瓦土邦联盟称"苏拉斯特拉联盟",联盟设王公委员会和主席团,选举产生主席和副主席;新联盟政府接管加入联盟的土邦的管理;联盟主席称"宪政首脑"(Rajpramukh),掌握联盟的行政权;盟约还规定了立法委员会的构成;盟约保证了王公的年金、私有财产和王位的继承等。[②]1月22日,大多数王公签署了盟约。

与朱纳格特一样,马讷沃德(Manavadar)、芒格罗尔也是印度教人口居多而王公是穆斯林的土邦。1947年8月15日,朱纳格特宣布加入巴基斯坦。它们效仿朱纳格特,准备加入巴基斯坦。1948年2月,3个土邦举行公民投票,除少数人赞成加入巴基斯坦外,大多数人主张加入印度。2月15日,帕特尔在贾姆讷格尔主持了苏拉斯特拉联盟的成立大会,卡提阿瓦半岛及附近地区的222个土邦合并组成苏拉斯特拉土邦联盟。[③]根据11月王公签署的补充盟约,贾姆萨赫布终身担任宪政首脑。4月15日,包纳加尔、久达(Chuda)和巴贾纳(Bajana)最先将土邦管理权移交给联盟。很多土邦王公利用移交土邦之前的间隙,尽可能将土邦的资产用来回报自己的亲戚、朋友,当然也忘不了最后充实一下自己的腰包,使新政府担心土邦的资源被耗尽。[④]

---

① V.P. Menon, *The Integration of the Indian States*, London: Longmans, Green and Co. Ltd., 1956, p.185.

② Ibid., pp.192—193.

③ S.N. Sadasivan, *Political and Administrative Integration of Princely States*, New Delhi: Mittal Publications, 2005, p.26.

④ V.P. Menon, *The Integration of the Indian States*, London: Longmans, Green and Co. Ltd., 1956, p.197.

根据 1949 年 1 月生效的第二个补充盟约,朱纳格特、马讷沃德、芒格罗尔、本特瓦、巴巴里阿瓦德(Babariawad)、瑟尔达尔格尔(Sardargarh)加入苏拉斯特拉联盟。[①]卡提阿瓦半岛经过数个世纪的政治分裂,终于成为一个整体。

4. 德干土邦的合并

除戈尔哈布尔外,德干共有 18 个土邦。在一些土邦中,王公的社会身份与臣民不一致,如兰杜格罗阁是婆罗门,其臣民是林加亚特人。在独立后不久,人民就开始反对王公统治,要求成立自治政府。阿格尔果德、杰特、穆托尔、珀尔登和萨文德瓦迪的统治者是马拉塔人,奥恩德和波尔的王公是萨达拉统治者扶植的婆罗门。桑格利、瓦迪、兰杜格、杰姆肯迪、米勒杰、古伦德瓦德(Kurundwad)和塔斯冈(Tasgaon)等被称为帕特瓦丹(Patwardhan)土邦,而贾恩吉拉和瑟沃努尔(Savanur)是穆斯林土邦。[②]

早在 1946 年 7 月 28 日,一些德干土邦王公在浦那会见甘地,请甘地提出一个关于他们的土邦联盟的方案。甘地不鼓励这一想法,但是告诉他们会将建议告诉尼赫鲁。尼赫鲁也不赞成联盟的想法,但是建议王公们首先允许建立责任制政府。也许因为卡马尔纳扬·巴贾杰(Kamalnayan Bajaj)的调解,国大党没有坚决反对联盟的成立。曾任国大党首任孟买省政府内务部长的 K.M.孟希(Munshi)受命起草了一份详细的盟约。国大党成立由拉金德拉·普拉萨德、帕塔比·斯塔拉马亚(Pattabhi Sitaramayya)和尚卡尔拉奥·代奥(Shankarrao Deo)组成的支委会,确定德干土邦联盟的王公的年金。1947 年 10 月 17 日,奥恩德、波尔、大古伦德瓦德、小古伦德瓦德、大米勒杰、小米勒杰、珀尔登、兰杜格和桑格利的王公批准了盟约。奥恩德潘特-普拉提尼蒂(Pant Pratinidhi)巴万拉奥·斯利里瓦斯拉奥(Bhawanrao Shriniwasrao)当选为土邦联盟的宪政首脑,波尔罗阁拉古纳特·拉奥二世当选为第一副首脑(Uprajpramukh)。由 25 名选举产生的成员组成立法会议,起草联盟宪法。12 月 20 日被确定为立法会议召开的日子。[③]

---

① V.P. Menon, *The Integration of the Indian States*, London: Longmans, Green and Co. Ltd., 1956, p.198.

② S.N. Sadasivan, *Political and Administrative Integration of Princely States*, New Delhi: Mittal Publications, 2005, p.27.

③ V.P. Menon, *The Integration of the Indian States*, London: Longmans, Green and Co. Ltd., 1956, p.200.

　　但是,德干土邦联盟并非建立在一个牢固的基础上。德干土邦属于两个不同的语言区,即马哈拉施特拉和卡纳塔克。它们并不相邻,且与孟买省的领土交错在一起。例如,面积仅 2 357 平方千米的波尔被分为 3 个不同的部分,土邦内有很多英属印度的领土。17 个德干土邦中,只有 8 个参加联盟。此时,杰姆肯迪罗阇尚卡尔·拉奥(Shankar Rao)宣布,如果他的人民愿意的话,他准备并入孟买省。当地的土邦人民协会也通过了赞同此做法的决议。杰特罗阇维贾雅辛格·拉奥·拉姆·拉奥(Vijayasingh Rao Ram Rao)和阿格尔果德罗阇维贾雅辛格·拉奥·朋斯拉(Vijayasingh Rao Bhonsle)也准备步其后尘。在临时政府的组成问题上,土邦王公们也有分歧,一些王公主张内阁由 5 人组成,而另一些则主张每个土邦都应有成员。两种主张难以达成妥协。12 月 21 日,王公会议通过决议:鉴于公众的观点、目前的局势和土邦联盟人民的普遍的感情,王公会议决定,如果土邦人民和立法机构不愿意制定宪法,那么土邦联盟可以与孟买省合并,王公会议不会阻止。[①]

　　1948 年 1 月 26 日,土邦联盟立法会议决定,"立法会议的观点是,德干土邦联盟并入印度联邦的孟买省是符合所有土邦及其人民的利益的"。卡马尔纳扬·巴贾杰被授权代表印度政府与王公洽谈合并条件。王公们提出,土邦联盟作为一个团体加入孟买,盟约关于个人财产、年金等方面的条款应遵守,尤其是年金要保住。帕特尔曾于 1 月 19 日到孟买,与王公们会晤,帕特尔告诉王公们,因为联盟并没有得到印度政府的承认,其盟约无效,因此,土邦必须单个地并入孟买省。1948 年 1 月 30 日甘地遇刺,凶手纳图拉姆·维纳亚克·戈德斯(Nathuram Vinayak Godse)是马哈拉施特拉的婆罗门,一部分马拉塔人便发起针对婆罗门和巴尼亚(Bania)族群的暗杀、抢劫的活动。这影响到整个马哈拉施特拉,尤其是戈尔哈布尔等土邦。小土邦无法应对这种局势,因此,王公们要求在签署《加入协定》前就合并到孟买省。1948 年 2 月 19 日,孟买总理 B.G.克尔(Kher)在孟买主持召开德干土邦王公会议,C.C.德赛(Desai)代表土邦部参加了会议。出席会议的 14 个王公签署了合并协定,一个王公的兄弟代表他签订协定。只有萨文德瓦迪和贾恩吉拉没有派代表出席会议,但土邦内局势的恶化迫使贾恩吉拉纳瓦布穆罕默德·汗二世和萨文德瓦迪罗阇希夫拉姆·萨文德(Shivram

---

　　① V.P. Menon, *The Integration of the Indian States*, London: Longmans, Green and Co. Ltd., 1956, p.202.

Savant)在后来签订了合并协定。1948 年 3 月 8 日,德干土邦(除戈尔哈布尔外)合并生效。合并面积为 20 241 平方千米,人口 1 693 103 人,年财政收入 14 215 599 卢比。[①]

戈尔哈布尔在马拉塔土邦中享有很高的地位,摩诃罗阇拥有"查特拉巴蒂-摩诃拉吉"(Chhatrapati Maharaj,皇帝)的头衔。1946 年 9 月 28 日,5 岁多的摩诃罗阇希瓦吉六世去世。1947 年 3 月 31 日,政治部承认大代瓦斯摩诃罗阇继承戈尔哈布尔王位,称沙哈吉三世(Shahaji III)。不过,这一继承人并未获得土邦内一部分人的认同。在甘地遇刺后,戈尔哈布尔发生种族骚乱,土邦的财政状况也越来越糟糕。但是,为了避免引起马拉塔人的反对,土邦的合并必须出于摩诃罗阇的自愿,因此,摩诃罗阇被邀请到德里,讨论有关合并的问题。1949 年 2 月,摩诃罗阇在友好的气氛中签署了将戈尔哈布尔并入孟买的协定。3 月 1 日,印度政府接管戈尔哈布尔。

5. 古吉拉特土邦的合并

古吉拉特有 17 个完全司法权的土邦、127 个半司法权和无司法权的土邦。即便那些有完全司法权的土邦,都不够大或拥有维持适合现代需要的管理资源。他们的领土与巴罗达和孟买省的艾哈迈达巴德以及凯拉(Kaira)地区交织在一起。127 个已在印度政府直接掌控之下半司法权和无司法权的土邦的存在使问题更加复杂。苏拉斯特拉联盟的成立在古吉拉特土邦王公中激起希望,如果他们与巴罗达成立联盟,他们的单独存在将可以得到维持。卢纳瓦达摩诃拉纳兰吉特·辛格在代表王公们与梅农会晤时强调了这一点。但是梅农向他明确表示,古吉拉特土邦唯一可能的安排是与孟买省合并。1948 年 3 月 17—19 日,梅农到孟买与王公们举行了多次会谈。王公们最初提出建立土邦联盟或者与巴罗达一起组成土邦联盟,但是巴罗达摩诃罗阇拒绝了他们的建议。因此,梅农告诉他们,除了与孟买合并,他们别无选择。王公们应该立即签订合并协定,但是土邦管理的移交时间可以推延到 1948 年 6 月 5 日,以便他们对自己的事务进行安排,为移交做好准备。王公们最关注的是年金的问题。梅农答应可以在东部土邦方案的基础上确定年金。王公们提出设立一个王公委员会,以便在王位继承发生争议时由委员会裁决。在梅农作出其他一些让步的承诺后,拉杰比布拉

---

① V.P. Menon, *The Integration of the Indian States*, London: Longmans, Green and Co. Ltd., 1956, p.204.

摩诃罗阇维贾雅辛·查特拉辛(Vijayasinh Chhatrasinh)代表王公发表愿意并入孟买省的声明:"我们很高兴地告诉你,作为古吉拉特的统治者,我们相信,祖国尤其是古吉拉特为了整个印度的利益希望我们作出所有牺牲。因此,我们很乐意回应这一责任的号召,决定采取成立大古吉拉特省的第一步,将我们的土邦合并到孟买省。我们希望上帝保佑我们的决定。"[1]接着,除了丹达摩诃拉纳巴瓦尼辛·哈米尔辛(Bhavanisinh Hamirsinh)外,其他王公都签署了合并协定。这次合并的面积 69 930 平方千米,262.4 万人口,年财政收入 1 650 万卢比。[2]1948 年 6 月 10 日,印度政府接管了古吉拉特拥有完全司法权的土邦。

丹达虽然只有 899 平方千米、3.1 万人口,但是摩诃拉纳巴瓦尼辛·哈米尔辛很看重自己,宣称是拉杰普特人帕尔马尔族的首领,是乌贾因超日王的后裔。他是一个虔诚的宗教徒,每年 6—9 月每天晚上 8 点至第二天早上 9 点都沉浸在宗教仪式中。土邦局势的动荡使原住民对孟买的法律和秩序造成很大问题。1948 年 10 月 7 日,摩诃拉纳致函梅农,请求让位给儿子。印度政府接受了他的请求。10 月 16 日,新任摩诃拉纳签署合并协定。11 月 6 日,孟买接管了丹达。

6. 温迪亚邦的成立

温迪亚邦(Vindhya Pradesh)是由联合省与中央省之间、巴克尔根德和本德尔汗德两个地区内 35 个土邦合并而成的新政治实体。

本德尔汗德和巴克尔根德的统治者都是拉杰普特人,但是历史上两者一直处于敌对的立场,互不通婚。除雷瓦外,巴克尔根德还有一些小土邦。本德尔汗德诸土邦的面积 31 080 平方千米,大多数是很小的土邦,至少15 个土邦的面积不足 129.5 平方千米,而其中两个土邦的面积不足 25.9 平方千米。奥查哈(即蒂格姆格尔)的财政收入超过 200 万卢比,而 12 个小土邦的财政收入少于 5 万卢比。[3]这两个地区的交通不便利、经济不发达,但是在农业和林业方面有潜力。土邦部审查了关于这些土邦未来的几种方案。一种是合并到联合省和中央省,但是联合省已经够大了,中央省已经合并了切蒂斯格尔一些土邦。第二种是成立除雷瓦外的土邦联盟。这样的联

---

①　V.P. Menon, *The Integration of the Indian States*, London: Longmans, Green and Co. Ltd., 1956, p.207.

②　Ibid., p.208.

③　Ibid., p.212.

盟也没有足够的资源,所有土邦的总收入也仅仅超出 1 000 万卢比。唯一可行的是成立包括雷瓦在内的土邦联盟。但雷瓦是一个在立法会议中有代表的土邦,因此合并原则不适用于它。

1948 年 3 月初,一个雷瓦代表团在德里与梅农会晤。他们保证,如果作出某些让步,雷瓦将加入土邦联盟。3 月 11 日,梅农访问雷瓦。在与梅农谈判的过程中,年轻的摩诃罗阇马尔坦·辛格完全听从顾问的意见。顾问们主要关注摩诃罗阇的利益,要求给予雷瓦在土邦联盟中较高地位和影响,如雷瓦摩诃罗阇永久地担任联盟主席,如果立法会议中大多数雷瓦代表愿意,雷瓦可以退出联盟;关于摩诃罗阇的年金,1945—1946 年雷瓦的总收入为 11 422 125 卢比,按照东部土邦方案,雷瓦摩诃罗阇的年金应为97.25 万卢比。[1]

在与雷瓦代表会谈之后,12 日下午,梅农前往瑙贡(Nowgong)与其他土邦王公会晤,确定土邦联盟的名称为"温迪亚邦",确定了王公们的年金,考虑到小土邦王公收入有限,确定了对他们有利的数额,如班格-帕哈里(Banka Pahari)和比杰纳(Bijna)两个王公的年金为 3 000 卢比,杜尔瓦伊(Dhurwai)、格姆达-拉杰奥拉(Kamta Rajaula)和奈加万-雷巴伊(Naigawan Rebai)三个王公的年金为 5 000 卢比。

3 月 14 日,本德尔汗德诸王公签署了盟约。梅农回到雷瓦,与摩诃罗阇讨论之后,摩诃罗阇签署了盟约。1948 年 4 月,温迪亚邦正式成立。

7. 中央邦土邦的合并

中央邦即马尔瓦土邦联盟,面积 121 730 平方千米。马尔瓦平原曾是孔雀帝国、笈多帝国、戒日帝国和莫卧儿帝国的一部分。18 世纪后期,信地亚家族的瓜廖尔与霍尔卡家族的印多尔瓜分了马尔瓦。瓜廖尔和印多尔经常进行战争,1817—1818 年第三次英马战争最终削弱了马拉塔人的势力。约翰·马尔科姆受命平定这个地区的战乱。作为最有成就的英国管理者,马尔科姆重构了马尔瓦地图,明确划定瓜廖尔和印多尔的边界,让原来处于它们保护下的 15 个拉杰普特土邦和一些穆斯林土邦独立,置于英国人的保护之下。在移交权力时,马尔瓦地区共有 25 个土邦,其中 15 个小拉杰普特土邦,4 个穆斯林土邦,焦拉、古尔瓦伊(Kurwai)、穆罕默德格尔(Moham-

---

① V.P. Menon, *The Integration of the Indian States*, London: Longmans, Green and Co. Ltd., 1956, p.215.

medgarh）、巴塔里（Pathari）、塔尔和（大、小）代瓦斯的王公都宣称是普尔人。1948 年 5 月 28 日，25 个土邦合并为中印度土邦联盟。瓜廖尔摩诃罗阁乔治·吉瓦吉拉奥·信地亚（George Jivajirao Scindia）担任土邦联盟的宪政首脑，印多尔摩诃罗阁亚斯万特·拉奥二世担任副宪政首脑。

8. 伯蒂亚拉和东旁遮普土邦的合并

东旁遮普有 6 个土邦，其中 4 个即伯蒂亚拉、那巴、金德和法里德果德是锡克教土邦，另外 2 个是格布尔特拉和马莱尔戈德拉。这些土邦的领土分为三大块：包括伯蒂亚拉、那巴、金德、马莱尔戈德拉和法里德果德领土的主要一块在东旁遮普的中部且相当完整；格布尔特拉，包括两块在东旁遮普北部朱伦德尔（Jullunder）地区的两块飞地；分别是伯蒂亚拉、金德和那巴的边缘低区的纳瑙尔（Narnaul）、达德里（Dadri）和巴瓦尔（Bawal）位于东旁遮普南部地区的内部。伯蒂亚拉在现在的喜马偕尔邦内还有一些领土。因此，和其他地方一样，东旁遮普土邦的领土与英属印度的领土交织在一起。

合并的关键在于最大的土邦伯蒂亚拉。因此，梅农对伯蒂亚拉摩诃罗阁雅达温德拉·辛格做了劝导工作。他说："我的任务将是使伯蒂亚拉摩诃罗阁深信他的利益之所在。我告诉他，如果他不加入联盟，我们的选择将只能是要么接受其他土邦的联盟，要么将它们合并到东旁遮普。无论在哪种情形下，伯蒂亚拉都难以长期孤立地存在下去。"[1]此时，印度成立温迪亚邦和中央邦，瓜廖尔、印多尔和雷瓦这些重要土邦的摩诃罗阁都同意将他们的领土与他们周围的土邦合并。梅农建议伯蒂亚拉摩诃罗阁也仿效他们。

在随后的会谈中，摩诃罗阁和他的顾问提出了以下要求：第一，首席宪政首脑的职位不仅由现任摩诃罗阁终身担任，而且还要留给他的继承人。第二，为了满足伯蒂亚拉人民的爱国主义心理，东旁遮普土邦联盟应该叫"伯蒂亚拉联盟"。第三，有关个人的特权和年金等。特权包括在伯蒂亚拉领土内死刑的中止、赦免和折算权，如中央邦盟约赋予瓜廖尔和印多尔摩诃罗阁的那样；有关个人年金也应与瓜廖尔和印多尔摩诃罗阁相同。[2]

1948 年 5 月 2 日，梅农与其他土邦王公会谈，在经过较长时间讨论后，王公们达成几点共识，王公在选举中有每 10 万人 1 票的票数；伯蒂亚拉和格布尔特拉摩诃罗阁为首任首席联盟宪政首脑和副首脑；在联盟宪法采用

---

① V.P. Menon, *The Integration of the Indian States*, London: Longmans, Green and Co. Ltd., 1956, p.244.

② Ibid., pp.245—246.

更合适的称呼前,联盟可以暂时称为"伯蒂亚拉-东旁遮普土邦联盟"。关于伯蒂亚拉摩诃罗阇的年金,盟约中没有确定,只规定总额高于 100 万卢比,这个数额只支付给现任摩诃罗阇,后来固定的数额是 170 万卢比。

除 6 个主要土邦外,还有 2 个没有礼炮待遇的土邦即格尔锡亚和纳拉格尔也被要求加入联盟。5 月 5 日,所有 8 个土邦的王公都在盟约上签字。7 月 15 日,"伯蒂亚拉-东旁遮普土邦联盟"正式成立。伯蒂亚拉摩诃罗阇担任土邦联盟宪政首脑。联盟的面积 26 156 平方千米,人口 3 424 060 人,总收入略多于 5 000 万卢比。1956 年 11 月 1 日成立语言邦时,联盟被撤销。

9. 拉杰布达纳土邦的合并

拉杰布达纳有 19 个有礼炮待遇的土邦和 3 个无礼炮待遇的土邦。印度政府分五个阶段谨慎地实行合并政策。

第一个阶段,1948 年 2 月 28 日,将阿尔瓦尔、珀勒德布尔、陶尔布尔和格劳利 4 个土邦组成联盟,因为在古书和《摩诃婆罗多》中,4 个土邦所在的地区叫"婆蹉"(Matsya),所以,该土邦联盟被称为"婆蹉联盟"或"马特西亚联盟"。

第二阶段,1948 年 3 月 25 日,班斯瓦拉、本迪、栋格尔布尔、恰勒瓦尔、吉申格尔、科塔、帕塔格尔、沙赫布勒和栋格成立第一个拉贾斯坦联盟。早在 1946 年《内阁使团方案》公布后,科塔摩诃拉奥比姆·辛格二世就召开一些邻近土邦部长会议,以探讨建立联盟的可能性。因此在成立联盟后,科塔摩诃拉奥被选举为联盟的最高首脑。

第三阶段,乌代布尔加入第一个拉贾斯坦联盟。在拉贾斯坦联盟成立后第三天,乌代布尔摩诃拉纳布帕尔·辛格(Bhupal Singh)告知梅农,决定加入联盟。3 月 28 日,梅农开始与乌代布尔迪万 S.V.拉马穆蒂(Ramamurthy)洽谈乌代布尔加入联盟的事情。迪万希望摩诃拉纳成为联盟永久世袭的最高首脑,年金 200 万卢比。第二天,梅农、拉马穆蒂和其他王公一起讨论乌代布尔加盟的问题。经过讨论,决定成立第二个拉贾斯坦联盟,乌代布尔摩诃拉纳终身担任联盟最高首脑,但不延续至其继承人,年金 100 万卢比,另加作为最高首脑的津贴 50 万卢比和用作传统的慈善和宗教用途的津贴 50 万卢比。[1]科塔摩诃拉奥则改任高级副首脑。

---

① V.P. Menon, *The Integration of the Indian States*, London: Longmans, Green and Co. Ltd., 1956, pp.260—261.

第四阶段,斋浦尔、焦特布尔、比卡内尔和杰伊瑟尔梅尔加入第二个拉贾斯坦联盟,组成大拉贾斯坦联盟。这4个土邦的领土都是完整成块的,除杰伊瑟尔梅尔外,按照印度政府确定的标准,其他3个土邦都是可行的单位。土邦王公也都很重视保持他们土邦的地位。但是这些土邦都与巴基斯坦有很长的边界,在其他土邦都与邻近的省合并或与其他土邦组成联盟的情况下,印度政府也在考虑它们合并的问题。在事先征得斋浦尔摩诃罗阇曼·辛格二世同意后,梅农起草一个声明,1949年1月14日,帕特尔在斋浦尔一次公开会议上宣布将斋浦尔、焦特布尔、比卡内尔和杰伊瑟尔梅尔合并到拉贾斯坦联盟。这一声明受到全国的欢迎。经过讨论,推选斋浦尔摩诃罗阇为联盟最高宪政首脑(Maha Rajpramukh),焦特布尔和科塔王公为高级副首脑,本迪和栋格尔布尔王公为低级副首脑。关于王公的年金,斋浦尔摩诃罗阇180万卢比,比卡内尔摩诃罗阇170万卢比,焦特布尔摩诃罗阇175万卢比。[①]1949年3月30日,帕特尔主持大拉贾斯坦联盟成立暨最高宪政首脑和总理宣誓仪式。

第五阶段,马特西亚联盟与大拉贾斯坦联盟合并。事实上,在成立大拉贾斯坦联盟谈判时,帕特尔和梅农就在考虑马特西亚联盟的未来。梅农告诉马特西亚联盟的王公,大拉贾斯坦联盟一旦成立,马特西亚联盟将不得不与之合并。1949年2月13日,梅农邀请陶尔布尔、珀勒德布尔、阿尔瓦尔和格劳利王公到德里进行协商。当天晚些时候,梅农又邀请马特西亚联盟的部长进行会谈。阿尔瓦尔和格劳利一致赞成与大拉贾斯坦联盟合并,而珀勒德布尔和陶尔布尔则有人赞成合并,有人反对。3月23日,珀勒德布尔摩诃罗阇布里金德拉·辛格(Brijendra Singh)表示,他的大多数臣民赞成合并。5月10日,4个王公再次在德里举行会议,并且邀请拉贾斯坦联盟的最高宪政首脑和总理参加,最终确定了马特西亚联盟与大拉贾斯坦联盟合并的盟约。5月15日,马特西亚联盟正式并入拉贾斯坦联盟,斋浦尔摩诃罗阇为终身联盟宪政首脑。

拉贾斯坦联盟是最大的土邦联盟,面积332 618平方千米,人口近1 530万,年收入超过1.8亿卢比。[②]

①　V.P. Menon, *The Integration of the Indian States*, London: Longmans, Green and Co. Ltd., 1956, p.265.

②　Ibid., p.273.

10. 旁遮普丘陵土邦的合并

旁遮普丘陵土邦位于喜马拉雅山区,有苏克特、巴尔尚、昌巴、努尔布尔、比拉斯布尔、古卢和门迪等 21 个土邦,9 个附属土邦。这些土邦都很小,很落后。最大土邦的面积 9 065 平方千米,13 个土邦的面积不到 259 平方千米,3 个土邦的面积不到 25.9 平方千米。印度曾经要求这些土邦与东旁遮普合并,但遭到王公和人民的坚决反对。1948 年 3 月 2 日,梅农邀请王公们到德里开会。王公们事先已经协商过,并提出按照苏拉斯特拉模式建立土邦联盟。梅农建议这些土邦合并为一个由高级专员管理的行政单位。王公们接受了梅农的建议,4 月 15 日,除比拉斯布尔外的 20 个旁遮普丘陵土邦联合组成喜马偕尔邦(Himachal Pradesh)。

比拉斯布尔虽然是旁遮普丘陵土邦之一,但因在其境内修建巴克拉大坝(Bhakra Dam)已成可行的方案,分治时,旁遮普省政府与比拉斯布尔罗阇就大坝的修建进行谈判,接近达成协议。如果旁遮普省政府接受大坝的修建,它就掌握了萨特莱杰河河水的分配,就可能对伯蒂亚拉-东旁遮普土邦联盟和拉贾斯坦不公平。据《1935 年印度政府法》,中央政府无权控制多功能水利工程,印度政府只能依据新宪法,将比拉斯布尔设为中央直辖区。因此梅农与比拉斯布尔罗阇阿嫩德·昌德举行多次会谈,最终罗阇在 1948 年 8 月 15 日签署合并协定,比拉斯布尔成为中央直辖省。1954 年,比拉斯布尔并入喜马偕尔邦。①

11. 卡西丘陵土邦的合并

印度东北卡西丘陵地区有 25 个由部落酋长统治的小公国。1947 年 7 月初,阿萨姆省省长阿克巴·海达里(Akbar Hydari)和王公们就土邦在国防、外交和交通加入印度以维持印度统一的必要性达成一致。8 月 15 日之前几天,王公们签署《维持现状协定》,同意自 1947 年 8 月 15 日起两年内或新修改的协定达成之前,阿萨姆省省长和印度自治领作为一方,卡西土邦作为另一方,都要遵守现行的所有协定。12 月 15 日,20 个王公签署《加入协定》。其余 5 个王公也因一些因素的影响,如巴基斯坦为迫使这些土邦加入而对它们实行经济封锁,在 1948 年上半年加入印度。卡西土邦王公虽然签署了《加入协定》,但是不能作出合并的决定。1948 年 1 月 1—2 日,帕特

① V.P. Menon, *The Integration of the Indian States*, London: Longmans, Green and Co. Ltd., 1956, pp.299—300.

尔访问西隆(Shillong)，与王公们会晤，没有取得任何成果。1949年7月，阿萨姆省政府总理尼科尔斯-罗易(Nichols-Roy)提出将卡西丘陵地区合并到阿萨姆省，而吉朗(Jirang)王公要求卡西丘陵土邦和杰因蒂亚丘陵土邦组成一个单独的管理单位，卡西土邦联盟制宪会议投票结果是46票支持40票反对，通过了王公的要求。①卡西丘陵土邦代表参加了制宪会议，并一直就合并问题与中央政府对话，1950年1月26日，这些代表惊讶地发现，卡西丘陵已经成为阿萨姆省的一个地区。②乞拉(Cherra)、毛普伦(Mawphlang)、农斯多因(Nongstoin)等土邦并入1970年4月从阿萨姆省分离出来的梅加拉亚邦(Meghalaya)。

12. 特拉凡科尔-科钦联盟的成立

特拉凡科尔和科钦是印度最富庶、最美丽的土邦。两个土邦属于同一族群，使用共同的语言，有着共同的文化和传统，但是历史上的恩恩怨怨、现实中的利益纷争使两个土邦之间存在很大隔阂。1949年3月5日，梅农访问特里凡得琅，先后与特拉凡科尔迪万纳拉扬·皮莱(Narayan Pillai)和其他部长会谈。第二天，梅农与科钦总理伊坎达·沃里尔(Ikkanda Warrier)和其他部长会谈。随后，两个土邦的部长一起讨论合并的问题，最终，两个土邦的部长都一致赞成组建特拉凡科尔-科钦联盟。经过多次互访、协商，特拉凡科尔、科钦和印度政府就联盟的成立达成一致。1949年7月1日，梅农到特拉凡得琅主持特拉凡科尔-科钦联盟成立仪式，特拉凡科尔摩诃罗阇被确定为宪政首脑，每年领取30万卢比津贴。联盟的面积23711平方千米，人口750万，年收入近1.35亿卢比。③特拉凡科尔摩诃罗阇的年金为180万卢比，科钦罗阇的年金为23.5万卢比。④

13. 单独合并的土邦

(1) 朱纳格特的合并

1947年8月15日，朱纳格特发布加入巴基斯坦的公告。朱纳格特的

① David R.Syiemlieh, *On the Edge of Empire: Four British Plans for the North East India*, New Delhi: SAGE Publications India Pvt. Ltd., 2014, pp.25—26.

② Ibid., p.33.

③ V.P. Menon, *The Integration of the Indian States*, London: Longmans, Green and Co. Ltd., 1956, p.291.

④ S.N. Sadasivan, *Political and Administrative Integration of Princely States*, New Delhi: Mittal Publications, 2005, p.36.

决定令印度政府很不安,因为,第一,它违背了地理上相邻加入的原则。朱纳格特是卡提阿瓦半岛的经济和管理中心,纳瓦布的决定可能引起卡提阿瓦的动荡。第二,朱纳格特纳瓦布是穆斯林,而 80％的臣民是印度教徒。如果加入巴基斯坦,就开启一个王公不征求臣民的意见而加入一个宗教信仰不同的国家的先例,会影响到尚未加入的海德拉巴和克什米尔的决定。[1]8 月 21 日,印度政府指示梅农致函巴基斯坦驻印度的高级专员,指出朱纳格特地理上的邻近、其人口的构成和需要征求人民关于加入的观点,希望巴基斯坦表明对朱纳格特的政策。9 月 15 日,巴基斯坦致电印度政府,声明巴基斯坦接受了朱纳格特的加入并签署了《维持现状协定》,朱纳格特成为第一个加入巴基斯坦的土邦。

9 月 21 日,朱纳格特派兵进入巴巴里阿瓦德,这是份地持有者(Mulgi-rasias)持有的 51 个村庄。朱纳格特纳瓦布宣称是自己土邦的一部分。而份地持有者则提出他们依附于朱纳格特是政治部的安排,既然最高权力已经失效,他们也就不再受这一安排的约束,有直接加入印度的权利,印度政府也接受了他们的加入。[2]芒格罗尔是朱纳格特的附属国,9 月 20 日,芒格罗尔谢赫以新德里承认其从朱纳格特独立出来为条件,宣布加入印度,但是在两小时内,谢赫撤回他的加入,印度政府拒绝接受其撤销。马讷沃德汗古拉姆·汗(Gholam Khan)不顾梅农的劝导,于 9 月 24 日加入巴基斯坦。[3]于是,印度政府决定,印度军队和加入印度的土邦的军队在卡提阿瓦举行阅兵仪式,以保护已经加入印度的土邦,也决定派足够多的军队到芒格罗尔和巴巴里阿瓦德。

9 月 25 日,朱纳格特迪万回电印度政府声称,巴巴里阿瓦德和芒格罗尔是朱纳格特领土不可分割的部分,它们加入印度是无效的。迪万拒绝从巴巴里阿瓦德撤出朱纳格特的军队。10 月 1 日,朱纳格特军队进入芒格罗尔。

10 月 25 日,印度政府通过占领巴巴里阿瓦德和芒格罗尔的方案。26 日,帕特尔与尼赫鲁派出一名副监察长和一小股警察到马讷沃德,接管

---

① Mushtaqur Rahman, *Divided Kashmir: Old Problems, New Opportunities for India, Pakistan, and the Kashmiri People*, Boulder, Colo.: Lynne Rienner Publishers, 1996, p.66.

② V.P. Menon, *The Integration of the Indian States*, London: Longmans, Green and Co. Ltd., 1956, p.136.

③ Yaqoob Khan Bangash, *A Princely Affair: The Accession and Integration of the Princely States of Pakistan, 1947—1955*, Karachi: Oxford University Press, 2015, p.113.

土邦的管理。①11 月 1 日,印度政府接管巴巴里阿瓦德和芒格罗尔。

在局势并未朝预想的方向发展的情况下,10 月 26 日,朱纳格特纳瓦布携带大多数家族成员和土邦的全部现金等财物飞往卡拉奇。在纳瓦布逃亡后,朱纳格特很多地方被"自由印度"的武装力量占领。10 月 31 日,纳瓦布从卡拉奇致电迪万,要求他"根据形势的需要作出明智的判断"。11 月 5 日,朱纳格特土邦委员会举行会议,决定调整与两个自治领的关系,授权迪万与相关当局谈判。11 月 7 日,布托与土邦人民组织的领导、圣雄甘地的侄儿萨马尔达斯·甘地(Samaldas Gandhi)进行谈判,请求他接管政府,恢复土邦的法律和秩序。11 月 8 日,布托致函印度西部和古吉拉特各邦地区专员布赫,"朱纳格特政府请求,为了避免流血、困难和生命与财产的损失及保留王朝,应该与您接触,在管理方面得到您的帮助。我们已经电告了蒙巴顿勋爵阁下、圣雄甘地、印度总理和副总理、尊敬的阿扎德及巴基斯坦总督和总理。我希望您友善地对待这一请求"②。印度政府指示布赫 11 月 9 日去接管朱纳格特。11 月 9 日下午 6 点,印度军队进占并接管朱纳格特。

巴基斯坦对印度接管朱纳格特提出抗议。11 月 11 日,巴基斯坦总理利亚奎特·阿里·汗致电尼赫鲁,要求印度政府立即撤出军队,将管理权归还给正当的统治者,并阻止印度联邦的人民侵入朱纳格特,发生暴力行为。尼赫鲁在回复中表示,印度主要是要快速稳定局势,并希望尽快举行公民投票来解决这一问题。

在局势恢复正常并且在印度军队维持下,朱纳格特在 1948 年 2 月 20 日举行公民投票,201 457 名登记选民中的 190 870 名选民行使了投票权。其中,91 人投票赞成加入巴基斯坦。同时,芒格罗尔、马讷沃德、巴巴里阿瓦德、本特瓦和瑟尔达尔格尔也举行了公民投票,31 434 人中,只有 39 人赞成加入巴基斯坦。③6 月 1 日,萨马尔达斯·甘地、达亚尚卡尔·戴夫(Dayashankar Dave)和普什帕瓦蒂·梅达(Pushpavati Mehta)夫人组成执行委员会。土邦政府通过特别法案,朱纳格特选举 7 名代表进入苏拉斯特拉土邦联盟立法会议。这 7 名代表开会决定朱纳格特应该加入苏拉斯特拉。朱纳格特的附属国芒格罗尔和马讷沃德都在 1949 年 2 月 20 日移交给苏拉斯特拉土邦联盟。

---

① V.P. Menon, *The Integration of the Indian States*, London: Longmans, Green and Co. Ltd., 1956, p.141.

② Ibid., p.144.

③ Ibid., p.149.

朱纳格特的合并是在印度武力干预的情况下实现的,王族一直不承认。据 2016 年 11 月 28 日《黎明》报道,朱纳格特纳瓦布穆罕默德·贾汉吉尔·汗(Muhammad Jahangir Khan)与俾路支斯坦省长穆罕默德·汗·阿查克扎伊(Muhammad Khan Achakzai)会晤时表示:印度占领朱纳格特违反了《维也纳条约法公约》(*Vienna Convention on the Law of Treaties*)第26 条,朱纳格特应该并入巴基斯坦。①

(2)迈索尔的合并

1947 年 8 月 29 日,迈索尔摩诃罗阇贾亚查马拉金德拉·沃德亚尔开始执行《加入协定》和《维持现状协定》。1947 年 10 月 29 日,摩诃罗阇成立迈索尔制宪会议,制宪会议通过一个决议,建议迈索尔采用印度联邦制宪会议通过的宪法。1949 年 6 月,摩诃罗阇签署修订了的《加入协定》,中央立法机构可以制定关于除关税和税收外的所有事务的法令。随后迈索尔还接受了 1950 年 4 月 1 日生效的联邦财政整合方案。11 月 25 日,摩诃罗阇颁发敕令,批准了迈索尔制宪会议"采用印度宪法为迈索尔宪法"的建议。这样,影响摩诃罗阇决定是否合并的只是摩诃罗阇的年金和个人财产的问题。梅农到迈索尔与摩诃罗阇和他的部长们讨论了 3 天,确定了摩诃罗阇的年金、个人财产、作为宪政首脑的津贴和其他细节问题,签署了合并协定。②1950 年 1 月 25 日,迈索尔正式并入印度。

(3)库奇的合并

库奇是印度西部一个战略地位非常重要、地理条件独特的土邦,根德拉(Kandla)港进一步增加了它的重要性,因此库奇王公的地位高于其他卡提阿瓦土邦王公的地位。移交权力后,当地的土邦人民协会鼓动实行责任制政府。1948 年 3 月底,梅农在孟买时,摩诃拉奥马丹辛·维贾雅拉杰(Madansinh Vijayaraj)请求他去调解。于是,梅农与摩诃拉奥及其顾问及土邦人民协会领袖协商。摩诃拉奥渴望和平解决并准备实行责任制政府。梅农告诉摩诃拉奥,解决的方法是,要么与邻近的苏拉斯特拉联盟合并,要么作为中央直辖省由中央政府接管。梅农回到德里后告知帕特尔他与库奇摩诃拉奥会谈的情况,并向他说明库奇战略地位非常重要,应该使它处在中央政府的直接控制之下。帕特尔同意将库奇作为一个中央直辖省加以接管。5 月 4 日,库奇摩诃拉奥签署合并协定。6 月 1 日,印度政府宣布库奇

---

① https://www.dawn.com/news/1299136.

② V.P. Menon, *The Integration of the Indian States*, London: Longmans, Green and Co. Ltd., 1956, p.295.

为中央直辖省。

（4）特里普拉的合并

特里普拉的面积为 10 660 平方千米，1765 年以后处于英国人的控制之下，其罗阁作为英属印度的柴明达尔继续保有其领地。1947 年 5 月 17 日，摩诃罗阁比尔·比克拉姆·基绍尔（Bir Bikram Kishore）去世，他 14 岁的儿子基里特·比克拉姆·基绍尔（Kirit Bikram Kishore）即位，摩诃拉尼坎婵·帕巴瓦蒂（Kanchan Pabhavati）充当摄政。印巴分治时，特里普拉的一部分被划给东巴基斯坦，摄政被迫将主权割让给印度，但是大多数居民都反对并入印度。①特里普拉实际上与印度其他地方隔离开来，虽然与北边的阿萨姆接壤，但特里普拉却没有公路通往阿萨姆。因此，印度政府耗资 1 000 万卢比修一条从特里普拉到阿萨姆的公路。在分治后非穆斯林开始从东巴基斯坦涌入时，特里普拉面临着照顾难民的额外任务。在这种情况下，印度政府没有选择地将特里普拉作为中央直辖区接管下来。1949 年 9 月 9 日，摩诃拉尼代表摩诃罗阁签署合并协定，10 月 15 日，印度政府正式接管特里普拉。

（5）曼尼普尔的合并

曼尼普尔的面积 22 372 平方千米，人口 50 多万。其北边是阿萨姆省，东边和南边与缅甸接壤，西边则是克车地区。考虑到曼尼普尔是一个落后的边疆土邦，印度政府将它变成一个中央直辖区。1949 年 9 月 21 日，摩诃罗阁波德·钱德拉·辛格（Bodh Chandra Singh）被召到西隆，签署合并协定。协定规定摩诃罗阁终身享有免税年金 30 万卢比，所有王室成员都享有所有人身权利、特权、尊严和头衔。②10 月 15 日，印度政府宣布解散土邦政府和立法会议，将曼尼普尔变为一个中央直辖区。关于摩诃罗阁的年金和个人财产等细节由当时的阿萨姆省省长斯利·普拉卡萨征求土邦部长的意见后加以确定。

（6）博帕尔的合并

博帕尔加入印度后，一场鼓动实行责任制政府的浪潮席卷所有印度土邦。1948 年 4 月，纳瓦布哈米杜拉·汗与土邦人民协会签订协议，组成一个民选政府。但这没有解决问题，又出现将博帕尔并入中央邦的鼓动。

---

① S.C. Bhatt & Gopal K.Bhargava, *Land and People of Indian States and Union Territories*, *Vol.26*, *Tripura*, Delhi: Kalpaz Publications, 2006, pp.17—18.

② S.M.A.W. Chishti, *Political Development in Manipur 1919—1949*, Delhi: Kalpaz Publications, 2005, pp.317—320.

1949 年 1 月 7 日,纳瓦布致函帕特尔,请求帮他拿定主意。几番通信后,帕特尔派梅农到博帕尔。1 月 24 日,梅农到博帕尔,3 天之中,多次与纳瓦布、部长和民众领袖会谈。在与纳瓦布会谈时,梅农明确提出,博帕尔在地理、种族和文化方面与马尔瓦关系密切,不能再以一个单独的邦存在,应与中央邦合并。此后,梅农多次到博帕尔就合并的事情进行协商。1949 年 4 月 30 日,梅农与纳瓦布协商,最后确定纳瓦布年金 110 万卢比,其中 10 万卢比给其王位继承人。[①]尽管纳瓦布的母亲给他的札吉尔的继承问题要请示帕特尔才能确定,但纳瓦布还是签署了合并协定。6 月 1 日,博帕尔成为一个中央直辖区。

(7) 马德拉斯管区土邦的合并

马德拉斯管区内只有布杜戈代、本格讷伯莱和桑杜尔 3 个土邦。

布杜戈代面积 3 030 平方千米,人口不到 50 万。1928 年 11 月,罗阇马尔坦达·拜拉瓦·童代曼去世时,他 6 岁的侄子拉贾戈帕拉·童代曼(Rajagopala Tondaiman)继承王位。1948 年 2 月 29 日,受邀到德里签署合并协定时,罗阇非常激动。罗阇的年金按照马德拉斯政府的建议确定。3 月 3 日,布杜戈代被并入马德拉斯邦的蒂鲁吉拉伯利地区。

本格讷伯莱是一个面积只有 712 平方千米、人口大约 4 万的穆斯林土邦。1948 年 2 月 18 日,纳瓦布法兹尔-阿里·汗(Fazl-i-Ali Khan)签署合并协定。2 月 23 日,马德拉斯政府接管本格讷伯莱。

桑杜尔的面积才 438 平方千米,人口 1.6 万。1949 年 4 月 1 日,桑杜尔罗阇耶斯旺特·拉奥签署合并协定,桑杜尔被合并到马德拉斯的贝拉里地区。

(8) 戈杰比哈尔的合并

戈杰比哈尔面积 3 414 平方千米,人口约 65 万,与东巴基斯坦、西孟加拉和阿萨姆接壤。1949 年 8 月 30 日,戈杰比哈尔摩诃罗阇杰加迪彭德拉·纳拉扬(Jagaddipendra Narayan)签署合并协定,9 月 12 日,戈杰比哈尔成为中央直辖区。但是,在征求西孟加拉总理的意见之后,帕特尔于 12 月决定将戈杰比哈尔合并入西孟加拉。这一决定根据《1935 年印度政府法》第 290A 条在 1950 年 1 月 1 日生效。

(9) 被并入东旁遮普的 3 个土邦

杜贾纳(Dujana)、洛哈鲁和伯道迪(Pataudi)3 个小穆斯林土邦都在

---

① V.P. Menon, *The Integration of the Indian States*, London: Longmans, Green and Co. Ltd., 1956, p.306.

1948年初并入东旁遮普。①

杜贾纳面积259平方千米,人口不足3万。在分治后的暴乱中,杜贾纳纳瓦布伊克迪达尔·阿里·汗(Iqtidar Ali Khan)携带所有可以携带的东西去了巴基斯坦。1948年,印度政府将杜贾纳合并到东旁遮普。

洛哈鲁面积585平方千米,人口约2.8万。在种族暴乱中,纳瓦布阿米努丁·艾哈迈德·汗(Aminuddin Ahmad Khan)被迫离开土邦。梅农与他讨论土邦的未来后,同意将土邦合并到东旁遮普。1948年2月17日,纳瓦布签署合并协定,东旁遮普政府接管了洛哈鲁。

伯道迪的面积只有137平方千米,人口2万。伯道迪纳瓦布伊夫迪哈尔·阿里·汗(Iftikhar Ali Khan)到德里,主动提出将土邦合并到东旁遮普。1948年3月18日,伯道迪被并入东旁遮普。

(10) 被并入联合省的3个土邦

兰布尔面积近2 331平方千米,人口近50万,以管理开明而著称。印巴分治时,作为穆斯林王公,纳瓦布拉扎·阿里·汗(Raza Ali Khan)最先公开加入印度,因而在分治后遭遇很大压力。为了让穆斯林少数族群产生信任感,他建议政府将兰布尔作为中央直辖区接管。印度政府接受他的建议,1949年5月15日,纳瓦布签署合并协定。7月1日,印度政府接管兰布尔。5个月之后,兰布尔被并入联合省。②

贝拿勒斯是一个很古老的公国,曾被英属东印度公司兼并,1911年又被承认为一个土邦,面积2 244平方千米,1941年统计的人口为451 428人。摩诃罗阇阿迪特亚·纳拉扬·辛格(Aditya Narayan Singh)在1939年去世,没有后代,养子维布蒂·纳拉扬·辛格(Vibhuti Narayan Singh)继任摩诃罗阇。梅农和摩诃罗阇多次长谈,摩诃罗阇最终于1949年9月5日签署合并协定,10月15日,贝拿勒斯被并入联合省。

代赫里格尔瓦尔面积11 700平方千米,人口近40万。在1948年责任制政府浪潮中,摩诃罗阇马纳本德拉·沙(Manabendra Shah)成立民选政府,但政府并不成功。梅农邀请摩诃罗阇和他的部长们到德里商谈。1949年5月18日,摩诃罗阇签署合并协定。8月1日,代赫里格尔瓦尔成为联合省的一个地区。③

---

① Adrian Sever, *Rajwadas: The Indian Princely States, Vol.2*, Delhi: B.R. Publishing Corporation, 2012, pp.330—340.

② Ibid., p.394.

③ V.P. Menon, *The Integration of the Indian States*, London: Longmans, Green and Co. Ltd., 1956, p.310.

（11）海德拉巴的合并

海德拉巴宣布独立，要与所有的穆斯林国家尤其是巴基斯坦建立关系，并谋求在联合国的一席之地。尼扎姆政府的行为遭到土邦内的反对派和英属印度境内主要党派如国大党和印度共产党等的激烈反对，尼扎姆政府遭遇严重的政治危机。为了度过这一危机，尼扎姆于 1947 年 11 月 29 日与印度自治领总督蒙巴顿签订《维持现状协定》。①

不过，协定的签订未能缓和紧张局势。忠于和支持尼扎姆的私人武装及土邦军队肆意攻击反对尼扎姆的势力，甚至袭击马德拉斯、中央省和孟买的火车和村庄，与印度军队发生冲突。在这种情况下，印度政府认为，海德拉巴的动荡威胁到整个印度局势的稳定，必须在影响印度国内和国际安全之前彻底解决海德拉巴问题。因此，印度政府在 1948 年 9 月 9 日决定实施"海德拉巴警察行动"。

9 月 13 日，印度政府宣布紧急状态，派军队进入海德拉巴，迫使尼扎姆允许印度军队驻扎在塞康德拉巴德，以恢复土邦的秩序。海德拉巴的军队很快被击溃。9 月 17 日，尼扎姆宣布解除莱克·阿里（Laik Ali）的迪万职务，命令军队停止抵抗，签署加入协定。德里作出决定，保留尼扎姆作为宪政首脑的社会地位，而立法权和司法权由军事都督乔扬托·纳特·乔杜里（Joyanto Nath Chaudhuri）掌握。1949 年 11 月 23 日，尼扎姆发布通告，接受印度制宪会议制定的宪法为海德拉巴宪法。②海德拉巴被并入印度。

（12）巴罗达的合并

巴罗达摩诃罗阇普拉塔普·辛格曾因在 1947 年第一个派代表参加制宪会议和较早签署《加入协定》而获得印度政府的赞赏。但是，在朱纳格特宣布加入巴基斯坦、卡提阿瓦的形势变得紧张起来之后，摩诃罗阇于 1947 年 9 月 2 日致函帕特尔，提出以下要求：印度自治领要将默希根塔、雷瓦根达（Rewakanta）、巴伦布尔、印度西部土邦和古吉拉特土邦的管辖权转让给巴罗达；印度自治领承诺在巴罗达出现紧急状况时给予武装力量的援助；巴罗达摩诃罗阇应被宣布为古吉拉特和卡提阿瓦之王，以便行使主权。③这使摩诃罗阇与印度政府的关系恶化。

① A.G.Noorani, *The Destruction of Hyderabad*, New Delhi: Tulika Books, 2013, p.150.

② Adrian Sever, *Rajwadas: The Indian Princely States*, Vol.1, Delhi: B.R. Publishing Corporation, 2012, p.112.

③ V.P. Menon, *The Integration of the Indian States*, London: Longmans, Green and Co. Ltd., 1956, p.418.

在责任制政府浪潮冲击下,摩诃罗阇不得不答应成立制宪会议,制定土邦宪法,成立以吉夫拉杰·梅达(Jivraj Mehta)为总理的临时政府。1948年5月,临时政府总理吉夫拉杰·梅达发现摩诃罗阇从土邦和预备基金中先后提取3 250万卢比。他召集立法会议,通过两项决议,一项决议质疑普拉塔普·辛格继续担任摩诃罗阇的适合性,宣布他辜负了人民的信任,要求他让位给长子法塔赫辛格拉奥(Fatehsinghrao),请求印度政府成立摄政委员会辅佐未成年的摩诃罗阇。另一项决议称,委员们非常遗憾地注意到摩诃罗阇已经挥霍掉土邦资产3 500多万卢比,请求印度政府任命一个委员会介入此事并采取适当的措施。

印度政府成立的调查委员会发现,从1943年到1947年间,除了500万卢比年金外,摩诃罗阇不仅从土邦投资储备基金中提取了近6 000万卢比,而且将一些很值钱的珠宝送到外国。①

因与土邦政府的关系比较紧张,自己挥霍浪费的情况被查实,普拉塔普·辛格只得同意考虑合并的事。1949年3月21日,摩诃罗阇签署合并协定。5月1日,孟买政府接管巴罗达。②

(13)印控克什米尔

1947年8—9月间,穆斯林臣民发动反对克什米尔摩诃罗阇的起义,6万多帕坦人快速涌入克什米尔。10月24日,起义者攻占为斯利那加供应电力的马胡拉(Mahura)发电厂,并宣布将于10月26日攻入斯利那加。克什米尔局势极度紧张。

绝望的摩诃罗阇哈里·辛格于10月24日致函印度总督蒙巴顿,说明克什米尔发生的紧急状况,请求印度政府提供援助,并表示决定加入印度。信中还附有《查谟-克什米尔加入协定》。③第二天,蒙巴顿总督回信表示接受其请求,表明印度已采取措施给摩诃罗阇以军事援助。④10月27日,印度空降部队占领斯利那加,平息反对摩诃罗阇的起义,穆斯林部落民被赶出斯利那加。

① V.P. Menon, *The Integration of the Indian States*, London: Longmans, Green and Co. Ltd., 1956, pp.420—421.

② S.N. Sadasivan, *Political and Administrative Integration of Princely States*, New Delhi: Mittal Publications, 2005, pp.32—33.

③ Sumit Ganguly, *The Crisis in Kashmir: Portents of War, Hopes of Peace*, New York: Woodrow Wilson Center Press and Cambridge University Press, 1997, p.157.

④ P.L. Lakhanpal, *Essential Documents and Notes on Kashmir Dispute*, Delhi: International Books, 1965, pp.55—59.

到 1947 年底,印度控制了克什米尔三分之二以上的地区,巴基斯坦则控制了其余地区。[1]1950 年《印度宪法》第 370 条"关于查谟-克什米尔邦的临时规定"规定了克什米尔在印度联邦中的地位、印度议会对克什米尔立法的权限。[2]

综上所述,主动和被动并入印度自治领的土邦有 557 个(土邦部秘书梅农提供的数字是 554 个),合并的形式主要有四种[3]:

第一,迈索尔、海德拉巴和克什米尔三个土邦保留原状,各自成立立法会议和政府,由王公担任宪政首脑。

第二,278 个土邦组成 5 个土邦联盟——苏拉斯特拉土邦联盟、中印度土邦联盟、伯蒂亚拉-东旁遮普土邦联盟、拉贾斯坦土邦联盟和特拉凡科尔-科钦土邦联盟。每个土邦联盟成为一个行政单位,成立立法会议和政府。另外设立王公会议及其主席团,由主席团选举产生主席即土邦联盟的宪政首脑。

第三,216 个土邦被合并到邻近省。

第四,一些土邦成为中央直辖区,主要有喜马偕尔邦、温迪亚邦、博帕尔、曼尼普尔、库奇、特里普拉和比拉斯布尔。它们直属中央,分别由中央派专员管理。

印度土邦的合并是一个多维的问题,既是历史问题,也是法律问题和政治问题。所谓历史问题就是说独立或准独立的国家在南亚次大陆是普遍的存在,这些政权与最强大的王朝或帝国的关系也几乎都是宗主和附庸的关系,它们只要承认强大王朝的宗主地位,尽一点纳贡的义务。英国对土邦实行间接统治,虽然剥夺了土邦的外交权,对土邦内政进行监督,但是在法律上还是承认土邦王公对领地的主权。因此在合并时,有必要考虑到土邦的历史地位。

从法律上看,英国与土邦王公的关系都是条约、协定关系,依据条约、协定约定双方的权利和义务,英国和所有土邦的关系也并非完全一样,虽然原则上英国控制土邦的外交权,王公享有内政主权。此外,英王与土邦王公的事务是由王室代表(实际上由总督担任)处理,因此,作为继承政府,无论印

---

① Raju G.C. Thomas, *Perspectives on Kashmir: The Roots of Conflict in South Asia*, Boulder: Westview Press Inc., 1992, p.50.

② Sumit Ganguly, *The Crisis in Kashmir: Portents of War, Hopes of Peace*, New York: Woodrow Wilson Center Press and Cambridge University Press, 1997, pp.160—162.

③ 林承节:《独立后的印度史》,北京大学出版社 2005 年版,第 50—51 页。

度自治领还是巴基斯坦自治领都没有权力继承英王与土邦王公的条约关系。但是,为了避免南亚次大陆巴尔干化,英国否认了土邦王公的独立权利,要求土邦加入印度或巴基斯坦。

所谓政治问题是就印度未来的发展而言的。为了让土邦王公尽快加入新自治领,在签订《加入协定》时土邦只要出让外交、国防和交通三项权利给印度联邦政府,其他内政权基本上仍由王公享有。土邦的存在会使印度难以实现政治上的真正统一,很多现实问题都可能难以解决,因此土邦的加入和合并具有非常重大的意义。土邦合并消灭了封建割据的状态,不仅从地理上建立了一个统一的印度联邦共和国,而且从政治上、经济上和文化上把这些各自为政的、落后的个体逐渐纳入印度国家主流,为其赶上历史发展潮流奠定了基础。因此,土邦合并得到了很多人的高度评价。帕特尔称土邦合并是一次"不流血的革命"。R.C.马宗达称土邦合并"是一次伟大却静悄悄的革命"。R.L.汉达(Handa)称土邦合并是"世界上最伟大的不流血的革命"[1]。

二、土邦王公制在印度的消亡

在合并过程中,土邦王公放弃了对土邦的统治权,放弃了很多财产,保留给他们的只是与土邦年收益相比很少的年金、一些社会地位和特权(如免税权、拥有枪支权和使用头衔权)。尽管帕特尔、梅农等当事人一再给土邦王公以保证,并表明宪法也会给予王公们保证,但出乎王公们意料的是,随着有关宪法修正案的生效,他们逐步丧失了印度政府最初给予的待遇和社会地位。

1. 印度土邦王公年金和私产的确定

在签订合并协定时,土邦部或土邦联盟确定了王公的年金。年金包含王公和他家庭的所有开支,包括他个人的职员、宫廷及其家庭的婚礼与其他所有典礼的开支,印度政府或相关的土邦联盟政府不需要再支付任何费用。

确定年金的公式大致有三种,即东部土邦公式、德干公式和政治部公

---

[1] Ian Copland, "The Integration of the Princely States: A 'Bloodless Revolution'?", *Journal of South Asian Studies*, Vol.18, pp.132—133.

式。相对而言,政治部公式对王公最大方。假如一个土邦的平均年收益为150万卢比,按东部土邦公式,王公的年金为13万卢比;按德干公式,王公的年金为16.25万卢比;按政治部公式,王公的年金为30万卢比。①

在所有土邦王公中,年金最多的11个土邦王公是:海德拉巴尼扎姆500万海德拉巴币(4 285 714卢比,不到土邦年收入的2%)、巴罗达摩诃罗阇265万卢比、迈索尔摩诃罗阇260万卢比、瓜廖尔摩诃罗阇250万卢比、斋浦尔摩诃罗阇和特拉凡科尔摩诃罗阇均为180万卢比、焦特布尔摩诃罗阇175万卢比、比卡内尔摩诃罗阇和伯蒂亚拉摩诃罗阇都是170万卢比、印多尔摩诃罗阇150万卢比、博帕尔纳瓦布110万卢比(其中包括给王位继承人的10万卢比)。②

除上述11个王公外,91个王公的年金超过10万卢比。其中47个王公的年金为10万至20万卢比,31个王公的年金为20万至50万卢比,13个王公的年金为50万至100万卢比。56个王公的年金不足10万卢比,但超过5万卢比。其余396个王公的年金不到5万卢比。例如,苏拉斯特拉的格多迪亚(Katodia)王公的年金仅192卢比,温迪亚邦22个没有礼炮待遇的王公的年金为8 400卢比。根据提交给议会的《白皮书》,支付给所有王公的年金总额为5 800万卢比。③这个数字相对于合并前王公从土邦获取的收入来说要少很多。要准确统计合并前所有土邦王公的年金和王公及其家庭额外要支付的开支是困难的,一个大致的估计是每年2亿卢比。相比之下,合并之后,所有土邦王公的年金比合并前少了三分之二以上。

除了年金之外,印度政府在与土邦王公签订的合并协定或盟约中保证王公协定或盟约签订之时拥有个人财产的所有权、使用权和享用权。确定王公私产的主要原则是,第一,不动产将在王公以前利用的基础上,考虑到王公的实际需要及管理的需要,划拨给王公。一些王公可以拥有农场、花园和草地,但是王公的地位与这些财产的一般持有者一样,要接受评估和纳税。第二,关于投资和现金结余,只有土邦政府没有权利要求的才能承认为王公的私有财产。第三,有关珠宝,王公家族个人的珠宝归王公所有,有价值的徽章将由王公保管,以用于庆典活动。第四,王公为结婚等设立的年俸预备基金可以由王公持有。第五,除宫殿内的寺庙外,其他寺庙及其财产将

---

① V.P. Menon, *The Integration of the Indian States*, London: Longmans, Green and Co. Ltd., 1956, p.477.

② Ibid., p.478.

③ Ibid., p.479.

被托管,公众有权到寺庙中朝拜。[①]

在确定王公私产的过程中,王公们交出了 500 多个村庄及财产清册中所列的数千英亩分散的札吉尔土地;新政府继承了 7.7 亿卢比现金结余和投资;王公们放弃了大约 4.5 亿卢比资产;放弃了包括宫殿、博物馆、建筑物、汽车修理厂、车队、飞机等在内的其他财产。海德拉巴尼扎姆在 1949 年交出年纯收益 1 240 万卢比的地产,作为补偿,终身享有的年金只有 250 万卢比。[②]

从前述事实可以看出,土邦王公迫于现实压力,不得不加入印度,不得不将自己的领土和财产交给印度政府,使一个真正统一的印度成为可能。但是,很多人无视王公们的贡献,对王公们拥有的财产和特权表示非议,通过修改宪法,逐步剥夺了王公们的权益。

2. 依据《印度共和国宪法》和第 7 条宪法修正案对土邦的改组

《印度共和国宪法》于 1949 年 1 月 26 日获得立宪会议批准,并于 1950 年 1 月 26 日生效。宪法规定印度为高度集权的联邦政府,所有财政、国防、外交及国内安全等大权都归中央政府。宪法对印度行政区划作了新规定,全国按类别共改建为 28 个邦:第一类为原英属印度各省改建的 9 个邦,即阿萨姆邦、比哈尔邦、孟买邦、中央邦、马德拉斯邦、奥里萨邦、旁遮普邦、北方邦和西孟加拉邦,各邦有自己的立法会议和以邦长为首的行政机关。第二类是由原来的大土邦和土邦联盟组成的 8 个邦:海德拉巴、克什米尔、迈索尔、中印度土邦联盟、伯蒂亚拉-东旁遮普土邦联盟、拉贾斯坦土邦联盟、苏拉斯特拉土邦联盟和特拉凡科尔-科钦土邦联盟。这类邦有自己的立法机关和以自己选举产生的邦长为首的权力机关。第三类是由独立前英属印度专员管理的省和一些土邦组成的 10 个邦:阿杰梅尔、库尔格、德里、博帕尔、比拉斯布尔、喜马偕尔邦、库奇、曼尼普尔、特里普拉和温迪亚邦。这类省由中央直接管辖,并由总统委派的副邦长负责。《印度共和国宪法》的通过和生效完成了土邦的合并,并标志着土邦在印度的正式消亡。[③]

1956 年印度国会通过第 7 条宪法修正案。该修正案缘起于语言邦运动的兴起。早在 1920 年那格浦尔年会上,国大党不仅将印地语作为印度

---

① V.P. Menon, *The Integration of the Indian States*, London: Longmans, Green and Co. Ltd., 1956, pp.480—481.

② Ibid., p.482.

③ Adrian Sever, *Rajwadas: The Indian Princely States*, Vol.1, Delhi: B.R. Publishing Corporation, 2012, pp.80—81.

"民族"语言,而且提出要沿着语言区分界线,重新划定印度国内省份界线的想法。随后,国大党划定 21 个语言省委员会。①

印度独立后,语言邦运动重新泛起。尼赫鲁虽然不像甘地那样支持语言邦运动,但是在安得拉运动的圣父波蒂·室利拉摩尔(Potti Sriramal)于 1952 年 12 月绝食而亡之后,不得不屈从于大众的压力,赞同设立安得拉邦,于是更多地区要求成立语言邦。尼赫鲁任命一个邦重组委员会研究这个问题。1955 年 10 月,委员会提交报告,建议将印度重新分为 14 个邦和 6 个中央直辖区,因而出台了第 7 条宪法修正案。根据这一修正案,印度政府再次对省邦进行改组,把原来的 28 个邦改组为 14 个邦,土邦或土邦联盟要么整个被取消,要么被分割成几部分,分别并入邻近各省。1956 年的省邦改组标志着土邦制度在形式上被消灭。

在这次改组之后,土邦王公仍然享有合并时给予的年金及其他特权。根据宪法和法律的规定,王公们得以保留的特权包括若干项免税,保留世袭领地,王公及其家属的私有财产不受侵犯,以及国家为王公的兄弟姐妹的婚礼支付一切开支,王公及其家属子女免服兵役,等等。根据合并的条件,王公们丧失了政治权力,但希望保留他们比较富足的生活。

但是时隔不久,他们的经济基础也发生了动摇,因为 1954—1955 年间,印度 50% 以上的土地为不到 10% 的人所有,25% 的农户完全没有土地,另外 25% 的农户只拥有略多于全国土地的 1%。②1955 年印度计划委员会土改小组提出立即实施土地持有最高限额的建议。尼赫鲁政府使议会通过一项宪法修正案,赋予各邦政府规定土地持有最高限额和分配超额土地的权力。1959 年国大党那格浦尔年会通过的决议要求各邦政府迅速制定土地持有最高限额法,征收超过限额的土地,交给村潘查亚特,分配给无地少地的农民。于是,20 世纪 50 年代末 60 年代初,各邦规定了数额不同的土地持有最高限额,如北方邦为 1.3 平方千米,马哈拉施特拉为 0.5 平方千米,古吉拉特为 0.53 平方千米,喀拉拉邦为 0.15 平方千米。③这样一来,王公可以持有的土地大大减少,北方邦将摩诃罗阇拥有的领地减少到 0.45 平方千米,德里东南 644 千米的萨里拉罗阇的领地只相当于以前的十分之一。④土

---

① [美]斯坦利·沃尔波特著:《印度史》,李建欣等译,东方出版中心 2015 年版,第 372 页。
② 林承节:《独立后的印度史》,北京大学出版社 2005 年版,第 154 页。
③ 同上书,第 155 页。
④ Narendra Singh Sarila, *Once a Prince of Sarila*, London: I.B. Tauris & Co. Ltd., 2008, p.292.

邦合并数年之后,王公的年金数额也大大减少,海德拉巴尼扎姆的年金由最初的 400 多万卢比降为 200 万卢比。

3. 第 26 条宪法修正案剥夺王公的年金和特权

在一些议员看来,王公特权的存在是封建的土邦制度依然存在的表现。他们不断抨击政府,要求取消王公的年金和特权。1967 年 6 月 25 日,全印国大党委员会通过一个关于取消王公年金的决议。王公们组成"印度王公评议会"(Consultation of Rulers for India),奋起反击,维护自己的权利。他们指出,自独立以来,六分之一的年金已经失效,剩余的年金贬值到不及其原价值的三分之一。废除它们将是严重的不守信用。[①]1969 年,人民院通过废除年金的议案,但是联邦院只有 149 票支持,有 75 票反对,没有达到法定的三分之二多数,没有通过议案。

1970 年 5 月 18 日,英迪拉·甘地(Indira Gandhi)领导的国大党再次提出取消王公年金和特权的议案。议案虽然获得下院的批准,但是遭到上院的否决。总理决定寻求不承认土邦王公的适应各种情况的"总统令"。9 月 6 日,总统签署剥夺王公头衔、特权和年金的命令。[②]在马塔瓦·拉奥·信地亚领导下,王公们上诉至最高法院,为维护宪法"基本结构"的神圣性,1970 年 12 月 15 日,最高法院以 9∶2 的多数否决"总统令",恢复王公们的特权和年金。在高等法院看来,只要王公的血统不终止,他就要受到宪法的保护。在人民院中,支持英迪拉·甘地的议员对高等法院的裁决发出"可耻可耻"的呼喊,英迪拉·甘地下令解散人民院,举行中期选举。[③]

1971 年 3 月,印度举行第五届人民院选举。英迪拉·甘地领导的国大党(执政派)取得大选胜利,尤其主张实现社会主义目标的力量在国大党内占了重要地位,莫汉·库马拉曼加拉姆[④]等思想激进的人得到英迪拉·甘地的重用。1971 年 8 月,印度政府在人民院提出第 24 条宪法修正案,其内容是强调议会有权根据宪法第 13 条和第 368 条规定的程序,规定议会修改

---

①② 　Adrian Sever, *Rajwadas: The Indian Princely States*, Vol.1, Delhi: B.R. Publishing Corporation, 2012, p.82.

③ 　Vijayaraje Scindia, *Princess: The Autobiography of the Dowager Maharani of Gwalior*, London: Century Hutchinson Ltd., p.206.

④ 　莫汉·库马拉曼加拉姆(Mohan Kumaramangalam)曾是印度共产党中央委员,1971 年退出印度共产党而加入国大党。

宪法的权力扩大到能够增补、变更、撤销宪法的任何条款,对宪法的任何部分进行必要的修正,无须法院审查,司法部门不得以违反宪法关于根本权利的规定为由对其提出质疑。修正案于 1971 年 8 月 4 日在人民院以 384 票对 23 票的绝对多数获得通过。[1]12 月,政府又使人民院通过第 25 条宪法修正案,授权政府在触动私人财产权时,有权规定补偿金的数额,司法部门不得以补偿不足提出异议。[2]这两条宪法修正案的通过为彻底废除王公年金和特权等提供了充分的法律基础。

1971 年 11 月爆发的印巴战争对军费开支的需求又为取消王公年金提供了借口。英迪拉·甘地组成新政府后,12 月 2 日,联邦院通过第 26 条宪法修正案。12 月 28 日,在应支付 1971 年最后一个季度年金三天之前,修正案获得总统瓦拉哈吉里·文卡塔·吉里(Varahagiri Venkata Giri)的批准而生效。这一宪法修正案废除《印度共和国宪法》第 291 条(印度政府向王公提供年金)和 362 条(保障王公人身特权),印度政府正式取消了王公年金、称号和特权。[3]随后通过《废除印度王公特权法案》[The Rulers of Indian States(Abolition of Privileges) Act 1972]。王公们再次上诉最高法院,但是最高法院在 1973 年作出裁决,支持第 26 条宪法修正案,从而彻底废除了土邦制度。[4]

对于取消土邦王公的年金和特权等做法,很多人给予了肯定。但是,其负面的影响也可能存在。客观地说,过早取消王公的权益是一种非历史主义的做法。政府的不诚信在这些立法和做法中充分地体现了出来。如果当时的王公们不是以所谓的大局为重,都采取不妥协的立场,新成立的印度政府将面临巨大的难题。

4. 根深蒂固的王朝意识

土邦秩序虽然已经被废除,但是王朝意识在很多土邦王室中根深蒂固,至今仍以不同方式表现出来。王朝意识根深蒂固的一个重要表现是,很多土邦王公家族依然保留着一些传统,尤其是依然确定王室家族的首领,确定

---

① 王红生:《论印度的民主》,社会科学文献出版社 2011 年版,第 118 页。

② 林承节:《独立后的印度史》,北京大学出版社 2005 年版,第 348 页。

③ Narendra Singh Sarila, *Once a Prince of Sarila*, London: I.B. Tauris & Co. Ltd., 2008, p.292.

④ J.C. Dua, *Illustrated Encyclopaedia & Who's Who of Princely States*, New Delhi: Kaveri Books, 2000, p.16.

名义君主(虚君),名义君主即位时照样会举行隆重的加冕仪式。进入 21 世纪以来,阿尔瓦尔、巴格哈尔、巴罗达、比卡内尔、科钦、达达-西巴、大代瓦斯、达迪、塔尔、特朗格特拉、瓜廖尔、斋浦尔、盖翁塔尔、迈索尔和特拉凡科尔等王族的名义君主都举行隆重的即位庆典。2002 年,焦特布尔摩诃罗阇加杰·辛格二世举行即位 50 周年庆典。2015 年,迈索尔沃德亚尔王族的"王公""即位",媒体给予如此多的关注,以至于一些人怀疑是不是已经移交过权力。①

王朝意识根深蒂固的另一个表现是王族之间联姻非常普遍。即使在土邦合并后甚至第 26 条宪法修正案生效后,土邦王室成员的首选结婚对象还是其他土邦王公的子女。

谨举以下几例为证:古姆哈尔森拉纳苏林德·辛格(Surinder Singh)的夫人是桑格里罗阇夏亚姆·辛格(Shyam Singh)的女儿西塔·德维(Sita Devi)。

古尼哈尔拉纳维贾伊·辛格(Vijay Singh)的夫人是本杰(Poonch)罗阇的女儿拉丽塔(Lalita);他的长子阿杰伊·辛格(Ajay Singh)娶了果德凯拉纳纳伦德拉·辛格(Narendra Singh)的女儿芭芙纳(Bhavna);他的女儿韦莎(Versha)嫁给巴尔尚拉纳沙朗布申·辛格(Sharangbushn Singh)。②

特奥格(Theog)塔库尔克里申·昌德(Krishen Chand)娶了果蒂王子兰吉特·辛格之女维迪雅·德维(Vidya Devi);他的长女文德斯瓦里(Vindeshwari)嫁给门斯瓦尔(Manswal)王公加金德·昌德(Gajender Chand)最小的弟弟阿里·达曼·辛格(Ari Daman Singh);他的长子和王位继承人基尔蒂·昌德(Kirti Chand)娶了朱巴尔王公博帕尔·辛格(Bhopal Singh)之女尼鲁巴玛(Nirupama);他的次子比姆·辛格娶了拉提什(Ratesh)王子索汉·辛格(Sohan Singh)之女考莎尔雅·德维(Kaushalya Devi);他最小的女儿韦雷斯瓦里(Veereshwari)嫁给库特勒哈尔王室的拉文德·帕尔(Ravender Pal)。③

库特勒哈尔罗阇摩亨德拉·帕尔(Mahendra Pal)第一个妻子是巴格哈

---

① Aya Ikegame, "To Whom was Power Transferred? Overlapping Sovereignties in Modern Mysore", in *The Princely States and the Making of Modern India*, edited by D. A. Prasanna & K. Sadashiva, Manipal Universal Press, 2017, p.38.

② Mark Brentnall, *The Princely and Noble Families of the Former Indian Empire*, *Vol.1*, New Delhi: Indus Publishing Company, 2004, p.235.

③ Ibid., pp.287—288.

尔罗阁苏林德·辛格(Surinder Singh)与桑格里拉纳希拉·辛格(Hira Singh)之女所生的女儿拉丽塔;第二个妻子是昌巴王子尼哈尔·辛格(Nihal Singh)之女卡玛尔·代(Kamal Dei)。[①]

斋浦尔摩诃罗阁伯瓦尼·辛格(Bhawani Singh)娶了西尔木尔公主帕德米尼·德维(Padmini Devi);他唯一的女儿迪雅(Diya)嫁给了西瓦德王公纳伦德拉·辛格。

瓜廖尔最后一位摩诃罗阁的儿子乔蒂拉迪亚·信地亚(Jyotiradiya Scindia)娶了巴罗达最后一位摩诃罗阁普拉塔普·辛格·拉奥的孙女普里雅达什尼·拉杰(Priyadarshini Raje)。

1846年第一次锡克战争后,古卢完全处在英国人的管理之下。罗阁塔库尔·辛格(Thakur Singh)只拥有对瓦济里鲁比(Waziri Rupi)札吉尔的主权。1852年,塔库尔·辛格去世,没有合法的儿子继承王位,其非婚生子吉安·辛格(Gyan Singh)只继承了瓦济里鲁比,没有任何政治权力,头衔也由"罗阁"改为"拉伊"(Rai)。拉伊马赫什瓦尔·辛格(Maheshwar Singh)1949年2月生,1971年6月,娶拉纳纳伦德拉·舒姆舍尔(Narendra Shumsher)之女,在1972年3月和1973年11月先后生下长子丹文德·辛格(Danvender Singh)和次子海特什瓦尔·辛格(Hiteshwar Singh)。丹文德·辛格在1997年5月娶布萨尔王室的拉杰帕尔·辛格(Rajpal Singh)之女拉维贾·库玛里(Raveeja Kumari)为妻。海特什瓦尔·辛格则在2000年8月娶了拉杰帕尔·辛格另一个妻子所生的女儿维芭·库玛里(Vibha Kumari)为妻。[②]

5. 王公家族在印度社会中的地位和影响

在土邦被合并及王公制度最终被废除的过程中,王公们尽可能发挥自己在印度政治舞台的影响。1948年,包纳加尔摩诃罗阁克里希那库马尔辛·巴夫辛被任命为马德拉斯省省长;伯蒂亚拉摩诃罗阁雅达温德拉·辛格成为印度派往联合国代表团成员,先后担任印度驻意大利和荷兰大使;斋浦尔摩诃罗阁曼·辛格二世成为印度驻西班牙大使,后来成为联邦院的议员。比卡内尔摩诃罗阁卡尔尼·辛格(Karni Singh)和伯蒂亚拉摩诃罗阁在几次大选中获胜,克什米尔摩诃罗阁卡兰·辛格担任过内阁部长,瓜廖尔

① Mark Brentnall, *The Princely and Noble Families of the Former Indian Empire*, *Vol.1*, New Delhi: Indus Publishing Company, 2004, p.348.

② Ibid., p.344.

摩诃罗阇维贾亚拉杰·信地亚(Vijayaraje Scindia)成为印度人民党的资深副主席。20世纪末至21世纪初,一些前王公的后代担任很多邦的首席部长,如:拉戈格尔王公之子迪格维贾雅·辛格(Digvijaya Singh)在1993—2003年任中央邦首席部长;伯蒂亚拉摩诃罗阇阿姆林达尔·辛格(Amrindar Singh)在2002—2007年任旁遮普首席部长;布萨尔的维尔巴德拉·辛格(Virbhadra Singh)任喜马偕尔邦首席部长;瓜廖尔摩诃罗阇的女儿、曾嫁入陶尔布尔王室的瓦孙达拉·拉杰(Vasundhara Raje)在2003—2008年任拉贾斯坦邦首席部长。[①]可见,王公家族在印度社会依然有很大影响。

三、土邦加入与并入巴基斯坦

加入巴基斯坦的土邦按地理位置可分3个集团,即西部俾路支斯坦土邦、东部信德土邦和北部土邦。4个俾路支斯坦土邦中,格拉德汗国是最大的,享有名义上的独立。莫克兰(Mekran)、哈兰(Kharan)和拉斯贝拉是格拉德的附属国。信德土邦有巴哈瓦尔布尔和海尔布尔。北部土邦有吉德拉尔、迪尔、斯瓦特和阿姆布(Amb)。[②]加入巴基斯坦的土邦不仅远比加入印度的少,而且比较落后,在巴基斯坦的政治生活中不起重要作用。在民主运动不断高涨的情况下,1955年10月14日,所有土邦并入西巴基斯坦。

(一) 土邦加入巴基斯坦

1. 格拉德的加入

格拉德创建于1638年,曾是阿富汗的附属国。第一个值得注意的格拉德汗是阿卜杜拉·汗(Abdulla Khan),他实际上独立于莫卧儿帝国,并将帝国的几个省置于自己的统治之下。其子摩诃巴特·汗在位时(1734—1749年),波斯国王纳迪尔·沙入侵印度,吞并了印度河以西的所有领土。纳迪尔·沙去世、波斯帝国解体后,格拉德占领其一部分领土。1839年3月28日,英属东印度公司代表亚历山大·伯恩斯与梅拉布·汗签订条

---

① Yaqoob Khan Bangash, *A Princely Affair*: *The Accession and Integration of the Princely States of Pakistan*, *1947—1955*, Karachi: Oxford University Press, 2015, pp.379—380.

② Adrian Sever, *Rajwadas*: *The Indian Princely States*, *Vol. 2*, Delhi: B.R. Publishing Corporation, 2012, p.607.

约,英国人承认格拉德对其领土的统治权,保证不干涉格拉德汗、他的附属
国及臣民的事务;只要英国军队在呼罗珊,英国政府就同意支付给梅拉布·
汗 15 万卢比。①1857 年,纳西尔·汗二世去世,胡达德·汗(Khudadad
Khan)被推举为格拉德汗。1876 年 12 月,胡达德·汗与印度总督李顿勋爵
签订条约。条约第三条规定,只要格拉德汗自己、他的继承人和继任者及贵
族遵守 1854 年条约第三条②,英国政府保证尊重格拉德的独立,如需要维
护其正当的权威和保护其领土免受外敌进攻,将给格拉德汗以帮助。英国
政府给予格拉德汗的补助金增加到每年 10 万卢比。③这一条约表明,格拉
德是一个与英国有条约关系的独立主权国家,因而不在印度土邦之列。

　　1893 年,格拉德境内的帕格(Bhag)发生了几起谋杀案,调查发现胡达
德·汗应对这些谋杀案负责。胡达德·汗请求印度政府允许他退位,承认
其长子马哈茂德·汗二世(Mahmud Khan II)为继承人,他的请求得到印度
政府的许可。11 月 10 日,马哈茂德·汗二世正式继任格拉德汗。1899 年
7 月,格拉德汗将努什基(Nushki)地区永久地租让给印度政府,每年收取
9 000 卢比租金。④1903 年 2 月,又将纳西拉巴德(Nasirabad)租让给印度政
府,每年收租金 117 500 卢比。⑤1933 年 9 月,艾哈迈德·雅尔·汗(Ahmad
Yar Khan)即位,他一直强调格拉德是英国的盟友而不是土邦。1946 年,他
向内阁使团提出最后一次接受格拉德为独立国家的请求,但是,内阁使团的
使命是设计一套方案,使英国政府可以将权力移交给一个包括英属印度和
印度土邦的统一政府,因而对其要求没有给予重视。⑥

　　为了决定俾路支斯坦的前途,1947 年 7 月 18 日,西北边省举行公民投
票,赞成加入巴基斯坦的有效票数为 289 244 票,占总票数的 50.49%,有效
票数与总选民数的比例为 50.99%,而赞成加入印度的有效票数只有
2 874 票。⑦因此,西北边省加入巴基斯坦。7 月 19 日,总督蒙巴顿勋爵、巴
基斯坦的尼什塔尔、土邦部副秘书阿赫塔尔·侯赛因(Akhtar Hussain)等

　　① C.U. Aitchison, *A Collection of Treaties, Engagements and Sanads*, Vol.XI, p.350.
　　② 该条款规定,米尔纳西尔·汗自己、他的继承人和继任者反对英国政府的所有敌人,在任
何情况下,都与英国政府合作,不经英国政府同意,不与其他国家进行谈判。参见 C.U. Aitchison,
A Collection of Treaties, Engagements and Sanads, Vol.XI, p.353.
　　③ C.U. Aitchison, *A Collection of Treaties, Engagements and Sanads*, Vol.XI, pp.362—364.
　　④ Ibid., pp.377—378.
　　⑤ Ibid., pp.379—380.
　　⑥ Nina Swidler, *Remotely Colonial: History and Politics in Balochistan*, Oxford: Oxford
University Press, 2014, p.274.
　　⑦ Viceroy's Personal Report No.14, 25 July 1947, *TOP*, XII, p.333.

会见格拉德总理穆罕默德·阿斯拉姆·汗(Mohammed Aslam Khan)等代表。总督在欢迎格拉德代表时表明,作为王室代表,他的愿望是在 8 月 15 日之前解决好可能导致土邦与两个自治领之间纷争的所有事情。与会者对格拉德的法律地位、格拉德有争议和没有争议的地方等问题进行讨论。格拉德代表表示,格拉德是一个独立的主权国家,并非印度土邦,总督和巴基斯坦代表对此没有异议,同意格拉德以此身份与巴基斯坦谈判。对于有争议的地方和被租出去的地方,格拉德代表和巴基斯坦代表的意见分歧较大,王公院顾问苏丹·艾哈迈德建议格拉德汗应该先与真纳会谈。最后总督指出,一旦移交权力,最高统治权将失效,印度土邦将在法律上成为独立的,但是,实际上,很少土邦可能获益于独立。此外,加入自治领政府是维持未来英王与土邦某种关系的唯一的方式。对于格拉德,尽管有完全的选择自由,但是他可以私下建议,只在一些条件下与巴基斯坦联合。格拉德总理表示,格拉德汗深切地希望与巴基斯坦保持友好关系。他准备签订友好互利条约。[1]

7 月 28 日,总督会见格拉德汗艾哈迈德·雅尔·汗。格拉德汗告诉总督,他和真纳进行了长时间的会谈,双方似乎可以签订友好协定,主要的问题是奎达和瓦济拉巴德(Wazirabad)租借地的问题。总督指出,租借地的问题是一个法律问题,可以通过共同的法律观点加以解决,不过,巴基斯坦可以通过继承 1921 年英国与阿富汗签订的条约而继承租借地。况且,因为英国和印度政府在奎达和瓦济拉巴德投入了很多资金,即便归还给格拉德,格拉德也得给予巨额补偿。[2]随后,格拉德汗三次与真纳会谈,但是谈判没有取得进展。真纳要求格拉德加入巴基斯坦后再讨论租借地的问题,而格拉德汗不同意。[3]8 月 4 日,蒙巴顿总督会见格拉德汗及其总理和法律顾问,会谈结束时,又将真纳和利亚奎特·阿里·汗引见给他们。[4]格拉德汗与真纳签署《维持现状协定》,总督证实了格拉德的独立。[5]8 月 4 日和 5 日,伊斯梅勋爵两次致函真纳,寄去草拟的巴基斯坦和格拉德公报。8 月 5 日,真纳在

---

① Minutes of Viceroy's Twentieth Miscellaneous Meeting, *TOP*, *XII*, pp.262—265.

② Record of Interview between Mountatten and the Khan of Kalat, 28 July 1947, *TOP*, *XII*, pp.378—379.

③ The Khan of Kalat to Mountbatten, *TOP*, *XII*, pp.456—457.

④ Viceroy's Personal Report No.16, 8 August 1947, *TOP*, *XII*, p.591.

⑤ Nina Swidler, *Remotely Colonial*: *History and Politics in Balochistan*, Oxford: Oxford University Press, 2014, p.276.

回信中提出修改意见。①8 月 6 日,格拉德汗回复伊斯梅勋爵,对真纳的修改提出自己的意见。②

由于真纳和格拉德汗一直未能达成协定,蒙巴顿在 8 月 8 日致函真纳,表示自己对真纳和格拉德汗没有达成协定感到非常着急,附上伊斯梅勋爵有修改建议的信,希望真纳接受建议,尽快达成协定。③第二天,真纳回复总督说,他接受草拟的巴基斯坦和格拉德协定,总督可以发布公报。④8 月 11 日,总督发布巴基斯坦和格拉德谈判公告,"巴基斯坦承认格拉德是一个与英国有条约关系、地位不同于印度土邦的独立主权国家"⑤,"巴基斯坦和格拉德签订《维持现状协定》;巴基斯坦和格拉德将就国防、外交和交通进行协商,以作出决定"⑥。8 月 14 日,艾哈迈德·雅尔·汗宣布格拉德独立,公布了一个法令,规定组成由上院和下院构成的立法机构。在随后进行的选举中,格拉德国家民族党获得明显成功,上院和下院通过决议,宣称格拉德独立,支持与巴基斯坦的友好关系。⑦

格拉德议会的成立及格拉德国家民族党赢得选举胜利促使巴基斯坦政府决定尽快解决格拉德问题。1948 年 3 月 17 日,巴基斯坦政府承认格拉德附属国拉斯贝拉、哈兰和莫克兰为单独的土邦,并宣布这些土邦王公签署了《加入协定》。这不仅使格拉德只剩下不到一半的领土,而且没有出海口。这一消息激起格拉德汗艾哈迈德·雅尔·汗激烈的反应,解除穆罕默德·阿斯拉姆·汗总理职务,任命道格拉斯·菲尔(Douglas Fell)为总理。格拉德汗要求道格拉斯·菲尔致函巴基斯坦外长扎法鲁拉·汗(Zafarullah Khan),抗议巴基斯坦接受哈兰等土邦的加入。巴基斯坦政府无视格拉德的抗议,在 1948 年 3 月 20 日的声明中重申对格拉德的立场。在接受哈兰、拉斯贝拉和莫克兰的加入后,巴基斯坦政府立即派出军队和征集人员接管这些土邦的港口和交通,要求格拉德撤离在莫克兰的官员。⑧3 月 21 日,A.S.B.沙赫(Shah)上校前往奎达,以最终解决格拉德的加入问题,但格拉德

---

① Mr. Jinnah to Lord Ismay, 5 August 1947, *TOP*, *XII*, p.544.

② The Khan of Kalat to Lord Ismay, 6 August 1947, *TOP*, *XII*, p.558.

③ Mountbatten to Mr. Jinnah, 8 August 1947, *TOP*, *XII*, pp.573—574.

④ Mr. Jinnah to Mountbatten, 9 August 1947, *TOP*, *XII*, p.620.

⑤ Mountbatten to the Earl of Listowel, 16 August 1947, *TOP*, *XII*, p.742.

⑥ Minutes of Viceroy's 25th Miscellaneous Meeting, 4 August 1947, *TOP*, *XII*, p.500.

⑦ Nina Swidler, *Remotely Colonial: History and Politics in Balochistan*, Oxford: Oxford University Press, 2014, p.277.

⑧ Yaqoob Khan Bangash, *A Princely Affair: The Accession and Integration of the Princely States of Pakistan, 1947—1955*, Karachi: Oxford University Press, 2015, p.187.

汗已经前往格拉德,沙赫只会见了新任总理道格拉斯·菲尔。沙赫被告知,虽然格拉德汗将接受哈兰和拉斯贝拉加入巴基斯坦,但是在莫克兰问题上,他将毫不妥协。沙赫向巴基斯坦外交部秘书穆罕默德·伊克拉穆拉(Mohammad Ikramulla)报告说,传言格拉德汗正将值钱财物运往阿富汗,格拉德汗的妹夫带来阿富汗总理给他的一封信,答应将格拉德的诉求带到联合国组织。驻巴基斯坦高级专员也相信这些传言并非空穴来风,格拉德汗一直在与印度和阿富汗来往。①格拉德汗试图召集格拉德贵族,但是没有几个人响应他的号召。巴基斯坦政府开始向莫克兰和格拉德调遣军队,格拉德汗不得不于 3 月 27 日签署《加入协定》。②

1952 年 10 月 3 日,巴基斯坦政府成功地与格拉德、莫克兰、拉斯贝拉和哈兰订联盟协定,成立了俾路支斯坦土邦联盟(Baluchistan States Union)。

2. 莫克兰的加入

莫克兰的面积大约 54 000 平方千米。1725 年左右建国,据说其统治家族吉基人(Gichkis)起源于拉杰普特人,他们最初定居于吉基河谷,以此为基地,控制了整个本杰古尔(Panjgur)。1750 年左右,格拉德汗纳西尔·汗一世在多次远征莫克兰后,与吉基家族签订协定,答应保护他们不受外敌侵略和内部纷争,条件是获得莫克兰一半地税收入。马哈茂德·汗在位时,莫克兰摆脱了格拉德的统治,但他的继承人梅拉布·汗重建对吉基人的统治。③

在 1876 年条约中,李顿勋爵向格拉德汗承诺,派罗伯特·桑德曼(Robert Sandeman)上尉去平息莫克兰的动乱,但是,因第二次阿富汗战争,桑德曼上尉直到 1884 年才到莫克兰,而此时,印度政府决定只对莫克兰尽最少的义务。1896 年,格拉德汗任命一名印度教官员为莫克兰高级警官,并亲自到莫克兰主持其就职仪式。1898 年,梅鲁拉·汗(Mehrullah Khan)被任命为新高级警官,他主张脱离格拉德而独立,至 1917 年退休,他都代表格拉德汗统治莫克兰。

① Yaqoob Khan Bangash, *A Princely Affair: The Accession and Integration of the Princely States of Pakistan, 1947—1955*, Karachi: Oxford University Press, 2015, p.189.

② Nina Swidler, *Remotely Colonial: History and Politics in Balochistan*, Oxford: Oxford University Press, 2014, p.278.

③ C.U. Aitchison, *A Collection of Treaties, Engagements and Sanads*, Vol.XI, p.332.

1922年,格拉德汗的兄弟阿扎姆·贾恩(Azam Jan)被派到莫克兰,成为纳瓦布。①最后一位纳瓦布是1948年3月即位的巴伊·汗(Bai Khan)。②1948年3月17日,莫克兰从格拉德独立出来,加入巴基斯坦。1952年10月3日,莫克兰加入俾路支斯坦土邦联盟。

3. 拉斯贝拉的加入

拉斯贝拉的面积为18 682平方千米。1742年,阿里·汗一世(Ali Khan I)自立为王。1765年,古拉姆·沙(Ghulam Shah)即位。1818年,阿里·汗二世即位。拉斯贝拉贾姆持有格拉德一个省,条件是承认格拉德汗的最高统治权,在需要时提供武装部队。米尔·汗二世(Mir Khan II)作为格拉德贵族签署《默斯东盟约》(*Mastung Convention*),参与废黜胡达德·汗的投票。

· 1830年,米尔·汗二世继任贾姆。他虽然娶了格拉德汗的妹妹,却联合恰勒万(Jhalawan)的酋长们3次反叛格拉德汗以谋求完全独立,但都没有成功。1869年被放逐到信德的海得拉巴,后来又被流放到浦那。在获得谅解后,米尔·汗二世又在1886—1888年间统治拉斯贝拉。③1896年,卡马尔·汗(Kamal Khan)即位时答应了印度政府提出的3个条件,其中最重要的是,至少在即位5年内,将所有管理权交给由印度政府选择的瓦吉尔。④

1921年,卡马尔·汗退位后,他的长子古拉姆·穆罕默德(Ghulam Muhammad)即位,瓦吉尔代表贾姆管理土邦。1925年9月,古拉姆·穆罕默德获得更多统治权时接受总督提出的条件:依据总督代理人的意见治理土邦;雇用获得总督批准的瓦吉尔;不经总督代理人的同意,不对国家的习俗或管理制度作重大的变动;等等。⑤

1947年9月5日,拉斯贝拉贾姆致函真纳,表示他已经写信给巴基斯坦总理,请求加入巴基斯坦,同意签署《加入协定》和《维持现状协定》。⑥1948年3月17日,拉斯贝拉被承认为独立的土邦,获许单独加入巴基斯

---

① C.U. Aitchison, *A Collection of Treaties, Engagements and Sanads*, Vol.XI, p.333.

② Adrian Sever, *Rajwadas: The Indian Princely States*, Vol.2, Delhi: B.R. Publishing Corporation, 2012, p.621.

③ C.U. Aitchison, *A Collection of Treaties, Engagements and Sanads*, Vol.XI, pp.339—340.

④ Ibid., p.375.

⑤ Ibid., p.386.

⑥ Yaqoob Khan Bangash, *A Princely Affair: The Accession and Integration of the Princely States of Pakistan, 1947—1955*, Karachi: Oxford University Press, 2015, p.185.

坦。1952年10月3日,加入俾路支斯坦土邦联盟。

4. 哈兰的加入

哈兰是个酋长国,面积为48 000平方千米,人们对其17世纪末以前的历史所知不多。17世纪末,哈兰瑙谢尔瓦尼(Nausherwani)族酋长易卜拉欣·汗(Ibrahim Khan)效力于坎大哈的吉尔扎伊(Ghilzai)王朝。纳迪尔·沙时,哈兰属于波斯的克尔曼省,纳西尔·汗一世将哈兰置于格拉德控制之下。

19世纪中叶,胡达德·汗与阿扎德·汗(Azad Khan)的争端将阿扎德·汗推到阿富汗的怀抱。1884年,印度总督代表访问哈兰,成功地解决了胡达德·汗与阿扎德·汗之间的争端,阿扎德·汗出席在本杰古尔举行的贵族会议,承认忠于格拉德汗。①1885年6月5日,罗伯特·桑德曼代表英国政府与阿扎德·汗签订协定,阿扎德·汗保证哈兰境内商道的畅通和边境安全,每年可以从英国政府获得6 000卢比津贴。②

1909年10月,穆罕默德·雅古布·汗(Muhammad Yakub Khan)与印度政府签订协定,划定哈兰与英属印度的边界,哈兰保证境内新印欧电报线的安全,不经在俾路支斯坦的总督代表同意,哈兰不让任何军火过境,也不进口军火。③因哈兰萨达尔从格拉德汗处持有一块札吉尔,哈兰是格拉德的附属国。在格拉德和巴基斯坦进行加入谈判时,哈兰萨达尔哈比布拉·汗(Habibullah Khan)尽最大的努力使巴基斯坦承认其为独立的国家。

在意识到格拉德的加入会出现问题时,哈兰萨达尔早在1947年11月就向巴基斯坦提出加入请求。12月1日,萨达尔致函真纳:"1947年8月15日之后,哈兰是一个绝对独立的国家。它已经决定加入巴基斯坦。"④考虑到格拉德可能的反应,巴基斯坦并没有很快接受其加入申请,直到1948年3月17日,巴基斯坦才承认哈兰是独立的土邦,并接受其加入。

5. 巴哈瓦尔布尔的加入

巴哈瓦尔布尔的面积为45 310平方千米,1931年,它的人口不到

---

① C.U. Aitchison, *A Collection of Treaties, Engagements and Sanads, Vol.XI*, p.341.

② Ibid., p.368.

③ Ibid., pp.382—386.

④ Yaqoob Khan Bangash, *A Princely Affair: The Accession and Integration of the Princely States of Pakistan, 1947—1955*, Karachi: Oxford University Press, 2015, p.185.

100万，其中12%是非穆斯林。巴哈瓦尔布尔纳瓦布宣称自己是阿拔斯哈里发家族的后裔。《巴哈瓦尔布尔史》的作者沙哈马特·阿里（Shahamat Ali）阐述了巴哈瓦尔布尔纳瓦布与阿拔斯哈里发家族的关系。1690年，巴哈杜尔·汗（Bahadur Khan）创建巴哈瓦尔布尔国家。1739年，波斯皇帝纳迪尔·沙赐给穆罕默德·汗一世"纳瓦布"头衔和大量领土。

1809—1825年穆罕默德·汗二世在位时期，随着拉合尔摩诃罗阇兰吉特·辛格势力的增长，巴哈瓦尔布尔走向衰败。1826年，巴哈瓦尔·汗三世（Bahawal Khan III）即位。他多次与英国人接触，以寻求保护。[①]1833年2月，巴哈瓦尔布尔与英属东印度公司签订条约，确立纳瓦布及其继承人与英属东印度公司永久的友好与盟友关系，英属东印度公司保证巴哈瓦尔布尔纳瓦布在其领土内的独立，纳瓦布则承认英属东印度公司的最高统治权。[②]

1840年8月5日，纳瓦布巴哈瓦尔·汗三世又与英属东印度公司总督代理人乔治·克拉克（George Clerk）签订条约，英属东印度公司答应保护巴哈瓦尔布尔，承认纳瓦布及其继承人是国家的绝对统治者，纳瓦布承诺不侵犯其他国家，如果与其他国家发生争端，则请英国政府仲裁，并答应必要时给英国军队以帮助。[③]

1866年3月，巴哈瓦尔·汗四世去世，年仅4岁的穆罕默德·汗四世继任纳瓦布，在他1879年成年掌握全部统治权之前，英国人掌握着土邦管理权。在1879—1880年英阿战争中，纳瓦布给予英国人大力支持，因而得到英国政府的感谢，并被授予"印度之星"勋章。[④]

1907年，两岁半的穆罕默德·汗五世继任纳瓦布。他的统治一直延续到巴哈瓦尔布尔合并入西巴基斯坦。在英属印度移交权力时，作为与印度和巴基斯坦都相邻的土邦，巴哈瓦尔布尔既可以加入印度，也可以加入巴基斯坦。

1947年8月15日，穆罕默德·汗五世宣布自己是完全独立的统治者。10天之后，纳瓦布发表声明，宣称巴哈瓦尔布尔将来是一个与巴基斯坦保持某种关系的伊斯兰教国家。纳瓦布的声明令巴基斯坦很震惊，巴基斯坦

---

① Adrian Sever, *Rajwadas: The Indian Princely States*, Vol.2, Delhi: B.R. Publishing Corporation, 2012, p.609.

② C.U. Aitchison, *A Collection of Treaties, Engagements and Sanads*, Vol.I, pp.230—232.

③ Ibid., pp.235—237.

④ Arnold Wright, *Indian States*, New Delhi: Asian Educational Services, 2006, p.136.

不能接受巴哈瓦尔布尔成为独立的主权国家。由于纳瓦布再次回到英国休养,巴基斯坦政府无法和巴哈瓦尔布尔进行谈判。巴哈瓦尔布尔总理穆斯塔克·艾哈迈德·古马尼(Mushtaq Ahmad Gurmani)不反对巴哈瓦尔布尔加入巴基斯坦,在得到纳瓦布的签名后,他将《加入协定》带给在卡拉奇的真纳,真纳于 1947 年 10 月 5 日接受了巴哈瓦尔布尔的加入。①

6. 海尔布尔的加入

海尔布尔是由俾路支塔尔普尔人建立的国家,面积 15 670 平方千米。塔尔普尔人最初是信德格罗拉(Kalhora)王朝的雇佣军,阿富汗人和波斯人的不断入侵导致该地区的动荡。1781 年,格罗拉统治者阿布顿·纳比·汗(Abdun Nabi Khan)杀死自己很能干的塔尔普尔将领,该将领之子阿卜杜拉·汗夺取管理权,阿布顿·纳比·汗逃往格拉德。

1783 年,法塔赫·阿里·汗(Fateh Ali Khan)在刺杀了阿卜杜拉·汗后接管对信德的统治权,宣称自己是信德的拉伊,并获得阿富汗王沙·扎曼(Shah Zaman)的承认。不过,统一的信德政府是短命的。1786 年,法塔赫·阿里·汗驱逐了格罗拉王朝的统治者阿卜杜勒·纳比(Abdul Nabi),确立自己的统治,称"米尔"。他的行为令其侄索拉布·汗(Sohrab Khan)及其子塔罗·汗(Tharo Khan)很震惊,他们逃离格拉德,分别占领海尔布尔和沙赫本德尔(Shahbandar),成为各自独立的统治者。整个信德省出现了 3 个公国,即法塔赫·阿里·汗治下的海得拉巴或下信德、索拉布·汗治下的海尔布尔或上信德、塔罗·汗治下的米尔布尔。②

1832 年 4 月 4 日,米尔鲁斯塔姆·阿里·汗与英属东印度公司代表威廉·卡文迪什·本廷克(William Cavendish Bentinck)签订条约,确立友好关系,海尔布尔政府同意给英属东印度公司与(信德)海得拉巴政府所商定的使用印度河和道路的权利,海尔布尔在征收适当的税收后不再对英属东印度公司商品运输设置任何障碍。③1838 年,鲁斯塔姆·阿里·汗与英属东印度公司特使亚历山大·伯恩斯签订条约,英国政府答应保护海尔布尔,埃米尔及其继承人将配合英国政府的行动,承认其最高统治地位,不与其他

---

① Yaqoob Khan Bangash, *A Princely Affair: The Accession and Integration of the Princely States of Pakistan, 1947—1955*, Karachi: Oxford University Press, 2015, p.123.

② C.U. Aitchison, *A Collection of Treaties, Engagements and Sanads*, Vol.Ⅷ, p.291.

③ Ibid., p.319.

任何土邦王公联系,不侵犯其他任何土邦。①海尔布尔成为英属东印度公司的保护国。

在英属东印度公司对信德的战争和平息 1857 年起义中,米尔阿里·穆拉德·汗一世给予英属东印度公司很大帮助,因而在 1866 年 3 月获得特许令,英国政府承认其按伊斯兰教法确定王位继承权。②

1933 年,米尔菲兹·穆罕默德·汗二世(Faiz Mohammad Khan II)即位。1944 年,他被宣布患了精神分裂症。因此,1947 年权力移交时,海尔布尔的局势不安定。英王听从蒙巴顿总督的建议,在 1947 年 7 月 24 日废黜他而另立其未成年的儿子阿里·穆拉德·汗二世为米尔。在杰伊瑟尔梅尔加入印度后,海尔布尔与印度和巴基斯坦都相邻。因海尔布尔政府的不稳定,印度和巴基斯坦都没有努力劝说海尔布尔加入自己。由于米尔年少和摄政委员会无能,海尔布尔没有认真考虑加入问题。

1947 年 8 月 4 日,海尔布尔政府发布通告,庆祝 8 月 15 日为海尔布尔独立日。在沙赫上校的努力之下,摄政委员会主席古拉姆·侯赛因·汗(Ghulam Hussein Khan)在 10 月 3 日代表年少的王公阿里·穆拉德·汗二世签署加入巴基斯坦的协定。真纳在 10 月 9 日接受了海尔布尔的加入。③

7. 吉德拉尔的加入

1585 年左右,卡图尔(Katur)王朝重建吉德拉尔国家。1634—1712 年,吉德拉尔是阿富汗巴达赫尚的附属国。1878 年,为了挫败阿富汗人的入侵,下吉德拉尔梅达尔(Mehtar)阿曼-乌尔-穆尔克(Aman-ul-Mulk)接受克什米尔摩诃罗阇兰比尔·辛格的协定,表示"我保证我将总是努力服从和执行查谟-克什米尔摩诃罗阇的命令,将公开和暗中视摩诃罗阇的良好祝愿者和朋友为自己的朋友,视摩诃罗阇的敌人为自己的敌人;每年贡献 3 匹马,5 只鹰和 5 条猎狗,以表示承认摩诃罗阇的最高宗主权";"如果摩诃罗阇对我的表现满意,我每年可从摩诃罗阇的政府获得 1.2 万卢比津贴"④。

---

① C.U. Aitchison, *A Collection of Treaties*, *Engagements and Sanads*, *Vol.VIII*, pp.328—330.

② Ibid., p.343.

③ Yaqoob Khan Bangash, *A Princely Affair*: *The Accession and Integration of the Princely States of Pakistan*, *1947—1955*, Karachi: Oxford University Press, 2015, p.126.

④ C.U. Aitchison, *A Collection of Treaties*, *Engagements and Sanads*, *Vol.XI*, p.427.

上吉德拉尔首领帕万·巴哈杜尔（Pahwan Bahadur）也享受同样的待遇,不过,他对克什米尔政府不满,于 1880 年入侵克什米尔领土。在他出征期间,阿曼-乌尔-穆尔克占领上吉德拉尔的亚辛（Yasin）,统一了吉德拉尔。

1888 年,亨利·莫蒂默·杜兰（Henry Mortimer Durand）访问吉德拉尔,随后克什米尔政府给的津贴先后增加到每年 16 500 卢比和 1.8 万卢比,英国政府还另外给予 6 000 卢比。①英国政府明确告诉克什米尔摩诃罗阇,不得干涉吉德拉尔事务,吉德拉尔成为英国的保护国。1895 年,吉德拉尔发生王位之争,梅达尔尼扎姆-乌尔-穆尔克被围攻吉德拉尔堡的同父异母兄弟埃米尔-乌尔-穆尔克（Amir-ul-Mulk）枪杀。埃米尔-乌尔-穆尔克只统治了 3 个月就被其弟舒贾-乌尔-穆尔克（Shuja-ul-Mulk）所取代。②

1914 年 4 月,梅达尔舒贾-乌尔-穆尔克与克什米尔签署《默斯杜杰协定》,双方接受印度事务大臣将克什米尔的默斯杜杰（Mastuj）和拉斯布尔（Laspur）转让给吉德拉尔的决定;舒贾-乌尔-穆尔克承认克什米尔摩诃罗阇的宗主地位并继续缴纳"贡物",即 3 匹马、5 只鹰和 5 条猎狗;吉德拉尔遵守其他一些规定;印度政府和克什米尔政府每年分别给吉德拉尔 1.2 万卢比和 12 560 卢比津贴。③在 1919 年阿富汗战争中,吉德拉尔梅达尔给英国人以支持,获得 10 万卢比奖赏和"阁下"头衔及 11 响礼炮待遇。

1936 年 10 月,纳西尔-乌尔-穆尔克（Nasir-ul-Mulk）继任梅达尔。他不承认克什米尔摩诃罗阇的宗主地位,不再纳贡。1943 年 6 月,穆扎法尔-乌尔-穆尔克（Mozaffar-ul-Mulk）即位。1947 年权力移交时,梅达尔不得不决定吉德拉尔的未来。克什米尔宣称,如果不经克什米尔政府同意,吉德拉尔无权作出任何决定。1947 年 8 月,梅达尔致函真纳,表示怀着十分的信心加入巴基斯坦,希望收复割让给克什米尔的吉尔吉特（Gilgit）,最终与巴基斯坦缔结新协定。在巴基斯坦成立后,梅达尔再次表示对巴基斯坦的支持,为"伟大领袖救济基金"募集 3 万卢比,并为难民募集了很多防寒的衣服。虽然吉德拉尔表示了加入巴基斯坦的善意和急切心情,但因克什米尔于 10 月 26 日宣布加入印度,真纳延迟接受梅达尔在 11 月 6 日签署的《加入协定》,一直到克什米尔冲突升级并似乎难以很快解决的情况下,真纳才

---

① C.U. Aitchison, *A Collection of Treaties, Engagements and Sanads*, *Vol.XI*, p.414.

② Adrian Sever, *Rajwadas: The Indian Princely States*, *Vol.2*, Delhi: B.R. Publishing Corporation, 2012, p.611.

③ C.U. Aitchison, *A Collection of Treaties, Engagements and Sanads*, *Vol.XI*, p.428.

于 1948 年 2 月 18 日接受吉德拉尔。①

8. 迪尔的加入

迪尔位于吉德拉尔以南，面积大约 7 770 平方千米。古拉姆·汗(Ghu-lam Khan)是迪尔的第一个世俗统治者。拉赫马图拉·汗(Rahmatullah Khan)在克什米尔摩诃罗阇帮助下夺取迪尔统治权，他也承认对摩诃罗阇的义务。1875 年，因克什米尔政府的代表冒犯了他，拉赫马图拉·汗宣布断绝与克什米尔的关系，至死也没有再承认摩诃罗阇的宗主地位。

1884 年，沙里夫·汗(Sharif Khan)继承迪尔王位。即位不久，迪尔就与吉德拉尔进行战争，惨遭失败。1890 年，迪尔被邻邦金多尔(Jandol)王公乌姆拉·汗(Umra Khan)征服和占领，沙里夫·汗避难于斯瓦特，几次试图夺回国家，都未成功。1895 年，沙里夫·汗派出一支军队支持英国人对吉德拉尔的远征，俘获并交出吉德拉尔的篡位者谢尔·阿夫扎尔(Sher Afzal)。9 月，迪尔与印度政府签订协定，开放查达拉(Chakdara)至阿什雷特(Ashreth)的通道，开设必要的邮政设施等。作为回报，迪尔获得每年 1 万卢比津贴及相同数额的贸易税津贴。②

1897 年春天，迪尔汗将斯瓦特河上游右岸依然保持独立的部落民并入迪尔版图。6 月，印度政府授予沙里夫·汗"纳瓦布"头衔。1898 年，迪尔兼并金多尔。12 月，迪尔纳瓦布与印度政府达成协议，勘定了迪尔与吉德拉尔、斯瓦特、巴久尔(Bajaur)和阿富汗的边界。③1918 年 6 月，英王授予迪尔王公世袭"纳瓦布"头衔。1925 年，沙·贾汉·汗(Shah Jahan Khan)继任纳瓦布。迪尔与阿富汗相邻，在移交权力时，纳瓦布甚至考虑加入阿富汗。

1947 年 8 月，阿姆布纳瓦布在给真纳的信中说，迪尔纳瓦布依然相信英国政府不会从印度撤离，即便这样的事情神奇地发生，在 8 月 16 日之后，他可以自由地作出他喜欢的决定。不过，1925 年 5 月 13 日沙·贾汉·汗在马拉坎德(Malakand)签订的条约限制了他的选择，因为条约规定，迪尔要遵守迪尔与吉德拉尔及阿富汗的边界，一旦发生争端，要听从印度政府的建议和命令。④因纳瓦布有意加入阿富汗，巴基斯坦政府不得不高度关注，在

① Yaqoob Khan Bangash, *A Princely Affair: The Accession and Integration of the Princely States of Pakistan, 1947—1955*, Karachi: Oxford University Press, 2015, pp.127—129.

② C.U. Aitchison, *A Collection of Treaties, Engagements and Sanads*, Vol.XI, pp.430—431.

③ Ibid., p.432.

④ Ibid., p.439.

纳瓦布于 1947 年 11 月 8 日签署《加入协定》后，真纳在 1948 年 2 月 18 日接受了迪尔的加入。

9. 阿姆布的加入

阿姆布邻近西北边省的哈扎拉（Hazara）地区，面积为 583 平方千米。19 世纪初，塔纳瓦尔（Tanawal）部落酋长纳瓦布·汗（Nawab Khan）创建国家，他打败了阿富汗杜拉尼王朝的进攻，却于 1818 年死于阿济姆·汗（Azim Khan）之手。即位的佩因达·汗（Painda Khan）虽然竭力反对锡克教徒，却丧失了大量领土。贾汉达德·汗（Jahandad Khan）在英国人和克什米尔摩诃罗阇的帮助下收复了大部分被锡克教徒占领的领土。[1]其子穆罕默德·阿克拉姆·汗（Muhammad Akram Khan）虽然在 1868 年被授予"纳瓦布巴哈杜尔"头衔，但一直到 1919 年纳瓦布头衔才可世袭，实际权力掌握在英国政治官手中。

1936 年 2 月，穆罕默德·法里德·汗（Mohammad Farid Khan）继任纳瓦布。他和真纳保持着比较好的关系。在独立之前，他曾数度致函真纳，对其领导能力表示信任，甚至派他的顾问蒂拉·穆罕默德·汗（Tila Mohammad Khan）到卡拉奇，向真纳报告土邦和西北边省发展的状况。1947 年 12 月 31 日，纳瓦布签署《加入协定》，真纳当天就接受了阿姆布的加入。[2]

10. 斯瓦特的加入

斯瓦特的面积为 4 662 平方千米，是阿富汗和锡克帝国衰败后缺乏中央控制的产物。它的历史与其邻邦迪尔、吉德拉尔和阿姆布及邻近的部落地区密切相连，不过它的建立与其他土邦很不一样。1849 年，英国人占领白沙瓦，斯瓦特河谷主要居住着尤素福族（Yusufzai）帕坦人，他们在阿富汗杜拉尼帝国衰败后实际上享有独立的地位。部落长老会议推选赛义德·阿克巴·沙（Syed Akbar Shah）为"斯瓦特王"。赛义德·阿克巴·沙立即着手制定财政和管理制度，创建一支常备军。但是，扶持他上台的宗教领袖阿卜杜勒·加富尔（Abdul Ghafur）在 1857 年又终结了他的统治，权力落到阿卜杜勒·加富尔的后代手中。

---

① Adrian Sever, *Rajwadas: The Indian Princely States*, *Vol. 2*, Delhi: B. R. Publishing Corporation, 2012, p.609.

② Yaqoob Khan Bangash, *A Princely Affair: The Accession and Integration of the Princely States of Pakistan*, *1947—1955*, Karachi: Oxford University Press, 2015, p.133.

1877 年,阿卜杜勒·加富尔去世,斯瓦特陷入派系斗争中。1915 年,上斯瓦特诸部落推选赛义德·阿卜杜勒·贾巴尔·沙(Sayed Abdul Jabbar Shah)为他们的"国王",以对抗迪尔纳瓦布。在赛义德·阿卜杜勒·贾巴尔·沙最终未能将迪尔势力驱逐出斯瓦特的情况下,1917 年 9 月召开的部落长老会议又废黜了他,另立阿卜杜勒·加富尔的一个孙子米安古尔·阿卜杜勒·瓦杜德(Miangul Abdul Wadud)为国王。

1926 年 5 月,西北边省高级专员访问斯瓦特,在贵族大会上宣布米安古尔·阿卜杜勒·瓦杜德是斯瓦特的瓦利(Wali,宗教统治者),从印度政府获得年津贴 1 万卢比。瓦杜德虽然多次请求印度政府给予他"国王"(Badshah 或 Bacha)头衔,但都遭到拒绝。①

格拉姆(Kalam)是斯瓦特、吉德拉尔和迪尔 3 个土邦有争议的地方。1947 年 8 月初,斯瓦特派兵占领格拉姆。巴基斯坦对斯瓦特的占领不予承认,力图迫使斯瓦特退回到原来的边界。为了让巴基斯坦承认斯瓦特对格拉姆的占领,斯瓦特瓦利希望尽快加入巴基斯坦。在此之前,真纳曾致函对瓦杜德在西北边省公投中给予的支持表示感谢,瓦杜德回复表示他对巴基斯坦的忠诚"是不变的和热忱的","斯瓦特是百分之百的穆斯林联盟"。1947 年11 月 3 日,瓦杜德签署《加入协定》,11 月 24 日,真纳接受斯瓦特的加入。②

11. 罕萨和那加尔的加入

罕萨(Hunza)和那加尔(Nagar)两个土邦位于克什米尔西北部,虽然领土面积相对较大,罕萨的面积达 17 736 平方千米,那加尔的面积也有3 225 平方千米,但是人口非常稀少。1931 年,两个土邦的居民刚刚超过1.6 万人。

罕萨大约建国于 13 世纪,那加尔大约建国于 14 世纪。查尔特(Chalt)堡和罕萨、那加尔和吉尔吉特之间的村庄长期以来成为两国纷争的根源。1877 年,那加尔酋长在克什米尔政府帮助下,成功占领有争议的地区,查普罗特(Chaprot)和查尔特堡都有克什米尔军队驻守,那加尔成为克什米尔的附属国。1886 年,威廉·洛克哈特(William Lockhart)访问罕萨时,罕萨图姆(Thum)加赞·汗(Ghazan Khan)拒绝他的到来,除非他承诺帮罕萨收回那些地方。威廉·洛克哈特诱使那加尔统治者将自己的人撤离

---

① Yaqoob Khan Bangash, *A Princely Affair: The Accession and Integration of the Princely States of Pakistan, 1947—1955*, Karachi: Oxford University Press, 2015, p.63.

② Ibid., p.132.

出来。加赞·汗的儿子萨夫达尔·阿里·汗（Safdar Ali Khan）弑父即位后，承认臣服于克什米尔摩诃罗阇。1888 年，罕萨和那加尔联合起来，将克什米尔驻军赶出查普罗特和查尔特堡，甚至威胁吉尔吉特的安全。不过，不久之后，克什米尔军队收复了两地。

1889 年，印度政府重建吉尔吉特管理处后，英国代表杜兰访问罕萨和那加尔，达成协定：罕萨和那加尔王公都接受他的控制，允许访问土邦的官员自由通过等。如果遵守这些条件，除了克什米尔政府给的补贴外，印度政府每年各给两个土邦王公 2 000 卢比补贴。因罕萨王公执行得比较好，1889 年 10 月，印度政府给他增加每年 500 卢比补贴。[①]

1891 年 11 月，英国官员告知土邦王公，必须修建通往查尔特堡和他们国家的道路，王公拒绝了英国人的要求，并侮辱信使，召集部落民与英国军队进行激烈的交战，但是遭遇失败，罕萨和那加尔被占领。那加尔图姆扎法尔·扎希德·汗（Zafar Zahid Khan）立即屈服，而罕萨图姆萨夫达尔·阿里·汗则出逃。1892 年，萨夫达尔·阿里·汗的同父异母兄弟穆罕默德·纳济姆·汗（Muhammad Nazim Khan）被英国代表立为罕萨图姆。扎法尔·扎希德·汗被克什米尔政府重新确定为那加尔图姆。1905 年，两个王公获得"米尔"头衔，取代"图姆"。1925 年，罕萨和那加尔从印度政府和克什米尔政府获得的补助金增加到每年 5 000 卢比。[②]

在权力移交时，居民全是穆斯林的罕萨和那加尔都表示要加入巴基斯坦。1947 年 11 月 3 日，罕萨米尔和那加尔米尔都将《加入协定》寄给吉尔吉特驻军指挥官威廉·布朗（William Brown）。当天，罕萨宣布加入巴基斯坦。11 月 19 日，那加尔宣布加入巴基斯坦。

到 1948 年 3 月底，格拉德、莫克兰、拉斯贝拉、哈兰、巴哈瓦尔布尔、海尔布尔、迪尔、斯瓦特、吉德拉尔、阿姆布、罕萨和那加尔都加入了巴基斯坦。

（二）土邦并入巴基斯坦

在 1948 年 3 月格拉德加入后，巴基斯坦政府将注意力转向确定一个保证在土邦进行有效管理及中央与土邦之间顺畅交流的框架。因为土邦构成西巴基斯坦相当大比例的面积，而且大多数土邦都与不友好的国家相邻，巴基斯坦有必要建立与土邦的直接交通线，以控制内部纷争及抵御外来威胁，

---

① C.U. Aitchison, *A Collection of Treaties*, *Engagements and Sanads*, *Vol.XII*, p.14.

② Ibid., p.15.

因而有必要将土邦合并。与印度通过土邦王公签署合并协定很快就实现了合并所不同的是,巴基斯坦对土邦的合并经历了一个较长的过程:首先,土邦王公签署《补充加入协定》,将土邦的实权逐渐转移到巴基斯坦中央政府手中;其次,实施"一个单位计划",基本完成对土邦的合并。

1. 土邦王公逐渐将实权转让给中央政府

巴哈瓦尔布尔埃米尔和海尔布尔米尔最先将土邦实权转让给巴基斯坦政府。1948年10月1日,巴哈瓦尔布尔埃米尔穆罕默德·汗五世签署《补充加入协定》。协定规定巴基斯坦军队的最高统帅是巴哈瓦尔布尔军队的最高统帅,将行使充分的指挥、管理和财政权力。协定也允许巴基斯坦政府将巴哈瓦尔布尔总理作为他们的代理人。

1949年2月1日,海尔布尔米尔阿里·穆拉德·汗二世签署《补充加入协定》,协定关于武装部队及其维持的内容与巴哈瓦尔布尔的一样,而关于总理的任命有着明确的规定:"土邦总理在征得巴基斯坦政府的同意和批准后由海尔布尔杜巴尔任命,如果事先不得到他们的同意,这样任命的总理不能被解除职务。"[1]《补充加入协定》的签署迈出了合并巴哈瓦尔布尔和海尔布尔的第一步。第二步则是在土邦推行民主改革,先后制定《1949年巴哈瓦尔布尔政府法》和《1949年海尔布尔政府法》,大大削弱了王公的权力,而将政府的实际权力转移到被任命为土邦政府总理的巴基斯坦文官手中。[2]第三步是将土邦变为巴基斯坦的省,让巴哈瓦尔布尔和海尔布尔作为单独的单位和巴基斯坦的省一样参与巴基斯坦的宪政改革。

1951年4月30日,巴哈瓦尔布尔埃米尔签署《第二个补充加入协定》,实现财政和管理的合并。1952年3月5日,巴哈瓦尔布尔埃米尔公布《巴哈瓦尔布尔政府法》,巴哈瓦尔布尔成为拥有省地位的巴基斯坦联邦单位。3月27日,埃米尔签署《第三个补充加入协定》,埃米尔同意任命一个经总督批准、经验丰富的官员作为自己的顾问,如果在任何问题上与部长委员会或上述顾问的观点不同,埃米尔将寻求并接受巴基斯坦政府的建议。[3]这样一来,虽然埃米尔在表面上还掌握着广泛的权力,但实际上,如果没有中央政府任命的顾问的同意或与中央政府的观点不一致,他不能采取任何行动。

---

① Yaqoob Khan Bangash, *A Princely Affair: The Accession and Integration of the Princely States of Pakistan, 1947—1955*, Karachi: Oxford University Press, 2015, p.216.

② Ibid., pp.221—222.

③ Ibid., p.225.

海尔布尔的改革遵循了与巴哈瓦尔布尔相似的模式,因为米尔阿里·穆拉德·汗二世在剑桥大学学习而不在土邦内,其改革更容易实施。1952 年 11 月,米尔签署《第二个补充加入协定》,海尔布尔拥有省的地位,成为巴基斯坦联邦单位。米尔接受巴基斯坦未来的宪法为土邦宪法。1953 年 7 月通过《海尔布尔政府法》,巴基斯坦政府仍然保留了任命首席大臣的权力,而首席大臣依然是巴基斯坦的政治代表。这一措施使首席大臣也是代理省督,因为米尔必须接受政治代表的建议,从而使海尔布尔的内政也处在巴基斯坦的掌控之下。

在格拉德、哈兰、拉斯贝拉和莫克兰加入后,巴基斯坦政府的目标是确保对这些土邦的控制。为此目的,巴基斯坦政府没有改变俾路支斯坦管理局的结构,很快任命土邦的官员。因为格拉德汗没有签署《补充加入协定》,巴基斯坦政府不得不通过格拉德总理道格拉斯·菲尔加强对格拉德的控制。不过,道格拉斯·菲尔毕竟不是巴基斯坦文官,他还是格拉德汗雇佣的人,表面上要忠于格拉德汗。因此,道格拉斯·菲尔被指控对巴基斯坦政府不忠诚,媒体开始攻击他,以解除他的总理职务。巴基斯坦政府立即采取措施,在 1948 年 7 月后期任命西北边省和旁遮普省的文官穆罕默德·扎里夫·汗(Mohammad Zarif Khan)为格拉德总理,格拉德汗没有办法获得部落贵族的支持,不得不接受巴基斯坦政府的任命。巴基斯坦政府还将格拉德汗作为联合国代表成员派出,以使总理更好地控制土邦事务。

俾路支诸土邦都是面积小、贫穷落后和人口稀少的土邦。它们只有联合起来,组成某种形式的联盟,才能有效实行改革。早在 1948 年 3 月,穆罕默德·阿斯拉姆·汗就提出,成立俾路支斯坦土邦联盟是避免土邦和部落瓦解的唯一途径。1952 年 1 月,他最先向格拉德汗,然后向其他土邦统治者提出建立俾路支斯坦土邦联盟的主张。建立土邦联盟的第一步就是要使土邦在管理和财政上与巴基斯坦合并。1952 年 4 月 11 日,四个土邦王公签署《第二个补充加入协定》,同意接受《1935 年印度政府法》适用于各省的联邦和共同的事项,也同意接受未来的巴基斯坦宪法为他们土邦的宪法。同一天,土邦王公签署一个盟约,建立一个"包括他们所有土邦领土,拥有共同的行政、立法和司法机构的统一的邦"。邦的行政管理由总理执行,而他的任命必须得到巴基斯坦政府的批准,不经巴基斯坦政府同意,不得被解除职务。联盟内阁大臣的任命或解除都必须得到巴基斯坦政府的批准。随后,巴基斯坦总理利亚奎特·阿里·汗的私人秘书、格拉德总理阿加·阿卜杜勒·哈米德(Agha Abdul Hamid)被任命为首任俾路支斯坦土邦联盟总理,使新联盟处在中央政府的牢牢掌控之下。①

推动王公们签署协定的主要动力是保证他们年金、个人财富、特权、头衔和王位的继承。根据协定,格拉德汗可以获得 42.5 万卢比年金,比格拉德 1950—1951 年的收入还高出 25％;拉斯贝拉贾姆可以获得 17 万卢比年金,比土邦 1951—1952 年的收入多出 18.5％;莫克兰纳瓦布获得 20 万卢比年金,比土邦 1951—1952 年的收入多出 24％;哈兰纳瓦布获得 6.1 万卢比年金,超过土邦 1950—1951 年的收入 27％。②

1952 年 11 月 2 日,联盟最高首脑签署《加入协定》,使俾路支斯坦土邦联盟成为巴基斯坦的联邦单位。

在边境土邦中,迪尔与阿富汗相邻,纳瓦布的不诚实阻碍了土邦与巴基斯坦中央政府关系的发展,其他土邦的统治者都忠于巴基斯坦政府,因此中央政府并没有要求进一步合并或改革。但是,巴哈瓦尔布尔和海尔布尔民主政府的成立,俾路支斯坦土邦联盟民选议会的前景、一些省的选举、边境土邦的政治鼓动高涨,要求改革,迫使中央政府采取一些措施,使边境土邦部分合并和民主化。

1949 年 1 月 6 日,吉德拉尔梅达尔穆扎法尔-乌尔-穆尔克去世,其子赛义夫-乌尔-拉赫曼(Saif-ul-Rahman)继任梅达尔。鉴于梅达尔年轻没有经验及家族成员之间持续的纷争,巴基斯坦政府觉得最好的办法是让梅达尔接受培训,土邦由一个助理政治代表主持的管理局管理。1949 年 11 月,梅达尔同意巴基斯坦政府的建议,发表一个成立管理局和自己前往拉合尔培训的公告。吉德拉尔地方穆斯林联盟的鼓动导致梅达尔答应进行民主改革。1953 年 4 月 2 日,梅达尔签署《补充加入协定》,9 月 29 日公布《吉德拉尔政府法(临时宪法)》,土邦的实际权力依然保留在按新规定成为瓦吉尔的总督代表手中。1953 年 3 月 20 日签订的协定,允许梅达尔可以从土邦财库中获得 90 500 卢比年金。1954 年 10 月 12 日,梅达尔赛义夫-乌尔-拉赫曼因飞机失事去世,其 4 岁半的儿子赛义夫-乌尔-穆尔克·纳西尔(Saif-ul-Mulk Nasir)继任梅达尔,中央政府任命马拉坎德政治代表为摄政,这意味着巴基斯坦政府官员掌握了土邦的最高权力。

1950 年,政府作出将封建的塔纳瓦尔合并到西北边省后,阿姆布只剩下原来面积的三分之一。阿姆布发生过佃农反对纳瓦布的起义及塔纳瓦尔

---

① Yaqoob Khan Bangash, *A Princely Affair: The Accession and Integration of the Princely States of Pakistan, 1947—1955*, Karachi: Oxford University Press, 2015, pp.232—233.

② Ibid., p.234.

被接收激起将土邦完全并入西北边省的呼声。因此,中央政府迫使纳瓦布开始进行一些民主改革以换取年金。1953 年 4 月 29 日,阿姆布纳瓦布穆罕默德·法里德·汗签署《补充加入协定》,纳瓦布接受巴基斯坦宪法为土邦宪法。《1953 年阿姆布政府法(临时宪法)》规定一个瓦吉尔和四人顾问委员会。瓦吉尔的任命要得到总督的批准,纳瓦布将在土邦事务上听从他的建议。四人委员会中两人由纳瓦布提名,两人通过选举产生。因此,中央任命的瓦吉尔成为土邦的主要权威,纳瓦布在所有土邦事务上都要听从他的建议。同一天,巴基斯坦政府与纳瓦布签订协议,保证他 1.5 万卢比年金、所有个人财产所有权和继承权及保留所有特权和荣誉。[1]

在边疆土邦中,斯瓦特是最发达和进步的。1949 年继任瓦利的米安古尔·杰汉则布(Miangul Jehanzeb)对巴基斯坦很忠诚,因此,巴基斯坦政府希望加强他的统治,而不是通过民主化削弱他的统治。然而,邻近土邦的改革促使中央政府要求斯瓦特并入巴基斯坦。1954 年 2 月 12 日,斯瓦特瓦利签署《补充加入协定》。不过,《1954 年斯瓦特政府法(临时宪法)》并没有将顾问或瓦吉尔强加给瓦利,而让他掌握着 25 人顾问委员会的实权。根据相关协定,瓦利获得 50 万卢比年金。[2]

2. "统一方案"的实施、土邦的最后合并

"统一方案"是巴基斯坦制宪过程的自然结果。在颁布《1956 年宪法》之前,巴基斯坦按照《1935 年印度政府法》的规定进行管理,各省拥有较大自治权。1948 年 9 月真纳的逝世及 1951 年 10 月利亚奎特·阿里·汗的遇刺身亡导致几度推迟巴基斯坦宪法的制定。1952 年 12 月,新总理赫瓦贾·纳兹穆丁(Khawaja Nazimuddin)向制宪会议提交详细论述基本原则委员会拟定的巴基斯坦宪法的第二个报告。这个报告规定了上院和下院议员的分配方案,上院 120 个席位,东孟加拉 60 个,旁遮普省 27 个,信德省 8 个,西北边省 6 个,部落地区 5 个,巴哈瓦尔布尔 4 个,俾路支斯坦省、俾路支诸土邦、海尔布尔和卡拉奇各 2 个。人民院的席位大致也东部和西部各占 200 个。[3]这样,土邦第一次享有与巴基斯坦其他省一样的立法会议代表权,因而在国内遭到反对,这次的反对声音主要来自旁遮普省,因为它违

---

①　Yaqoob Khan Bangash, *A Princely Affair: The Accession and Integration of the Princely States of Pakistan, 1947—1955*, Karachi: Oxford University Press, 2015, pp.237—238.

②　Ibid., p.240.

③　Ibid., p.245.

背了所有单位无论大小都应得到同等对待的基本的联邦制原则,它只会确保一个省即东孟加拉省对其他省的支配地位。

1953年4月,纳兹穆丁被总督古拉姆·穆罕默德(Ghulam Mohammad)解除总理职务后,新总理穆罕默德·阿里·博格拉(Mohammad Ali Bogra)在1953年10月提出新的宪法方案。根据新的方案,上院将由5个新划分的领土单位间接选举的成员平分,包括旁遮普、东孟加拉、信德和海尔布尔、西北边省与边疆土邦、俾路支斯坦省、俾路支土邦、卡拉奇和巴哈瓦尔布尔将组成第五个领土单位。下院则按人口直接选举产生。从土邦的角度看,这个方案是灾难性的,因为他们将不得不在上院与省或其他土邦分享选票,将几乎不能保持独立的声音。

制宪会议已经考虑土邦合并的想法,1954年6月,制宪会议秘书阿卜杜勒·哈米德(Abdul Hamid)向制宪会议提交了一份《关于巴基斯坦联邦制下的土邦的备忘录》。他主张制宪会议可以自由地决定除迪尔以外所有土邦的未来,因为这些土邦都签署了《补充加入协定》,王公们将更多权力让给巴基斯坦立法会议,使之可以用与巴基斯坦其他地区制定法律一样的方式为土邦制定法律。哈米德在备忘录中比较了巴基斯坦土邦与大多数已经合并或重组的印度土邦的地位,认为巴基斯坦土邦的合并已经没有任何障碍。因此,到1954年中期,巴基斯坦出现将土邦与省合并的强烈主张。因为已经有将西巴基斯坦现在的3个省与俾路支斯坦合并为一个单位的建议,所以土邦的合并也就成为很自然的事情。[①]

修改后的《基本原则委员会报告》获得制宪会议批准,博格拉总理宣布真纳诞辰纪念日即12月25日新宪法将生效。但是因为制宪会议通过了一个限制总督权力的法案,总督古拉姆·穆罕默德在1954年10月24日宣布解除负责立法的部长们的职务,解散博格拉政府。1955年5月选举产生、由联邦最高法院指导的第二届制宪会议继续承担制定宪法的任务。在新制宪会议中,土邦和部落地区有10个席位。

统一方案在西巴基斯坦得到越来越多的支持。1954年2月,锡比(Sibi)大会上,一些俾路支酋长请求俾路支斯坦土邦联盟与俾路支斯坦省合并。这一请求虽然遭到格拉德汗的反对,很多酋长也撤回请求,但是土邦及边境地区部部长古尔马尼·穆斯塔克·艾哈迈德(Gurmani Mushtaq

---

① Yaqoob Khan Bangash, *A Princely Affair : The Accession and Integration of the Princely States of Pakistan*, 1947—1955, Karachi: Oxford University Press, 2015, pp.248—249.

Ahmed)在 1954 年 6 月 16 日正式宣布俾路支斯坦土邦联盟将在不久的将来与俾路支斯坦省合并。1955 年 1 月 1 日,俾路支斯坦土邦联盟的王公们签署合并协议。1955 年 10 月 14 日,俾路支斯坦土邦联盟解散,被并入其他行政区或地区。

对于俾路支斯坦土邦的合并,海尔布尔和信德和西北边省政府作出了回应,对统一方案表示反对。在古拉姆·穆罕默德控制下的中央政府则致力于一个统一的西巴基斯坦,不听取任何反对的声音。1954 年 11 月 1 日,巴哈瓦尔布尔埃米尔被总督召到卡拉奇,第二天,埃米尔解散选举产生的哈桑·马哈茂德(Hasan Mahmud)政府,根据巴哈瓦尔布尔临时宪法执掌全部统治权。11 月 7 日,皮尔扎达·阿卜杜勒·萨塔尔(Pirzada Abdul Sattar)信德省政府宣布反对统一方案,总督在 24 小时之内以管理不善为由,解散省政府,任命赞成统一方案的穆罕默德·阿尤布·胡罗(Mohammad Ayub Khuhro)为省政府总理。见此情景,海尔布尔议会意识到,除了合并,它别无选择,因而在 1954 年 11 月 10 日通过赞成统一的决议。

在得到支持之后,巴基斯坦中央政府让俾路支斯坦土邦联盟、海尔布尔和巴哈瓦尔布尔王公签署了合并协定。1954 年 12 月 17 日,巴哈瓦尔布尔埃米尔最先签署合并协定。12 月 20 日,海尔布尔米尔签署合并协定。1955 年 1 月 1 日,俾路支斯坦土邦联盟的王公签署合并协定。所有合并协定都一开始就声明将土邦主权转让给巴基斯坦政府,协定保障王公们的个人财产和特权。为回报将主权转让给巴基斯坦政府的王公们,巴基斯坦政府给予他们比在《补充加入协定》中规定的更高的免税年金。格拉德汗的年金是 65 万卢比,莫克兰纳瓦布的年金为 22.5 万卢比,拉斯贝拉贾姆的年金为 20 万卢比,哈兰纳瓦布的年金为 7 万卢比,巴哈瓦尔布尔埃米尔的年金为 320 万卢比,海尔布尔米尔的年金为 100 万卢比。[①]合并协定规定的王公年金相对于《加入协定》规定的年金有较大幅度的增加,莫克兰纳瓦布的年金增幅较小,也达到 12.5%,格拉德汗的年金增加了近 53%。

1955 年 9 月 30 日,巴基斯坦第二届制宪会议通过《建立西巴基斯坦法》(*The Establishment of West Pakistan Act*)。根据该法案,除了边疆土邦和部落地区外,所有土邦并入新西巴基斯坦。4 个边疆土邦将设为特别或部落地区,罕萨和那加尔则成为吉尔吉特管区的一部分。此时中央政府

---

① Yaqoob Khan Bangash, *A Princely Affair*: *The Accession and Integration of the Princely States of Pakistan*, *1947—1955*, Karachi: Oxford University Press, 2015, p.258.

之所以没有合并边疆土邦,主要原因是阿富汗持续的反对合并的宣传。考虑到与阿富汗的紧张关系及边疆土邦的战略地位,中央政府不希望通过合并而减弱对土邦的控制。边疆土邦最终通过叶海亚·汗(Yahya Khan)将军在 1969 年 7 月 28 日宣布对迪尔、吉德拉尔和斯瓦特实行管制而合并。管制虽然从技术上并没有合并土邦,由巴基斯坦政府的官员接管土邦的管理,但是实际上土邦已经不复存在,已经合并到巴基斯坦。

加入和并入巴基斯坦的土邦大多数地处边疆部落地区,社会经济非常落后。在土邦加入与合并的过程中,巴基斯坦中央政府加大对土邦在教育、交通等方面的投入,促进这些地方的发展,成效非常显著。以交通为例,除了巴哈瓦尔布尔和海尔布尔在卡拉奇-拉合尔铁路线上,交通比较方便外,其他加入巴基斯坦的土邦都没有与铁路直接连接。地方公路是土邦的事情,对政治活动的限制也使交通没有必要很好。

在加入巴基斯坦后,各土邦政府也尽力改善交通条件,巴基斯坦政府给予极大的支持。1955 年,巴基斯坦政府耗资近 60 万卢比,改善俾路支斯坦土邦联盟的交通,修建 9 条只适宜于好天气行驶的公路,另外再投资 450 多万卢比修建连接奎达和卡拉奇的公路。[①]边疆土邦迪尔、吉德拉尔和阿姆布也都处于多山地区,几乎没有全天候的道路通往其他地区,因此中央政府拨发大量发展基金,以在边疆土邦修筑道路和桥梁。巴基斯坦政府还通过实施"社会提升计划",拨发大量资金,促进土邦的社会经济发展。1951 年拨100 万卢比给俾路支土邦,其中,格拉德获得 50 万卢比,莫克兰获得 25 万卢比,拉斯贝拉获得 15 万卢比,哈兰获得 10 万卢比。[②]这些措施不仅大大方便了不同地方之间的旅游,而且增强了中央政府对该地区的控制,促进土邦融入巴基斯坦。不过,土邦完全融入巴基斯坦是一个比较缓慢的过程,虽然在加入之后,一些土邦的居民开始意识到自己是一个自由国家的"公民",但在一些地方,即便现在,人们理解和接受"公民身份"依然是一个遥远的梦想。[③]

和印度一样,到 20 世纪六七十年代,受社会主义和民族主义思想影响的巴基斯坦政治领袖力图尽快甩掉历史包袱。1971 年 12 月,有民粹主义和社会主义倾向的佐勒菲卡尔·阿里·布托(Zulfikar Ali Bhutto)担任军法管制首席执行官。他的主要对手阿尤布·汗(Ayub Khan)将女儿嫁给斯

① Yaqoob Khan Bangash, *A Princely Affair: The Accession and Integration of the Princely States of Pakistan*, 1947—1955, Karachi: Oxford University Press, 2015, p.360.

② Ibid., p.368.

③ Ibid., p.371.

瓦特瓦利的儿子,因此,布托在1972年行使他作为总统的几乎独裁的权力,通过《废除年金和特权令》(*The Abolition of Purses and Privileges Order*)。与印度不同的是,巴基斯坦虽然废除了王公们的年金和特权,但是大多数王公依然可以因政府的慷慨大方而获得与年金同样数额的"生活津贴"。①虽然被剥夺了特权,但巴基斯坦前王公们仍然设法保持为"王公"。大多数前王公还拥有外交护照、红色车牌、减税及政治影响。

2009年10月,巴基斯坦议会通过《废除加入王公年金和特权的修正案》[*The Rulers of the Acceding States*(*Abolition of Privy Purses and Privileges*)*Amendment Bill*],因为通货膨胀,王公津贴已经大大贬值,因此,增加200%是必要的。②这表明,巴基斯坦政府仍然承认王公们放弃土邦主权对国家的贡献。

---

① Yaqoob Khan Bangash, *A Princely Affair*: *The Accession and Integration of the Princely States of Pakistan*, *1947—1955*, Karachi: Oxford University Press, 2015, p.3.

② Ibid., p.1.

结　　论

在对印度土邦的历史进行考察后，我们可以得出以下结论：

第一，"印度土邦"虽然是一个英国建立起对印度殖民统治后才出现的一个概念，但是，绝大多数土邦在英国人到来之前就已经存在，在南亚次大陆是一种普遍的存在，并非尼赫鲁所说的"差不多所有这些土邦的起源都可以追溯到英国统治的初期；它们没有更古的历史了"①。在近 600 个土邦中，被英属东印度公司兼并的土邦仅仅 20 多个，新建的土邦也屈指可数，更多的是原来依附于莫卧儿帝国、马拉塔国家或较强大政权的半独立的国家，在得到英属东印度公司承认后成为独立的主权国家，只是在签订条约后，土邦接受英属东印度公司的保护，在出让外交权的同时，接受内政监督。

第二，"英属印度"和"土邦印度"之分并非英国人主观意愿，而是英属东印度公司经济实力和军事力量不济的结果。涉足南亚之初，作为商业贸易组织，英属东印度公司的经济实力和武装力量都比较有限。英属东印度公司之所以能凭借有限的经济和军事力量建立起对南亚次大陆的殖民统治，主要是因为实施了"分而制之"的政策，即利用莫卧儿帝国与马拉塔人、锡克教徒及其他较强地方政权之间的利益冲突和矛盾，对它们实行分化瓦解，并充分地加以利用，尤其在英属东印度公司处于优势地位时与重要土邦缔结军费补助金条约。一方面，土邦缴纳的军费补助金供养装备英属东印度公司的军队，壮大英属东印度公司的军事力量；另一方面，对土邦王公所控制的武装力量进行限制，使他们的安全保障更依赖英属东印度公司。这些条约还限制土邦王公的外交权力。这些举措主观上是为了扩大和增强英属东印度公司的统治实力，客观上却也有利于印度社会。从短期看，结束了自莫卧儿帝国衰败以来南亚次大陆各国之间战争频繁和社会动荡的状况，实现了长期的和平。从长远来看，避免了英国人撤离时南亚次大陆恢复到过去

---

① ［印度］尼赫鲁著：《印度的发现》，齐文译，世界知识出版社 1958 年版，第 402—403 页。

国家林立的状态。虽然海德拉巴、迈索尔、克什米尔、特拉凡科尔、博帕尔、朱纳格特和格拉德汗国等希望成为独立的主权国家,但是因为没有足够强大的军事力量,没有办法与印度或巴基斯坦对抗,不得不放弃独立的梦想,主动或被迫加入新自治领。

第三,土邦在内政上享有主权,英国人只有监督的权力。绝大多数土邦王公都是封建性质的统治者,土邦管理体制也非常落后,土邦的发展普遍不及英属印度。不过,英国人的监督还是在不同程度上有利于消除印度社会的一些陋习,如萨蒂制、弑婴、童婚等。在实行间接统治期间,英属东印度公司和后来的英王政府甚至以是否在土邦内废除这些陋习为授予或恢复王子或王公统治权的条件,对于土邦王公对自己臣民的残暴行为,最高宗主也会加以限制、惩罚,甚至剥夺王公的统治权。英国因素是推动印度土邦消除陋习、实行社会改革的非常重要的力量。

第四,英属东印度公司和英王政府与印度土邦签订了相关条约,禁止征收商品过境税、租用铁路用地和林地等,有利于连接整个南亚次大陆的铁路和公路系统的修筑,有利于印度近代市场体系的建立和发展。1847 年,过境税在布萨尔、纳拉格尔、盖恩塔尔、巴格哈尔、朱巴尔、巴格哈特、古姆哈尔森、巴尔尚、达米、古尼哈尔、曼格尔、比贾、达科蒂、塔罗奇和桑格里等所有18 个西姆拉山区土邦境内被废除,英国政府每年支付 13 735 卢比作为此损失的补偿。①过境税征收对象不仅仅是英国商品,也包括印度商品。因此,废除过境税会有利于整个南亚次大陆商品的流通。近代市场体系的形成虽然主观上有利于英国对印度实行经济上的掠夺,但是将印度纳入世界资本主义市场经济,客观上使印度适应世界市场的需求,发展起相关商品和产业,使其经济结构发生重大变化。在论及英国对印度殖民统治时,如果只看到英国从印度获取殖民利益的一面,而忽视英国殖民统治推动印度社会经济变革的一面,也许是不客观和不全面的。

最后,土邦的合并确实不仅有利于印度或巴基斯坦的发展,而且也有利于土邦王公统治区的发展,是社会发展的自然趋势。在土邦问题上,印度政府所实行的一些政策,尤其是第 26 条宪法修正案彻底废除土邦王公的年金和特权等,意味着印度政府单方面废除了不过一代人之前签订的《加入协定》和《合并协定》,没有任何契约精神可言,政府的信用度受到极大影响。这不仅对于土邦王公家族真正融入印度社会产生一定消极影响,而且对民众契约精神的养成也是非常不利的。

---

① 　C.U. Aitchison, *A Collection of Treaties, Engagements and Sanads, Vol.I*, pp.14—15.

附录 部分印度土邦创建时间、面积、人口、财政收入、贡金额和礼炮数一览

土邦名称		建国时间	面积（平方千米）	人口（人）	财政收入（卢比）	贡金额（卢比）	礼炮数（响）
英文	中文						
Baroda	巴罗达	1721 年	21 145	2 855 010	24 000 000	0	21
Gwalior	瓜廖尔	900 年左右	64 856	4 006 159	15 000 000	33 019	21
Hyderabad	海德拉巴	1724 年	213 273	16 338 534	92 000 000	0	21
Mysore	迈索尔	1350 年	76 232	7 239 140	39 000 000	0	21
Bhopal	博帕尔	1723 年	18 000	785 300	8 000 000	0	19
Indore	印多尔	1731 年	24 600	1 514 000	12 000 000	61.10	19
Kalat	格拉德	1638 年	185 426	47 000	1 500 000	0	19
Kolhapur	戈尔哈布尔	1710 年	8 340	1 092 046	5 030 000	0	19
Travancore	特拉凡科尔	1100 年	18 366	6 070 018	26 888 000	0	19
Udaipur	乌代布尔	530 年	32 870	1 927 331	2 600 000	1 200	19
Bahawalpur	巴哈瓦尔布尔	1690 年	45 310	1 341 209	22 000 000	0	17
Bharatpur	珀勒德布尔	1680 年左右	51 250	575 625	4 000 000	0	17
Bikaner	比卡内尔	1465 年	60 000	1 292 938	13 000 000	0	17
Bundi	本 迪	1342 年	5 750	249 374	1 440 000	120 000	17
Cochin	科 钦	9 世纪	13 525	1 422 875	9 364 000	0	17
Cutch	库 奇	1270 年	22 000	501 000	2 837 000	8 800	17
Jaipur	斋浦尔	1150 年左右	40 466	3 041 000	14 500 000	400 000	17
Jodhpur	焦特布尔	1212 年	93 587	2 555 900	5 500 000	115 000	17
Karauli	格劳利	995 年	3 180	152 413	630 000	0	17
Kotah	科 塔	1631 年	14 700	377 400	5 000 000	234 720	17
Patiala	伯蒂亚拉	1761 年	15 400	1 936 260	14 000 000	0	17
Rewah	雷 瓦	1140 年左右	21 000	1 820 445	11 422 125	0	17

土邦名称		建国时间	面积（平方千米）	人口（人）	财政收入（卢比）	贡金额（卢比）	礼炮数（响）
英文	中文						
Tonk	栋格	1768 年	6 600	353 700	1 000 000	0	17
Alwar	阿尔瓦尔	1775 年	6 180	823 055	4 000 000	0	15
Banswara	班斯瓦拉	1527 年	4 161	258 760	586 000	17 500	15
Datia	德蒂亚	1626 年	2 192	174 000	1 360 000	0	15
Dewas Senior	大代瓦斯	1728 年	1 180	89 350	350 000	0	15
Dewas Junior	小代瓦斯	1728 年	1 109	83 670	740 000	14 237	15
Dhar	塔尔	1728 年	4 597	254 000	1 800 000	6 602	15
Dholpur	陶尔布尔	1450 年	1 200	286 900	1 553 000	0	15
Dungarpur	栋格尔布尔	1197 年	3 780	274 282	745 000	17 500	15
Idar	伊德尔	1200 年左右	4 323	307 800	2 100 000	0	15
Jaisalmer	杰伊瑟尔梅尔	731 年左右	41 400	93 246	3 000 000	0	15
Khairpur	海尔布尔	1786 年	15 670	305 800	2 475 000	0	15
Kishangarh	吉申格尔	1611 年	2 200	104 127	750 000	0	15
Orchha	奥查哈	1251 年	5 400	375 000	900 000	—	15
Partabgarh	帕塔格尔	1425 年左右	2 295	91 970	555 000	1 500	15
Rampur	兰布尔	1719 年	2 316	477 042	5 000 000	0	15
Sirohi	锡罗希	1374 年	5 100	233 880	1 000 000	—	15
Benares	贝拿勒斯	1194 年之前	2 244	451 428	2 000 000	219 000	13
Bhavnagar	包纳加尔	1194 年	7 668	618 429	10 890 000	128 060	13
Cooch Behar	戈杰比哈尔	1510 年	3 423	640 840	3 027 000	67 700	13
Dhrangadhra	特朗格特拉	1090 年	3 024	94 417	1 835 000	40 671	13
Jaora	焦拉	1817 年	1 471	117 000	1 500 000	—	13
Jhalawar	恰勒瓦尔	1838 年	2 100	122 300	7 110 000	30 000	13
Jind	金德	1767 年	3 366	362 812	2 600 000	—	13
Junagadh	朱纳格特	1748 年	8 506	670 800	7 486 000	28 394	13
Kapurthala	格布尔特拉	1780 年	1 671	316 000	4 000 000	—	13
Nabha	那巴	1763 年	2 452	340 044	3 000 000	0	13
Nawanagar	纳瓦讷格尔	1535 年	9 819	504 000	9 715 000	50 312	13
Palanpur	巴伦布尔	1597 年	4 648	316 000	1 200 000	0	13
Porbandar	博尔本德尔	1193 年	1 663	146 700	2 500 000	21 202	13
Rajpipla	拉杰比布拉	1360 年左右	3 930	249 032	2 470 000	0	13

土邦名称		建国时间	面积（平方千米）	人口（人）	财政收入（卢比）	贡金额（卢比）	礼炮数（响）
英文	中文						
Ratlam	勒德兰	1652 年	2 336	126 000	1 000 000	2 850	13
Tripura	特里普拉	100 年	10 490	513 010	2 833 000	0	13
Ajaigarh	阿杰格尔	1731 年	2 000	97 000	375 000	7 014	11
Alirajpur	阿里拉杰布尔	1437 年	2 165	112 754	516 000	1 271	11
Baoni	包尼	1784 年	316	25 260	100 000	—	11
Barwani	伯尔瓦尼	836 年	3 050	176 136	1 056 000	—	11
Bijawar	比贾沃尔	1769 年	2 520	121 000	330 000	—	11
Bilaspur	比拉斯布尔	697 年	1 174	110 340	300 000	—	11
Cambay	坎贝	1730 年	906	96 592	867 000	21 924	11
Chamba	昌巴	550 年左右	8 102	168 908	458 000	5 000	11
Charkhari	查哈里	1765 年	2 060	123 594	6 000 000	8 584	11
Chhatarpur	切德尔布尔	1785 年	3 031	184 720	755 000	0	11
Faridkot	法里德果德	1643 年	1 650	200 000	1 700 000	—	11
Gondal	贡达尔	1634 年	2 652	244 514	5 000 000	49 096	11
Janjira	贾恩吉拉	1489 年	839	103 577	5 500 000	—	11
Jhabua	恰布瓦	1584 年	3 461	178 327	4 800 000	1 271	11
Māler Kotla	马莱尔戈德拉	1468 年	428	88 109	865 000	0	11
Mandi	门迪	1290 年左右	2 950	232 593	1 180 000	100 000	11
Manipur	曼尼普尔	35 年	22 334	512 069	962 000	0	11
Morvi	摩尔维	1698 年	2 129	141 760	5 853 000	9 263	11
Narsinghgarh	讷尔辛格格尔	1681 年	1 919	125 178	500 000	0	11
Panna	本纳	1450 年左右	6 454	1 929 860	500 000	9 955	11
Pudukkottai	布杜戈代	1350 年左右	3 070	438 348	1 951 000	—	11
Radhanpur	拉滕布尔	1693 年	2 980	67 690	602 000	0	11
Rajgarh	拉杰格尔	15 世纪	2 435	148 600	450 000	—	11
Sailana	赛拉纳	1730 年	1 166	25 731	300 000	21 000	11
Samthar	萨姆塔尔	1760 年	461	38 279	150 000	—	11
Sirmur	西尔木尔	1095 年	2 827	156 026	867 000	0	11
Sitamau	西塔毛	1701 年	907	33 460	271 000	—	11
Suket	苏克特	765 年	1 016	71 092	2 500 000	11 000	11
Tehri Garhwal	代赫里格尔瓦尔	823 年	11 700	397 370	1 800 000	0	11

附录　部分印度土邦创建时间、面积、人口、财政收入、贡金额和礼炮数一览

续表

土邦名称		建国时间	面积（平方千米）	人口（人）	财政收入（卢比）	贡金额（卢比）	礼炮数（响）
英文	中文						
Balasinor	巴拉斯诺尔	1664 年	505	61 151	313 000	0	9
Banganapalle	本格讷伯莱	1665 年	671	44 592	320 000	—	9
Bansda	班斯达	1250 年左右	549	54 735	730 000	8 698	9
Baraundha	巴劳达	14 世纪初期	565	17 300	45 000	—	9
Bariya	巴里亚	1524 年左右	2 100	189 000	1 182 000	0	9
Bashahr	布萨尔	1412 年	9 380	111 460	85 000	0	9
Chhota Udaipur	焦达乌代布尔	1743 年	2 316	162 177	110 600	0	9
Danta	丹达	1068 年	1 165	31 110	201 000	0	9
Dharampur	特伦布尔	1262 年	1 860	123 326	856 000	0	9
Dhrol	特罗尔	1539 年	733	33 620	267 000	0	9
Jawhar	贾赫尔	1294 年	803	65 126	305 000	0	9
Kalahandi	格拉汉迪	1008 年	9 200	597 950	700 000	1 600	9
Khilchipur	基尔奇布尔	1544 年	700	48 600	242 000	11 134	9
Kishn	基辛	—	1 000	12 000	—	—	9
Limbdi	林布迪	1500 年左右	632	44 000	790 000	44 128	9
Loharu	洛哈鲁	1806 年	586	27 890	66 000	—	9
Lunawada	卢纳瓦达	1434 年	1 005	105 318	545 000	9 230	9
Maihar	迈赫尔	1778 年	1 050	69 000	410 000	0	9
Mayurbhanj	马尤班吉	700 年左右	10 452	990 977	3 345 000	1 068	9
Mudhol	穆托尔	1400 年左右	953	72 447	318 000	0	9
Nagod	纳戈德	1344 年	1 300	87 900	240 000	—	9
Palitana	巴利塔纳	1194 年	748	76 432	821 000	0	9
Patna	巴特那	1191 年左右	6 555	632 220	1 031 000	13 000	9
Rajkot	拉杰果德	1608 年	731	102 950	1 355 000	18 991	9
Sachin	萨钦	1791 年	130	26 231	400 000	0	9
Sangli	桑格利	1782 年	2 880	293 381	1 580 000	0	9
Sant, Sunth	圣特	1255 年	1 020	85 817	510 000	5 385	9
Savantvadi	萨文德瓦迪	1627 年	2 396	252 000	686 000	0	9
Shahpura	沙赫布勒	1629 年	1 050	61 173	381 000	—	9
Sonapur	索纳布尔	1556 年	2 456	248 873	485 000	—	9
Wadhwan	瓦德万	1630 年	627	51 000	551 000	0	9

土邦名称		建国时间	面积（平方千米）	人口（人）	财政收入（卢比）	贡金额（卢比）	礼炮数（响）
英文	中文						
Wankaner	万加内尔	17 世纪初期	1 075	54 965	737 000	0	9
Agar	阿格尔	1484 年	44	3 000	10 000	0	0
Agra Barkjera	阿格拉巴克赫拉	1818 年	90	7 450	18 280	0	0
Akadia	阿格迪亚	18 世纪后期	34	190	2 300	0	0
Akalkot	阿格尔果德	1708 年	1 290	103 900	631 000	0	0
Alipura	阿里布勒	1757 年	190	17 600	37 000	0	0
Alot	阿罗特	1565 年	14	425	4 800	0	0
Alwa	阿尔瓦	17 世纪后期	13	800	6 000	0	0
Amala	阿马拉	18 世纪	310	6 335	4 800	0	0
Amlyara	安尔亚拉	1619 年左右	207	11 180	94 000	—	0
Amrapur	阿姆拉布尔	16 世纪	5	680	910	0	0
Anandpur	阿嫩德布尔	1608 年	246	2 590	3 000	0	0
Athgarh	阿特格尔	1178 年	422	55 500	42 700	2 800	0
Athmalik	阿特马利克	13 世纪	1 873	72 765	71 000	480	0
Aundh	奥恩德	1699 年	1 265	88 723	318 000	0	0
Babariawad	巴巴里阿瓦德	18 世纪中期	57	700	4 900	0	0
Baghal	巴格哈尔	1643 年	320	27 529	50 000	3 600	0
Baghat	巴格哈特	1500 年左右	86	11 022	30 000	0	0
Bagli	巴格利	1819 年	55	15 500	23 600	0	0
Bajana	巴贾纳	1484 年	474	14 000	75 500	0	0
Bakhtgarh	巴赫特格尔	1818 年	170	11 140	78 500	0	0
Balrampur	伯尔拉姆布尔	1566 年	3 285	842 300	2 500 000	0	0
Balsan	巴尔尚	1815 年	132	6 700	90 000	1 080	0
Bamanbore	巴曼波尔	18 世纪后期	31	840	5 300	0	0
Bamra	伯姆拉	1545 年左右	5 113	178 277	470 000	7 500	0
Banswara	班斯瓦拉	1530 年左右	4 161	258 760	586 000	0	0
Bantwa	本特瓦	1760 年	136	8 200	210 000	0	0
Baramba	伯拉姆巴	1305 年	314	52 924	43 000	1 398	0
Bastar	巴斯塔尔	1300 年左右	35 499	633 888	1 000 000	20 000	0
Bauda	包达	3 世纪	3 227	146 175	354 000	800	0
Bavda	巴福达	18 世纪后期	630	54 680	201 000	0	0

土邦名称		建国时间	面积（平方千米）	人口（人）	财政收入（卢比）	贡金额（卢比）	礼炮数（响）
英文	中文						
Beri	贝里	1760 年左右	83	4 800	27 000	0	0
Bhabhar	珀珀尔	1742 年	186	6 740	5 200	0	0
Bhadarwa	珀达尔瓦	1483 年	70	12 100	93 000	0	0
Bhadli	珀德利	18 世纪初期	39	2 537	39 200	0	0
Bhadvana	珀德瓦纳	18 世纪中期	39	1 200	12 800	0	0
Bhaisola	拜索拉	1818 年	72	2 900	25 800	0	0
Bhajji	伯杰吉	18 世纪后期	243	16 474	23 000	1 440	0
Bharudpura	伯鲁德布勒	1818 年	83	4 140	18 500	0	0
Bhimora	皮莫拉	18 世纪中期	93	1 990	14 800	0	0
Bhiloda	皮洛达	15 世纪后期	23	1 570	10 500	0	0
Bhoika	伯伊加	18 世纪后期	77	3 700	45 200	0	0
Bhor	波尔	1697 年	2 356	156 000	536 000	4 684	0
Bhorol	波罗尔	18 世纪中期	10	4 200	8 500	0	0
Bihat	比哈特	18 世纪初期	41	3 984	13 000	1 400	0
Bija	比贾	16 世纪	13	1 058	800	124	0
Bijna	比杰纳	1690 年	70	1 660	10 000	0	0
Bilaud	比劳德	1818 年	26	390	3 700	0	0
Bilheri	比尔赫里	19 世纪初期	35	3 073	7 000	0	0
Bilka	比尔加	18 世纪后期	186	16 800	22 000	0	0
Bonai	波奈	2 世纪	3 316	92 537	195 000	2 700	0
Changbhakar	昌巴卡尔	1818 年	2 328	21 266	27 778	150	0
Cherra	乞拉	18 世纪中期	—	10 338	16 000	0	0
Chhaliar	查里阿尔	16 世纪	28	3 200	23 500	0	0
Chhuikhadan	崔卡丹	1750 年	399	32 731	173 000	12 000	0
Chikhli	吉克利	18 世纪后期	518	3 670	16 800	0	0
Chital	吉德尔	18 世纪中期	31	1 100	15 700	0	0
Chitral	吉德拉尔	1580 年左右	10 655	101 000	210 000	0	0
Chotila	焦蒂拉	1566 年	280	9 500	69 000	0	0
Chuda	丘达	1707 年	202	15 818	12 000	0	0
Daphlapur	达夫拉布尔	18 世纪后期	249	7 800	27 500	0	0
Dariakheri	达里阿赫里	1819 年	20	770	2 100	0	0

土邦名称		建国时间	面积（平方千米）	人口（人）	财政收入（卢比）	贡金额（卢比）	礼炮数（响）
英文	中文						
Darkoti	达科蒂	11 世纪	13	632	1 060	0	0
Dasada	德萨达	15 世纪初期	336	9 900	201 000	0	0
Daspalla	德斯伯拉	1498 年	1 471	53 833	70 000	661	0
Datha	达 塔	1754 年	181	3 100	23 800	0	0
Dedan	代 丹	18 世纪中期	128	1 870	12 500	0	0
Deodar	代奥达尔	1797 年	1 140	4 900	15 200	0	0
Dedhrota	德特罗塔	17 世纪中期	3	830	11 000	0	0
Delath	代拉特	15 世纪	110	1 693	550	0	0
Derol	代罗尔	1695 年	26	1 890	7 800	0	0
Dhabla Dhir	达布拉迪尔	36 年	1 818	2 480	5 400	0	0
Dhadi	达 迪	15 世纪	18	282	1 400	0	0
Dhami	达 米	12 世纪	73	5 114	15 000	720	0
Dharnaoda	塔尔瑙达	1818 年	143	5 350	12 900	0	0
Dhasa	达 萨	1812 年	25	660	22 000	0	0
Dhenkanal	滕加纳尔	1559 年	3 700	324 212	200 000	5 099	0
Dhurwai	杜尔瓦伊	1821 年	47	2 150	15 000	0	0
Dir	迪 尔	18 世纪初期	16 000	100 000	2 500 000	0	0
Drafa	德拉法	18 世纪后期	114	8 700	73 000	0	0
Dujana	杜贾纳	1806 年	235	30 666	135 170	0	0
Gabat	贾巴特	1742 年	26	1 360	11 200	0	0
Gadhka	加特卡	1746 年	60	2 100	15 600	0	0
Gangpur	冈布尔	1803 年	6 415	398 171	622 000	1 250	0
Garha	加尔哈	1818 年	335	11 000	38 130	0	0
Garrauli	加劳利	1812 年	96	5 231	40 000	—	0
Gaurihar	高里哈尔	1807 年	190	9 700	40 000	0	0
Ghodasar	戈达萨尔	15 世纪初期	42	5 700	53 000	488	0
Ghund	贡 德	16 世纪中期	73	2 900	2 000	0	0
Hapa	哈 帕	17 世纪后期	13	970	4 700	0	0
Hindol	欣多尔	1554 年	754	58 505	89 000	551	0
Hunza	罕 萨	11 世纪	17 700	13 700	32 600	0	0
Ichalkaranji	伊切尔格伦吉	18 世纪初期	625	65 300	578 500	0	0

附录　部分印度土邦创建时间、面积、人口、财政收入、贡金额和礼炮数一览

土邦名称		建国时间	面积（平方千米）	人口（人）	财政收入（卢比）	贡金额（卢比）	礼炮数（响）
英文	中文						
Ilol	伊洛尔	14 世纪	49	4 800	47 000	0	0
Jafarabad	贾法拉巴德	1650 年左右	109	13 837	245 000	0	0
Jambughoda	杰姆布格达	14 世纪	368	6 600	91 500	0	0
Jamkhandi	杰姆肯迪	1811 年	1 357	126 272	928 000	20 840	0
Jamnia	贾姆尼亚	1806 年	103	3 740	36 000	0	0
Jasdam	贾斯达姆	1665 年	767	37 679	173 000	—	0
Jashpur	杰什布尔	1818 年	5 065	132 114	337 000	2 000	0
Jaso	贾索	1750 年	187	7 800	42 000	0	0
Jath	杰特	1686 年	2 518	107 000	309 000	4 847	0
Jetpur(Devli)	杰德布尔	1735 年	244	12 500	145 000	0	0
Jigni	杰格尼	1730 年	57	3 838	18 000	0	0
Jobat	尤巴特	15 世纪	340	12 300	119 200	—	0
Jubbal	朱巴尔	1100 年左右	710	28 538	152 000	2 520	0
Kachhi Baroda	格吉伯罗达	1818 年	114	3 700(01)	35 500(01)	0	0
Kadana	格达纳	1255 年	342	18 500	16 500	0	0
Kadoli	格多利	15 世纪后期	21	1 990	12 700	0	0
Kagal	格加尔	1800 年	290	42 500	160 450	0	0
Kalsia	格尔锡亚	1763 年	485	67 393	132 000	0	0
Kalukhera	格鲁赫勒	1818 年	19	1 170	5 500	0	0
Kanker	甘盖尔	11 世纪	3 700	148 471	334 000	0	0
Kapsi	格普锡	17 世纪后期	83	12 700	120 000	0	0
Karaudia	格劳迪亚	1819 年	35	1 020	4 490	0	0
Karol	格罗尔	18 世纪后期	28	1 180	14 300	0	0
Kathi	格蒂	18 世纪后期	1 295	7 800	23 300	0	0
Kathiwara	格蒂瓦拉	1818 年	180	6 690	60 500	0	0
Kawardha	格沃尔塔	1751 年	2 067	77 284	170 000	3 000	0
Keonjhar	盖翁切尔	1764 年	8 020	529 786	1 000 000	1 710	0
Keonthal	盖翁塔尔	12 世纪	300	27 713	66 000	0	0
Khaioda	海奥达	1830 年	57	1 390	1 950	0	0
Khairagarh	海拉格尔	740 年	2 412	173 713	564 000	80 000	0
Khaniadhana	格尼阿塔纳	1724 年	262	20 100	48 000	0	0

土邦名称		建国时间	面积(平方千米)	人口(人)	财政收入(卢比)	贡金额(卢比)	礼炮数(响)
英文	中文						
Khandpara	根德巴拉	1599年左右	632	87 341	30 000	4 212	0
Khaneti	格尼蒂	11世纪	54	3 137	6 200	0	0
Kharan	哈兰	17世纪后期	48 000	33 850	100 000	0	0
Kharsawan	格萨万	1620年	396	50 580	104 695(21)	0	0
Khedawada	基达瓦达	14世纪	70	1 290	14 000	0	0
Khirasra	基拉斯拉	1742年	122	5 893	32 500	0	0
Khyrim	希里姆	18世纪中期	—	43 700	40 000	0	0
Korea	科里亚	1620年左右	4 224	126 000	27 500	750	0
Kotda Pitha	果德达皮塔	17世纪中期	65	7 300	84 200	0	0
Kotda Sangani	果德达桑加尼	1654年	233	12 160	101 580	0	0
Kotharia	戈塔里亚	1734年	70	2 500	32 800	0	0
Kothi	戈提	17世纪中期	438	21 500	70 000	0	0
Koti	果蒂	16世纪初期	114	9 721	7 300	0	0
Kumharsain	古姆哈尔森	1000年左右	233	13 983	50 500	2 000	0
Kunihar	古尼哈尔	1154年	207	2 399	5 030	180	0
Kurandvad S.	大古伦德瓦德	1733年	480	52 550	200 000	0	0
Kurandvad J.	小古伦德瓦德	1811年	295	46 600	189 000	0	0
Kurwai	古尔瓦伊	1713年	290	29 544	37 000	0	0
Kushalgarh	古萨尔格尔	1594年	880	41 153	102 000	0	0
Kuthar	古塔尔	1680年左右	52	4 970	7 300	1 000	0
Lakhtar	拉赫塔尔	1604年	635	26 780	75 250	0	0
Lalgarh	拉尔格尔	1818年	36	2 650	22 800	0	0
Langrin	兰格林	18世纪中期	—	1 390	9 000	0	0
Las Bela	拉斯贝拉	18世纪中期	18 682	69 100	346 000	0	0
Lathi	拉提	1260年左右	109	10 812	157 500	0	0
Lawa	拉瓦	1868年	50	2 808	—	0	0
Likhi	利基	17世纪后期	23	1 050	8 150	0	0
Lodhika	拉蒂加	1794年	39	2 500	35 000	0	0
Lugasi	鲁加斯	1818年	122	6 300	35 000	0	0
Madhan	马坦	17世纪后期	60	8 631	9 540	0	0
Magodi	马格迪	1537年	60	3 590	16 700	0	0

续表

土邦名称		建国时间	面积(平方千米)	人口(人)	财政收入(卢比)	贡金额(卢比)	礼炮数(响)
英文	中文						
Maharam	马哈拉姆	18 世纪中期	—	13 000	5 000	0	0
Mahlog	马赫罗	1600 年前	49	8 300(21)	41 000	1 440	0
Makrai	马克赖	1663 年	401	14 357	62 000	0	0
Makran	莫克兰	18 世纪后期	54 000	79 000	50 000	0	0
Maliya	马利亚	1734 年	267	10 800	170 900	0	0
Malpur	马尔布尔	1466 年	97	13 522	106 000	430	0
Manavadar	马讷沃德	1740 年	260	29 800	539 000	0	0
Mandva	门德瓦	1669 年	43	2 625	31 000	0	0
Mangal	门格尔	14 世纪	30	1 325	1 650	72	0
Mangrol	芒格罗尔	18 世纪中期	50	630	5 900	0	0
Mansa	曼萨	1609 年	65	18 680	15 200	0	0
Mathwar	马特瓦尔	1819 年	357	3 900	14 540	0	0
Mawlong	毛隆	18 世纪中期	—	1 772	1 800	0	0
Mawphlang	毛普伦	18 世纪中期	—	1 015	343	0	0
Mendarda	门德尔达	18 世纪初期	89	960	25 000	0	0
Mengni	门格尼	1714 年	91	3 510	23 100	0	0
Miraj Senior	大米勒杰	1808 年	953	108 547	454 000	12 557	0
Miraj Junior	小米勒杰	1820 年	547	46 295	317 000	6 412	0
Mohanpur	莫罕布尔	15 世纪中期	230	15 727	66 500	0	0
Mota Barkhera	莫塔巴赫拉	1820 年	135	7 100	62 000	0	0
Muhammadgarh	穆罕默德格尔	1753 年	75	3 900	7 900	0	0
Muli	穆利	1475 年左右	344	17 000	82 770	0	0
Multhan	木尔坦	1657 年	260	12 300	102 400	0	0
Mylliem	米列姆	1790 年左右	—	29 900	40 000	0	0
Nagar	那加尔	14 世纪	3 225	13 950	21 700	0	0
Nala	讷拉	18 世纪后期	78	370	4 000	0	0
Nalagarh	纳拉格尔	1110 年	663	52 780	118 000	5 000	0
Nandgaon	南德冈	1790 年左右	2 256	202 973	503 000	80 000	0
Narsingpur	讷尔辛格布尔	1292 年	516	48 448	66 000	1 450	0
Narwar	讷尔瓦尔	1820 年	42	2 665	18 900	0	0
Naswadi	讷斯瓦迪	16 世纪	51	3 200	11 000	0	0

续表

土邦名称		建国时间	面积（平方千米）	人口（人）	财政收入（卢比）	贡金额（卢比）	礼炮数（响）
英文	中文						
Naugaon	瑙冈	1818 年	13	580	2 700	0	0
Nawalpur	纳瓦尔布尔	18 世纪后期	52	300	740	0	0
Nayagarh	讷亚格尔	1500 年左右	1 456	161 400	422 000	5 525	0
Nilgiri	尼尔吉里	1125 年	720	73 110	137 000	3 900	0
Nimkhera	尼默赫拉	1818 年	235	4 800	21 500	0	0
Nongstoin	农斯多因	18 世纪中期	—	11 690	7 000	0	0
Pahra	伯赫拉	1812 年	70	3 535	18 000	0	0
Palasni	珀拉斯尼	1489 年	31	1 900	5 900	0	0
Paldeo	伯尔代奥	1812 年	73	8 650	45 000	0	0
Paliyad	巴利耶德	1710 年	220	9 700	64 000	0	0
Pal Lahara	巴尔勒赫拉	15 世纪	1 170	34 130	29 000	267	0
Panth Piploda	本特比布洛达	1765 年	65	5 300	15 000	0	0
Paron	巴隆	1818 年	293	7 900	24 200	0	0
Pataudi	伯道迪	1803 年	135	21 520	248 000	0	0
Patdi	巴德迪	1484 年	104	3 600	92 000	0	0
Pethapur	贝塔布尔	14 世纪初期	28	5 540	36 900	0	0
Patharia	巴塔里亚	1794 年	57	4 170	9 000	0	0
Phaltan	珀尔登	1327 年	1 013	71 470	776 000	9 600	0
Piploda	比布洛达	1285 年	155	11 490	150 000	0	0
Poonch	本杰	1819 年	1 627	387 857	1 000 000	0	0
Prempur	普瑞姆布尔	16 世纪	53	3 600	12 800	0	0
Punadra	布讷德拉	1507 年	28	2 808	30 000	0	0
Raghogarh	拉戈格尔	1818 年	615	19 270	65 400	0	0
Raigarh	赖格尔	1625 年	3 741	312 643	506 000	5 500	0
Rairakhol	赖拉戈尔	16 世纪	2 160	38 185	55 000	2 000	0
Raisingpur	赖辛格布尔	18 世纪初期	199	2 500	20 000	0	0
Rajagarh	拉贾格尔	1821 年	93	942	23 700	0	0
Rajpur	拉杰布尔	1765 年	59	2 600	65 000	0	0
Ramas	罗摩斯	17 世纪后期	16	1 815	10 900	0	0
Ramdurg	兰杜格	1742 年	438	40 114	177 000	0	0
Ramgarh	拉姆格尔	1818 年	25	740	2 580	0	0

附录 部分印度土邦创建时间、面积、人口、财政收入、贡金额和礼炮数一览

土邦名称		建国时间	面积（平方千米）	人口（人）	财政收入（卢比）	贡金额（卢比）	礼炮数（响）
英文	中文						
Rampura	兰布勒	17 世纪	11	1 460	3 900	0	0
Ranasan	拉纳尚	15 世纪中期	78	4 875	32 900	3	0
Ranpur	兰布尔	1600 年左右	526	51 366	54 000	1 401	0
Ratanmal	拉坦玛尔	1818 年	83	2 190	42 400	0	0
Sadakheri	瑟达赫里	17 世纪中期	155	5 200	46 000	0	0
Sakti	瑟格蒂	17 世纪后期	358	54 517	68 000	1 500	0
Samla	萨姆拉	18 世纪中期	13	1 200	15 100	0	0
Sanauda	萨瑙达	1819 年	23	243	2 800	0	0
Sandur	桑杜尔	1728 年	417	15 814	153 000	0	0
Sangri	桑格里	1703 年	42	3 839	1 020	0	0
Sanjeli	桑杰利	15 世纪	88	3 200	94 000	0	0
Santalpur	森德尔布尔	17 世纪中期	1 140	513	3 200	0	0
Saraikela	瑟莱盖拉	1620 年	1 156	154 844	364 000	0	0
Sarangarh	瑟伦格尔	17 世纪初期	1 402	140 785	260 000	4 500	0
Sardargarh	瑟达尔格尔	1740 年	186	11 130	79 200	0	0
Sarila	萨里拉	1755 年	85	6 298	59 000	0	0
Sarwan	萨尔万	1819 年	184	4 500	42 000	0	0
Sathamba	瑟塔姆巴	1484 年	47	4 640	48 000	0	0
Satlasna	瑟德拉斯纳	15 世纪后期	65	3 100	4 800	0	0
Savanur	瑟沃努尔	1680 年	73	20 320	240 000	0	0
Sayla	瑟伊拉	1751 年	575	15 350	72 000	0	0
Shahpur	沙赫布尔	18 世纪后期	26	1 250	16 200	0	0
Shanor	沙诺尔	1669 年	37	1 800	11 000	0	0
Sheopur-Baroda	谢奥布尔-伯罗达	18 世纪中期	409	20 130	52 580	0	0
Sihora	锡霍拉	1479 年	40	4 900	33 000	0	0
Singpur	辛格布尔	18 世纪后期	52	580	8 500	0	0
Sirsi	锡尔西	1839 年	290	3 510	17 200	0	0
Sohawal	苏哈瓦尔	1550 年	552	44 200	125 000	0	0
Sonapur	索纳布尔	1556 年	2 456	248 873	485 000	12 000	0

土邦名称		建国时间	面积（平方千米）	人口（人）	财政收入（卢比）	贡金额（卢比）	礼炮数（响）
英文	中文						
Sudamda	苏达姆达	1790 年	350	7 870	42 000	0	0
Sudasna	苏达斯纳	17 世纪后期	83	7 500	37 000	0	0
Suigam	苏伊格姆	17 世纪中期	417	9 200	18 700	0	0
Surgana	苏尔加纳	15 世纪	932	18 290	19 000	0	0
Surguja	苏古贾	3 世纪	15 770	551 752	852 000	3 500	0
Tajpuri	塔杰布里	15 世纪后期	18	1 900	6 500	0	0
Talcher	达尔杰尔	12 世纪	1 033	86 432	65 000	1 040	0
Talsana	塔尔萨纳	18 世纪后期	112	2 580	31 800	0	0
Tappa	塔 巴	1822 年	38	1 327	7 900	0	0
Tavi	塔 维	18 世纪后期	31	830	13 300	0	0
Tervada	特沃达	16 世纪初期	160	6 700	25 200	0	0
Tharad	特拉德	1759 年	327	62 157	75 000	0	0
Tharoch	塔罗奇	15 世纪	181	5 363	3 750	288	0
Theog	特奥格	16 世纪	373	7 307	5 000	0	0
Tigeria	蒂吉里亚	1246 年左右	119	26 331	10 000	882	0
Tonk	栋格(中央邦)	1818 年	150	1 690	5 400	0	0
Torgal	托尔格尔	18 世纪后期	520	17 500	38 450	0	0
Udaipur	乌代布尔(切)	3 世纪	2 708	118 331	225 000	0	0
Umri	乌默里	1818 年	155	3 200	15 200	0	0
Umeta	乌米达	15 世纪后期	62	5 900	73 200	0	0
Uplai	乌普莱	1823 年	26	325	3 000	0	0
Vadagam	瓦达格姆	1821 年左右	73	4 200	27 800	0	0
Vajiria	瓦吉里亚	16 世纪	54	3 900	28 000	0	0
Valasna	瓦拉斯纳	17 世纪后期	90	3 700	39 800	0	0
Vana	沃 讷	18 世纪后期	62	2 900	27 500	0	0
Vanod	沃诺德	1435 年	148	4 900	3 300	0	0
Varagam	瓦拉格姆	15 世纪后期	72	2 300	7 500	0	0
Varnol Mal	瓦诺尔-玛尔	15 世纪后期	9	520	1 780	0	0
Vijayanagar	维杰耶讷格尔	1 720	135	13 900	74 000	0	0

附录　部分印度土邦创建时间、面积、人口、财政收入、贡金额和礼炮数一览

续表

土邦名称		建国 时间	面积 (平方千米)	人口 (人)	财政收入 (卢比)	贡金额 (卢比)	礼炮数 (响)
英文	中文						
Virpur	维尔布尔	1562 年	174	8 600	67 300	0	0
Vishalgad	维萨尔格德	18 世纪后期	609	31 120	211 600	0	0
Vithalgadh	维塔尔格特	1806 年	133	3 640	83 700	0	0
Wadi	瓦　迪	1792 年	31	2 022	7 350	0	0
Wasna	瓦斯纳	15 世纪后期	26	5 300	10 800	0	0

说明：1. 本表主要参考 Adrian Sever，*The Indian Princely States，1707—1950*，Delhi：B.R. Publishing Corporation，2012 和 Arnold Wright，*Indian States：A Biographical，Historical，and Administrative Survey*，New Delhi：Asian Educational Services，2006 编制而成。表格中的数据，括号内标识"21"的，为 1921 年数据；标识"01"的，为 1901 年数据；其余都是 1941 年的统计数据。

2. 土邦名称的翻译参考了中国地名委员会编：《外国地名译名手册》，商务印书馆 1987 年版；中国地图出版社编：《印度地图册》，中国地图出版社 2010 年版；［印度］R.C.马宗达等著：《高级印度史》，商务印书馆 1986 年版；［澳大利亚］A.L.巴沙姆主编：《印度文化史》，商务印书馆 1997 年版。没有参考译名的，都为音译。

主要参考文献

一、英 文 资 料

(一) 档 案

Aitchison, C.U., *A Collection of Treaties, Engagements and Sanads Relating to India and Neighbouring Countries*, 14 vols, Calcutta, 1929—1933; reprinted by Kraus-Thomson Organization Limited, 1973.

Vol.I, *The Treaties, & c., Relating to the Punjab, the Punjab States and Delhi*, Calcutta, 1931.

Vol.II, *The Treaties, & c., Relating to the United Provinces of Agra and Oudh, Bengal, Bihar and Orissa and the Central Provinces*, Calcutta, 1930.

Vol.III, *The Treaties, & c., Relating to the States in Rajputana*, Calcutta, 1932.

Vol.IV, *The Treaties, & c., Relating to the Central India Agency, Part I—Central India Agency, Bhopal Agency and Southern States of Central India and Malwa Agency*, Calcutta, 1933.

Vol.V, *The Treaties, & c., Relating to Central India (Part II—Bundelkhand and Baghelkand) and Gwalior*, Delhi, 1933.

Vol.VI, *The Treaties, & c., Relating to the Western India States and Baroda*, Calcutta, 1932.

Vol.VII, *The Treaties, & c., Relating to the Bombay Presidency, Part I—The Peshwa, the Mahikantha Agency and the Rewa Kantha Agency*, Calcutta, 1931.

Vol.VIII, *The Treaties*, & *c.*, *Relating to the Bombay Presidency*, *Part II*,—*The Peshwa*, *the Mahikantha Agency and the Rewa Kantha Agency*, Calcutta, 1931.

Vol.IX, *The Treaties*, & *c.*, *Relating to Hyderabad*, *Mysore and Coorg*, Calcutta, 1929.

Vol.X, *The Treaties*, & *c.*, *Relating to Madras and the Madras States*, Calcutta, 1930.

Vol.XI, *The Treaties*, & *c.*, *Relating to Aden and the South Western Coast of Arabia*, *the Arab Principalities in the Persian Gulf*, *Muscat(Oman)*, *Baluchistan and the North-western Frontier Province*, Delhi, 1933.

Vol.XII, *The Treaties*, & *c.*, *Relating to Jammu and Kashmir*, *Sikkim*, *Assam and Burma*, Calcutta, 1931.

Vol.XIII, *The Treaties*, & *c.*, *Relating to Persia and Afghanistan*, Calcutta, 1933.

Vol. XIV, *The Treaties*, & *c.*, *Relating to Eastern Turkistan*, *Tibet*, *Nepal*, *Bhutan and Siam*, Calcutta, 1929.

Chopra,P.N.& Bakshi, S.R., *Quit India Movement*: *British Secret Documents*, New Delhi: Criterion Publications, 1986.

Chopra, P.N., *Secret Papers from British Royal Archives*, Delhi: Konark Publishers Pvt Ltd., 1998.

Ganguly, D.C., *Select Documents of the British Period of Indian History*, Calcutta: The Trustees of the Victoria Memorial, 1958.

Gopal, Sarvepalli, *Towards Freedom*: *Documents on the Movement for Independence in India 1938*, New Delhi: Oxford University Press, 1999.

Gupta, Amit K., & Dev, Arjun, *Towards Freedom*: *Documents on the Movement for Independence in India 1941*, New Delhi: Oxford University Press, 2010.

Gupta, Partha Sarathi, *Towards Freedom*: *Documents on the Movement for Independence in India 1943—1944*, New Delhi: Oxford University Press, 1997.

Hasan, Mushirul, *Towards Freedom*: *Documents on the Movement for Independence in India 1939*, New Delhi: Oxford University Press, 2008.

Henningham, Stephen, *Peasant Movements in Colonial India: North Bihar, 1917—1942*, Canberra: Australian National Unversity Press, 1982.

Lakhanpal, P. L., *Essential Documents and Notes on Kashmir Dispute*, 2nd revised & enlarged edition, Delhi: International Books, 1965.

Mahajan, Sucheta, *Towards Freedom: Documents on the Movement for Independence in India, 1947*, New Delhi: Oxford University Press, 2013.

Mansergh, Nicholas, ed., *The Transfer of Power 1942—1947 (TOP)*, 12 vols, London: Her Majersty's Stationery Office, 1970—1983.

Vol.I, The Cripps Mission, January—April 1942, 1970.

Vol.II, 'Quit India', 30 April—21 September 1942, 1971.

Vol.III, Reassertion of Authority, Gandhi's Fast and the Succession to the Viceroyalty, 21 September 1942—12 June 1943, 1971.

Vol.IV, The Bengal Famine and the New Viceroyalty, 15 June 1943—31 August 1944, 1973.

Vol.V, The Simla Conference: Background and Proceedings, 1 September 1944—28 July 1945, 1975.

Vol.VI, The Post-war Phrase: New Moves by the Labour Government, 1 August 1945—22 March 1946, 1976.

Vol.VII, The Cabinet Mission, 23 March—29 June 1946, 1977.

Vol.VIII, The Interim Government 3 July—1 November 1946, 1979.

Vol.IX, The Fixing of a Time Limit, 4 November 1946—22 March 1947, 1980.

Vol.X, The Mountbatten Viceroyalty Formulation of a Plan, 22 March—30 May 1947, 1981.

Vol.XI, The Mountbatten Viceroyalty: Announcement and Reception of the 3 June Plan, 31 May—7 July 1947, 1982.

Vol.XII, The Mountbatten Viceroyalty: Princes, Partition and Independence, 8 July—15 August 1947, 1983.

Pandey, B. N., *The Indian Nationalist Movement, 1885—1947*,

Select Documents, London: MacMillan Press, 1979.

Panikkar, K.N., *Towards Freedom: Documents on the Movement for Independence in India 1940*, New Delhi: Oxford University Press, 2009.

Philips, C.H., *The Evolution of India and Pakistan, 1858 to 1947, Select Documents*, London: Oxford University Press, 1962.

Prasad,Bimal, *Towards Freedom: Documents on the Movement for Independence in India 1945*, New Delhi: Oxford University Press, 2008.

Sarkar, Sumit, *Towards Freedom: Documents on the Movement for Independence in India 1946*, New Delhi: Oxford University Press, 2007.

The Government of India Bill: Views of Indian States (White Paper), Cmd. 4843, 1935(March).

(二) 专　　著

Abhyankar, G. R., *Problem of Indian States*, Poona: Aryabhushan Press, 1928.

Arora, Anju, *The Princely States: British Paramountcy and Internal Administration 1858—1948: A Case Study of the Kapurthala State*, New Delhi: National Book Organisation, 2001.

Ashton,S. R., *British Policy towards the Indian States, 1905—1939*, New Delhi: Selectbook Service Syndicate, 1985.

Assary, S. Thulaseedharan, *Colonialism, Princely States and Struggle for Liberation: Travancore, 1938—1948*, New Delhi: A.P.H. Publishing Corporation, 2009.

Attlee, Clement, *Purpose and Policy, Selected Speeches*, London: Hutchinson & Co.Ltd., 1946.

Azad, M. A. K., *India Wins Freedom: An Autobiographical Narrative*, Calcutta: Orient Longmans Private Ltd., 1959.

Bahadur, Diwan, *Problems of Indian States*, Poona: Aryabhushan Press, 1936.

Bakshi,S.R., *Governors-General and Viceroys of India: Policy and Administration*, New Delhi: K.K.Publications, 2006.

Balay, C. A., *The New Cambridge History of India, Vol. III:*

Indian Society and the Making of British Empire, Cambridge: Cambridge University Press, 1988.

Bangash, Yaqoob Khan, *A Princely Affair: The Accession and Integration of the Princely States of Pakistan*, *1947—1955*, Karachi: Oxford University Press, 2015.

Bose, Sumantra, *Kashmir: Roots of Conflict, Paths to Peace*, Massachusetts: Harvard University Press, 2003.

Brentnall, Mark, *The Princely and Noble Families of the Former Indian Empire*, *Vol.1*, New Delhi: Indus Publishing Company, 2004.

Chandrasekhar, S., *Dimensions of Socio-Political Change in Mysore*, *1918—1940*, New Delhi: Ashish Publishing House, 1985.

Chishti, S.M.A.W., *Political Development in Manipur 1919—1949*, Delhi: Kalpaz Publications, 2005.

Copland, Ian, *The British Raj and the Indian Princes: Paramountcy in Western India*, *1857—1930*, Bombay: Sangam Books Ltd., 1982.

Copland, Ian, *The Princes of India in the Endgame of Empire*, *1917—1947*, Cambridge: Cambridge University Press, 1997.

Copland, Ian, *State, Community and Neighbourhood in Princely North India*, *c.1900—1950*, New York: Palgrave MacMillan, 2005.

Desai, Govindbhai H. & Clarke, A. B. ed., *Gazetteer of the Baroda State*, London, 1923; New Delhi: SSDN Publishers & Distributors, 2014.

Dewan Bahadur, A.B., *Problems of Indian States*, Poona: Aryabhushan Press, 1936.

Dhar, D. N., *Dynamics of Political Change in Kashmir: From Ancient to Modern Times*, New Delhi: Kanishka Publishers, Distributors, 2001.

Dua, J. C., *Illustrated Encyclopaedia & Who's Who of Princely States in Indian Sub-Continent*, New Delhi: Kaveri Books, 2000.

Dwivedi, Sharada, *The Maharaja & the Princely States of India*, New Delhi: Lustre Press, 1999.

Ernst, Waltraud, & Pati, Biswamoy ed., *India's Princely States: People, Princes and Colonialism*, New York: Routledge, 2007.

Faruqui, Munis D., *The Princes of the Mughal Empire*, *1504—1719*, New York: Cambridge University Press, 2012.

Fisher, Michael H., *The Politics of the British Annexation of India*, *1757—1857*, New Delhi: Oxford University Press, 1993.

Fremont-Barnes, Gregory, *The Indian Mutiny 1857—1858*, New York: Osprey Publishing, 2007.

Ganguly, Sumit, *The Crisis in Kashmir: Portents of War*, *Hopes of Peace*, New York: Woodrow Wilson Center Press and Cambridge University Press, 1997.

Huttenback, Robert A., *Kashmir and the British Raj 1847—1947*, Oxford: Oxford University Press, 2004.

Jeffrey, Robin, *People*, *Princes and Paramount Power*, Delhi: Oxford University Press, 1978.

Kar, Subir, 1857 *in North East: A Reconstruction from Folk and Oral Sources*, New Delhi: Akansha Publishing House, 2008.

Kaul, Ranjana, *Constitutional Development in the Indian Princely States*, New Delhi: Vikas Publishing House Pvt. Ltd., 1998.

Keen, Caroline, *An Imperial Crisis in British India: The Manipur Uprising of 1891*, London: I.B. Tauris & Co. Ltd., 2015.

Khan, Shaharyar M., *The Begums of Bhopal: A Dynasty of Women Rulers in Raj India*, London: I.B. Tauris & Co. Ltd., 2000.

Khan, Syed Ahmed, *Causes of Indian Rebellion*, Delhi: Ashajyoti Book Sellers & Publishers, 2007.

Korbel, Josef, *Danger of Kashmir*, Princeton: Princeton University Press, 1954.

Lee-Warner, William, *The Protected Princes of India*, London: MacMillan & Co. Ltd., 1894.

Lumby, E. W. R., *The Transfer of Power in India*, *1945—1947*, New York: Hyperion Press, 1981.

MacMunn, George Fletcher, *The Indian States and Princes*, London: Jarrold Limited, 1936.

Marshall, P. J., *Problems of Empire: Britain and India 1757—1813*, London: George Allen and Unwin Ltd., 1968.

Mehta，Markand Nandshankar & Mehta，Manu Nandshankar，*The Hind Rajasthan or The Annals of the Native States of India*，Part I，II，III，Bapawala：Usha，1896；New Delhi：Mehra Offset Press，1979.

Mehta，Mohan Sinha，*Lord Hastings and the Indian States：Being a Study of the Relations of the British Government in India with the Indian States*，*1813—1823*，Bombay：D. B. Taraporevala Sons & Co.，1930.

Menon，Vapal Pangunni，*The Integration of the Indian States*，London：Longmans，Green and Co. Ltd.，1956.

Metcalf，Thomas R.，*The Aftermath of Revolt：India（1857—1870）*，Princeton：Princeton University Press，1956.

Mukherjee，Ramkrishna，*The Rise and Fall of the East India Company：A Sociological Appraisal*，New York：Monthly Review Press，1974.

Nair，Madhusoodanan，*Governors and Chief Ministers in Indian States Conflicts and Relations*，New Delhi：Deep & Deep Publications，1991.

Noorani，A.G.，*The Destruction of Hyderabad*，New Delhi：Tulika Books，2014.

Pandey，B.N.，*The Break-Up of British India*，New Delhi：MacMillan India Ltd.，1981.

Panikkar，K.M.，*The Evolution of British Policy towards Indian States*，*1774—1858*，Calcutta：S.K.Lahiri & Co.，1929；Delhi：Mittal Publications，1986.

Pati，Biswamoy ed.，*The Great Rebellion of 1857 in India*，London：Routledge，2010.

Patil，S.H.，*The Congress Party and Princely States*，New Delhi：Himalaya Publishing House，1981.

Ramusack，Barbara N.，*The Princes of India in the Twilight of Empire：The Disolution of a Patron-Client System*，*1914—1939*，Columbus：Ohio University Press，1978.

Ramusack，Barbara N.，*The Indian Princes and Their States*，Cambridge：Cambridge University Press，2004.

Riddick, John F., *The History of British India: A Chronology*, Westport: Praeger Publishers, 2006.

Sadasivan, S. N., *Political and Administrative Integration of Princely States*, New Delhi: Mittal Publications, 2005.

Sarila, Narendra Singh, *Once a Prince of Sarila: Of Palaces and Tiger Hunts, of Nehrus and Mountbattens*, London: I. B. Tauris & Co. Ltd., 2008.

Sarkar, Sumit, *Mordern India, 1885—1947*, Delhi: MacMillan India Ltd., 1983.

Sen, D.K., *History of the Indian States: Their Status, Rights and Obligations*, London, 1930; Delhi: Sanjay Prakashan, 1985.

Sever, Adrian, *Rajwadas: The Indian Princely States 1707—1950*, 2 vols, Delhi: B.R. Publishing Corporation, 2012.

Singh, Rajkumar, *Past, Present and Future of Kashmir*, New Delhi: Gyan Publishing House, 2008.

Sinh, Raghubir, *Indian States and the New Regime*, Bombay: D.B. Taraporevala, Sons & Co., 1938.

Srivastava, B. B., *Sir John Shore's Policy Towards the Indian States*, Allahabad, 1986.

Swidler, Nina, *Remotely Colonial: History and Politics in Balochistan*, Oxford: Oxford University Press, 2014.

Syiemlieh, David R., *On the Edge of Empire: Four British Plans for the North East India, 1941—1947*, New Delhi: SAGE Publications India Pvt. Ltd., 2014.

Thomas, Raju G. C. ed., *Perspectives on Kashmir: The Roots of Conflict in South Asia*, Boulder: Westview Press Inc., 1992.

Thompson, Edward, *The Making of the Indian Princes*, London: Oxford University Press, 1943.

Thorton, Edward, *A Gazetteer of the Territories under the Government of the East-India Company, and of the Native States on the Continent of India*, London, 1858; Delhi: Neeraj Publication House, 1984.

Wright, Arnold, *Indian States: A Biographical, Historical, and Administrative Survey*, London, 1922; New Delhi: Asian Educational

Services，2006.

（三）论　文

Copland，Ian，"Communalism in Princely India：The Case of Hyderabad，1930—1940"，*Modern Asian Studies*，Vol.22，1988.

Copland，Ian，"The Princely States，the Muslim League，and the Partition of India in 1947"，*The International History Review*，Vol.13，No.1，1991.

Copland，Ian，"The Integration of the Princely States：A 'Bloodless Revolution'?"，Vol.18，Special Issue，1995.

Copland，I.F.S.，"The Baroda Crisis of 1873—1877：A Study of Governmental Rivalry"，*Modern Asian Studies*，April，1968.

Groenhout，Fiona，"The History of the Indian Princely States：Bring the Puppets Back onto Centre Stage"，*History Compass*，Vol.4，No.4，2006.

Kooiman，Dick，"Communalism and Indian Princely States：A Comparison with British India"，*Economic and Political Weekly*，Vol.30，No.34，1995.

Kooiman，Dick，"The Strength of Numbers：Enumerating Communities in India's Princely States"，*South Asia*，Vol.20，No.1，1997.

Manor，James，"Princely Mysore before the Storm：The State-Level Political System of India's Model State 1920—1936"，*Modern Asian Studies*，Vol.9，No.1，1975.

Manu，Bhagavan，"Princely States and the Hindu Imaginary：Exploring the Cartography of Hindu Nationalism in Colonial India"，*The Journal of Asian Studies*，Vol.67，No.3，2008.

Manu，Bhagavan，"Princely States and the Making of Modern India：Internationalism，Constitutionalism and the Postcolonial Moment"，*Indian Economic and Social History Review*，Vol.46，No.3，2009.

Richter，William L. & Ramusack，Barbara，"The Chamber and the Consultation：Changing Forms of Princely Association in India"，*The Journal of Asian Studies*，Vol.34，No.3，1975.

Sachdev，Vibhuti，"Negotiating Modernity in the Princely State of

Jaipur", *South Asian Studies*, Vol.28, No.2, 2012.

Sharma, Phool Kumar, "Integration of Princely States and the Reorganization of States in India", *The Indian Journal of Political Science*, Vol.28, No.4, 1967.

Sherman, Taylor C., "The Integration of the Princely State of Hyderabad and the Making of the Postcolonial State in India, 1948—1956", *Indian Economic and Social History Review*, Vol.44, No.4, 2007.

Wood, John R., "British versus Princely Legacies and the Political Integration of Gujarat", *The Journal of Asian Studies*, Vol.44, No.1, 1984.

二、中 文 文 献

[德]赫尔曼·库尔克、[德]迪特玛尔·罗特蒙特著:《印度史》,王立新,周红江译,中国青年出版社 2008 年版。

郭家宏:《日不落帝国的兴衰——英国与英帝国史研究》,北京师范大学出版社 2012 年版。

贺圣达、李晨阳编著:《列国志·缅甸》,社会科学文献出版社 2009 年版。

李加洞:《王公印度之"兴"亡研究(1906—1947)》,内蒙古大学出版社 2014 年版。

林承节:《印度近现代史》,北京大学出版社 1995 年版。

林承节:《殖民统治时期的印度史》,北京大学出版社 2004 年版。

林承节:《独立后的印度史》,北京大学出版社 2005 年版。

王红生:《论印度的民主》,社会科学文献出版社 2011 年版。

周小明:《印度宪法及其晚近变迁》,上海三联书店 2021 年版。

[印度]贾瓦哈拉尔·尼赫鲁著:《印度的发现》,齐文译,世界知识出版社 1958 年版。

[印度]孙德拉尔著:《1857 年印度民族起义简史》,文仲叔、强广学译,三联书店 1957 年版。

[印度]R.C.马宗达等著:《高级印度史》(下),张澍霖等译,商务印书馆 1986 年版。

［美］斯坦利·沃尔波特著:《印度史》,李建欣、张锦冬译,中国出版集团2015年版。

［英］约翰·麦卡利尔著:《印度档案:东印度公司的兴亡及其绘画中的印度》,顾忆青译,湖南人民出版社2020年版。

［美］沙伊斯塔·瓦哈卜、［美］巴里·扬格曼著:《阿富汗史》,杨军、马旭俊译,中国大百科全书出版社2010年版。

谌焕义:《英国工党与印巴分治》,社会科学文献出版社2004年版。

林承节:《印度民族独立运动的兴起》,北京大学出版社1984年版。

谌焕义:《论艾德礼政府的印度土邦政策》,《广西师范大学学报(哲学社会科学版)》2006年第4期。

汪熙:《约翰公司:英国东印度公司》,上海人民出版社2007年版。

［美］约翰·F.理查兹著:《新编剑桥印度史:莫卧儿帝国》,王立新译,云南人民出版社2014年版。

张文镝、吕增奎:《世界主要政党规章制度文献:印度》,中央编译出版社2016年版。

致　　谢

在撰写博士论文、研究"英属印度"历史问题时,我发现自己对另一个印度——"土邦印度"了解甚少,便觉得有必要给自己补上这一课,同时向导师李世安教授请教有关印度土邦研究的价值。在得到导师的肯定回复和支持后,我就开始搜集有关印度土邦的资料。因此,首先要感谢的是我的导师李世安教授,是他的肯定答复和鼓励使我有信心从事这一研究。

研究印度土邦的最大难处也许是资料的搜集,因为国内学界对印度的研究更多地集中于对英属印度的研究,印度土邦数目众多,资料相对散乱。在搜集资料的过程中,我得到了很多老师和朋友的帮助。特别要感谢的是:李庚靖博士、罗婧博士、李肇忠博士及陈历明博士分别从上海图书馆、中国国家图书馆和纽约大学图书馆帮忙复印了尼古拉斯·曼塞主编的 12 卷本档案文献集《权力的移交,1942—1947 年》的相关部分;除王林博士在美国访学时帮拍照的第 9 卷和第 10 卷外,余燕飞博士帮忙在中国国家图书馆复印了艾奇逊主编的《与印度及其邻国的条约、协定和特许令汇编》其他 12 卷的相关部分;黄春高教授、杨成良教授、陈淑荣博士、陈向阳博士、熊昌锟博士和罗冠群博士帮忙复印或复制了 P.N.乔普拉和巴塔查亚等人主编的《奔向自由:印度独立运动文献集(1937—1947 年)》各卷册的相关部分;孟晓雪博士帮忙复印了由巴特和戈帕尔·伯尔加瓦主编的《印度各邦和中央直辖区的土地和人民》;王天根教授、陈向阳博士、邓书林博士和谷宏大博士帮忙复印了很多有关印度土邦、英属印度的历史资料。

在课题研究中,我有幸得到了很多老师、专家和朋友的指导、帮助与鼓励。特别感谢提出非常宝贵修改意见的国家社科基金后期资助项目评审专家。感谢刘景华教授、尚劝余教授、车效梅教授、范丽萍教授、罗爱林教授、于卫青教授、魏炜教授、李加洞教授和张再良先生给予的很有价值的帮助。课题组成员陈向阳、吕中元和陈春常参与了部分章节的撰写和修改工作,保证了课题按时结项。谌毅老师和蒋湘桓同学给予了很多关注和鼓励。刘荷婷和雷瑜月阅读了初稿,指出了其中存在的一些问题。

本书的顺利出版多亏了上海人民出版社历史读物与文献整理编辑中心黄玉婷老师和责任编辑邱迪的认真负责与辛勤付出!

感谢家人陈春常和谌惠邦的支持和帮助!

本课题研究曾得到广东省教育厅"人才引进专项"的资助,谨表谢意!

谌焕义

图书在版编目(CIP)数据

印度土邦史/谌焕义著.—上海:上海人民出版
社,2022
ISBN 978-7-208-17790-1

Ⅰ.①印… Ⅱ.①谌… Ⅲ.①印度-历史 Ⅳ.
①K351

中国版本图书馆 CIP 数据核字(2022)第 125763 号

责任编辑 邱　迪
封面设计 夏　芳

印度土邦史
谌焕义 著

出　　版　上海人民出版社
　　　　　　(201101　上海市闵行区号景路 159 弄 C 座)
发　　行　上海人民出版社发行中心
印　　刷　上海商务联西印刷有限公司
开　　本　720×1000　1/16
印　　张　25.75
插　　页　4
字　　数　429,000
版　　次　2022 年 10 月第 1 版
印　　次　2022 年 10 月第 1 次印刷
ISBN 978-7-208-17790-1/K·3214
定　　价　118.00 元